# Sammtliche Werke: Der Schwarze Zwerg Und Eine Sage Von Montrose, Volume 20

## Walter Scott

# Walter Scott's sämmtliche Werke,

neu übersetzt

von

Dr. Herrmann, Fr. Richter, Fr. Funck, Oelckers,
Dr. E. Susemihl, Dr. Carl Andrä,
W. Sauerwein und Andern.

Zweite vermehrte Auflage.

## Zwanzigster Band.

# Der schwarze Zwerg, und Eine Sage von Montrose.

Mit 1 Stahlstich.

Stuttgart.

Hoffmann'sche Verlags-Buchhandlung.

1852.

Leipzig, ? Engl. Kunst Anstalt. A H Payne sc

*Miß Vere*

# Der schwarze Zwerg

## Eine Sage von Montrose.

Von

## Walter Scott

Aus dem Englischen

von

Dr. Karl Kannegießer.

Ein Bändchen.

Stuttgart.

Verlags-Buchhandlung

**1852.**

# Der schwarze Zwerg

und

# Eine Sage von Montrose.

Von

# Walter Scott.

Neu übersetzt

von

# Dr. Franz Kottenkamp.

Mit Stahlstich.

Stuttgart.

Hoffmann'sche Verlags-Buchhandlung.

1852.

# Der schwarze Zwerg.

# Einleitung.

---

Die ideale Gestalt, welche hier als einsam lebend, als ihrer Häßlichkeit sich bewußt, und vom Verdachte gequält geschildert wird, daß der Hohn der Nebenmenschen ihr im Allgemeinen zu Theil wird — diese Gestalt ist nicht durchaus eine Schöpfung der Einbildungskraft. Vor mehreren Jahren beobachtete der Verfasser einen Mann, welcher ihm jene Charakterzüge darbot. Der Name dieses unglücklichen Mannes war David Ritchie. Er war in Tweeddale geboren, der Sohn eines Arbeiters in den Schieferbrüchen von Stobo, und muß mit der Mißgestalt seines Körpers geboren sein, obgleich er dieselbe bisweilen einer schlechten Behandlung während seiner Kindheit zuschrieb. Er wurde als Bürstenbinder in Edinburgh erzogen und hatte an verschiedenen Orten in seinem Gewerbe gearbeitet; dort wurde er überall durch den widerlichen Eindruck vertrieben, den die häßliche Eigenthümlichkeit seiner Gestalt und seiner Gesichtszüge überall, wohin er kam, hervorrief. Der Verfasser hörte von ihm sogar, daß er in Dublin gewesen war.

David Ritchie empfand zuletzt Ueberdruß, der Gegenstand des Spottes, des Gelächters und des Hohnes zu sein; wie ein aus der Heerde gejagter Hirsch faßte er den Entschluß, in eine Einöde sich zurückzuziehen, wo er eine möglichst geringe Verbindung mit der Welt haben konnte, welche ihn verhöhnte. In dieser Absicht ließ er sich auf einen Fleck wilden Moorlandes im einsam liegenden Thale des kleinen Manorstromes in Peeblesshire, bei dem Pachtgute Woodhouse, nieder. Die wenigen Personen, welche hier gelegentlich vorbeikamen, erstaunten nicht wenig, und einige abergläubische Leute wurden von Schrecken erfüllt, als sie die kleine Gestalt des krummen David bei der Errichtung eines Hauses beschäftigt sahen, — einer Arbeit, wozu er gänzlich ungeeignet erschien.

Die Hütte, die er errichtete, war sehr klein, die Mauern derselben, so wie diejenigen eines kleinen sie umgebenden Gartens, waren in einem auffallenden Grade von Festigkeit gebaut und bestanden aus Lagen großer Steine mit Rasenschichten; einige der Ecksteine waren so ungemein schwer, daß diejenigen, welche sie sahen, nicht begreifen konnten, daß solch eine Person, wie der Baumeister, dieselben hatte erheben können. David erhielt wirklich von Vorübergehenden, oder Leuten, welche aus Neugier herbeikamen, sehr viel Beistand bei seiner Arbeit; da nun Niemand wußte, wieviel Hülfe Andere geleistet hatten, so blieb die Verwunderung jedes einzelnen Zuschauers unvermindert.

Der Eigenthümer des Bodens, der verstorbene Sir James Näsmith, Baronet, sah auf einem zufälligen Spaziergange die sonderbare Wohnung, welche dort ohne sein Wissen und ohne seine Erlaubniß rechtswidrig gebaut war, und somit dem Gleichniß von Fallstaff, demjenigen „eines schönen Hauses auf fremdem Grund und Boden" entsprach; der arme David hätte sein Gebäude verlieren können, wenn er es zufällig auf einem anderen Eigenthum errichtet hätte. Der Gutsherr jedoch hegte keinen Gedanken, um solch einen Bau mit Beschlag zu belegen, sondern gestattete bereitwillig den harmlosen Eingriff in seine Rechte.

Man hat allgemein zugestanden, daß die persönliche Beschreibung Elschender's von Mucklestane Moor ein ziemlich genaues und nicht übertriebenes Portrait dieses David von Manor Water ist. Derselbe war nicht ganz 3½ Fuß hoch, denn er konnte aufrecht in der Thür seines Hauses stehen, welche genau diese Höhe hatte. Folgende Einzelnheiten über seine Gestalt und seinen Charakter finden sich im Scot's Magazine 1817, und sind, wie man jetzt weiß, von dem geistreichen Robert Chambers von Edinburgh mitgetheilt, welcher mit vielem Eifer die Ueberlieferungen der guten alten Stadt berichtet und in anderen Werken große und angenehme Beiträge zum Vorrath unserer Alterthümer hinzugefügt hat. Er ist der Landsmann von David Ritchie und hatte die beste Gelegenheit, Anekdoten über ihn zu sammeln.

Dieser Gewährsmann sagt, „sein Schädel von länglicher und ungewöhnlicher Form soll so stark gewesen sein, daß er leicht eine Thür oder einen Faßboden damit einstoßen konnte. Sein Gelächter soll furchtbar gewesen sein und seine krächzende, gellende, seltsame und übelklingende Stimme seinen übrigen Eigenschaften entsprochen haben.

In seiner Kleidung fand sich nichts Außerordentliches. Gewöhnlich trug er einen alten Klapphut wenn er ausging, und zu Hause eine Art Kapuze oder Nachtmütze. Er trug niemals Schuhe, denn er konnte dieselben seinen mißgestalteten flossenartigen Füßen nicht anpassen; beide Füße und Beine waren in umgewickeltem Tuch versteckt. Er ging stets mit einer Art Pfahl oder langem mit eiserner Spitze versehenem Stabe, welcher ihn an Größe beträchtlich überstieg. Seine

1 *

Gewohnheiten waren in mancher Hinsicht eigenthümlich und deuteten auf eine Seele, die sich ihres seltsamen Gehäuses bewußt war. Sein hervorragender Charakter war Eifersucht, Menschenfurcht und Reizbarkeit. Das Gefühl seiner Häßlichkeit verfolgte ihn wie ein Gespenst. Die Beleidigung und der Hohn, denen er dadurch ausgesetzt war, hatte sein Herz mit trotzigen und bitteren Gefühlen vergiftet, welche nach anderen Zügen seines Charakters seiner ursprünglichen Gemüthsbeschaffenheit nicht in stärkerem Grade wie seinen anderen Nebenmenschen mitgetheilt zu sein schienen.

Er verabscheute Kinder wegen der Neigung derselben ihn zu beleidigen und zu verfolgen; gegen Fremde war er gewöhnlich zurückhaltend, rauh und mürrisch; obgleich er Beistand oder Unterstützung nicht zurückwies, zeigte er selten Aeußerungen der Dankbarkeit; er erwies sogar häufig Eigensinn und Eifersucht gegen Personen, welche seine größten Wohlthäter gewesen waren, und gegen welche er auch die meiste Zuneigung hegte.

Eine Dame, die ihn von Kindheit an gekannt und uns einige Einzelnheiten hinsichtlich seiner gütigst mitgetheilt hat, erklärte, daß die ganze Familie ihres Vaters sehr vorsichtig in ihrem Verfahren gegen ihn sein mußte, obgleich er so viel Achtung und Anhänglichkeit an dieselbe hegte, wie er seiner Natur nach hegen konnte. Als sie ihn eines Tages mit einer andern Dame besuchte, führte er sie in seinen Garten und zeigte beiden mit vielem Stolze und guter Laune seine fruchtbaren und geschmackvoll angelegten Beete. Sie kamen an einen Platz mit Kohlpflanzen, welche durch Raupen etwas beschädigt waren. Als David eine dieser Damen lächeln sah, zeigte er sogleich sein mürrisches trotziges Wesen, stürzte unter die Kohlpflanzen und zerschlug sie mit seinem Stocke, indem er ausrief: „ich haſſe ſolches Ungeziefer, denn es ſpottet meiner!"

Eine andere Dame, gleichfalls eine Freundin und alte Bekanntſchaft von ihm, erwies ihm abſichtslos eine tödtliche Beleidigung bei einer ähnlichen Gelegenheit. Als er ſie in ſeinen Garten führte, und ſeinen eiferſüchtigen Blick zurückwandte, glaubte er zu bemerken, daß ſie ausſpeie; alsbald rief er mit großer Wildheit: „bin ich eine Kröte, Weib, daß du auf mich ſpeieſt," und trieb ſie mit Verwünſchungen und Beleidigungen aus ſeinem Garten, ohne auf ihre Antwort oder Entſchuldigung zu hören. Ward er von Perſonen, die er wenig achtete, gereizt, ſo äußerte ſich ſein Menſchenhaß in Worten und bisweilen in Handlungen von noch größerer Rohheit; alsdann ſtieß er die ungewöhnlichſten Verwünſchungen und Drohungen von ſeltſamer Wildheit aus."

Die Natur erhält ein gewiſſes Gleichgewicht des Guten und Böſen in allen ihren Werken; vielleicht findet ſich kein ſo gänzlich troſtloſer Zuſtand, daß ein ſolcher nicht einige ihm ſelbſt eigenthümliche Quellen des Vergnügens darbieten ſollte. Dieſer arme Mann, deſſen Menſchenhaß auf dem Gefühl ſeiner widernatürlichen Häßlichkeit beruhte, genoß dennoch einige ihm eigenthümliche Vergnügungen. In die Einſamkeit vertrieben, ward er ein Bewunderer der Naturſchönheiten. Sein Garten, den er ſorgfältig anbaute, und den er aus wildem Moorlande in ein ſehr fruchtbares Gut verwandelt hatte, war ſein Stolz und ſein Entzücken; er war aber auch der Bewunderer der höheren Naturſchönheiten; oft blickte er ſtundenlang und, wie er ſagte, mit unausſprechlichem Entzücken auf die ſanfte Neigung des grünen Hügels, auf das Sprudeln einer nahen Quelle oder die Verſchlingungen eines wilden Dickichts. Vielleicht deßhalb war er ein Liebhaber von Shenſtone's Idyllen, oder einiger Stellen des verlornen Paradieses. Der Verfasser hörte ihn, wie er mit seiner rauhen Stimme die berühmte Beschreibung des Paradieses hersagte, die er vollkommen zu würdigen schien. Seine andern Studien waren verschiedener Art und hauptsächlich polemisch. Er ging nie in die Pfarr= kirche und wurde deßhalb beargwöhnt, heterodoxe Meinungen zu hegen, obgleich dieß Verfahren wahrscheinlich nur in dem Widerwillen gegen die Menschenmenge seinen Grund hatte, vor welcher er seine häßliche Gestalt hätte zur Schau tragen müs= sen. Er sprach vom Zustande nach dem Tode mit starkem Gefühl und sogar mit Rührung. Er äußerte seinen Wider= willen bei dem Gedanken, daß sein Leichnam mit dem gemei= nen Plunder des Kirchhofs, wie er sich ausdrückte, vermischt werden sollte, und wählte mit seinem gewöhnlichen Geschmack einen schönen und wilden Platz des Thales, worin seine Ein= siedelei stand, zu seinem Begräbniß. Indeß veränderte er spä= ter seine Ansicht, und ward endlich in dem gewöhnlichen Be= gräbnißplatz von Manor beerdigt.

Der Verfasser hat Elshie einige Eigenschaften ertheilt, worin er in den Augen des Volkes als ein Mann von übernas türlicher Macht erschien. Das gewöhnliche Gerede machte David ein ähnliches Compliment, denn einige arme und un= wissende Leute ebensowohl, wie die Kinder der Nachbarschaft, hielten ihn für einen sogenannten Geisterbeschwörer. Er selbst schien eine solche Vorstellung nicht ungern zu sehen: sie er= weiterte den sehr beschränkten Kreis seiner Macht und befrie= digte insoweit seinen Stolz; sie schmeichelte seinem Menschen= haß, indem sie sein Vermögen, Schrecken oder Schmerz zu erregen, zu steigern vermochte. Indeß war die Furcht vor Zauberei schon vor 30 Jahren sogar in einem rauhen schotti= schen Thale nicht mehr zeitgemäß.

David Ritchie gab vor, einsam liegende Plätze, besonders solche zu besuchen, wo Gespenster nach der Volkssage umgingen, und that sich auf seinen Muth in dieser Hinsicht viel zu gute. Gewiß hätte er kein häßlicheres Wesen, wie er selbst war, antreffen können. Er war übrigens abergläubisch und pflanzte viele Eschen um seine Hütte als Schutz gegen Zauberei; ebendeßhalb wünschte er auch, daß Eschen auf sein Grab gepflanzt würden.

Wie schon angegeben, liebte David Ritchie Gegenstände natürlicher Schönheit. Seine einzigen Günstlinge unter lebenden Wesen waren ein Hund und eine Katze, zu denen er besondere Anhänglichkeit hegte, und seine Bienen, die er mit großer Sorgfalt behandelte. Er nahm zuletzt eine Schwester zu sich, die in einer Hütte, dicht bei der seinigen, leben mußte; er erlaubte derselben aber nicht, die letztere zu betreten; sie war schwachen Geistes, aber nicht häßlich von Gestalt, einfach oder vielmehr einfältig, aber nicht, wie ihr Bruder, mürrisch oder sonderbar. David liebte sie niemals; dieß war seiner Natur nicht angemessen; er litt sie aber in seiner Nähe. Er ernährte sich und sie vom Verkauf der Produkte seines Gartens und seiner Bienenstöcke; zuletzt erhielten Beide eine Unterstützung vom Kirchspiel. Ueberhaupt konnten Personen in der Lage Davids und seiner Schwester bei dem damaligen einfachen und patriarchalischen Zustande des Landes auf Unterstützung rechnen. Sie brauchten sich nur an den nächsten Gutsherrn oder vermöglichen Pächter zu wenden, und konnten sich alsdann auf eine bereitwillige und gern ertheilte Befriedigung ihrer sehr mäßigen Bedürfnisse verlassen. David erhielt oft kleine Geschenke von Fremden, um die er niemals bat, die er aber auch nicht zurückwies; er schien niemals der Meinung zu sein, daß ihm dadurch eine Verpflichtung auferlegt werde.

Auch besaß er allerdings ein Recht, sich selbst als einen Armen zu betrachten, dem die Natur einen Anspruch darauf ertheilte, daß seine Nebenmenschen ihn ernähren müßten; seine Mißgestalt verschloß ihm ja jeden gewöhnlichen Weg, sich selbst durch eigene Arbeit zu unterhalten. Außerdem hing in der Mühle ein Sack für Ritchie; Alle, welche ein Malter Mehl heimbrachten, unterließen es selten, eine Handvoll in den Almosensack des entstellten Krüppels zu werfen. Kurz, David brauchte weiter kein Geld, als zum Ankauf des Schnupftabaks, seines einzigen Luxusartikels, den er sehr reichlich brauchte. Als er im Beginn dieses Jahrhunderts starb, hatte er etwa 20 Pfund erspart. Diese Gewohnheit des Sparens war seinem Charakter sehr angemessen, denn Geld gibt Macht, und der Besitz der Macht war Davids Wunsch, als Entschädigung für seine Verbannung aus menschlicher Gesellschaft.

Seine Schwester war noch am Leben, als die Erzählung herausgegeben wurde, deren Einleitung in diesen kurzen Angaben besteht. Der Verfasser hat mit Leidwesen erfahren, daß eine Art „lokaler Sympathie" und die Neugier, welche damals über den Verfasser des Waverley und den Stoff seiner Erzählungen allgemein war, die arme Frau öfteren Erkundigungen aussetzten, welche ihr peinlich waren. Wenn man sie über die Eigenthümlichkeiten ihres Bruders befragte, antwortete sie ihrerseits mit der Frage, weßhalb man die Todten nicht ruhen lasse? Anderen, welche mit Erkundigungen nach ihren Eltern sie bedrängten, gab sie Antwort in derselben Stimmung ihres Gefühles.

Der Verfasser sah diesen armen und, man kann sagen, unglücklichen Mann im Herbst 1797. Er war damals durch die Bande genauer Freundschaft, die auch jetzt ihm verblieben ist,

mit der Familie des ehrwürdigen Adam Ferguson, des Philo=
sophen und Geschichtschreibers, verbunden, welcher damals im
Manor=Thale auf dem Herrenhause von Halyards, ungefähr
eine Meile von Ritchie's Einsiedelei, wohnte. Als der Ver=
fasser mehrere Tage lang in jenem Herrenhause verweilte,
wurde er mit diesem sonderbaren Einsiedler bekannt gemacht,
den Ferguson als einen außergewöhnlichen Charakter betrach=
tete und in verschiedener Weise, besonders in gelegentlicher
Darleihung von Büchern, unterstützte. Obgleich der Geschmack
des Bauern und Philosophen, wie man sich denken kann, nicht
immer übereinstimmte, betrachtete ihn Ferguson als einen
Mann von gewaltigen Geistesgaben und originellen Ideen,
dessen Seele jedoch von ihrer wahren Richtung durch vorherr=
schende Selbstliebe und Eigendünkel abgewandt, durch das
Bewußtsein der Lächerlichkeit und Verachtung verbittert war,
und sich an der Gesellschaft, wenigstens in Gedanken, durch
finsteren Menschenhaß, rächte.

David Ritchie, so lange er lebte, in unbemerkter Stellung,
war schon mehrere Jahre todt, als der Verfasser auf den Ge=
danken kam, ein solcher Charakter könne in einem Romane
große Wirkung hervorbringen; somit entwarf er denjenigen
Elshie's von Mucklestane Moor. Er wollte die Geschichte mehr
ausdehnen und die Katastrophe künstlicher herbeiführen; ein
Freund jedoch, dem er das Werk während der Ausarbeitung
vorlegte, war der Meinung, daß die Idee des Einsiedlers zu
abstoßend sei und den Leser eher mit Widerwillen wie mit
Interesse erfüllen werde. Da nun der Verfasser guten Grund
hatte, seinen Rathgeber als ausgezeichneten Richter der öffent=
lichen Meinung zu betrachten, schaffte er sich den Gegenstand
dadurch vom Halse, daß er mit der Geschichte so schnell wie
möglich zu Ende eilte; indem er somit eine Erzählung,

welche in zwei Theilen ausgeführt werden sollte, in e i n e m Theile flüchtig hinwarf, hat er vielleicht einen Roman geschrieben, welcher ebenso unverhältnißmäßig und verdreht, wie der schwarze Zwerg, sein Gegenstand, ausgeführt worden ist.

# Erstes Kapitel.

---

„Haſt du etwas von Philoſophie in deinem
Kopfe, Schäfer?"
„Wie Ihr wollt."

Es war ein ſchöner Aprilmorgen (ausgenommen, daß es
die Nacht zuvor ſtark geſchneit hatte und der Boden mit einem
blendenden Mantel von ſechs Fuß Tiefe bedeckt war), als
zwei Reiter auf das Wirthshaus zum Wallace zu ritten. Der
Erſtere war ein ſtarker, ſchlanker, großer, kräftiger Mann, in
einem grauen Reiterrock mit einem von Wachstuch bedeckten
Hut, einer großen Pferdepeitſche mit ſilbernem Griff und
dicken, wollenen Ueberziehhoſen. Er ſaß auf einer großen,
ſtarken, braunen, rauhhaarigen aber gut gehaltenen Stute mit
einem Sattel vom Schnitt der Landmiliz und einem militä=
riſchen Zaum mit doppeltem Gebiß. Der Mann, der ihn be=
gleitete, war offenbar ſein Diener; er ritt einen ſchäbigen,
kleinen, grauen Klepper, trug eine blaue Mütze auf dem Kopf,
ein großes, gewürfeltes Tuch um den Hals gewunden, lange,
blaue Strumpfhoſen anſtatt der Stiefeln, zeigte Hände ohne
Handſchuhe, die ſtark mit Theer befleckt waren, und beobach=

---

tete gegen seinen Gefährten eine achtungsvolle Haltung, ohne
jedoch jene Anzeichen von genauer Unterordnung zu äußern,
welche zwischen Leu ten höheren Standes und Bedienten stattfinden. Im Gegentheil, die zwei Reisenden ritten zusammen
in den Hof, und der Schlußsatz des Gespräches, das sie zwischen sich geführt hatten, war ein vereinigter Ausruf: „Gott
schütze uns, was soll aus den Lämmern werden, wenn dieß
Wetter anhält!" Der Wink war für den Wirth genügend,
welcher vortrat, um das Pferd der Hauptperson zu halten; er
ergriff dessen Zügel, als letztere abstieg, während der Stall-
knecht dem Begleiter jenes Reiters denselben Dienst erwies,
hieß die Fremden „Willkommen in Gandercleugh," und fragte
in demselben Athem, „was gibt's Neues in den südlichen
Hochlanden?"

„Neuigkeiten?" fragte der Fremde, „genug Neuigkeiten,
nach meiner Meinung; wenn wir die Mutterschafe durchbrin-
gen, so ist das Alles, was wir thun können, wir müssen sogar die Lämmer der Sorgfalt des schwarzen Zwergs überlassen."

„Ach, ach," fügte der alte Schäfer hinzu (denn dieß war
er), indem er den Kopf schüttelte, „er wird diese Jahrszeit mit
den Fellen gefallener Lämmer viel zu thun haben."

„Der schwarze Zwerg?" fragte des Verfassers gelehrter
Freund und Beschützer, Herr Zedekias Cleishbothan. „Was
für eine Art Person mag er sein."

„Still, still," erwiderte der Pächter, „Ihr habt vom weisen Elshie, vom schwarzen Zwerg schon viel gehört, oder ich
müßte mich sehr irren. Die ganze Welt erzählt von ihm,
allein das ist dennoch nur toller Unsinn, ich glaube kein Wort
davon, vom Anfang bis zum Ende."

„Euer Vater aber glaubte doch daran steif und fest," sagte

der alte Mann, dem die Zweifelsucht seines Herrn offenbar
mißfiel.

„Ja, sehr wahr, aber dieß war zur Zeit der Heidschnucken;
in jenen Tagen glaubte man sehr viele sonderbare Dinge, um
die sich Niemand mehr bekümmert, seit die langhaarigen Schafe
eingeführt wurden.“

„Desto schlimmer, desto schlimmer,“ sagte der alte Mann,
„Euer Vater, wie ich Euch oft gesagt habe, Herr, würde sich
sehr geärgert haben, hätte er gesehen, wie der alte Stall zum
Schafscheeren abgebrochen wurde, um steinerne Mauern um
den Park zu bauen, und den schönen, einst mit Ginster bewachsenen Hügel, wo er so gerne des Abends saß, mit seinem
Mantel angethan, und auf die Kühe, wie sie den Abhang hin-
abkamen, blickte, den schönen Hügel möchte er jetzt nicht sehen,
wie der sonnige Platz nach der heutigen Mode gänzlich mit
dem Pfluge umgewühlt ist.“

„Still, Bauldie,“ erwiderte sein Herr, „trink das Glas
Branntwein, das dir der Wirth bringt, und bekümmere deinen Kopf nicht mit dem Wechsel in der Welt, so lang es dir
gut geht und du dich pflegen kannst.“

„Auf Eure Gesundheit, ihr Herren,“ sagte der Schäfer,
und nachdem er das Glas genommen und beobachtet hatte,
daß der Branntwein ächtes Gebräu war, fügte er hinzu,
„wahrhaftig, Unsereins darf sich sicherlich kein Urtheil anma-
ßen, aber der mit Ginster bewachsene Hügel da war ein schöner Hügel, und gab den Lämmern einen guten Schutz an einem so kalten Morgen wie diesem.“

„Ja,“ sagte sein Herr, „aber Ihr wißt, wir müssen jetzt
Rüben pflanzen statt langhaarige Schafe zu halten, Bruder, und
hart arbeiten, um sie zu bekommen, sowohl mit dem Pflug
wie mit der Haue, und es wäre ein schlechter Haushalt, setz-

ten wir uns auf den mit Ginster bewachsenen Hügel, und schwatzten über schwarze Zwerge und trieben wir dergleichen Zeitvertreib, wie es vor Zeiten Sitte war, als die kurzen Schafe in der Mode waren."

„Ja wohl, Herr," sagte der Diener, „kurze Schafe brachten kurze Renten."

Hier fiel der würdige und gelehrte Patron in das Gespräch ein mit der Bemerkung, er könne im Punkt der Länge keinen wesentlichen Unterschied zwischen einem Schafe und einem andern angeben."

Dieses erregte ein lautes und rauhes Gelächter von Seiten des Pächters, und von Seiten des Schäfers einen starren Blick des Erstaunens.

„Es ist die Wolle, Mann, und nicht das Schaf selbst, weßhalb man es lang oder kurz nennt. Wenn Ihr den Rücken der Schafe messen wollt, so würden die kurzen den längsten Leib von den beiden haben, aber es ist die Wolle, welche die Pachtrente heutzutage aufbringt, und dabei hat man große Noth."

„Wahrhaftig, Bauldie, sagt die Wahrheit, kurze Schafe machen kurze Renten; mein Vater zahlte als Pachtzins nur 60 Pfund und jetzt kömmt er mir auf 300 Pfund bei Heller und Pfennig."

„Das ist sehr wahr, aber ich habe keine Zeit, hier zu schwatzen, bringt uns unser Frühstück und seht nach unsern Rappen. Ich will zu Christye Wilsons Pachtgut reiten und versuchen, ob ich mit ihm über den Kaufschilling übereinkommen kann, den ich ihm für seine einjährigen Schafe geben will; wir hatten sechs Krüge Bier auf dem Jahrmarkt in St. Boswell um den Handel zu schließen, getrunken, und konn-

ten nicht auf die eine oder andere Weise über die Einzeln=
heiten einstimmig werden, so viel Zeit wir uns auch dabei
nahmen. Ich zweifle, ob wir Eins werden, aber hört, Nachbar,
(die Worte waren an meinen würdigen und gelehrten Patron
gerichtet,) wenn Ihr über lange oder kurze Schafe etwas hören
wollt, so bin ich um Ein Uhr zum Essen wieder hier; oder
wenn Ihr alte Geschichten vom schwarzen Zwerg und der=
gleichen vernehmen, und den Bauldie dort mit einem hal=
ben Kruge bewirthen wollt, so wird er so munter wie eine
Kinderklapper schwatzen, und ich will Euch selbst mit einem
Kruge bewirthen, wenn ich meinen Handel mit Christye Wil=
son schließen kann."

Der Pächter kehrte zur bestimmten Zeit zurück, und mit
ihm kam Christye Wilson, denn beide waren glücklicherweise
über die streitigen Punkte ohne Mitwirkung der gelehrten
Herren des Rechtes eins geworden. Mein gelehrter und wür=
diger Freund blieb nicht aus, wegen der Erquickungen, welche
sowohl seiner Seele wie seinem Leibe verheißen waren, obgleich
er an letzteren nur in sehr mäßigem Grade Theil nimmt; die
Gesellschaft, der sich auch der Herr Wirth anschloß, blieb bis
spät am Abend sitzen und würzte ihr Getränk mit manchen
trefflichen Erzählungen und Gesängen. Der letzte Vorfall,
dessen ich mich erinnere, war ein Fall, wodurch mein gelehr=
ter und würdiger Patron von seinem Stuhle hinab sank, ge=
rade als er eine lange Vorlesung über Mäßigkeit geschlossen
hatte, indem er zwei Verse aus dem Gedicht: „Der sanfte
Schäfer" zitirte, die er mit sehr vielem Glück von dem Laster
des Geizes auf das der Trunkenheit übertrug.

„Hast du genug, wird sanfter Schlummer walten,
Du kannst zuviel mit Qual allein behalten."

Im Laufe des Abends wurde der schwarze Zwerg *) nicht
vergessen, und der alte Schäfer Baulbie erzählte so manche
Geschichten von ihm, daß dieselben viel Interesse erregten. Es

---

*) Der jetzt beinahe vergessene schwarze Zwerg wurde einst von den
Thalbewohnern der Grenze für eine furchtbare Person gehalten; es
wurde demselben alles Unheil aufgebürdet, welches die Schafe oder das
Rindvieh traf. Dr. Leyden, welcher in einem seiner Gedichte häufig
von der Sage Gebrauch macht, bezeichnet ihn als einen Kobold von der
boshaftesten Art. Die letzte und am meisten authentische Nachricht über
dieses gefährliche und geheimnißvolle Wesen findet sich in einer Erzählung, die der ausgezeichnete Antiquar Richard Surtees, Verfasser der
Geschichte des Bisthums Durham, dem Verfasser dieser Erzählung mittheilte.

Nach der Sage gingen zwei junge Northumbrier auf die Jagd und
drangen tief in die gebirgigen Moorländer, welche an Northumberland
grenzen. Sie setzten sich in ein kleines Thal an einen Bach, um Erfrischungen einzunehmen. Nachdem sie dort die Speisen genossen hatten, die von ihnen mitgebracht waren, fiel der Eine von ihnen in
Schlaf; der Andere wollte die Ruhe seines Freundes nicht stören, und
verließ in der Stille das Thal mit der Absicht, sich umzusehen, als er
sich plötzlich zu seinem Erstaunen neben einem Wesen befand, welches
nicht zu dieser Welt zu gehören schien. Es war der scheußlichste Zwerg,
den jemals die Sonne beschienen hat. Sein Kopf war von vollkommener Menschengröße, und bildete einen furchtbaren Gegensatz zu seiner
Höhe, die viel weniger wie vier Fuß betrug. Der Kopf hatte keine
andere Decke, wie langes, geflochtenes, rothes Haar, welches dick wie der
Filz von Dachshaaren, eine röthlichbraune Farbe, ähnlich derjenigen des
blühenden Heidekrautes hatte. Seine Glieder schienen ungemein kräftig;
auch zeigte er sonst keine andere Entstellung, wie das Mißverhältniß in
der Dicke derselben zu seiner geringen Höhe. Der erschreckte Jäger
starrte die furchtbare Erscheinung an, bis jenes Wesen mit dem Ausdruck des Zornes im Antlitz an ihn die Frage richtete, „nach welchem
Recht er in diese Hügel dringe und deren harmlose Einwohner tödte?“
Der erschreckte Jäger bemühte sich, den zornigen Zwerg zu besänftigen,
indem er ihm anbot, sein Wild ihm zu überliefern, wie er einem irdi-
schen Herrn der Gegend gegenüber verfahren sein würde. Der Vor-

zeigte sich auch, aber nicht eher, als bis die dritte Punsch-boole geleert war, daß viel von der Zweifelsucht des Pächters auf Vorstellung beruhte, wie denn auch freisinniges Denken und Freiheit von alten Vorurtheilen einem Manne wohl an-stand, welcher 300 Pfund jährlichen Pachtzins zahlte; in Wirk-lichkeit aber lauerte der Glaube an die Ueberlieferungen sei-ner Ahnen im Hintergrunde. Nach meiner gewöhnlichen Weise erkundigte ich mich bei andern Personen, welche mit dem wil-den Hirtendistrikt in Verbindung standen, worauf der Schau-platz der folgenden Erzählung verlegt ist. Ich war so glück-

---

schlag erhöhte allein den Zorn des Zwerges, welcher angab, er sei der Herr dieser Berge und der Beschützer der wilden Geschöpfe, die eine Zuflucht in deren einsamen Schluchten fänden; jedes Geschenk, welches vom Tode oder vom Elend derselben herstamme, sei ihm abscheulich. Der Jäger demüthigte sich vor dem zornigen Kobold, und beruhigte zu-letzt denselben durch Versicherung seiner Unschuld und seines Entschlusses, sich später solchen Eindringens in diese Gegend zu enthalten. Der Ko-bold wurde jetzt gesprächiger, und sprach von sich, als gehöre er zu einer Art von Wesen, die zwischen dem Geschlecht der Engel und den Men-schen in der Mitte ständen. Er fügte ferner hinzu, was man kaum hätte vermuthen sollen, daß er Hoffnung habe, die Erlösung von Adams Geschlecht zu theilen, er drängte den Jäger mit Bitten, daß er seine Wohnung besuche, welche nach seiner Versicherung dicht in seiner Nähe war, und verpfändete sein Wort, daß jener glücklich heimkehren werde. In diesem Augenblick aber ließ des Jägers Freund seinen Ruf ertönen, und der Zwerg, als wolle er nicht, daß mehr wie Eine Person seine Gegenwart schauen, verschwand, als der junge Mann aus dem Thale hervor kam, um seinem Genossen sich anzuschließen.

Diejenigen, welche in diesen Dingen am meisten erfahren sind, sind allgemein der Meinung, daß der Jäger, wenn er den Kobold begleitet hätte, ungeachtet der schönen Versprechungen des Zwerges, entweder zer-rissen oder Jahre lang in den Schluchten eines Feenberges eingemauert worden wäre.

Dieß ist der letzte und am meisten authentische Bericht über die Erscheinung des schwarzen Zwergs.

Der schwarze Zwerg. 2

lich, viele Glieder der Geschichte aufzufinden, die man nicht allgemein kennt, und die wenigstens einigermaßen die übertriebenen wunderbaren Beigaben erklären, womit sie der Aberglaube in den gemeineren Ueberlieferungen ausgeschmückt hat.

## Zweites Kapitel.

Könnt Ihr denn sonst kein andres Wesen jetzt
Als das Gespenst von Hearne dem Jäger brauchen?
Die lustigen Weiber von Windsor.

In einem der entlegensten Distrikte des Südens von Schottland, wo eine gedachte und über die Gipfel hoher und kahler Berge gezogene Linie dies Land von seinem Schwesterkönigreich trennt, kehrte ein junger Mann mit Namen Halbert oder Hobbie Elliot von der Rehjagd zurück. Er rühmte sich von Martin Elliot, dem Herrn des Preakin Tower abzustammen, der in der Sage und im Gesange der Grenzdistrikte berühmt ist. Das Rothwild, einst so zahlreich in diesen Einöden, war jetzt auf wenige Rudel vermindert, die in den entlegensten und unzugänglichsten Schluchten Zuflucht suchten, so daß ihre Verfolgung in gleicher Weise mühsam, wie ungewiß im Erfolg war; dennoch fanden sich noch viele junge Leute im Lande, welche diese Jagd ungeachtet aller Gefahren und Mühen eifrig betrieben. Das Schwert ruhte an der Grenze schon länger wie hundert Jahre durch die friedliche Vereinigung der Kronen unter Jacob I., König Großbritanniens, in der Scheide. Das Land aber zeigte noch Spuren von dem, was es früher war;

die Einwohner, deren friedliche Beschäftigungen durch die Bür=
gerkriege des vorhergehenden Jahrhunderts unterbrochen wur=
den, hatten sich kaum an eine regelmäßige Thätigkeit gewöhnt;
die Schafzucht war noch nicht in beträchtlicher Ausdehnung
eingeführt; die Hügel und Thäler wurden hauptsächlich nur
zu Haltung von Rindviehheerden benutzt. Der Pächter säete
nur bei seinem Hause so viel Hafer und Gerste wie er zum
Mehl für seine Familie brauchte; die ganze ungeschickte und
unvollkommene Bewirthschaftungsweise stellte ihm und seinem
Bedienten viel Zeit zur Verfügung. Die jungen Leute ver=
brachten dieselbe gewöhnlich im Jagen und Fischen; der aben=
theuerliche Geist, welcher früher zu Raubzügen und feindlichen
Einfällen in denselben Distrikten aufreizte, ließ sich noch in
dem Eifer entdecken, womit jene jungen Leute der Jagd sich
hingaben.

Zur Zeit, als unsere Erzählung beginnt, erwarteten die
kühneren Jünglinge eher mit Hoffnung wie mit Furcht eine
Gelegenheit, um mit den kriegerischen Thaten ihrer Väter zu
wetteifern, deren Erzählung ihr hauptsächlichstes Vergnügen
zu Hause bildete. Die Annahme der sogenannten Sicherheits=
akte von Seiten des schottischen Parlamentes hatte in England
Beunruhigungen hervorgerufen, da jene Akte auf eine Tren=
nung der beiden brittischen Königreiche nach dem Tode der
damals regierenden Königin Anna hinzuweisen schien. Godolphin,
welcher damals an der Spitze der englischen Regierung stand,
sah voraus, daß die wahrscheinliche Gefahr eines Bürgerkrie=
ges sich nur dadurch vermeiden ließ, daß eine Vereinigung
beider Königreiche zu einem einzigen Staatskörper durchge=
führt würde. Man mag aus der Geschichte dieser Periode sich
mit den Umständen bekannt machen, unter denen die Verhand=
lungen stattfanden, während einige Zeit dieselben nicht die

2*

günstigen Resultate verhießen, welche seitdem in so großer Ausdehnung eingetreten sind. Hier bemerken wir nur, daß ganz Schottland über die Bedingungen erzürnt war, unter denen das Parlament in Edinburg die Nationalunabhängigkeit preisgegeben hatte. Die allgemeine Erbitterung veranlaßte die sonderbarsten Verbindungen der Parteien und die Entwerfung der wildesten Pläne. Die Cameranier standen im Begriff, die Waffen für die Wiedereinsetzung des Hauses Stuart zu ergreifen, welches sie mit Recht als eine Familie von Unterdrückern betrachteten; die Intriguen jener Zeit boten das sonderbare Bild von Cabalen der Katholiken, der Anhänger der englischen Kirche und der Presbyterianer, welche vereint dieselben gegen die englische Regierung bei dem gemeinsamen Gefühle schmiedeten, daß ihr Vaterland mit Ungerechtigkeit behandelt worden sei. Eine heftige Gährung herrschte überall, und da die Bevölkerung Schottlands nach der Sicherheitsakte in den Waffen allgemein geübt war, so war sie für den Krieg nicht wenig vorbereitet und erwartete nur die Erklärung Einiger aus dem so starken Adel, um offene Feindseligkeiten zu beginnen. Während dieser Periode öffentlicher Verwirrung eröffnet sich unsere Erzählung.

Die Bergschlucht, in welcher Hobbie Elliot das Wild verfolgt hatte, lag schon in beträchtlicher Entfernung hinter ihm und er befand sich auf seiner Rückkehr nach Hause, als die Nacht einbrach. Dieser Umstand wäre dem erfahrenen Jäger gleichgültig gewesen, da derselbe mit verbundenen Augen über jeden Zoll seiner heimathlichen Haide hätte wandern können, wäre nicht gerade ein Ort nahe gewesen, welcher nach den Ueberlieferungen der Gegend als der Schauplatz übernatürlicher Erscheinungen in außerordentlich schlechtem Rufe stand. Hobbie hatte seit seiner Kindheit den Erzählungen dieser Art ein auf=

merksames Ohr geliehen; und wie kein Theil des Landes eine solche Mannigfaltigkeit von Sagen darbot, so war auch Niemand in jenen Schrecken erregenden Erzählungen mehr bewandert, wie Hobbie vom Heugh=Foot; so hieß nämlich unser Held, um ihn von einem ganzen Dutzend Elliot's zu unterscheiden, welche denselben Taufnahmen führten. Es waren deßhalb für ihn keine Anstrengungen des Gedächtnisses erforderlich, um ihn an die furchtbaren Vorfälle zu erinnern, welche mit der ausgedehnten Einöde, die er betreten wollte, in Verbindung standen. Auch drangen dieselben so lebhaft auf seine Erinnerung ein, daß er sich einigen Schreckens nicht erwehren konnte.

Diese furchtbare Einöde hieß Mucklestane Moor nach einer großen Säule unbehauenen Granites, welche ihre massenhafte Spitze auf einer Anhöhe in der Mitte der Haide erhob, vielleicht um von den gewaltigen Todten, die unter ihr schliefen, einige Kunde zu geben, oder um die Erinnerung an einen blutigen Kampf zu bewahren. Die Ursache ihrer Errichtung war jedoch vergessen; die mündliche Ueberlieferung, welche häufig ebensowohl Dichtung erfindet, wie die Wahrheit aufbewahrt, hatte die Lücke mit einer Sage ihrer Erfindung ausgefüllt, welche jetzt in das Gedächtniß Hobbie's eindrang. Der Boden um den Pfeiler war mit vielen großen Blöcken derselben Steinart wie die Säule dicht bestreut; das Volk nannte dieselben nach dem Aussehen, welches ihre Zerstreuung auf der Haide darbot, die grauen Gänse von Mucklestane=Moor. Die Sage erklärte den Namen und das Aussehen durch den Untergang einer berühmten und furchtbaren Hexe, welche diese Höhen in früheren Jahren oft besuchte, die Mutterschafe unzeitig lammen und die Kühe kalben ließ, und alle unheilvollen Tücken ausführte, welche Wesen dieser Art zugeschrieben wurden. Auf diesem Moor hielt sie ihre nächtlichen Feste mit ihren Schwester-

Heren; man zeigte noch Ringe auf dem Boden, wo weder Gras noch Haidekraut wuchs, denn der Rasen war durch die sengenden Hufe der Teufel beim Tanze gleichsam verkalkt.

Einstmals soll diese alte Here über das Moor gegangen sein und eine Gänseheerde vor sich her getrieben haben, die sie mit Vortheil auf einem benachbarten Markte zu verkaufen gedachte. Der Teufel nämlich, wie man sehr wohl weiß, ist zwar freigebig in Mittheilung seines Vermögens Unheil anzurichten, läßt aber sehr ungroßmüthig seine Verbündeten in solcher Lage leben, daß sie die niedrigsten ländlichen Arbeiten, um nur leben zu können, vollbringen müssen. Der Tag war schon weit vorgerückt und die Möglichkeit einen guten Preis zu erlangen, hing von dem Umstande ab, daß die Here zuerst auf den Markt gelangte. Die Gänse waren zuerst in ziemlicher Ordnung einhergegangen. Als sie aber auf diesen weiten Gemeindeplatz kamen, der mit Sümpfen und Teichen nach jeder Richtung hin bestreut war, tauchten sie in das Element, worin sie so gerne verweilen. Die Here nun ärgerte sich über den Eigensinn, womit die Gänse alle ihre Bemühungen, sie zu sammeln, vereitelten; sie erinnerte sich gerade nicht der genauen Bedingungen des Contraktes, unter denen der Teufel sich zum Gehorsam gegen ihre Befehle auf eine gewisse Zeit verpflichtet hatte; in dieser Stimmung rief sie: „Satan, wenn sich doch die Gänse niemals mit mir von diesem Ort rührten!" Kaum waren diese Worte gesprochen, als eine Metamorphose so plötzlich wie irgend eine von Ovid, die Here und ihre widerspenstige Heerde in Stein verwandelte; der Engel, dem sie diente, hält bekanntlich streng auf Rechtsformen und benutzte daher eifrig eine Gelegenheit, um Leib und Seele bei ihr zu Grunde zu richten, indem er ihrem Befehle wörtlich gehorchte. Als sie nun dies erkannte und die stattfindende Verwandlung empfand, soll sie dem verrätherischen bösen Geiste zugerufen haben: „o du falscher Dieb, lange Zeit hast du mir einen grauen Rock versprochen und jetzt bekomme ich einen, der in Ewigkeit dauern wird."

Auf den Umfang der Säule und der Steine wurde oft als auf einen Beweis des höheren Wuchses und der Körpergröße von alten Weibern und Gänsen in den Tagen der Vorzeit durch die Lobredner der Vergangenheit verwiesen, welche die sehr erquickliche Meinung hegen, daß eine stufenweise Entartung des Menschengeschlechtes eintritt.

Hobbie erinnerte sich an alle Einzelnheiten dieser Sage, als er über das Moor ging. Er erinnerte sich auch, daß der Ort seit dem Eintreten jener Katastrophe wenigstens nach dem Einbruch der Nacht von allen menschlichen Wesen als der Tummelplatz vermieden wurde, wo Ziegenböcke, Kobolde und andere Geister, einstmals die Genossen der Hexe, bei deren Teufelsgelagen noch immer ihre Zusammenkünfte hielten, als ständen sie noch im Dienste ihrer verwandelten Gebieterin. Hobbie's natürlicher Muth bekämmpfte jedoch mit Mannhaftigkeit diese zudringlichen Empfindungen der Furcht. Er rief ein Paar großer Hühnerhunde an seine Seite, welche die Gefährten seiner Jagd waren und nach seinem eigenen Ausdruck, weder Hund noch Teufel fürchteten; er besah sich das Zündkorn auf seinem Gewehr und pfiff, wie der Narr von Hallowe'en das kriegerische Lied vom Jock, ebenso wie ein General die Trommeln wirbeln läßt, um den zweifelhaften Muth seiner Soldaten zu erhöhen.

In diesem Zustand seiner Seele vernahm er mit Vergnügen hinter sich die Stimme eines Freundes, welcher ihm vorschlug, sein Gefährte unterwegs zu sein. Er ging langsamer und wurde bald von einem jungen Manne eingeholt, den er wohl kannte, einem Herrn, der in jener entfernten Gegend als vermöglich galt, und welcher derselben Beschäftigung wie er selbst nachgegangen war. Der junge Herr Earnscliff, „ein Mann von demselben Schlage", war kürzlich großjährig geworden und hatte ein mäßiges Vermögen erhalten, welches zum großen Theil durch den Antheil verschleudert war, welchen seine Familie an den bürgerlichen Unruhen jener Zeit genommen hatte. Die Familie genoß jedoch viele und allgemeine Achtung im Lande, und dieser junge Herr schien auch geeignet, den guten Ruf derselben zu erhalten, denn er war wohl erzogen und besaß ausgezeichnete Charakter=Eigenschaften.

„Nun, Earnscliff," rief Hobbie, „es ist mir lieb, daß ich Euer Gnaden begegne; Gesellschaft ist ein Glück auf einem so öden Moor wie diesem, der Platz wird von Kobolden heimgesucht; wo habt Ihr gejagt?"

„Auf dem Carla=Cleugh, Hobbie," erwiderte Earnscliff, indem er dessen Gruß zurückgab, „aber glaubt Ihr, daß Eure Hunde den Frieden halten?"

„Ja," sagte Hobbie; „sie können kaum auf Einem Beine stehen; wahrhaftig ich glaube, daß die Hirsche und Rehe aus dem Lande geflohen sind; ich bin sogar bis Inger=fell=food gekommen und habe kein Geweih gesehen, mit Ausnahme zweier toller Hirschkühe, die mich niemals zum Schuß kommen lassen, obgleich ich den Umweg einer Meile machte, um ihnen den Wind abzufangen. Ich mache mir nichts draus, indessen möchte ich gerne einiges Wildpret für unsere alte Großmutter haben. Die alte mürrische Frau sitzt dort im Winkel und schwatzt über die gewaltigen Jäger früherer Zeiten. Wahrhaftig, ich glaube, daß diese alles Wild im Lande getödtet haben."

„Schon gut, Hobbie, ich habe einen fetten Rehbock geschossen und ihn heute Morgen nach Earnscliff gesandt; Ihr sollt die Hälfte davon für Eure Großmutter haben."

„Vielen Dank, Herr Patrik, das ganze Land kennt Euer gutes Herz, die alte Frau wird sich freuen, um so mehr, wenn sie hört, daß der Braten von Euch kam, aber noch mehr, wenn Ihr selbst Euch einstellen wollt, um Euren Antheil daran zu verspeisen, denn gewiß lebt Ihr jetzt einsam im alten Thurm, während Eure Familie in dem widerlichen Edinburg ist. Ich wundere mich, wie Leute, die auf ihren eigenen schönen grünen Hügeln wohnen können, sich unter Reihen von steinernen Häusern mit Schieferdächern behaglich finden."

„Meine Erziehung und die meiner Schwester hat meine Mutter genöthigt, mehrere Jahre lang in Edinburg zu wohnen, aber ich verspreche Euch, daß ich die verlorne Zeit wieder einbringen werde."

„Sie müssen auch den alten Thurm ein wenig ausschmücken lassen," sagte Hobbie, „sowie herzlich und nachbarlich mit den alten Familienfreunden leben, wie es dem Gutsherrn von Earnscliff geziemt. Ich kann Euch sagen, meine Mutter (ich meine meine Großmutter, denn bisweilen nennen wir sie so, seit wir unsere eigene Mutter verloren) wohl, meine Großmutter bildet sich ein, daß sie mit Euch in keiner zu entfernten Verwandtschaft steht."

„Sehr wahr, Hobbie, und ich werde morgen von ganzem Herzen zum Mittagessen nach Heugh-foot kommen."

„Wohl, das ist eine höfliche Antwort, wir sind alte Nachbarn, wenn auch nicht verwandt; meine gute Großmutter sehnt sich darnach, Euch in unserem Hause zu haben, sie spricht über Euren Vater, der vor langer Zeit getödtet wurde."

„Still, still, Hobbie, kein Wort darüber, die Geschichte wird besser in Vergessenheit begraben."

„Ich weiß nicht, wäre unseren Leuten der Fall begegnet, so hätten wir ihn manchen Tag im Gedächtniß behalten, bis wir einige Ausgleichungen dafür erlangt haben würden; allein ihr Herren von Stande kennt am besten eure eigenen Wege, ich habe gehört, daß Ellieslaw's Freund Euren Vater erstach, nachdem der Gutsherr selbst ihm seinen Degen entwunden hatte."

„Pfui, Hobbie, es war ein thörichter Zank, der durch Wein und Politik entstand; viele Degen waren gezogen, es ist unmöglich anzugeben, wer den Stoß ausführte."

„Jedenfalls hat der alte Ellieslaw dabei geholfen und aufgereizt; sicherlich, wenn Ihr Lust hättet, Rache zu nehmen, so könnte Euch Niemand das Unrecht zuschreiben, denn Eures Vaters Blut klebt an seinen Nägeln; außerdem gibt es Niemand sonst, dem es daran gelegen wäre, Rache zu nehmen, und Jener ist außerdem noch ein Jacobit und Episkopale. Ich kann Euch sagen, die Landleute erwarten, daß zwischen euch etwas vorgeht."

„Schämt Euch, Hobbie!" erwiderte der junge Gutsbesitzer, „Ihr gebt vor, religiös zu sein, und reizt dennoch Euren Freund, das Gesetz zu verletzen und mit eigener Hand Rache zu nehmen, noch dazu an einem von Geistern heimgesuchten Orte, wo wir nicht wissen können, welche Wesen auf uns horchen!"

„Stille, stille!" sagte Hobbie, indem er sich seinem Gesellschafter mehr näherte, „an so etwas dachte ich nicht, ich kann jedoch ein wenig errathen, was Eure Hand zurückhält, Herr Patrik. Wir wissen Alle, daß es kein Mangel an Muth ist, sondern es sind die zwei grauen Augen eines schönen Mädchens, der Miß Isabella Vere, die Euch so ruhig halten."

„Ich versichere Euch, Hobbie," sagte sein Reisegefährte etwas ärgerlich, daß Ihr Euch hierin irrt; Ihr habt sehr Unrecht, einen solchen Gedanken zu hegen oder nur auszusprechen, ich werde durchaus nicht gestatten, daß man sich herausnimmt, meinen Namen mit demjenigen irgend einer jungen Dame zu verknüpfen."

„So, so," erwiderte Elliot, „sagte ich nicht, es sei kein Mangel an Feuer, wodurch Ihr so sanft geworden seid? Schon gut, ich wollte nicht beleidigen, allein es gibt Etwas, das Ihr Euch wohl merken könnt, wenn ein Freund es sagt. Der alte Laird von Ellieslaw hat sein altes Abenteurer=Blut in seinem Herzen weit heißer wie Ihr. Wahrhaftig er begreift nichts von jenen neumodischen Ansichten über Frieden und Ruhe. Er ist für das alte Verfahren des Ueberfallens und Wegelagerns, und hat hinter sich einen Schwarm kräftiger Burschen, die er in guter Laune und voll Liebhaberei am Un= heil wie junge Füllen hält. Wo er das Geld herbekömmt, kann Niemand sagen; er lebt jedoch in Ueppigkeit und gibt weit mehr aus, wie ihm sein Gut hier einbringt, indeß er bezahlt nach seiner Art. Bricht ein Aufstand im Lande aus, so ist er einer der Ersten; auch gedenkt er sehr wohl noch des alten Streits mit Euch. Ich vermuthe, daß er sich an dem alten Thurm von Earnscliff versuchen will."

„Gut, Hobbie," antwortete der junge Herr, „wenn er so schlecht berathen ist, so will ich versuchen, den alten Thurm gegen ihn zu halten, ebenso wie vor Zeiten Leute die besser waren wie ich, ihn gegen Leute siegreich vertheidigten, die besser waren wie er."

„Sehr gut, sehr gut, jetzt redet Ihr wie ein Mann!" be= merkte der kräftige Reiter der Landmiliz, „wenn das so sein soll, so braucht nur Euer Diener die große Glocke im Thurme zu schwingen, dann werde ich mit meinen zwei Brüdern und David von Stenhouse mit aller Macht zu Euch kommen, die wir so schnell wie ein Gewehrschloß zuschnappt, zusammen bringen können."

„Ich danke Euch, Hobbie," sagte Earnscliff, „ich hoffe jedoch, daß wir keinen so unnatürlichen und unchristlichen Krieg zu unserer Zeit noch haben werden."

„O Herr!" erwiderte Elliot, „es wäre nur ein kleiner Nachbarkrieg; Himmel und Erde würden in dieser schlecht bebauten Gegend damit Nachsicht haben. Dergleichen liegt in der Natur des Landes und des Volkes, wir können nicht so ruhig wie die Londoner Bürger leben; wir haben nicht so viel zu thun. Das ist unmöglich."

„Wohl, Hobbie," sagte der Laird, „für Jemanden, der so fest wie Ihr an übernatürliche Erscheinungen glaubt, stellt Ihr wahrlich den Himmel etwas keck auf die Probe in Betracht des Moores, durch den wir jetzt gehen."

„Was kümmert mich der Mucklestane-Moor mehr wie Euch, Earnscliff," sagte Hobbie etwas beleidigt. „Gewiß, man erzählt, daß eine Art Kobold und lang geschwänzte Dinge sich auf diesem Orte aufhalten, aber was kümmert's mich, ich habe ein gutes Gewissen und wenig zu verantworten, wenn nicht etwa einen Zank unter Burschen oder eine Schlägerei auf einem Jahrmarkte, und das ist nicht der Rede werth. Obgleich ich es selbst sage, so bin ich ein so ruhiger Bursch und ein so friedlicher —"

„Und Dick Turnbulls Kopf, den Ihr einschlugt, und Willie von Winton, auf den Ihr geschossen habt," fiel sein Reisegefährte ihm in die Rede.

„Halt, Earnscliff, Ihr haltet ein Register über der Leute Unthaten ... Dicks Kopf wurde geheilt und wir wollen den Zank in Jedbard am Kreuzstege ausfechten, so daß die Sache auf friedlichem Wege beigelegt wird; mit Willie aber bin ich wieder gut Freund; der arme Kerl, er bekam nur zwei oder drei Hagelkörner, ich ließe Jeden um eine Pinte Branntwein, mir dasselbe anthun, aber Willie ist in den Niederlanden erzogen, der arme Kerl, und fürchtete zu schnell für sein Leben. Und was die Kobolde betrifft, wenn wir hier einen solchen treffen sollten —"

„Das ist nicht unwahrscheinlich," sagte der junge Earnscliff, „denn dort steht Eure alte Hexe, Hobbie."

„Ich sage," fuhr Elliot fort, als ärgerte er sich über diesen Wink — „ich sage, wenn die alte Hexe gerade auf diesem Platze selbst aus dem Boden käme, so würde ich mich nicht mehr darum bekümmern, wie — aber Gott schütze uns, Earnscliff, was kann das sein?"

# Drittes Kapitel.

---

Du Zwerg, der dort den Sumpf durcheilt,
Sprich deines Namens Laute!
„Des Moors Gespenst, das gern verweilt
In duft'gem Haidekraute.

Joh. v. Leyden.

Der Gegenstand, welcher den jungen Pächter in Mitte sei=
ner Behauptungen erschreckte, beunruhigte sogar auf einen
Augenblick seinen weniger in Vorurtheilen befangenen Gefähr=
ten. Der Mond, welcher während ihres Gespräches aufge=
gangen war, kämpfte gleichsam mit den Wolken und verbrei=
tete nur gelegentlich ein zweifelhaftes Licht. Bei einem seiner
Strahlen, welcher sich über die große Granitsäule, der sie jetzt
nahe waren, ergoß, entdeckten sie eine scheinbar menschliche
Gestalt, die aber eine geringere Größe wie die gewöhnliche
zeigte; sie bewegte sich langsam unter den großen grauen
Steinen, nicht wie eine Person, die einem bestimmten Ziele
zugeht, sondern mit der langsamen, unregelmäßigen, wankenden
Bewegung eines Wesens, welches einen Ort von trauriger
Erinnerung umschwebt; von Zeit zu Zeit ließ die Gestalt eine
Art unbestimmten murmelnden Tones vernehmen. Dieß glich
so sehr den Vorstellungen, welche Hobbie Elliot über die Be=
wegungen einer Erscheinung hegte, daß er still stand, während
sein Haar auf seinem Schädel sich aufrichtete. Dann flüsterte

---

er feinem Gefährten zu, „es ift die alte Aillie felbft, foll ich auf fie fchießen im Namen Gottes?“

„Um des Himmes willen nein,“ fagte fein Gefährte, indem er das Gewehr niederhielt, welches jener zum Zielen fchon anlegen wollte. „Um des Himmels willen, nein, es ift ein armes wahnfinniges Gefchöpf.“

„Ihr feid felbft wahnfinnig, daß Ihr daran denkt, ihr fo nahe zu kommen,“ fagte Elliot, indem er feinerfeits feinen Gefährten zurückhielt, als derfelbe vorwärts gehen wollte, „wir werden gewiß noch Zeit haben, ein kleines Gebet zu fprechen, bevor fie die Strecke bis zu uns zurückgelegt hat. Wenn mir nur ein Gebet einfiele! Gott, fie hat keine Eile,“ fuhr er fort, indem er bei der Ruhe feines Gefährten und bei dem Verfahren der Erfcheinung kühner wurde, welche fich wenig um fie zu kümmern fchien.

„Sie geht fo lahm wie eine Henne auf einer heißen Hüh= nerfteige; ich rathe Euch Earnscliff“ (dieß fügte er in einem leifen Geflüfter hinzu), „laßt uns einen Umweg machen, als wollten wir einem Hirfch den Wind abgewinnen. Der Sumpf hat nur eine Tiefe bis an’s Knie, und beffer ift ein weicher Weg, wie fchlechte Gefellfchaft.“

Earnscliff jedoch fuhr fort, ungeachtet des Widerftandes und der Vorftellungen feines Gefährten, auf dem urfprünglich eingefchlagenen Wege voranzufchreiten und ftand bald dem Gegenftand feiner Nachforfchung gegenüber.

Die Höhe der Erfcheinung, welche bei der Annäherung fich noch zu mindern fchien, betrug weniger wie vier Fuß; ihre Geftalt, fo weit fie fich bei dem unvollkommenen Lichte er= kennen ließ, war beinahe ebenfo breit wie lang, oder vielmehr eine Kugelform, welche nur durch merkwürdige perfönliche Ent= ftellung veranlaßt fein konnte. Der junge Jäger begrüßte

zweimal diese außerordentliche Erscheinung, ohne eine Ant=
wort zu erhalten, oder sich um das Kneipen seines Gefährten
zu bekümmern, welcher sich bemühte, ihm eindringlich zu ma=
chen, das beste Verfahren bestehe darin, daß man weiter gehe,
ohne ein Wesen von so sonderbarem und übernatürlichem Aeu=
ßeren weiter zu stören.

Auf die dritte wiederholte Frage: „Wer seid Ihr? was
thut Ihr hier in dieser nächtlichen Stunde?“ erwiderte eine
Stimme, deren gelle, rauhe und übelklingenden Töne Elliot
um zwei Schritte zurückscheuchten und sogar seinen Gefährten
erschreckten:

„Geht eurer Wege und fragt nicht Solche, die auch an
euch keine Fragen richten.“

„Was thut Ihr hier so fern von einem Obdach? habt Ihr
Euch auf Eurer Reise verspätet? wollt Ihr uns nach Hause
folgen“ („Gott behüte,“ rief Hobbie Elliot unwillkürlich aus),
„so will ich Euch ein Obdach geben?“

„Lieber möcht’ ich mich auf dem tiefsten Grunde des Tar=
rasflusses verbergen,“ flüsterte wieder Hobbie.

„Geht eurer Wege,“ begann wieder die Gestalt, indem der
Zorn die Rauheit in den Tönen ihrer Stimme noch steigerte,
„ich bedarf nicht eurer Wohnung; vor fünf Jahren ruhte mein
Haupt in einer menschlichen Wohnung, und ich hoffe, es war
das letzte Mal.“

„Er ist wahnsinnig,“ sagte Earnscliff.

„Er sieht aus wie der alte Humphrey Ettercap der Klemp=
ner, welcher vor ungefähr fünf Jahren gerade in diesem Mo=
raste umkam,“ sagte sein abergläubischer Gefährte, „Humphrey
hatte aber keinen so dicken Leib.“

„Geht eurer Wege,“ wiederholte der Gegenstand ihrer
Neugier. „Der Athem menschlicher Körper vergiftet die Luft,

die mich umgibt, der Schall menschlicher Stimmen dringt durch meine Ohren wie scharfe Nadeln!"

„Gott beschütze uns," flüsterte Hobbie, „daß die Todten eine so furchtbare Bosheit gegen die Lebenden hegen! Seine Seele muß sich, wie ich vermuthe, in elendem Zustand befinden."

„Kommt Freund," sagte Earnscliff, „Ihr scheint einen starken Kummer zu erleiden; die Menschlichkeit gestattet nicht, daß wir Euch hier allein lassen."

„Die Menschlichkeit!" rief das Wesen mit einem höhnischen Lachen, „wo habt ihr dieß Wort, um Andere zu locken, aufgegriffen — diese Schlinge für Schnepfen — diese gewöhnliche Verkappung von Fallen für Menschen — dieser Köder, den der unglückliche Thor verschlingt und dann in ihm eine Angel mit zehnmal schärferen Widerhaken entdeckt, wie diejenigen, welche ihr bei solchen Thieren anwendet, die ihr wegen eurer Ueppigkeit mordet!"

„Ich sage Euch, Freund," erwiderte Earnscliff, „Ihr seid unfähig, Eure Lage zu beurtheilen; Ihr werdet in der Wildniß umkommen, und wir müssen aus Mitleid Euch mit uns zu gehen zwingen."

„Ich will nichts damit zu thun haben," sagte Hobbie, „lasset das Gespenst seinen eigenen Weg gehen, um Gottes willen!"

„Mein Blut komme über mein eigen Haupt, wenn ich hier umkomme," sagte die Gestalt; als sie bemerkte, daß Earnscliff darüber nachsann, ob er Hand an sie legen solle, fügte sie hinzu, „und euer Blut komme über euer Haupt, wenn ihr den Saum meiner Kleider berührt und mich mit den Flecken der Sterblichkeit beschmutzt!"

Der Mond schien glänzender, als jene Gestalt dieß sagte, und Earnscliff bemerkte, daß sie in der emporgestreckten rechten Hand eine Waffe hielt, welche in dem kalten Strahl wie die Klinge eines langen Messers oder wie der Lauf einer Pistole glänzte.

Es wäre Wahnsinn gewesen, in dem Versuche gegen einen so bewaffneten Menschen zu beharren, welcher eine so verzweifelte Sprache führte. Ohnedem war es Earnscliff klar, daß er auf keine Hülfe von seinem Gefährten rechnen könne, denn dieser hatte ihn im Stich gelassen, um seine Angelegenheiten mit der Erscheinung, so gut er konnte, auszugleichen. Derselbe war einige Schritte auf seinem Heimwege weiter gegangen. Earnscliff wandte sich deßhalb um und folgte Hobbie, nachdem er auf den vermuthlichen Wahnsinnigen noch einige Blicke hingewandt hatte. Dieser schweifte wild um den großen Stein umher, als habe die Unterredung seine Raserei gesteigert, und erschöpfte seine Stimme in Geschrei und Verwünschungen, welche wild über die öde Haide klangen.

Die beiden Jäger gingen einige Zeit schweigend nebeneinander, bis sie jene rauhen Töne nicht mehr vernahmen; dieß geschah aber nicht eher, als bis sie eine beträchtliche Entfernung von der Säule zurückgelegt hatten, welche dem Moore den Namen ertheilte.

Jeder machte im Geheimen seine besonderen Bemerkungen über den Auftritt, dessen Zeugen sie gewesen waren, bis Hobbie Elliot plötzlich ausrief: „Wohl, ich behaupte, daß jener Geist, wenn er ein Geist ist, im Fleische viel Böses gethan und gelitten hat, und daß dieß ihn jetzt in solcher Weise zu wüthen zwingt, nachdem er gestorben ist."

„Mir scheint dieß der Wahnsinn des Menschenhasses zu

fein," sagte Earnscliff, indem er die Richtung seiner Gedanken aussprach).

„Ihr glaubt also nicht, daß es ein Gespennst war," fragte Hobbie seinen Gefährten.

„Nein, gewiß nicht."

„Wohl, ich bin zum Theil selbst der Meinung, daß es ein lebendes Ding sein kann, aber so viel ich weiß, möchte ich nicht dafürhalten, daß irgend Etwas einem Kobold ähnlicher sehe."

„Jedenfalls," sagte Earnscliff, „will ich morgen hinreiten und nachsehen, was aus dem unglücklichen Wesen geworden ist."

„Bei hellem Tageslicht?" fragte der Reiter der Miliz, „dann will ich mit Gottes Gnade Euch begleiten, hier aber befinden wir uns meinem Pachtgute um zwei Meilen näher, als Eurem Hause; Ihr thut besser, mit mir heimzugehen; alsdann will ich meinen Burschen auf dem Klepper abschicken, um Euren Leuten sagen zu lassen, daß Ihr bei uns seid. Ich glaube, Euch erwartet Niemand, als die Bedienten und der Kater."

„Gut, Freund Hobbie, ich will mit Euch gehen," sagte der junge Jäger, „und da ich nicht wissentlich die Ursache sein möchte, daß meine Bedienten während meiner Abwesenheit sich ängstigen oder der Kater kein Abendessen bekömmt, so werde ich Euch verbunden sein, wenn Ihr Euren Burschen, wie Ihr vorschlagt, absenden wollt."

„Wahrlich, ich muß sagen, das ist gütig gehandelt; wir gehen also heim nach Heugh=foot; meine Leute werden sich sehr freuen, Euch zu sehen."

Nachdem Beide hierin überein gekommen waren, gingen sie mit schnellen Schritten etwas weiter. Als sie auf den Rücken eines ziemlich steilen Hügels gelangten, rief Hobbie Elliot aus:

3 *

„Nun, Earnscliff, ich bin stets vergnügt, wenn ich auf diesen Platz komme; Ihr seht das Licht dort unten; dasselbe kömmt vom Fenster der Halle, wo die Großmutter, die alte geschwätzige Frau, ihr Spinnrad schnurren läßt. Seht Ihr dort das andere Licht, welches an den Fenstern sich rückwärts und vorwärts bewegt? Das ist meine Cousine, Grace Armstrong; sie ist in der Haushaltung zweimal so geschickt, wie meine Schwester; auch sagen diese es selbst, denn sie sind so gutmüthige Mädchen, wie jemals ein junges Ding die Haide betrat; und die Großmutter sagt es auch, daß sie bei weitem thätiger ist und am besten in die Stadt zu Markt gehen kann, jetzt, wo die Großmutter das Haus nicht mehr verlassen darf. Von meinen Brüdern ist der eine fortgegangen, um dem Lord Kammerherrn seine Aufwartung zu machen, und einer ist in Moß-phabraig, unserem Pachthofe, den wir mit einem Anderen verwalten; er kann mit dem Rindvieh ebenso gut, wie ich selbst, umgehen.“

„Ihr seid glücklich, guter Freund, so viele treffliche Verwandte zu besitzen.“

„Wahrlich, das bin ich, — Grace macht mich dankbar, ich werde es nie verläugnen — Aber Earnscliff, Ihr seid ja auf gelehrten Schulen und auf der Universität in Edinburgh gewesen und habt dort gelernt, wo man am besten lernen kann — sagt mir doch — nicht daß die Sache mich im Besondern beträfe — ich hörte aber den Prediger von St. John und unsern eigenen Pfarrer, die darüber auf dem Wintermarkte stritten, und wahrlich, sie sprachen Beide sehr wohl — nun, der Priester sagt, es sei ungesetzlich, seine Cousine zu heirathen; ich kann jedoch nicht sagen, daß er nach meiner Meinung die Sprüche aus der Bibel halb so gut wie unser Pfarrer anführte — unser Pfarrer wird für den besten Gottesgelehrten

und für den besten Prediger zwischen diesem Ort und Edinburgh gehalten — glaubt Ihr nicht, daß er Recht hatte?"

„Gewiß, halten alle protestantischen Christen die Ehe
für so frei, wie sie Gott nach dem mosaischen Gesetz einsetzte; deßhalb, Hobbie, kann kein gesetzliches oder religiöses
Hinderniß zwischen Euch und Miß Armstrong vorhanden
sein."

„Laßt den Scherz bei Seite, Earnscliff," erwiderte sein
Gefährte, „Ihr werdet ja selbst zornig genug, wenn Euch
Jemand auf einem zarten Fleck berührt. Ich fragte nicht
in Bezug auf Grace, denn Ihr müßt wissen, sie ist nicht
mein leibliches Geschwisterkind, sondern nur die Tochter
von der Frau meines Oheims aus erster Ehe, somit ist sie
mit mir nicht blutsverwandt, nur so etwas wie verschwä-
gert. Jetzt aber sind wir am Shelling-hill. Ich will mein
Gewehr abfeuern, um den Leuten im Hause Kunde von meiner Ankunft zu geben; das ist immer meine Art: habe ich
ein Stück Rothwild geschossen, so schieße ich zweimal, einmal
für das Wildpret, und einmal für mich."

Er schoß demgemäß sein Gewehr ab, worauf die Zahl der
Lichter das Haus zu durchziehen und sogar vor demselben zu
leuchten schien; Hobbie Elliot zeigte seinem Gefährten eins
derselben, welches aus dem Hause nach einem der Wirthschaftsgebäude zu gleiten schien. „Das ist Grace selbst," sagte Hobbie, „sie wird mir nicht an der Thür entgegen kommen, dafür
bürge ich; sie wird aber dennoch fortgegangen sein, um nachzusehen, ob für meine Hunde, die armen Thiere, das Abendessen
fertig ist."

„Liebst du mich, so liebe meinen Hund," antwortete
Earnscliff; Hobbie, Ihr seid ein glücklicher junger Mann."

Diese Bemerkung wurde mit einem Etwas, wie mit einem

Seufzer ausgesprochen, welcher dem Ohre des Gefährten nicht entging.

„Halt, andre Leute können ebenso glücklich sein, wie ich — wie habe ich gesehen, daß Miß Isabel Vere ihren Kopf nach Jemand hinwandte, als sie bei dem Wettrennen in Carlisle bei Jemand vorbeikam. Wer weiß, welche Dinge in dieser Welt vorgehen können?"

Earnscliff murmelte etwas wie eine Antwort; es ließ sich jedoch nicht unterscheiden, ob er damit dem soeben ausgesprochenen Satze seine Beistimmung gab, oder die Anwendung zurückweisen wollte; wahrscheinlich wünschte er selbst, daß seine Ansicht zweifelhaft und dunkel bleibe. Sie waren jetzt den breiten Pfad hinabgestiegen, welcher, um den Fuß einer steilen Erhöhung gewunden, nach der Vorderseite des mit Stroh bedeckten aber behaglichen Pächterhauses führte, worin Hobbie mit seiner Familie wohnte.

An der Thür drängten sich vergnügte Gesichter; die Erscheinung des Fremden stumpfte aber manchen Hohn ab, der für Hobbie's schlechten Erfolg bei der Jagd bereit gehalten war. Es herrschte einige Unruhe unter den drei schönen jungen Mädchen, von welchen eine jede einer anderen die Aufgabe, den Fremden in das Zimmer zu führen, zuzuschieben suchte, während wahrscheinlich alle sehr eifrig an die Entweichung dachten, um einige kleine persönliche Anordnungen zu treffen, bevor sie sich einem jungen Herrn im Hauskleide zeigten, welches nur für ihren Bruder bestimmt war.

Mittlerweile gab Hobbie Allen einen herzlichen und allgemeinen Verweis (Grace war nicht darunter); er riß das Licht aus der Hand einer jener ländlichen Koketten, als dieselbe in ihrer Hand ziemlich geschickt damit spielte, und führte seinen Gast in das Familienzimmer oder vielmehr in die Halle; da

nämlich der Ort früher ein zur Vertheidigung bestimmtes Ge=
bäude gewesen war, so war das Wohnzimmer gewölbt und
gepflastert, feucht und unheimlich genug, im Vergleich mit den
Wohnungen der Landleute unserer Tage; da es aber durch
ein großes hellbrennendes Feuer von Torf und Erlenholz gut
erleuchtet war, schien es Earnscliff ein bequemer Tausch mit
der Dunkelheit und dem rauhen Winde des Hügels. Er ward
höflich und mit wiederholten Bewillkommnungen von der ehr=
würdigen alten Dame, der Gebieterin der Familie, empfangen,
die mit Käppchen und Flügelhaube, enganschließendem und
anständigem Rock aus Hausgespinnst, aber mit großer goldener
Halskette und Ohrringen, sowohl eine Edeldame, als die
Frau eines Pächters vorstellte, was sie auch Beides wirklich
war, während sie, in dem Lehnstuhl mit Geflecht am Ende des
großen Kamines sitzend, die Abendbeschäftigungen der jungen
Mädchen und von zwei oder drei Hausmägden leitete, welche
hinter ihren jungen Gebieterinnen saßen und fleißig die Spin=
deln trieben.

Sobald Earnscliff pflichtgemäß bewillkommt und der hastige
Befehl zu einer Vermehrung des Abendessens gegeben war,
eröffneten Hobbie's Großmutter und Schwestern gegen denselben
ihre Batterie über sein schlechtes Glück auf der Jagd.

„Jenny brauchte nicht ihr Küchenfeuer in Glut zu erhal=
ten für dasjenige, was Hobbie nach Haus gebracht," sagte eine
Schwester.

„Wahrhaftig," sagte eine zweite, „die glimmende Torfasche,
wenn sie gehörig angeblasen wird, könnte Hobbie's Wildpret
anrichten."

„Oder auch ein Lichterstumpf, wenn der Wind ihn an=
bliese," sagte eine dritte; „wäre ich an seiner Stelle, so würde

ich lieber eine schwarze Krähe heimbringen, als dreimal ohne ein Hirschgeweih heimkehren, um damit zu prahlen."

Hobbie wandte sich von der Einen zur Andern, indem er sie abwechselnd mit Stirnrunzeln betrachtete, obgleich dieser Ausdruck durch ein Lächeln guter Laune im unteren Theil des Gesichts widerlegt wurde. Er bemühte sich sogar, die Frauen günstig zu stimmen, indem er das beabsichtigte Geschenk seines Gefährten erwähnte.

„In meinen jungen Tagen," sagte die alte Dame, „hätte sich ein Mann geschämt, wäre er ohne einen Rehbock an jeder Seite seines Pferdes wie ein Krämer, der mit Kalbfellen han=delt, heimgekehrt."

„Ich wünsche nur, daß die alten Jäger uns einiges Wild zurückgelassen hätten, erwiderte Hobbie," Eure Freunde haben, wie ich glaube, das Land von Wild gereinigt."

„Ihr seht, andere Leute können Wild finden, wenn es auch Euch unmöglich ist, Hobbie," sagte die älteste Schwester, indem sie einen Blick auf den jungen Earnscliff warf.

„Schon gut, Weib, hat nicht jeder Hund seinen Tag? — ich bitte Earnscliff um Verzeihung wegen dieses alten Sprüch=worts — Kann ich nicht ein andermal dasselbe Glück haben, und er das meinige? es ist keine Kleinigkeit für einen Mann, den ganzen Tag auf den Beinen zu sein, und auf der Heim=kehr von Kobolden erschreckt zu werden — nun dieß will ich gerade nicht sagen, aber doch einigen Schauder zu fühlen und alsdann mit einer Anzahl Weiber keifen zu müssen, die den ganzen Tag nichts zu thun hatten, als daß sie einen kreisen=den Stock mit einem Faden drehten, oder an einem Lappen nähten."

„Von Kobolden erschreckt!" riefen die Weiber alle zusam=men, denn in jenen Gebirgsschluchten wurde damals große

Rückſicht den Geſpenſtern erwieſen, und ſo iſt es vielleicht noch jetzt.

„Ich ſage nicht, daß ich erſchreckt wurde, ich wurde nur etwas über das Ding beſtürzt, und ein Kobold war es auch nicht. Earnscliff, Ihr habt ihn ja auch ebenſogut wie ich geſehen.“ Hierauf erzählte er ohne viele Uebertreibung nach ſeiner Weiſe die Begegnung mit dem geheimnißvollen Weſen in Muckleſtane-Moor, indem er ſchloß, er könne nicht vermuthen, was das auf Erden hätte geweſen ſein können, wenn es nicht entweder der böſe Feind ſelbſt, oder einer der alten Picten war, welche das Land vor langer Zeit beherrſchten.“

„Alte Picten!“ rief die alte Dame aus, „nein, nein — Gott ſchütze dich vor Unheil, mein Kind, das war keine Picte; es war der braune Mann des Moors! Unglück befalle die böſen Tage! wie können böſe Weſen kommen, um ein armes Land zu quälen, jetzt da es im Frieden ſich befindet und Alles in Liebe und Geſetz lebt? Unglück komme über ihn! er hat niemals dieſem Laude und ſeinen Einwohnern Gutes gebracht. Mein Vater erzählte mir oft, daß er im Jahre der blutigen Schlacht von Marſton-Moor geſehen wurde, und dann wieder bei den Unruhen Montroſe's, und wiederum vor der Niederlage von Dunbar zum Vorſchein kam, und in meinen eigenen Tagen ward er zur Zeit der Schlacht an der Bothwellbrücke geſehen, und man ſagt, daß der Laird von Benarbuck, mit der Sehergabe, einige Zeit mit ihm Unterredungen hielt, kurz bevor der Herzog von Argyle landete, allein das kann ich nicht genau ſagen; es geſchah im fernen Weſten. O, Kinder, es iſt ihm nie geſtattet zu erſcheinen, als in ſchlimmen Tagen, darum bete ein Jedes von euch zu Ihm, welcher zur Zeit der Verwirrung helfen kann.“

Earnscliff ſchritt jetzt ein und ſprach ſeine feſte Ueberzeu=

gung aus, daß die von ihm gesehene Person ein armer Wahn=
sinniger sei und keinen Auftrag von der unsichtbaren Welt
habe, um Krieg oder Unheil anzukündigen; allein seine Mei=
nung fand nur sehr kühle Zuhörer, und Alle vereinigten sich
in ihren Bitten, daß er seine Absicht, am nächsten Tage zu
dem Platz zurückzukehren, aufgeben möchte.

„O, mein gutes Kind,“ sagte die alte Dame, (in der Güte
ihres Herzens dehnte sie nämlich die elterliche Anrede auf Alle
aus, an denen sie Interesse nahm,) „Ihr solltet Euch mehr
wie andere Leute schonen; Euer Haus hat einen schweren
Verlust durch das vergossene Blut Eures Vaters, durch Pro=
zesse und mancherlei Schaden erlitten; Ihr seid die Blume
der Heerde, und der Jüngling, welcher wieder den alten Bau
aufrichten wird, um eine Ehre zu sein in dem Vaterlande,
und eine Feste für Alle, die darinnen wohnen. Ihr vor Allen
seid berufen, Euch in keine raschen Abenteuer zu stürzen. Euer
Stamm war immer verwegen und hat viel Unglück dadurch
erlitten.“

„Aber sicherlich, gute Freundin, Ihr wollt doch nicht, daß
ich mich fürchte, beim hellen Tageslicht mich in ein offenes
Moor zu begeben?“

„Ich weiß nicht,“ sagte die gute alte Dame, „ich würde
niemals einem Sohne oder Freunde von mir rathen, die
Hand in einer guten Sache zurück zu halten, mag es die ei=
gene oder die eines Freundes sein, dazu würde ich ebensowenig
auffordern, wie irgend Jemand, der von edlem Geschlechte
stammt. Ein grauer Kopf, wie der meine, kann sich aber des
Gedankens nicht erwehren, daß es dem Gesetz und der heili=
gen Schrift widerspricht, wenn Ihr ausgeht, um Böses zu
suchen, mit dem Ihr nichts zu schaffen habt.“

Earnscliff verzichtete auf die weitere Erörterung seiner

Ansicht, da er keine Hoffnung hatte, dieselbe mit guter Wirkung zu vertreten; das herbeigebrachte Abendessen schnitt ohnedem das Gespräch ab. Miß Grace war mittlerweile hinzugekommen, und Hobbie setzte sich an ihre Seite, nicht ohne einen bezeichnenden Blick auf Earnscliff zu werfen. Munterkeit und lebhafte Unterhaltung, woran die alte Dame mit der guten Laune Antheil nahm, welche dem Greisenalter so schön ansteht, färbte die Wangen der jungen Mädchen wiederum mit den Rosen, welche die Erzählung ihres Bruders über die Erscheinung verscheucht hatte; sie tanzten und sangen noch eine Stunde nach dem Abendessen, als gäbe es keine Kobolde in der Welt.

# Viertes Kapitel.

---

Ich bin ein Menschenfeind und haſſ' Euch All';
Bei dir nur wünſch ich, daß ein Hund du wärſt,
Damit ich dich ein wenig lieben könnte.
> Timon von Athen.

Am folgenden Morgen nahm Earnscliff nach dem Frühſtück Abſchied von ſeinen gaſtfreundlichen Bekannten, und verſprach die Rückkehr zur gehörigen Zeit, um an dem Wildpret ſeinen Antheil zu erhalten, welches mittlerweile aus ſeiner Wohnung angelangt war. Hobbie gab ſich den Anſchein, als ob er an der Thür ſeiner Wohnung Abſchied von ihm nähme, ſchlüpfte jedoch wieder hinaus und ſchloß ſich ihm auf dem Gipfel des Hügels an.

„Ihr wollt dorthin gehen, Herr Patrik? Was auch meine Mutter ſagen mag, ſo will ich Euch nicht im Stich laſſen; ich hielt es für das Beſte, ruhig fortzuſchlüpfen, im Fall ſie etwas von unſerem Vorhaben argwöhnen ſollte. Wir dürfen ſie auf keine Weiſe quälen, es war beinahe das letzte Wort, das mir mein Vater auf ſeinem Todtenbette ſagte.“

„Das dürfen wir auf keine Weiſe, Hobbie,“ ſagte Earns=cliff; „ſie verdient alle Aufmerkſamkeit.“

„Wahrhaftig, in dieſer Angelegenheit würde ſie ebenſoſehr um Euch wie um mich bekümmert ſein. Glaubt Ihr aber wirklich, daß kein Uebermuth darin liegt, wenn wir uns dort=

hin zurückwagen? Wir haben ja, wie Ihr wißt, keine beson=
dere Verpflichtung."

„Wenn ich so dächte, wie Ihr, Hobbie," sagte der junge
Herr, „so würde ich vielleicht diese Angelegenheit nicht weiter
erforschen; da ich jedoch der Meinung bin, daß übernatürliche
Erscheinungen entweder gänzlich aufgehört haben, oder in un=
sern Tagen sehr selten geworden sind, so will ich nicht eine
Angelegenheit unerforscht lassen, welche das Leben eines ar=
men wahnsinnigen Wesens betrifft.

„Schon gut, wenn Ihr das wirklich glaubt," erwiderte
Hobbie, mit dem Ausdruck des Zweifels — „und es ist ge=
wiß, daß gerade die Feen — ich meine die guten Nachbarn
selbst (man sagt ja, sie können den Namen Feen nicht leiden),
welche einst des Abends sich auf jedem grünen Hügel zeigten,
nicht halb so oft in unsern Tagen sichtbar sind. Ich kann
kein Zeugniß ablegen, daß ich selbst jemals Eine Fee gesehen
habe, ich hörte aber einmal hinter mir im Moor ein Pfeifen,
dem eines Strandpfeifers so ähnlich wie irgend etwas nur
einem Andern ähnlich sein kann, aber mein Vater hat manche
Fee gesehen, wenn er vom Jahrmarkt am Abend mit man=
chem Tropfen Branntwein in seinem Kopfe heimkehrte, der
ehrliche Mann."

Earnscliff konnte sich eines Lächelns bei dieser letzten Be=
merkung nicht erwehren, welche die allmälige Abnahme des
Aberglaubens von einer Generation zur andern andeutete; sie
fuhren fort, über solche Gegenstände zu reden, bis sie den auf=
recht stehenden Stein erblickten, wovon das Moor den Namen
erhalten hatte.

„Ich stehe dafür," sagte Hobbie, „dort schleicht jenes Ge=
schöpf noch einher, aber es ist Tageslicht, Ihr habt Euer Ge=

wehr und ich habe meinen Hirschfänger mitgebracht; ich glaube, wir dürfen uns an daſſelbe wagen."

„Jedenfalls," erwiderte Earnscliff, „aber im Namen alles Wunderbaren, was treibt der Menſch doch?"

„Er baut einen Steindamm mit den grauen Gänſen, wie man jene großen, zerstreuten Steine nennt; wahrhaftig, so etwas ist noch nie erhört worden!"

Als ſie näher kamen, konnte Earnscliff ſich des Erstaunens nicht erwehren, und mußte seinem Gefährten beipflichten. Die Gestalt, die ſie am Abend zuvor geſehen hatten, ſchien langſam und mit Mühe die großen Steine über einander zu legen, als wolle ſie eine kleine Einfriedigung bilden. Material lag in großer Menge umher; die Arbeit in der Ausführung des Werkes war wegen der Größe der meisten Steine eine ungeheure; es ſchien erstaunenswerth, daß jener Menſch mehrere derselben, womit ſchon die Grundlage ſeines Gebäudes von ihm gelegt war, hatte fortbewegen können; er strengte ſich heftig an, um einen großen Steinblock fortzubewegen, als die beiden jungen Männer herbeikamen, und war mit der Ausführung seines Vorhabens so eifrig beſchäftigt, daß er jene nicht eher ſah, als bis ſie dicht bei ihm standen. Bei ſeinen Bemühungen, den Stein zu heben, um ihn nach ſeiner Abſicht hinzulegen, äußerte er einen Grad der Körperstärke, welcher mit ſeiner Größe und offenbaren Entstellung gänzlich unvereinbar ſchien. Nach den ſchon überwundenen Schwierigkeiten mußte er die Stärke eines Herkules beſitzen, denn einige Steine, deren Aufhebung ihm gelungen war, erheiſchten offenbar die Kräfte von zwei Männern zu ihrer Bewegung. Hobbie's Argwohn wurde wieder rege, als er die übernatürliche Kraft bemerkte.

„Ich bin beinahe überzeugt, daß es der Geist eines Maurers ist; seht nur, welche Grundsteine er gelegt hat! Wäre er dennoch ein Mensch, so wundere ich mich, was er damit erreichen will, einen Damm im Moore zu bauen. Man braucht einen solchen zwischen Cringlehope und den Wäldern — „ehrlicher Mann," (er erhob die Stimme) „Ihr baut hier ein festes Werk."

Das Wesen, an welches er diese Worte richtete, erhob seine Augen mit geisterhaftem Starren, richtete sich von seiner gebückten Stellung auf und stand vor ihnen mit all' seiner angebornen und scheußlichen Häßlichkeit. Der Kopf war von ungewöhnlicher Größe, mit dichtem, borstigem Haar bedeckt, welches durch Alter zum Theil ergraut war; seine Augenbraunen, struppig und hervorragend, hingen über ein Paar kleiner, dunkler, und durchbringender Augen, die tief in der Höhlung liegend, mit wunderbarer Wildheit umherrollten und einen theilweisen Wahnsinn andeuteten. Seine übrigen Gesichtszüge waren von rauhem, gleichsam grob ausgehauenem Gepräge, womit ein Maler etwa den Riesen eines Romanes ausstatten würde; hiezu kam der wilde, unregelmäßige und eigenthümliche Ausdruck, den man so oft im Antlitz derjenigen erblickt, deren Körper mißgestaltet sind. Sein Rumpf, dick und viereckig, wie der eines Mannes von mittlerer Größe, ruhte auf zwei großen Füßen; die Natur aber schien die Beine und Schenkel vergessen zu haben, oder dieselben waren so kurz, daß die Kleidung sie verdeckte. Seine Arme, lang und fleischig, waren mit zwei großen und kräftigen Händen ausgerüstet, und zeigten, wo die eifrige Arbeit sie entblößt hatte, ein rauhes und zottiges, schwarzes Haar. Es schien, als ob die Natur die getrennten Theile seines Körpers ursprünglich zu den Gliedern eines Riesen bestimmt; jedoch launenhaft dieselben nachher der Gestalt eines Zwerges zugewiesen habe, so

wenig entsprach die Länge der Arme und die eiserne Körperstärke der Kürze des Wuchses.

Der Anzug des Zwerges bestand in einer Art von grobem
und braunem Mönchskleide, welches mit einem Riemen von
Seehundsfell umgürtet war. Auf dem Kopf trug er eine
Mütze von Dachsfell oder von einem andern rauhen Pelz,
welche die seltsame Wirkung der ganzen Erscheinung beträchtlich steigerte und die Gesichtszüge überschattete, deren ge-
wohnter Ausdruck derjenige eines mürrischen und boshaften
Menschenhasses zu sein schien.

Dieser merkwürdige Zwerg blickte auf die beiden schwei-
genden jungen Leute mit einem mürrischen, gereizten Blick,
bis Earnscliff ihn zu besserer Laune durch die Bemerkung zu
stimmen suchte: „Freund, Ihr habt eine harte Arbeit, erlaubt
mir, Euch zu helfen.“

Er legte somit nebst Elliot durch vereinigte Anstrengung
den Stein auf die sich erhebende Mauer. Der Zwerg überwachte sie mit dem Auge eines Aufsehers bei der Arbeit, und
gab durch verdrießliche Bewegungen seine Ungeduld über die
Zeit zu erkennen, welche sie zu der Zurechtlegung des Steines brauchten. Er wies auf einen zweiten Stein; sie hoben
ihn ebenfalls auf den Steindamm — dann auf einen dritten
und auf einen vierten — sie fuhren fort, seiner Laune nach-
zukommen, obgleich mit einigem Aerger, denn er wies ihnen
die schwersten Steinstücke, die in der Nähe lagen, offenbar
mit Absicht zu.

„Und nun, Freund,“ sagte Elliot, als der unvernünftige
Zwerg auf einen andern großen Stein wies, der noch größer
war, als irgend einer derjenigen, die sie vorher gehoben hatten. „Earnscliff mag thun, wie ihm beliebt; mögt Ihr aber
ein Mensch oder etwas Schlimmeres sein, so soll der Teufel

mir in den Fingern ſitzen, wenn ich noch länger mir den
Rücken mit dem Heben dieſer Steine wie ein Laſtträger zer-
breche, ohne nicht einmal ſo viel wie „„Danke Euch““ für
meine Mühe zu bekommen."-

„Dank!" rief der Zwerg mit einer Bewegung aus, welche
die äußerſte Verachtung ausdrückte. „Da habt Ihr ihn und
werdet fett daran! Nehmt ihn, und mag er bei Euch und
mir gedeihen, wie er bei jedem ſterblichen Wurm gedieh, welcher jemals das Wort von ſeinem kriechenden Nebengeſchöpf
ausgeſprochen vernahm! Geht fort; entweder arbeitet oder
packt Euch!"

„Da erhalten wir einen ſchönen Dank, Earnscliff, dafür,
daß wir dem Teufel ein Tabernackel bauten, und unſere eigenen Seelen noch dazu in Gefahr ſetzen, denn was wiſſen wir?"

„Unſere Gegenwart," erwiderte Earnscliff, „ſcheint nur
ſeine Raſerei zu ſteigern. Wir thun beſſer, ihn hier allein zu
laſſen und Jemand herzuſchicken, um ihn mit Nahrung und
Bedürfniſſen zu verſehen."

Sie thaten dieß; der deßhalb abgeſchickte Diener fand den
Zwerg, wie er an der Mauer zu arbeiten fortfuhr, konnte
aber kein Wort von ihm herausbringen. Der Burſch, welcher
den Aberglauben des Landes theilte, beharrete nicht auf dem
Verſuche, Fragen oder Rath einer ſo ſonderbaren Geſtalt aufzubringen, ſondern legte die Speiſen, die er mitgebracht hatte,
auf einen Stein in einiger Entfernung nieder, und ließ ſie
dem Menſchenfeinde zur Verfügung.

Der Zwerg fuhr in ſeiner Arbeit jeden Tag mit einer ſo
unglaublichen Emſigkeit fort, daß dieſelbe beinahe übernatür-
lich zu ſein ſchien. An einem Tage vollendete er oft die Arbeit von zwei Menſchen; ſein Bau nahm bald den Anſchein
von Mauern einer Hütte an, welche zwar ſehr klein und nur

von Stein und Rasen ohne Mörtel erbaut, nach der ungewöhnlichen Größe der dazu gebrauchten Steine eine Festigkeit zeigte, welche für eine Hütte von einem so engen Umfange und rohem Baue sehr ungewöhnlich war. Earnscliff, welcher das Treiben des Zwerges genau beobachtete, hatte nicht sobald den Zweck des Baues erkannt, als er eine Anzahl Balken hinschickte, die zur Bildung eines Daches sich eigneten; er ließ dieselben in der Nähe des Ortes niederlegen, und war entschlossen, am nächsten Tage Arbeiter zu schicken, um das Dach aufzurichten. Indeß der Zwerg kam seiner Absicht zuvor; er hatte am Abend, bei Nacht und früh am Morgen mit solcher Anstrengung und sinnreicher Anwendung seiner Hülfsmittel gearbeitet, daß er beinahe die Aufrichtung der Sparren vollendet hatte. Seine nächste Arbeit ging dahin, Binsen zu schneiden und daraus das Dach seiner Wohnung zu verfertigen, eine Aufgabe, die er mit auffallender Gewandtheit vollbrachte. Da er Abneigung gegen die Annahme irgend einer Hülfe, mit Ausnahme gelegentlichen Beistandes von Vorübergehenden, zeigte, so wurden Materialien, die für seinen Zweck sich eigneten und Werkzeuge ihm geliefert, in deren Gebrauch er sich sehr geschickt zeigte. Er verfertigte die Thür und das Fenster seiner Hütte, bereitete sich eine rohe Bettstelle, und richtete sich einige Gesimse an den Wänden zu. Als seine Bequemlichkeiten sich vermehrten, schien sich seine bittere Stimmung etwas zu mindern.

Seine nächste Arbeit bestand in der Bildung einer starken Umzäunung und im Anbau des von derselben eingeschlossenen Landes, soweit dieß in seinen Kräften stand, bis er sich einen kleinen Garten nach Herbeibringung von Dammerde und der Umgrabung der dort befindlichen Pflanzendecke gebildet hatte. Man muß natürlich voraussetzen, daß dieser Einsiedler, wie

schon angedeutet wurde, gelegentlich Hülfe von Vorübergehen-
den erhielt, die zufällig über das Moor gingen, oder auch von
Mehreren, die aus Neugier herbeikamen, um seine Werke an-
zusehen. Sah man eine menschliche Gestalt, die beim ersten
Anblick für harte Arbeit so wenig geeignet schien, mit einer
solchen unaufhörlichen Emsigkeit arbeiten, so war es auch
wirklich unmöglich, daß man bei ihm vorüberging, ohne einige
Minuten anzuhalten, um ihn bei der Arbeit zu unterstützen.
Da nun Niemand unter denjenigen, welche gelegentlich dem
Zwerge halfen, mit dem Grade von Beistand bekannt war,
welchen derselbe von Andern erhalten hatte, so verlor der
schnelle Fortschritt jenes Werkes in den Augen Jener nichts
an Wunderbarem. Das Dach und feste Aeußere der Hütte,
die in der kurzen Zeit von solch' einem Wesen vollendet war,
die überlegene Geschicklichkeit, welche Letzterer in der Mecha-
nik und in anderen Künsten zeigte, erregte den Verdacht der
umwohnenden Nachbarn. Sie behaupteten, wenn er kein Kobold sei, — eine Meinung, die aufgegeben wurde, seitdem er
sich als ein Wesen von Fleisch und Bein, eben so, wie sie
selbst, zeigte — so müsse er dennoch in genauer Verbindung
mit der unsichtbaren Welt stehen, und diesen entlegenen Platz
sich gewählt haben, um seinen Verbindungen mit Geistern ungestört zu pflegen. Sie behaupteten, obgleich in ganz anderem Sinn, als die Phrase ein Philosoph anwendet, daß er
niemals weniger allein sei, als wenn er allein sei; von den
Höhen, welche das Moor in größerer Entfernung beherrsch-
ten, hätten die Vorübergehenden oft mit diesem Bewohner der
Wüste eine Person arbeiten sehen, welche regelmäßig verschwinde, sobald sie sich der Hütte näherten. Eine solche Person wurde gelegentlich erblickt, wie sie mit ihm an der Thüre
saß, auf dem Moore umher ging, oder ihm Beistand leistete,

um Waſſer aus ſeiner Quelle zu holen. Earnscliff meinte, die Erſcheinung ſei nur des Zwerges Schatten.

„Den Teufel hat er einen Schatten,“ erwiderte Hobbie Elliot, welcher ein ſtarker Vertheidiger der allgemeinen Meinung war, „er hat ſich viel zu tief mit dem Gottſeibeiuns eingelaſſen, um einen Schatten zu haben. Außerdem,“ ſchloß er richtiger, „hat man jemals von einem Schatten gehört, der zwiſchen einem Körper und der Sonne erſcheint? Das Ding, mag es ſein was es will, iſt dünner und größer wie der Körper ſelbſt, und iſt noch dazu mehr wie ein = oder zweimal zwiſchen ihm und der Sonne geſehen worden.“

Dieſer Verdacht, welcher in einem andern Theil des Landes damals Nachforſchungen hätte veranlaſſen können, welche dem vermuthlichen Zauberer ſehr läſtig hätten werden müſſen, erregte hier nur Achtung und Ehrfurcht. Der Einſiedler ſchien die Zeichen furchtſamer Verehrung, womit ein gelegentlich Vorüberkommender ſeiner Wohnung nahte, dem Blick des Schreckens und Erſtaunens, womit derſelbe ſeine Perſon und Wohnung betrachtete, und den eiligen Schritt nicht ungern zu ſehen, welcher den Rückzug von dem Orte der Furcht beſchleunigte. Nur die Kühnſten hielten an, um ihre Neugier durch einen haſtigen Blick auf die Mauern der Hütte und des Gartens zu befriedigen, und dann dieſelbe durch eine höfliche Begrüßung zu entſchuldigen, welche der Bewohner mitunter durch ein Wort oder ein Kopfnicken zu erwidern ſich herabließ. Earnscliff ſchlug oft dieſen Weg ein, und ſelten, ohne ſich nach dem einſamen Bewohner zu erkundigen, der jetzt ſeine Wohnung für die Zeit ſeines Lebens eingerichtet zu haben ſchien.

Es war unmöglich, ſich mit ihm in ein Geſpräch über ſeine perſönlichen Verhältniſſe einzulaſſen; auch war er un=

zugänglich für Gespräche über irgend einen andern Gegen=
stand, obgleich die äußerste Wildheit seines Menschenhasses
nachgelassen zu haben schien, oder obgleich er, wenigstens we=
niger häufig, an den Anfällen des Wahnsinns litt, deren
Symptome jener Menschenhaß war. Keine Ueberredung ver=
mochte ihn dahin zu bringen, daß er etwas mehr wie die ein=
fachsten Bedürfnisse annahm, obgleich ihm von Earnscliff aus
Mitleid, und von seinen mehr abergläubischen Nachbarn aus
andern Beweggründen weit mehr angeboten wurde. Die
Wohlthaten der Letzteren erwiderte er durch ärztlichen Rath,
wenn diese sowohl bei eigenen Krankheiten wie bei denen
ihres Viehes ihn um denselben ersuchten — ein Verfahren,
welches allmälig bei den Nachbarn allgemein wurde. Er
versah die Leute oft mit Medizin, und schien nicht allein
solche zu besitzen, welche das Land erzeugte, sondern auch
fremde Arzneimittel. Er gab diesen Personen zu verstehen,
sein Name sei Elshender, der Klausner; gewöhnlich nannte
ihn das Volk aber den klugen Elshie, oder den weisen Mann
von Mucklestane=Moor. Einige auch gingen in ihren Fragen
über den Bereich der körperlichen Beschwerden hinaus, und
baten ihn um Rathschläge in andern Angelegenheiten, die er
dann auch mit einem orackelähnlichen Scharfsinn ertheilte,
wodurch die Meinung von seinen übernatürlichen Fähigkeiten
sehr bestätigt ward. Die Fragenden ließen gewöhnlich eine
Gabe auf einem Stein in einiger Entfernung von seiner Woh=
nung zurück; bestand dieselbe in Geld oder in einem Artikel,
dessen Annahme er zurückwies, so warf er ihn entweder fort,
oder ließ ihn liegen, ohne Gebrauch davon zu machen. Bei
jeder Gelegenheit aber waren seine Sitten grob und ungesel=
lig. Seine Worte genügten gerade in ihrer Anzahl, um seine
Meinung so kurz wie möglich auszudrücken; er vermied jede

Mittheilung, in welcher nur Eine Sylbe für die vorliegende
Sache zu viel war. Wenn der Winter vorüber war und sein
Garten ihm Kräuter und Gemüse lieferte, so beschränkte er
sich beinahe auf diese Nahrungsartikel. Er nahm jedoch von
Earnscliff ein paar Ziegen an, die auf dem Moore weideten
und ihn mit Milch versahen.

Als Earnscliff fand, daß seine Gabe angenommen war,
stattete er nachher dem Einsiedler einen Besuch ab. Der alte
Mann saß auf einem breiten, flachen Stein an seiner Garten=
thür, auf dem Sitze, den er gewöhnlich einnahm, wenn er
Lust hatte, seine Kranken oder Schützlinge zu empfangen.
Das Innere seiner Hütte und das seines Gartens verschloß
er andern Menschen eben so sorgfältig wie die Einwohner
von Otahaite mit ihrem Morai verfahren; er wollte offenbar,
daß diese Orte von dem Schritte eines menschlichen Wesens
niemals befleckt würden. Wenn er sich in seiner Wohnung
verschloß, so ließ er sich durch keine Bitten bewegen, sich zu
zeigen oder irgend Jemanden Gehör zu geben.

Earnscliff hatte in einem kleinen, etwas entfernten Bache
gefischt. Er hielt in der Hand seine Angelruthe und trug auf
der Schulter einen mit Forellen gefüllten Korb; er setzte sich
auf einen Stein dem Zwerge gegenüber, welcher mit seiner
Gegenwart schon vertraut, sich um ihn nicht weiter beküm=
merte, als daß er seinen großen, mißgestalteten Kopf erhob,
um ihn anzustarren; dann ließ er denselben wieder auf die
Brust sinken, als befände er sich in tiefem Nachdenken.

Earnscliff sah sich um, und bemerkte, daß der Eremit seine
Hauseinrichtungen durch den Bau eines Schuppens für die
Aufnahme seiner Ziegen vermehrt hatte.

„Elshie, Ihr arbeitet hart," sagte er zu dem sonderbaren
Wesen, mit dem Wunsche, mit ihm ein Gespräch einzuleiten.

„Die Arbeit," erwiderte der Zwerg, „ist das geringste Uebel in einem so elenden Loose wie dem des Menschen; es ist besser, zu arbeiten wie ich, als zu jagen wie Ihr."

„Ich kann nicht die Menschlichkeit unseres gewöhnlichen ländlichen Zeitvertreibes vertheidigen, Elshie, und dennoch" —

„Und dennoch," unterbrach ihn der Zwerg, „ist derselbe besser wie Euer gewöhnliches Treiben, es ist besser, daß Ihr eitle und übermüthige Grausamkeit an Fischen wie an Euren Nebenmenschen übt. Weßhalb sollte ich jedoch dieß sagen? Weßhalb sollte nicht das ganze Menschengeschlecht sich stoßen, zerfleischen und einander verschlingen, bis Alle ausgerottet sind, mit Ausnahme eines einzigen, gewaltigen und gemästeten Behemoth? Ein solcher, wann er sich überfüllt und die Gebeine aller seiner Nebenmenschen benagt hat — sollte dann, wenn die Beute ihm mangelt, Tage lang nach Nahrung brüllend zuletzt Zoll für Zoll aus Hunger sterben; dieß wäre ein des ganzen Geschlechtes würdiger Untergang!"

„Eure Thaten sind besser, Elshie, wie Eure Worte," erwiderte Earnscliff; „Ihr bemüht Euch, das Geschlecht zu erhalten, welches Euer Menschenhaß also schmäht."

„Allerdings, aber weßhalb, hört mir zu. Ihr seid Einer derjenigen, auf die ich mit dem geringsten Widerwillen blicke; es kümmert mich nicht, wenn ich meiner Gewohnheit zuwider einige Worte bei Eurer thörichten Blindheit verschwende. Vermag ich nicht, wenn ich auch keine Krankheiten in Familien und die Pest unter Heerden finden kann, dennoch denselben Zweck eben so zu erreichen, wenn ich das Leben derjenigen verlängere, welche den Zwecken der Zerstörung eben so wirksam dienen? — Wenn Alice von Bower im Winter starb, hätte alsbann der junge Ruthven aus Liebe zu ihr vergangenes Frühjahr erschlagen werden können? Wer dachte daran,

feine Heerde unter dem Thurme in die Hürden zu treiben, als
der rothe Räuber Westbornflat auf seinem Todtenbette liegen
sollte? Meine Mittel und meine Geschicklichkeit heilten ihn.
Wer wagt es jetzt, seine Heerde auf dem Felde ohne Wache
zu laffen oder ohne Loslaffung des Schweißhundes zu Bette
zu gehen?"

„Ich gestehe," erwiderte Earnscliff, „durch die letzte dieser
Kuren erwiest Ihr der Gesellschaft keinen großen Dienst; um
aber das Uebel auszugleichen, so hat Euere Geschicklichkeit
meinen Freund Hobbie, den ehrlichen Hobbie von Heugh=foot
vergangenen Winter von einem Fieber gerettet, an welchem
er sonst hätte sterben können."

„So glauben die Kinder von Thon in ihrer Unwissenheit,"
erwiderte der Zwerg mit boshaftem Lächeln, „und so sprechen
sie in ihrer Thorheit. Habt Ihr das Junge einer wilden
Katze, welche gezähmt wurde, beobachtet, wie munter, zum
Spielen geneigt und zierlich es ist? allein jagt es auf Euer
Wild, Eure Lämmer, Euer Geflügel, so bricht seine angeborne
Wildheit hervor; es ergreift, zerreißt, zerstört und verschlingt."

„Das ist der Instinkt eines Thieres," erwiderte Earnscliff,
„was hat aber dieß mit Hobbie zu thun?"

„Es ist sein Bild," erwiderte der Klausner, „jetzt ist er
zahm, ruhig und an friedliche Sitte gewöhnt, weil ihm die
Gelegenheit fehlt, seine angeborne Neigung auszuüben; laßt
aber die Trompete des Krieges erklingen, laßt den jungen
Bluthund Blut riechen, so wird er eben so blutgierig wie der
wildeste unter seinen Vorfahren unter den Grenzbewohnern
werden, welcher jemals die Wohnung eines hülflofen Bauern
anzündete. Könnt Ihr läugnen, daß er gegenwärtig Euch
oft drängt, blutige Rache wegen einer Beleidigung zu neh=
men, die Ihr empfingt, als Ihr noch ein Kind wart?" —

Earnscliff stutzte, der Klausner schien nicht seine Ueberraschung zu bemerken, und fuhr fort, „die Trompete wird ertönen, der junge Bluthund wird Blut lecken, und ich werde lachen und sagen, deßhalb habe ich dich gerettet." Er schwieg und fuhr fort: „solcher Art sind meine Heilungen, sie bezwecken die Fortpflanzung der Masse von Elend, und ich spiele sogar in dieser Wüste meine Rolle in der allgemeinen Tragödie. Läget Ihr auch auf Eurem Krankenbette, so könnte ich Euch aus Mitleid einen Becher Gift senden."

„Ich bin Euch sehr verbunden, Elshie, und werde es gewiß nicht unterlassen, bei einer so angenehmen Hoffnung Eures Beistandes Euch um Rath zu fragen."

„Schmeichelt Euch jedoch nicht zu sehr," erwiderte der Einsiedler, „mit der Hoffnung, daß ich jedenfalls der Schwäche des Mitleids weichen werde; warum sollte ich einen thörichten Menschen wie Ihr, der zu Erduldung der Erbärmlichkeiten des Lebens so sehr wie Ihr geeignet ist, von dem Elende erretten, welches seine eigene Träumerei und die Erbärmlichkeit der Welt ihm bereiten? Weßhalb sollte ich die Rolle des mitleidigen Indiers übernehmen, und das Gehirn des Gefangenen mit dem Schlachtbeil einschlagen? Weßhalb sollte ich die dreitägige Verzweigung meines verwandten Stammes im Augenblick verderben, wenn die Fackel entzündet, die Zangen glühend sind, wenn der Kessel kocht, wenn die Messer geschärft bereit liegen — wenn alle diese Vorkehrungen zum Zerreißen, zum Sengen, zum Sieden, zum Zerschneiden des Schlachtopfers getroffen wurden?"

„Ihr bietet mir ein furchtbares Bild vom Leben, Elshie, allein ich werde nicht dadurch erschreckt," erwiderte Earnscliff. „Wir sind zwar hieher gesandt, um zu tragen und zu leiden, aber auch um zu handeln und zu genießen. Jeder Tag hat feine Abendruhe; fogar ein geduldiges Leiden hat feine Mil= derung durch das tröftliche Bewußtfein einer verübten Pflicht."

„Ich verachte diefe fklavifche und thierifche Lehre," fagte der Zwerg, indem feine Augen mit der Wuth des Wahnfinns funkelten; ich verachte fie als allein der Thiere würdig, welche umkommen, aber ich will keine Worte mehr an Euch ver= fchwenden."

Er ftand haftig auf; bevor er fich aber in feine Hütte ent= fernte, fügte er mit großer Heftigkeit hinzu, „damit Ihr je= doch nicht glaubt, daß meine fcheinbaren, den Menfchen er= wiefenen Wohlthaten aus der einfältigen und fklavifchen Quelle entfpringen, die man Liebe unferer Mitmenfchen nennt, fo wiffet, wenn es einen Menfchen gäbe, welcher meiner Seele theuerfte Hoffnung vernichtete, welcher mein Herz in Stücke zerriß, mein Gehirn verfengte, bis es wie ein Bulkan glühte, — wäre diefes Menfchen Vermögen und Leben in meiner Ge= walt fo vollkommen, wie diefe zerbrechliche Topffcherbe gege= ben" (er ergriff ein neben ihm ftehendes, irdenes Trinkge= fchirr), „fo würde ich ihn nicht fo in Atome zertrümmern" — (er fchleuderte das Gefäß mit Wuth an die Wand) — „Nein!" (er fprach gefaßter, aber mit der äußerften Bitterkeit), „ich würde ihn mit Reichthum und Macht pflegen, um feine böfen Leidenfchaften zu entzünden und fein böfes Schickfal zu er= füllen; ihm follte kein Mittel zu Befriedigung der Lafter und der Schurkerei fehlen; er follte der Mittelpunkt eines Wir= bels fein, der weder Ruhe noch Frieden kennen, fondern mit unaufhörlicher Wuth kochen würde, während jedes Schiff durch ihn zertrümmert würde, welches feinen Grenzen fich nähern follte! er follte zum Erdbeben werden, welches fogar das Land, wo er wohnt, zu erfchüttern vermag, und alle feine

Einwohner freundlos, verstoßen und elend macht, wie ich es bin."

Der Unglückliche stürzte in seine Hütte bei diesen Worten, verschloß die Thür mit heftiger Wuth, und schob schnell zwei Riegel, einen nach dem andern vor, als wolle er das Eindringen von irgend Jemand des verhaßten Geschlechtes verhüten, welches so seine Seele bis zum Wahnsinn gepeinigt hatte. Earnscliff verließ das Moor mit dem gemischten Gefühl des Mitleids und des Schauders, als er erwägte, welche sonderbare und traurige Ursache einen Mann, dessen Sprache Ueberlegenheit über das Volk an Rang und Erziehung bezeugte, in einen so unglücklichen Seelenzustand versetzt haben konnte. Eben so erstaunte er über die genaue Kenntniß des Charakters und der Privatangelegenheiten der Einwohner dieses Landes, welche ein Mann erlangt hatte, der so kurze Zeit sich dort aufhielt und ein so abgeschlossenes Leben führte.

„Es ist kein Wunder," sagte er zu sich selbst, „daß dieser Unglückliche bei einer solchen Ausdehnung seiner Kenntnisse, bei solcher Lebensweise, so häßlicher Gestalt und so giftigem Menschenhaß von dem Volke als ein Mann betrachtet wird, welcher mit dem Feinde des Menschengeschlechts in Verbindung steht."

# Fünftes Kapitel.

---

Der kahlste Fels auf weitstem Haidegrund
Fühlt, ob auch öde selbst, des Frühlings Milde.
Im Thaue des Aprils, im Strahl des Mai's
Ergrünt sein Moos, zum Wachsthum frisch belebt.
So schmilzt ein Herz, ob noch so sehr verdorrt,
Bei Frauenthränen, oder wird erfreut
Durch eines Weibes Lächeln.

Beaumont.

Als der Frühling vorrückte und das Wetter wärmer wurde, fand man den Klausner häufiger auf dem breiten flachen Stein vor seinem Hause sitzen. Als er dort eines Tages sich nieder= gelassen hatte, sprengte gegen Mittag eine Gesellschaft von Herren und Damen wohlberitten und mit zahlreicher Beglei= tung über die Haide, in einiger Entfernung bei seiner Wohnung vorbei. Hunde, Falken und Handpferde vermehrten das Ge= folge, und zu Zeiten erklang die Luft von dem Rufe der Jäger und dem Schalle der Jagdhörner, welche die Diener bliesen. Der Klausner war im Begriff, sich in seine Wohnung bei dem Anblick eines so munteren Zuges zurückzuziehen, als drei junge Damen mit ihren Dienern, welche einen Umweg gemacht, und um ihre Neugier durch den Anblick des weisen Mannes von Mucklestane=Moor zu befriedigen, sich von der Gesellschaft getrennt hatten, plötzlich herbei kamen, ehe er seine Absicht ausführen konnte.

Die Erste kreischte und hielt die Hand vor die Augen, als sie einen so ungewöhnlichen Gegenstand erblickte; die Zweite richtete mit einem hysterischen Gekicher, welches ihren Schrecken verbergen sollte, an ihn die Frage, ob er ihr nicht ihr Schicksal vorhersagen könne; die Dritte, welche am besten beritten, am besten gekleidet war und auch unzweifelhaft die Schönste von den Dreien war, kam näher, als wollte sie die Unhöflichkeit ihrer Gefährtinnen ausgleichen.

„Wir haben den rechten Weg verloren, der durch diese Moräste führt, und unsere Gesellschaft ist ohne uns weiter geritten," sagte die junge Dame. „Da wir Euch, Vater, an der Thüre Eures Hauses sitzen sahen, haben wir uns hieher gewandt, um —"

„Still!" unterbrach sie der Zwerg, „noch so jung und schon so listig! Ihr kamt, und Ihr wißt, daß Ihr kamt um Euch über das Bewußtsein der Jugend, des Reichthums und der Schönheit zu freuen, indem Ihr sie mit Alter, Armuth und Häßlichkeit vergleicht; es ist eine Beschäftigung, die sich für die Tochter Eures Vaters eignet, wie ungleich jedoch dem Kinde Eurer Mutter!"

„Kanntet Ihr denn meine Eltern, und kennt Ihr mich?"

„Ja, es ist das erstemal, daß Ihr meinen wachenden Augen begegnet, ich habe Euch aber in meinen Träumen gesehen."

„In Euren Träumen?"

„Ja, Isabel Vere, was hast du oder die Deinigen mit meinen wachenden Gedanken zu schaffen?"

„Eure wachenden Gedanken, Herr," sagte die zweite von Miß Vere's Gefährtinnen mit einer Art spöttischen Ernstes, „sind ohne Zweifel auf die Weisheit gerichtet; die Thorheit kann sich nur in den Augenblicken Eures Schlafes eindrängen."

„Ueber die Deinigen," erwiderte der Zwerg, ärgerlicher als

es einem Einsiedler oder Philosophen geziemte, „übt die Thor=
heit eine unbeschränkte Herrschaft, du magst wachen oder
schlafen."

„Gott segne uns," sagte die Dame, „er ist sicherlich ein
Prophet."

„Ja gewiß," antwortete der Klausner, „wie du ein Weib
bist, — ein Weib! ich hätte sagen sollen eine Dame, eine feine
Dame! Ihr fragtet mich, ob ich Euch Euer Glück prophe=
zeihen wolle — Eure Laufbahn ist nur Eine, eine endlose Jagd
im Leben nach Thorheiten, die der Jagd nicht werth sind, und
die sobald sie eingefangen wurden, nach einander weggeworfen
werden — eine Jagd, die von den Tagen des wankenden
Kindesalters bis zum Greisenalter mit seinen Krücken fortge=
setzt wird. — Spielzeug und Lustbarkeit während der Kind=
heit — Liebe mit ihren Abgeschmacktheiten in der Jugend —
Kartenspiel im Alter — Alles das wird auf einander als Ge=
genstand der Jagd folgen, — Blumen und Schmetterlinge im
Frühling — Schmetterlinge und Distelwolle im Sommer —
verwelkte Blätter im Herbst und Winter — Alles das wird,
auf der Jagd verfolgt und eingefangen, sämmtlich bei Seite
geworfen. — Geht, Euer Schicksal ist Euch verkündet."

„Alles das wird jedoch eingefangen," erwiderte die lachende
Schöne, die eine Cousine der Miß Vere war; „das ist wenig=
stens Etwas, Nancy," fuhr sie fort, indem sie sich an die
furchtsame Dame wandte, welche zuerst dem Zwerge nahe ge=
kommen war; „wollt Ihr ihn ebenfalls um Euer Schicksal
befragen?"

„Um keinen Preis," sagte Jene, indem sie sich zurückwandte
„ich habe genug von dem Eurigen gehört."

„Wohlan dann," sagte Miß Ilderton, indem sie Geld dem

Zwerge anbot, „ich will für meine Wahrsagung bezahlen, als wäre sie einer Prinzessin durch ein Orakel gegeben."

„Die Wahrheit," sprach der Wahrsager, kann weder gekauft noch verkauft werden." Bei den Worten stieß er die angebotene Gabe mit mürrischer Verachtung zurück.

„Wohlan denn," sagte die Dame, „ich will mein Geld behalten, Herr Elshender, um es auf der Jagd, die ich jetzt vorhabe, zu gebrauchen."

„Ihr werdet es brauchen," erwiderte der grobe Zwerg, „ohne Geld jagen nur Wenige mit Glück, und noch Wenigere werden selbst gejagt — halt," sagte er zu Miß Vere, als ihre Gefährtinnen sich entfernten, „mit Euch habe ich mehr zu reden, Ihr besitzt Alles, nach dessen Besitz Eure Gefährtinnen sich sehnen, oder hinsichtlich dessen sie wenigstens wünschen, daß man den Besitz bei ihnen voraussetzt — Schönheit, Reichthum, hohen Stand und die Gaben guter Erziehung."

„Verzeiht mir, wenn ich jetzt meinen Gefährtinnen folge, Vater; ich bin sowohl gegen Schmeichelei wie Wahrsagen unempfindlich."

„Bleibt," fuhr der Zwerg fort, indem er seine Hand an den Zügel ihres Pferdes legte, „ich bin kein gewöhnlicher Wahrsager und ich bin kein Schmeichler. Von allen Vortheilen, die ich erwähnte, hat ein jeder sein entsprechendes Uebel — unglückliche Liebe, gehinderte Neigung, die Düsterkeit des Klosters oder eine verhaßte Verbindung. Ich, der ich allen Menschen Böses wünsche, kann Euch kein Böses mehr wünschen, so sehr ist Euer Lebenslauf davon durchkreuzt."

„Und wenn es so ist, Vater, so laßt mich den Trost des Unglücks, der mir bereit liegt, genießen, so lange noch Wohlstand in meiner Gewalt ist. Ihr seid alt, Ihr seid arm; Eure Wohnung liegt von menschlicher Hülfe, wenn Ihr krank

seid, oder wenn Ihr Mangel leidet, weit entfernt; Eure Lage
setzt Euch in mancher Hinsicht dem Argwohn des Pöbels aus,
welcher zu Handlungen der Rohheit nur zu sehr geneigt ist.
Laßt mich glauben, daß ich das Loos eines menschlichen Wesens
verbessert habe! Nehmt solchen Beistand an, den ich Euch
darbieten kann, thut dieß um meinetwillen, wo nicht um Eurer
selbst willen, damit ich, wenn diese Uebel entspringen, welche
Eure Prophetengabe vielleicht zu richtig voraussieht, mich des
Gedankens erfreuen kann, daß die Stunden meiner glücliche-
ren Zeit nicht gänzlich umsonst vergangen sind."

Der alte Mann erwiderte mit gebrochener Stimme und
beinahe ohne sich zur jungen Dame hinzuwenden: „Ja, so
solltest du denken, so solltest du reden, wenn jemals die Rede
und die Gedanken der Menschen Etwas mit einander gemein
haben! Das ist nicht der Fall — ach! es ist unmöglich und
dennoch — wart' einen Augenblick, — rege dich nicht, bis ich
heimkehre." Er ging in seinen kleinen Garten und kam mit
einer halb aufgeblühten Rose zurück; „du ließest mich eine
Thräne vergießen, die erste, welche mein Augenlid seit vielen
Jahren benetzte; wegen dieser guten That empfange dies Zeichen
der Dankbarkeit. Es ist nur eine gewöhnliche Rose, bewahre
sie jedoch und trenne dich nicht von ihr. Komm zu mir in
der Stunde des Unglücks. Zeige mir jene Rose oder nur ein
Blatt von ihr, wäre es auch verwelkt so wie mein Herz. Sollte
ich mich in meinen heftigsten und wildesten Wuthanfällen gegen eine verhaßte Welt befinden, so wird diese Rose dennoch
sanftere Gedanken in meinen Busen zurückrufen und dem deinigen vielleicht glücklichere Aussichten gewähren. Aber keine Botschaft," rief er mit seiner gewöhnlichen menschenfeindlichen
Stimmung, „keine Botschaft, keine Zwischenträger! Komme
selbst; das Herz und die Thür, welche gegen jedes irdische

Wesen verschlossen sind, werden sich dir und deinem Kummer öffnen. Jetzt geh weiter.“

Er ließ den Zaum los, und die junge Dame ritt weiter, nachdem sie ihren Dank dem sonderbaren Wesen ausgesprochen hatte, soweit es ihr Erstaunen über die außergewöhnliche Art seiner Anrede es ihr gestattete. Sie wandte sich oft zurück, um auf den Zwerg zu blicken, welcher an der Thüre seiner Wohnung blieb und ihre Heimkehr nach ihres Vaters Schloß Ellieslaw auf dem Moor überwachte, bis der Rücken des Hügels die Gesellschaft seinem Anblick entzog.

Die Damen scherzten mittlerweile mit Miß Vere über die sonderbare Unterredung, die sie soeben mit dem weitberühmten Weisen des Moores gehabt hatten. „Isabelle hat alles Glück, zu Hause und auswärts! Ihr Falke fängt das Birkhuhn; ihre Augen verwunden die jungen Herrn; ihren armen Gefährtinnen und Cousinen bleibt nichts übrig; sogar der Geisterbeschwörer kann der Kraft ihrer Reize nicht entgehen. Ihr solltet aus Mitleid aufhören, Alles für Euch in Beschlag zu nehmen, meine theure Isabelle, oder wenigstens einen Laden etabliren und alle Waaren verkaufen, die Ihr doch für Euren eigenen Gebrauch nicht aufstapeln wollt.“

„Ihr sollt meine Waaren,“ erwiderte Miß Vere, „und den Geisterbeschwörer in den Kauf zu sehr wohlfeilem Preise haben.“

„Nein, Nancy soll den Hexenmeister haben,“ sagte Miß Ilderton, „um ihre Mängel auszugleichen; sie ist selbst noch nicht durchaus eine Hexe, wie Ihr wißt.“

„O Gott! Schwester,“ erwiderte die jüngere Miß Ilderton, „was könnte ich mit einem so furchtbaren Ungeheuer anfangen? ich hielt meine Augen geschlossen, nachdem ich Einmal auf ihn geblickt hatte, und wahrlich, ich glaubte ihn immer noch

Der schwarze Zwerg.                                        5

zu sehen, obgleich ich die Augenlider so fest wie möglich zu=
drückte."

„Das ist Schade," sagte ihre Schwester, „so lange Ihr
lebt, wählt einen Bewunderer, dessen Fehler verborgen bleiben
können, indem Ihr ein Auge dabei zudrückt. Wohlan denn,
wie ich glaube, muß ich ihn selbst nehmen, um ihn in der
Mama Cabinet unter chinesischem Porzellan aufzubewahren,
und um zu zeigen, daß Schottland ein Exemplar menschlichen
Thones erzeugen kann, welches zehntausendmal häßlicher ist,
wie die unsterblichen Geschöpfe der Künstler in Canton und
Peking; so fruchtbar Letztere auch in Erzeugung von Unge=
heuern sein mögen."

„Die Lage dieses armen Mannes," bemerkte Miß Vere,
„bietet so viel Trauriges, daß ich, Lucy, in Eure Scherze nicht
so bereitwillig wie sonst eingehen kann; wie ist es möglich,
daß er in einem so wüsten Lande in solcher Entfernung von
dem Menschen leben kann? Und wenn er die Mittel besitzt,
um gelegentlichen Beistand sich zu sichern, wird dann nicht
sogar der Verdacht, daß er dieselben besitzt, ihn der Beraubung
und Ermordung von einigen unserer unruhigen Nachbarn aus=
setzen?"

„Ihr vergeßt ja aber, daß er ein Zauberer ist," sagte Nancy
Ilderton.

„Und wenn seine Teufelei und Zauberkunst ihm nicht aus=
reichen sollte," bemerkte ihre Schwester, „so kann er sich ja
auf sein natürliches Zaubermittel verlassen; er braucht nur
seinen ungeheueren Kopf und sein widernatürliches Gesicht aus
der Thüre oder dem Fenster zu strecken, so daß die Angreifen=
den es deutlich erblicken. Der verwegenste Räuber, der je=
mals ein Pferd bestieg, würde kaum ihn zum zweiten Mal

anzuschauen wagen. Gut, ich wünsche nur, daß ich diesen
Gorgonenkopf auf eine halbe Stunde zur Verfügung hätte."

„Zu welchem Zweck, Lucy?" fragte Miß Vere.

„Ich würde aus dem Schloß jenen finsteren, steifen und
stolzen Sir Frederik Langley verscheuchen, der ein Günstling
Eures Vaters ist, aber bei Euch so wenig in Gunst steht. Ge=
wiß, ich werde dem Zauberer mein Leben lang nur für die
halbe Stunde verpflichtet sein, worin wir aus der Gesellschaft
dieses Mannes erlöst wurden, als wir diese Zeit durch den
Abstecher, um Elshie zu besuchen, gewannen."

„Was würdet Ihr denn sagen," sprach Miß Vere in leisem
Tone, so daß die jüngere Schwester sie nicht hören konnte,
welche ihnen auf dem Wege etwas voraus war, da der enge
Pfad allen Dreien nicht gestattete, neben einander zu reiten,
„was würdet Ihr sagen, theuerste Lucy, wenn Euch vorge=
schlagen würde, seine Gesellschaft Euer Leben lang zu ertragen?"

„Ich würde dreimal Nein, Nein, Nein sagen, jedesmal
lauter wie vorher, bis man mich in Carlisle hören würde."

„Sir Frederik würde alsdann sagen: Neun abschlägige
Antworten sind einer halben Einwilligung gleich."

„Dieß," erwiderte Miß Lucy, „ist gänzlich von der Weise
abhängig, wie die abschlägige Antwort ertheilt wird. Die
meinige sollte kein Gran von Beistimmung enthalten."

„Aber wenn Euer Vater sagen würde," bemerkte Miß
Vere, „thue dies, oder —" .

„So würde ich den Folgen seines Oder trotzen, um die
Lücke bei der gelassenen Wahl auszufüllen, wäre er auch der
grausamste Vater, von welchem jemals in Romanen berichtet
wurde."

„Und wenn er Euch mit einer katholischen Tante, einer
Aebtissin und einem Kloster drohte?"

„Alsdann," erwiderte Miß Ilderton, „würde ich ihm mit einem protestantischen Schwiegersohn drohen, und eine Gelegenheit zum Ungehorsam wegen einer Gewissenssache gerne benutzen. Jetzt, da Nancy uns nicht hören kann, laßt mich Euch sagen, daß Ihr nach meiner Meinung vor Gott und Menschen zu entschuldigen seid, wenn Ihr dieser unheilvollen Heirath mit jedem verfügbaren Mittel widersteht; er ist ein stolzer, finsterer und ehrgeiziger Mann, ein Verschwörer gegen den Staat, ehrlos wegen seiner Habsucht und seiner Strenge, ein schlechter Bruder, bösartig und unedelmüthig gegen alle seine Verwandten, — Isabelle, ich würde lieber sterben, als mich mit ihm vermählen."

„Laßt meinen Vater nicht merken, daß Ihr mir solchen Rath gabt," sagte Miß Vere, „sonst, meine theure Lucy, müßt Ihr Ellieslaw Castle Lebewohl sagen."

„Und ich sage Ellieslaw Castle von ganzem Herzen Lebewohl," erwiderte ihre Freundin, „wenn ich Euch nicht aus demselben befreit und unter einem liebreicheren Beschützer sehen werde, wie demjenigen, welchen die Natur Euch gab. Ach, wenn nur mein armer Vater seine frühere Gesundheit noch besäße! wie gerne würde er Euch aufgenommen und beschützt haben, bis diese lächerliche und grausame Verfolgung vorüber wäre."

„Wollte Gott, dem wäre so, theure Lucy," erwiderte Isabelle, „ich fürchte aber, daß Euer Vater bei seiner schwachen Gesundheit mich nicht gegen die Mittel zu schützen vermag, welche sogleich würden angewandt werden, um die arme Entflohene zurückzuholen."

„Ich fürchte das wirklich," erwiderte Miß Ilderton, „aber wir wollen überlegen und Etwas ersinnen, jetzt da Euer Vater und seine Gäste sich so tief in eine geheimnißvolle Verschwörung eingelaffen zu haben scheinen, wie man aus dem Hin- und Hergehen der Boten, aus den sonderbaren Gesichtern schließen kann, welche ohne Nennung ihrer Namen erscheinen und verschwinden, wie aus der Einsammlung und Vereinigung der Waffen und der ängstlichen Spannung und der Geschäftigkeit erhellt, wodurch jeder Mann im Schlosse aufgeregt zu sein scheint; unter solchen Umständen kann es für uns vielleicht nicht unmöglich sein, eine kleine Verschwörung unsererseits als Anhang der andern zu entwerfen — immer vorausgesetzt, daß die Angelegenheiten bis zum Aeußersten getrieben werden. Ich hoffe, die Herren haben alle Politik nicht für sich in Beschlag genommen. Einen Verbündeten möchte ich gerne in unsern Rath zulassen."

„Doch nicht Nancy?"

„O nein," sagte Miß Ilderton, „Nancy, obgleich ein ausgezeichnet gutes Mädchen, welche viel Anhänglichkeit zu Euch hegt, würde nur eine einfältige Rolle in einer Verschwörung spielen — eine so einfältige wie Renault und alle die untergeordneten Verschwörer im Geretteten Venedig. Nein, dies ist ein Jaffier oder ein Pierre, wenn Euch der Charakter besser gefällt; jedoch, obgleich ich weiß, daß er Euch gefällt, so scheue ich mich dennoch, seinen Namen zu nennen, damit ich Euch nicht zugleich ärgere. Könnt Ihr nicht rathen? Etwas wie ein Adler und ein Fels; der Name beginnt nicht mit dem englischen Wort für Adler, jedoch mit einem andern, das im Schottischen so etwas bezeichnet" *).

„Ihr meint doch nicht den jungen Earnscliff, Lucy," sagte Miß Vere, tief erröthend.

„Wen sollte ich sonst meinen?" sagte Lucy, „Jaffiers und

*) Earn, schottisch für Eagle (Adler).

Pierre's sind sehr selten hier zu Lande, wie ich annehmen kann, obgleich man genug Renaults und Bedamars vorfindet."

„Lucy, wie könnt Ihr so tolle Reden führen, Schauspiele und Romane haben Euch das Gehirn verdreht; Ihr wißt, daß, abgesehen von der Einwilligung meines Vaters, ohne die ich Niemand heirathen will, und die in diesem Falle nie ertheilt werden würde; auch abgesehen davon, daß Ihr von der Neigung des jungen Earnscliff keine andere Kunde, als nach Euren tollen Vermuthungen und Einfällen habt, daß außerdem der verhängnißvolle Streit ein Hinderniß ist."

„Der Streit, worin sein Vater getödtet wurde?" fragte Lucy, „das hat vor sehr langer Zeit statt gehabt; ich hoffe, wir haben die Zeiten der Blutrache überlebt, worin ein Zank zwischen zwei Familien wie ein spanisches Schachspiel vom Vater auf den Sohn sich vererbte, und wo ein Mord oder zwei in jeder Generation vorkamen, um dergleichen Unheil nicht aussterben zu lassen. Heutzutage verfahren wir mit unsern Zänkereien wie mit unsern Kleidern; wir haben unsern eigenen Schnitt und für uns unsern besondern Anzug; wir denken eben so wenig daran, die Zänkereien unserer Väter zu rächen, wie deren geschlitzte Wämser und Pluderhosen zu tragen."

„Lucy, Ihr behandelt die Sache zu leichtfertig," erwiderte Miß Vere.

„Durchaus nicht, meine theure Isabelle," sagte Lucy, „bedenkt, Euer Vater war zwar bei dem unglücklichen Handgemenge gegenwärtig, Niemand aber hat vermuthet, daß er den tödtlichen Stoß führte, außerdem waren in früheren Zeiten nach gegenseitigem blutigen Kampfe zwischen Clans die nachfolgenden Familienverbindungen so wenig ausgeschlossen, daß die Hand einer Schwester oder Tochter das häufigste Pfand der Wiederaussöhnung bildete. Ihr lacht über meine Belesen-

heit in Romanen; allein ich versichere Euch, würde Eure Ge=
schichte geschrieben, wie die so mancher weniger unglücklichen
und verdienstvollen Heldin, so würde der einsichtsvolle Leser
Euch zu der Dame und zur Geliebten von Earnscliff gerade
wegen des Hindernisses bestimmen, welches Ihr für so unüber=
steigbar haltet.“

„Unsere Tage sind aber keine romantische Zeit, sondern
traurige Wirklichkeit; denn dort steht das Schloß Ellieslaw.“

„Und dort steht Sir Frederik Langley im Thore und er=
wartet die Damen, um ihnen seinen Beistand beim Absteigen
vom Pferde anzubieten, — ich möchte eben so gern eine Kröte
berühren; ich will seine Hoffnung täuschen und den alten Stall=
knecht Horsington zu meinem Stallmeister annehmen.“

Bei diesen Worten peitschte die lebhafte junge Dame ihren
Zelter vorwärts, sprengte bei Sir Frederik mit einem vertrau=
ten Nicken vorüber, als er sich bereit hielt, den Zügel ihres
Pferdes zu ergreifen, und sprang in die Arme des alten Stall=
knechtes. Isabelle hätte gerne dasselbe gethan, allein sie wagte
es nicht, denn ihr Vater stand in der Nähe, und der Ausdruck
des Mißfallens verdunkelte schon ein Antlitz, welches zum
Ausdruck der rauhen Leidenschaften besonders geeignet war;
sie sah sich zur Annahme der unwillkommenen Höflichkeiten
ihres verabscheuten Bewerbers genöthigt.

# Sechstes Kapitel.

Nennen wir uns nicht Diebe nach der Beute des
Tages, denn wir sind Ritter der Nacht; laßt uns die
Förster der Diana, die Edelleute des Schattens, die
Günstlinge des Mondes sein.

Heinrich IV. Theil I.

Der Einsiedler hatte die übrige Zeit des Tages, am welchem er mit den jungen Damen zusammengetroffen war, innerhalb seines Gartens zugebracht. Am Abende saß er wieder
auf seinem Lieblingssteine. Die röthlich untergehende Sonne
unter rollenden Wolken warf ein düsteres Licht über das Moor
und ertheilte eine tiefere Purpurfarbe den breiten Umrissen
von kahlen Anhöhen, welche diesen einsamen Platz umringten.
Der Zwerg blickte auf die Wolken; als sie sich über einander
in Massen gesammelter Dünste häuften, und als ein heller
Strahl des sinkenden Lichtkörpers auf seine auffallende und
seltsame Gestalt fiel, konnte er als der Dämon des drohenden Gewitters oder als ein Kobold erscheinen, der aus seinem
Wohnort unter der Erde durch die unterirdischen Zeichen der
Annäherung eines heftigen Sturmes auf die Oberfläche entboten war. Als er so dasaß und sein dunkles Auge auf den
zürnenden und geschwärzten Himmel wandte, sprengte ein
Reiter schnell auf ihn zu, hielt an, als wolle er sein Pferd
auf einen Augenblick Athem schöpfen lassen und machte dem

Einsiedler eine Art Verbeugung mit einem Ausbruck, der zwischen Frechheit und Verlegenheit in der Mitte stand.

Die Gestalt des Reiters war dünn, groß und schlank, zeigte jedoch merkwürdige Kraft, breite Knochen und starke Sehnen; sie glich derjenigen eines Mannes, der sein ganzes Leben lang die heftigsten Leibesübungen betrieb, welche die Zunahme des Menschenleibes im Umfange verhindern, während sie durch Gewohnheit die Muskelkraft stärken und stählen. Sein Antlitz mit scharfen Zügen, sonnverbrannt und mit Sommersprossen, zeigte einen unheimlichen Ausbruck von Gewaltthätigkeit, Unverschämtheit und List, von welchen Eigenschaften eine jede abwechselnd vorzuherrschen schien; rothes Haar und röthliche Augenbrauen, unter denen scharfe graue Augen blitzten, vervollständigten den Unheil verkündenden Umriß der Gesichtsbildung jenes Reiters. Er trug Pistolen in den Satteltaschen, und ein zweites Paar ragte unter seinem Gütel hervor, obgleich er sich Mühe gegeben hatte, dasselbe unter seinem zugeknöpften Wamse zu verbergen. Sein Anzug war eine verrostete Sturmhaube, ein Büffelwams von etwas alterthümlichem Schnitt, Handschuhe, von denen derjenige der rechten Hand mit kleinen Eisenschuppen, wie ein alter Fechthandschuh, bedeckt war; ein großer Pallasch vervollständigte seine Ausrüstung.

„So," sagte der Zwerg, „Raub und Mord sitzen wieder zu Pferde."

„Ja," erwiderte der Bandit, „Elshie, Eure Heilkunde hat mich wieder flott gemacht."

„Und alle Eure Versprechungen, Euch zu bessern, die Ihr während Eurer Krankheit machtet, sind vergessen?" fuhr Elshender fort.

„Alle sind mit den Wasserbrocken und Brodsuppen ver-

schwunden," sagte der Bandit, ohne sich zu schämen, „Ihr
wißt, Elshie, denn man sagt, Ihr seid mit dem Herrn sehr
wohl bekannt:

„Als einst der Teufel kränkelte, da wollt' er gern ein Mönch sein,
Doch als der Teufel sich besserte, zog er nicht länger die Klauen ein.""

„Du sagst die Wahrheit," sprach der Einsiedler, „ein Wolf
läßt sich eben so wenig von seinem Blutdurst oder ein Rabe
von seiner Gier nach Aas trennen, wie du von deinen ver=
ruchten Neigungen."

„Was Henker sollte ich thun, es ist mir angeboren, es liegt
mir im Blut und Knochen; höre, Mann, die Burschen von
Westburnflat sind zehn Geschlechter lang Straßenräuber und
Viehdiebe gewesen. Sie haben Alle viel getrunken, gut ge=
lebt, blutige Rache für kleine Beleidigungen genommen, und
haben niemals der Waffen, um Alles das zu gewinnen, entbehrt."

„Recht, du bist ein Wolf von ächter Race," sagte der
Zwerg, „wie jemals ein solcher des Nachts über eine Schaf=
hurde sprang; in welchem Auftrage der Hölle bist du jetzt
ausgeritten?"

„Kann Eure Weisheit es nicht errathen?"

„So viel weiß ich," sagte der Zwerg, „daß deine Absicht
eine böse ist, daß deine That noch schlimmer und der Ausgang
der schlimmste von allen sein wird."

„He, Vater Elshie, gerade deßhalb bin ich um so mehr
Euer Liebling," meinte Westburnflat, „das habt Ihr ja immer
gesagt."

„Ich habe Ursache, alle Diejenigen zu lieben," erwiderte
der Zwerg, „welche die Geiseln ihrer Nebenmenschen sind, und
du bist eine blutige."

„Nein, zu dem bekenne ich mich nicht schuldig; blutig bin
ich nie, wenn nicht Widerstand stattfindet, Ihr wißt ja, das

treibt einem Manne die Borsten in die Höhe, und daran ist auch nicht viel gelegen; ich beschneide nur den Kamm eines jungen Hahnes, der ein wenig zu muthig gekräht hat."

„Doch nicht dem jungen Earnscliff?" fragte der Einsiedler mit einiger Aufregung.

„Nein, dem jungen Earnscliff noch nicht, aber seine Zeit kommt vielleicht noch, wenn er keinen guten Rath annimmt. Er mag in die Kaninchenstadt zurückkehren, für die er sich eignet; er braucht sich hier nicht herumzutreiben, um das wenige Rothwild zu tödten, das hier noch übrig ist, oder um angeblich als Friedensrichter zu walten und den vornehmen Leuten im rauchigen Edinburg Briefe zu schreiben über den unruhigen Zustand des Landes; er mag sich in Acht nehmen."

„Dann muß es Hobbie von Heugh-foot sein," sagte Elshie, „was hat der Euch zu Leide gethan?"

„Nichts Besonderes, ich höre aber, daß er gesagt hat, ich sei am Fastabend vom Kugelspiel aus Furcht vor ihm weggeblieben; das geschah aber nur aus Furcht vor den Gerichtsdienern, denn ein Verhaftsbefehl war gegen mich ausgefertigt. Ich will Hobbie und seinem ganzen Clan Stand halten, indeß es ist weiter Nichts, als daß ich ihm eine Lection geben will, damit er seiner Zunge gegen Leute, die besser sind wie er, nicht zu freien Lauf läßt. Ich bin überzeugt, daß er vor morgen früh die beste Schwungfeder aus seinem Flügel verloren hat. Lebt wohl, Elshie, einige geschickte Bursche warten auf mich dort unten im Walde, ich will bei Euch einsprechen, wenn ich zurückkehre, und eine hübsche Erzählung alsdann für Eure Heilkunde bringen."

Ehe der Zwerg sich fassen konnte, um zu antworten, gab der Straßenräuber von Westburnflat seinem Pferde die Sporen. Das Thier stieß sich an einem der Steine, die zerstreut umherlagen, und sprang vom Wege ab. Der Reiter gebrauchte seine Sporen ohne Mäßigung oder Gnade, das Pferd wurde wüthend, bäumte sich, schlug hinten und vorne aus und sprang wie ein Hirsch mit allen vier Füßen vom Boden auf. Es war vergeblich; der unbeugsame Reiter saß fest, als sei er ein Theil des Pferdes, das er beschritt; nach einem kurzen aber wüthenden Kampf zwang er das unterworfene Thier zu einem Schritt, der ihn bald aus dem Bereiche brachte, worin ihn der Einsiedler erblicken konnte.

„Dieser Schurke," rief der Zwerg, „dieser kaltblütige, verhärtete, grausame Raufbold — dieser Elende, bei welchem jeder Gedanke mit Verbrechen befleckt ist, besitzt Körpermasse und Sehnen, Glieder, Stärke und Thätigkeit genug, um ein edleres Thier wie er selbst ist, zu zwingen, daß es ihn zu dem Orte trägt, wo er Ruchlosigkeiten vollbringen kann, während ich, besäße ich die Schwäche zu wünschen, daß dieses unglückliche Schlachtopfer auf seiner Hut wäre, und daß seine hülflose Familie gerettet würde, meine guten Absichten durch die Altersschwäche vereitelt sehen müßte, welche mich an diesen Platz heftet. Warum sollte ich wünschen, daß es anders wäre? Was hat meine krächzende eulenartige Stimme, meine scheußliche Gestalt, meine widerlichen Züge mit den schöneren Geschöpfen der Natur zu schaffen? Empfangen nicht die Menschen sogar meine Wohlthaten mit Zurückschaudern, Abscheu und schlecht unterdrücktem Widerwillen? Warum sollte ich mich um ein Geschlecht bekümmern, welches mich als Mißgeburt und als Verstoßenen betrachtet, welches mich als solchen behandelt? Nein, bei aller Undankbarkeit, die ich erfuhr, — bei dem Unrecht, welches ich ertrug, bei meinem Gefängniß, meinen Geißlungen und meinen Ketten, ich will das Gefühl der sich auflehnenden Menschlichkeit niederkämpfen! ich will

nicht mehr der Thor wie früher sein, um von meinen Grund=
sätzen abzuweichen, wenn man sich an mein Gefühl wandte,
als wenn ich, dem Niemand Mitgefühl erweist, Mitgefühl
mit irgend Jemand hegen sollte! Das Schicksal mag seinen
Sichel=Wagen durch die erdrückte und zitternde Masse der
Menschheit treiben. Soll ich der Thor sein, um diese abge=
lebte Gestalt, diesen entstellten Klumpen von Sterblichkeit unter
seine Räder zu werfen, damit der Zwerg, der Zauberer, der
Krüppel eine schöne Gestalt oder einen thätigen Leib von Zer=
störung rettet und die Welt bei dem Wechsel in die Hände
klatscht? Niemals! — und dennoch, dieser Elliot — so jung,
so tapfer und freimüthig, so — ich will nicht länger daran
denken, ich kann ihm nicht helfen, und ich bin entschlossen,
fest entschlossen, ihm nicht zu helfen, wenn ich könnte, wenn
ein bloßer Wunsch Bürgschaft für seine Sicherheit böte!"

Nachdem er so sein Selbstgespräch beendet hatte, zog er
sich in seine Hütte zum Schutz vor dem Wetter zurück, welches
jetzt mit großen und schweren Regentropfen auszubrechen be=
gann. Die letzten Sonnenstrahlen verschwanden gänzlich und
zwei oder drei ferne Donnerschläge folgten auf einander in
kurzen Zwischenräumen, indem sie unter der Reihe der kahlen
Höhen wie der Widerhall eines entfernten Treffens erschallten:

# Siebentes Kapitel.

---

Dir, o Falk des Gebirgs wird die Schwinge verzauft!
. . . . . . . . . . . . .
Kehr' einsam zurück, wo im Nest du gehaust!
Die Asche noch glüht, wo gemach du geruh't,
Und die Mutter beklagt die verhungernde Brut.

Campbell.

Die Nacht blieb stürmisch und finster; der Morgen erhob sich aber, als sei er durch den Regen erfrischt worden. Sogar der Muckleftane-Moor mit seinen breiten kahlen Anschwellungen unfruchtbaren Bodens zwischen sumpfigen Teichen schien unter dem heiteren Einfluß des Himmels zu lächeln, sowie die gute Laune einen gewissen unaussprechlichen Reiz über das häßlichste Menschenantlitz ergießen kann. Die Haide stand in ihrer dichtesten und tiefsten Blüthe. Die Bienen, welche der Einsiedler zu seiner ländlichen Wohnung hinzugefügt hatte, waren ausgeflogen und erfüllten die Luft mit dem Summen ihres Fleißes. Als der alte Mann aus seiner kleinen Hütte hervorkroch, kamen ihm seine zwei Ziegen entgegen, und leckten ihm die Hand aus Dankbarkeit für die Pflanzen, die er ihnen aus seinem Garten reichte. „Ihr wenigstens," sagte er, „seht keinen Unterschied in der Gestalt, welcher euer Gefühl gegen euern Wohlthäter verändern kann. Für euch würde die schönste Form, die jemals ein Bildner schuf, ein Gegenstand der Gleichgültigkeit oder der Furcht sein, wenn sie sich euch anstatt des mißgestalteten Rumpfes zeigte, an dessen Dienst ihr gewohnt seid. Habe ich jemals eine solche Erwiderung der Dankbarkeit angetroffen, so lange ich in der Welt lebte? Nein; der Diener, den ich von Jugend auferzogen habe, schnitt Gesichter hinter meinem Stuhle; der Freund, den ich mit meinem Vermögen unterstützte, um dessentwillen ich sogar mich befleckte" — (er hielt an mit einem krampfhaften Zaudern) — „sogar er war der Meinung, ich sei geeigneter für die Gesellschaft der Wahnsinnigen, für ihren schmachvollen Zwang, für ihre grausamen Entbehrungen, als für den Verkehr mit den übrigen Menschen. Hubert allein — auch Hubert wird mich eines Tages verlassen. Alle sind aus Einem Stück, einer Masse von Gottlosigkeit. Selbstsucht und Undankbarkeit — Elende, welche sogar in ihrer Andacht sündigen, von solcher Härte des Herzens, daß sie nicht einmal der Gottheit selbst für die warme Sonne und die reine Luft ohne Heuchelei danken."

Als er in dieß finstere Selbstgespräch versenkt war, vernahm er den Schall von Pferdehufen von der andern Seite seiner Umzäunung, und eine starke Stimme, die mit der Lebhaftigkeit eines leichten Herzens sang:

> „Hobbie Elliot, schmucker Mann,
> Sagt, ob ich Euch begleiten kann."

Im selben Augenblicke sprang ein großer für die Rehjagd abgerichteter Windhund über den Zaun des Einsiedlers. Den Jägern in dieser Einöde ist es wohl bekannt, daß das Aussehen und der Geruch der Ziegen denjenigen ihres gewöhnlichen gejagten Wildes so sehr gleicht, daß die besten abgerichteten Windhunde bisweilen sich auf erstere stürzen. Der

Hund, von welchem die Rede ist, riß sogleich eine Ziege des
Eremiten zu Boden und erwürgte dieselbe, während Hobbie
Elliot, der heranritt und von seinem Pferde sprang, das harm=
lose Thier nicht eher von den Zähnen seines Hundes befreien
konnte, als bis es in den letzten Zügen lag. Der Zwerg blickte
einige Augenblicke auf die krampfartigen Zuckungen seines ster=
benden Günstlings, bis die arme Ziege mit den Krämpfen und
dem zitternden Schauern des letzten Todeskampfes ihre Glie=
der ausstreckte. Alsdann gerieth er in einen Anfall von Wuth,
zog ein langes scharfes Messer oder Dolch, das er unter sei=
nem Kleide trug, und war im Begriff, sich auf den Hund zu
stürzen, als Hobbie, seinen Zweck bemerkend, einschritt, und
seine Hand mit dem Ausrufe ergriff, „laßt den Hund, Mann
— laßt den Hund! Killbuk darf in dieser Weise nicht behan=
delt werden.“

Der Zwerg richtete seine Wuth gegen den jungen Pächter,
befreite seine Faust aus dem Griffe Hobbie's durch eine plötz=
liche und weit kräftigere Anstrengung, wie Letzterer von einer
solchen Person erwartete, und richtete den Dolch gegen dessen
Herz. Alles dieß geschah in einem Augenblicke, und der zor=
nige Einsiedler hätte seine Rache durch einen Stoß mit der
Waffe in Elliot's Brust vervollständigen können, wäre er nicht
durch einen inneren Antrieb zurückgehalten worden, welcher
ihn bewog, sein Messer fortzuschleudern.

„Nein!“ rief er aus, als er sich so der Mittel, seine Wuth
zu befriedigen, beraubte — „nicht wieder!“

Hobbie trat einige Schritte in großer Ueberraschung, Miß=
muth und Selbstverachtung zurück, daß er durch ein scheinbar
so verächtliches Geschöpf in solche Gefahr gerathen war.

„Er hat durch Kraft und Bosheit den Teufel im Leibe!“
waren die ersten Worte, die ihm entfuhren, alsdann aber ließ

er eine Entschuldigung für den Vorfall folgen, welcher die Mißhelligkeit veranlaßt hatte. „Ich will Killbuk nicht rechtfertigen, und ich versichere Euch, der Vorfall ist mir ebenso unangenehm, wie Euch, ich will Euch aber zwei Ziegen und zwei fette Mutterschafe schicken, Elshie, um die Sache wieder auszugleichen. Ein weiser Mann, wie Ihr, sollte keine Bosheit gegen ein armes dummes Ding hegen; Ihr seht ja, eine Ziege ist wie ein Geschwisterkind mit dem Rehe, drum handelte das Thier nur nach seiner Natur. Wäre es ein Lamm gewesen, so würde sich mehr darüber sagen lassen. Ihr solltet Schafe halten, Elshie, und keine Ziegen, wo so viele Jagdhunde in der Nähe sind; ich will Euch aber Beides schicken."

„Elender," sagte der Einsiedler, „Eure Grausamkeit hat eines der einzigen lebendigen Geschöpfe vernichtet, welche mit Freundlichkeit auf mich blicken würden!"

„Gewiß, es geschah ohne Vorsatz," erwiderte Hobbie; ich hätte aber allerdings an Eure Ziegen denken und die Hunde an die Leine binden sollen. Wahrhaftig, ich hätte lieber gesehen, daß sie den schönsten Widder in meiner Heerde erwürgt hätten. Kommt, Mann, Ihr müßt vergessen und vergeben. Es ärgert mich ebenso, wie Euch, allein ich bin ein Bräutigam, und das läßt mich an mancherlei Dinge nicht denken. Ich dachte an das Hochzeitessen, oder an einen guten Theil desselben; daß meine zwei Brüder auf einem Karren um den Rider's-Stack drei fette Rehböcke bringen, so schön, wie jemals auf Dallomlea liefen, wie es im Liede heißt; sie konnten des Morastes halber nicht auf geradem Wege kommen. Ich würde Euch ein Stück Wildpret schicken, aber Ihr würdet es vielleicht nicht annehmen wollen, denn Killbuck hat das Reh gefangen."

Während dieser langen Rede, womit der gutmüthige Grenz-

Der schwarze Zwerg.       6

bewohner den gereizten Zwerg durch jede Bemerkung, die ihm einfiel, zu besänftigen suchte, richtete jener seinen Blick auf den Boden, als sei er in tiefes Nachdenken versenkt, und brach zuletzt in folgende Worte aus: „die Natur? — ja! es ist der gewöhnliche, viel betretene Weg der Natur. Der Starke ergreift und erwürgt den Schwachen, der Reiche erdrückt und plündert den Armen; der Glückliche, wenn er ein solcher Thor ist, sich für glücklich zu halten, beschimpft das Elend und vermindert den Trost des Elenden. Geh von hinnen, es ist dir gelungen, einen neuen Schmerz dem Unglücklichsten aller menschlichen Wesen zu erwecken — du hast mich Alles dessen beraubt, welches ich beinahe als eine Quelle des Trostes betrachtete. Geh von hinnen und genieße das Glück, welches dir an deinem Herde bereitet ist!"

„Wahrhaftig," sagte Hobbie, „ich würde Euch gerne mit mir nehmen, Mann, wenn Ihr nur sagen wolltet, daß Ihr am Montag auf meiner Hochzeit gegenwärtig sein möchtet. An hundert Elliot's werden über die Flur reiten — etwas Aehnliches hat man nicht gesehen seit den Tagen des alten Martin von Preaking Tower, ich würde Euch den Karren mit einem schönen Klepper schicken."

„Ihr macht mir den Vorschlag, mich noch einmal in die Gesellschaft der gemeinen Heerde zu mischen?" fragte der Einsiedler mit dem Ausdruck des tiefsten Widerwillens.

„Gemeine, gemeine!" erwiderte Hobbie, „gemein sind sie nicht; die Elliot's sind längst bekannt als ein edles Geschlecht."

Geh von hinnen," wiederholte der Zwerg, „mag dasselbe Unglück dich begleiten, das du mir hinterließest; geh ich auch nicht mit dir, so suche, daß du demjenigen entgehen kannst, was meine Begleiter, Zorn und Elend, über deine Schwelle vor deiner Ankunft brachten."

„Ich wünsche nicht, daß Ihr so redet," sagte Hobbie. „Elshie, Ihr kennt Euch selbst; Niemand hält Euch für über= klug; nun will ich Euch ein für allemal sagen — Ihr habt soviel gesagt, was mir und den Meinen Böses bedeutet; wenn nun ein Unglück meine Cousine Grace, was Gott verhüte, oder mich selbst, oder die Meinigen, oder die armen stummen Hunde befällt, oder erleide ich Schaden an Leib und Gut, so will ich nicht vergessen, daß ich es Euch verdanke."

„Pack dich, Bauer," rief der Zwerg, „geh nach deiner Wohnung und denk an mich, wenn du findest, was dort sich ereignet hat."

„Schon gut," sagte Hobbie, indem er sein Pferd bestieg, „wozu hilft es, mit Krüppeln zu streiten, sie sind allesammt unhöflich, ich will Euch aber etwas sagen, Nachbar, wenn die Sachen mit Grace Armstrong anders wie gut stehen, so will ich Euch rösten, wenn in den fünf Kirchspielen noch ein Theer= faß zu haben ist."

Bei den Worten ritt er fort; Elshie blickte auf ihn mit höhnischem und zornigem Gelächter, ergriff alsdann Spaten und Haue und grub seinem todten Lieblinge ein Grab.

Ein leiser Pfiff und die Worte: „Elshie, still," störte ihn in seinem schwermüthigen Beginnen, er blickte auf, und der rothe Straßenräuber stand vor ihm. Wie dem Mörder Ban= quo's klebte ihm Blut im Gesicht, ebenso wie an den Rädern seiner Sporen; auch die Seiten seines zu heftig gerittenen Pferdes trieften von Blut.

„Was gibt's, Bandit," fragte der Zwerg, „ist der Streich ausgeführt?"

„Ja, ja, daran zweifelt nicht, Elshie," erwiderte der Frei=

beuter, „wenn ich reite, so mögen meine Feinde winseln. Heute morgen haben sie mehr Licht wie Behaglichkeit in Heugh= foot gehabt; dort ist jetzt ein leerer Kuhstall, Geheul und Klagen nach der schönen Braut.“

„Wie so?“

„Carlchen Prellt=den=Galgen, wie wir ihn nennen, d. h. Carl Foster von Tinning Back hat versprochen, sie in Cumber= land zu bewachen, bis der Sturm vorüber ist; sie hat mich gesehen und während des Lärms erkannt, denn die Maske fiel mir einen Augenblick vom Gesicht, ich glaube, daß meine Si= cherheit in Gefahr ist, wenn sie wieder zurückkommt. Denn der Elliot's sind viele, und sie halten in Gutem wie Bösem zusammen, jetzt bin ich gekommen, um Euren Rath zu hören, wie ich mich am besten sichern kann.“

„So, du willst sie also ermorden?“

„Das gerade nicht, wenn es sich ändern läßt. Man sagt aber jetzt, daß man Leute auf listige Weise aus einem See= hafen nach den Pflanzungen bringen kann und daß Etwas für Denjenigen zu gewinnen ist, der ein hübsches Mensch dorthin fortschafft. Man braucht das weibliche Vieh jenseits des Meeres, und hier ist es nicht so selten, aber ich denke dieß Mädchen noch besser versorgen zu können. Eine vornehme Dame soll ins Ausland geschickt werden, wenn sie kein gehor= sames Kind ist, sie mag wollen oder nicht; nun glaube ich, daß ich Grace als ihre Dienerin fortschicken kann — sie ist ein hübsches Mädchen. Hobbie wird einen vergnügten Mor= gen haben, wenn er nach Hause kömmt und sowohl seine Braut wie sein Gut nicht mehr vorfindet.“

„Und Ihr bemitleidet ihn nicht?“ fragte der Einsiedler.

„Würde er mich bemitleiden, wenn ich unter dem Galgen stände? und dennoch fühle ich etwas Reue wegen des hübschen

Mädchens; er wird aber eine Andere bekommen und der Schaden für ihn nicht groß sein. Die Eine ist so gut wie die
Andere. Ihr hört aber so gern, daß Unheil angerichtet ist;
habt Ihr jemals von einem besseren Streich gehört, wie ich
ihn heute morgen ausführte?"

„Luft, Ocean und Feuer," sagte der Zwerg, indem er mit
sich selbst redete. „Das Erdbeben, der Sturm und der Bulkan
sind mild und gemäßigt im Vergleich mit dem Grimme des
Menschen, und was ist dieser Kerl anders, als ein Schurke,
der größere Geschicklichkeit wie Andere besitzt, um den Zweck
seines Daseins auszuführen? Höre mich Spitzbube, geh wiederum dorthin, wohin ich dich früher sandte."

„Zu dem Verwalter?"

„Ja, und sage ihm, Elshender, der Klausner befehle ihm,
dir Gold zu geben. Aber höre mich, entlaß das Mädchen frei
und unverletzt; bringe sie zu ihren Verwandten zurück und
laß sie einen Eid schwören, deine Schurkereien nicht zu entdecken."

„Wenn sie nun aber ihren Eid bricht?" fragte Westburn-
Flat. „Die Weiber sind ja dafür berühmt, daß sie ihr Wort
halten. Ein weiser Mann, wie Ihr, sollte das wissen — und
sie soll unverletzt entlassen werden? wer weiß, was sich hier
ereignet, wenn sie längere Zeit in Tenning Back verweilt.
Carlchen Prell-den-Galgen ist ein rauher Gesell; kann aber
das Gold auf 20 Stück baar Geld gebracht werden, so glaube
ich, dafür bürgen zu können, daß sie innerhalb 24 Stunden
wieder bei ihren Verwandten ist."

Der Zwerg zog seine Schreibtafel aus der Tasche, schrieb
etwas auf ein Papierblatt und riß dasselbe heraus. Dann
gab er das Blatt dem Räuber mit den Worten: „Hier ist es,
aber merkt: du weißt, daß mich deine Verrätherei nicht täuschen

kann. Bist du ungehorsam gegen meine Befehle, so wird dein elendes Leben dafür einstehen, verlaß dich darauf."

„Ich weiß," sagte der Kerl mit niedergeschlagenem Blick, „daß Ihr Gewalt auf Erden besitzt, in welcher Weise Ihr dieselbe auch erlangt haben möcht; Ihr könnt thun, was kein anderer Mensch vermag, sowohl durch Arzneimittel wie Voraussicht. Das regnet auf Euren Befehl so schnell, wie ich die Eschbaumkäppchen an einem frostigen Oktobermorgen abfallen sah; ich werde Eurem Befehl nicht ungehorsam sein."

„So packe dich und befreie mich von deiner verhaßten Gegenwart."

Der Räuber spornte sein Pferd und ritt ohne Antwort hinweg.

Hobbie Elliot hatte mittlerweile seine Heimkehr beschleunigt, denn ihn quälte eine drückende unbestimmte Besorgniß von Unheil, welche man gewöhnlich ein Vorgefühl nennt. Ehe er den Gipfel der Erhöhung erreichte, von welcher er auf seine Wohnung blicken konnte, kam ihm seine ehemalige Kindsmagd entgegen, damals eine wichtige Person in allen schottischen Familien sowohl der höheren wie mittleren Volksklassen. Die Verbindung zwischen Ammen oder Kindsmägden und deren Pflegkinder ward nämlich für ein zu enges Band gehalten, als daß dessen Lösung erlaubt gewesen wäre; im Lauf der Jahre wurde die Kindsmagd gewöhnlich in die Familie aufgenommen, half bei den häuslichen Pflichten und empfing alle Beweise der Aufmerksamkeit und Rücksicht von den Familienhäuptern. Sobald Hobbie die Gestalt der Annaple in ihrem rothen Rock und schwarzer Haube erkannt hatte, konnte er sich des folgenden Selbstgespräches nicht erwehren. „Welch Unglück kann meine alte Kindsmagd so weit von Haus geführt haben, da sie doch sonst niemals sich einen Flintenschuß weit von der Thür entfernt? — sie wird einige Preißelbeeren oder Heidelbeeren, oder etwas Aehnliches auf dem Moore sammeln, um Pasteten und Torten zur Hochzeit am Montag zu machen; ich kann mir aber nicht die Worte des groben alten Krüppels, des boshaften Tollkopfes, aus dem Sinne bringen — die geringste Kleinigkeit läßt mich Böses fürchten, — O, Killbuck, verfluchter Hund! es sind doch genug Rehe und Ziegen im Lande, warum hast du gerade sein Geschöpf aus dem Vieh von Anderen dir ausgewählt, um es anzupacken und zu erwürgen?"

Mittlerweile war Annaple mit einer Stirn voll tragischen Ausdruckes auf ihn zugehinkt und ergriff sein Pferd am Zügel. Die Verzweiflung in ihrem Blick war so augenscheinlich, daß auch er die Ursache nicht zu erfragen vermochte.

„O mein Kind!" rief sie aus, „geh nicht weiter, geh nicht weiter; es ist ein Anblick um Jedermann, um so mehr dich, zu tödten."

„In Gottesnamen, was gibt's?" fragte der erstaunte Jäger, indem er sich bemühte, seinen Zaum dem Griffe der alten Frau zu entreißen. „Um des Himmelswillen, laß mich gehen, ich will sehen, was es gibt."

„Weh mir, daß ich leben mußte, um diesen Tag zu erblicken, der Stall steht in Lohe und der Heuschober liegt in rother Asche, und das Vieh ist sämmtlich fortgetrieben! Geh nicht weiter, mein Liebling, es wird Euer junges Herz brechen, was meine alten Augen diesen Morgen gesehen haben."

„Wer hat dieß gewagt? laß meinen Zaum fahren, Annaple — wo ist meine Großmutter — meine Schwestern? — wo ist Grace Armstrong? Gott! die Worte des Zauberers klingen mir in den Ohren." Er sprang vom Pferde, machte sich los von Annaple's Unterbrechungen, bestieg eilig den Hügel und erblickte bald das Schauspiel, womit sie ihn bedroht hatte. Es war allerdings ein herzzerbrechender Anblick, die Wohnung, die er am Gebirgsstrom in ländlicher Einsamkeit errichtet und mit jedem Zeugniß ländlicher Wohlhabenheit verlassen hatte, war jetzt eine verwüstete und von Rauch geschwärzte Ruine. Von den zertrümmerten und schmutzigen Mauern hob sich noch immer der Rauch empor, der Torfschuppen, die Kornscheune, die mit Vieh gefüllten Stallungen, aller Reichthum eines Landmannes in den Gebirgen zu jener Zeit, wovon der arme Elliot einen nicht ungewöhnlichen Theil besaß, war in einer einzigen Nacht verwüstet und beraubt worden. Einen Augenblick stand er regungslos, dann rief er aus: „Ich bin zu Grunde gerichtet, zu Grunde gerichtet, bis zum letzten Heller! Verflucht aber sei das weltliche Gut, wäre es nur nicht eine Woche vor der Hochzeit gewesen — ich bin aber nicht ein Knabe, um mich hinzusetzen und zu weinen. Wenn ich nur Grace, und meine Großmutter, und meine Schwestern wohlbehalten finde, so kann ich in den Krieg nach Flandern ziehen, wie mein guter Großvater unter der Bellenden Banner mit dem alten Buccleuch. Jedenfalls will ich festen Muth bewahren, denn sonst verlieren die Weiber sämmtlich den ihrigen.“

Hobbie schritt männlich den Hügel hinab; er war entschlossen, seine eigene Verzweiflung zu unterdrücken und den Trost zu ertheilen, den er selbst nicht fühlte. Die benachbarten Einwohner des Thales hatten sich schon versammelt, vorzüglich die seines Namens. Die Jüngeren waren in Waffen und schrieen nach Rache, obgleich sie nicht wußten, gegen wen sie dieselbe richten sollten; die Aelteren trafen Maßregeln, um der unglücklichen Familie Hülfe zu leisten. Annaple's Hütte, welche am Bache in einiger Entfernung von dem Schauplatze des Unheils entfernt lag, war schnell für die augenblickliche Aufnahme der alten Dame und ihrer Töchter mit solchen Gegenständen hergerichtet, welche die Nachbarn herbeigetragen hatten, denn sehr wenig war aus dem Unglück gerettet worden.

„Ihr Herren, sollen wir den ganzen Tag hier stehen, und auf die verbrannten Mauern vom Hause unseres Verwandten blicken? Eine jede Rauchsäule ist für uns eine Qualm der Schande! steigen wir zu Pferde, um die Jagd zu beginnen! Wer hat die nächsten Bluthunde!"

„Der junge Earnscliff," erwiderte ein Anderer; „er ist schon seit längerer Zeit mit sechs Pferden aufgebrochen, um zu versuchen, ob er sie aufspüren kann."

„Laßt uns ihm folgen und dem Lande das Lärmzeichen geben! laßt uns Hülfe auf unserem Ritt zusammenbringen! diejenigen, die uns zunächst liegen, sollen den ersten Schlag erhalten!"

„Still, haltet euer Maul, ihr verrückten Burschen," sagte ein alter Mann! „ihr wißt nicht, was ihr sagt. Was! wir sollen Krieg zwischen zwei friedlichen Ländern erregen."

„Was betäubt man uns denn mit den Geschichten von unseren Ahnen," erwiderte der junge Mann, „wenn wir hier sitzen und sehen sollen, wie ihm das Haus über dem Kopf verbrannt wird, und wenn wir nicht Hand anlegen dürfen, um ihn zu rächen! Unsere Ahnen verfuhren nicht in dieser Weise, davon bin ich überzeugt."

„Ich sage nichts, um davon abzurathen, daß man Rache nimmt an der Mißhandlung Hobbie's, des armen Burschen; heutzutage müssen wir aber das Gesetz auf unserer Seite haben, Simon," erwiderte der klügere Greis.

„Und außerdem," sagte ein anderer alte Mann; „glaube

ich nicht, daß Jemand jetzt noch lebt, welcher das gesetzliche Verfahren kennt, um einem Raubzug über die Grenzen zu folgen. Tam von Whittram war damit bekannt, der ist aber im harten Winter gestorben."

„Ja," sagte ein Dritter, „der war bei dem großen Schwarm, als man bis Thirlwall jagte; das geschah im Jahre der Schlacht von Philiphaugh."

„O," rief ein Anderer unter diesen streitenden Rathgebern, „große Geschicklichkeit wird nicht dazu erfordert; man steckt nur einen brennenden Torf, oder ein brennendes Heubüschel, oder etwas Aehnliches auf die Spitze eines Speeres, man bläst ein Horn und ruft das Wort, welches als Merkzeichen des Aufgebotes dient, und alsdann darf man dem gestohlenen Gute nach England folgen und daffelbe mit starker Hand wieder zurücknehmen, oder man darf Gut von einem andern Engländer fortbringen, vorausgesetzt, daß ihr nicht mehr raubt, als euch selbst geraubt war. Das ist das alte Grenzgesetz, gegeben zu Dundrennan in den Tagen des schwarzen Douglas; daran darf Niemand zweifeln, es ist so klar wie die Sonne."

„Kommt also, ihr Burschen," rief Simon, „begebt euch zu euren Rappen, wir wollen den alten Cabby, den Taglöhner, mit uns nehmen; er kennt den Werth des Viehes und des Geräthes, welches geraubt wurde. Hobbie's Ställe und Scheuern sollen heut Abend wieder gefüllt sein, und können wir das alte Haus nicht so bald wieder aufbauen, so wollen wir ein englisches ebenso zerstören, wie Heugh=foot. Das gilt als ehr= liches Spiel in der Welt."

Dieser aufregende Vorschlag wurde mit großem Beifall von dem jüngeren Theil der Versammlung angenommen, als ein Geflüster durch dieselbe ging, „dort kömmt Hobbie selbst, der arme Kerl, wir wollen uns von ihm leiten lassen."

Der hauptsächlichste Dulder des Unglücks war jetzt von
der Höhe hinabgekommen und stürzte sich durch das Gedränge;
er vermochte bei dem aufgeregten Zustande seiner Gefühle
nichts Weiteres zu thun, als daß er den Druck der freundschaftlichen Hände empfing und erwiderte, womit seine Nachbarn und Verwandte ihm stumme Beweise des Mitgefühls für
sein Unglück gaben. Als er endlich die Hand Simons von
Hackburn drückte, fand er Worte in seiner Gemüthspein: „Ich
danke Euch, Simon — ich danke euch, ihr Nachbarn — ich
weiß, was ihr mir sagen wollt — aber wo sind sie? — wo
sind —" er hielt an, als scheue er sich, die Namen derjenigen
zu nennen, nach denen er sich erkundigen wollte; mit einem
ähnlichen Gefühl wiesen seine Verwandten, ohne Erwiderung
zu geben, auf die Hütte. Hobbie stürzte in dieselbe mit dem
verzweifelten Ausdruck eines Mannes, welcher entschlossen ist,
das Schlimmste auf einmal zu erfahren. Ihn begleitete ein
allgemeiner und kräftiger Ausruf des Mitgefühls, „ach, armer Mann, armer Hobbie!"

„Er wird jetzt das Schlimmste erfahren."

„Ich hoffe jedoch, daß Earnscliff einige Spuren des armen
Mädchens auffinden wird."

Dieß waren die Ausrufungen der Gruppe, welche ohne einen anerkannten Führer, um ihre Bewegungen zu leiten, die
Rückkehr des Unglücklichen unthätig erwartete, aber entschlossen
war, seinen Anweisungen zu folgen.

Die Zusammenkunft zwischen Hobbie und seiner Familie
war im höchsten Grade ergreifend; seine Schwestern warfen
sich ihm um den Hals und erstickten ihn beinahe mit ihren
Liebkosungen, als wollten sie verhindern, daß er sich umsehe,
und die Abwesenheit einer noch mehr Geliebten erkenne.

„Gott helfe dir, mein Sohn, er kann helfen, wenn Vertrauen auf die Welt ein zerbrochenes Rohr ist." Dieß war die Bewillkommnung, womit die Matrone ihren unglücklichen Enkel empfing. Er blickte mit Heftigkeit um sich, indem er zwei seiner Schwestern an der Hand hielt, während die dritte an seinem Halse hing — „ich sehe euch — ich zähle euch — meine Großmutter, Lilias, Jean und Annot, aber wo ist —" (er hielt an und fuhr dann fort, als müsse er sich zum Reden zwingen), „wo ist Grace, gewiß ist es jetzt nicht die Zeit, daß sie sich vor mir verbirgt, — es ist jetzt keine Zeit zum Scherzen."

„O, Bruder!" und „unsere arme Grace!" waren die einzigen Antworten, die er auf seine Fragen erlangen konnte, bis seine Großmutter aufstand, ihn sanft von den weinenden Mädchen losmachte und mit jener rührenden Heiterkeit ihn anredete, mit welcher aufrichtige Frömmigkeit, wie Oel über die Wellen gesprengt, die heftigsten Gefühle zu mildern vermag. „Mein Kind, als dein Großvater im Kriege getödtet war, und mich mit sechs Waisen, aber kaum mit Brod zur Speise oder einem Dach zu unserer Bedeckung, hinterließ, besaß ich Kraft, nicht durch mich selbst, — aber mir war die Kraft ertheilt, zu sagen, „des Herrn Wille geschehe" — mein Sohn, unser friedliches Haus ward gestern Nacht durch Reiter, die bewaffnet und maskirt waren, erbrochen; sie haben uns Alles genommen und zerstört, und Eure theure Grace fortgeführt; bete, um Kraft zu erhalten, damit du sagen kannst, Sein Wille geschehe!"

„Mutter! Mutter! dränge mich nicht — ich kann nicht — jetzt nicht, ich bin ein sündhafter Mann von hartem Geschlecht. Maskirt, — bewaffnet, — Grace fortgeführt! Gebt mir ein Schwert und meines Vaters Tornister, ich will Rache nehmen, und sollte ich in den Abgrund der Finsterniß dringen, um sie zu suchen!"

„O, mein Kind, mein Kind! sei geduldig unter der Ruthe, wer weiß, wenn er uns seine Hand entziehen wird. Der junge Earnscliff, Gott segne ihn, ist zur Verfolgung der Räuber fortgeritten, mit Davie von Stenhouse und den Ersten, die kamen. Ich rief ihnen zu, sie sollten das Haus und das Hausgeräthe liegen lassen und den Räubern folgen, um Grace wieder einzuholen. Earnscliff und seine Leute sprengten drei Stunden nach der That über die Haide. Gott segne ihn! er ist ein wahrhafter Earnscliff, seines Vaters wahrhafter Sohn — ein treuer Freund.“

„Wirklich ein treuer Freund, Gott segne ihn!“ rief Hobbie aus, „laß uns fort und ihm nachjagen.“

„O, mein Kind, bevor du dich in Gefahr begibst, laß mich nur einmal hören, daß du sagst, sein Wille geschehe!“

„Dränge mich nicht Mutter, jetzt nicht.“ Er stürzte hinaus; als er aber zurückblickend bemerkte, wie seine Großmutter eine stumme Haltung der Betrübniß zeigte, kehrte er hastig zurück, warf sich in ihre Arme und sagte: „Ja, Mutter, ich kann sagen, sein Wille geschehe, weil Ihr Trost darin findet.“

„Mag Er dich geleiten, mein theures Kind, und mag Er dir Ursache geben, daß du bei deiner Rückkehr sagst: Sein Name sei gepriesen!“

„Lebt wohl, Mutter, lebt wohl, theure Schwestern!“ mit diesen Worten stürzte Elliot aus dem Hause.

# Achtes Kapitel.

---

Zu Roß, zu Hauf! so rief der Laird,
Schnell müßt' Ihr Euch zum Ritt beschicken;
Wer dir sich nicht als Freund bewährt,
Soll nie mir mehr in's Antlitz blicken.
   Alte Ballade der Grenzbewohner.

„Zu Pferde! zu den Waffen!" rief Hobbie seinen Verwandten zu. Mancher bereite Fuß stand im Steigbügel; während Elliot Waffen und Ausrüstung hastig sammelte, was in solcher Verwirrung nicht leicht war, erschallte das Thal von dem Beifall seiner jüngeren Freunde.

„Ha ha," rief Simon von Hackburn aus, „das ist die rechte Weise, Hobbie! lasse die Weiber zu Hause sitzen und sich grämen, die Männer müssen also thun, wie ihnen gethan ist; so steht es in der heiligen Schrift."

„Haltet Euer Maul Herr," sagte einer der Aelteren mit strengem Tone, „lästert nicht das Wort Gottes in solcher Weise, Ihr wißt nicht, was Ihr sagt."

„Habt Ihr einige Nachricht erhalten, habt Ihr einige Spuren gefunden, Hobbie? Bursche, seid nicht zu hastig," sagte der alte Dick vom Dingle.

„Was hilft uns jetzt Eure Predigt?" sagte Simon, „könnt Ihr Euch nicht selbst helfen, so haltet nicht Andere ab, die sich selbst helfen können."

„Still, Herr, würdet Ihr Rache nehmen, ohne zu wissen, wer Euch verletzt hat?"

„Glaubt Ihr denn, daß wir den Weg nach England nicht kennen eben so gut wie unsere Ahnen?"

„Alles Uebel kömmt von bort, das ist ein altes und wahres Sprüchwort; wir wollen dorthin, als ob der Teufel uns nach Süden bliese."

„Wir wollen den Spuren von Earnscliffs Pferden auf dem Moore folgen," rief Elliot.

„Ich würde dieselben ausfindig machen auf jedem Moore, wären sie auch noch so schwer zu entdecken," sagte Heugh, der Grobschmied von Ringleburn, „denn ich beschlage immer seine Pferde mit eigener Hand."

„Laßt die Schweißhunde los," rief ein Anderer, „wo sind sie?"

„Halt, Mann, die Sonne ist schon lange aufgegangen, und der Thau ist vom Boden verschwunden; sie können die Spur nicht mehr finden."

Hobbie pfiff sogleich seinen Hunden, welche um die Ruinen ihrer alten Wohnung umherstreiften und die Luft mit ihrem klagenden Geheul erfüllten.

„Nun, Killbuck," sagte Hobbie, „zeige heute deine Geschicklichkeit," — dann fuhr er fort, als ob plötzlich ihm ein Licht aufginge, „der widrige Zwerg sagte etwas davon; er weiß vielleicht mehr, entweder von Schurken auf Erden oder von Teufeln in der Hölle. Ich will es aus ihm herausbringen, sollte ich es auch aus seinem mißgestalteten Buckel mit meinem Haudegen herausschneiden müssen," alsdann gab er seinen Kameraden hastig Anweisungen. „Vier von Euch reiten nach der Grämes-Kluft. Wenn es Engländer sind, so kann man sie in dieser Richtung auffangen. Die Uebrigen zer-

streuen sich zu Zweien über der Heide, und treffen mich am
Trysting=Teiche. Sagt meinen Brüdern, wenn sie herbeikom-
men, den Andern zu folgen und uns dort aufzusuchen. Die
armen Burschen werden eben so bekümmert sein, wie ich; sie
wissen nicht, in welch' ein kummervolles Haus sie ihr Wildpret bringen! ich selbst will über den Mucklestane=Moor
reiten.“

„Wäre ich an Eurer Stelle,“ sagte Dick vom Dingle, „so
würde ich mit dem blutigen Elshie reden; er kann Euch Alles
im Lande sagen, wenn er will.“

„Er s o l l mir sagen,“ erwiderte Hobbie, welcher beschäftigt war, seine Waffen zuzurichten, „was er vom Ereigniß
dieser Nacht weiß, oder ich will schon erfahren, weßhalb er
es nicht thun will.“

„Aber sprich mit ihm höflich, mein guter Mann, Leute
wie er können keinen Widerspruch leiden. Sie verkehren so
oft mit jenen mürrischen Gespenstern und Teufeln, daß ihr
Gemüth dadurch gänzlich verdorben wird.“

„Ueberlaßt es mir nur, ihn zu leiten, mir steckt heute Etwas in der Brust, welches alle Kobolde auf der Erde und alle
Teufel in der Hölle überwältigen kann.“

Nachdem er sich jetzt vollkommen bewaffnet hatte, warf er
sich auf sein Pferd, und spornte dasselbe den steilen Abhang
hinauf; er gelangte schnell auf dessen Gipfel, ritt eben so die
andere Seite hinab, durchkreuzte einen Wald, und legte dann
ein langes Thal zurück, bevor er Mucklestane=Moor zuletzt
wieder erreichte. Da er während dieses Rittes in seiner an-
fänglichen Eile nachlassen mußte, um sein Pferd wegen der
vielleicht bevorstehenden Anstrengung zu schonen, hatte er genügende Zeit zur Ueberlegung, in welcher Weise er sich an
den Zwerg wenden solle, um von ihm die Kunde herauszu-

bringen, die er bei ihm hinsichtlich der Urheber seines Un=
glücks voraussetzte. Hobbie, obgleich derb und plump in sei=
ner Rede und hitzig in seinem Wesen, entbehrte eben so we=
nig wie die meisten seiner Landsleute jener Schlauheit, welche
ebenfalls einen ihrer Charakterzüge bildet. Nach demjenigen,
was er an dem merkwürdigen Abende, an welchem der Zwerg
zum erstenmal gesehen wurde, bemerkt hatte, so wie auch
nach allem Verfahren des geheimnißvollen Wesens seit dieser
Zeit, begriff er sehr wohl, daß Drohungen und Heftigkeit den
mürrischen Eigensinn desselben steigern müßten. „Ich will,“
dachte er, „ihn höflich anreden, wie der alte Dick mir rieth.
Obgleich die Leute sagen, daß er mit dem Satan einen Bund
geschlossen hat, so kann er doch kein so eingefleischter Teufel
sein, um einen Fall wie den meinigen nicht etwas zu bemit=
leiden; auch behaupten ja die Leute, daß er bisweilen Gutes
thut und Barmherzigkeit übt. Ich will meinen Zorn so gut
wie ich kann, niederhalten und ihn mit Sammetpfötchen be=
rühren; kömmt es zum Schlimmsten, so brauche ich ihm zu=
letzt blos den Kopf umzudrehen.“

In dieser verträglichen Stimmung nahte er der Hütte des
Einsiedlers.

Der alte Mann saß nicht auf seinem Steine, wo er Ge=
hör zu geben pflegte, noch konnte ihn Hobbie in seinem Gar=
ten oder in seinen Umzäunungen erblicken.

„Er sitzt in seinem Schlupfwinkel,“ dachte Hobbie, „viel=
leicht will er mir ausweichen, ich will ihm aber seine Höhle
über seinen Ohren einreißen, wenn ich nicht anders zu ihm
kommen kann.“

Nachdem er dies Selbstgespräch gehalten hatte, erhob er
seine Stimme und rief Elshie in einem so bittenden Tone an,
wie seine aufgeregten und kämpfenden Gefühle einen solchen

Der schwarze Zwerg.                                                          7

ihm erlaubten, „Elſhie, guter Freund!" keine Antwort, „El=
ſhie, weiſer Vater Elſhie!" Der Zwerg blieb ſtumm; „die
Peſt fahre in deinen krummen Leib!" murmelte Hobbie zwi=
ſchen den Zähnen, dann verſuchte er wieder ſeinen beſänfti=
genden Ton. „Guter Vater Elſhie, ein höchſt elendes Ge=
ſchöpf bittet um Rath bei Eurer Weisheit.

„Um ſo beſſer!" erwiderte die kreiſchende und übelklin=
gende Stimme des Zwerges durch eine ſehr ſchmale, einer
engen Schießſcharte gleichenden Fenſteröffnung, die er an der
Thür ſeiner Wohnung angebracht hatte, und durch welche er
jeden ſich Nahenden ſehen konnte, ohne daß die Möglichkeit,
ihn ſelbſt zu erblicken, vorhanden war.

„Um ſo beſſer?" rief Hobbie ungebuldig aus, „was ſoll
das Um ſo beſſer, Elſhie, hört Ihr nicht, wie ich Euch ſage,
daß ich der elendeſte Unglückliche auf Erden bin?"

„Und hörtet Ihr nicht, wie ich Euch ſagte, daß dieß um ſo
beſſer iſt? ſagte ich Euch nicht heute Morgen, als Ihr Euch
glücklich hieltet, was für ein Abend Euch bevorſtand?"

„Das habt Ihr mir geſagt," erwiderte Hobbie, „und eben
das hat mich bewogen, Euch jetzt um Rath zu fragen. Wer
ein Unglück vorausſah, kann auch die Heilung kennen!"

„Ich kenne keine Heilung für irdiſches Unglück," erwiderte
der Zwerg, „oder weßhalb ſollte ich Andern helfen, wenn Je=
nes auch der Fall wäre, da Niemand mir geholfen hat? Habe
ich nicht Reichthum verloren, welcher alle deine unfruchtbaren
Hügel hundertmal hätte kaufen können — einen Rang, mit
welchem der deinige verglichen nur der eines Bauern iſt —
eine Geſellſchaft, wo ein Austauſch jeder Liebenswürdigkeit
und aller Verſtandeskräfte herrſchte? habe ich nicht Alles dieß
verloren? verweile ich nicht hier als ein Verſtoßener der Na=
tur in der häßlichſten und einſamſten ihrer Einöden; ich ſelbſt

als das Häßlichste von Allem, was mich umgibt? weßhalb soll ich die Wehklagen von anderen Würmern hören, die man zertritt, da ich hier selbst unter den Rädern des Wagens erdrückt, und mich windend, liege?"

„Ihr könnt das Alles verloren haben," erwiderte Hobbie in der Bitterkeit seines Schmerzes, „Land und Leute, Hab und Gut; Ihr könnt das Alles verloren haben, Euer Herz kann aber nie so traurig sein, wie das meine: denn Ihr habt niemals Grace Armstrong verloren. Und nun ist meine letzte Hoffnung verschwunden; ich werde sie nie mehr sehen." Dieß sagte er im Ausdruck der tiefsten Bekümmerniß; es folgte eine lange Pause, denn die Erwähnung des Namens seiner Braut hatte das zornige und reizbare Gefühl des armen Hobbie überwältigt. Ehe er wieder den Einsiedler anredete, wurde die knochige Hand und die langen Finger des Letzteren aus dem kleinen Fenster emporgestreckt; sie hielt einen großen ledernen Beutel; als sie die Bürde los ließ und dieselbe mit hellem Klange auf den Boden fiel, richtete die rauhe Stimme wiederum an Elliot die Worte:

„Dort liegt das Mittel gegen alles menschliche Unglück; so wenigstens glaubt jeder menschliche Elende. Packe dich, kehre zweimal so reich, wie du vorgestern warst, nach Hause und quäle mich nicht mehr mit Fragen, Klagen oder Dank; sie sind mir alle gleich verhaßt."

„Beim Himmel, das ist Gold!" sagte Elliot, indem er den Inhalt sich ansah; dann wieder sagte er zum Einsiedler: „ich bin Euch sehr verbunden für Euren guten Willen, ich würde Euch gerne einen Schuldschein für Einiges von dem Silber, oder einen Pfandbrief für die Ländereien von Wide-open ausstellen, ich weiß aber nicht, Elshie, was ich thun soll; um Euch die Wahrheit zu sagen, mag ich kein Silber brauchen,

7 *

wenn ich nicht vorher weiß, daß es auf ehrbare Weise erlangt ist; das Euere verwandelt sich vielleicht in Kieselsteine und betrügt einen armen Mann.“

„Unwissender Thor,“ erwiderte der Zwerg, „der Plunder dort ist ebenso ächtes Gift, wie anderes, welches jemals den Eingeweiden der Erde entrissen wurde. Nimm es und brauche es, mag es bei dir wie bei mir gedeihen!“

„Aber ich sage Euch,“ begann Elliot auf's Neue, „ich habe Euch nicht um mein Gut um Rath gefragt — ich hatte sicherlich eine schöne Scheuer und dreißig Stück Rindvieh, die nicht schöner an dieser Seite des Hat=rail sich vorfanden; mag aber mein Gut verloren sein — könntet Ihr mir nur einige Spuren der armen Grace angeben, so würde ich mein Lebenlang gerne Euer Sclave in Allem sein, worin das Heil meiner Seele nicht gefährdet wird. O, Elshie, ich flehe, sagt mir einige Worte!“

„Wohlan denn,“ erwiderte der Zwerg, als sei er wegen der Zudringlichkeit Hobbie's endlich ermüdet, „da du noch nicht an eigenem Elend genug hast, und dich mit demjenigen eines Weibes zu beladen suchen mußt, so suche Sie, die du verloren hast, im Westen.“

„Im Westen? das ist ein Wort von weiter Bedeutung.“

„Es ist das letzte, welches ich zu äußern beabsichtige.“

Der Zwerg schloß seinen Fensterladen und überließ es Hobbie, den ihm gegebenen Wink, so gut er konnte, zu benutzen.

„Der Westen,“ dachte Elliot, „das Land ist in jener Richtung ziemlich ruhig, wenn es nicht Jock von Fuchsbau war, allein der ist jetzt zu alt für solchen Streich — der Westen! bei meinem Leben, es muß Westburnflat sein. Elshie, nur noch ein Wort, habe ich Recht? Ist es Westburnflat, habe

ich Unrecht, sage es mir, ich möchte nicht einen unschul=
digen Nachbar durch Gewalt verletzen! keine Antwort —
es muß der rothe Räuber sein — ich glaubte nicht, daß
er sich an mich und so viele Verwandte, wie ich habe,
gewagt hätte — ich glaube, er hat einen bessern Hinterhalt,
wie seine Freunde aus Cumberland — lebt wohl, Elshie, vie=
len Dank — Ich kann mich jetzt nicht mit dem Silber be=
fassen, denn ich muß meine Verwandte am Sammelplatz auf=
suchen — so, wenn Ihr das Fenster nicht öffnen wollt, könnt
Ihr es wieder hereinnehmen, wenn ich weg bin — Noch im=
mer keine Antwort? — Er ist taub, oder toll, oder beides,
aber ich habe keine Zeit mehr mit ihm zu schwatzen."

Hobbie Elliot ritt auf den Sammelplatz; den er seinen
Verwandten genannt hatte. Vier oder fünf Reiter waren dort
schon angelangt; sie standen zusammen in eifriger Berathung,
während ihre Pferde unter den Pappeln weideten, deren Laub
über einen breiten und stillen Teich hing; eine zahlreichere
Schaar kam von Süden. Es war Earnscliff mit seinem Ge=
folge, welcher der Spur des geraubten Vieh's bis zur eng=
lischen Grenze gefolgt war, aber dort auf die Kunde hin Halt
gemacht hatte, daß beträchtliche Streitkräfte unter einigen
jakobitischen Edelleuten des Distriktes zusammen gezogen und
Nachrichten von Aufständen in verschiedenen Theilen Schott=
lands angelangt waren. Dieß benahm dem ausgeführten Ueber=
fall den Anschein der Privatfeindschaft, oder der Raubsucht;
Earnscliff war jetzt geneigt, denselben als Zeichen des Bür=
gerkrieges zu betrachten. Der junge Edelmann begrüßte Hob=
bie mit dem aufrichtigsten Gefühl und setzte ihn von diesen
Nachrichten in Kenntniß.

„Alsdann will ich mich nicht vom Platze rühren," sagte
Elliot, „wenn der alte Ellieslaw nicht bei der ganzen Schurkerei

die Hauptperson ist! ihr wißt ja, daß er mit den Katholiken
in Cumberland in Verbindung steht; auch stimmt das sehr
gut zu dem Winke Elshie's über Westburnflat, denn Ellieslaw
hat ihn immer beschützt, und es wird in sei
daß die Umgegend seiner Güter ausgep
wird, bevor er losschlägt."

Einige erinnerten sich jetzt, daß sie
mand in einer Gesellschaft von Raufb
hen für König Jakob VIII. auftreten,
alle Rebellen zu entwaffnen. Andere
burnflat bei Trinkgelagen prahlte, daß
Sache der Jakobiten in Waffe stehe
Befehlshaberstelle unter ihm einnehmen
sie schlechte Nachbarn dem jungen Ea
die zur bestehenden Regierung hielten.
theilungen glaubten Alle, daß Westb
Räuber unter Ellieslaw's Leitung gefü
sogleich, zum Hause des Ersteren aufz
Person zu versichern. Mittlerweile sa
zerstreuten Freunde an, daß sich ih
wohl berittener und ziemlich gut bew
mit verschiedener Ausrüstung, belief.

Ein Bach, welcher aus einem enge
hervorkam, fließt bei Westburnflat in ei
und dehnt sich ungefähr auf eine halbe      hin in jeder
Richtung aus. Der Charakter des Baches wird dort verän=
dert, er verwandelt sich aus einem lebhaft und schnell fließen=
den Bergstrom in ein beinahe stehendes Wasser, welches sich
wie eine blaue geschwollene Schlange mit schleichenden tiefen
Windungen durch die sumpfige Ebene zieht. Am Ufer des
Stromes und beinahe in der Mitte der Fläche erhob sich der

Thurm von Westburnflat, eine der wenigen übrig gebliebenen Festen, welche an der englischen Grenze früher so zahlreich waren. Der Boden, worauf er stand, erhob sich auf ungefähr hundert Ellen über den Sumpf mit sanfter Neigung und bildete einen trockenen Rasenplatz, welcher sich um den Thurm hin ausdehnte; jenseits desselben zeigte sich die Oberfläche der Fremden als ein gefährlicher unzugänglicher Sumpf. Nur der Eigenthümer des Thurmes und dessen andere Bewohner waren mit den gewundenen Pfaden bekannt, welche, über ziemlich festen Boden leitend, den Fremden die Annäherung gestatteten. Unter der Gesellschaft jedoch, die jetzt unter Earnscliff's Leitung versammelt war, fanden sich Mehrere, die sich zu Führern eigneten. Obgleich der Charakter und die Lebensweise des Eigenthümers ziemlich bekannt waren, so bewirkten doch die lockeren Begriffe in Bezug auf Eigenthum, daß man ihn nicht mit dem Abscheu betrachtete, welcher ihm sonst in einem mehr civilisirten Lande zu Theil geworden wäre. Er wurde unter seinen friedlichen Nachbarn ungefähr in einem solchen Lichte angesehen, wie man jetzt einen Spieler, einen Hahnenkämpfer oder einen Solchen betrachtet, der bei Pferderennen hohe Wetten eingeht; er wurde zwar im Allgemeinen vermieden, jedoch galt er nicht als gebrandmarkt mit der unvertilgbaren Schande, die mit seinem Treiben in Ländern verknüpft wird, wo die Beobachtung der Gesetze schon lange zur Gewohnheit geworden ist. Die Erbitterung der Leute bei dieser Gelegenheit wurde nicht eben durch die allgemeine Natur seines Verfahrens, welches nicht anders war, als wie man es bei einem Straßenräuber erwarten konnte, vielmehr durch die Gewaltthätigkeit hervorgerufen, die gegen einen Nachbar geübt war, hinsichtlich dessen er keinen Grund zum Streit hatte — die ferner einer ihrer Freunde, vor Allem ein Mann mit dem Namen der Elliot erlitt, zu deren Clan er gehörte. Es war deßhalb nicht auffallend, daß Mehrere der Gesellschaft mit den Oertlichkeiten seiner Wohnung sehr gut bekannt waren und als Wegweiser solche Anleitung zu geben vermochten, durch welche die ganze Schaar bald auf den offenen Raum festen Bodens vor dem Thurme von Westburnflat gelangte.

## Neuntes Kapitel.

Der Ritter spricht's, der Riese sagt:
Nimm mit dir fort die schmucke Magd,
Ich will mit Euch nicht rechten.
Um eine Stirn, von Stolz umfangen,
Um Roß und Linien auf den Wangen
Will ich mit dir nicht fechten.

Romanze vom Falken.

Der Thurm, vor welchem sich die Schaar jetzt aufstellte, war ein kleines viereckiges Gebäude von finsterem Aussehen. Die Mauern waren von großer Dicke und die Fenster oder Schießscharten, welche als Fenster dienten, schienen eher darauf berechnet, daß sie den Vertheidigern die Mittel zu Entsendung ihrer Wurfgeschosse gewährten, als daß sie Luft oder Licht in die inneren Gemächer zuließen. Eine kleine Zinne ragte an jeder Seite über die Mauern hervor, und gewährte durch ihre Brüstung mit einer Mauervertiefung, von welcher ein steiles, mit grauen Steinen bedecktes Dach aufstieg, einen weiteren Vortheil der Vertheidigung. An einem Winkel ragte noch ein

einzelnes Thürmchen über die Zinnen; es war durch ein mit
großen eisernen Nägeln beschlagenes Thor vertheidigt; vom
inneren Gebäude aus führte zu dessen Dach eine Wendeltreppe
innerhalb der Mauern. Es schien den Elliot's, daß ihre Bewegungen von Jemand überwacht wurden, welcher in diesem
Thürmchen versteckt war. Sie wurden in diesem Glauben
bestärkt, als sie eine weibliche Hand durch eine der engen
Schießscharten hinaus gestreckt erblickten, welche mit einem
Schnupftuch wehte, als ob sie ihnen ein Zeichen geben wolle.
Hobbie gerieth beinahe aus Freude oder Eifer in Wahnsinn.
„Es war Grace's Hand und Arm," sagte er, „ich möchte
darauf schwören, und kenne sie unter Tausenden. Ihr gleicht
nichts auf dieser Seite der Grenzgebirge. Wir wollen sie
herausholen, Bursche, wenn wir auch den Thurm von Westburnflat einen Stein nach dem Andern abtragen sollten."

„Earnscliff wollte nichts sagen, um die lebhafte Hoffnung
seines Freundes niederzuschlagen, obgleich er eine schöne Mäd-
chenhand in solcher Entfernung von dem Auge ihres Liebhabers
ebenfalls erkannte. Es ward beschlossen, die Besatzung zur
Uebergabe aufzufordern. Das Geschrei der Belagerer und der
Schall eines ihrer zwei Hörner brachte endlich das hagere
Gesicht einer alten Frau an eine Schießscharte, welche sich
neben dem Eingange befand.

„Das ist des Straßenräubers Mutter," sagte einer der
Elliots, „sie ist zehnmal schlimmer wie er selbst, und ihr
fällt das meiste Uebel zur Last, das er im Lande anrichtet."

„Wer seid ihr, was wollt ihr?" waren die Fragen der
hochachtbaren alten Frau.

„Wir suchen William Gräme von Westburnflat," sagte
Earnscliff.

„Er ist nicht zu Hause," sagte die alte Dame.

„Wann verließ er seine Wohnung?" fuhr Earnscliff fort.

„Ich weiß nicht," erwiderte die Thorhüterin.

„Wann wird er zurückkehren?" fragte Hobbie.

„Davon weiß ich nichts," erwiderte die unerbittliche Wäch-
terin der Feste.

„Ist Jemand mit Euch im Thurme?"

„Niemand, als ich und mein Kater," sagte das alte
Weib.

„So öffnet das Thor und laßt uns ein," sagte Earnscliff;
„ich bin Friedensrichter und suche die Spuren eines Raubes
auf."

„Der Teufel befalle die Finger, die einen Riegel für euch
aufziehen," antwortete die Thürhüterin, „die meinigen sollen
es nicht. Schämt euch, in solchem Schwarme mit Schwertern,
Speeren und Stahlhauben zu kommen, um eine einsam le-
bende Wittwe zu schrecken."

„Wir kommen nach bestimmten Anzeichen eines Verbrechens.
Wir suchen Güter, die in großem Betrage mit Gewalt fortgeführt wurden."

„Und ein junges Weib, welches grausam zur Gefangenen
gemacht war, und welche zweimal soviel werth ist, als alle
die Habe," sagte Hobbie.

„Ich warne Euch," fuhr Earnscliff fort, „Euer einziges
Verfahren, wodurch Ihr die Unschuld Eures Sohnes erweisen
könnt, besteht darin, daß Ihr uns ruhigen Zugang zur Durch-
suchung des Hauses gestattet."

„Und was wollt ihr thun, wenn ich nicht die Schlüssel
herunter werfe, oder die Riegel nicht fortziehen, oder das eiserne Gitter einem solchen Gesindel nicht öffnen will?" fragte
höhnisch die alte Dame.

„Wir werden mit des Königs Schlüssel die Thür eröffnen

und jeder lebenden Seele im Hause den Hals brechen, wenn Ihr es nicht sogleich übergebt," drohte der gereizte Hobbie.

„Leute, denen man droht, leben lang," sagte die alte Hexe mit demselben spöttischen Tone, „da ist das eiserne Gitter, versucht daran eure Geschicklichkeit, ihr Burschen, es hat schon ebenso gute Leute, wie ihr seid, abgehalten." Nach diesen Worten entfernte sie sich lachend von der Oeffnung, durch welche sie die Unterhandlung gepflogen hatte.

Die Belagerer eröffneten jetzt eine ernstliche Berathung. Die ungemeine Dicke der Mauern und der kleine Umfang der Fensteröffnungen hätte sogar auf einige Zeit Kanonenschüssen Widerstand leisten können. Der Eingang war zuerst durch ein starkes Gitter von getriebenem Eisen und von so gewaltiger Stärke geschützt, daß es jeder dagegen angewandten Kraft, wie es schien, Widerstand zu leisten vermochte.

„Zangen und Schmiedehämmer werden kein Loch hineinbringen," meinte Hugh, der Grobschmied von Ringleburn, ihr könntet ebensowohl mit irdenen Tabakspfeifen dagegen anrennen."

Innerhalb des Thoreinganges und in der Entfernung von neun Fuß, der Dicke der Mauern, befand sich ein zweites Thor von Eichenholz, an welchem sowohl in der Länge wie Breite eiserne Stangen befestigt und eine Menge Nägel mit breiten Köpfen eingeschlagen waren. Abgesehen von allen diesen Vertheidigungsmitteln, hielten die Elliots jene Behauptung der alten Dame für unwahr, daß sie allein die Besatzung bilde. Die Scharfsichtigeren ihrer Schaar hatten die Spuren von Pferdehufen auf dem Pfade bemerkt, auf welchem sie zum Thurm gekommen waren; diese schienen anzuzeigen, daß mehrere Personen dieselbe Richtung kürzlich eingeschlagen hatten. Zu allen diesen Schwierigkeiten kam der Umstand, daß sie der

Mittel zum Angriffe des Platzes entbehrten. Sie konnten keine Hoffnung hegen, sich Leitern zu verschaffen, um die Zinnen zu erreichen; die Fenster waren, abgesehen von ihrem engen Umfange, ohnedem mit eisernen Gittern versehen. Von der Ersteigung der Feste durch Leitern war somit nicht die Rede; noch weniger konnten Minen angewandt werden, da die nöthigen Werkzeuge und Schießpulver fehlten; auch waren die Belagerer nicht mit Nahrung, Obdach oder anderen Erfordernissen versehen, wodurch sie in Stand gesetzt wären, die Belagerung in eine Blokade zu verwandeln. Ohnedem hätten sie sich der Gefahr eines Entsatzes durch einige der Gefährten des Räubers ausgesetzt.

Hobbie knirschte mit den Zähnen, als er die Feste umging und kein Mittel, um mit Gewalt einzudringen, ausfindig machen konnte. Zuletzt rief er plötzlich aus: „warum thun wir nicht, was unsere Ahnen vor Zeiten thaten? Laßt uns Gebüsch und Dornengesträuch abhauen, es vor der Thür aufhäufen und anzünden, und diese alte Teufelsmutter einräuchern, als sollte sie wie ein Schinken geröstet werden."

Alle traten sogleich dem Vorschlage bei, und Einige gingen mit Degen und Messern an die Arbeit, um die Erlen- und Hagedornbüsche abzuhauen, die an dem langsam strömenden Flusse wuchsen, und von denen viele für ihren Zweck genug gealtert und vertrocknet waren; Andere bildeten aus denselben einen großen zum Brennen gut angelegten Haufen so nahe beim eisernen Gitter, wie es geschehen konnte. Feuer wurde durch eine Flinte bald erlangt und Hobbie schritt bereits mit einem Feuerbrande auf den Holzhaufen zu, als das mürrische Antlitz des Räubers und die Mündung einer Stutzbüchse an der Schießscharte neben dem Eingange theilweise zum Vorschein kam. „Vielen Dank!" rief er spöttisch, „daß ihr so viele Winterfeuerung für uns sammelt, kommt Ihr aber einen Fuß näher mit jener Lunte, so müßt Ihr den Schritt mit solchem Preis bezahlen, wie noch keinen anderen in Eurem Leben."

„Das wollen wir sehen," sagte Hobbie, indem er furchtlos mit der Fackel vorging.

Der Räuber drückte auf ihn ab, der Schuß aber versagte zum Glück unseres ehrlichen Freundes; in demselben Augenblick feuerte Earnscliff auf die enge Fensteröffnung und das kleine von dem Räuber gebotene Ziel; die Kugel streifte dessen Kopf. Westburnflat hatte offenbar darauf gerechnet, daß ihm sein Posten eine größere Sicherheit gewähre, denn sobald er die übrigens sehr unbedeutende Wunde fühlte, verlangte er zu parlamentiren und fragte, weßhalb man auf so gesetzlose Weise einen friedlichen und ehrlichen Mann angreife, um sein Blut zu vergießen.

„Wir verlangen," sagte Earnscliff, „daß Eure Gefangene uns wohlbehalten überliefert wird."

„Was habt ihr mit ihr zu schaffen?" erwiderte der Räuber.

„Das habt Ihr kein Recht zu fragen," fiel Earnscliff ein, „da Ihr sie mit Gewalt zurückhaltet."

„Gut, ich glaube, wir können uns vergleichen," sagte der Räuber; „ihr Herren, ich mag nicht in Todtfeindschaft mit euch gerathen, indem ich das Blut von Einem unter euch verspritze, obgleich Earnscliff sich nicht bedacht hat, das meinige zu vergießen — und er hatte doch nur e i n Ziel so groß wie einen Groschen. Wohlan, um mehr Unheil zu verhüten, will ich die Gefangene herausgeben, da ihr mit nichts Anderem zufrieden sein wollt."

„Und Hobbie's Habe?" rief Simon von Hackburn, „glaubt

Ihr, daß Ihr die Hürden und Ställe eines edlen Elliot plündern dürft, als wären sie der Hühnerstall eines alten Weibes."

„So wahr ich vom Brode lebe," erwiderte Willie von Westburnflat, „ich habe keinen einzigen Huf von seinem Vieh, sie sind schon lang über den Sumpf getrieben; im Thurme ist kein einziges Horn mehr davon vorhanden. Aber ich will sehen, was man wieder davon zurückbringen kann, und ich will nach zwei Tagen Hobbie in Castleton mit zwei Freunden von jeder Seite treffen und sehen, ob ein Uebereinkommen hinsichtlich dieses Schadens, den er mir vorwerfen kann, zu treffen ist."

„Schon gut," sagte Elliot, das wird so ziemlich genügen" — dann sagte er bei Seite zu seinen Verwandten: „mein Vieh mag die Pest bekommen! Um Gotteswillen, Mann, sag nichts darüber, laßt uns nur die arme Grace aus den Klauen dieser Hölle retten."

„Wollt Ihr mir Euer Wort geben, Earnscliff," fragte der Räuber, welcher noch an der Schießscharte stand; „wollt Ihr Eure Treue mit Hand und Handschuh verbürgen, daß es mir freisteht, zu gehen und zu kommen, um innerhalb fünf Minuten das Thor zu öffnen, und weitere fünf Minuten, um es zu schließen und die Riegel vorzuschieben? Weniger Zeit genügt nicht, denn Schloß und Riegel bedarf sehr des Einschmierens. Wollt Ihr es thun?"

„Ihr sollt Eure volle Zeit haben," sagte Earnscliff, „ich verpfände mein Wort und meine Treue, meine Hand und meinen Handschuh."

„So wartet einen Augenblick," sagte Westburnflat, „oder ich wünschte, ihr entferntet euch von der Thür auf einen Pistolenschuß. Ich will das nicht, weil ich Eurem Worte mißtraue, Earnscliff, aber ſicherlich, es geziemt bei einem Vertrage.“

„Freund,“ dachte Hobbie bei ſich, als er zurückging, „hätte ich Euch nur auf der Turnierwieſe und wäre Niemand gegenwärtig, als zwei ehrliche Burſchen, um auf ehrliches Spiel zu ſehen, ſo würde ich Euch dahin bringen, daß Ihr wünſchtet, eher Euer Bein zu brechen, als ein Vieh, das mir gehört, zu berühren!“

„Der Spitzbube hat eine weiße Feder in ſeinem Flügel,“ ſagte Simon von Hackburn etwas ärgerlich; „ſeinem Vater wird er niemals gleichkommen.“

Mittlerweile hatte ſich die innere Thüre des Thurmes geöffnet, und die Mutter des Freubeuters kam in dem Raume zwiſchen derſelben und dem eiſernen Gitter zum Vorſchein. Dann kam Willie, indem er ein Frauenzimmer geleitete. Die alte Frau verriegelte das Gitter hinter Beiden und blieb als eine Art Schildwacht auf dem Poſten.

„Einer oder Zwei von euch müſſen vorwärts treten,“ ſagte der Räuber, „und dieß Mädchen aus meiner Hand heil und geſund empfangen.“

Hobbie trat eilig vor, um ſeiner Verlobten entgegen zu gehen. Earnscliff folgte langſamer, um gegen Verrätherei auf ſeiner Hut zu ſein. Plötzlich ging Hobbie langſamer mit der tiefſten Niedergeſchlagenheit, während der Schritt Earnscliff's durch ungeduldige Ueberraſchung beſchleunigt ward. Es war nicht Grace Armſtrong, ſondern Miß Iſabel Vere, deren Befreiung durch dieſe Erſcheinung der Elliots vor dem Thurme bewirkt worden war.

„Wo iſt Grace Armſtrong?“ rief Hobbie im äußerſten Zorn und Unwillen aus.

„Nicht in meinen Händen," erwiderte Westburnflat; „Ihr mögt den Thurm durchsuchen, wenn Ihr an meinen Worten zweifelt."

„Du falscher Schurke, du sollst Rechenschaft über sie geben, oder auf der Stelle sterben," sagte Elliot, indem er sein Gewehr anlegte.

Allein seine Gefährten kamen jetzt herbei und entwaffneten ihn im Augenblicke, indem sie Alle zugleich riefen: „Hand und Handschuh, Wort und Treue! Hobbie, nimm dich in Acht, wir wollen dem Westburnflat unser Wort halten, wäre er auch der größte Schurke, der jemals auf einem Pferde saß."

So beschützt erlangte der Räuber seine Kühnheit wieder, welche durch die drohende Stellung Elliot's etwas erschüttert war.

„Ihr Herren," sagte er, „ich habe euch mein Wort gehalten, und ihr habt mir kein Unrecht vorzuwerfen. Ist dieß nicht die Gefangene, die Ihr sucht (er richtete diese Worte an Earnscliff), so gebt sie mir wieder zurück. Ich bin für sie denen verantwortlich, denen sie angehört."

„Um Gotteswillen, Herr Earnscliff, beschützen Sie mich," sagte Miß Vere, indem sie sich an ihren Befreier anklammerte, „verlassen Sie nicht ein Mädchen, welches die Welt verlassen zu haben scheint."

„Fürchtet nichts," flüsterte Earnscliff, „ich werde Euch mit meinem Leben vertheidigen." Dann wandte er sich an Westburnflat mit den Worten: „Schurke, wie wagtest du, diese Dame zu beleidigen?"

„Darüber, Earnscliff," erwiderte der Freibeuter, „kann ich denjenigen Rechenschaft ablegen, welche ein besseres Recht wie Ihr zu der Frage besitzen. Ihr aber, die ihr mit einer bewaffneten Macht kommt und sie demjenigen wegnehmt, dem sie ihre Verwandten anvertraut haben, wie wollt i h r e u ch darüber verantworten? — aber das ist eure eigene Angelegenheit, kein einzelner Mann kann einen Thurm gegen zwanzig halten. Alle Männer thun nicht mehr, als was sie können."

„Er sagt eine falsche Lüge," fiel Isabelle ein, „er riß mich mit Gewalt von meinem Vater fort."

„Mädchen, vielleicht war es ihm nur daran gelegen, daß du dieß glaubst," erwiderte der Räuber; „doch das geht mich nichts an, es mag sein wie es will — wollt ihr sie mir nicht wieder zurückgeben?"

„Dir sollten wir sie zurückgeben, Kerl? um keinen Preis," antwortete Earnscliff; „ich will Miß Vere beschützen und sie an jeden Ort in Sicherheit geleiten, wohin sie gebracht werden will."

„So so, Ihr habt vielleicht das mit ihr schon verabredet?" sagte Willie von Westburnflat.

„Und Grace?" unterbrach ihn Hobbie, indem er sich von den Freunden losriß, welche ihm von der Heiligkeit des sicheren Geleites predigten, auf welches hin der Freibeuter sich aus seinem Thurme gewagt hatte — „wo ist Grace?" bei den Worten stürzte er auf den Räuber, das Schwert in der Hand.

Westburnflat so gedrängt, wandte den Rücken und floh, indem er ausrief: „Um Gotteswillen, Hobbie, höre mich nur ein wenig an."

Seine Mutter stand bereit, das Gitter zu öffnen und zu schließen, Hobbie aber führte auf den Freibeuter, als er eintrat, einen Streich mit solcher Kraft, daß sein Schwert einen beträchtlichen Spalt in die Oberschwelle des gewölbten Thores

*Der schwarze Zwerg.*                                                    8

einhieb, welcher noch jetzt als Gedenkzeichen der größeren Kraft früherer Geschlechter gezeigt wird. Ehe Hobbie den Schlag wiederholen konnte, war die Thür verschlossen und verriegelt, und er war gezwungen, sich zu seinen Gefährten zurückzuziehen, welche sich jetzt vorbereiteten, die Belagerung des Thurmes aufzuheben. Diese beharrten darauf, daß er sie bei ihrer Rück-kehr begleiten sollte.

„Ihr habt den Waffenstillstand schon gebrochen," sagte der alte Dick von Dingle, „und wenn wir nicht bessere Sorge um Euch tragen, so spielt Ihr uns noch mehr Narrenstreiche und werdet der Spott des ganzen Landes, abgesehen von der Schuld des Blutvergießens im Waffenstillstande, die Ihr Euren Verwandten aufbürdet. Wartet bis zur Zusammenkunft in Castleton, die Ihr ihm zugestanden habt, und wenn er Euch dann nicht befriedigt, so wollen wir sein Herzblut haben. Laßt uns aber vernünftig an's Werk gehen und Wort halten, und ich stehe Euch dafür, wir bekommen Grace und die Kühe und Alles zurück."

Diese kaltblütigen Vorstellungen wurden von dem unglück-lichen Liebhaber übel aufgenommen; da er jedoch den Beistand seiner Nachbarn und Verwandten nur unter den von ihnen selbst gemachten Bedingungen erlangen konnte, so sah er sich genöthigt, sich bei ihren Ansichten über das Halten der Ver-träge und der Beobachtung eines regelmäßigen Verfahrens zu beruhigen.

Earnscliff ersuchte jetzt einige der Gesellschaft um ihren Beistand, um Miß Vere zum Schloß ihres Vaters zu geleiten. Sie sprach nämlich ihre bestimmte Absicht dahin aus, daß sie dorthin gebracht werden wollte. Ihr Verlangen ward bereit-willig zugestanden, und fünf oder sechs junge Leute willigten ein, das Geleit zu übernehmen. Hobbie befand sich nicht darunter. Mit beinahe gebrochenem Herzen wegen der Ereignisse des Tages und der endlichen Täuschung seiner Hoffnungen, kehrte er betrübt nach Hause zurück, um dort solche Maßregeln zu treffen, die ihm zum Schutz und zum Unterhalt seiner Familie möglich waren, und um die weiteren Schritte mit seinen Nachbarn zu überlegen, die zur Wiedererlangung der Grace Armstrong getroffen werden könnten. Die übrige Schaar zerstreute sich in verschiedenen Richtungen, sobald sie über den Morast gelangt war. Der Räuber und seine Mutter überwachten sie auf dem Thurme, bis sie gänzlich verschwunden waren.

# Zehntes Kapitel.

Gern mied ich meiner Dame Laube,
Sie war von Schnee umfangen;
Gern kehr' ich, wird mit frischem Laube
Sie neu im Lenze prangen.
Alte Ballade.

Aergerlich über die von seinen Verwandten nach seiner Meinung gezeigte Kälte in einer ihm so nahe liegenden Angelegenheit, hatte sich Hobbie von ihrer Gesellschaft getrennt und befand sich jetzt auf seiner einsamen Heimkehr. „Der Teufel mache dich zu Schanden," sagte er, als er heftig sein ermüdetes und stolperndes Roß spornte, „du bist wie alle andern, ich habe dich aufgebracht und genährt und dich mit eigener Hand gewartet, und jetzt willst du stolpern und mir den Hals brechen, wo ich dich am meisten brauche; aber du bist wie die andern; jeder von ihnen ist mein Vetter, wenn auch mein entferntester Verwandter nur im zehnten Grade, aber Tag und Nacht würde ich ihnen mit meinem besten Blute gedient haben. Nun zeigen sie dem Diebe von Westburnflat mehr Rücksicht, wie ihrem eigenen Fleisch und Blut. Jetzt sollte ich die Lichter in Heugh-foot sehen, wehe mir," fuhr er fort, indem die Erinnerungen auf ihn eindrangen, „in Heugh-foot wird nicht mehr ein Kohlen- oder Kerzenlicht leuchten; wäre nicht meine arme Großmutter, meine Schwestern und die arme

Grace, so könnte ich jetzt Lust haben, das Thier anzuspornen und über den Abhang in's Waffer zu springen um Alles zu beenden." In dieser troftlofen Stimmung wandte er den Zügel feines Pferdes nach der Hütte, worin feine Familie Zuflucht gefunden hatte.

Als er der Thür sich nahte, hörte er ein Flüftern und Kichern unter feinen Schweftern; „der Teufel ist unter den Weibern," fagte der arme Hobbie; „fie würden wiehern und lachen, wenn ihr befter Freund als Leiche da läge, und dennoch freut es mich, daß fie ihre Munterkeit fo gut behalten, die armen einfältigen Dinger; aber ficherlich, das Böfe befällt mich und nicht fie." Während er fo grübelte, war er damit befchäftigt, fein Pferd in einem Schuppen feftzubinden. „Du kannft dich jetzt ohne Decke und Uebergurt behelfen, Burfch," fagte er zum Thiere; „du und ich, wir find gleicher Weife heruntergekommen; es wäre beffer, wir wären in den tiefften Teich von Tarras gefallen."

Er wurde von der jüngften feiner Schweftern unterbrochen, welche heraussprang und mit erzwungener Stimme, als wolle fie eine Aufregung unterdrücken, ihm zurief: „was tändelt Ihr hier, Hobbie, bei dem Pferde? Jemand aus Cumberland wartet nun fchon feit einer Stunde und länger; geh fchnell in's Haus, Mann, ich will den Sattel abnehmen."

„Jemand aus Cumberland!" rief Elliot aus, warf den Zaum feines Pferdes feiner Schwefter in die Hand und ftürzte in die Hütte, „wo ift er, wo ift er!" rief er aus, richtete fchnelle Blicke nach allen Seiten und fügte hinzu, als er bloß Frauen fah: „brachte er Nachrichten von Grace?"

„Er kann keinen Augenblick länger warten," fagte die ältere Schwefter mit einem unterdrückten Lachen.

„Still, Mädchen!" fagte die alte Dame in einem mit guter

Lanne gegebenen Verweise; „ihr solltet euren Bruder Hobbie nicht so quälen; sieh dich um, mein Sohn, ob noch Jemand sonst hier ist außer uns, die du heute Morgen verlassen hast.“

Hobbie sah sich eifrig um: „Ihr seid hier und meine drei Schwestern.“

„Wir sind unserer vier, Hobbie,“ sagte die Jüngste, die in diesem Augenblick eintrat.

In einem Augenblick hielt Hobbie Grace Armstrong in seinen Armen, welche mit einem Mantel seiner Schwester angethan, beim ersten Eintritt von ihm nicht beobachtet war. „Wie hast du das thun können?“ fragte Hobbie.

„Es war nicht meine Schuld,“ sagte Grace, indem sie sich bemühte, mit den Händen ihr Gesicht zu verdecken, um ihr Erröthen zu verbergen und zugleich dem Sturme herzlicher Küsse zu entgehen, womit ihr Bräutigam ihre einfache List bestrafte, — „es war nicht meine Schuld, Hobbie, Ihr solltet Jeannie und die Uebrigen küssen, denn diese haben die Sache eingerichtet.“

„Das will ich,“ sagte Hobbie und umarmte und küßte seine Schwestern und Großmutter hundert Male, während Alle in dem Uebermaß ihrer Freude abwechselnd lachten und weinten. „Ich bin der glücklichste Mann,“ sagte Hobbie, indem er beinahe erschöpft auf einen Stuhl sank — ich bin der glücklichste Mensch in der Welt!“

„Dann, mein theures Kind,“ sagte die gute alte Dame, welche keine Gelegenheit vorbeiließ, um die Lehren der Religion in solchen Augenblicken einzuschärfen, in welchen das Herz zu deren Aufnahme am meisten geöffnet ist, „dann, o mein Sohn, lobpreise Ihn, welcher Lächeln aus Thränen und Freude aus Gram erzeugt, wie er Licht aus Finsterniß und die Welt aus Nichts erschuf. Waren es nicht meine Worte, daß Ihr, wenn Ihr sagen wolltet, Sein Wille geschehe, auch Ursache haben würdet, zu sagen, Sein Name sei gepriesen?"

„So war es — es waren Eure Worte, Großmutter; ich preise ihn für seine Gnade, und daß er mir eine gute Mutter ließ, als meine eigene todt war," sagte der ehrliche Hobbie, indem er ihre Hand ergriff, „es erinnert mich an meine Pflicht, Seiner im Glück und im Unglück zu gedenken."

Es entstand eine feierliche Pause von einer oder zwei Minuten in der Uebung innerer Andacht, welche in Reinheit und Aufrichtigkeit die Dankbarkeit der liebevollen Familie gegen jene Vorsehung aussprach, welche so unerwartet das verlorene Mitglied ihren Umarmungen zurückgegeben hatte.

Hobbie's erste Fragen betrafen die Abenteuer, welche Grace erlitten hatte; sie wurden weitläufig erzählt, waren aber in Kürze folgende. Sie wurde durch den Lärm, welchen die Räuber bei dem Einbruch in das Haus machten, und durch den Widerstand von einem oder zwei Dienern geweckt, die jedoch schnell überwältigt wurden. Sie kleidete sich hastig an, lief die Treppe hinab, sah im Getümmel die Maske Westburnflats von dessen Gesicht fallen, nannte ihn unvorsichtig bei Namen und bat ihn um Gnade; der Räuber knebelte sogleich ihren Mund, schleppte sie aus dem Hause und warf sie auf ein Pferd hinter einem seiner Genossen.

„Ich würde ihm den verfluchten Hals brechen," sagte Hobbie, „wenn es keinen andern Gräme im Lande wie er selbst gäbe!"

Sie fuhr in ihrer Erzählung fort, daß sie von den Räubern nach Süden gebracht wurde, welche das Vieh vor sich her trieben, bis sie die Grenze überschritten hatten. Plötzlich kam eine Person, die als ein Vetter von Westburnflat bekannt war, in sehr schnellem Ritt zu den Räubern und sagte ihrem Führer, sein Vetter habe aus sicherer Quelle erfahren, der

Raub werde ihm kein Glück bringen, wenn das Mädchen ihren Verwandten nicht zurückgegeben würde. Nach einiger Verhandlung schien der Anführer der Schaar sich zu beruhigen. Grace wurde hinter ihren neuen Wächter auf's Pferd gesetzt; derselbe ritt stillschweigend und mit großer Eile den am wenigsten besuchten Weg nach Heugh-foot, und ehe der Abend dämmerte, hieß Jener das ermüdete und erschreckte Mädchen in der Entfernung von ungefähr einer Viertelmeile von der Wohnung ihrer Verwandten absteigen. Mannigfach und aufrichtig waren die Glückwünsche, die von allen Seiten ertheilt wurden. Als diese erste Aufregung sich gelegt hatte, begannen weniger angenehme Betrachtungen sich aufzudrängen.

„Das ist eine elende Wohnung für euch Alle,“ sagte Hobbie, indem er sich umsah, „ich kann mich sehr wohl bei meinem Klepper niederlegen, wie es manche Nacht auf den Bergen der Fall war, aber ich kann nicht begreifen, wie ihr unterzubringen seid. Was noch schlimmer ist, ich kann es nicht ändern; und was noch schlimmer als Alles ist, Morgen kann kommen und Uebermorgen, ohne daß ihr besser daran seid.“

„Es war eine feige grausame That,“ sagte eine der Schwestern, „eine arme Familie auf solche Weise bis auf die Wände auszuplündern.“

„Und uns weder Kalb noch Vieh,“ sagte der jüngere Bruder, der jetzt eintrat, „weder Schaf noch Lamm, noch irgend Etwas zu lassen, das Gras oder Körner frißt.“

„Wenn sie noch einen Zank mit uns hätten,“ sagte Harry, der zweite Bruder, „so waren wir doch bereit, ihn auszufechten, und noch dazu, daß wir Alle von Hause und Alle auf den Bergen waren, — bei Gott, wären wir zu Hause gewesen, so sollte Will-Gräme's Magen seinen Morgentrunk erhalten haben; er wird ihm aber doch geboten, Hobbie, nicht wahr?“

„Unsere Nachbarn haben einen Tag in Castleton bestimmt, um mit ihm im Angesicht der Menschen sich zu vergleichen," sagte Hobbie mit düsterem Ausdruck, „sie verlangten in ihrer eigenen Weise zu verfahren, oder ich hätte mich ihrer Hülfe nicht versichern können."

„Um sich mit ihm zu vergleichen!" riefen beide Brüder zugleich aus. „Nach solch einer Räuberei, wie sie im Lande seit den alten Kriegszeiten nicht mehr erhört worden ist!"

„Sehr wahr, Brüder, und mein Blut kochte, aber — der Anblick von Grace Armstrong hat mich wieder beruhigt."

„Aber die Viehheerden, Hobbie," sagte John Elliot; „wir sind gänzlich zu Grunde gerichtet. Harry und ich ritten aus, um einzusammeln, was hier in der Umgegend noch vorhanden war; kaum eine Klaue ist zurückgeblieben. Ich weiß nicht, was wir anfangen sollen — ich glaube, wir müssen Alle in den Krieg. Westburnflat hat nicht die Mittel, sogar wenn er wollte, unsern Verlust auszugleichen; von ihm können wir keine andere Entschädigung bekommen, als diejenige, die wir uns an seinen Knochen holen; er hat kein vierfüßiges Geschöpf als seinen Klepper von elendem Blut, worauf er reitet, und der ist ohnedem durch sein nächtliches Treiben noch schlechter geworden. Wir sind bis auf Stumpf und Stiel zu Grunde gerichtet."

Hobbie richtete einen betrübten Blick auf Grace Armstrong, welche mit gesenkten Augen und einem leisen Seufzer antwortete.

„Seid nicht niedergeschlagen, Kinder," sagte die Großmutter, „wir haben gute Freunde, die uns im Unglück nicht verlassen werden, z. B. Sir Thomas Kittleloof ist mein Vetter von mütterlicher Seite im dritten Grade und hat sehr viel Silber sich erworben, und ist noch dazu zum Ritter und Baronet ernannt worden, weil er einer der Commiſſäre bei der Union war."

„Er wird uns keinen Heller geben, um uns vom Hungertode zu retten," ſagte Hobbie, „und wenn er es thäte, ſo würde das Brod, das ich damit kaufen ſollte, mir in der Kehle ſtecken bleiben, wenn ich bedenken muß, daß es ein Theil des Preiſes iſt, um welchen die Krone und Unabhängigkeit des armen alten Schottlands verkauft wurde."

„Dann haben wir den Gutsherrn von Dunder aus einer der älteſten Familien in Tiviotdale."

„Mutter, der ſitzt im Gefängniß, er ſitzt im Kerker von Edinburg für tauſend Mark, die er von Saunders Wyliecoat, dem Schreiber, borgte."

„Der arme Mann," rief Frau Elliot aus, „können wir ihm nicht Etwas zuſchicken, Hobbie?"

„Ihr vergeßt, Großmutter, daß wir vorerſt uns ſelbſt helfen müſſen," ſagte Hobbie etwas verdrießlich.

„Wahrhaftig, das vergeß ich," erwiderte die gute alte Frau, „gerade in dieſem Augenblick; es iſt ſo natürlich, eher an ſeine Blutsverwandten als an ſich zu denken — aber wir haben ja noch den jungen Earnscliff."

„Er hat ſehr wenig von ſeinem Eigenthum übrig; wollten wir ihn mit unſerem Elend belaſten, ſo wäre es eine Schande, da er die Ehre eines ſolchen Mannes erhalten muß. Ich ſage Euch, Großmutter, es iſt nutzlos, daß Ihr da ſitzt und über das Thema Eurer Bekannten, Verwandten und Vettern träumt, als läge in ihren Namen ein Zauber, um uns aus der Noth zu helfen; die Vornehmen haben uns vergeſſen, und die uns Gleichgeſtellten haben wenig genug, um ſich durchzuſchlagen; wir haben keinen Verwandten, der uns zu den Heerden unſeres Pachtgutes wiederum verhelfen will oder kann."

„Dann, Hobbie, müssen wir auf Ihn vertrauen, der bewirken kann, daß Freunde und Vermögen aus dem nackten Moor entspringen, wie man zu sagen pflegt."

Hobbie sprang auf, „Ihr habt Recht, Großmutter!" rief er aus, „ich kenne Jemand auf dem nackten Moor, der uns helfen will und kann. Die Wechselfälle dieses Tages haben mir den Kopf schwindlig gemacht. Ich habe so viel Geld auf dem Mucklestane-Moor heute Morgen zurückgelassen, daß Haus und Stall in Heugh-foot zweimal davon gefüllt werden könnten, und ich bin überzeugt, Elshie wird uns nicht zürnen, wenn wir Gebrauch davon machen."

„Elshie!" fragte seine erstaunte Großmutter, „welchen Elshie meint Ihr?"

„Wen anders, als den klugen Elshie, den Weisen von Mucklestane," erwiderte Hobbie.

„Gott behüte, mein Kind, daß du Wasser holst aus zertrümmerten Cisternen, oder Hülfe suchst von Denen, welche mit dem Bösen verkehren. Niemals war Glück in ihren Gaben oder Gnade auf ihren Pfaden; das ganze Land weiß, daß jener Elshie ein verkehrter Mensch ist. Herrschte das Gesetz und die süße ruhige Verwaltung der Gerechtigkeit, wodurch ein Königreich in Rechtschaffenheit erblüht, so würde man niemals leiden, daß Seinesgleichen leben darf. Der Zauberer und die Hexe sind der Abscheu und das Böse im Lande."

„Wahrhaftig, Mutter," erwiderte Hobbie, „Ihr mögt sagen, was Ihr wollt, aber ich glaube, daß Hexen und Kobolde nicht mehr halb die Gewalt wie früher haben, wenigstens bin ich überzeugt, daß Jemand, welcher böse Plane entwirft, wie der alte Ellieslaw, oder ein Anderer, welcher Böses thut, wie der verdammte Schurke Westburnflat, weit mehr eine Plage und Abscheu einem Lande ist, als ein ganzer Schwarm der schlimm-

sten Hexen, die jemals auf einem Besenstiel ritten, oder die
Bezauberungen am Pfingst=Dienstage ausführten. Es hätte
lange gedauert, bis Elshie mir Haus und Scheuer verbrannt
hätte; jetzt aber bin ich entschlossen zu versuchen, ob er Et=
was thun will, um sie mir wieder aufzubauen."

„Wart ein wenig, mein Kind; bedenke, seine Wohlthaten
haben bei Niemand Gedeihen gehabt. Joch Howden starb an
derselben Krankheit, von welcher Elshie ihn zu heilen vorgab,
zur Zeit, als die Blätter abfielen; Lambside's Kühe hat er
zwar gut geheilt, allein die Klauenseuche herrschte alsdann um
so schlimmer dies Jahr unter seinen Schafen, und man hat
mir gesagt, er brauche solche Worte, wenn er auf die mensch=
liche Natur schmäht, daß dies eine Lästerung der Vorsehung
ist. Erinnere dich noch, wie du selbst sagtest, das erstemal
als du ihn gesehen hast, er sei eher wie ein Kobold als wie
ein lebendiges Ding."

„Halt Mutter," sagte Hobbie, „er ist nicht so ein schlechter
Kerl; er sieht allerdings grauenhaft genug für einen Krüppel
aus, und er hat eine grobe Zunge, aber sein Bellen ist schlim=
mer wie sein Biß. Wenn ich nur Etwas zu essen hätte, denn
kein Bissen ist heute in meine Kehle gekommen, so würde ich
mich zwei oder drei Stunden neben meinem Thiere ausstrecken
und mit dem ersten Morgenstrahl auf und davon nach Mucle=
stane reiten."

„Warum nicht noch heute Nacht, Hobbie?" fragte Harry,
„ich würde mit Euch reiten."

„Mein Klepper ist müde," sagte Hobbie.

„Dann mögt Ihr meinen nehmen," sagte John.

„Aber ich bin selbst sehr müde."

„Ihr seid müde?" sagte Harry, „schämt Euch! Ich habe
Euch gesehen, wie Ihr vierundzwanzig Stunden nach einander

im Sattel wart, und wie dennoch nicht die geringste Müdig=
keit in Eurem Leibe war."

„Die Nacht ist sehr dunkel," erwiderte Hobbie, indem er
durch die Fensteröffnung der Hütte blickte; „und um die Wahr=
heit zu sagen und den Teufel zu beschämen, so möchte ich lieber
das Tageslicht mit mir nehmen, wenn ich Elshie besuche, ob=
gleich er wirklich ein ehrlicher Kerl ist."

Dieses freimüthige Geständniß beendigte den Streit. Nach=
dem Hobbie zwischen der Raschheit seines Bruders und der
furchtsamen Vorsicht seiner Großmutter eine Ausgleichung ge=
troffen hatte, erfrischte er sich mit solcher Nahrung, wie sie
die Hütte darbot, dann entfernte er sich nach herzlicher Be=
grüßung Aller in den Schuppen, und legte sich bei seinem treuen
Pferde zum Schlafen nieder. Seine Brüder theilten unter sich
einige Bündel von reinem Stroh in dem Stalle, welcher ge=
wöhnlich von der Kuh der alten Annaple bewohnt wurde; die
Frauenzimmer legten sich zur Ruhe, so gut es die Bequemlich=
keiten der Hütte gestatteten.

Mit der ersten Morgendämmerung stand Hobbie auf; nach=
dem er sein Pferd geputzt und gesattelt hatte, ritt er nach
dem Muckleslane=Moor. Er vermied es, einen seiner Brüder
mitzunehmen, denn er dachte, der Zwerg sei für Diejenigen,
welche ihn allein besuchten, am meisten versöhnlich gestimmt.

„Das Geschöpf dort," dachte er bei sich, als er fortritt,
„ist ungesellig, mehr als ein Mann ist zu viel für ihn, als
daß er dies leiden könnte. Ob er wohl aus seinem Stall
heraus geblickt hat, um den Sack voll Silber aufzunehmen?
hat er es nicht gethan, so war das ein schöner Fund für ir=
gend Jemand, und ich bin übel angekommen — komm Tarras,"
sagte er zu seinem Pferde, indem er demselben einen Stoß

mit den Sporen gab: „laufe schneller, wir wollen die Ersten auf dem Felde sein, wenn wir es können."

Er befand sich jetzt auf der Haide, welche die Strahlen der aufgehenden Sonne zu beleuchten begannen; der sanfte Abhang, den er hinunterritt, bot ihm eine deutliche Ansicht von der Wohnung des Zwerges, obgleich er sich noch in einiger Entfernung befand. Die Thür öffnete sich, und Hobbie erblickte mit seinen eigenen Augen jene Erscheinung, von welcher er oft reden gehört hatte. Zwei menschliche Gestalten, wenn die des Zwerges so genannt werden kann, traten aus der einsamen Wohnung des Klausners und blieben stehen, als wollten sie in der frischen Luft sich unterreden. Die schlankere Gestalt blieb alsdann stehen, als wollte sie Etwas aufnehmen, welches neben der Thür der Hütte lag; hierauf gingen Beide ein wenig vorwärts und hielten wiederum, als seien sie in eifrigem Gespräch begriffen. Alle abergläubischen Schrecken Hobbie's wurden wiederum wach, als er dies Schauspiel sah. Der Umstand, daß der Zwerg einem menschlichen Gaste seine Wohnung öffnen sollte, war ebenso unwahrscheinlich, wie derjenige, daß irgend Jemand freiwillig ihm einen nächtlichen Besuch abstatten würde. Mit der vollen Ueberzeugung, er habe gesehen, wie der Zaubermeister mit seinem dienstbaren Geist eine Unterredung hielt, zog Hobbie sowohl seinen Zaum wie seinen Athem an, entschlossen, den Unwillen von Keinem der Beiden durch haftiges Eindringen in ihre Unterredung zu erregen. Jene hatten wahrscheinlich seine Annäherung gemerkt; denn kaum hatte er einen Augenblick angehalten, so kehrte der Zwerg in seine Hütte zurück; die schlankere Gestalt, die ihn begleitet hatte, eilte um die Umzäunung des Gartens und schien vor den Blicken des staunenden Hobbie zu verschwinden.

„Sah jemals ein Sterblicher etwas Aehnliches!" dachte

Elliot, „aber mein Fall ist verzweifelt, und wäre es Beelzebub selbst, so will ich mich die Anhöhe hinunter wagen.

Ungeachtet seines angenommenen Muthes nahte er sich lang- sam, als er beinahe auf demselben Platz, wo er die schlanke Figur zuletzt bemerkt hatte, einen kleinen rauh aussehenden Gegenstand, etwas wie einen Dachshund, unter dem langen Haidekraut lauern sah.

„Er hat doch keinen Hund, von dem ich jemals gehört hätte," dachte Hobbie, „aber manchen Teufel bei der Hand — „Gott vergebe mir, daß ich so etwas denke! — das Ding hält seinen Platz, sei es was es will — ich glaube, es ist ein Dachs; wer weiß aber, welche Gestalten die Kobolde annehmen, um Jemand zu erschrecken? Vielleicht fährt es in die Höhe wie ein Löwe oder ein Krokodil, wenn ich näher komme, ich will zuerst einen Stein darauf werfen, denn sollte es seine Gestalt verändern, wenn ich näher komme, so wird Tarras nicht Stand halten, und es wäre für mich zu viel, sollte ich mit ihm und dem Teufel zugleich zu schaffen haben."

Er warf deßhalb vorsichtig einen Stein auf den Gegen- stand, „es ist kein lebendiges Ding," dachte Hobbie, näher kommend, „sondern der große Geldsack, den er gestern aus dem Fenster warf, jenes andere sonderbare Geschöpf hatte ihn etwas weiter auf meinen Weg gelegt." Er trat vor und hob einen schweren Beutel von Pelzwerk in die Höhe, der gänzlich mit Gold gefüllt war. „Gott sei uns gnädig," sagte Hobbie, dessen Gefühle zwischen der Freude über die Wiederbelebung seiner Hoffnungen und Lebensaussichten, sowie zwischen dem Argwohn unruhig schwankten, daß ihm diese Hülfe zu Zwecken böser Art geleistet sei — „Gott sei uns gnädig, es ist keine Kleinigkeit, so Etwas zu berühren, was soeben in den Klauen von Jemand steckte, mit dem es nicht geheuer ist. Ich kann

mich von dem Glauben nicht losmachen, daß irgend ein Blend=
werk Satans im Spiel ist, aber ich bin entschlossen, mich als
ehrlicher Mann und guter Christ zu benehmen, es komme, was
da will."

Er trat somit an die Thür, klopfte mehrere Male an, ohne
eine Antwort zu erhalten, und erhob zuletzt seine Stimme,
um den Bewohner der Hütte anzureden. „Elshie! Vater Elshie,
ich weiß, Ihr seid zu Hause und wach, denn ich sah Euch vor
der Thür, als ich über die Anhöhe kam; wollt Ihr nicht
herauskommen und nur ein wenig mit Jemanden sprechen,
der Euch vielen Dank zu geben hat? Es ist Alles wahr, was
Ihr mir über Westburnflat sagtet; er hat aber Grace sicher
und wohlbehalten zurückgebracht, darum ist das Unglück jetzt
nicht größer, als wie man erleiden und ertragen kann — wollt
Ihr nicht ein wenig herauskommen, Mann, oder mir sagen,
daß Ihr mir zuhört? — Wohlan, da Ihr mir keine Antwort
geben wollt, so will ich mit meiner Erzählung fortfahren.
Seht Ihr, ich dachte, es sei doch schlimm für zwei junge
Leute wie ich und Grace, viele Jahre lang unsere Ehe aufzu=
schieben, wenn ich außer Landes wäre, bis ich mit einiger
Habe zurückkehrte; man sagt ja, daß man in den Kriegen nicht
mehr so Beute machen darf wie vor Zeiten, und der Königin
Sold ist nicht hoch; damit kann man keine Habe sammeln —
und dann auch das Alter meiner Großmutter — und meine
Schwestern würden winselnd am Kamin sitzen, wenn ich ihnen
fehlte, um sie herumzustoßen — und Earnscliff und die Nach=
barn oder auch Ihr selbst, Elshie, könnt irgend einen guten
Streich brauchen, den Hob Elliot für Euch ausführen könnte,
auch wäre es schade, wenn das alte Haus von Heugh=foot
gänzlich in Trümmern liegen sollte — drum dachte ich. — aber
der Teufel hole mich, wenn ich weiter rede," fuhr er fort,

indem er sich Einhalt that, „und wenn ich Jemanden um einen Gefallen bitte, der mir nicht einmal ein bloßes Wort erwidert, um mir zu sagen, daß er mich anhört.“

„Sage, was du willst — thue was du willst,“ erwiderte der Zwerg vom Innern seiner Klause her, „aber pack dich und laß mich in Ruh.“

„Schon gut,“ begann Elliot auf's Neue, „da Ihr mich hören wollt, so will ich die Sache kurz abmachen. Da Ihr so gütig seid, mir zu sagen, Ihr wollet mir so viel Silber leihen, daß ich Heugh-foot mit Vorräthen und Heerden wieder an-füllen kann, so bin ich meinerseits zufrieden, Eure Artigkeit mit vielem Dank anzunehmen; und wahrhaftig, ich glaube, das Geld wird in keinen Händen so sicher sein, wie in meinen, wenn Ihr es in dieser Weise hinwerft, damit der erste beste Schelm es aufnimmt, abgesehen von der Gefahr, der Ihr durch böse Nachbarn ausgesetzt sind, die durch verschlossene Thüren und in gut verwahrte Häuser dringen können, wie ich nach eigenem Schaden berichten kann. Nun sage ich, da Ihr so viel Rücksicht für mich habt, so nehme ich gern Eure Güte an; und meine Mutter und ich (sie hat eine Leibrente und ich besitze die Ländereien von Wideopen), wir werden Euch gern einen Schuldschein oder einen erblichen Pfandbrief für das Geld ausstellen und Euch den Zins halbjährlich zahlen; Saun-ders Wyliecoat soll den Schuldschein ausstellen und die ganze Schreiberei soll Euch keinen Heller kosten.“

„Laß dein Geschwätz und packe dich!“ sagte der Zwerg. „Deine wortreiche ochsenköpfige Ehrlichkeit macht dich zu einer unerträglichen Plage, wie der leichtfingerige Höfling eine solche ist, welcher eines Mannes Vermögen demselben nehmen würde, ohne weder zu danken, noch sein Verfahren zu beschönigen oder zu vertheidigen. Packe dich, sage ich! du bist einer jener zahmen Sclaven, deren Wort so gut ist wie ihre Unterschrift. Behalte das Geld, Capital und Interesse, bis ich es zurück= fordere."

„Aber," fuhr der hartnäckige Grenzbewohner fort, „es ist nur für Leben oder Sterben, Elshie; darum muß bei diesem Geschäft Schwarz auf Weiß gegeben werden. Setzet mir nur einen Schein in einer Form wie Ihr wollt auf; alsdann will ich ihn schön abschreiben, und vor Zeugen mit gutem Namen unterschreiben, nur, Elshie, möchte ich wünschen, daß Ihr nichts hineinsetzt, was mein Seelenheil gefährden kann; denn ich werde jenen Schein unserem Pfarrer zu lesen geben und Ihr würdet Euch zu keinem Zweck bloßstellen. Nun will ich gehen, denn Ihr seid mein Geschwätz müde, und ich bin es müde zu schwätzen, ohne Antwort zu erhalten — und ich werde Euch ein Stück Hochzeitkuchen dieser Tage bringen, und bringe viel= leicht auch Grace, um Euch zu sehen. Ihr würdet Grace gern sehen, Mann, so hartherzig Ihr auch seid — bei Gott, ich wünsche, daß er sich wohl befindet, das war ein klägliches Stöhnen! vielleicht dachte er, ich spreche von himmlischer Gnade *) und nicht von Grace Armstrong, der arme Mann! sein Zustand ist mir sehr zweifelhaft; aber gewiß, gegen mich war er so gütig, als wäre ich sein Sohn, und einen seltsam aussehenden Vater würde ich dann haben, wenn das der Fall wäre."

Hobbie erlöste jetzt seinen Wohlthäter von seiner Gegen= wart und ritt vergnügt nach Hause, um dort seinen Schatz zu zeigen und über die Mittel zu berathen, wie der Schaden auszugleichen sei, den sein Vermögen durch den Ueberfall des rothen Räubers von Westburnflat erlitten hatte.

*) Grace (Gnade).

# Elftes Kapitel.

----

Drei Räuber schleppten rasch mich fort,
Mich arme Jungfrau, sonder Hort,
Und banden, spottend meines Schrei's,
Mich rauh auf einen Zelter weiß;
So wahr der Herr mir gnädig sei,
Ich kann nicht nennen jene drei.

Wordsworth.

Der Lauf unserer Geschichte muß etwas zurückgehen, um die Umstände darzulegen, welche Miß Vere in die unangenehme Lage brachten, aus welcher sie unerwartet und sogar absichtlos befreit wurde, als Earnscliff und Elliot mit ihren Freunden und Anhängern vor dem Thurme von Westburnflat erschienen.

Am Morgen vor der Nacht, worin Hobbie's Haus geplündert und verbrannt war, wurde Miß Vere von ihrem Vater ersucht, ihn auf einem Spaziergange durch einen entlegeneren Theil der romantischen Gegend zu begleiten, welche das Schloß von Ellieslaw umgab. Hören und gehorchen war Eins im wahren Style des orientalischen Despotismus; Isabelle jedoch zitterte schweigend, während sie ihren Vater auf rauhen Pfaden begleitete, die sich bald dicht am Flusse hinwanden, bald über die Klippen an seinem Rande führten. Ein Diener, vielleicht wegen seines Blödsinns ausgewählt, war ihr einziger Begleiter. Bei dem Schweigen ihres Vaters hegte Isabelle wenig Zweifel,

9*

daß er diese entfernt und einsam gelegene Gegend gewählt habe, um den Streit mit ihr wieder aufzunehmen, den beide schon so häufig über die Huldigungen Sir Frederiks geführt hatten; sie glaubte, er überlege, in welcher Weise er ihr die Nothwendigkeit, jenen Herrn als Bewerber um ihre Hand anzunehmen, am eindringlichsten vorstellen könne. Allein ihre Furcht schien einige Zeit lang unbegründet. Die einzigen Sätze, die ihr Vater von Zeit zu Zeit an sie richtete, betrafen die Schönheiten der romantischen Landschaft, welche beide durchwandelten, und welche bei jedem Schritte ihr Aussehen änderte. Obgleich diese Bemerkungen aus einem Herzen zu kommen schienen, welches von finsteren und wichtigeren Sorgen gefüllt schien, bemühte sich Isabelle, so frei und zwanglos darauf zu antworten, wie es ihr bei den unwillkürlichen Besorgnissen möglich war, die auf ihre Einbildungskraft eindrangen."

Nachdem sie unter gegenseitigem Zwange ein flüchtiges Gespräch geführt hatten, gelangten sie endlich in die Mitte eines kleinen Waldes, der aus großen Eichen, hin und wieder aus Birken, Bergeschen, Haselsträuchen, Stechpalmen und aus einer Mannigfaltigkeit von Unterholz bestand. Die Zweige der größeren Bäume begegneten sich einander und bildeten gleichsam ein enges Dach, während das Unterholz jeden Zwischenraum zwischen den Stämmen auf dem Boden ausfüllte. Der Ort, worauf sie standen, war zwar etwas offener, jedoch von einem natürlichen Bogengange großer Bäume überragt und an den Seiten durch einen dichten und lebendigen Wuchs von Unterholz und Gesträuch verdunkelt.

"Hier, Isabelle," sagte Herr Vere, als er das oft so begonnene und abgebrochene Gespräch wieder aufnahm, "hier möchte ich einen Altar der Freundschaft errichten."

„Der Freundschaft?" fragte Miß Bere, „weßhalb an diesem finsteren und entlegenen Orte eher als sonst wo?"

„Die Zweckmäßigkeit des Ortes läßt sich leicht rechtfertigen," erwiderte ihr Vater mit einem höhnischen Lächeln. „Ihr wißt, Miß Bere (denn Ihr seid ja, wie mir sehr wohl bekannt ist, eine gelehrte junge Dame), daß die Römer, zum Zwecke ihrer Verehrung nicht damit zufrieden waren, jede nützliche Eigenschaft und moralische Tugend, welcher sie einen Namen ertheilen konnten, zu verkörpern; sie verehrten eine solche außerdem unter einer Menge von Titeln und Beinamen, welche eine bestimmte Schattirung oder einen eigenthümlichen Charakter jener Tugend ertheilen konnten. Z. B. die Freundschaft, welcher ein Tempel hier geweiht werden könnte, ist nicht die männliche Freundschaft, welche Zweideutigkeit, List und Verstellung verabscheut und verachtet, sondern die weibliche Freundschaft, welche in Wenig sonst besteht, als von Seiten der Freundinnen, wie sie sich nennen, im finsteren Betrug und kleinlicher Intrigue, womit sie sich einander aufreizen."

„Herr, Ihr seid strenge," sagte Miß Bere.

„Ich bin nur gerecht," sagte ihr Vater, „ein demüthiger Zeichner der Natur, nur mit dem Vortheil, daß ich zwei so ausgezeichnete Studien als Lucy Ilderton und Euch selbst bei meinem Bilde vor Augen habe."

„War ich unglücklich genug, Euch zu beleidigen, Herr, so kann ich mit gutem Gewissen Miß Ilderton darin rechtfertigen, daß sie meine Rathgeberin oder Vertraute war."

„Wirklich! wie kam es denn," sagte Herr Bere, „daß Ihr durch Eure Geläufigkeit der Zunge und Eure spitzigen Reden Sir Frederik so sehr mißfielt, und mir kürzlich so großen Anstoß gabt?"

„Wenn ich das Unglück hatte, daß mein Benehmen Euch

mißfiel, so kann ich mich niemals mit einem zu tiefen und aufrichtigen Gefühl entschuldigen; ich kann jedoch nicht dieselbe Reue dafür eingestehen, daß ich Sir Frederik eine spöttische Antwort gab, als er mich in roher Weise drängte. Da er vergaß, daß ich eine Dame bin, so war es Zeit, ihm wenigstens zu zeigen, daß ich ein Weib bin."

„Verwahrt Eure spitzigen Reden für Diejenigen, welche Euch hierüber drängen, Isabelle," sagte ihr Vater mit Kälte; „was mich betrifft, so bin ich der Sache müde, und will nie mehr davon reden."

„Gott lohne es Euch, theurer Vater," sagte Isabelle, indem sie seine widerstrebende Hand ergriff; „mit Ausnahme des Befehls, auf die Verfolgung dieses Mannes zu hören, gibt es Nichts, was Ihr mir auferlegen könnt, das ich für eine Härte halten oder so nennen würde."

„Ihr seid sehr gütig, Miß Vere, wenn es Euch einfällt, gehorsam zu sein," sagte der unbeugsame Vater, indem er sich zugleich von ihrem liebevollen Händedruck losriß; „von jetzt an, Kind, werde ich mir die Mühe ersparen, Euch unangenehmen Rath bei irgend einer Angelegenheit zu geben. Ihr müßt für Euch selbst sorgen." In diesem Augenblick stürzten vier Räuber auf sie ein. Herr Vere und sein Diener zogen ihre Hirschfänger, die sie der damaligen Mode gemäß trugen, und suchten sich zu vertheidigen und Isabelle zu beschützen. Während Jeder von ihnen sich mit einem Gegner zu thun machte, wurde sie von den zwei Uebrigen in das Gebüsch gerissen. Letztere setzten sie auf ein Pferd, welches hinter dem Unterholz bereit stand, stiegen zugleich auf ihre eigenen Thiere, stellten sie zwischen sich und ritten im gestreckten Galopp hinweg, indem sie die Zügel ihres Pferdes an jeder Seite hielten. Auf vielen sonst unbekannten und gewundenen Pfaden wurde sie über Thal und Hügel, durch Haiden und Moore zum Thurme von Westburnflat gebracht. Dort stand sie, streng überwacht aber sonst nicht mißhandelt, unter der Aufsicht der alten Frau, deren Sohn jenen einsamen Wohnsitz besaß. Keine Bitten beredeten die alte Hexe, daß sie der Miß Vere über den Zweck ihrer Fortführung und Einschließung in diesem einsamen Orte eine Kunde gab. Die Ankunft Earnscliffs mit seiner starken Schaar von Reitern vor dem Thurme schreckte den Räuber. Da er schon Anstalt getroffen hatte, daß Grace Armstrong ihren Verwandten zurückgegeben wurde, so kam er nicht auf den Gedanken, daß dieser unwillkommene Besuch ihretwegen geschehe; da er ferner an der Spitze der Schaar den jungen Earnscliff sah, von dessen Neigung zu Miß Vere man in der Gegend sprach, so hegte er keinen Zweifel, daß ihre Befreiung der einzige Zweck des Angriffs auf seine Feste sei. Die Furcht vor persönlichen Folgen zwang ihn zur Auslieferung der Gefangenen in der von uns schon berichteten Weise.

Sobald das Gestampf der Pferde vernommen wurde, welche die Tochter Ellieslaws hinweg führten, fiel ihr Vater zu Boden, und sein Diener, ein kräftiger junger Mann, welcher dem Raufbold, womit er kämpfte, in die Enge trieb, gab den Kampf auf, um seinem Herrn zu Hülfe zu kommen, indem er nicht daran zweifelte, daß derselbe eine tödtliche Wunde erhalten habe. Beide Räuber gaben sogleich den weiteren Kampf auf, zogen sich in das Dickicht zurück und sprengten in voller Eile ihren Gefährten nach. Mittlerweile fand Dickson zu seiner Freude Herrn Vere nicht allein am Leben, sondern auch unverwundet. Er hatte sich zu wenig in Acht genommen und war, wie es scheint, über der Wurzel eines Baumes gestolpert, als er einen zu heftigen Streich gegen seinen Gegner führte. Die Verzweiflung, die er über das Verschwinden seiner

Tochter fühlte, war nach Dickson's Phrase solcher Art, daß
sie das Herz eines Steines hätte schmelzen können. Er war
durch seine Gefühle und die vergeblichen Nachsuchungen um
die Spur der Räuber zu entdecken, so sehr erschöpft, daß eine
beträchtliche Zeit verging, ehe er seine Wohnung erreichte und
dann seine Dienerschaft zur Verfolgung ausschicken konnte.
Sein ganzes Betragen und alle seine Bewegungen waren die
eines Verzweifelten.

„Sagt mir nichts, Sir Frederik," waren seine Worte in
zornigem Tone, „Ihr seid kein Vater — sie war mein Kind,
ein undankbares, wie ich besorge, aber dennoch mein einziges
Kind. — Wo ist Miß Ilderton? die muß etwas davon wissen;
es entspricht demjenigen, was ich von ihren Entwürfen weiß.
Geh, Dickson, rufe Ratcliffe — heiß ihn ohne die Verzögerung
einer Minute kommen."

Die von ihm genannte Person hatte in demselben Augenblick das Zimmer betreten.

„Ich sage, Dickson," fuhr Herr Vere in verändertem Tone
fort, „laß Herrn Ratcliffe wissen, daß ich um die Güte seiner
Gesellschaft wegen eines besonderen Geschäftes bitte — ach,
mein theurer Herr!" fuhr er fort, als bemerke er ihn erst
jetzt; „Ihr seid gerade der Mann, dessen Rath mir in diesem
grausamen Augenblick äußerst nothwendig ist."

„Was ist geschehen, Herr Vere, um Sie so außer Fassung
zu bringen," fragte Ratcliffe mit ernstem Ausdruck. Während
der Gutsherr von Ellieslaw ihm mit lebhaften Geberden des
Grames und Unwillens von dem Abenteuer des Morgens in
Kenntniß setzt, wollen wir die Gelegenheit benützen, um unsere Leser von dem Verhältniß in Kenntniß zu setzen, in welchen
beide Herren zu einander standen.

Herr Vere von Ellieslaw war in früher Jugend wegen

eines verſchwenderiſchen Lebens berüchtigt geweſen, welches er im vorgerückten Alter mit der nicht weniger verderblichen Laufbahn eines finſtern und unruhigen Ehrgeizes vertauſchte. In beiden Fällen hatte er ſeine vorherrſchende Leidenſchaft ohne Rückſicht auf die Verminderung ſeines Privatvermögens befriedigt, obgleich er für verſchloſſen, geizig und habgierig bei Gelegenheiten gehalten wurde, wo die genannten Anreizungen ihm fehlten. Als ſeine Angelegenheiten durch die Ausſchweifungen ſeiner Jugend ſehr verwirrt waren, ging er nach England, wo er eine ſehr vortheilhafte Heirath geſchloſſen haben ſoll. Er war viele Jahre abweſend von ſeinem Familienſitze. Plötzlich und unerwartet kehrt er als Wittwer zurück, indem er eine Tochter, damals ein Mädchen von ungefähr zehn Jahr, mit ſich brachte. Von dieſem Augenblick an ſchien ſeine Geldverſchwendung den einfachen Bewohnern der Gebirge ſeines Geburtslandes grenzenlos zu ſein. Man glaubte, daß er tief in Schulden ſtecken müſſe. Dennoch ſetzte er ſein Leben in derſelben verſchwenderiſchen Weiſe fort, bis die öffentliche Meinung über ſeine ſchlechte Vermögensumſtände wenige Monate vor dem Beginn unſerer Geſchichte durch die Erſcheinung des Herrn Ratcliffe in Ellieslaw Caſtle beſtätigt wurde. Dieſer ſchlug dort ſeinen Wohnſitz auf; vom Augenblick ſeiner Ankunft ſchien er durch die ſchweigende Einwilligung, offenbar zum großen Mißfallen des Eigenthümers jenes Herrenhauſes, einen vorherrſchenden und unerklärlichen Einfluß in der Leitung von deſſen Privatangelegenheiten zu üben.

Herr Ratcliffe war ein ernſter, geſetzter, zurückhaltender Mann in vorgerückten Jahren. Denjenigen, die gelegentlich ſich über Geſchäfte mit ihm unterhielten, ſchien er mit allen Formen derſelben genau bekannt. Mit Andern hatte er wenig Verkehr; bei zufälliger Begegnung oder Unterredung äußerte er aber stets alle Fähigkeiten eines thätigen und gebildeten Geistes. Einige Zeit, bevor er seinen Sitz im Schlosse aufschlug, hatte er dort gelegentliche Besuche abgestattet und wurde alsdann von Herrn Vere, dem allgemeinen Verfahren desselben gegen Alle, welche ihm im Range untergeordnet waren, durchaus entgegen, mit auffallender Aufmerksamkeit und sogar mit Hochachtung behandelt. Seine Ankunft schien aber immer seinem Wirthe eine Verlegenheit zu bereiten, und seine Abreise ihm eine Erleichterung zu sein; als er sich unter der Familie vollkommen niederließ, war es für Jeden unmöglich, die Anzeichen des Mißvergnügens nicht zu bemerken, womit Herr Vere seine Gegenwart betrachtete. Der Verkehr Beider zeigte auch wirklich eine merkwürdige Mischung von Vertrauen und Zwang. Herrn Vere's wichtigste Angelegenheiten wurden von Herrn Ratcliffe geleitet. Ersterer war durchaus nicht einer jener reichen Leute, welche nur ihren Neigungen nachhangen, und zu träg, ihr Geschäft zu leiten, dasselbe einem Andern mit Vergnügen aufbürden; dennoch wurde in manchen Fällen bemerkt, daß er sein eigenes Urtheil den entgegengesetzten Meinungen unterordnete, welche Herr Ratcliffe durchaus kein Bedenken trug, mit großer Bestimmtheit auszusprechen.

Nichts schien Herrn Vere mehr zu ärgern, als wenn Fremde irgend eine Bemerkung über den Zustand der Vormundschaft fallen ließen, unter welcher er zu leiden schien. Wurde auf dieselbe von Sir Frederik oder von einem seiner Vertrauten hingedeutet, so wies er bisweilen ihre Bemerkungen stolz und unwillig zurück, bisweilen bemühte er sich, denselben auszuweichen, indem er mit einem erzwungenen Lächeln sagte: „Ratcliffe kenne seine eigene Wichtigkeit, er sei jedoch der ehrlichste und geschickteste Kerl in der Welt, ihm selbst sei es unmöglich), seine englischen Angelegenheiten ohne seinen Rath und Beistand zu leiten." Dieß war die Person, welche in dem Augenblick das Zimmer betrat, als Herr Vere sie rufen lassen wollte, und der jetzt die hastige Erzählung des Unfalls der Isabella mit einem Erstaunen vernahm, womit er offenbare Zeichen seines Unglaubens äußerte.

Isabellens Vater schloß seine Erzählung mit einer Anrede an Sir Frederik und die anderen Herren, die erstaunt umher standen. „Und jetzt, meine Freunde, seht ihr den unglücklichsten Vater in Schottland; leiht mir euren Beistand, ihr Herren, gebt mir Euren Rath, Herr Ratcliffe. Bei der unerwarteten Heftigkeit eines solchen Schlages bin ich unfähig zum Handeln oder Denken."

„Besteigen wir unsere Pferde, versammeln wir unsere Diener und durchstreifen wir das Land, um die Schurken zu verfolgen!" sagte Sir Frederik.

„Gibt es Niemand, gegen den Ihr Verdacht hegt," fragte Ratcliffe mit ernstem Tone, daß derselbe einen Beweggrund zu dem Verbrechen habe? Die heutigen Tage sind nicht die der Romantik, in welchen Damen allein wegen ihrer Schönheit geraubt wurden."

„Ich besorge," sagte Herr Vere, „daß ich diesen auffallenden Vorfall nur zu wohl erklären kann; leset diesen Brief, welchen Miß Lucy Ilderton aus meiner Wohnung dem jungen Earnscliff zu senden für zweckmäßig hielt, einem Manne, den ich meinen Feind zu nennen ein erbliches Recht besitze. Ihr seht, sie schreibt ihn als die Vertraute einer Leidenschaft, welche er keck genug ist zu meiner Tochter zu hegen, sie erklärt ihm, daß sie seiner Sache bei ihrer Freundin sich sehr eifrig annehme, daß er aber einen Freund in der Garnison besitze, der ihm noch wirksamer diene. Seht hauptsächlich auf

die mit Bleistift geschriebenen Stellen, Herr Ratcliffe, wo
dieß intriguante Mädchen kühne Maßregeln mit einer Keckheit
empfiehlt, welche an jedem andern Ort jenseits der Grenzen
der Baronie Ellieslaw Erfolg haben würden."

„Und Ihr schließt aus diesem romantischen Brief einer
sehr romantischen jungen Dame, Herr Vere," fragte Ratcliffe,
„daß der junge Earnscliff Eure Tochter entführt und eine
verbrecherische Gewaltthätigkeit auf keinen besseren Rath und
keine andere Versicherung hin, wie die der Miß Lucy Ilberton,
begangen hat?"

„Was kann ich mir sonst denken?" erwiderte Ellieslaw.

„Was könnt Ihr sonst denken?" fragte Sir Frederik.

„Wäre dieß die beste Weise, die Schuld Jemandem be=
stimmt zuzuweisen," sagte Herr Ratcliffe mit Ruhe, „so könnte
man leicht auf Personen hindeuten, deren Charakter solche
Handlungen weit mehr angemessen sind, und welche auch ge=
nügende Beweggründe zu denselben haben. Nehmen wir an,
man halte es für rathsam, Miß Vere an einen Ort zu ent=
fernen, wo man ihren Neigungen bis auf einen Grad hin
Zwang anthun kann, welcher gegenwärtig unter dem Dache
von Ellieslaw Castle sich nicht üben läßt — was meint Sir
Frederik Langley hinsichtlich dieser Vermuthung?"

„Was ich meine?" erwiderte Sir Frederik, „obgleich Herr
Vere es für zweckmäßig hält, von Seiten des Herrn Ratcliffe
Freiheiten zu dulden, welche mit seiner Stellung im Leben
durchaus nicht im Einklang stehen, so werde ich durchaus
nicht gestatten, daß eine solche Frechheit in Winken, Worten
oder Blicken ungestraft auf mich ausgedehnt wird."

„Und ich sage," fiel der junge Mareschal von Mareschal=
Wells ein, welcher auch ein Gast im Schlosse war, „daß ihr

sämmtlich verrückt seid, weil ihr hier mit einander hadert, anstatt die Räuber zu verfolgen."

„Ich habe schon Befehl gegeben, daß meine Diener diejenige Richtung einschlagen, in welcher man sie am wahrscheinlichsten einholen kann," sagte Herr Vere; „wollt ihr uns gütigst begleiten, so werden wir folgen und bei der Aufsuchung helfen."

Die Bemühungen der Gesellschaft waren gänzlich erfolglos, wahrscheinlich, weil Ellieslaw die Verfolgung nach der Richtung von Earnscliff-Tower in der Voraussetzung hinleitete, daß der Eigenthümer dieses Gutes der Urheber dieser Gewaltthätigkeit sei; es wurde dadurch eine Richtung eingeschlagen, welche derjenigen der Räuber gänzlich entgegengesetzt war.

Am Abend kehrte die Gesellschaft müde und muthlos zurück. Mittlerweile aber waren andere Gäste im Schloß angelangt. Nachdem der kürzliche Verlust des Eigenthümers erzählt, angestaunt und beklagt war, wurde die Erinnerung daran für's Erste durch die Verhandlung tief angelegter politischer Intriguen beseitigt, deren Entscheidung und Ausbruch stündlich erwartet wurde.

Mehrere der Herren, die an diesem Rathe Theil nahmen, waren Katholiken, alle aber waren starre Jakobiten, deren Hoffnungen gegenwärtig auf den höchsten Grad stiegen, da ein feindlicher Einfall aus Frankreich zu Gunsten des Prätendenten täglich erwartet wurde; Schottland war damals wegen des vertheidigungslosen Zustandes seiner Garnisonen und festen Plätze, so wie wegen der allgemeinen Unzufriedenheit der Einwohner eher zur Bewillkommnung desselben, wir zum Widerstand geneigt. Ratcliffe, welcher weder bei den Berathungen gegenwärtig zu sein suchte, noch eine Aufforderung hiezu erhielt, hatte sich mittlerweile auf sein Zimmer zurückgezogen.

Miß Ilberton wurde durch eine Art ehrenvollen Gefängnisses von der Gesellschaft ausgeschlossen, „bis sie," wie Herr Bere sagte, „mit Sicherheit zur Wohnung ihres Vaters zurückgebracht werden könnte" — eine Gelegenheit, die am nächsten Tage eintrat.

Die Diener konnten sich eines Erstaunens über den sonderbaren Umstand nicht erwehren, daß der Verlust der Miß Bere und die auffallende Weise, worin er geschah, von den anderen Gästen des Schlosses so bald vergessen zu sein schien. Sie wußten nicht, daß Diejenigen, welche an ihrem Schicksal das meiste Interesse hatten, die Ursache ihrer Entführung und den Ort ihres Gewahrsams sehr wohl kannten, und daß die Anderen in den angstvollen und zweifelhaften Augenblicken, welche dem Ausbruch einer Verschwörung vorhergehen, nur für diejenigen Gefühle zugänglich waren, welche durch ihre eigenen Entwürfe unmittelbar angeregt wurden.

# Zwölftes Kapitel.

Sie ist auf irgend einem Weg' entflohn;
Wißt ihr, wo ihr sie finden könnt?

Die Nachforschungen nach Miß Vere wurden vielleicht des Scheines wegen am nächsten Tage mit ähnlichem schlechten Erfolge wieder aufgenommen, und die Gesellschaft kehrte nach Ellieslaw am Abend zurück.

„Es ist auffallend,“ sagte Mareschal zu Ratcliffe, „daß vier Reiter und ihr weiblicher Gefangener durch das Land gekommen sein sollten, ohne die geringste Spur zu hinterlassen. Man sollte glauben, sie wären durch die Luft geflogen oder hätten ihren Ritt unterhalb der Erde ausgeführt.“

„Man kann oft,“ erwiderte Ratcliffe, „zur Kenntniß dadurch gelangen, daß man dasjenige, welches nicht ist, entdeckt; wir haben jetzt jede Landstraße, jeden Reit- und Fußweg, die nach dem Schlosse führen, in allen Strichen des Compasses, mit Ausnahme des verwickelten und schwierigen Passes, untersucht, welcher südwärts nach Westburnflat und durch die Moräste führt.

„Und weßhalb haben wir diesen nicht untersucht?“

„Darüber mögen Sie Herrn Vere fragen,“ erwiderte trocken der Andere.

„Alsdann will ich ihn sogleich fragen,“ sagte Mareschal, und fügte, sich zu Herrn Vere wendend, hinzu: „Herr, man hat mich benachrichtigt, daß ein Pfad, welcher nach Westburn= flat führt, von uns noch nicht untersucht wurde."

„O," sagte Sir Frederik lachend, „wir kennen sehr gut den Eigenthümer von Westburnflat — ein wilder Bursch, der zwischen den Gütern seiner Nachbarn und den eigenen wenig Unterschied macht. Sonst aber hält er sehr ehrlich an seinen Grundsätzen, er wird sich an nichts vergreifen, was Ellieslaw gehört."

„Außerdem," sagte Herr Vere, geheimnißvoll lächelnd, „hatte er vergangene Nacht anderen Flachs an seinem Spinn= rocken. Habt ihr nicht gehört, daß dem jungen Elliot sein Haus verbrannt und sein Vieh weggetrieben wurde, weil er sich weigerte, seine Waffen einigen ehrlichen Leuten auszulie= fern, die für den König sich zu erheben gedachten?"

Die Herren lächelten einander zu, als hörten sie von einer Unternehmung, welche ihre eigenen Absichten begünstigte.

„Demnach," begann Mareschal auf's Neue, „glaube ich, daß wir auch in dieser Richtung reiten müssen, sonst wird man uns sicherlich wegen unserer Nachlässigkeit tadeln."

Kein vernünftiger Einwurf konnte gegen diesen Vorschlag gemacht werden, und die Herren der Gesellschaft wandten ihre Rosse nach der Richtung von Westburnflat. Sie waren nicht weit geritten, als sie den Schall von Hufen vernahmen, und ein kleines Corps von Reitern auf sich zukommen sahen.

„Dort kommt Earnscliffe," sagte Mareschal, „ich kenne sein braunes Reitpferd mit dem Sterne auf der Stirn."

„Und dort kömmt meine Tochter mit ihm!" rief Vere wüthend aus. Wer wird jetzt meinen Verdacht für falsch oder beleidigend halten! Ihr Herren — meine Freunde, leiht mir den Beistand eurer Degen, damit ich mein Kind wieder erlange."

Er zog seinen Degen; Sir Frederik und mehrere der Ge=
sellschaft folgten seinem Beispiel und trafen Anstalt, die An=
deren anzugreifen, welche auf sie zuritten; der größere Theil
trug jedoch Bedenken.

„Sie kommen zu uns in Frieden und Vertrauen,“ sagte
Mareschal Wells; „hören wir zuerst, welchen Bericht sie uns
von dieser geheimnißvollen Angelegenheit geben. Wenn Miß
Bere behauptet, daß sie die geringste Beleidigung oder Be=
schädigung von Earnscliff erhalten hat, so bin ich der Erste,
sie zu rächen; hören wir aber, was sie sagen.“

„Ihr thut mir unrecht, mit Eurem Verdacht, Mareschal,“
fuhr Bere fort, „Ihr seid der Letzte, von dem ich erwartet
hätte, daß Ihr denselben aussprächt.“

„Ihr schadet Euch selbst, Ellieslaw, durch Eure Heftigkeit,
obgleich Ihr eine Entschuldigung in der Sache selbst finden
möcht.“ Alsdann ritt er den Uebrigen ein wenig voraus und
rief mit lauter Stimme: „Steht, Earnscliff, oder kommt Ihr
und Miß Bere allein zu uns heran. Man hat Euch beschul=
digt, jene Dame von dem Hause ihres Vaters entführt zu
haben; wir stehen hier in Waffen, um unser Blut zu ver=
gießen, damit wir sie wieder erlangen, oder diejenigen, welche
sie beleidigt haben, der Gerechtigkeit zu überliefern.“

„Und wer könnte dieß williger thun, wie ich, Herr Mare=
schal,“ sagte Earnscliff mit Stolz, „der ich das Vergnügen
hatte, diesen Morgen sie aus dem Gefängnisse, worin ich sie
eingeschlossen fand, zu befreien, und der ich sie jetzt zum Schloß
Ellieslaw zurückgeleite?“

„Ist dieß der Fall, Miß Bere?“ fragte Mareschal.

„So ist es,“ antwortete Miß Bere mit lebhaftem Aus=
druck; „um des Himmelswillen, stecken Sie Ihre Degen ein.
Ich schwöre bei Allem, was heilig ist, daß ich von rohen

Der schwarze Zwerg. 10

Gefellen fortgeführt wurde, deren Perfonen und Zweck mir gänzlich unbekannt find; der Freiheit bin ich durch die tapfere Dazwischenkunft diefes Herrn zurückgegeben worden."

„Von wem und weßhalb konnte dieß gefchehen fein?" fetzte Marefchal die Unterredung fort; „hattet Ihr keine Kenntniß von dem Ort, wohin Ihr gebracht wurdet? Earnscliff, wo fandet Ihr diefe Dame?"

Ehe jedoch diefe Frage beantwortet werden konnte, ritt Ellieslaw herbei und fchnitt die Unterredung ab, indem er fein Schwert in die Scheide fteckte.

„Wenn ich genau weiß," fagte er, „wieviel ich Herrn Earnscliff verdanke, fo kann er fich auf eine paffende Aner-kennung feines Dienftes verlaffen;" dann ergriff er den Griff des Zaumes von Miß Vere mit den Worten: „bis dahin hat er meinen Dank, daß er meine Tochter der Gewalt ihres na-türlichen Befchützers wieder zurückgab."

Ein finfteres Nicken feines Kopfes wurde von Earnscliff mit gleichem Stolze zurückgegeben.

Als Ellieslaw auf dem Weg nach feinem Haufe mit feiner Tochter wieder zurückritt, fchien er mit ihr ein fo ernft-liches Gefpräch zu führen, daß die Uebrigen der Gefellfchaft es für unfchicklich hielten, durch zu große Annäherung fich ihnen aufzudringen. Mittlerweile fagte Earnscliff, als er von den andern Herrn aus der Gefellfchaft Ellieslaws Abfchied nahm, mit lauter Stimme: „Obgleich ich mir keines Umftan-des in meinem Betragen bewußt bin, der einen folchen Ver-dacht rechtfertigen follte, fo muß ich bemerken, daß Herr Vere zu glauben fcheint, ich hätte einigen Antheil an der fcheuß-lichen Gewaltthätigkeit genommen, welche gegen feine Tochter geübt wurde. Ich bitte euch, ihr Herren, auf meine beftimmte Zurückweifung einer fo unehrenvollen Befchuldigung zu achten;

den aufgeregten Gefühlen eines Vaters kann ich in einem solchen Augenblick verzeihen, wenn aber irgend ein anderer Herr" — (er blickte sehr scharf auf Sir Frederik Langley) „mein Wort und das der Miß Vere nebst dem Zeugniß meiner mich begleitenden Freunde für ungenügend hinsichtlich meiner Rechtfertigung erachtet, so werde ich mich für sehr glücklich schätzen, die Beschuldigung so zurückzuweisen, wie es einem Manne geziemt, der seine Ehre für theurer als sein Leben hält."

„Und ich will ihm zur Seite stehen," sagte Simon von Hackborn, „und will es mit Zweien von Euch aufnehmen, Edelleuten oder Bauern, Gutsherren oder Pächtern — Simon ist das Alles Eins."

„Wer ist der grobe Kerl?" fragte Sir Frederik Langley, „und was hat er mit den Streitigkeiten von Edelleuten zu schaffen?"

„Ich bin ein Bursch vom oberen Teviot," sagte Simon, „und ich will mit Jedermann nach meinem Belieben zanken, mit Ausnahme des Königs und meines Gutsherrn."

„Still," sagte Mareschal, „laßt uns keinen Zank anfangen. Herr Earnscliff, obgleich wir nicht in allen Dingen die gleiche Ansicht haben, so hoffe ich doch, daß wir sogar als Feinde, wenn das Schicksal es will, einander gegenüberstehen können, ohne daß wir unsere Achtung vor Geburt, redlichem Spiel und unseren Personen außer Augen setzen. Ich halte Euch in dieser Angelegenheit für ebenso unschuldig, als mich selbst; ich will mein Wort verbürgen, daß mein Vetter Ellieslaw, sobald die Verstörung dieser plötzlichen Ereignisse gewichen ist, und sein Urtheil sich frei zu äußern vermag, den wichtigen Dienst nach Gebühr anerkennen wird, welchen Ihr ihm heute erwiesen habt."

„Der Dienst, welchen ich Eurer Cousine erwies, gewährt an sich selbst eine genügende Belohnung — guten Abend, ihr Herren," fuhr Earnscliff fort, „ich sehe, die meisten Ihrer Gesellschaft sind schon nach Ellieslaw unterwegs."

Nachdem er Mareschal mit Artigkeit und die Uebrigen mit Gleichgültigkeit gegrüßt hatte, wandte Earnscliff sein Pferd und ritt nach dem Heugh=foot, um mit Hobbie Elliot die wei= teren Maßregeln zu Aufsuchung der demselben geraubten Braut zu bereden, da er noch nicht wissen konnte, letztere sei ihren Verwandten zurückgegeben.

„Dort geht er," sagte Mareschal; „bei meiner Seele, er ist ein schöner, tapferer, junger Herr, und dennoch möchte ich gerne auf dem grünen Rasen mit blanker Waffe ihm gegen= überstehen. Auf der Schule galt ich ihm beinahe gleich im Fechtrappiere; ich möchte mich an ihm mit scharfer Klinge versuchen."

„Nach meiner Meinung," bemerkte Sir Frederik Langley, „haben wir sehr unklug gehandelt, daß wir ihn und seine Leute ziehen ließen, ohne sie zu entwaffnen; die Whigs wer= den sich wahrscheinlich unter einem so muthigen jungen Kerl, wie er es ist, als ihrem Leiter sammeln."

„Schämt Euch, Sir Frederik," rief Mareschal aus, „glaubt Ihr, Ellieslaw konnte mit Ehren seine Einwilligung zu einer Gewaltthat gegen Earnscliff geben, als derselbe sein Gebiet nur betrat, um ihm seine Tochter zurückzubringen? Wenn er aber auch Eurer Meinung wäre, glaubt Ihr denn, daß ich und die Uebrigen dieser Herren sich durch ihre Theilnahme an solchem Verfahren beschimpfen würden? Nein, nein, ehrliches Spiel und alt Schottland für immer. Ist das Schwert ge= zogen, so bin ich bereit, das meinige wie nur irgend Jemand zu gebrauchen, so lang es aber in der Scheide steckt, haben

wir uns wie Männer von Erziehung und gute Nachbarn zu
benehmen."

Bald nach diesem Gespräch erreichten sie das Schloß, wor=
auf Ellieslaw, der einige Minuten vorher angelangt war,
ihnen in dem Hofe begegnete.

„Wie geht es der Miß Vere? habt Ihr die Ursache ihrer
Entführung erfahren?" fragte Mareschal mit hastigen Worten.

„Sie hat sich in ihr Gemach wegen großer Ermüdung zu=
rückgezogen; ich kann nicht viel Licht hinsichtlich ihres Aben=
teuers von ihr erwarten, als bis sie sich etwas erholt hat,"
erwiderte ihr Vater. „Euch jedoch, Mareschal, und den an=
dern Freunden sind wir Beide wegen der gütigen Nachfor=
schungen verbunden. Nur muß ich jetzt das Gefühl eines
Vaters auf einige Zeit unterdrücken, um mich dem eines Pa=
trioten hinzugeben. Ihr wißt, dieser Tag ist für unsere end=
liche Entscheidung festgesetzt — die Zeit drängt — unsere
Freunde kommen herbei, und ich habe mein Haus nicht allein
für die Herren von Stande, sondern auch für das schlechtere
Spornleder eröffnet, das wir nothwendig brauchen müssen.
Wir haben deßhalb wenig Zeit zu Vorbereitungen für ihren
Empfang — überblickt diese Listen, Marchie" (eine Abkürzung,
unter welcher Mareschal Wells bei seinen Freunden bekannt
war). „Sir Frederik, lesen Sie diesen Brief aus Lothian und
dem Westen. Alles ist für die Sichel reif; wir brauchen nur
die Schnitter aufzubieten."

„Von ganzem Herzen," sagte Mareschal; „je mehr Unheil,
desto besser der Krieg."

Sir Frederik zeigte in seinen Zügen einen ernsten und ver=
störten Ausdruck.

„Geht mit mir bei Seite, mein guter Freund," sprach
Ellieslaw zu dem finsteren Baronet, „ich habe Euch etwas

im Geheimen zu sagen, womit Ihr sicherlich zufrieden sein werdet."

Beide gingen in's Haus und ließen Ratcliffe mit Mareschal im Hofe stehen.

„Somit," sagte Ratcliffe, „halten die Herren Eurer politischen Ansicht den Fall dieser Regierung für so gewiß, daß sie sogar es verschmähen, unter anständiger Verkleidung die Intriguen ihrer Partei zu verbergen?"

„Wahrlich, Herr Ratcliffe," erwiderte Mareschal, „die Handlungen und Gedanken Eurer Freunde bedürfen vielleicht der Verhüllung; mir aber gefällt es besser, daß die unsrigen sich mit offenem Antlitz zeigen können."

„Und ist es möglich," fuhr Ratcliffe fort, „daß Ihr, der Ihr ungeachtet Eurer Gedankenlosigkeit und Hitze (ich bitte um Verzeihung, Herr Mareschal, ich bin ein schlichter Mann) — daß Ihr, da Ihr doch, ungeachtet der Mängel Eures Charakters, natürlichen, gesunden Menschenverstand und eine erworbene Geistesbildung besitzt, Euch bethören lasset, einem so verzweifelten Unternehmen beizutreten? Was fühlt Euer Kopf, wenn Ihr an diesen gefährlichen Zusammenkünften Theil nehmt?"

„Er fühlt sich nicht so sicher auf seinen Schultern," erwiderte Mareschal, „als spräche ich von Jagd und Falken. Ich habe keinen so gleichgültigen Charakter, wie mein Vetter Ellieslaw, welcher vom Hochverrathe spricht, als sei derselbe ein Wiegenlied für Kinder, und welcher das süße Mädchen, seine Tochter, mit weniger Aufregung verliert und wieder erlangt, als ich empfunden haben würde, hätte ich einen jungen Windhund verloren und wieder bekommen. Mein Temperament ist nicht unbeugsam und mein Haß gegen die Regierung nicht so eingewurzelt, daß ich über die Gefahr des Versuches verblendet wäre."

„Weßhalb laßt Ihr Euch denn damit ein?" fragte Ratcliffe.

„Nun, ich liebe den armen verbannten König von ganzem Herzen; mein Vater war ein alter Royalist, und ich wünsche, daß die Höflinge von Unionisten dafür etwas büßen, daß sie das alte Schottland verriethen und verkauften, dessen Krone so lange unabhängig gewesen ist."

„Und‘ wegen so eitler Schatten," fragte sein Ermahner, „wollt Ihr Euer Vaterland in Bürgerkrieg und Euch selbst in Verwirrung stürzen?"

„O nein, aber Verwirrung für Verwirrung; ich hätte lieber, daß sie morgen als nach einem Monat käme; kommen wird sie, das weiß ich, und wie Euer Landvolk sagt, besser heut wie morgen — dann bin ich jünger um so viel Tage — und was das Hängen betrifft, so kann ich, wie Sir John Fallstaff sagt, dem Galgen ebenso wohl Ehre machen wie ein Anderer. Ihr kennet den Schluß der alten Ballade:

> So munter sprang er hinunter
> Von der Leiter, mit Anstand gar;
> Er tanzt' in der Luft über seiner Gruft,
> Wo der Galgen das Denkmal war.

„Herr Mareschal, Ihr thut mir leid," sagte sein bedächtiger Rathgeber.

„Ich bin Euch verbunden, Herr Ratcliffe, „ich möchte jedoch nicht, daß Ihr Euer Urtheil über die Unternehmung nach der Weise bildet, wie ich dieselbe rechtfertigte; weisere Köpfe wie der meinige sind am Werke gewesen."

„Weisere Köpfe wie der Eurige können gebeugt werden," sprach Ratcliffe in warnendem Tone.

„Vielleicht, aber nie ein leichteres Herz, und jetzt, damit es durch Eure Vorstellung nicht schwerer wird, sage ich Euch Lebewohl bis zum Mittageffen; dann sollt Ihr sehen, daß Eure Beforgniffe meinem Appetit nicht geschadet haben."

## Dreizehntes Kapitel.

So schmücket dich das Kleid der Rebellion
Mit schöner Färbung, die dem Blick gefällt,
Leichtfert'ger Neu'rer und Unzufried'ner,
Die arm und gaffend sich die Arme reiben,
Wenn toller Wirrwarr sich dem Auge beut.
Heinrich IV. Theil II.

In Ellieslaw Castle waren große Vorbereitungen zur Bewirthung von Gästen an diesem wichtigen Tage getroffen worden, an welchem nicht allein die Herren von Stande, welche in dieser Gegend zur Jacobitischen Partei gehörten, sondern auch viele untergeordnete Unzufriedene erwartet wurden, welche wegen schlechter Umstände, aus Liebe zur Veränderung, aus Haß gegen England, oder aus einer der zahlreichen Ursachen, welche damals die Leidenschaften der Menschen entflammten, zur Theilnahme an der gefährlichen Unternehmung geneigt waren. Männer von Rang und Vermögen fanden sich nicht Viele unter jener Zahl. Die großen Grundeigenthümer hielten sich entfernt, und der größte Theil des niederen Adels sowie der Bauern, welche die Miliz bildeten, gehörten zur reformirten, der sogenannten presbyterianischen Kirche, und waren deßhalb zur Theilnahme an einer Jacobitischen Verschwörung nicht geneigt, wie sehr sie auch über die Union unzufrieden sein mochten. Einige Landedelleute von Vermögen hatten sich aber wegen der von Jugend auf gehegten Parteigrundsätze, aus religiösen Beweggründen oder aus ähnlichem Ehrgeiz wie Ellieslaw, den Entwürfen desselben angeschlossen; auch fanden sich bei der Zusammenkunft einige feurige junge Leute wie Mareschal ein, welche sich in einer gefährlichen Unternehmung auszuzeichnen wünschten, wodurch sie die Unabhängigkeit ihres Vaterlandes zu behaupten hofften. Die anderen Mitglieder der Zusammenkunft waren Personen untergeordneten Ranges und verzweifelter Vermögensumstände, die jetzt in diesem Theile des Landes zum Aufstande bereit waren, den sie auch später, im Jahre 1715, unter Forster und Derventwater ausführten, als ein von einem Edelmann der Grenze Namens Douglas befehligter Trupp für das Haus Stuart in Waffen trat — ein Trupp, welcher beinahe dort gänzlich aus Freibeutern bestand, unter denen ein damals berüchtigter Räuber eine höhere Offiziersstelle einnahm. Wir halten die Angabe dieser Einzelnheiten, welche sich ausschließlich auf die Provinz, den Schauplatz unserer Erzählung, beziehen, deßhalb für nothwendig, weil die Jacobitische Partei ohne Zweifel in den andern Theilen des Königsreichs in höherem Grade sowohl furchtbare wie achtungswerthe Bestandtheile enthielt.

Eine lange Tafel dehnte sich durch die weite Halle von Ellieslaw Castle aus, welches noch in dem Zustande gelassen war, in welchem es sich hundert Jahre früher befand; d. h. jene Halle war ein langer, finsterer, die ganze Seite des Schlosses ausfüllender Raum mit gewölbten Bögen von Bruchstein, deren Bug über hervorragende Gestalten hervorsprang; letztere waren in so grotesken Formen ausgehauen, wie sie jemals die phantastische Einbildungskraft eines gothischen Baumeisters ersinnen konnte; sie grinseten und runzelten die Stirn und knirschten die Zähne nach der Gesellschaft hin, welche sich jetzt unter ihnen zusammendrängte. Das Licht fiel in den Banketraum durch lange, schmale Fenster auf beiden Seiten; dieselben waren mit gefärbtem Glas ausgefüllt, so daß die Sonne ein düsteres und entfärbtes Licht hineinwarf. Ein Banner, welches nach der Ueberlieferung den Engländern in der Schlacht von Sark abgenommen sein sollte, wehte über dem Stuhle, in welchem Ellieslaw den Vorsitz führte, als sollte es den Muth seiner Gäste durch die Erinnerung an alte Siege über ihre Nachbarn entzünden. Er selbst, eine stattliche Gestalt, bei dieser Gelegenheit mit großer Sorgfalt gekleidet und mit Gesichtszügen, die trotz ihres finsteren und unheilvollen Ausdrucks sich doch als schön bezeichnen ließen, spielte sehr gut die Rolle eines alten Feudal-Barons. Sir Frederik Langley saß zu seiner Rechten, und Herr Mareschal Wells zu seiner Linken. Einige Herren von Ansehen mit ihren Brüdern und Neffen saßen am oberen Ende der Tafel, und unter ihnen hatte Herr Ratcliffe seinen Platz. Unter dem Salzfaß, einem massiven silbernen Geräth in der Mitte der Tafel, saß sine nomine turba, ein Schwarm ohne Namen, Männer, deren Eitelkeit dadurch befriedigt wurde, daß sie sogar diese untergeordnete Stelle in dem geselligen Mahle einnahmen, während der Unterschied ihrer Plätze einen Vorbehalt für den Stolz der Männer aus höheren Ständen bildete. Bei der Auswahl dieses Unterhauses hatte keine Sorgfalt stattgefunden, denn Willie von Westburnflat war Einer der Gesellschaft. Die schaamlose Keckheit dieses Menschen, welcher sich so in dem Hause eines Edelmanns zeigte, dem er noch soeben eine so auffallende Beleidigung zugefügt hatte, ließ sich allein durch die Vermuthung erklären, daß er sehr wohl wußte, sein Antheil an der Entführung der Miß Vere sei ein Geheimniß, welches bei ihr selbst und ihrem Vater sicher war.

Dieser zahlreichen und gemischten Gesellschaft war ein Essen aufgetragen, welches zwar nicht aus den Leckereien der Jahreszeit, wie die Zeitungen sich auszudrücken pflegen, sondern aus großen, soliden und prunkhaften Gerichten bestand, unter denen der Tisch sogar seufzte. Die Heiterkeit stand aber nicht im Verhältniß zur guten Bewirthung. Die Gäste am unteren Theil der Tafel wurden durch den Zwerg und die Achtung zurückgehalten, daß sie Mitglieder einer so erhabenen Gesellschaft waren. Diejenigen, welche dort um den Tisch saßen, hegten das Gefühl der Ehrfurcht, durch welches der Küster P. P. nach seinem Bekenntniß erdrückt wurde, als er den Psalm in Gegenwart von Personen so hoher Verehrung wie der weise Herr Friedensrichter Freeman, die gute gnädige Frau Jones und der gewaltige Herr Sir Thomas Truby, anstimmen mußte. Diese ceremoniöse Kälte wich jedoch bald den Aufregungen zur Heiterkeit, welche ebenso freigebig gespendet, wie von den Gästen niederen Ranges reichlich verbraucht wurden. Sie wurden in ihrer Heiterkeit gesprächig, laut und sogar lärmend.

Der Wein oder Branntwein vermochte jedoch nicht den Frohsinn derjenigen zu erwecken, welche an den höheren Plätzen der Tafel saßen. Diese empfanden die erkältende Aufregung, welche oft eintritt, wenn die Menschen zur Ergreifung eines verzweifelten Entschlusses genöthigt werden, nachdem sie sich in Umstände versetzt haben, in denen es ebenso schwierig ist vorzuschreiten wie zurückzugehen. Der Abgrund zeigte sich tiefer und gefährlicher, als sie dem Rande desselben näher kamen, und Jeder erwartete mit einer inneren Bewegung der Scheu, welcher von seinen Verbündeten das Beispiel geben würde, um sich hinabzustürzen. Dieß innere Gefühl der Furcht und des Widerstrebens wirkte in verschiedener Weise, je nach

den verschiedenen Gewohnheiten und Charakteren der Gesell=
schaft. Der Eine sah ernst, der Andere einfältig aus; ein
Dritter blickte mit Besorgniß auf die leeren Sitze am höheren
Ende der Tafel, welche für Mitglieder der Verschwörung be=
stimmt waren, deren Klugheit über den politischen Eifer das
Uebergewicht besaß, und welche sich jetzt in diesem Augenblick
der Entscheidung entfernt hielten; einige schienen den Rang
und die Aussichten derer, welche gegenwärtig und abwesend
waren, sich vorzurechnen. Sir Frederik Langley war zurück=
haltend, finster und unzufrieden, Ellieslaw selbst machte so
erzwungene Anstrengungen, den Muth der Gesellschaft anzu=
feuern, daß dadurch die Erschlaffung seines eigenen Muthes
um so mehr in die Augen fiel. Ratcliffe überwachte das
Schauspiel mit der Fassung eines wachsamen aber theilnahm=
losen Zuschauers. Mareschal allein blieb der gedankenlosen
Lebhaftigkeit seines Charakters treu; er aß und trank, lachte
und scherzte, und schien sogar an der Verstörung der Gesell=
schaft Vergnügen zu finden.

„Was hat Euren edlen Muth heute Morgen niedergeschla=
gen?" rief er aus. „Wir scheinen hier bei einem Begräbniß
zusammengekommen zu sein, wo die hauptsächlichsten Leid=
tragenden nicht lauter wie ihr Athem sprechen dürfen, wäh=
rend die Stummen und die gemietheten Leute (er blickte auf
die untere Seite der Tafel) wie in einem Gelage lärmen.
Ellieslaw, wann wollt Ihr anfangen? Wo schläft Euer Muth,
Mann? Und was hat die hohen Hoffnungen des Ritters von
Langley=Dale herabgestimmt?"

„Ihr sprecht wie ein Verrückter," sagte Ellieslaw; „seht
Ihr nicht, wie Viele weggeblieben sind?"

„Was hat das zu bedeuten," sagte Mareschal, „habt Ihr
nicht vorher gewußt, daß die Hälfte der Menschen mehr mit

Geschwätz wie mit der That bei der Hand ist? Was mich betrifft, so bin ich sehr ermuthigt, da ich wenigstens Zweidrittel unserer Freunde hier in unserer Versammlung gegenwärtig sehe, obgleich ich beargwohne, daß die eine Hälfte von diesen nur gekommen ist, um im schlimmsten Falle Euer Mittags-essen in Sicherheit zu bringen."

„Wir haben keine Nachricht von der Küste, welche über die Ankunft des Königs uns Gewißheit gibt," sagte ein Anderer der Gesellschaft in jenem Tone gedrückten und zitternden Flüsterns, welches einen Mangel an Entschlossenheit anzeigt.

„Keine Zeile vom Grafen D —, kein einziger Herr von der südlichen Seite der Grenze," sagte ein Dritter.

„Wer wünscht noch mehr Leute von England," rief Mareschal im theatralischen Tone eines affektirten Helden-thums aus:

> „Mein Vetter Ellieslaw, mein holder Vetter,
> Ist uns der Tod beschieden . . . ."

„Um Gotteswillen," unterbrach Ellieslaw, „verschont uns jetzt mit Euren Thorheiten, Mareschal."

„Wohlan denn," sagte sein Vetter, „ich will Euch statt derselben meine Weisheit, so gut sie ist, zum Besten geben. Sind wir wie Thoren vorgeschritten, so wollen wir nicht wie Memmen zurückgehen. Wir haben genug gethan, um den Verdacht der Regierung uns aufzubürden, wir dürfen uns nicht zurückziehen, bevor wir etwas gethan haben, um Beides zu verdienen — was, will Niemand reden? so will ich zuerst den Sprung über den Graben thun." Er sprang auf, füllte ein Bierglas mit rothem Wein, machte eine Bewegung mit der Hand und befahl Allen, seinem Beispiel zu folgen und sich von ihren Sitzen zu erheben. Alle gehorchten, die Gäste von höherem Stande gleichsam in leidendem Gehorsam, die Andern mit Begeisterung. „Wohlan, meine Freunde, ich gebe euch das Losungswort des Tages — die Unabhängigkeit Schottlands und die Gesundheit unseres gesetzlichen Fürsten, König Jakobs VIII., welcher jetzt in Lothian gelandet ist und, wie ich vertraue und glaube, sich im vollen Besitz seiner alten Hauptstadt befindet!" Er trank den Wein und warf das Glas über seinen Kopf mit den Worten: „es soll niemals durch einen niedrigeren Toast entweiht werden."

Alle folgten seinem Beispiel und verbürgten ihr Wort unter dem Krachen der Gläser und dem Zuruf der Gesellschaft mit den Grundsätzen der politischen Partei zu stehen und zu fallen, welche ihr Toast ausgesprochen hatte.

„Ihr habt den Sprung über den Graben mit einem Zeugen gemacht," sagte Ellieslaw bei Seite zu Mareschal, „aber ich glaube, auch dieß wird zum Besten führen; jedenfalls können wir nicht mehr von unsern Unternehmungen zurücktreten. Ein Mann" (er blickte auf Ratcliffe) „hat den Toast verweigert, dieß jedoch nur beiläufig gesagt." Alsbann stand er auf und redete zur Gesellschaft im Styl einer aufreizenden Schmähung gegen die Regierung und ihre Maßregeln, besonders aber gegen die Union — ein Vertrag, durch welchen nach seiner Behauptung Schottland zugleich um seine Unabhängigkeit, seinen Handel betrogen und als gefesselter Sklave zu den Füßen seines Nebenbuhlers gelegt war, gegen welchen es sich mit seiner Ehre soviele Jahrhunderte lang in so manchen Gefahren und mit so viel Blut ehrenvoll vertheidigt hatte. Hiermit war ein Ton angeschlagen, welcher eine wiederklingende Saite in der Brust jedes Gegenwärtigen vorfand.

„Unser Handel ist zerstört!" brüllte der alte John Newcastle, ein Schleichhändler aus Jedburgh, am unteren Ende der Tafel.

„Unser Ackerbau ist zu Grunde gerichtet!" rief der Gutsherr von Broken-girth-flow, der Eigenthümer von Ländereien,
welche seit Adams Tagen nichts wie Haidekraut und Heidelbeeren getragen hatten.

„Unsere Religion ist mit Stumpf und Stiel ausgerottet,"
seufzte der rothnasige Pfarrer der bischöflichen Gemeinde von
Kirkwhistle.

„Wir werden in Kurzem keine Rehe schießen oder ein Mensch
küssen dürfen, ohne einen Erlaubnißschein von den Kirchenältesten und dem Kirchenschatzmeister erlangt zu haben," sagte
Mareschal Wells.

„Oder wir dürfen nicht mehr einen Krug Branntwein an
einem frostigen Morgen brauen, ohne den Erlaubnißschein vom
Accis-Aufseher zu besitzen," sagte der Schleichhändler.

„Oder wir dürfen nicht mehr in einer finstern Nacht über
die Haide reiten," meinte Westburnflat, ohne Erlaubniß vom
jungen Earnscliff oder einem anglisirten Friedensrichter einzuholen; das waren schöne Tage an der Grenze, als man weder von Friedensrichtern, noch Frieden etwas hörte."

„Gedenken wir des uns zugefügten Unrechts von Darieu
und Glencoe," fuhr Ellieslaw fort, „und ergreifen wir Waffen
zum Schutz unserer Rechte, unseres Eigenthums, unserer Leben und Familien."

„Gedenkt der ächten bischöflichen Weihe, ohne welche es
keine gesetzliche Priesterschaft geben kann," sagte der Pfarrer.

„Gedenkt des Seeraubs, welcher gegen euren ostindischen
Handel von Green und den englischen Dieben begangen wurde,"
sagte William Willieson, der Eigenthümer zur Hälfte und der
alleinige Schiffer einer Brigg, welche jährlich zwischen Cock-
pool und Whitehaven vier Reisen machte.

„Gedenkt eurer Freiheiten," begann Mareschal auf's Neue,

der ein boshaftes Vergnügen an der Beschleunigung der Aeuße=
rungen jener von ihm aufgeregten Begeisterung, wie ein schel=
mischer Knabe zu empfinden schien, welcher die Schleußen eines
Mühlendamms eröffnet hat und alsdann das Geklapper der
von ihm in Bewegung gesetzten Räder mit Freuden vernimmt,
ohne an das Unheil zu denken, das er möglicher Weise ver=
anlaßt hat. „Gedenkt eurer Freiheiten," rief er aus, „der
Teufel hole die Steuern, die Presser und die Kirchenältesten, und
das Andenken an den alten Willie*), der uns das gebracht hat!"

„Verdammt sei der Aichmeister!" schrie der alte John New=
castle, „ich will ihn mit meiner eigenen Hand auseinander hauen."

„Und verdammt seien der Friedensrichter und der Gerichts=
diener," schrie Westburnflat; „ich will ihnen ein paar Kugeln
noch vor Morgen in den Leib jagen."

„Wir Alle sind also einstimmig," sagte Ellieslaw, als der
Zuruf etwas nachgelassen hatte, „diesen Zustand der Dinge
nicht länger zu ertragen?"

„Wir stehen sämmtlich dafür ein," erwiderten seine Gäste.

„Nicht ganz so," sagte Herr Ratcliffe; „obgleich ich nicht
hoffen darf, die heftige Stimmung zu mindern, welche so
plötzlich die ganze Gesellschaft ergriffen zu haben scheint, so
bitte ich, doch zu bemerken, daß ich, soweit als die Meinung
eines einzigen Mitgliedes Bedeutung hat, nicht gänzlich mit
der Liste der Beschwerden übereinstimme, welche soeben aus=
gesprochen wurden, und daß ich gegen die wahnsinnige Maß=
regel protestire, zu deren Annahme ihr geneigt zu sein scheint,
um jene Beschwerden zu beseitigen. Ich kann leicht begreifen,
daß Vieles von demjenigen, was hier gesagt wurde, in der
Hitze des Augenblicks seinen Grund hat, oder vielleicht nur
im Scherz gemeint war. Es gibt jedoch Scherze von solcher

*) Wilhelm III.

Art, daß sie auch sonst sehr leicht laut werden könnten, und ihr müßt bedenken, ihr Herren, daß die steinernen Mauern Ohren haben."

„Steinerne Mauern mögen Ohren haben," erwiderte Ellieslaw mit einem Blick triumphirender Bosheit; „aber häusliche Spione, Herr Ratcliffe, werden sich bald ohne dieselben befinden, wenn irgend ein solcher seinen Aufenthalt in einer Familie fortsetzen will, wo seine Erscheinung eine Aufdringung ohne Erlaubniß war, wo sein Betragen dasjenige eines anmaßenden Einmengers in alle Angelegenheiten gewesen ist, und dessen Abreise diejenige eines getäuschten Schurken sein wird, wenn er diesen Wink nicht benutzen will."

„Herr Vere," erwiderte Ratcliffe mit ruhiger Verachtung, „ich bin mir sehr wohl bewußt, daß meine Gegenwart hier, sobald sie Ihnen nicht länger von Nutzen ist, was wegen Ihres raschen Schrittes jetzt eintreten muß, sogleich für mich ebenso unsicher wird, wie sie Ihnen immer verhaßt war. Ich habe jedoch e i n e n Schutz, und zwar einen sehr starken; denn Sie werden nicht gerne vernehmen, wie ich vor diesen Herren und Männern von Ehre die eigenthümlichen Umstände darlege, in welchen unsere Verbindung ihren Ursprung nahm. Was das Uebrige betrifft, so freue ich mich über die Beendigung unseres Verhältnisses, und wenn, wie ich glaube, Herr Mareschal und einige andere Herren mir die Sicherheit meiner Ohren und meines Halses (für welchen letzteren ich noch mehr Grund zur Besorgniß habe) während dieser Nacht verbürgen werden, so werde ich Ihr Schloß vor morgen früh nicht verlassen."

„So sei es," erwiderte Herr Vere; „Ihr seid vor meiner Rache gesichert, weil Ihr Euch unterhalb derselben befindet, nicht aber, weil ich die Enthüllung unserer Familiengeheimnisse besorge, obgleich ich Euch um Euretwillen den Rath

gebe, sich davor zu hüten. Eure Geschäftsführung und Vermittlung kann einem Manne von geringer Wichtigkeit sein,
welcher Alles gewinnen oder verlieren muß, je nachdem das
gesetzliche Recht oder der ungerechte Thronraub in dem jetzt
bevorstehenden Kampfe Erfolg haben wird — lebt wohl, Herr.“

Ratcliffe stand auf und warf ihm einen Blick zu, welchen
Vere mit Schwierigkeit auszuhalten schien; dann verbeugte er
sich gegen die Uebrigen und verließ die Halle.

Dieß Gespräch rief bei Vielen der Gesellschaft einen pein-
lichen Eindruck hervor, den Ellieslaw dadurch zu beseitigen
suchte, daß er die Verhandlung über das Geschäft des Tages
begann. Die hastigen Berathschlagungen zielten auf die Or-
ganisirung eines augenblicklichen Aufstandes. Ellieslaw, Mareschal und Sir Frederik Langley wurden zu Anführern mit der
Vollmacht, die weiteren Maßregeln zu leiten, ernannt. Ein
Sammelplatz wurde festgesetzt, auf welchem Alle am nächsten
Morgen mit solchen Begleitern und Freunden ihrer Sache sich
einzufinden versprachen, wie sie ein Jeder in seiner Gegend
sammeln konnte.

Einige der Gäste begaben sich nach Hause, um die erforder-
lichen Vorbereitungen zu treffen; Ellieslaw sprach gegen die
Andern, welche mit Westburnflat und dem alten Schleichhändler der Flasche tapfer zuzusprechen fortfuhren, eine förmliche
Entschuldigung aus, daß er den Vorsitz an der Tafel verlasse,
da er mit den andern Befehlshabern, die man neben ihm ernannt habe, eine besondere und nüchterne Unterredung halten
müsse. Diese Entschuldigung wurde um so bereitwilliger
angenommen, da er zugleich seine Gäste bat, sich bei den
Erfrischungen noch weiterhin gütlich zu thun, welche die
Keller des Schlosses darbieten konnten. Lauter Zuruf des
Beifalls folgte ihnen, als sie sich entfernten; die Namen Vere,

Langley und vor allen Mareschal wurden während des übrigen Abends wiederholt im Chore gebrüllt und mit vollen Bechern hinuntergewaschen.

Als die hauptsächlichsten Verschwörer sich in ein besonderes Zimmer zurückgezogen hatten, sahen sie eine Minute lang mit einer Art Verlegenheit einander an, welche in Sir Frederik's finsteren Gesichtszügen zum Ausdruck mürrischer Unzufriedenheit wurde. Mareschal brach zuerst das Schweigen, indem er mit lautem Gelächter sagte: „Wohlan, jetzt sind wir eingeschifft, meine Herren, vogue la galère!"

„Wir können Euch für das plötzliche Untertauchen Dank sagen," sagte Ellieslaw.

„Ja, aber ich weiß nicht, in wie weit ihr mir danken werdet," erwiderte Mareschal, „wenn ich euch diesen Brief zeige, den ich gerade, als wir uns zur Tafel setzten, erhielt. Mein Bediente sagte mir, er sei ihm von einem Manne eingehändigt worden, den er nie vorher gesehen hatte, und der im Galopp fortritt, nachdem er den Auftrag hinterlassen hatte, mir das Schreiben sogleich einzuhändigen."

Ellieslaw entfaltete ungeduldig den Brief und las laut:

Edinburgh —

Geehrter Herr!

Da ich gegen Eure Familie Verpflichtungen habe, welche ich nicht nennen werde, und da ich erfahre, daß Ihr zu der Gesellschaft Spekulanten gehört, welche Geschäfte für das Haus Jakob & Comp., früher Kaufleute in London, jetzt in Dünkirchen, machen, so halte ich es für meine Pflicht, Euch diese noch wenig bekannte Privatmittheilung zu geben, daß die von Ihnen erwarteten Schiffe von der Küste weggetrieben wurden, ohne daß sie im Stande waren, mit der Löschung ihrer Ladung anzufangen, oder einen Theil derselben zu landen;

daß ferner die Geschäftsfreunde im westlichen Theil des Landes sich entschlossen haben, ihre Namen der Firma zu entziehen, da das Geschäft jetzt nur noch mit Verlust verbunden sein kann. Indem ich große Hoffnung hege, daß Ihr diese frühzeitige Benachrichtigung für Euch benutzen und Maßregeln, um Euch vor Verlusten zu sichern, treffen werdet, verbleibe ich Euer unterthänigster Diener

Nihil Namenlos.

An Herrn Ralf Mareschal von Mareschall Wells. Citissime.

Sir Frederik's Kinnlade sank nieder und sein Gesicht wurde finster, als der Brief gelesen war und Ellieslaw ausrief: „Dieß betrifft ja die Hauptspringfeder unserer Unternehmung. Wenn die französische Flotte mit dem König an Bord von der englischen weggejagt ist, wie dieß verdammte Gekritzel anzuzeigen scheint, wo sind wir dann?"

„Wo wir diesen Morgen waren, wie ich glaube," sagte Mareschal noch immer lachend.

„Verzeiht mir, Mareschal, und laßt Eure schlecht angebrachte Munterkeit bei Seite. Diesen Morgen hatten wir uns noch nicht öffentlich blosgestellt, wie es jetzt durch Eure tolle Handlung geschehen ist, während Ihr doch den Brief in der Tasche hattet, der uns benachrichtete, daß unsere Unternehmung verzweifelt wäre."

„Ja, ja, ich erwartete, daß Ihr das sagen würdet, erstens aber kann mein Freund Nihil Namenlos und sein Brief eine bloße Posse sein, und weiterhin wollte ich Euch wissen lassen, daß ich einer Partei müde bin, die nichts thut, als am Abend kühne Entschlüsse fassen, und dieselben noch vor dem Morgen mit dem Wein ausschlafen. Die Regierung ist jetzt mit Munition und Truppen nicht versehen; in wenig Wochen wird sie an Beidem Ueberfluß haben. Das Land ist jetzt gegen sie in Feuer und Flammen; in wenig Wochen wird diese erste Aufwallung bei den Wirkungen des Eigennutzes, der Furcht und der lauwarmen Gleichgültigkeit so kalt wie um Weihnachten geworden sein. Weil ich nun entschlossen war, Alles auf einen Trumpf zu setzen, so habe ich dafür gesorgt, daß ihr eben so hoch, wie ich, spielt; daß ich euch zur offenen Erklärung zwang, hat nichts zu sagen. Ihr befindet euch jetzt im Sumpfe und müßt hindurch."

„Herr Mareschal, Ihr irrt Euch in Bezug auf Einen von uns," sagte Sir Frederik Langley; er zog die Schelle und befahl der eintretenden Person, daß seine Diener und Pferde sogleich zur Abreise bereit sein sollten.

„So dürft Ihr uns nicht verlassen, Sir Frederik," sagte Ellieslaw; „wir müssen unsere Musterrollen durchsehen."

„Ich will heute Nacht noch fort, Herr Vere," sagte Sir Frederik, „und Euch meine Absichten in dieser Angelegenheit, sobald ich zu Hause bin, schreiben."

„So," erwiderte Mareschal, „und Ihr wollt uns den Brief durch einen Trupp Reiterei aus Carlisle schicken, um uns zu Gefangenen zu machen? Seht Euch vor, Sir Frederik, wenigstens ich will weder verlassen noch verrathen werden; verlaßt Ihr Ellieslaw heute Nacht, so wird es nur geschehen, wenn Ihr über meinen Leichnam hinwegschreitet."

„Schämt Euch, Mareschal," sagte Herr Vere; „wie könnt Ihr so hastig den Absichten unseres Freundes so schlechte Deutung geben! Ich bin überzeugt, daß Sir Frederik nur scherzte; wären wir nicht zu ehrenwerth, um jemals von der Aufgebung unserer Sache zu träumen, so müßte er jedenfalls bedenken, daß wir volle Beweise über seinen Beitritt zu derselben und über seine eifrige Thätigkeit in ihrer Beförderung besitzen. Er muß sich außerdem bewußt sein, daß die Regierung die erste

Nachricht bereitwillig empfangen wird und daß wir einige Stunden ihm leicht abgewinnen können, wenn es sich darum handelt, wer die Angelegenheit zuerst anzeigt."

„Ihr solltet sagen, Ihr und nicht Wir, wenn Ihr von dem Vorsprung in solch einem Wettrennen der Verrätherei redet; was mich betrifft, so will ich mein Pferd wegen einer solchen Schurkerei nicht besteigen," sagte Mareschal, und murmelte dann zwischen den Zähnen: „ein schönes Paar von Schurken, um in ihrer Gesellschaft den Hals zu wagen."

„Ich brauche keinen Andern, um mir eine Handlung einzugeben, die ich für zweckmäßig halte," sagte Sir Frederik Langley; „mein erster Schritt soll sein, Ellieslaw zu verlassen: ich habe keinen Grund, mein Wort Jemandem zu halten" (er blickte auf Vere), „welcher mir das seinige nicht gehalten hat."

„Worin habe ich Sir Frederik getäuscht?" fragte Ellieslaw, indem er durch eine Handbewegung seinen ungestümen Vetter zum Schweigen brachte.

„Im empfindlichsten und zartesten Punkte — Ihr habt mich in Bezug auf eine vorgeschlagene Heirath gefoppt, welche, wie Ihr wohl wißt, das Pfand unserer politischen Unternehmung war. Diese Entführung und Zurückbringung von Miß Vere — die kälte Aufnahme, die mir von ihr zu Theil wurde, und die Entschuldigung, womit Ihr dieselbe beschönigt, halte ich für bloße Ausflüchte, damit Ihr die Güter, welche ihr von Rechtswegen gehören, im Besitz behalten und mich mittlerweile zum Werkzeuge in Eurem verzweifelten Unternehmen machen könnt, indem Ihr mir Hoffnungen und Erwartungen vorhaltet, die Ihr niemals zu verwirklichen gesonnen seid."

„Sir Frederik, ich versichere bei Allem, was heilig ist" —

„Ich will auf keine Versicherungen mehr hören; ich bin damit zu lange getäuscht worden," erwiderte Sir Frederik.

„Verlaßt Ihr uns," sagte Ellieslaw, „so müßt Ihr wissen, daß Euer und unser Untergang gewiß ist. Alles hängt von unserem Zusammenhalten ab."

„Laßt mich für mich selbst sorgen," erwiderte der Ritter; „sagtet Ihr aber die Wahrheit, so würde ich lieber umkommen, als mich länger zum Narren haben lassen."

„Kann Nichts, kann keine Bürgschaft Euch von meiner Aufrichtigkeit überzeugen?" sagte Ellieslaw beängstigt; „diesen Morgen hätte ich Euren ungerechten Verdacht als eine Beschimpfung zurückgewiesen, allein in unserer jetzigen Lage" —

„Fühlt Ihr Euch gezwungen, aufrichtig zu sein," ergänzte Sir Frederik den Satz. „Wollt Ihr, daß auch ich dieß glaube, so könnt Ihr nur in einer einzigen Weise mich davon überzeugen; laßt Eure Tochter mir heute Abend noch ihre Hand geben."

„So bald? unmöglich," antwortete Vere; „bedenkt ihren Schrecken, unser gegenwärtiges Unternehmen."

„Ich will auf Nichts als auf ihre Einwilligung am Altar hören. Ihr habt eine Kapelle im Schloße. Dr. Hobbles befindet sich unter der Gesellschaft, gebt mir heute Abend diesen Beweis Eurer Aufrichtigkeit und wir sind wieder in Herz und Hand vereint, verweigert Ihr mir aber mein Gesuch in einem Augenblick, wo die Gewährung Eurem Vortheil so angemessen ist, wie soll ich dann Euch Morgen vertrauen, wenn ich mich bei Eurem Unternehmen bloßgestellt habe, und nicht mehr zurück kann?"

„Und kann ich mich darauf verlassen, daß unsere Freundschaft sich erneut, wenn Ihr heute Abend mein Schwiegersohn werden könnt?" fragte Ellieslaw.

„Unfehlbar und unverletzlich," erwiderte Sir Frederik.

„Dann," sagte Vere, „obgleich Eure Forderung voreilig, unzart und ungerecht gegen meinen Charakter ist, gebt mir Eure Hand, Sir Frederik — meine Tochter soll Euer Weib sein."

„Noch heute Nacht!"

„Noch diese Nacht," versicherte Ellieslaw, „bevor die Glocke 12 schlägt."

„Ich hoffe jedoch, mit ihrer Einwilligung," sagte Mareschal, „denn ich versichere euch beiden Herren, daß ich nicht ruhig dastehen will, wenn irgend ein Zwang dem Willen meiner hübschen Cousine aufgedrungen wird."

„Die Pest hole den hitzigen Burschen," murmelte Ellieslaw zwischen den Zähnen und sagte dann mit lauter Stimme: „mit ihrer Einwilligung? wofür haltet Ihr mich, Mareschal, daß Ihr Eure Einmischung für nothwendig erachtet, um meine Tochter gegen ihren Vater zu beschützen? Verlaßt Euch darauf, sie hegt keinen Widerwillen gegen Sir Frederik Langley."

„Oder vielmehr gegen den Namen Lady Langley. Wahrhaftig, das ist ziemlich wahrscheinlich. Viele hübschen Weiber möchten vielleicht ihrer Meinung sein; ich bitte euch um Verzeihung, allein diese plötzlichen Forderungen und Zugeständnisse haben mich hinsichtlich ihrer nicht wenig beunruhigt."

„Nur die Plötzlichkeit des Vorschlags beunruhigt mich," sagte Ellieslaw; läßt sie sich aber nicht bereden, so wird Sir Frederik bedenken" —

„Ich will nichts bedenken, Herr Vere, — Eurer Tochter Hand heute Nacht, oder ich reise ab, wäre es auch um Mitternacht. Dieß ist mein Ultimatum."

„Ich nehme es an," sagte Ellieslaw, „und werde euch verlassen, damit ihr unsere militärischen Vorbereitungen besprecht, während ich gehe, um meine Tochter auf eine so plötzliche Veränderung ihres Zustandes vorzubereiten." — Mit diesen Worten verließ er die Gesellschaft.

---

## Vierzehntes Kapitel.

---

Er bringt den Grafen Osmond als Verlobten,
Ein Tausch voll Grauen! statt des edlen Tancred
Den stolzen Osmond.

                              Dryden.

Herr Vere, welchem lange Uebung in der Verstellung sogar die Fähigkeit ertheilt hatte, seinen Gang und seine Fußtritte, je nach den Zwecken des Betruges, zu regeln, durchwandelte die steinerne Flur und die erste Treppe zum Zimmer der Miß Vere mit den kräftigen Schritten und Tritten eines Mannes, der zwar ein wichtiges Geschäft abzumachen hat, aber keinen Zweifel unterhält, daß seine Angelegenheit sich befriedigend enden werde. Als er aber entfernt genug war, so daß ihn die Herren, die er verlassen hatte, nicht mehr hören konnten, wurde sein Schritt so langsam und unentschlossen, daß derselbe seinem Zweifel und seiner Furcht entsprach. Zuletzt blieb er in einem Vorzimmer stehen, um seine Ideen zu sammeln und seinen Plan über die Unterredung mit seiner Tochter zu bilden, bevor er in das Gemach derselben eintrat.

„Hatte sich je ein unglücklicher Mensch in einen hoffnungsloseren Zustand verwickelt!" solcher Art unge=

fähr war der Sinn seiner Gedanken. „Fahren wir durch
Uneinigkeit aus einander, so kann wenig Zweifel herrschen,
daß die Regierung mir, als dem hauptsächlichsten Anstifter
des Aufstandes, das Leben nehmen wird. Gesetzt, ich könnte
mich durch hastige Unterwerfung retten, bin ich dann nicht
sogar in solchem Fall gänzlich zu Grunde gerichtet? Ich habe
mit Ratcliffe unversöhnlich gebrochen, und ich kann von ihm
nur Beleidigung und Verfolgung erwarten. Ich muß als ver-
armter und entehrter Mann in die weite Welt wandeln, ohne
sogar die Mittel des Lebensunterhaltes und noch viel weniger
genügenden Reichthum zu besitzen, um die Schande auszugleichen, welche meine Landsleute, sowohl diejenigen, welche ich
verlasse, wie diejenigen, welchen ich mich anschließe, mit dem
Namen eines politischen Renegaten verknüpfen werden. Ich
darf nicht daran denken. Und dennoch, welche Wahl bleibt
mir zwischen diesem Loose und einem schmachvollen Schaffote?
Nichts kann mich retten, als Aussöhnung mit diesen Leuten;
um dieß auszuführen, habe ich Langley versprochen, daß Isabelle ihn vor Mitternacht heirathen soll, und habe ich Mareschal versprochen, daß dieß ohne Zwang gegen sie geschehen
soll. Nur ein Mittel kann mich vor Untergang schützen —
ihre Einwilligung, einen Bewerber anzunehmen, der ihr wider-
lich ist, und zwar auf so kurze Angabe hin, daß sie empört
werden müßte, wäre derselbe sogar ihr begünstigter Liebhaber
— ich muß der romantischen Großmuth ihres Charakters vertrauen, schildere ich auch noch so grell die Nothwendigkeit
ihres Gehorsams, so kann ich die Wirklichkeit nicht überbieten.“

Als er so diese klägliche Verkettung seiner Gedanken über
seine gefährliche Lage beendet hatte, trat er in das Zimmer
seiner Tochter; jeder Nerv war ihm gespannt, um alle Kraft

auf die Ausführung der beabsichtigten Darlegung zu verwenden. Obgleich ein im Betrug gewandter und ehrgeiziger Mann, entbehrte er nicht so sehr der natürlichen Liebe, um nicht über die Rolle zu erschrecken, welche er jetzt zu spielen im Begriff stand, damit er die Gefühle eines gehorsamen und liebevollen Kindes für sich benutze; die Gedanken jedoch, daß seine Tochter im Fall seines Erfolges nur überlistet würde, um eine vortheilhafte Heirath zu schließen, und daß er selbst im Fall des Mißlingens ein verlorner Mann sei, waren vollkommen genügend, um alle Einreden seines Gewissens zu beschwichtigen.

Als er eintrat, saß Miß Vere am Fenster ihres Zimmers; sie stützte das Haupt auf die Hand und war in Schlummer versunken, oder mit ihrem Nachsinnen so tief beschäftigt, daß sie das Geräusch bei seinem Eintritte nicht vernahm. Er trat zu ihr mit einem tiefen Ausdruck des Kummers und Mitgefühls in seinen Zügen, setzte sich an ihre Seite und nahm ihre Aufmerksamkeit durch einen ruhigen Händedruck in Anspruch, eine Bewegung, die er mit einem tiefen Seufzer zu begleiten nicht unterließ.

„Mein Vater," sagte Isabelle, mit einer Art plötzlichen Auffahrens, welches wenigstens ebensoviel Besorgniß, wie Freude oder Neigung verrieth.

„Isabelle," sagte Vere, „Euer unglücklicher Vater kommt jetzt als ein Büßender, um die Vergebung seiner Tochter wegen einer Beleidigung nachzusuchen, die er ihr im Uebermaß seiner Liebe erwies, und alsdann auf immer von ihr Abschied zu nehmen."

„Wie, Herr, eine mir erwiesene Beleidigung? Ihr wollt auf immer von mir Abschied nehmen, was soll das heißen?" fragte Miß Vere."

„Iſabelle, ich bin ernſt, vorerſt aber frage ich Euch, habt Ihr keinen Verdacht, daß ich Antheil an dem ſonderbaren Vorfall hatte, der ſich geſtern Morgen ereignete?"

„Ihr, Herr!" antwortete Iſabelle; ſie ſtammelte im Bewußtſein, daß er ihre Gedanken richtig errathen habe, ebenſo wie in Scham und Furcht, die ihr einen ſo entwürdigenden und unnatürlichen Verdacht unterſagten.

Ja," fuhr er fort, „Euer Stammeln geſteht, daß Ihr eine ſolche Meinung hegtet, und mir fällt jetzt die peinliche Aufgabe anheim, die Wahrheit auszuſprechen, daß Euer Verdacht mir keine Ungerechtigkeit erwies. Aber hört auf meine Beweggründe. In böſer Stunde ermuthigte ich die Bewerbung des Sir Frederik Langley, denn ich hielt es für unmöglich, daß Ihr einen bleibenden Einwurf gegen eine Heirath haben könntet, wo die Vortheile in den meiſten Hinſichten auf Eurer Seite waren. In einer noch ſchlimmeren Stunde ließ ich mich mit ihm auf Maßregeln zur Wiedereinſetzung unſeres verbannten Königs und zur Wiederherſtellung der Unabhängigkeit meines Vaterlandes ein. Er hat mein argloſes Zutrauen benutzt, und jetzt liegt mein Leben in ſeiner Hand."

„Euer Leben, Herr?" fragte Iſabelle mit ſchwacher Stimme.

„Ja, Iſabelle," fuhr ihr Vater fort, „das Leben deſſen, der Euch das Leben gab. Sobald ich das Unheil einſah, in welches ihn ſeine beſinnungsloſe Leidenſchaft hinreißen würde (um ihm Gerechtigkeit zu erweiſen, glaube ich, daß ſein unvernünftiges Verfahren aus einem Uebermaß der gegen Euch gehegten Leidenſchaft entſpringt), ſuchte ich mich aus der Verlegenheit, worin ich mich befand, durch einen annehmbaren Vorwand hinſichtlich Eurer Abweſenheit auf einige Wochen zu retten. Zu dem Zweck wünſchte ich, im Fall Euer Widerwillen gegen die Heirath nicht zu überwinden wäre, Euch im Geheimen auf einige Monate nach dem Kloster Eurer Tante von mütterlicher Seite in Paris zu schicken. Durch eine Reihe von Irrungen seid Ihr aus dem Orte der Verborgenheit und Sicherheit gebracht worden, den ich zu Eurem Aufenthalt für einige Zeit bestimmt hatte. Das Schicksal hat mir die letzte Möglichkeit zur Rettung verschlossen; ich kann jetzt nur noch Euch meinen Segen geben, und Euch aus dem Schlosse mit Herrn Ratcliffe fortschicken, welcher es jetzt verläßt; mein eignes Schicksal wird bald entschieden sein."

„Guter Himmel, Herr, ist es möglich!" rief Isabelle aus; „ach, weßhalb ward ich aus der Haft befreit, die Sie mir bestimmt hatten? oder weßhalb haben Sie mir nicht Ihren Willen mitgetheilt?"

„Ueberlegt einen Augenblick, Isabelle. Hättet Ihr gewünscht, daß ich in Eurer Meinung den Freund heruntersetzte, dem ich am meisten zu dienen wünschte, wenn ich Euch die nachtheilige Heftigkeit darlegte, womit er seinen Zweck verfolgte? Konnte ich mit Ehren so verfahren, nachdem ich ihm versprochen hatte, ihm Beistand bei seiner Bewerbung zu leisten? — Allein jetzt ist das Alles vorüber. Ich und Mareschal sind entschlossen, als Männer zu sterben; mir bleibt nichts anders übrig, als Euch unter sicherem Geleit von hier fort zu senden."

„O Himmel, ist keine Rettung?" fragte die erschreckte junge Dame.

„Keine, mein Kind," erwiderte Vere mit sanfter Stimme, „mit Ausnahme eines einzigen Mittels, dessen Annahme Euer Vater niemals rathen wird — er müßte der Erste sein, seine Freunde zu verrathen."

„O nein," erwiderte sie mit Abscheu, aber hastig, als wolle sie die Versuchung zurückweisen, welche die Wahl ihr

darbot. „Zeigt sich keine andere Hoffnung, Flucht, Vermitt=
lung oder Bitten? ich werde vor Sir Frederik meine Kniee
beugen!“

„Dieß wäre eine fruchtlose Entwürdigung; er ist hinsicht=
lich seines Verfahrens entschossen, und dieß bin auch ich, um
mein Schicksal zu erwarten. Nur auf eine Bedingung hin
will er seinen Zweck aufgeben, und diese Bedingung werden
meine Lippen niemals gegen Euch aussprechen.“

„Nennt sie, theurer Vater,“ rief Isabelle aus, „was könnt
Ihr verlangen, das ich nicht gewähren sollte, um das schreck=
liche Geschick zu vermeiden, womit Ihr bedroht werdet?“

„Ihr werdet sie niemals eher erfahren,“ sprach Vere mit
feierlichem Tone, „als bis Eures Vaters Haupt auf dem blu=
tigen Schaffote rollt, alsdann erst werdet Ihr hören, daß er
durch ein Opfer gerettet werden konnte.“

„Warum wollt Ihr es jetzt nicht nennen,“ fragte Isabelle,
„besorgt Ihr, ich würde das Opfer meines Vermögens zu
Eurer Rettung scheuen? oder würdet Ihr mir das bittere
Vermächtniß einer lebenslangen Gewissensqual hinterlassen kön=
nen, so oft ich Eures Todes gedenke, während noch ein Mittel
vorhanden ist, das furchtbare, Euch bedrohende Unglück zu
verhindern?“

„Wohl, mein Kind,“ sagte Vere, „da Ihr mich drängt,
Dasjenige zu nennen, was ich tausendmal eher verschweigen
würde, so muß ich Euch benachrichtigen, daß er als Lösegeld
nur Eure Hand annehmen will, und zwar nur dann, wenn
sie ihm vor Mitternacht noch heute gegeben wird.“

„Noch diesen Abend,“ rief die junge Dame, bei dem Vor=
schlage von Schauder ergriffen — „ein solcher Mann — ein
Ungeheuer, das es vermag, die Tochter zu erwerben, indem
er das Leben des Vaters bedroht — es ist unmöglich!“

„Du redeſt die Wahrheit, mein Kind," erwiderte der Vater, „es iſt wirklich unmöglich; ich beſitze weder das Recht,
noch den Wunſch, ein ſolches Opfer zu verlangen — es iſt
der Wunſch der Natur, daß die Alten ſterben und vergeſſen
werden, daß die Jungen leben und glücklich ſind."

„Mein Vater ſollte ſterben und ſein Kind kann ihn retten?
Nein, mein theurer Vater, es iſt unmöglich; Ihr wollt allein
mich zu Demjenigen bewegen, was Ihr wünſcht. Ich weiß,
daß Euer Zweck nur dahin zielt, was Ihr für mein Glück
haltet; dieſer furchtbare Bericht iſt mir deßhalb nur gegeben,
um Einfluß auf mein Verfahren zu üben und meine Bedenklichkeiten zu beſeitigen."

„Meine Tochter," erwiderte Ellieslaw in einem Tone, worin beleidigter Stolz mit väterlicher Liebe zu kämpfen ſchien;
„mein Kind hegt gegen mich Verdacht, daß ich einen falſchen
Bericht erſinne, um auf ihre Gefühle einzuwirken! ſogar dieß
muß ich hören und muß mich herablaſſen, daß ich dieſen un-
würdigen Verdacht widerlege. Ihr kennet die fleckenloſe Ehre
unſeres Vetters Mareſchal — merkt, was ich ihm ſchreibe,
und urtheilt nach ſeiner Antwort, ob die Gefahr, worin wir
uns befinden, nicht wirklich iſt, und ob ich nicht jedes Mittel
zu ihrer Abwendung benutzt habe."

Er ſetzte ſich, ſchrieb haſtig einige Zeilen und händigte ſie
Iſabellen ein, welche nach wiederholten und mühevollen Anſtrengungen eine genügende Klarheit ihrer Augen und ihres
Kopfes zu Stande brachte, um den Inhalt des Schreibens zu
begreifen.

„Theurer Vetter," hieß es in dem Billet, „wie ich erwartete, finde ich meine Tochter über das unzeitige und voreilige
Drängen des Sir Frederik Langley in Verzweiflung. Sie
kann ſogar die Gefahr nicht begreifen, worin wir uns befinden,

oder in wieweit wir uns in seiner Gewalt befinden. Um des Himmels willen, braucht bei ihm Euren Einfluß, damit er seine Vorschläge verändert, zu deren Annahme ich mein Kind sowohl wegen ihrer eigenen Gefühle, wie wegen derjenigen der Zartheit und des Anstandes weder drängen will noch kann. Verpflichtet Euren lieben Vetter.          R. B."

In der Aufregung des Augenblicks, als ihre schwimmenden Augen und ihr schwindelnder Kopf den Sinn dessen, was sie las, kaum auffassen konnten, ist es nicht auffallend, daß Miß Vere bei diesem Briefe übersah, daß derselbe ihre Bedenklich= keiten eher auf die Form und die Zeit der vorgeschlagenen Verbindung, als auf ihren tiefgewurzelten Widerwillen gegen den vorgeschlagenen Bewerber zurückzuführen schien. Herr Vere zog die Schelle, gab den Brief einem Bedienten, damit derselbe Herrn Mareschal ihn überliefere, erhob sich von seinem Stuhle und fuhr fort, das Zimmer schweigend und in großer Aufregung zu durchwandeln, bis die Antwort zurückgebracht war. Er überblickte dieselbe und drückte heftig die Hand sei= ner Tochter, als er ihr dieß Schreiben gab.

„Mein theurer Vetter, ich habe den Ritter in der von Euch erwähnten Angelegenheit schon bedrängt, finde ihn aber so starr, wie die Cheviot=Berge; es thut mir wahrlich sehr leid, daß meine schöne Coussine so gepeinigt wird, um ihre Rechte als Jungfrau aufzugeben. Sir Frederik willigt jedoch ein, das Schloß mit mir im Augenblick zu verlassen, sobald die Ceremonie vorbei ist; dann wollen wir unsere Anhänger zum Aufstand bringen und den Kampf beginnen. Somit ist große Hoffnung vorhanden, daß dem Bräutigam der Kopf eingeschla= gen wird, bevor er und die Braut sich wieder sehen, und Isa= belle hat gute Aussicht, à très bon marché Lady Langley zu werden. Hinsichtlich des Uebrigen sage ich nur, daß meine schöne Cousine, wenn sie überhaupt die Verbindung schließen will, sich zur Verheirathung in aller Eile entschließen muß — Zeit zum bloßen jungfräulichen Sträuben ist nicht vorhanden — sonst werden wir Alle Muße zur Reue oder vielmehr nur sehr wenig Muße zur Reue haben; dieß sind alle Mittheilungen, welche gegenwärtig machen kann Euer liebender Vetter,

R. M.

Nachschrift. Sagt Isabellen, daß ich lieber dem Ritter den Hals abschneiden und so die Verlegenheit enden will, als daß sie sich gezwungen sehen sollte, ihn gegen ihren Willen zu heirathen."

Als Isabelle diesen Brief gelesen hatte, fiel er ihr aus der Hand, und sie würde vom Stuhle gesunken sein, wenn ihr Vater sie nicht gestützt hätte.

„O Gott, mein Kind wird sterben!" rief Vere, indem die natürlichen Gefühle sogar in seiner Brust die Empfindungen selbstsüchtiger Politik überwältigten. „Blick auf, Isabelle — blick auf, mein Kind — es komme, was da will, du sollst nicht das Opfer sein — ich will mit dem Bewußtsein fallen, daß ich dich glücklich hinterlasse — mein Kind mag an meinem Grabe weinen, allein es soll nicht — nicht in diesem Fall — mit der Erinnerung Vorwürfe gegen mich verbinden" — er rief einen Diener — „ruft sogleich Herrn Ratcliffe hieher."

Während dieses Zwischenraums wurde Miß Vere todtenbleich, drückte heftig ihre Hände, indem sie die Handflächen fest an einander preßte, schloß ihre Augen und zog ihre Lippen eng zusammen, als habe sich der starke Zwang, den sie ihrem inneren Gefühle auferlegte, sich sogar auf die Organisation ihrer Muskeln ausgedehnt. Alsdann erhob sie ihr Haupt und sagte, den Athem anhaltend, mit Festigkeit: „Vater, ich gebe meine Einwilligung zu der Ehe."

Der schwarze Zwerg.                    12

„Du follſt nicht, mein theures Kind, du follſt nicht ein
ſicheres Elend wählen, um mich von ungewiſſer Gefahr zu be=
freien!" ſo rief Ellieslaw aus; „wir ſind ſonderbare und wan=
kelmüthige Weſen;" er ſprach die wirklichen, wenn auch nur
augenblicklichen Gefühle ſeines Herzens aus.

„Vater," wiederholte Iſabelle, „ich werde zu dieſer Ehe
meine Einwilligung geben."

„Nein, mein Kind, nein — wenigſtens nicht jetzt — wir
wollen uns erniedrigen, um Verzug von ihm zu erhalten;
dennoch, Iſabelle, könntet Ihr den Widerwillen überwinden,
welcher keine wirkliche Begründung hat, ſo bedenkt in anderer
Hinſicht den Glanz einer ſolchen Heirath! — Reichthum, Rang,
Bedeutung jeder Art."

„Vater," wiederholte Iſabelle, „ich habe meine Einwilligung
gegeben."

Es ſchien, als ob ſie das Vermögen, etwas Anderes zu
ſagen, oder nur ſogar die Worte des Satzes zu verändern,
verloren hätte, nachdem ſie ſich gezwungen hatte, denſelben
auszuſprechen.

„Der Himmel ſegne dich, Kind — er wird dich mit Reich=
thum, Vergnügen und Macht überſchütten."

Miß Vere bat mit ſchwacher Stimme, den übrigen Abend
allein zu bleiben."

„Aber wollt Ihr nicht Sir Frederik empfangen?" fragte
ängſtlich ihr Vater.

„Ich werde ihn ſehen," erwiderte ſie, „wenn ich muß und
wo ich muß, aber jetzt verſchont mich."

„So ſei es, Theuerſte, Ihr ſollt von mir keinen Zwang
erfahren, den ich Euch erſparen kann; urtheilt deßhalb nicht
zu hart über Sir Frederik — es war ein Uebermaß der Lei=
denſchaft."

Isabelle bewegte ungeduldig ihre Hand.

„Vergib mir, Kind — ich gehe — der Himmel segne dich. Um 11 Uhr — wenn du mich nicht zuvor rufst — um 11 Uhr werde ich kommen, dich abzuholen."

Als er Isabelle verließ, fiel sie auf ihre Knie — „der Himmel helfe mir, damit ich den gefaßten Entschluß bewahre — nur der Himmel vermag es — armer Earnscliff, wer wird ihn trösten? ·mit welcher Verachtung wird er meinen Namen aussprechen, da ich heute auf ihn hörte und noch zur Nacht desselben Tages mich einem Andern übergab! Er mag mich verachten; wenn nur sein Gram sich dadurch mindert, so empfinde ich Trost in dem Verlust seiner Achtung." Sie weinte bitterlich, indem sie von Zeit zu Zeit versuchte, das Gebet zu beginnen, wegen dessen sie auf die Kniee gesunken war, allein sie vermochte nicht, ihr Gemüth zur Uebung der Andacht genügend zu beruhigen.

Während sie in diesem Geisteskampfe verblieb, öffnete sich langsam die Thüre ihres Gemaches.

# Fünfzehntes Kapitel.

Sie traten in die Höhle dunkel ein,
Dort saß der Mann des Weh's in düstrer Pein,
Dem finstern Drang des Grames hingegeben.

Spencer.

Es war Herr Ratcliffe, welcher sich dem Kummer der Miß Vere aufdrängte. Ellieslaw hatte in der Aufregung seiner Gefühle es vergessen, den Befehl, daß Herr Ratcliffe herbeigerufen würde, zurückzukehren, so daß jener die Thüre mit den Worten eröffnete: „Ihr habt mich rufen lassen, Herr Vere," dann aber fügte er, sich umsehend, hinzu — „Miß Vere allein, auf dem Boden und in Thränen!"

„Verlaßt mich, Herr Ratcliffe," sagte die unglückliche junge Dame.

„Ich darf Euch nicht verlassen," sagte Ratcliffe, „ich habe zu wiederholtenmalen um Zutritt bei Euch nachgesucht, um Abschied von Euch zu nehmen, ich wurde jedoch zurückgewiesen, bis Euer Vater selbst mich rufen ließ. Tadelt mich nicht, wenn ich dreist und zudringlich bin; ich bin dieß jetzt allein, weil mir die Vollbringung einer Pflicht obliegt."

„Ich kann Euch jetzt nicht anhören — ich kann nicht mit Euch reden, Herr Ratcliffe, empfangt meine besten Wünsche, und verlaßt mich um Gottes willen."

„Sagt mir nur," fragte Herr Ratcliffe, „ob es wahr ist,

daß diese gräßliche Heirath wirklich stattfindet, und zwar noch heute Abend? Ich hörte, daß die Bedienten auf der Treppe dieß verkündigten; ich hörte Befehle, die Kapelle auf heute Abend herzurichten."

„Schont meiner, Herr Ratcliffe," erwiderte die unglückliche Braut, „und urtheilt nach dem Zustande, worin Ihr mich findet, über die Grausamkeit Eurer Fragen."

„Sollt Ihr Euch verheirathen, und zwar mit Sir Frederik Langley? sogar noch heute Abend? es darf nicht, es kann nicht und es soll nicht geschehen."

„Es muß geschehen, Herr Ratcliffe, oder mein Vater ist zu Grunde gerichtet."

„Ha, ich verstehe," erwiderte Ratcliffe; „Ihr also habt Euch geopfert, um ihn zu retten, der — möge jedoch die Tugend des Kindes die Fehler des Vaters sühnen — es ist keine Zeit, sie herzuzählen — was kann geschehen? Die Zeit drängt — ich weiß nur ein Mittel — innerhalb vierundzwanzig Stunden würde ich viele finden — Miß Vere, Ihr müßt den Schutz des einzigen, menschlichen Wesens anflehen, welches die Gewalt besitzt, den Lauf der Ereignisse aufzuhalten, die Euch fortzureißen drohen."

„Und welches menschliche Wesen," erwiderte Miß Vere, „besitzt solche Gewalt?"

„Erschreckt nicht, wenn ich es nenne," erwiderte Ratcliffe, indem er näher trat und in leiser aber deutlicher Stimme sprach: „es ist derselbe Mann, den man Elshender, den Klausner von Mucklestane, nennt."

„Ihr seid wahnsinnig, Herr Ratcliffe, oder Ihr wollt mein Elend durch übel angebrachte Scherze verspotten?"

„Junge Dame, ich bin ebensowohl bei Sinnen, wie Ihr," sagte ihr Rathgeber. „Ich pflege nicht eitlen Scherz zu treiben, noch viel weniger mit dem Elend, am wenigsten vermag ich, das Eure zu verhöhnen. Ich schwöre Euch, daß dieses Wesen, der ein ganz anderer Mann zu sein scheint, wie er ist, die Mittel wirklich besitzt, um Euch von dieser verhaßten Verbindung zu erlösen."

„Und zugleich meines Vaters Sicherheit zu verbürgen?"

„Ja, sogar dieß," sagte Ratcliffe, „wenn Ihr seine Sache bei ihm vertretet; wie könnt Ihr aber Zutritt zum Klausner erhalten?"

„Deßhalb hegt keine Besorgniß," sagte Miß Vere, indem sie sich plötzlich des Vorfalls mit der Rose erinnerte. Jetzt fällt mir ein, daß er nur den Wunsch aussprach, ich möchte ihn um seine Hülfe in meiner äußersten Noth ersuchen; er gab mir diese Blume als Zeichen, ehe dieselbe gänzlich verwelke, würde ich, wie er sagte, seiner Hülfe bedürfen; ist es möglich, daß seine Worte etwas Anderes waren, als die Raserei des Wahnsinns."

„Zweifelt nicht, fürchtet nicht, vor Allem aber," sagte Ratcliffe, „verliert keine Zeit — seid Ihr in Freiheit und unbewacht?"

„Ich glaube das," erwiderte Isabelle; „was aber soll ich thun?"

„Verlaßt sogleich das Schloß," sagte Ratcliffe, „und werft Euch diesem außerordentlichen Manne zu Füßen, welcher in Umständen, wie sie den äußersten Grad der verächtlichsten Armuth zu bezeugen scheinen, einen beinahe unumschränkten Einfluß über Euer Schicksal besitzt — Gäste und Diener sitzen beim Gelage, die Führer bereden sich im Geheimen über ihre verrätherischen Einwürfe — mein Pferd steht im Stalle bereit — ich werde eins für Euch satteln, und Euch am kleinen Gartenthor erwarten — laßt Euch durch keinen Zweifel an meiner Treue und Klugheit bewegen, daß Ihr den einzigen in Eurer Gewalt liegenden Schritt, um dem furchtbaren Schicksal zu entgehen, unterlaßt, welches Euch als die Gemahlin des Sir Frederik Langley zu Theil werden muß."

„Herr Ratcliffe," sagte Miß Vere, „Sie wurden immer als Mann von Ehre und Rechtlichkeit geschätzt, und ein Ertrinkender wird stets den schwächsten Zweig zu seiner Rettung ergreifen — ich will Euch vertrauen — ich will Eurem Rathe folgen — ich will mich Euch am Gartenthor anschließen."

Sie verriegelte die äußere Thüre ihres Gemaches, sobald Herr Ratcliffe sie verließ, und stieg den Garten durch eine besondere Treppe hinab, welche in ihr Ankleidezimmer ausging. Unterwegs empfand sie einige Neigung, ihre so schnell gegebene Einwilligung zu einem so hoffnungslosen und ausschweifenden Plane zurückzunehmen, als sie aber beim Herabsteigen der Hintertreppe an einer Thür vorüberkam, welche in die Kapelle führte, vernahm sie die Stimmen der weiblichen Dienerinnen, welche mit Reinigung der letzteren beschäftigt waren.

„Sie soll heirathen, und einen so schlechten Mann? lieber alles Andere, wie das!"

„Sie haben recht," dachte Miß Vere, „lieber alles Andere, wie das!"

Sie eilte in den Garten. Herr Ratcliffe hatte sein Versprechen gehalten — die Pferde standen am Gartenthor gesattelt, und nach wenigen Augenblicken sprengten sie schnell zur Hütte des Einsiedlers.

So lange der Boden günstig blieb, war ihr Ritt so schnell, daß sie nicht viel mit einander reden konnten; als aber ein steiler Abhang sie nöthigte, die Hastigkeit ihrer Pferde zu mindern, drängte sich eine neue Besorgniß der Miß Vere auf.

„Herr Ratcliffe," sagte sie, indem sie den Zügel ihres

Pferdes anzog, „laßt uns unsern Ritt nicht weiter fortsetzen, deſſen Unternehmung von meiner Seite nur die äußerſte Aufregung meiner Seele rechtfertigen kann. Ich weiß wohl, daß dieſer Mann bei der Volksmaſſe als ein Weſen mit übernatürlichen Kräften gilt, welcher mit der andern Welt im Verkehr ſteht, ich möchte aber nicht, daß Ihr meintet, ich würde durch ſolche Thorheiten getäuſcht, oder auch nur, daß ich, wenn ich wirklich an ſolche Dinge glaubte, wegen religiöſer Gefühle mich an dieß Weſen in meinem Elend wenden könne.“

„Ich hätte glauben ſollen, Miß Vere,“ erwiderte Ratcliffe, „daß mein Charakter und meine Denkweiſe zu gut bekannt wären, um mich vor Ihnen gegen den Vorwurf zu rechtfertigen, als hätte ich den Glauben an ſolche Abgeſchmacktheiten jemals begünſtigen wollen.

„In welch' andrer Weiſe aber,“ ſagte Iſabelle, „kann ein offenbar ſo elendes Weſen Gewalt zu meinem Beiſtande beſitzen?“

„Miß Vere,“ ſagte Ratcliffe nach augenblicklicher Pauſe, „ich bin durch einen feierlichen Eid zu Geheimhaltung verpflichtet, Ihr müßt Euch ohne weitere Erklärung von meiner Seite mit meiner Verſicherung und meinem Worte begnügen; daß er die Gewalt beſitzt, wenn Ihr bei ihm den Willen erwecken werdet, und ich zweifle nicht daran, daß Ihr dieß vermögt.“

„Herr Ratcliffe,“ ſagte Miß Vere, „Ihr irrt Euch vielleicht ſelbſt, Ihr verlangt einen unbegrenzten Grad des Vertrauens von mir.“

„Gedenkt, Miß Vere,“ erwiderte er, „des Falles, worin Ihr aus Menſchlichkeit mich batet, zu Gunſten Haswells und ſeiner zu Grund gerichteten Familie bei Eurem Vater einzuſchreiten — als Ihr mich erſuchtet, ihn zu einer Handlung zu bewegen, welche ſeiner Natur am meiſten widerſtrebte —

zur Vergebung einer Beleidigung oder Nachlaß einer Strafe — damals machte ich Euch zur Bedingung, daß Ihr keine Fragen hinsichtlich der Quelle meines Einflusses an mich richten solltet — Ihr fandet damals keinen Grund zum Mißtrauen — mißtraut mir auch jetzt nicht."

„Allein das außerordentliche Leben dieses Mannes," sagte Miß Vere, „seine Absonderung — seine Gestalt — sein Menschenhaß, den er als tiefgewurzelt in seiner Sprache äußern soll — Herr Ratcliffe, was soll ich von ihm denken, wenn er wirklich die Gewalt besitzt, die Ihr ihm zuschreibt?"

„Dieser Mann, junge Dame, war als Katholik erzogen, eine Sekte, welche tausend Beispiele von Leuten darbietet, die sich aus Macht und Ueberfluß in freiwillige Entbehrungen zurückgezogen, die noch herber und strenger sind, als die seinigen."

„Er gesteht ja aber keine religiösen Beweggründe ein," erwiderte Miß Vere.

„Nein," erwiderte Ratcliffe — „Widerwillen gegen die Welt hat ihn bewogen, sich ohne den Schleier des Aberglaubens aus derselben zurückzuziehen. So weit darf ich Ihnen Mittheilungen über ihn machen. — Er war der Erbe eines großen Vermögens, dessen Vergrößerung seine Eltern außerdem durch eine Verbindung mit einer weiblichen Verwandten beabsichtigten, die zu dem Zweck in ihrem Hause erzogen wurde. Ihr habt seine Gestalt gesehen, urtheilt somit über die Gedanken, welche die junge Dame hinsichtlich dieses ihr bestimmten Schicksals gehegt haben muß. Sie war jedoch an seine Erscheinung gewöhnt und zeigte gegen ihn keinen Widerwillen. Die Verwandten von — der Person, wovon ich rede, hegten keinen Zweifel, daß die Stärke seiner Anhänglichkeit, die mannigfache Ausbildung seines Geistes, seine vielen liebenswürdigen

Eigenschaften den natürlichen Abscheu überwunden hätten, welchen die für ihn bestimmte Braut über ein so furchtbar widerliches Aeußere unterhalten haben mußte."

„War ihre Ansicht die richtige?" fragte Isabelle.

„Ihr werdet es hören, wenigstens war er sich seines Mangels sehr wohl bewußt; das Gefühl desselben ängstete ihn wie ein Gespenst; „„ich bin,"" äußerte er gegen mich — ich meine gegen einen Mann, zu dem er Vertrauen hegte — „„ich bin ungeachtet alles dessen, was Ihr mir sagt, ein armer, elender Verstoßener, für den es besser wäre, wenn man ihn in der Wiege erstickt hätte, als daß man ihn auferzog, um eine Vogelscheuche der Welt zu sein, in welcher ich umherkrieche."" Die Person, an welche er diese Worte richtete, bemühte sich vergeblich, ihm denjenigen Eindruck der Gleichgültigkeit gegen äußere Form zu ertheilen, welche das natürliche Ergebniß der Philosophie ist, oder ihn zu ersuchen, daß er der Ueberlegenheit seiner geistigen Talente über die mehr anlockenden Eigenschaften gedenke, welche nur persönlicher Art sind. „„Ich höre Euch,"" pflegte er alsdann zu antworten. „„Allein Ihr führt die Sprache des kaltblütigen Stoikers, oder wenigstens die des parteiischen Freundes. Durchsucht aber jedes Buch, welches wir lasen, mit Ausnahme solcher über diejenige abstrakte Philosophie, für welche keine Stimme des Anklangs in unseren natürlichen Gefühlen sich vorfindet. Ist nicht die persönliche Form, wenigstens eine solche, wenn sie ohne Abscheu und Widerwillen ertragen werden kann, nicht stets als wesentliche Bedingung unserer Vorstellung von einem Freunde, um so mehr, von einem Liebhaber erwähnt? Wird nicht ein so mißgestaltetes Ungeheuer, wie ich, sogar durch den Befehl der Natur von den schönsten Genüssen derselben ausgeschlossen? Verhindert nicht allein mein Reichthum, daß alle Menschen —

fogar vielleicht Lätitia oder vielleicht Ihr — als ein eurer Natur entfremdetes oder noch verhaßteres Geschöpf mich meidet, weil ich jene verdrehte Aehnlichkeit der Menschengestalt euch zeige, die wir in jener Thierfamilie beobachten, welche dem Menschen um so verhaßter ist, weil sie seine Karrikatur zu sein scheint.""

„Ihr wiederholt die Gefühle eines Wahnsinnigen," sagte Miß Bere.

„Nein," erwiderte ihr Führer; „wenn man nicht eine krankhafte und übermäßige Empfindlichkeit über einen solchen Gegenstand als Wahnsinn bezeichnen will. Ich will jedoch nicht läugnen, daß seine vorherrschenden Gefühle und Besorgnisse die Person, welche dieselben hegte, zu einem Uebermaß trieb, welches eine verwirrte Einbildungskraft anzeigte. Er schien zu glauben, es sei nothwendig für ihn, durch übertriebene und nicht immer gut angebrachte Aeußerungen der Freigebigkeit und sogar der Verschwendung sich mit dem Menschengeschlecht zu vereinigen, von welchem er sich als natürlich losgerissen dachte. Die Wohlthaten, die er aus einem natürlich menschenfreundlichen Charakter in einem ungewöhnlichen Grade spendete, wurden durch den Einfluß des stets ihn anstachelnden Gedankens übertrieben, von ihm werde mehr als von Andern erfordert; er verschwendete seine Schätze, als wolle er die Menschen bestechen, um ihn als Ihresgleichen anzuerkennen. Ich brauche kaum zu bemerken, daß die aus einer so launenhaften Quelle entspringende Mildthätigkeit oft mißbraucht und sein Vertrauen häufig verrathen ward. Die Täuschungen, welche mehr oder weniger Alle, hauptsächlich aber Solche erleiden, welche Wohlthaten ohne gerechten Unterschied vertheilen, bestärkten seine kranke Phantasie in dem Menschenhaß und in der Verachtung, welche seine persönliche Häßlichkeit hervorrief — allein ich ermüde Euch, Miß Bere."

„Durchaus nicht, ich konnte nur nicht verhindern, daß meine Aufmerksamkeit einen Augenblick abgelenkt wurde; ich bitte Euch fortzufahren."

„Er wurde zuletzt," fuhr Ratcliffe fort, „der sinnreichste Selbstquäler, von welchem ich jemals gehört habe; der Hohn des Volkes und der Spott des noch roheren Pöbels über seinen Rang war für ihn die Folter auf dem Rade. Er betrachtete das Gelächter des gemeinen Volkes, dem er auf der Straße begegnete, sowie das unterdrückte Kichern, und den noch anstößigeren Schauder junger Mädchen, denen er in Gesellschaft vorgestellt wurde, als Beweise der wirklichen Gefühle, welche die Welt über ihn hege; er hielt sich selbst für ein ungewöhnliches Geschöpf, welches unter den Menschen nicht mit den gewöhnlichen Bedingungen der Gesellschaft aufgenommen werden könne; er glaubte die Weisheit seiner Absicht, sich von den Menschen zurückzuziehen, werde dadurch gerechtfertigt. Er schien sich nur auf die Treue und Aufrichtigkeit zweier Personen unbedingt zu verlassen — auf diejenige seiner verlobten Braut und eines in äußeren Gaben ausgezeichneten Freundes, welcher aufrichtige Anhänglichkeit gegen ihn zu haben schien und wahrscheinlich auch hegte. Er hätte wenigstens dieselbe hegen sollen, denn er ward im buchstäblichen Sinne des Wortes mit Wohlthaten von demjenigen überschüttet, den Ihr jetzt zu besuchen im Begriffe steht. Die Eltern des Herrn, von welchem meine Geschichte handelt, starben in kurzer Zeit nach einander. Ihr Tod verzögerte die Verheirathung, für welche der Tag schon festgesetzt war. Die Dame schien den Verzug nicht sehr zu bedauern — vielleicht war dieß nicht zu erwarten; sie gab jedoch keine Aeußerung, daß sie ihre Absicht geändert habe, als ein zweiter Tag nach einem passenden Zeitraume für die Verbindung festgesetzt wurde. Der Freund, von

welchem ich rede, lebte fortwährend im Schloſſe; zu böſer
Stunde ſchloſſen ſich Beide, der Herr, von welchem ich rede,
auf das ernſtliche Geſuch und die Bitten ſeines Freundes einer
allgemeinen Geſellſchaft an, worin Männer von verſchiedenen
politiſchen Parteien ſich einfanden und wo viel getrunken
wurde. Es folgte ein Streit; der Freund des Klausners zog
nebſt Andern den Degen, wurde von einem ſtärkeren Gegner
zu Boden geworfen und entwaffnet. Beide fielen im Ringen
zu den Füßen des Klausners nieder, welcher, ſo verſtellt und
krüppelhaft ſeine Geſtalt erſcheinen mag, dennoch ebenſo große
Körperkraft, wie heftige Leidenſchaften beſitzt. Er griff ein
Schwert auf, durchſtieß dem Gegner ſeines Freundes das Herz,
und ward vor Gericht geſtellt. Sein Leben wurde mit Schwierigkeit der Gerechtigkeit entzogen und er erlitt die Strafe des
Todſchlags in e i n e m Jahre ſtrengen Gefängniſſes. Der
Gegenſtand ergriff ihn tief, um ſo mehr, da der Getödtete
ein Mann von ausgezeichnetem Charakter war und grobe Be-
ſchimpfung erlitten hatte, bevor er den Degen zog. Von dem
Augenblick glaubte ich zu bemerken, ich bitte um Verzeihung
— die Anfälle krankhafter Empfindlichkeit, welche dieſen unglücklichen Herrn gequält hatten, wurden von jetzt an um ſo
heftiger durch Gewiſſensvorwürfe, die er unter allen Menſchen
am wenigſten fähig war, ſich aufzubürden oder zu ertragen,
wenn ſie ihm durch ſein unglückliches Loos anheimfielen.
Seine heftigen Anfälle der Zerknirſchung konnten der Dame
nicht verborgen bleiben, mit welcher er verlobt war; auch
muß man geſtehen, daß ſie von erſchreckender und furchtbarer
Natur waren. Er tröſtete ſich mit dem Gedanken, daß er
nach dem Verlauf ſeines Gefängniſſes mit ſeiner Frau und
ſeinem Freunde eine Geſellſchaft bilden könne, in deren Umgebung ſich die ausgedehntere Verbindung mit der Welt ent-

behren laſſe. Er ward getäuſcht; bevor die Zeit verlief, war
ſein Freund und ſeine Verlobte Mann und Weib. Die Wir=
kung eines ſo furchtbaren Schlages auf ein ſo glühendes
Temperament, auf einen durch heftige Gewiſſensbiſſe ſchon
verbitterten Charakter, welcher ohnedem dadurch aus den Fu=
gen gerathen war, daß jener Mann ſich einer finſteren Ein=
bildungskraft von anderen Menſchen abgeſondert überließ —
dieſe Wirkung kann ich Euch nicht beſchreiben; es ſchien, als
ob das letzte Tau, woran das Schiff noch hing, plötzlich ab=
geriſſen ſei, ſo daß letzteres aller wilden Wuth des Sturmes
überlaſſen wurde. Er ward unter ärztliche Aufſicht geſtellt.
Dieſe Maßregel wäre, auf einige Zeit getroffen, zu rechtferti=
gen geweſen, allein ſein hartherziger Freund, welcher in Folge
ſeiner Ehe jetzt ſein nächſter Verwandter war, verlängerte
ſeine Einſperrung, um die Einkünfte ſeiner ungeheuren Güter
um ſo länger zu genießen. Nur e i n Mann war noch übrig,
welcher Alles dem Leidenden verdankte, ein demüthiger, aber
dankbarer und treuer Freund. Dieſem gelang es zuletzt, durch
unaufhörliche Bemühung und wiederholte Berufung auf Ge=
rechtigkeit die Freiheit und Wiedereinſetzung ſeines Beſchützers
in die Verwaltung ſeines Vermögens zu erlangen; zu letzte=
rem kam noch bald dasjenige der für ihn früher beſtimmten
Braut; da dieſe ohne männliche Nachkommenſchaft ſtarb, ſo
fielen ihm die Güter als Erben anheim. Das Gleichgewicht
ſeiner Seele ließ ſich jedoch nicht durch Freiheit und Reich=
thum wiederherſtellen; gegen die erſtere war er gleichgültig
wegen ſeines Grams; der letztere diente ihm nur inſoweit,
als er ihm die Mittel gewährte, ſeinen ſonderbaren und lau=
niſchen Einfällen zu dienen. Er hatte den katholiſchen Glau=
ben abgeſchworen; vielleicht aber übten einige ſeiner Lehren
noch fortwährend Einfluß auf eine Seele, über welche Ge=

wissensvorwurf und Menschenhaß von jetzt an eine unbegrenzte Herrschaft einnahm. Sein Leben war jetzt abwechselnd das eines Einsiedlers und Pilgers; er erlitt die strengsten Entbehrungen, nicht in ascetischer Andacht, sondern im Abscheu der Menschen. Dennoch haben die Worte und Handlungen eines Menschen niemals einen so weiten Unterschied geboten, noch war ein elender Heuchler jemals sinnreicher, um gute Beweggründe schlechten Handlungen unterzuschieben, wie dieser unglückliche Mann, um ein Verfahren, welches aus natürlicher Großmuth und mildem Gefühle entspringt, mit den abstrakten Grundsätzen des Menschenhasses in Einklang zu bringen."

„Dennoch, Herr Ratcliffe, beschreiben Sie mir die Widersprüche, die Unbeständigkeiten eines Wahnsinnigen."

„Durchaus nicht," erwiderte Ratcliffe, „ich beabsichtige nicht zu bestreiten, daß die Einbildungskraft dieses Herrn verstört ist; ich habe Euch schon gesagt, daß sie bisweilen in heftige Anfälle ausbricht, welche der wirklichen Geistesverwirrung nahe kommen. Ich rede jedoch nur von seinem gewöhnlichen Geisteszustand; derselbe zeigt Unordnung, aber keine Verstörung; die Schattirungen zwischen beiden sind allmälige, wie solche, welche das Licht des Mittags von der Mitternacht trennen. Der Höfling, welcher sein Vermögen zu Grunde richtet, um einen Titel zu erlangen, der ihm keinen Nutzen oder keine Gewalt einbringt, wovon er keinen passenden oder achtbaren Gebrauch machen kann — der Geizhals, welcher nutzlosen Reichthum aufhäuft, und der Verschwender, der ihn wegwirft — sie haben Alle eine gewisse Schattirung des Wahnsinns. Dieselbe Bemerkung läßt sich auf Verbrecher anwenden, welche Scheußlichkeiten begangen haben, während die Versuchung zu denselben nach der Erkenntniß einer klardenkenden Seele nicht im Verhältniß zu dem Schauder der Handlung, oder der Wahrscheinlichkeit der Entdeckung und Bestrafung steht; jede heftige Leidenschaft läßt sich ebenso wie der Zorn als ein kurzer Wahnsinn bezeichnen."

„Dieß mag sehr gute Philosophie sein, Herr Ratcliffe," „erwiderte Miß Bere, „allein entschuldigt mich, es gibt mir noch keinen Grund zur Kühnheit, um in dieser späten Stunde eine Person zu besuchen, deren ausschweifende Einbildungskraft Ihr nur beschönigen könnt."

„So empfangt vielmehr," sagte Ratcliffe, „meine feierlichen Versicherungen, daß Ihr Euch nicht in die geringste Gefahr begebt. Was ich aber bisher nicht erwähnen mochte, aus Furcht, Euch zu erschrecken, kann ich Euch jetzt, da wir seinen Zufluchtsort sehen können, nicht länger verbergen, denn ich kann denselben im Zwielichte entdecken. Ich darf Euch nicht weiter begleiten, Ihr müßt allein vorwärts gehen."

„Allein? ich wage es nicht."

„Ihr müßt," fuhr Ratcliffe fort, „ich will hier bleiben und Euch erwarten."

„Ihr wollt also nicht weiter," sagte Miß Bere, „die Entfernung ist aber so groß, Ihr würdet mich nicht hören können, wenn ich um Hülfe rufen sollte."

„Fürchtet nichts, sagte ihr Führer, „aber habt wenigstens Acht, jeden Ausdruck der Furchtsamkeit zu unterdrücken. Bedenkt, seine vorherrschende und ihn vorzugsweise quälende Besorgniß entspringt aus dem Bewußtsein seiner Häßlichkeit. Euer Pfad führt in gerader Linie jenseits jener halb gefallenen Weide, haltet Euch links von derselben, rechts liegt der Sumpf. Lebt wohl auf einige

Zeit, gedenkt des Unglücks, womit Ihr bedroht seid; es muß zugleich Eure Furcht und Eure Bedenklichkeit überwinden."

„Herr Ratcliffe," sagte Isabelle, „lebt wohl; wenn Ihr eine so unglückliche Dame, wie mich, getäuscht habt, so ist der schöne Charakter der Rechtlichkeit und Ehre, dem ich vertraute, auf immer verwirkt."

„Bei meinem Leben, bei meiner Seele," rief Ihr Ratcliffe mit lauter Stimme zu, als die Entfernung zwischen Beiden sich mehrte, „Ihr seid in vollkommener Sicherheit."

## Sechzehntes Kapitel.

— Es hat ihn Zeit und Gram zu dem gemacht,
— Was jetzt er ist: die Zeit mit sanfter Hand
— Vermag vielleicht, wann sie der einst'gen Tage
— Geschick ihm beut, zu dem was einst er war,
— Ihn wieder umzuwandeln. — Bringt Uns hin
— Zu ihm, geschehe was da will.

Altes Schauspiel.

— Der Schall von Ratcliffe's Stimme erreichte nicht länger das Ohr von Isabelle; da sie aber häufig zurückblickte, gewährte es ihr einige Ermuthigung, seine Gestalt in der Dämmerung zu erblicken; ehe sie jedoch noch viel weiter kam, verlor sie den Gegenstand bei dem sich mehrenden Schatten des Abends außer Augen. Mit dem letzten Schein des Zwielichts stand sie vor der Hütte des Klausners. Zweimal streckte

Der schwarze Zwerg. 13

ste ihre Hand nach der Thüre aus, zweimal zog sie dieselbe
zurück; als sie zuletzt die Anstrengung machte, kam ihr Klopfen an der Thüre der Heftigkeit der Schläge in ihrem eigenen Busen nicht gleich. Ihre nächste Bemühung war lauter;
sie wiederholte den Schlag an die Thüre zum dritten Mal,
denn die Furcht, den Beistand nicht zu erlangen, von welchem
Ratcliffe so viel verheißen hatte, begann die Schrecken vor
der Gegenwart dessen zu überwältigen, den sie um Hülfe bitten wollte. Als sie zuletzt keine Antwort erhielt, nannte sie
wiederholt den Zwerg bei seinem angenommenen Namen, und
bat ihn, ihr zu antworten und die Thüre zu öffnen.

„Welches elende Wesen," fragte die erschreckende Stimme
des Einsiedlers, „ist in der Noth, um hier Zuflucht zu suchen? Geh von hinnen. Wenn das Auerhuhn auch der Zuflucht bedarf, sucht es sie nicht im Neste des Raben."

„Ich komme zu Euch, Vater," sagte Isabelle, „in meiner
Stunde des Unglücks, so Ihr mir selbst befohlen habt, als
Ihr mir verspracht, Euer Herz und Eure Thüre solle meinem
Elend offen stehen, allein ich fürchte —"

„Ha," rief der Einsiedler, „dann bist du Isabelle Vere,
gib mir ein Zeichen, daß du es bist."

„Ich habe Euch die Rose zurückgebracht, die Ihr mir gabt:
sie hatte nicht Zeit zum Verwelken, bevor das harte Schicksal
über mich hereinbrach, welches Ihr mir vorhersagtet."

„Und wenn du so dein Wort gelöst hast," sagte der Zwerg,
„so will ich das meinige nicht verwirken. Das Herz und die
Thüre, welche gegen jedes menschliche Wesen verschlossen waren, sollen sich dir und deinem Kummer öffnen."

Sie vernahm, wie er sich in seiner Hütte bewegte, und
gleich darauf Feuer schlug; ein Riegel nach dem andern ward
weggezogen; das Herz Isabellens klopfte heftiger, als diese

Hindernisse ihrer Zusammenkunft entfernt wurden. Es öffnete sich die Thüre und der Einsiedler stand vor ihr; seine seltsame Gestalt und seine Züge wurden durch die eiserne Lampe erleuchtet, die er in der Hand hielt.

„Trete ein, Tochter der Trübsal," waren seine Worte, „betrete das Haus des Elends."

Sie trat ein, und beobachtete mit einer Vorsicht, welche ihre Furcht steigerte, daß die erste Handlung des Klausners, nachdem er die Lampe auf den Tisch gestellt hatte, darin bestand, daß er die zahlreichen Riegel wieder vorschob, welche die Thür seiner Hütte sicherten. Sie schauderte, als sie das Geräusch dieses Unglück bedeutenden Verfahrens vernahm, gedachte jedoch der Warnungen Ratcliffe's, und bemühte sich, jeden Schein der Furcht zu unterdrücken. Das Licht der Lampe war schwach und ungewiß; der Einsiedler aber, ohne vorerst weiter auf Isabelle zu achten, als daß er sie einlud, sich auf einen kleinen Sitz am Kamin niederzulassen, entzündete schnell einigen trockenen Stechginster, welcher sogleich einen Flammenschein durch die Hütte verbreitete. Ein hölzernes Gesims mit einigen Büchern, einigen Bündeln getrockneter Kräuter und einem oder zwei Trinkgeschirren und Schüsseln, befanden sich an einer Seite des Feuers; an der andern standen einige Geräthe der Feldarbeit, mit anderen, welche Handwerker anwenden, untermischt. Wo man ein Bett hätte erwarten sollen, stand ein hölzerner, mit verwittertem Moos und Binsen bestreuter Rahmen, die Lagerstätte des Klausners. Der ganze Raum der Hütte betrug innerhalb der Mauern nur zehn Fuß Länge und sechs Fuß Breite; ihr einziges Geräth außer dem erwähnten bestand in einem Tisch und zwei Stühlen aus groben Dielen.

Innerhalb dieses engen Raumes fand sich jetzt Isabelle

13 *

mit einem Wesen eingeschlossen, dessen Geschichte nichts dar=
bot, sie zu beruhigen, und bei welchem die furchtbare Gestal=
tung eines scheußlichen Antlitzes einen beinahe abergläubischen
Schrecken einflößte. Er nahm seinen Sitz ihr gegenüber ein,
senkte seine großen und zottigen Brauen über seinen durch=
bringenden schwarzen Augen, und blickte sie schweigend an,
als sei er durch eine Mannigfaltigkeit streitender Gefühle be=
wegt. Auf der andern Seite saß Isabelle, bleich wie der Tod;
ihr langes Haar, durch den feuchten Nebel des Abends ent=
kräuselt, fiel ihr über Schultern und Brust, so wie die nas=
sen Wimpel vom Maste herabhängen, wenn der Sturm ent=
schwand, nachdem das Schiff durch ihn auf dem Gestade ge=
strandet ist. Der Zwerg brach zuerst das Schweigen mit der
plötzlichen, abgebrochenen und erschreckenden Frage: „Weib,
welches böse Geschick hat dich hieher gebracht?“

„Meines Vaters Gefahr und Euer Befehl,“ erwiderte sie
mit schwacher aber fester Stimme.

„Und Ihr hofft Hülfe von mir!?“

„Wenn Ihr mir sie leisten könnt,“ erwiderte sie in dem=
selben Tone milder Demuth.

„Und wie sollte ich diese Gewalt besitzen?“ fuhr der Zwerg
mit bitterem Hohne fort, „ist meine Gestalt die eines Ritters,
der dem Unrecht abhilft? Ist dieß ein Schloß, worin ein
Mächtiger wahrscheinlich seinen Wohnsitz aufschlägt, welcher
Gewalt genug besitzt, daß eine schöne Bittende, die ihn an=
fleht, Hülfe von ihm erlangt? Mädchen, ich spottete deiner,
als ich sagte, ich werde dir helfen.“

„Dann muß ich fort, und meinem Geschicke trotzen, so weit
es mir möglich ist!“

„Nein,“ sagte der Zwerg, indem er aufstand, zwischen sie
und die Thür trat, und durch eine Handbewegung bei finste=

rem Ausdruck der Gesichtszüge sie einlud, ihren Sitz wieder einzunehmen — „Nein, so verlaßt Ihr mich nicht; wir müssen noch weiter mit einander reden. Warum sollte ein Wesen die Hülfe eines Andern verlangen? Warum sollte nicht Jeder sich selbst genügen? Blickt umher — ich, von Allen verachtet und abgelebt im Reich der Natur, habe Mitgefühl und Hülfe von Niemand verlangt. Diese Steine habe ich mit eigenen Händen auf einander gehäuft; dieses Geräth mit eigener Hand geformt, und mit diesem" — er legte seine Hand mit einem trotzigen Blick auf den langen Dolch, den er stets unter dem Kleide trug, und zog ihn so weit hervor, daß die Klinge in dem Flammenlichte glänzte — „mit diesem" fuhr er fort, als er die Waffe in die Scheide zurückstieß, „kann ich im Nothfall den Lebensfunken in so einem armen Rumpfe gegen den schönsten und kräftigsten Mann vertheidigen, der mich mit Gewaltthätigkeit bedroht!" Nur mit Schwierigkeit hielt Isabelle einen lauten Ruf des Schreckens zurück; sie überwältigte jedoch ihre Furcht. „So ist das Leben der Natur," fuhr der Klausner fort, „einsam sich selbst genügend und unabhängig. Der Wolf ruft nicht den Wolf zu Hülfe, wenn er seine Höhle baut, der Geier ersucht nicht einen Andern, wenn er auf seine Beute herniederfahren will."

„Und wenn sie sich nicht Hülfe verschaffen können?" fragte Isabelle, indem sie scharfsinnig bedachte, daß er Gründen, welche sie, in seinen bilderreichen Styl eingehend, ihm angeben werde, am meisten zugänglich sein werde, „welcher Art dann ist ihr Schicksal?"

„Laßt sie vor Hunger sterben und vergessen werden."

„Es ist das Loos der wilden Naturgeschlechter," sagte Isabelle, „und vorzugsweise solcher, welche bestimmt sind, vom Raube zu leben, der keinen Theilnehmer erträgt, es ist nicht das Gesetz der Natur im Allgemeinen. Sogar die niederen Thiere schließen Bündnisse zu gegenseitiger Vertheidigung. Aber die Menschen — das Geschlecht würde den Untergang finden, wenn die Einzelnen einander die Unterstützung versagten. Vom Augenblick, wo die Mutter den Kopf ihres Kindes verbindet, bis zum Augenblick, wo ein gütiger Freund den Todesschweiß von der Stirn des Sterbenden abtrocknet, können wir ohne gegenseitige Hülfe nicht leben. Alle deßhalb, welche der Hülfe bedürfen, besitzen ein Recht, sie von ihrem Nebenmenschen zu erbitten; Niemand, welcher die Macht hat, sie zu gewähren, kann sie ohne Schuld verweigern."

„Und mit dieser einfältigen Hoffnung, armes Mädchen," sagte der Einsiedler, „bist du in die Wüste gekommen, um mich aufzusuchen, der ich wünsche, daß die von mir erwähnte Verbindung auf immer abgebrochen würde, und daß das ganze Geschlecht im wahren Sinn des Worts umkommen möge? Hast du dich nicht gefürchtet?"

„Das Elend," sprach Isabelle mit Festigkeit, „ist der Furcht überlegen."

„Hast du nicht in deiner sterblichen Welt sagen hören, daß ich mit anderen Mächten im Bunde stehe, die für den Blick eben so entstellt und dem Menschengeschlecht eben so feindlich sind wie ich? Hast du dieß nicht gehört? Und du suchst meine Zelle um Mitternacht auf!"

„Das Wesen, welches ich verehre, schützt mich vor so eitler Furcht," sagte Isabelle; die gesteigerte Aufregung ihres Busens widerlegte jedoch den erzwungenen Muth, welchen ihre Worte aussprachen.

„Ha, ha," sagte der Zwerg, „du prahlst mit Philosophie, hast du jedoch nicht die Gefahr bedacht, daß du jung und schön dich der Gewalt eines Wesens anvertraust, welches so

tief die Menschheit haßt, daß es sein hauptsächliches Vergnügen in Entstellung und Entwürdigung ihrer schönsten Werke
findet?"

Isabelle, obgleich erschreckt, fuhr fort, mit Festigkeit zu
antworten, „welch' Unrecht Ihr auch in der Welt ertragen
habt, so vermögt Ihr nicht, es an mir zu rächen, die ich niemals weder Euch noch einem Andern absichtlich ein Unrecht
erwies."

„Mädchen," fuhr der Zwerg fort, und seine dunklen Augen glänzten mit dem Ausdruck der Bosheit, welche sich seinen wilden und verdrehten Gesichtszügen mittheilte, „Rache
ist der hungrige Wolf, welcher nur erstrebt, Fleisch zu zerreißen und Blut zu lecken. Glaubst du, daß er darauf achtet,
wenn das Lamm sich auf Unschuld beruft?"

„Mann," sprach Isabelle, indem sie aufstand und mit vieler Würde redete, „ich fürchte nicht die schauderhaften Vorstellungen, wodurch Ihr Eindruck bei mir zu erregen sucht,
ich weise sie mit Verachtung zurück. Seid Ihr sterblich oder
ein böser Geist, so würdet Ihr niemals einer Unglücklichen
schaden, welche in äußerster Noth als Bittende zu Euch kam.
Ihr werdet es nicht, Ihr wagt es nicht."

„Du sprichst die Wahrheit," erwiderte der Klausner, „ich
wage es nicht — ich werde es nicht, kehre heim. Fürchte
nichts von dem, womit man dich bedroht. Du hast mich um
Schutz ersucht — du sollst ihn wirksam finden."

„Aber Vater, ich habe eingewilligt, noch heute Nacht den
Mann, den ich verabscheue, zu heirathen, oder ich muß meinen Vater zu Grunde richten."

„Noch heute Nacht? um welche Stunde?"

„Vor Mitternacht."

„Das Zwielicht," sagte der Zwerg, „ist schon vorüber, sei jedoch unbesorgt, die Zeit genügt zu deinem Schutze."

„Und mein Vater," fuhr Isabelle in bittendem Tone fort.

„Dein Vater," erwiderte der Zwerg, „war und ist mein bitterster Feind, sei jedoch unbesorgt; deine Tugend soll ihn retten. Jetzt aber gehe, hielte ich dich länger bei mir zurück, so könnte ich wiederum in die albernen Träume hinsichtlich der Güte der Menschen verfallen, aus denen ich einst so furchtbar geweckt wurde. Fürchte jedoch nichts — sogar am Fuße des Altares will ich dich erretten. Lebt wohl, die Zeit drängt uns, und ich muß handeln."

Er führte sie zur Thür seiner Hütte, die er öffnete, damit sie ihn verlassen konnte. Sie bestieg wieder ihr Pferd, welches innerhalb der Umzäunung gegrast hatte, und trieb es im Lichte des jetzt aufgehenden Mondes an den Platz, wo Ratcliffe zurückgeblieben war.

„Habt Ihr Erfolg gehabt?" war seine erste, hastige Frage.

„Ich habe Versprechungen von ihm erhalten, zu dem Ihr mich sandtet; wie ist es aber möglich, daß er sie erfüllt?"

„Gott sei Dank," sagte Ratcliffe, „zweifelt nicht an seiner Gewalt, sein Versprechen zu erfüllen."

In dem Augenblick ertönte ein scharfes Pfeifen über die Heide.

„Horch," sagte Ratcliffe „er ruft mich — Miß Vere, kehrt nach Hause zurück, und laßt die Hinterthüre des Gartens unverriegelt; zu derjenigen Thür, welche auf die Hintertreppe führt, habe ich einen besonderen Schlüssel." Ein zweites Pfeifen wurde jetzt vernommen, noch greller als das erste.

„Ich komme, ich komme," sagte Ratcliffe; er spornte sein Pferd und ritt über die Heide in der Richtung zur Hütte des Klausners. Miß Vere kehrte in's Schloß zurück. Das Feuer ihres Pferdes und ihre eigene Angst wirkten zusammen, um ihren Ritt zu beschleunigen.

Sie gehorchte den Vorschriften Ratcliffe's, ohne jedoch ihren Zweck zu ahnen, ließ ihr Pferd auf einem eingehegten Platze am Garten zurück und eilte auf ihr Zimmer, das sie, ohne bemerkt zu werden, erreichte. Sie entriegelte jetzt ihre Thür und zog die Schelle, um Kerzen herauf bringen zu lassen. Ihr Vater erschien mit dem Diener, der ihrem Befehl gehorchte.

„Zweimal," sagte er, „während der zwei Stunden, welche vergangen sind, seit ich Euch verließ, habe ich an Eurer Thür gehorcht; da ich nichts von Euch vernahm, besorgte ich, daß Ihr krank wäret."

„Und jetzt, theurer Vater," sagte sie, „erlaubt mir, das Versprechen in Anspruch zu nehmen, welches Ihr mir gütigst gegeben habt; überlaßt mir die letzten Augenblicke der Freiheit, die ich noch genieße, ohne alle Unterbrechung; verlängert den mir gestatteten Verzug bis zum letzten Augenblick."

„So will ich," erwiderte ihr Vater, „Ihr werdet nicht unterbrochen werden. Aber diese ungeordnete Kleidung, dies zerstreute Haar — wenn ich Euch wiederum rufe, dürft Ihr nicht in solchem Zustande sein. Das Opfer muß freiwillig gebracht werden, wenn es heilsam sein soll."

„Muß es sein," antwortete sie, „wohlan denn, seid unbesorgt, Vater, das Opfer wird geschmückt sein.

# Siebenzehntes Kapitel.

Hier sieht es nicht wie bei der Hochzeit aus.
Viel Lärmen um Nichts.

Die Kapelle im Schloß Ellieslaw, welche der Schauplatz dieser unheilvollen Verbindung sein sollte, war ein Gebäude von noch höherem Alter als das Schloß selbst, obgleich auch das letztere auf bedeutendes Alterthum Anspruch machte. Bevor die Kriege zwischen England und Schottland so gewöhnlich und langdauernd wurden, daß alle Gebäude an beiden Seiten der Grenze eine kriegerische Bestimmung erhielten, war in Ellieslaw eine kleine Niederlassung von Mönchen vorhanden gewesen, welche nach der Meinung von Antiquaren zur reichen Abtei von Jedborgh gehörten. Die Besitzungen der Mönche waren aber unter den Veränderungen verloren gegangen, welche der Krieg und die gegenseitigen Verwüstungen hervorriefen. Ein feudales Schloß war auf den Trümmern ihrer Zellen errichtet, und ihre Kapelle wurde von den Mauern desselben umschlossen. Der Bau zeigte in seinen runden Bögen und massiven Pfeilern so wie in deren Einfachheit seinen Ursprung in den Zeiten des sogenannten angelsächsischen Baustyles, beurkundete zu jeder Zeit ein düsteres und finsteres Aeußere, und war häufig als Begräbnißplatz von der Familie der Feudalherren eben so wie früher von den Mönchen benutzt worden. Jetzt aber schien der düstere Ausdruck der Ka-

pelle durch die Wirkung weniger rauchender Fackeln er=
höht zu sein, welche zur Erleuchtung des Raumes gebraucht
wurden; während dieselben ein helles, gelbes Licht in ihrer
unmittelbaren Nähe verbreiteten, waren sie jenseits desselben
von einem rothen und purpurnen Ring umgeben, dessen Farbe
aus dem vom Rauche zurückgeworfenen Licht entsprang; jen=
seits dieses Lichts dehnte sich ein Umkreis der Finsterniß aus,
welcher die Ausdehnung der Kapelle zu vergrößern schien,
während es dem Auge unmöglich wurde, seine Grenze zu er=
kennen. Einige unpassende Zierrathen, welche in der Eile an=
gebracht waren, erhöhten noch den finstern Eindruck des Or=
tes. Alte Tapetenstücke, von den Wänden anderer Gemächer
genommen, waren hastig an diejenigen der Kapelle gehängt,
und bedeckten dieselben theilweise; die Wappenschilder und die
Sinnbilder der Todten, welche an den Mauern sonst sich be=
fanden, ragten zwischen jenen Tapeten in unpassender Weise
hervor. An jeder Seite des Steinaltars stand ein Denkmal;
der Styl dieser Bildwerke bildete einen eben so sonderbaren
Gegensatz. Auf dem einen war die Gestalt eines finsteren
Eremiten oder Mönches, der einst im Geruche der Heiligkeit
starb, in Stein ausgehauen; sie war als auf dem Rücken lie=
gend mit Kaputze und Scapulir dargestellt; das Antlitz wandte
sich aufwärts wie im Gebet, und die Hände waren gefaltet,
von denen ein Rosenkranz herabhing. Auf der andern Seite
stand ein Grabmal in italienischem Geschmack, ein schönes
Werk der Plastik, welches als Muster der neueren Kunst galt.
Es war zum Andenken der Mutter Isabellens, der verstorbe=
nen Frau Bere von Ellieslaw errichtet; sie war dargestellt
als eine Sterbende, während ein weinender Cherub mit abge=
wandten Augen eine schwach brennende Lampe als Sinnbild
ihres schnellen Todes auszulöschen schien. Das Denkmal war

wirklich ein Meisterstück der Kunst, jedoch in dem plumpen Gewölbe übel angebracht, wo man es aufgestellt hatte. Viele wurden überrascht und sogar empört, daß Ellieslaw, dessen Zärtlichkeit gegen seine Gattin, so lange sie lebte, gerade nicht bemerkt wurde, nach ihrem Tode ein so kostbares Denkmal mit verstelltem Gram errichten ließ. Andere jedoch rechtfertigten ihn gegen den Vorwurf der Heuchelei, und behaupteten, daß dies Denkmal unter Leitung und auf Kosten des Herrn Ratcliffe errichtet war.

Vor diesen Monumenten hatten sich die Hochzeitgäste versammelt; es waren wenige an Zahl, denn Viele hatten das Schloß verlassen, um Vorbereitungen zu dem bevorstehenden Aufstande zu treffen, und Ellieslaw war bei den vorhandenen Umständen weit davon entfernt, seine Einladungen über diejenigen nahen Verwandten auszudehnen, deren Gegenwart durch die Sitte des Landes unbedingt geboten war. Dem Altar zunächst stand Sir Frederik Langley finster, mürrisch und gedankenvoll, sogar noch mehr, wie er dieß sonst zu sein pflegte; neben ihm befand sich Mareschal, welcher die Rolle des sogenannten Brautführers übernommen hatte. Die gedankenlose gute Laune dieses jungen Herrn, welcher derselbe niemals den geringsten Zwang anzuthun für gut hielt, steigerte die Wolke, welche über der Stirne des Bräutigams schwebte.

„Die Braut hat noch nicht ihr Zimmer verlassen," flüsterte er Sir Frederik zu, „ich hoffe, daß wir nicht zu den gewaltthätigen Mitteln der Römer unsere Zuflucht nehmen müssen, wovon ich auf der Schule gelesen habe. Es wäre eine harte Sache für meine hübsche Cousine, wenn man mit ihr zweimal in zwei Tagen durchgehen müßte, obgleich ich kein

Mädchen kenne, welches würdiger eines so gewaltthätigen Compliments wäre."

Sir Frederik bemühte sich, diesen Worten ein taubes Ohr zu leihen, indem er ein Lied summte und nach einer andern Richtung blickte. Mareschal aber fuhr fort, in derselben ausgelassenen Weise zu scherzen.

„Der Verzug wird dem Dr. Hobbler schwer, welcher gerade abgerufen wurde, um die Vorbereitungen dieser freudigen Ereignisse zu beschleunigen, als er den Kork aus seiner dritten Flasche herausgezogen hatte. Ich hoffe, Ihr werdet ihn vor dem Verweise seiner Oberin schützen, denn nach meiner Meinung geht die Zeit über die kanonischen Stunden — hier aber kommt Ellieslaw und meine hübsche Cousine — wie ich glaube, schöner wie jemals, wenn sie nicht so schwach und todtenblaß — hört, Herr Ritter, spricht sie nicht ihr Ja vollkommen gutwillig, so habt Ihr keine Hochzeit, ungeachtet alles dessen, was vorgegangen ist."

„Keine Hochzeit, Herr?!" erwiderte Sir Frederik in einem lauten Geflüster, dessen Ton anzeigte, daß sein zorniges Gefühl nur mit Schwierigkeit unterdrückt wurde.

„Nein — keine Ehe," erwiderte Mareschal, „darauf verpfände ich Euch meine Hand und Handschuh."

Sir Frederik Langley ergriff seine Hand und sagte leiser, indem er sie heftig drückte, „Mareschall, das sollt Ihr verantworten." Dann schleuderte er seine Hand fort.

„Dazu bin ich bereit," sagte Mareschal, „niemals entging meinen Lippen ein Wort, wofür meine Hand nicht einstand, drum redet, meine hübsche Cousine, und sagt mir, ob es Euer freier Wille und Euer unbefangener Entschluß ist, diesen tapferen Ritter als Herrn und Gemahl anzunehmen, denn hegt

Ihr hierüber nur das Zehntel einer Bedenklichkeit, so tretet bestimmt zurück, dann soll er Euch nicht erhalten."

„Seid Ihr toll, Herr Mareschal," fragte Ellieslaw, welcher als früherer Vormund des jungen Mannes während seiner Minderjährigkeit noch oft die Sprache der Ueberlegenheit gegen ihn einnahm. „Glaubt Ihr, ich würde meine Tochter an den Fuß des Altars schleppen, wäre dieß nicht ihre eigene Wahl?"

„Stille, Ellieslaw," erwiderte der junge Herr, „sagt mir nicht das Gegentheil; ihre Augen sind voll Thränen und ihre Wangen weißer wie ihr weißes Kleid. Ich muß darauf bestehen, im Namen der bloßen Menschlichkeit, daß die Ceremonie bis morgen verschoben wird."

„Sie wird es dir selbst sagen, du unverbesserlicher Raseweis, der sich in Dinge mischt, die ihn nichts angehen. — Sie wird dir selbst sagen, daß sie wünscht, die Ceremonie möge ihren Verlauf haben — ist es nicht so, Isabelle, meine Tochter?"

„So ist es," sagte Isabelle halb ohnmächtig — „da Hülfe weder von Gott noch Menschen sich erwarten läßt."

Das erste Wort allein war deutlich zu hören. Mareschal zuckte die Achseln und schritt zurück; Ellieslaw stützte seine Tochter auf dem Gange zum Altar; Sir Frederik trat vor und stellte sich an ihre Seite, der Geistliche öffnete sein Gebetbuch und blickte auf Herr Vere, um das Signal zum Beginne der Ceremonie zu erwarten. „Beginnt," sagte der Letztere.

Aber eine Stimme, die aus dem Grabe seiner verstorbenen Gemahlin hervorzukommen schien, rief in so lautem und scharfem Tone, daß jedes Echo der gewölbten Kapelle widerhallte:

„Haltet ein!" — Alle waren stumm und bewegungslos, bis

ein entferntes Geräusch und das Geklirre von Degen oder
etwas Aehnliches, von den entfernteren Gemächern her vernommen wurde. Es hörte beinahe sogleich auf.

„Was ist das für eine neue Kabale?“ fragte Sir Frederik
mit trotzigem Ton, indem er Ellieslaw und Mareschal mit
Blicken boshaften Argwohns betrachtete.

„Es kann nur der Scherz eines betrunkenen Gastes sein,“
sagte Ellieslaw, obgleich er sehr betroffen war; „wir müssen
große Nachsicht bei dem Uebermaß der Festlichkeit von heute
Abend hegen. Vollbringt die Ceremonie.“

Bevor der Geistliche gehorchen konnte, wurde das vorher
vernommene Verbot von demselben Ort aus wiederholt; die
Begleiterinnen der Braut schrieen auf und flohen aus der
Kapelle; die Herren legten die Hand an den Degen. Bevor
der erste Augenblick der Ueberraschung vorüber war, schritt
der Zwerg hinter dem Grabdenkmal hervor, und stellte sich
vor Herrn Vere mit der vollen Erscheinung seines Körpers
hin. Die Wirkung einer so wunderbaren und scheußlichen
Erscheinung an solchem Orte und unter solchen Umständen,
bestürzte alle Anwesenden, aber schien den Gutsherrn von
Ellieslaw zu vernichten; er ließ den Arm seiner Tochter fahren, wankte zum nächsten Pfeiler, umklammerte denselben mit
seinen Händen, als wolle er sich stützen, und lehnte seine Stirn
an die Säule.

„Wer ist dieser Kerl?“ fragte Sir Frederik, „was hat
seine Zudringlichkeit zu bedeuten?“

„Es ist Jemand, welcher kömmt, dir zu sagen,“ sprach der
Zwerg mit der eigenthümlichen Bitterkeit seines Wesens, „daß
du, wenn du diese junge Dame heirathest, weder mit der Erbin von Ellieslaw, noch von Mauleyhall, noch von Polverton,
noch von einer Furche Landes dich vermählst, wenn sie nicht

meine Einwilligung erhält; diese wird dir nie gegeben wer=
den. Nieder auf deine Kniee, danke dem Himmel, daß du ver=
hindert wirst, dich mit Eigenschaften zu vermählen, mit de=
nen du nichts zu schaffen hast — mit Wahrhaftigkeit ohne
Brautschatz, mit Tugend und Unschuld — und du, elender
Undankbarer," indem er seine Worte an Ellieslaw richtete —
"worin besteht jetzt deine elende Ausflucht? der du deine Toch=
ter verkaufen wolltest, um dir eine Gefahr vom Halse zu schaf=
fen, wie du sie im Hunger ermordet und verschlungen haben
würdest, um dein eigenes, elendes Leben zu bewahren! — Ha,
verberge dein Gesicht mit den Händen; wohl darfst du errö=
then, ihm in das Gesicht zu blicken, dessen Leib du einst in
Ketten, dessen Hand du der Blutschuld, und dessen Seele du
dem Elend überliefertest. Noch einmal bist du durch die Tu=
gend von ihr gerettet, welche dich Vater nennt; packe dich,
und mögen die Wohlthaten und die Verzeihung, die ich dir
übertragen, zu feurigen Kohlen werden, bis dein Gehirn ver=
sengt und verbrannt ist, wie das meinige!"

Ellieslaw verließ die Kapelle mit einer Bewegung stum=
mer Verzweiflung.

"Folget ihm, Hubert Ratcliffe," sagte der Zwerg, und ver=
kündigt ihm sein Schicksal, er wird sich freuen; als Glück
gilt es ihm, die Luft zu athmen und Gold in den Händen zu
haben."

"Ich verstehe nichts davon," sagte Sir Frederik Langley,
"wir sind aber hier ein Corps von Edelleuten in Waffen für
König Jakob und mit dessen Gewalt; seid Ihr wirklich oder
nicht jener Sir Edward Mauley, den man schon so lang für
verstorben im Irrenhaus hielt, oder seid Ihr ein Betrüger,
der seinen Namen und Titel annimmt, so sind wir so frei,
Euch hier zu verhaften, bis Ihr über Eure Erscheinung in

diesem Augenblick bessere Rechenschaft gegeben habt. Wir wollen unter uns keine Spione. — Ergreift ihn, Freunde!"

Die Diener aber fuhren zweifelnd und erschreckt zurück; Sir Frederik schritt selbst auf den Klausner zu, als wolle er Hand an ihn legen, wurde aber plötzlich durch die glänzende Spitze einer Partisane zum Anhalten gezwungen, welche die derbe Hand von Hobbie Elliot gegen seine Brust richtete.

„Ich will machen, daß Euch das Tageslicht durchscheint, wenn Ihr es wagt, auf ihn zuzugehen," sagte der kräftige Grenzbewohner, „zurück, oder ich durchstoße Euch; Niemand soll einen Finger an Elshie legen; er ist ein kluger, nachbar=licher Mann, stets bereit, einem Freund zu helfen; und wenn Ihr ihn auch für einen Krüppel haltet, Freund, so wette ich doch einen Widder — Griff für Griff genommen — daß er Euch das Blut aus den Nägeln spritzen läßt. Elshie ist ein rauher Gesell, er quetscht so derb wie eine Schraube."

„Was hat Euch hieher gebracht, Elliot?" fragte Mareschal, „wer hat Euch berufen, Euch hier einzumischen?"

„Wahrhaftig, Mareschal Wells," erwiderte Hobbie, „ich bin gerade hieher gekommen mit Zwanzig bis Dreißig, mehr in meinem eigenen Namen und im Namen des Königs oder der Königin, wie man jetzt sagt, und noch dazu im Namen des klugen Elshie, uns den Frieden zu erhalten, und um eine Gewaltthätigkeit zurückzugeben, die mir Ellieslaw angethan hat. Ein gutes Frühstück haben mir die Schelme neulich gegeben, und er hatte die Hand im Spiele, und glaubt Ihr, ich wäre nicht bereit, ihm ein Abendessen zu geben? — Ihr Herrn braucht nicht die Hand an den Degen zu legen, das Haus ist schon unser mit wenig Lärm, denn die Thür stand offen, und Euer Volk hatte viel Punsch gesoffen. Wir nahmen ihre De=gen und Pistolen so leicht, als schälten wir Erbsenschoten aus."

Mareschal stürzte hinaus, und kam sogleich wieder in die Kapelle zurück.

„Beim Himmel, es ist wahr, Sir Frederik, das Haus ist mit Bewaffneten gefüllt, und unser besoffenes Gesindel ist entwaffnet; zieht den Degen, wir wollen uns durchschlagen."

„Nicht zu rasch, nicht zu rasch," rief Hobbie aus, „hört mich nur ein wenig an, wir wollen Euch kein Leid thun; da Ihr aber für König Jakob, wie Ihr ihn nennt, und die Prälaten in Waffen seid, so hielten wir es für Recht, den alten Nachbarkrieg zu beginnen und für den andern König und unsere Kirche aufzustehen; wir wollen Euch aber kein Haar krümmen, wenn Ihr Euch ruhig nach Hause packt, und das ist für Euch das Beste, denn es ist sichere Nachricht von London angelangt, daß Bang oder Byng, wie Ihr ihn nennt, die französischen Schiffe und den neuen König von der Küste weggejagt habe; somit bleibt Ihr am besten zufrieden mit der alten Anna, weil Ihr keinen andern König oder Königin jetzt bekommen könnt."

Ratcliffe trat in diesem Augenblick ein, und bestätigte die für die Jakobiten so ungünstige Nachricht. Sir Frederik verließ beinahe sogleich das Schloß mit denjenigen seiner Begleiter, die ihm im Augenblick folgen konnten, ohne von Jemand Abschied zu nehmen.

„Und was wollt Ihr thun, Mareschal?" fragte Ratcliffe.

„Wahrhaftig," antwortete derselbe lächelnd, „mein Muth ist zu groß und mein Vermögen ist zu klein, um dem Beispiel dieses wackeren Bräutigams zu folgen. Es liegt nicht in meiner Natur und ist auch kaum der Mühe werth."

„Wohlan denn, so zerstreut Eure Leute und bleibt ruhig; man wird den ganzen Streich übersehen, da kein öffentlicher Aufruhr stattgefunden hat."

„Halt, halt," sagte Elliot, „was vergangen ist, sei vergangen, und laßt uns Alle Freunde wieder sein; ich habe gegen Niemand Bosheit, als gegen Westburnflat, und dem habe ich das Fell heiß und kalt gemacht. Mein Pallasch hatte kaum drei Schläge mit dem seinen gewechselt, als er durch das Fenster in den Schloßgraben sprang und sich hindurch arbeitete wie eine wilde Ente. Er ist wahrhaftig ein geschickter Kerl, er ging durch mit einem hübschen Mädchen am Morgen und mit einem andern zur Nacht; mit weniger war er nicht zufrieden! Wenn er aber nicht selbst aus dem Lande durchgeht, so will ich ihn an einem Stricke tanzen lassen, denn mit der Zusammenkunft in Castleton ist es vorbei; seine Freunde wollen ihn nicht unterstützen."

Während der allgemeinen Verwirrung hatte sich Isabelle ihrem Verwandten Sir Edward Mauley zu Füßen geworfen (denn so müssen wir jetzt den Klausner nennen), um zugleich ihre Dankbarkeit auszudrücken, und um die Vergebung ihres Vaters zu erflehen. Die Augen Aller begannen sich auf sie zu richten, sobald ihre eigene Aufregung und der Lärm der Begleiter etwas nachgelassen hatte. Miß Vere kniete am Grabe ihrer Mutter, mit deren Statue ihre Züge eine auffallende Aehnlichkeit darboten. Sie hielt die Hand des Zwerges, welche sie zu wiederholten Malen küßte, und badete dieselbe mit Thränen. Er stand starr und regungslos, nur seine Augen blickten abwechselnd auf die marmorne Gestalt und die lebendige Bittende. Zuletzt zwangen ihn große Tropfen, welche sich auf seinen Augenwimpern sammelten, mit der Hand dieselben zu bedecken.

„Ich dachte," sagte er, „daß Thränen mit mir schon lange nichts mehr gemein hätten, allein wir vergießen sie bei unse=

14*

rer Geburt, und ihre Quelle vertrocknet nicht eher, als bis wir im Grabe liegen. Kein Schmerz des Herzens soll aber meinen Entschluß erschüttern, ich trenne mich hier zugleich und auf immer von Allen, deſſen Erinnerung (er blickte auf das Grab) oder deſſen Gegenwart (er drückte die Hand der Iſabelle) mir theuer iſt — redet nicht mit mir, verſucht nicht, mir meinen Entſchluß auszureden, es wird Euch nichts helfen; Ihr werdet von dieſem Klumpen der Häßlichkeit nichts weiter hören und ſehen. Für Euch werde ich todt ſein, bevor ich mich im Grabe befinde, und Ihr werdet meiner als eines Freundes gedenken, welcher von dem Verbrechen und Leiden des Daſeins befreit iſt." Er küßte Iſabelle auf die Stirn, drückte einen zweiten Kuß auf die Stirn der Statue, neben welcher er kniete, und verließ die Kapelle unter der Begleitung Ratcliffe's.

Iſabelle, von den Regungen des Tages beinahe erſchöpft, ward von ihren Dienerinnen in ihr Gemach geführt; die meiſten andern Gäſte zerſtreuten ſich, nachdem jeder Einzelne abgeſondert ſich bemüht hatte, vor allen Herren, die ihn hören wollten, eine entſchiedene Mißbilligung der Verſchwörung gegen die Regierung oder ein Bedauern an der Theilnahme derſelben auszuſprechen. Hobbie Elliot übernahm den Befehl des Schloſſes für dieſe Nacht, und ließ eine regelmäßige Wache aufziehen. Er rühmte ſich nicht wenig des Eifers, womit er und ſeine Freunde der haſtigen Aufforderung Elſhie's gehorcht hatten, die ihnen durch den treuen Ratcliffe zukam. Wie er ſagte, war es ein glücklicher Zufall, daß ſie an demſelben Tage Kunde erhalten hatten, Weſtburnflat beabſichtige nicht, ſeinen Vertrag hinſichtlich der Zuſammenkunft in Caſtleton zu halten, ſondern biete Trotz den Elliots; ſomit hatte ſich eine beträchtliche Schaar in Heugh-foot verſammelt, um dem

Thurme des Räubers am nächsten Morgen einen Besuch abzustatten. Die Schaar wurde leicht bewogen, nach Ellieslaw aufzubrechen.

---

## Achtzehntes Kapitel.

---

> Die letzte Scene folgt, um die Geschichte
> Voll sonderbaren Wechsels hier zu schließen.
> Wie es Euch gefällt.

Am nächsten Morgen überreichte Ratcliffe der Miß Bere einen Brief ihres Vaters folgenden Inhalts:

„Theuerstes Kind!

Die Bosheit einer mich verfolgenden Regierung wird mich nöthigen, meiner Sicherheit wegen mich in's Ausland zurückzuziehen, und einige Zeit in fremden Ländern zu verweilen. Ich ersuche Euch nicht, mich zu begleiten oder mir zu folgen; Ihr werdet meinem und Eurem Interesse gemäß weit wirksamer verfahren, wenn Ihr zurückbleibt, wo Ihr seid. Es ist unnöthig, die Einzelnheiten der Ursache jener sonderbaren Vorfälle darzulegen, welche sich gestern ereigneten. Ich glaube Ursache zu haben, mich über die Behandlung zu beklagen, die ich von Sir Edward Mauley erlitt, welcher Euer nächster Verwandter von mütterlicher Seite ist; da er Euch aber zum Erben erklärt hat, und Euch in unmittelbaren Besitz eines großen Theils Eures Vermögens setzen wird, so halte ich dieß für eine vollkommene Ausgleichung seines Unrechtes. Ich erkenne, daß er mir niemals den Vorzug verziehen hat, den Eure Mutter meinen Bewerbungen gab, statt die Bedingungen

einer Art von Familienvertrag anzunehmen, welcher abge=
schmackter und tyrannischer Weise sie zur Gemahlin ihres
körperlich entstellten Verwandten bestimmte. Der Schlag war
sogar genügend, seinen Verstand zu verwirren, der sich jedoch
niemals in sehr guter Ordnung befand, und ich hatte als der
Gemahl seiner nächsten Verwandten und Erbin die zarte Auf=
gabe einer sorgfältigen Behandlung seiner Person und der
Verwaltung seines Eigenthums zu lösen, bis er in den Genuß
des letzteren von denjenigen wieder eingesetzt wurde, welche
ohne Zweifel der Meinung waren, daß sie ihm Gerechtigkeit
erwiesen; untersucht man jedoch einige Theile seines späteren
Verfahrens, so scheint es, daß man ihn um seiner selbst willen
unter dem Einfluß eines milden und heilsamen Zwanges hätte
lassen müssen.

„In einer Hinsicht jedoch zeigte er das Bewußtsein seiner
Pflicht hinsichtlich der Bande des Blutes, sowie dasjenige sei=
ner eigenen Geisteskrankheit; während er sich von der Welt
unter verschiedenen Namen und Verkleidungen gänzlich ab=
sonderte, und darauf bestand, daß man ein Gerücht über seinen
Tod verbreitete (ein Verfahren, zu dem ich gerne meine Ein=
willigung gab, um ihm gefällig zu sein), ließ er mir die Ein=
künfte eines großen Theils seiner Güter und hauptsächlich aller
derjenigen zur Verfügung, die als das Eigenthum Eurer Mut=
ter ihm als Mannslehen wieder anheimfielen. Er glaubte
vielleicht mit außerordentlicher Großmuth zu handeln, während
alle Unparteiischen der Meinung sein werden, daß er nur eine
natürliche Verpflichtung erfüllte; denn der Gerechtigkeit, wenn
auch nicht nach dem Buchstaben des Gesetzes gemäß, müßt
Ihr als die Erbin Eurer Mutter und muß ich als der gesetz=
liche Verwalter Eures Vermögens betrachtet werden. Anstatt
deßhalb mich als einen Mann zu betrachten, welcher von Sir

Edward in dieser Hinsicht mit Wohlthaten überladen wurde,
glaube ich vielmehr Ursache zur Beschwerde zu haben, daß jede
mir zukommende Geldsumme nur nach dem Belieben des Herrn
Ratcliffe ausgetheilt wurde, welcher ohnedem Pfandbriefe auf
mein väterliches Gut Ellieslaw für jedes Darlehen von mir
erpreßte, welches ich als Vorschuß anderer Art brauchte; so
hat sich dieser Mann gewissermaßen als der unbedingte Verwalter und Beaufsichtiger meines Eigenthums eingeschlichen.
Wenn nun alle diese scheinbare Freundschaft von Sir Edward
nur zu dem Zweck verwandt wurde, daß er eine vollkommene
Leitung meiner Angelegenheiten und die Macht, mich nach Belieben zu Grunde zu richten, erlangen konnte, so fühle ich mich
noch weniger zur Dankbarkeit wegen angeblicher Wohlthaten
verpflichtet.

„Im Herbste vergangenen Jahres führte ihn, wie ich höre,
entweder seine zerrüttete Einbildungskraft, oder der von mir
angedeutete Entwurf in dieß Land zurück. Sein vorgeblicher
Beweggrund war, wie es scheint, der Wunsch, ein Denkmal
zu sehen, welches er in der Kapelle auf dem Grabe Eurer
Mutter hatte errichten lassen. Herr Ratcliffe, welcher mir
damals die Ehre erwies, mein Haus zu dem seinigen zu machen, hatte die Gefälligkeit, ihn heimlich in die Kapelle einzuführen. Wie er mir berichtet, war die Folge ein Wahnsinn
von mehreren Stunden, in welchem er nach den Mooren in
der Nähe floh; in einem der wildesten Orte derselben beschloß
er, nachdem er sich etwas erholt hatte, seine Wohnung aufzu-
schlagen, und als eine Art Quacksalber beim Landvolke aufzutreten, was er schon in seinen besseren Tagen gern zu thun
pflegte. Es ist auffallend, daß Herr Ratcliffe, anstatt mich
von diesen Umständen zu benachrichtigen, damit ich dem Verwandten meiner verstorbenen Frau die Sorgfalt erweisen könne,

welche sein unglücklicher Zustand erheischte, eine strafbare Nachsicht bei dessen wahnsinnigen Planen hegte; er versprach nicht allein Geheimhaltung, sondern leistete darauf auch einen Eid. Er besuchte häufig den Sir Edward und half ihm in dem phantastischen Geschäft, das er sich auferlegt hatte, um eine Einsiedelei zu erbauen. Beide schienen nichts so sehr befürchtet zu haben, wie eine Entdeckung ihres Verkehres.

„Der Boden bestand nach jeder Richtung hin in einer offenen Ebene; indeß eine kleine unterirdische Höhle, wahrscheinlich ein früheres Grab, welche sie in ihren Nachsuchungen an dem großen Granitpfeiler entdeckt hatten, diente Ratcliffe als Versteck, wenn Jemand seinem Herrn nahte. Wie ich glaube, meine Theure, werdet Ihr der Meinung sein, daß diese Heimlichkeit einen starken Beweggrund haben mußte. Auch ist es auffallend, daß mein unglücklicher Freund, von welchem ich glaubte, daß er unter den Mönchen des Ordens la Trappe sein Leben führe, mehrere Monate lang sich in dieser sonderbaren Verkleidung, fünf Meilen von meinem Hause entfernt, befand und regelmäßige Kunde über mein geheimstes Verfahren durch Ratcliffe, oder Westburnflat, oder Andere erhielt, zu deren Bestechung er die Mittel besaß. Er macht es mir zum Verbrechen, daß ich Eure Ehe mit Sir Frederik abzuschließen mich bemühte. Ich handelte in den besten Absichten; wenn aber Sir Edward Mauley anderer Meinung war, so hätte er männlich vortreten und seine Absicht aussprechen müssen, daß er an den Bestimmungen Theil nehmen und denjenigen Einfluß geltend machen wolle, zu welchem er hinsichtlich Eurer, als der Erbin seines großen Eigenthums, berechtigt ist.

„Obgleich Euer leidenschaftlicher und überspannter Verwandter allerdings sehr spät seine Absicht erklärt hat, so bin ich dennoch sogar jetzt noch weit davon entfernt, gegen seine

Wünsche mein väterliches Ansehen geltend zu machen, mag auch die Person, die er zu Eurem zukünftigen Gemahl bestimmt, der junge Earnscliff sein; gerade bei diesem hätte ich am wenigsten geglaubt, daß dessen Person in Betracht eines gewissen unheilvollen Ereignisses ihm annehmlich sein würde. Ich gebe jedoch meine freie und herzliche Einwilligung, vorausgesetzt, daß die Bestimmungen des Ehecontraktes in einer so unwiderruflichen Form entworfen werden, daß mein Kind gegen den Zustand der Abhängigkeit und der plötzlichen, sowie grundlosen Widerrufbarkeit der zugestandenen Einkünfte gesichert ist, worüber ich soviel Ursache zur Klage habe. Von Sir Frederik Langley werdet Ihr, wie ich vermuthe, nichts mehr vernehmen; es ist nicht wahrscheinlich, daß er sich um die Hand eines Mädchens ohne Mitgift bewirbt. Indem ich nun, meine theure Isabelle, Euch einer weisen Vorsehung und Eurer eigenen Klugheit anvertraue, bitte ich Euch, daß Ihr ohne Zeitverlust diejenigen Vortheile Euch sichert, die mir die Launenhaftigkeit Eures Verwandten entzog, um Euch damit zu überschütten.

„Herr Ratcliffe erwähnte Sir Edwards Absicht, mir eine beträchtliche Summe als jährliches Einkommen während meines Aufenthaltes im Auslande zu übertragen; allein mein Herz ist zu stolz, um dieses von ihm anzunehmen. Meine Erwiderung lautete, ich besäße eine theure Tochter, welche niemals dulden würde, daß ich mich in Armuth befinde, während sie selbst in Ueberfluß lebt. Ich hielt es für angemessen, ihm dieses in klaren Worten zu sagen, damit eine Erhöhung des Euch übertragenen Einkommens darauf berechnet sein kann, diese nothwendige und für Euch natürliche Ausgabe zu decken. Das Schloß und das Gut Ellieslaw werde ich Euch als Eigenthum verschreiben, um meine väterliche Liebe und den uneigennützigen Eifer für die Beförderung Eures Wohles zu erweisen. Die jährlichen Zinsen der auf dem Gute haftenden Schulden übersteigen um Etwas dessen Einkommen, sogar wenn eine ziemlich hohe Pacht für das Haus und die Ländereien bezahlt wird. Da jedoch alle Schulden Herrn Ratcliffe, als dem Verwalter Eures Verwandten, verschrieben sind, so wird dieser kein lästiger Gläubiger sein. Hier muß ich Euch noch darauf aufmerksam machen, daß ich Herrn Ratcliffe, obgleich ich mich persönlich über ihn zu beklagen habe, dennoch für einen gerechten und aufrichtigen Mann halte, mit welchem Ihr über Eure Angelegenheiten mit Sicherheit verkehren könnt, abgesehen von dem Umstande, daß Ihr Euren Verwandten Euch am sichersten geneigt erhaltet, wenn Ihr mit Herrn Ratcliffe auf gutem Fuße steht. Empfehlt mich dem Vetter Marchie, ich hoffe, er wird wegen der kürzlichen Angelegenheit keine Verdrießlichkeiten haben; ich werde ihm von dem Festlande aus einen Brief schreiben. Mittlerweile bleibe ich Euer liebender Vater • Richard Vere."

Der erwähnte Brief beleuchtet weiterhin den früheren Theil unserer Geschichte. Es war Hobbie's Meinung, und die meisten unserer Leser werden vielleicht dieselbe theilen, daß der Klausner von Mucklestane-Moor gleichsam nur einen dämmernden Verstand habe, daß er weder klare Ansichten habe über dasjenige, was er wolle, noch auch seine Zwecke mit den klarsten und einfachsten Mitteln erreichen könne; Hobbie meinte, wolle man den Leitfaden seines Verfahrens suchen, so sei das, als wenn man sich nach einem geraden Pfade auf einer Haide umsehe, auf welcher sich hundert krumme Fußwege, aber nicht e i n e Straße in bestimmter Linie befinde.

Als Isabelle den Brief gelesen hatte, erkundigte sie sich sogleich nach ihrem Vater. Man sagte ihr, er habe das Schloß früh am Morgen nach einer langen Unterredung mit Herrn Ratcliffe verlassen und sei schon auf dem Wege nach dem nächsten Hafen, wo er sich nach dem Festlande einschiffen wolle.

„Wo ist Sir Edward Mauley?“

Niemand hatte den Zwerg seit dem verhängnißvollen Auftritt am vergangenen Abend gesehen.

„Bei Gott, wenn dem armen Elshie etwas zugestoßen ist, so möchte ich lieber wiederum ausgeplündert werden,“ sagte Hobbie. Er ritt sogleich zur Wohnung des Zwerges; die noch übrige Ziege kam ihm blökend entgegen, denn die Zeit, sie zu melken, war längst vorüber. Der Einsiedler war nirgends zu sehen; seiner Gewohnheit entgegen stand die Thür seiner Hütte offen, sein Feuer war erloschen, und die ganze Einsiedelei befand sich in dem Zustande, den sie bei Isabellens Besuche zeigte. Es war offenbar, daß dieselben Transportmittel, welche den Zwerg nach Ellieslaw am vergangenen Abend brachten, ihn jetzt nach einer andern Wohnung entfernt hatten. „Ich glaube, wir haben den weisen Elshie auf immer verloren.“

„So ist es,“ sagte Ratcliffe, indem er Hobbie ein Papier übergab; leset dieß! Ihr werdet sehen, daß Ihr durch Eure Bekanntschaft nichts verloren habt.“

Es war eine Schenkungsurkunde, durch welche Sir Edward Mauley, sonst genannt Elshender, der Klausner, Halbert oder Hobbie Elliot und Grace Armstrong in das Eigenthum einer beträchtlichen Summe einsetzte, die Elliot von ihm geborgt hatte.

Hobbie's Freude mischte sich mit Gefühlen, welche Thränen über seine rauhen Wangen rollen ließen.

„Es ist doch sonderbar,“ sagte er, „daß ich mich an dem Gute nicht freuen kann, wenn ich nicht weiß, daß der arme Mann glücklich ist, der es mir gab.“

„Das Bewußtsein, Andere glücklich gemacht zu haben,“

erwiderte Ratcliffe, „kommt dem eigenen Glücke am nächsten. Wie verschieden wäre der Erfolg aller Wohlthaten meines Herrn gewesen, hätte er dieselben sämmtlich ebenso wie die gegenwärtigen übertragen; aber die Verschwendung derselben ohne richtiges Urtheil, eine solche, welche die Habsucht überhäuft, oder der Genußsucht die Mittel zu ihrer Befriedigung darbietet, hat niemals gute Folgen und wird niemals mit Dank belohnt. Durch sie säet man den Wind, um Sturm zu ernten.“

„Das wäre eine schlechte Ernte,“ meinte Hobbie, „aber mit meiner jungen Dame Erlaubniß möchte ich gerne Elshie's Bienenstöcke mit mir nehmen, und sie in Grace's Blumengarten aufstellen; sie sollen niemals durch einen von uns eingeräuchert werden. Und die arme Ziege würde vernachlässigt werden, wenn sie dabliebe; sie hat auf der Lilienflur an unserer Scheune ein gutes Futter, und die Hunde werden sie in einem Tage kennen und nicht mehr hetzen, und Grace wird sie jeden Morgen mit eigener Hand melken um Elshie's willen, denn obgleich er sauertöpfisch und mürrisch in seinem Gespräch war, so sah er gerne stumme Geschöpfe.“

Hobbie's Gesuche wurden bereitwillig und nicht ohne Erstaunen über die natürliche Zartheit des Gefühles gewährt, welches ihm dieß Verfahren zur Aeußerung der Dankbarkeit eingab. Er freute sich, als Ratcliffe ihn benachrichtigte, daß sein Wohlthäter die Sorgfalt erfahren werde, die er auf dessen Günstlinge verwandte.

„Und sagt ihm auch, daß meine Großmutter und Schwestern, und vor Allem Grace und ich, wohl auf sind, und daß wir gedeihen, und daß Alles dieß Gute von ihm stammt. Dieß wird ihm doch gefallen, sollte ich meinen.“

Auch lebte Elliot und seine Familie in Heugh-foot so

glücklich, wie seine Ehrlichkeit, seine Zärtlichkeit und sein Muth es verdienten.

Alles Hinderniß zwischen Isabelle und Earnscliffe war jetzt entfernt, und die Einkünfte, welche Ratcliffe von Seiten Sir Edward Mauley's ihm übertrug, hätte sogar die Habsucht von Ellieslaw befriedigen können. Miß Vere und Ratcliffe hielten es jedoch für unnöthig, gegen Earnscliffe zu erwähnen, daß ein Hauptbeweggrund des Sir Edward bei der Ertheilung seiner Wohlthaten in der Absicht bestand, eine frühere That zu sühnen, weil er vor vielen Jahren das Blut seines Vaters in einem heftigen Streit vergossen hatte. Wenn es wahr ist, daß der äußerste Menschenhaß des Zwerges, wie Ratcliffe behauptete, bei dem Bewußtsein etwas nachließ, so viele Menschen glücklich gemacht zu haben, so mogte wahrscheinlich die Erinnerung an diesen Umstand einer seiner hauptsächlichsten Beweggründe sein, weßhalb er sich hartnäckig weigerte, den Zustand der Zufriedenheit, welchen er geschaffen hatte, mit eigenen Augen zu schauen.

Mareschal jagte, duellirte sich und trank Rothwein; dann hatte er zu Hause lange Weile, ging in's Ausland, diente in drei Feldzügen, kam wieder nach Hause und heirathete Lucy Ilderton.

Jahre flohen über den Häuptern Earnscliffe's und seiner Frau, und fanden sie zufrieden und glücklich. Der intriguirende Ehrgeiz von Sir Frederik Langley verwickelte ihn in den unglücklichen Aufstand von 1715; er fiel bei Preston mit dem Grafen von Derwentwater und Anderen in Gefangenschaft. Seine Vertheidigung vor Gericht und die Rede, die er bei seiner Hinrichtung auf dem Schaffote hielt, kann man in den Staatsprozessen vorfinden. Herr Vere, welcher ein großes Einkommen von seiner Tochter erhielt, lebte im Auslande; er ließ sich in den Schwindel von Laws Bank wäh= rend der Regentschaft des Herzogs von Orleans ein, und wurde einige Zeit lang für unermeßlich reich gehalten. Als aber jene berüchtigte Seifenblase zersprang, wurde er so zor= nig darüber, daß er sich wieder mit einem mäßigen Einkom= men begnügen mußte (obgleich er Tausende seiner Unglücks= gefährten hungern sah), daß sein Grimm einen Schlagfluß hervorrief, an welchem er starb, nachdem er einige Wochen lang an den Wirkungen desselben gekränkelt hatte.

Willie von Westburnflat floh vor dem Grimme Hobbie Elliots, eben so wie vornehmere Leute vor der Verfolgung der Gerichte geflohen waren. Sein Patriotismus drängte ihn zum Entschlusse, seinem Vaterlande im Kriege zu dienen, während sein Widerwille, den Boden des Vaterlandes zu ver= lassen, ihn anreizte, auf der geliebten Insel zu bleiben, und Geldbörsen, Uhren und Ringe auf den Landstraßen einzusam= meln. Zu seinem Glück behielt der erste Antrieb die Ober= hand, und er schloß sich dem Heere unter Malborough an; er erhielt dort eine Lieutenantsstelle, zu welcher er durch seine Verdienste in Herbeischaffung von Rindvieh zur Verprovian= tirung der Armee sich empfahl; nach vielen Jahren kehrte er nach Haus mit einigem Gelde (wie er dazu kam, weiß der Himmel), ließ den alten Thurm von Westburnflat niederrei= ßen, und an dessen Stelle ein hohes, enges Haus von drei Stockwerken mit einem Kamin an jedem Ende bauen, trank Branntwein mit den Nachbarn, die er in jüngeren Tagen ge= plündert hatte, starb endlich eines natürlichen Todes, und ist auf seinem noch vorhandenen Grabsteine in Kirkwhistle als ein Mann erwähnt worden, der alle Eigenschaften eines bra= ven Soldaten, eines verständigen Nachbarn und aufrichtigen Christen in sich vereinigte.

Herr Ratcliffe lebte gewöhnlich bei der Familie von Ellieslaw, entfernte sich aber regelmäßig in jedem Frühjahr und
Sommer ungefähr auf die Zeit eines Monats. Ueber die
Richtung und den Zweck dieser periodischen Reise behauptete
er ein standhaftes Schweigen; man wußte aber wohl, daß er
alsdann seinen unglücklichen Beschützer aufsuchte. Zuletzt verkündete sein ernster Ausdruck und seine Trauerkleidung bei der
Heimkehr von einer dieser Reisen der Ellieslaw-Familie den
Tod ihres Wohlthäters. Sir Edwards Tod vermehrte nicht
ihr Vermögen, denn derselbe hatte schon während seines Lebens sich seines Eigenthums zu ihren Gunsten entäußert.
Ratcliffe, sein einziger Vertrauter, starb in hohem Alter, ohne
aber jemals den Ort, wohin sich sein Herr zuletzt zurückgezogen hatte, oder seine Todesart, oder auch nur seinen Begräb-
nißort zu nennen. Man vermuthete, daß sein Beschützer ihm
die strengste Heimlichkeit bei allen diesen Einzelnheiten vorge-
schrieben hatte.

Das plötzliche Verschwinden Elshie's aus seiner außerordentlichen Einsiedelei bestärkte die Gerüchte, welche unter der
Volksmasse über ihn verbreitet waren. Viele glaubten, sein
Leib sei von dem Gottseibeiuns fortgeführt worden, als er
nach seiner Einsiedelei zurückkehrte, weil er seinem Kontrakt
entgegen, ein geheiligtes Gebäude betreten hatte; die Meisten
aber waren der Meinung, er sei nur auf einige Zeit verschwunden, und man sehe ihn von Zeit zu Zeit in den Bergen. Da man nun, wie es gewöhnlich zu geschehen pflegt,
eine lebhaftere Erinnerung an seine wilden und verzweifelten
Reden wie an die wohlwollende Richtung seiner Handlungen
bewahrte, so wird er gewöhnlich als ein Wesen mit dem boshaften Geiste betrachtet, welchen man den Mann der Moore
nennt, und dessen böse Thaten von der Frau Elliot ihren En-

kelkindern erzählt wurden. Somit wird er gewöhnlich darge=
stellt, als behexe er die Heerden und verursache, daß die Mut=
terschafe zu frühzeitig ihre Lämmer werfen, oder als ob er
Schneemassen löse, um ihr Gewicht auf solche Schafe zu stür=
zen, welche während eines Sturmes am Rande eines Stro=
mes oder in einem tiefen Thale Schutz suchen. Kurz, für
alle Uebel, welche die Einwohner dieses Viehzucht treibenden
Landes am meisten scheuen, wird als Ursache angegeben

der schwarze Zwerg.

---

Druck der E. Hoffmann'schen Officin in Stuttgart.

# Eine Sage von Montrose.

# Vorwort.

Der Verfasser schrieb die Sage von Montrose hauptsächlich in der Absicht, dem Leser das traurige Schicksal des Lord John Kilpont, des ältesten Sohnes von William, Grafen von Airth und Menteith, so wie die eigenthümlichen Umstände der Geburt und der Geschichte von James Stewart Ardvoirlich darzustellen, durch dessen Hand dieser unglückliche Edelmann seinen Tod fand.

Unser Gegenstand führt uns zur Behandlung tödtlicher Feindschaften, und wir müssen mit Ereignissen beginnen, welche noch weiter wie in diejenige Zeit hinaufreichen, in welcher unsere Geschichte stattfindet. Während der Regierung Jakobs IV. herrschte eine gewaltige Fehde zwischen den einflußreichen Familien Drummond und Murray in Perthshire; die erstere, welche die zahlreichsten und mächtigsten Mitglieder zählte, schloß 120 Murrays in der Kirche von Monnivaird ein und steckte dieselbe in Brand. Die Weiber und Kinder der unglücklichen Männer, welche ebenfalls in der Kirche Zuflucht gesucht hatten, kamen in den Flammen um. Nur Ein Mann, mit Namen David Murray entging dem Tode durch die Menschlichkeit eines Drummond, der ihn in seinen Armen auffing, als jener aus den Flammen heraussprang.

1*

Als König Jakob IV. mit größerer Kraft, wie die meisten seiner Vorgänger, herrschte, ward diese grausame That bestraft, und mehrere Theilnehmer an dem Verbrechen wurden zu Stirling enthauptet. Wegen der Verfolgung des Stammes floh jener Drummond, durch dessen Beistand David Murray gerettet war, nach Irland, bis er durch Vermittlung der Person, deren Leben er gerettet hatte, die Erlaubniß zur Rückkehr nach Schottland erhielt, wo er und seine Nachkommen durch den Namen Drummond Eirinich oder Ernoch, das heißt Drummond von Irland bezeichnet wurden. Derselbe Namen wurde auch ihrem Landgute ertheilt.

Ein Drummond Ernoch zu Jakob VI. Zeiten war königlicher Förster im Walde von Glenartney, und war dort mit der Ausführung der Jagd 1588 oder im Anfang von 1589 beauftragt. Dieser Wald grenzte an die hauptsächlichsten Jagdgründe der Mac Gregors, oder eines besondern Stammes derselben, welche unter dem Namen Mac Eagh oder Söhne des Nebels bekannt sind. Sie betrachteten die Jagd des Försters in ihrer Nähe als einen Eingriff in ihre Rechte, oder vielleicht standen sie mit ihm in Fehde, weil er einen ihres Stammes gefangen genommen oder getödtet hatte, oder auch vielleicht aus einem andern Grunde. Dieser Stamm der Mac Gregors war geächtet und verfolgt, wie der Leser aus der Einleitung zu Robin dem Rothen ersehen mag; da die Hände Aller gegen ihn erhoben waren, war er natürlich auch der Feind aller Anderen. Kurzum, Mitglieder dieses Stammes überfielen und erschlugen jenen Drummond Ernoch, schnitten ihm das Haupt ab, und nahmen es mit sich, indem Einer von ihnen es in dem Zipfel seines Mantels verbarg.

Im vollen Genuß ihrer Rache hielten sie am Hause von Ardvoirlich an und verlangten Erfrischungen, welche die Hausfrau, eine Schwester des Ermordeten, deren Gemahl gerade abwesend war, ihnen zu verweigern sich scheute oder gern darreichte. Sie ließ ihnen Brod und Käse vorsetzen, und befahl ein größeres Mahl zu bereiten. Während sie sich in dieser gastfreundlichen Absicht entfernt hatte, setzten die Barbaren den Kopf ihres Bruders auf den Tisch, füllten den Mund desselben mit Brod und Käse, und forderten ihn auf, sich gütlich zu thun, denn er habe manch' fröhliches Mahl in diesem Hause verzehrt.

Als die arme Frau zurückkehrte, kreischte sie bei dem furchtbaren Anblick auf und floh in die Wälder, wo sie als wahnsinnig, wie ein Volkslied verkündet, umherschweifte und sich einige Zeit lang von jeder menschlichen Gesellschaft absonderte. Zuletzt ward sie durch ein ihr noch gebliebenes, instinktartiges Gefühl dazu bewogen, von beträchtlicher Entfernung aus auf ihre Mägde zu blicken, als dieselben die Kühe melkten; als dieser Umstand bemerkt wurde, ließ ihr Gemahl Ardvoirlich sie zurück nach Hause bringen und behielt sie dort, bis sie ein Kind gebar, mit welchem sie schwanger ging; hierauf beobachtete man, daß sie allmälig ihre Vernunft wieder erlangte.

Mittlerweile trieben die Verbrecher die Verhöhnung der königlichen Gewalt bis zum Uebermaß; bei der Art, wie dieselbe geübt wurde, besaßen sie übrigens wenig Grund, sie zu achten. Sie brachten dasselbe blutige Siegeszeichen, welches sie der Dame von Ardvoirlich in so wilder Weise gezeigt hatten, zur alten Kirche von Balquidder, beinahe nach der Mitte des Landes, wo der Häuptling der Mac Gregors, welcher sich mit seinem ganzen Stamm zu dem Zweck versammelt hatte, die Hand auf den Kopf des todten Mannes legte, und mit heidnisch-barbarischen Flüchen einen Eid leistete, die Urheber der That zu vertheidigen — ein Verfahren, welches alle Stammgenossen nach einander nachahmten.

Die Richtigkeit der Thatsache wird durch eine Proklamation des Geheimen Rathes bezeugt, welche eine Achtserklärung gegen die Mac Gregors enthält. Der furchtbare Befehl ward mit ungewöhnlicher Wuth ausgeführt. Der verstorbene John Buchanan von Cambusmore zeigte dem Verfasser Briefe, welche zwischen seinem Ahn, dem Lord von Buchanan und Lord Drummond über Maßregeln gewechselt wurden, nach welchen gewisse Thäler zu bestimmter Zeit und nach einer bestimmten Zusammenkunft verheert werden sollten, „um süße Rache für den Tod ihres Vetters Drummond Ernoch zu nehmen."

Dessen ungeachtet behielt der dem Untergang geweihte Stamm Mac Gregor noch immer mehrere Mitglieder am Leben, um neue Grausamkeiten und Verheerungen auszuführen.

Mittlerweile wuchs der junge James Stewart von Ardvoirlich bis zum Manne von ungewöhnlicher Größe, Körperkraft und Thätigkeit heran; besonders im Griffe seiner Hand besaß er solche Kraft, daß er den Personen, welche mit ihm rangen, das Blut unter den Nägeln herauspressen konnte. Sein Charakter war finster, stolz und jähzornig; er muß jedoch einige auffallende gute Eigenschaften besessen haben, denn er war von Lord Kilpont, dem ältesten Sohne des Grafen von Airth und Menteith sehr geliebt.

Dieser tapfere junge Edelmann schloß sich Montrose bei dessen Schilderhebung 1644 an, kurz bevor die entscheidende Schlacht bei Tippermuis am 1. September jenes Jahres geliefert wurde. Damals besaß Stewart von Ardvoirlich das Vertrauen des jungen Lords in solchem Grade, daß beide mit einander ihr Lager theilten, bis er ungefähr vier bis fünf

Tage nach der Schlacht entweder in plötzlichem Wuthanfall, oder aus tiefem Haß gegen seinen arglosen Freund, den Lord Kilpont mit dem Dolche erstach und aus dem Lager Montrose entfloh, nachdem er eine Schildwache, die ihn aufzuhalten suchte, getödtet hatte. Bischof Guthrie erwähnt als Ursache dieser niederträchtigen Handlung den Umstand, daß Lord Kilpont mit Abscheu einen Vorschlag von Ardvoirlich, Montrose zu ermorden, gegeben hatte. Es scheint jedoch nicht, daß irgend eine Beglaubigung für diese Beschuldigung vorhanden ist. Der Mörder Ardvoirlich floh zu den Covenanters, und wurde von ihnen angestellt und befördert. Er erhielt einen Gnadenbefehl für die Ermordung des Lord Kilpont, den das Parlament 1644 bestätigte, und ward zum Major in Argyle's Regiment ernannt.

Dieß sind die Thatsachen der Erzählung, die hier als eine Sage aus Montrose's Kriege mitgetheilt ist.

Der Verfasser hat sich bemüht, die Tragödie der Erzählung durch die Einführung einer Person zu beleben, welche der Zeit und dem Lande eigenthümlich ist. Nach dem Urtheil ausgezeichneter Richter hat er hierin einigen Erfolg gehabt. Die Verachtung gegen Gelderwerb bei den damaligen jungen Leuten, welche auf höheren Stand einigen Anspruch machten, die Armuth Schottlands, die Neigung zum Wandern und zu Abenteuern als Zug des National-Charakters — alles dieß führte Schotten in's Ausland, um Militärdienste in Ländern, wo gerade Krieg geführt wurde, zu nehmen. Auf dem Festlande zeichneten sie sich durch ihre Tapferkeit aus; da sie aber das Gewerbe von Söldnern ergriffen, so setzten sie dadurch nothwendig den National-Charakter herunter. Die geistige Bildung, welche die meisten derselben besaßen, artete in Pedanterie aus; ihre gute Erziehung wurde zu einem bloßen ceremoniösen Wesen; ihre Furcht vor Schande hielt sie nicht länger von Thaten zurück, welche wirklich werthlos waren, sondern bewirkte allein, daß sie auf spitzfindig aufgestellte Gebräuche hielten, die von demjenigen weit entfernt sind, was wirklich ein Lob verdient. Ein Cavalier von Ehre, welcher sein Glück suchte, konnte zum Beispiel eben so oft die Fahne wie sein Hemd wechseln, nach der Weise des mannhaftigen Kapitäns Dalgetty bald für die eine, bald für die andere Sache fechten, ohne auf die Gerechtigkeit des Kampfes Rücksicht zu nehmen, und die Bauern mit der unerbittlichsten Habsucht plündern, wenn das Kriegsglück ihm dieselben unterworfen hatte; er mußte sich aber in Acht nehmen, daß er nicht den geringsten Vorwurf, sogar den eines Geistlichen, ungeahndet ließ, wenn sich derselbe auf den Militärdienst bezog. Folgender Vorfall wird dasjenige, was ich hier andeute, erläutern.

„Hier darf ich es nicht vergessen, daß ich einen unserer Geistlichen, Herrn William Forbesse, Feldprediger und sogar im Nothfall Hauptmann, erwähne, welcher sehr wohl die Soldaten bei guter Gelegenheit führen konnte, denn er war ein Mann von Muth, Verstand und gutem Benehmen, und übertraf viele von mir gekannte Hauptleute, die nicht so fähig waren, wie er. Damals hielt er nicht allein für uns Gebete, sondern ging auch mit uns in's Gefecht, um, wie ich glaube, das Benehmen der Leute zu beobachten; als er nun fand, daß ein Unteroffizier seine Pflicht und seine Ehre bei einer solchen Gelegenheit vernachlässigte (dessen Namen will ich jetzt hier nicht nennen), gab er ihm einen Verweis und sagte ihm, daß er es mir anzeigen wolle, was er denn auch nach dem Gefechte that. Als ich den Unteroffizier kommen ließ, und ihm seine Anklage vorhielt, läugnete derselbe die

Anklage und sagte, wenn sein Ankläger nicht ein Pastor wäre, so würde er die Beleidigung nicht auf sich sitzen lassen. Der Prediger bot ihm dann, um die Wahrheit seiner Beschuldigung zu beweisen, ein Duell an; darauf kassirte ich den Unteroffizier, und gab seinen Platz einem würdigeren Herrn mit großem Muthe. Der kassirte Unteroffizier zog den Prediger nie zur Rechenschaft, und kam dadurch in üblen Geruch, so daß er nach Hause kehren und den Krieg verlassen mußte."

Dieses Citat ist einem Werke entnommen, aus welchem der Verfasser bei der vorliegenden Erzählung wiederholt sich Raths erholte, und welches größtentheils in der Gedankenrichtung des Hauptmanns Dugald Dalgetty verfaßt ist; dasselbe ist von einem Offizier, Oberstlieutenant Monro, geschrieben, und schildert die Feldzüge eines Regimentes mit Namen Mac-Keyes-Regiment; es wurde 1626 von Sir Donald Mac Keye Lord Rees als Oberst für den König von Dänemark ausgehoben, und diente zuerst demselben, als derselbe im dreißigjährigen Kriege gegen den Kaiser und die Ligue in's Feld zog, nachher trat es in die Dienste von Gustav Adolf, focht in dessen Feldzuge, und nach der Schlacht von Lützen unter den schwedischen Generalen bis zur Schlacht von Nördlingen, nach welcher es aufgelöst wurde. Hinzugefügt ist eine kurze Darstellung des Militärdienstes nebst verschiedenen praktischen Beobachtungen zum Gebrauch jüngerer Offiziere, und endlich schließt das Werk mit den Gedanken eines Soldaten, der in den Dienst tritt. Das Werk ist 1637 in London gedruckt.

Ein anderer würdiger Mann derselben Schule und beinahe mit denselben Ansichten über Soldatenehre ist Sir James Turner, ein Glückssoldat, welcher unter Karls II. Regierung zu beträchtlichem Range vorrückte, in Galloway und Dum-

fries = Shire ein Kommando zu Unterdrückung religiöser Zu=
sammenkünfte führte und von den aufständischen Covenanters
in derjenigen Schilderhebung gefangen genommen wurde, worin
die Schlacht von Pentland geliefert ward. Sir James besitzt
höhere Ansprüche wie Oberstlieutenant Monro, denn er hat
eine militärische Abhandlung über die Anwendung der Pike ge=
schrieben, und ward auf der Universität Glasgow erzogen, wo
er den Doctorgrad erhielt. In höherem Alter verfaßte er
mehrere Schriften über historische und literarische Gegenstände,
aus denen ein Auszug in unseren Tagen unter dem Titel:
Die Memoiren von Sir James Turner erschienen ist. Aus
diesem merkwürdigen Buch theile ich folgende Stelle als ein
Beispiel mit, wie Kapitän Dalgetty einen solchen Vorfall be=
schrieben haben müßte, wenn er ein Tagebuch gehalten hätte,
oder um einen bestimmteren Ausdruck zu wählen, wie der
geistreiche De Foe den Vorfall geschildert haben würde, um
demselben in einem seiner Romane die genauen Einzelnheiten
und die bezeichnenden Züge einer wahren Geschichte zu er=
theilen.

„Hier will ich noch einen Vorfall erzählen, denn obgleich
nicht sehr merkwürdig, ist derselbe doch sehr sonderbar. Meine
zwei Brigaden lagen in einem Dorfe eine halbe Meile von
Applebie entfernt; mein eigenes Quartier lag im Hause eines
Landedelmanns, welcher Rittmeister war und sich damals bei
Sir Marmaduke befand; seine Frau hielt für ihn sein Bett
bereit. Da Lambert ziemlich weit entfernt war, so beschloß
ich, jede Nacht zu Bett zu gehen, denn ich hatte vorher Stra=
pazen genug mitgemacht. Die erste Nacht schlief ich ziemlich
gut, als ich aber am nächsten Morgen aufstand, fehlte mir
ein leinener Strumpf, ein halber seidener und eine Kamasche;
auch ließen sich dieselben beim Suchen nicht auffinden. Da

ich mehreres der Art hatte, so zog ich mich an und ritt in's Hauptquartier. Bei meiner Wiederkehr hörte ich nichts Neues von meinen Strümpfen. Die Nacht ging ich zu Bett, und am nächsten Morgen war es mir wieder so ergangen; mir fehlten drei Strümpfe für ein Bein; die anderen drei waren so unversehrt wie am Tage zuvor. Jetzt wurde genauer nachgesucht, aber wieder ohne Erfolg. Ich hatte noch ein Paar ganzer Strümpfe und ein Paar Kamaschen, größer wie die ersteren. Diese zog ich an. Am dritten Morgen fand ich dieselbe Behandlung, denn nur die Strümpfe von einem Bein waren mir gelassen. Jetzt dachte ich eben so, wie meine Diener, daß die Ratten mir die Strümpfe in so ungleicher Weise gestohlen hätten. Die Frau des Hauses wußte es wohl, wollte es mir aber nicht sagen. Als nun das Zimmer, ein niedriger Raum, mit Lichtern genau durchsucht wurde, sah man die Spitze meiner großen Kamasche aus einem Loch hervorragen, wo die Ratten das Uebrige hineingezogen hatten. Ich ging heraus, und befahl, die Bretter des Fußbodens in die Höhe zu heben, um zu sehen, was die Ratten mit meinen Strümpfen angefangen hätten. Die Hausfrau schickte einen ihrer Bedienten, um dabei gegenwärtig zu sein, denn sie wußte wohl, daß dieß sie anging. Als nun ein Brett etwas geöffnet war, steckte ein Sohn von mir die Hand hinein, und zog 24 Goldstücke und einen Thaler heraus. Der Bediente des Hauses behauptete, das Geld gehöre seiner Gebieterin. Als nun der Knabe mir das Gold gebracht hatte, ging ich sogleich zum Zimmer der Hausfrau und sagte ihr, daß das Gold wahrscheinlich mir gehöre, denn da Lambert in dem Hause einquartirt gewesen sei, so hätten einige seiner Bedienten wahrscheinlich das Gold versteckt; könnte sie mir darlegen, daß es ihr gehöre, so würde ich es ihr sogleich geben. Die arme Frau sagte mir mit vielen Thränen, daß ihr Mann kein Haushälter sei (er war wirklich ein großer Verschwender), so habe sie das Gold ohne sein Wissen versteckt, und brauche es je nach Gelegenheit, hauptsächlich aber im Wochenbett; sie beschwor mich, so wahr ich den König liebe (für den ihr Mann ebenso wie sie viel gelitten hatte), so möge ich ihr Geld nicht behalten; sie sagte, wenn mehr oder weniger darin wäre, wie 24 Goldstücke und 2 Thaler, so mache sie keinen Anspruch darauf; sie habe das Geld in einer rothen Sammtbörse hinge= legt. Nachdem ich sie hinsichtlich ihres Geldes beruhigt hatte, ließ ich eine neue Nachsuchung anstellen, fand das übrige Geld und die Börse von Sammet zernagt, ebenso wie meine Strümpfe, und gab das Geld sogleich der Frau zurück. Ich habe oft gehört, daß das Fressen oder Zernagen von Kleidern durch Ratten Unglück bedeutet, welches denjenigen befallen soll, dem die Kleider gehören. Ich danke Gott, daß ich der= gleichen Ahnungen nicht zugethan bin und mich nicht darum bekümmere. Allerdings traf mich kurz darauf mehr als ein Unglück, allein ich hätte das besser vorhersehen können, wie Ratten oder solche Ungeziefer, und dennoch dachte ich nicht daran. Ich habe wirklich manche schöne Geschichte von Rat= ten erzählen hören, wie sie Häuser und Schiffe verlassen, wenn die ersteren abbrennen und die zweiten scheitern sollen. Naturforscher sagen, es seien sehr kluge Geschöpfe, und ich glaube das auch. Ich werde aber niemals glauben, daß sie zukünftige Ereignisse vorhersehen können, denn ich vermuthe, daß sogar der Teufel dieß nicht vermag; der Allmächtige hat diese Dinge in dem Busen seiner göttlichen Gegenwart ver= borgen gehalten. Ob nun der große Gott diese Dinge, die uns als unabwendbare Nothwendigkeit zufallen, vorher befoh= len oder bestimmt hat, ist eine noch unentschiedene Frage."

Indem ich diese alten Gewährsmänner anführe, darf ich nicht eine neuere Schilderung des schottischen Soldaten nach alter Mode vergessen. Dieß ist der Charakter Lesmahagows, welchen Smollet mit Meisterhand entwarf. Das Dasein dieses mannhaften Hauptmanns muß den Verfasser alles Rechts auf die Ansprüche einer unbedingten Originalität berauben. Dalgetty jedoch als eine Schöpfung der Phantasie des Verfassers, ist so sehr ein Liebling desselben geworden, daß er in den Fehler verfiel, dem Kapitän eine zu sehr vorragende Rolle in der Geschichte anzuweisen. Dieß ist die Meinung eines Kritikers, welcher den höchsten Rang in der Literatur einnimmt; der Verfasser fühlt sich so glücklich über den ihr zu Theil gewordenen Tadel, daß seine Bescheidenheit eine bedeutende Entschuldigung in der Anführung des Lobes darin zu finden sucht, welches er in ungemischtem Zustande nicht wohl hätte vorbringen können. Die Stelle kömmt vor im Edinburgh Review Nro. 55, welches eine Kritik über Ivanhoe enthält.

„In dem Roman spielt Dalgetty eine zu große Rolle, oder vielmehr er nimmt im Verhältniß zum ganzen Werke eine zu bedeutende Stellung ein. Was ihn selbst betrifft, so glauben wir, daß er stets unterhaltend ist. Der Verfasser hat nirgends mehr seine Verwandtschaft mit jenem fleckenlosen Dichter gezeigt, welcher seine Falstaffs und Pistols in einem Akt nach dem andern und in so manchem Schauspiele vorführte, und diese Personen jedesmal eine grenzenlose Geschwätzigkeit üben ließ, ohne daß ihre Laune erschöpft wurde, oder daß eine Note von der charakteristischen Tonleiter abwich. Dasselbe gilt von den ausgedehnten und wiederholten Proben der Beredtsamkeit jenes furchtbaren Rittmeisters. Die allgemeine Vorstellung dieses Charakters ist bei unseren Lustspieldichtern

nach der Restauration häufig zu finden; man mag denselben
bezeichnen als sei er aus Kapitän Fluellen und Bobadil zu-
sammengesetzt; gänzlich originell aber ist die possenhafte Verbindung des Soldaten mit dem Studenten der Theologie. von
Mareschal College; eine Mischung von Talent, Eigennutz,
Muth, Grobheit und Eigendünkel wurde niemals so glücklich
erfunden. So zahlreich seine Reden sind, so gibt es dennoch
keine, welche nicht charakteristisch und nach unserer Meinung
höchst possenhaft wäre."

## Nachschrift.

Als sich dieser Roman unter der Presse befand, erhielt der
Verfasser von dem gegenwärtigen Robert Stewart von Ardvoirlich einen Bericht über die unglückliche Ermordung von
Lord Kilpont, welcher wahrscheinlicher ist, wie der Bericht des
Bischofs Wishart, nach welchem die That entweder durch den
Wahnsinn oder die Verrätherei von James Stewart von Ardvoirlich, dem Ahn der gegenwärtigen Familie dieses Namens,
veranlaßt wurde. Ich gebe hier die ganze Mittheilung, welche
genauer ist, wie in den Geschichten jener Zeit.

„Obgleich ich nicht die Ehre habe, Ihnen persönlich bekannt zu sein, so hoffe ich, Sie werden die Freiheit entschuldigen, daß ich Ihnen eine Mittheilung über ein von Ihnen
oft erwähntes Ereigniß mache, woran ein Vorfahr von mir
unglücklicher Weise Theil hatte. Ich meine die Ermordung
des Lord Kilpont 1644 durch James Stewart von Ardvoirlich. Da die Ursache dieses unglücklichen Ereignisses in keinem Geschichtswerk genau angegeben ist, und da sie in den
Erzählungen über die Geschichte Schottlands die Angaben

Wisharts angenommen haben, wodurch der gewöhnliche Bericht einen unverdienten Grad der Glaubwürdigkeit in den Augen des Publikums erhalten kann, so übersende ich Ihnen hier, um meinem unglücklichen Ahn Gerechtigkeit widerfahren zu lassen, den in der Familie überlieferten Bericht über diese Angelegenheit.

„James Stewart von Ardvoirlich, welcher in der ersten Hälfte des siebenzehnten Jahrhunderts lebte, und welcher den Lord Kilpont ermordete, erhielt den Oberbefehl über eine der Freischaaren, welche beim Beginn der Unruhen unter Karl I. gebildet wurden; eine andere dieser Freischaaren stand unter dem Oberbefehl des Lord Kilpont, und eine genaue Freundschaft, durch entfernte Verwandtschaft gekräftigt, herrschte zwischen Beiden. Als Montrose die königliche Fahne erhob, war Ardvoirlich einer der Ersten, die sich für ihn erklärten, und soll vorzugsweise erwirkt haben, daß Lord Kilpont sich derselben Sache anschloß. Somit begaben sich Beide nebst Sir John Drummond in Montrose's Lager. Während ihres Kriegsdienstes wurde ihre Freundschaft so stark, daß sie in demselben Zelte lebten und schliefen.

„Mittlerweile hatte sich ein irländisches Corps unter dem Befehle von Alexander Mac Donald Montrose angeschlossen. Diese Irländer hatten auf dem Marsche nach dessen Lager Ausschweifungen auf Ländereien begangen, die zu Ardvoirlich's Gütern gehörten, und auf ihrer Marschlinie an der Westküste lagen. Ardvoirlich beklagte sich bei Montrose; letzterer aber behandelte die Klage in ausweichender Weise, wahrscheinlich weil er so viel wie möglich seine neuen Verbündeten sich geneigt zu machen suchte. Als Ardvoirlich, ein Mann von heftigen Leidenschaften, nicht die verlangte Genugthuung erhielt, forderte er Mac Donald zum Zweikampfe. Bevor derselbe aber stattfand, ließ Montrose die Beiden verhaften, angeblich auf die Vorstellung und den Rath Kilponts hin. Da Montrose die üblen Folgen einer solchen Fehde in einem so gefährlichen Zeitpunkte erkannte, so bewirkte er zwischen Beiden eine Art Aussöhnung, und zwang sie, sich in seiner Gegenwart die Hände zu geben; dabei soll Ardvoirlich, ein Mann von großer Körperstärke, die Hand Mac Donalds so gewaltig gedrückt haben, daß das Blut aus dessen Fingern spritzte. Ardvoirlich war aber keineswegs versöhnt.

„Wenige Tage nach der Schlacht von Tippermuir, als Montrose mit seinem Heere in Collace lagerte, ward ihm und seinen Offizieren ein Banquet zu Ehren des Sieges gegeben, und Kilpont so wie Ardvoirlich nahmen daran Theil. Als sie in ihre Quartiere zurückkehrten, machte Ardvoirlich, welcher noch über seinen Zank mit Mac Donald brütete und durch Wein erhitzt war, dem Lord Kilpont Vorwürfe über sein Verfahren, wodurch er ihm hinderlich gewesen sei, sich Recht zu verschaffen; er schmähte zugleich auf Montrose, daß derselbe ihm nicht gestattet habe, eine genügende Genugthuung zu erlangen.

„Kilpont vertheidigte natürlich sein eigenes Verfahren und das seines Verwandten Montrose, bis der Streit heftig wurde; als nun derselbe durch den Zustand Beider in Gewaltthätigkeiten leicht überging, stieß Ardvoirlich mit seinem Dolche den Lord Kilpont nieder. Er floh sogleich, und entging unter dem Schutz eines dichten Nebels der Verfolgung, indem er seinen Sohn Henry, welcher eine tödtliche Wunde bei Tippermuir erhalten hatte, auf dem Sterbelager zurückließ.

„Seine Anhänger zogen sich sogleich aus Montrose's Heer zurück, und es blieb ihm nichts Anderes übrig, als daß er sich der entgegengesetzten Partei in die Arme warf, die ihn

auch sehr gut aufnahm. Sein Name wird in Leslie's Feldzügen oft erwähnt; bei mehr als einer Gelegenheit wird auch
von ihm berichtet, daß er mehreren seiner früheren Freunde
durch seinen Einfluß auf Leslie, Beistand leistete, als die Sache
des Königs verzweifelt wurde.

„Vorliegender Bericht ist zwar von demjenigen Wisharts
verschieden, welcher ergibt, daß Stewart eine Verschwörung,
um Montrose zu ermorden, bildete, und daß er den Lord Kilpont in Folge der Weigerung desselben, daran Theil zu nehmen, umbrachte; dagegen wende ich ein, daß Wishart von
jeher als ein sehr parteiischer Geschichtschreiber gegolten hat,
und daß seine Angaben deßhalb sehr unzuverlässig sind, sobald sie die Beweggründe oder das Verfahren derjenigen be-
treffen, welche von seiner Partei-Ansicht abweichen. Hätte
ferner Stewart jene Absicht gehegt, so wäre Kilpont wegen
seines Namens und seiner Verbindungen sicherlich der letzte
Mann gewesen, welchen derselbe zum Vertrauten und Mitschuldigen sich ausgewählt hätte. Endlich ist der von mir gegebene Bericht, obgleich vorher nicht bekannt gemacht, eine
Familien-Ueberlieferung gewesen; nach der verhältnißmäßig
nicht sehr weiten Entfernung des Ereignisses von unserer Zeit,
und nach den Quellen, woraus die Ueberlieferung stammt,
habe ich keinen Grund, deren Wahrheit zu bezweifeln. Sie
wurde mit der genauesten Angabe der Umstände meinem Vater, dem jetzigen Besitzer von Ardvoirlich, vor vielen Jahren
von einem Manne mitgetheilt, welcher mit der Familie in
naher Verbindung stand, und das hundertste Lebensjahr erreichte. Dieser Mann war der Großenkel von James Stewart, durch dessen natürlichen Sohn John — Letzterer hatte
seinen Vater in das Lager von Montrose begleitet, und war
somit ein Zeuge des ganzen Vorfalls; er lebte noch eine be-

trächtliche Zeit nach der Revolution, und von ihm erhielt derjenige, welcher meinem Vater die Sache erzählte, den näheren Bericht. Dieser hatte aber bereits das männliche Alter
erreicht, bevor sein Großvater, der erwähnte John, starb.

„Ich muß mich darüber entschuldigen, daß ich Ihre Geduld so lange in Anspruch genommen habe; der Wunsch jedoch, eine unbegründete Beschuldigung meines Ahnes zu widerlegen, war natürlich. Ich will durchaus nicht läugnen,
daß er ein Mann von heftigen Leidenschaften und sonderbarem Temperament war, wie dieß auch viele Ueberlieferungen
bestätigen; er war jedoch unfähig zu einem Plane, Montrose
zu ermorden; sein ganzes früheres Verfahren und seine Grundsätze widerlegen eine solche Angabe. Seiner Sicherheit wegen mußte er sich der entgegengesetzten Partei anschließen,
denn Lord Kilpont hatte viele mächtige Freunde und Verbindungen, welche bereit waren, seinen Tod zu rächen, und
welche auch die Gewalt dazu besaßen.

„Ich füge nur noch hinzu, daß Sie die vollkommene Erlaubniß erhalten, von dieser Mittheilung jeden beliebigen Gebrauch zu machen, und dieselbe entweder zu verwerfen oder
sie nach Gutdünken als glaubhaft anzunehmen; ich werde
stets bereit sein, weitere Aufschlüsse Ihnen hierüber auf
Ihr Gesuch zu geben, wenn deren Mittheilung in meiner Gewalt steht.

Ardvoirlich, 15. Januar 1830. “

Die Bekanntmachung eines so in die Einzelnheiten einge-
henden und wahrscheinlichen Berichtes ist eine Schuld, die
dem Andenken des James Stewart abgetragen werden muß;
er war, wie es scheint, das Opfer seiner heftigen Leidenschaften, vielleicht aber unfähig, auf Verrath zu sinnen.

# Einleitung.

Der Sergeant More Mac Alpin war während seines Aufenthaltes unter uns einer der geachtetsten Einwohner von Gandercleugh. Niemand dachte daran, ihm seinen Anspruch auf den großen ledernen Lehnstuhl am behaglichsten Platze beim Kamine im Wirthszimmer des Gasthofes zum Wallace an einem Sonnabend streitig zu machen. Nicht weniger würde unser Küster John Duisward es für eine unerlaubte Keckheit gehalten haben, hätte sich Jemand in dem Winkel des Kirchenstuhles linker Hand und zunächst der Kanzel eindrängen wollen, wo der Sergeant sich am Sonntage regelmäßig niedersetzte. Dort saß er in seiner blauen Invaliden-Uniform, welche mit der gewissenhaftesten Pünktlichkeit ausgebürstet war. Zwei Verdienst-Medaillen im Knopfloche, sowie der leere Aermel, welchen der rechte Arm hätte ausfüllen sollen, bezeugten seinen harten und ehrenwerthen Kriegsdienst. Sein von Wetter gebräuntes Gesicht, sein graues, in einen dünnen Zopf nach der militärischen Mode früherer Jahre gebundenes Haar, und die Wendung seines Kopfes ein wenig nach oben, um die Stimme des Geistlichen desto besser zu vernehmen — Alles dieß waren Zeichen seines Standes und seiner Altersschwächen. Neben ihm saß seine Schwester Janet, eine kleine und nette alte Frau mit dem hochländischen um den Kopf gewundenen Tuche und dem gewürfelten Mantel ihres Stammes, welche

2 *

sogar die Blicke ihres Bruders, für sie des größten Mannes auf Erden, überwachte, und statt seiner in der Bibel mit silbernen Haften die Texte eifrig nachschlug, die vom Prediger citirt oder erklärt wurden.

Die Achtung, welche dem würdigen Veteranen von Leuten jeden Ranges in Gandercleugh erwiesen wurde, bewog ihn, nach meiner Meinung, unser Dorf sich zum Wohnsitz auszuerwählen; eine Niederlassung bei uns war nämlich durchaus nicht seine ursprüngliche Absicht.

Er war bis zum Range eines Oberfeldwebels in der Artillerie durch harten Dienst in verschiedenen Welttheilen aufgerückt und galt als einer der erprobtesten und zuverlässigsten Leute im schottischen Munitionsfuhrwesen. Eine Kugel, die ihm in Spanien den Arm zerschmetterte, verschaffte ihm zuletzt einen ehrenwerthen Abschied nebst einer Invalidenpension und einer beträchtlichen Geldsumme aus dem patriotischen Fond. Sergeant More Mac Alpin war außerdem ebenso klug wie tapfer gewesen; aus seinem Prisengelde und seinen Ersparnissen hatte er eine Summe in dreiprocentigen Staatspapieren angelegt.

Er zog sich in der Absicht zurück, sein Einkommen in dem wilden Hochlandthale zu genießen, worin er als Knabe Rindvieh und Ziegen gehütet hatte, bevor der Trommelwirbel ihn veranlaßte, seine Mütze einen Zoll höher zu rücken und dieser Musik beinahe 40 Jahre lang zu folgen. Seinen Erinnerungen gemäß stand dieser abgelegene Platz an Schönheit in keinem Vergleich mit den fruchtbarsten Gegenden, die er auf seinen Wanderungen jemals gesehen hatte. Sogar das glückliche Thal des Rasselas würde bei dem Vergleich in ein Nichts zurückgesunken sein. Er kam — er besuchte wieder den geliebten Schauplatz; es war nur ein unfruchtbares mit wilden

Felsen umringtes und von einem Gebirgsstrome des Nordens durchflossenes Thal. Dieß war noch nicht das Schlimmste. Die Feuer waren auf dreißig Herden erloschen; von der Hütte seiner Väter konnte er nur wenig rohe Steine erkennen; die galische Sprache war beinahe verschwunden; das alte Geschlecht, von dem er abzustammen sich rühmte, hatte eine Zuflucht jenseits des atlantischen Meeres gefunden. Ein Pächter aus dem Süden, drei Schäfer mit grauen Mänteln und sechs Hunde bewohnten ausschließlich das Thal, welches in seiner Jugend an 200 Einwohner in Zufriedenheit, wenn auch nicht in Ueberfluß, ernährt hatte.

Im Hause des neuen Pächters fand jedoch Sergeant Mac Alpin eine unerwartete Quelle des Vergnügens und ein Mittel, seine verwandtschaftliche Zuneigung wieder neu zu beleben. Seine Schwester Janet hatte glücklicherweise eine so starke Ueberzeugung von der einstigen Rückkehr ihres Bruders gehegt, daß sie sich weigerte, ihre Verwandten bei der Auswanderung zu begleiten. Sie hatte sogar, obgleich nicht ohne ein Gefühl der Erniedrigung, ihre Einwilligung in den Dienst des sich eindrängenden Niederländers gegeben, welcher, wenn auch ein Sachse, wie sie sagte, ihr ein gütiger Herr gewesen war. Diese unerwartete Begegnung mit seiner Schwester schien alle die Täuschungen zu heilen, deren Erduldung jetzt das Schicksal des Sergeanten war. Er hörte jedoch nicht ohne manche widerstrebende Thräne die Erzählung von der Auswanderung seiner Verwandten, wie sie nur ein Weib aus den Hochlanden ihm berichten konnte.

Sie erzählte weitläufig die verschiedenen Anerbietungen eines höheren Pachtzinses, durch dessen Entrichtung sie sämmtlich zum niedrigsten Grad der Armuth hätten gelangen müssen, die sie aber zufrieden erduldet hätten, wenn sie nur die Er-

laubniß dafür erlangten,. auf dem Boden ihrer Geburt zu leben und zu sterben. Auch vergaß Janet nicht die Vorbedeutungen, welche die Auswanderung des celtischen Stammes
und die Ankunft der Fremden vorher verkündeten. Zwei Jahre
vor diesem Zeitpunkte vernahm man, als der Nachtwind durch
den Paß von Balachra heulte, wie sein Ton deutlich nach der
Weise eines Liedes war, womit die Auswanderer die Ufer
ihrer Heimath zu verlassen pflegen. Das rauhe Geschrei süd-
ländischer Hirten. und das Gebell ihrer Hunde wurde im Nebel der Hügel lange Zeit vor ihrer wirklichen Ankunft gehört.
Ein Barde, der letzte seines Stammes, hatte die Vertreibung
der Eingebornen aus dem Thale in einem Liede berichtet,
welches Thränen in die alten Augen des Veteranen brachte,
und welches sich auf folgende Weise übersetzen läßt:

> „Weh Euch vom Niederland, Weh über Euch!
> Weßhalb verlaßt Ihr Euer schönes Reich?
> Weßhalb kommt Ihr in's Hochland, uns zu stören,
> Und alte Sitt' in Unrecht zu verkehren?"

Was aber den Kummer des Sergeanten Mac Alpin bei
dieser Gelegenheit noch steigerte, war der Umstand, daß der
Häuptling, durch welchen dieser Wechsel bewirkt war, der
Ueberlieferung und Volksmeinung als der Repräsentant der
alten Führer und Väter der vertriebenen Flüchtlinge galt.
Bis dahin aber hatte Sergeant More seinen hauptsächlichsten
Stolz darein gesetzt, durch genealogische Darlegung den Grad
der Verwandtschaft zu beweisen, worin er zu dieser Person
stand. In Bezug auf dieselbe fand jetzt eine schmerzliche Veränderung seines Gefühles statt.

„Ich kann ihn nicht verfluchen," sagte er, als er aufstand
und durch das Zimmer schritt, nachdem Janet ihre Erzählung beendigt hatte — „ich will ihn nicht verfluchen; er ist

der Abkömmling und der Repräsentant meiner Ahnen; aber niemals soll ein Sterblicher von mir vernehmen, daß ich wiederum seinen Namen nenne." Er hielt sein Wort; bis zu seinem Todestage hörte ihn Niemand seinen selbstsüchtigen und hartherzigen Häuptling erwähnen.

Nachdem er einen Tag lang sich den traurigen Erinnerungen hingegeben hatte, stärkte der harte Muth, welcher den Sergeanten durch so viele Gefahren geführt hatte, seine Brust gegen diese grausame Täuschung. „Wir wollen," sagte er, „nach Canada zu unsern Verwandten, wo diese ein amerikanisches Thal nach dem ihrer Väter benannt haben. Janet, du mußt deinen Rock verkürzen wie die Frau eines Soldaten; verdammt sei die Entfernung! sie ist nur wie der Sprung eines Floh's, vergleiche ich sie mit den Reisen und Märschen, die ich bei mancher unbedeutenderen Gelegenheit gemacht habe."

Mit dieser Absicht verließ er die Hochlande und kam mit seiner Schwester bis Gandercleugh auf seinem Wege nach Glasgow, um sich dort nach Canada einzuschiffen. Der Winter aber brach herein; da er es nun für räthlich hielt, eine Ueberfahrt im Frühling abzuwarten, wenn der St. Lorenzostrom nicht mehr zugefroren sein würde, so ließ er sich unter uns für die wenigen Monate, die er noch in Großbritannien bleiben wollte, nieder. Wie wir schon sagten, wurde dem achtbaren alten Manne jede Rücksicht und Aufmerksamkeit von allen Ständen erwiesen. Als nun das Frühjahr wiederkehrte, war er mit seinem Quartiere so zufrieden, daß er die Absicht der Seereise nicht wieder erneute. Janet fürchtete sich vor dem Meere, und er selbst empfand die Schwächen des Alters und des harten Kriegsdienstes bei weitem mehr, als er zuerst erwartet hatte; wie er dem Geistlichen und meinem würdigen Freunde Cleishbotham gestand, war es besser, daß er unter bekannten Freunden bliebe, als daß er weiter ginge und dabei schlechter weg käme.

Er ließ sich deßhalb zu Gandercleugh zur großen Zufriedenheit aller Einwohner, wie wir schon sagten, nieder und wurde denselben in Bezug auf militärische Kunde, sowie auf geschickte Erklärung der Zeitungen und Bulletins wirklich zum Orakel, welches alle kriegerischen Begebenheiten, vergangene, gegenwärtige oder zukünftige, ihnen erklärte.

Allerdings zeigte der Sergeant einige Widersprüche in seiner Denkungsweise. Er war ein standhafter Jakobit, denn sein Vater und seine vier Oheime waren im Jahre 1745 zu Felde gezogen; andererseits aber war er ein nicht weniger standhafter Anhänger des Königs Georg, in dessen Dienst er sein kleines Vermögen erworben und drei Brüder verloren hatte; so daß man gleicherweise in Gefahr gerieth, ihm zu mißfallen, wenn man den Prinzen Karl den Prätendenten nannte, oder wenn man durch irgend eine Aeußerung die Würde des Königs Georg heruntersetzte.

Fernerhin läßt sich nicht läugnen, daß der Sergeant an den Tagen, wo er seine Einkünfte bezog, im Gasthause zum Wallace des Abends länger sitzen blieb, wie es nicht allein der strengen Mäßigkeit, sondern auch seinem weltlichen Interesse widerstrebte. Bei solchen Gelegenheiten gelang es bisweilen seinen Zechgenossen, ihm mit dem Absingen jakobitischer Lieder, oder durch Becher, welche auf den Untergang Bonaparte's und die Gesundheit des Herzogs von Wellington geleert wurden, so lange zu schmeicheln, bis der Sergeant nicht allein die ganze Rechnung bezahlte, sondern auch gelegentlich verleitet wurde, kleine Summen seinen eigennützigen Gesellschaftern auszuleihen. Wenn aber solche Brandungen, wie er sie nannte, vorüber waren, und sein Temperament sich abgekühlt hatte, so unterließ er es selten, Gott und dem Herzoge von York zu danken, daß Letzterer es einem alten Soldaten schwieriger gemacht habe, sich durch seine Thorheit zu Grunde zu richten.

Bei solchen Gelegenheiten nahm jedoch nicht der Verfasser an der Gesellschaft des Sergeanten More Mac Alpin Antheil. Wenn er aber Muße hatte, so suchte er ihn oft bei dessen Spaziergängen auf, die er seine Morgen= und Abendparade nannte, und bei denen er so regelmäßig erschien, als werde er dazu durch Trommelschlag entboten. Sein Morgenspazier-gang geschah unter den Ulmen des Kirchhofs. „Der Tod,“ sagte er, „ist so viele Jahre mein nächster Nachbar gewesen, daß ich keine Entschuldigung haben würde, wenn ich seine Bekanntschaft aufgeben wollte.“ Sein Abendspaziergang lag auf der Bleiche am Fluß, wo man ihn bisweilen auf der Bank, mit einer Brille auf der Nase, sitzen sah, wie er die Zeitungen einem Kreise von Dorfpolitikern erklärte, militärische Kunst-ausdrücke erläuterte und dem Auffassungsvermögen seiner Zu-hörer mit Linien zu Hülfe kam, die er mit seinem Spazierstock auf dem Boden zog. Bei andern Gelegenheiten war er von einem Rudel Schulknaben umringt, die er bisweilen in den Handgriffen des Exercitiums übte, bisweilen aber auch mit weniger Beifall von Seiten der Eltern in den Geheimnissen künstlicher Feuerwerke unterrichtete; bei öffentlichen Freuden-bezeugungen war nämlich der Sergeant Pyrotechniker (wie die Encyklopädie dieß nennt) für das Dorf Gandercleugh.

Ich traf den Veteran hauptsächlich auf seinem Morgen-spaziergang, und ich kann noch jetzt kaum auf den von einer Reihe hoher Ulmen überschatteten Fußpfad des Dorfes blicken, ohne seiner zu gedenken, wie er in aufrechter Haltung mit gemessenem Schritt und vorgestrecktem Spazierrohre mir ent-gegenkam, um mich militärisch zu begrüßen; er ist jedoch todt und schläft mit seiner getreuen Janet unter dem dritten dieser Bäume vom westlichen Winkel des Kirchhofs an gerechnet.

Das Vergnügen, das ich in Sergeant Mac Alpin's Unterhaltung fand, bezog sich nicht allein auf seine eigenen Abenteuer, von denen er viele im Laufe seines wandernden Lebens erfahren hatte, sondern auch auf seine Kunde der zahlreichen Ueberlieferungen des Hochlandes, die ihm seine Eltern während seiner Jugend berichtet hatten, und hinsichtlich deren er in seinem späteren Leben es für eine Art Ketzerei gehalten haben würde, wenn man deren Aechtheit in Frage gestellt hätte. Viele dieser Ueberlieferungen gehörten zu den Kriegen Montrose's, an welchen einige der Ahnen des Sergeanten, wie es scheint, einen vorragenden Antheil genommen hatten. Obgleich diese bürgerlichen Unruhen den Hochländern zur größten Ehre gereichen, weil dieselben die erste Gelegenheit darboten, wodurch die Gebirgsbewohner sich ihren Nachbarn des Niederlandes in militärischen Kämpfen sogar als überlegen oder wenigstens als gleich erwiesen, so werden dieselben doch weniger in den Hochlanden als Sagen berichtet, wie man nach der Menge von Ueberlieferungen glauben sollte, die dort über weniger interessante Gegenstände aufbewahrt wurden. Ich vernahm deßhalb mit großem Vergnügen von meinem militärischen Freunde viele Angaben über einige merkwürdige Einzelnheiten jener Zeit. Dieselben haben eine Beigabe des Wilden und Wunderbaren erhalten, welche der Zeit und dem Erzähler angehören. Ich habe auch nichts dagegen, wenn der Leser dieselben mit einigem Unglauben behandelt, vorausgesetzt, daß er die Güte hat, einen unbedingten Glauben den natürlichen Ereignissen der Geschichte zu schenken, welche wirklich auf einer wahren Grundlage wie alle andere ruht, die ich die Ehre hatte, dem Publikum vorzulegen.

# Erstes Kapitel.

---

Ihr Glaube ruht auf Bataillonen
Und heil'gen Texten der Kanonen;
Als schier unfehlbar stets vertreten
Sie ihn mit Piken und Musketen,
Und lehren ihres Heils Begriffe
Durch apostolische grobe Püffe.

Butler.

Unsere Geschichte nimmt ihren Anfang während der Zeit des großen und blutigen Bürgerkrieges, welcher Großbritannien im siebenzehnten Jahrhundert erschütterte. Schottland war von den Verheerungen des inneren Kampfes noch frei geblieben, obgleich seine Einwohner sich hinsichtlich ihrer politischen Meinung sehr feindlich gegenüberstanden; viele derselben waren mit der Herrschaft der Stände unzufrieden, mißbilligten die kühne Maßregel, durch welche das schottische Parlament ein Heer nach England zu Hülfe des englischen geschickt hatte, und waren entschlossen, ihrerseits die erste Gelegenheit zu benutzen, um sich für den König zu erklären und wenigstens eine solche Diversion zu machen, daß die Armee des Generals Leslie aus England abberufen werden müßte, wenn nicht ein großer Theil von Schottland für den König dadurch behauptet werden könnte. Diesem Plane wurde hauptsächlich von dem Adel des Nordens, welcher mit großer Hartnäckigkeit sich der

Annahme des sogenannten feierlichen Bundes und Covenantes widersetzt hatte, und von manchen Häuptlingen der hochländischen Stämme beigetreten, welche ihre Interessen und ihr Ansehen für eng verknüpft mit dem Königthum hielten, außerdem eine entschiedene Abneigung gegen die calvinistische oder presbyterianische Form der Religion hegten, und sich endlich in dem halbwilden Zustand der Gesellschaft befanden, worin der Krieg immer willkommener als der Frieden ist.

Man erwartete allgemein, daß große Bewegungen aus diesen zusammenwirkenden Ursachen entspringen würden; das Gewerbe feindlicher Einfälle zum Zweck der Plünderung, welches die schottischen Hochländer zu jeder Zeit gegen die Niederländer übten, begann eine bleibendere, offen ausgesprochene und mehr systematische Form als Theil eines allgemeinen Militärsystems anzunehmen.

Diejenigen, welche an der Spitze des Staates standen, waren der Gefahr des Augenblicks sich wohl bewußt und trafen ängstlich Vorbereitungen, um derselben zu begegnen und sie abzuwehren. Sie bedachten jedoch mit Selbstzufriedenheit, daß bisher kein Führer oder einflußreicher Mann zum Vorschein gekommen war, um ein Heer von Royalisten zu sammeln, oder auch nur, um die Unternehmungen und vorübergehenden Angriffe der Banden zu leiten, welche vielleicht eben so sehr durch Liebe zum Raube, wie durch politische Grundsätze zu feindseligen Maßregeln aufgereizt wurden. Man hoffte allgemein, daß die Aufstellung einer hinreichenden Anzahl Truppen in den Grafschaften der Niederlande, welche die Linie des Hochlandes begrenzen, vollkommen genügen würde, um die Häuptlinge der Gebirge zurückzuhalten; zugleich werde die Macht der verschiedenen Barone des Nordens, welche den Covenant angenommen hatten, z. B. der Graf Mareschal, die mächtigen Familien der Forbeß, Leslie, Jroine, Grants und andere presbyterianische Stämme, nicht allein den Ogilies und anderen Cavalieren aus Angus und Kincardine, sondern sogar der mächtigen Familie der Gordons das Gleichgewicht halten, letztere eine Familie, deren ausgedehntes Ansehen nur dem außerordentlichen Widerwillen gleichkam, welchen sie gegen die presbyterianischen Einrichtungen hegte.

In den westlichen Hochlanden zählte die herrschende Partei viele Feinde; man glaubte jedoch, daß der vorherrschende Einfluß des Marquis von Argyle, auf welchen das Parlament sich mit vollkommener Sicherheit verlassen konnte, die Macht der unzufriedenen Clans gebrochen und den Muth ihrer Häuptlinge herabgestimmt habe; die Macht dieses Edelmanns in den Hochlanden, welche schon früher überwiegend gewesen war, hatte sich noch durch die Zugeständnisse bedeutend gesteigert, die dem Könige bei der letzten Friedensstiftung abgedrungen waren. Allerdings wußte man wohl, daß Argyle eher Gewandtheit zu politischen Unternehmungen, als persönlichen Muth besaß, und sich besser für die Leitung einer Staatsintrigue, wie für Maßregeln eignete, um die Stimme feindlicher Gebirgsbewohner im Zaum zu halten; man glaubte jedoch, daß die große Zahl seiner Stammgenossen und der Muth der tapferen Herren, welche dieselben im Kriege befehligten, die persönlichen Mängel des Häuptlings ausgleichen würden; da nun die Campbells mehrere der benachbarten Stämme schon furchtbar gedemüthigt hatten, so hoffte man, dieselben würden nicht so leicht einen so gewaltigen Clan zu Feindseligkeiten herausfordern.

Da nun das schottische Parlament oder die Convention der Stände den ganzen Westen und Süden Schottlands, unzweifelhaft den reichsten Theil des Königreichs, zur Verfügung hatte — da sie Fifeshire durchaus besaß und ohnedem noch viele und mächtige Freunde sogar nördlich vom Forth und Tay zählte, so glaubte sie, daß keine Gefahr groß genug sein würde, um sie zur Aufgebung ihrer angenommenen Politik oder zur Zurückrufung der Hülfsarmee von 20,000 Mann zu bewegen — ein Heer, welches als Verstärkung der englischen Parlamentstruppen abgesandt, die königliche Partei alsbald in solche Lage brachte, daß dieselbe sich auf die Vertheidigung beschränken mußte, als sie gerade auf der vollen Laufbahn des Sieges und Erfolges sich befand.

Die Ursachen, welche die Convention der Stände damals zur unmittelbaren und thätigen Theilnahme am englischen Bürgerkriege bewog, sind von unseren Geschichtschreibern dargelegt, mögen aber hier in der Kürze wiederholt werden.

Allerdings hatten die Schotten sich über keine neuen Beleidigungen oder Eingriffe in ihre Rechte durch den König zu beklagen, und der Friede, welchen Karl I. mit seinen Unterthanen in Schottland abgeschlossen hatte, war sorgfältig beobachtet worden. Diejenigen, welche Schottland leiteten, wußten aber sehr wohl, daß jener Friede sowohl durch den Einfluß der Parlamentspartei in England, wie durch den Schrecken ihrer eigenen Waffen dem Könige abgedrungen worden war. Allerdings hatte König Karl seitdem die Hauptstadt seines alten Königreichs besucht, seine Einwilligung zur neuen Organisation der Kirche gegeben und Ehren sowie Belohnungen unter die Parteiführer vertheilt, welche sich seinem Interesse am feindlichsten erwiesen hatten; man vermuthete jedoch, daß die von ihm mit solchem Widerwillen übertragenen Auszeichnungen sogleich zurückgenommen werden würden, sobald eine Gelegenheit sich darböte. Der schlechte Stand der englischen Parlamentspartei ward in Schottland mit tiefer Besorgniß vernommen; man schloß, daß der König, wenn er seine aufständischen englischen Unterthanen durch Waffengewalt besiegt hätte, in kurzer Zeit auch an den Schotten Rache nehmen würde, weil sie das Beispiel gegeben hatten, die Waffen gegen ihn zu ergreifen. Dieß war die Politik, welcher gemäß eine Hülfsarmee nach England geschickt wurde; auch, ward dieselbe in einem Manifest ausgesprochen, welches die Gründe darlegte, weßhalb Schottland diese wichtige Hülfe dem englischen Parlamente im entscheidenden Augenblicke gab. Das englische Parlament, hieß es dort, sei den Schotten schon freundschaftlich gewesen und könne wiederum in demselben Verhältnisse stehen; der König habe zwar kürzlich die Religion nach den Wünschen der Schotten eingerichtet, habe ihnen jedoch keinen Grund zum Vertrauen in seine königliche Erklärung gegeben, denn man finde, daß seine Versprechungen und Handlungen mit einander nicht im Einklange ständen. Die Schlußworte lauteten: „Unser Gewissen und Gott, welcher größer ist als unser Gewissen, gibt uns Zeugniß, daß wir nur für den Ruhm des Höchsten, für den Frieden beider Nationen und die Ehre des Königs auf gesetzlichem Wege diejenigen zu unterdrücken und zu bestrafen beabsichtigen, welche Israel verwirrt haben, welche die Feuerbrände der Hölle, die Koras, die Bileams, die Hamans, die Tobias unserer Zeiten sind; ist dieß geschehen, so sind wir zufrieden. Wir haben auch einen militärischen Feldzug nach England zur Ausführung dieser frommen Zwecke nicht eher begonnen, als bis alle anderen Mittel ohne Erfolg geblieben waren, und nur dieses einzige, Ultimum et unicum Remedium, das letzte und einzige Hülfsmittel, uns übrig geblieben ist."

Indem wir den Casuisten die Entscheidung überlassen, ob eine Partei, welche einen Contrakt abschließt, wenn sie einen

feierlichen Vertrag verletzt, in dem Verdacht ihre Rechtferti=
gung findet, daß derselbe bei gewiſſen zukünftigen Ereigniſſen
von der andern gebrochen werden wird, erwähnen wir weiter=
hin zwei andere Umſtände, welche bei den ſchottiſchen Regen=
ten und bei der Nation wenigſtens einen gleichen Einfluß üb=
ten, wie die Zweifel über die Rechtlichkeit des Königs.

Die erſte dieſer Urſachen war die Beſchaffenheit des Heeres.
An der Spitze deſſelben ſtand ein armer und unzufriedener
Adel, unter welchem die Offizierſſtellen hauptſächlich von
ſchottiſchen Glücksſoldaten bekleidet wurden, die während des
dreißigjährigen Krieges in Deutſchland gedient hatten, bis ſie
dort allen Unterſchied der politiſchen Grundſätze und ſogar
der Nationen durch die Annahme eines Söldnerglaubens und
einer Söldnertreue verloren, nach welcher die hauptſächlichſte
Pflicht des Soldaten nur in der Treue gegen den Staat oder
Fürſten beſtand, von welchem er ſeinen Sold erhielt, ohne daß
Rückſicht ſowohl auf die Gerechtigkeit des Krieges, oder auf
ihre eigene Verbindung mit einer der kämpfenden Parteien
genommen wurde. Auf Leute dieſes Schlages wendet Grotius
den ſtrengen Ausſpruch an: „Nullum vitae genus est impro-
bius, quam eorum, qui sine causae respectu mercede con-
ducti militant, d. h. keine Lebensweiſe iſt ſchändlicher, als
diejenige ſolcher Leute, welche, ohne Rückſicht auf die Sache,
um Sold Kriegsdienſte leiſten.“ Für dieſe Söldner, ebenſo
wie für die armen Edelleute, mit denen ſie im Befehl ver=
miſcht wurden, und welche dieſelben Meinungen leicht annah=
men, bot der Erfolg des kurz dauernden Einfalls nach Eng=
land 1641 einen genügenden Grund, um einen ſo einträglichen
Verſuch zu erneuen. Der hohe Sold und die freien Quartiere
in England hatten einen ſtarken Eindruck in der Erinnerung
dieſer militäriſchen Abenteurer hinterlaſſen, und die Ausſicht,

daß sie 850 Pfd. täglich erheben durften, vertrat die Stelle aller politischen oder moralischen Beweggründe.

Eine andere Ursache entflammte die Masse der Nation in nicht geringerem Grade, als die Versuchung einer Aussicht auf den Reichthum Englands die Soldaten aufregte. So viel war auf beiden Seiten über die Form der Kirchenregierung gesagt und geschrieben worden, daß dieselbe in den Augen der Menge zu einer unendlich wichtigeren Angelegenheit wie die Lehren des Evangeliums wurde, welches beide Kirchen angenommen hatten. Die Prälatisten und Presbyterianer der heftigeren Art wurden ebenso illiberal, wie die Papisten, und hätten kaum die Möglichkeit der Erlösung und Seligkeit außerhalb ihrer besonderen Kirchen zugestanden. Vergeblich wurde diesen Eiferern vorgestellt, daß der Gründer unserer heiligen Religion, wenn er eine besondere Form der Kirchenregierung als wesentlich für die Seligkeit betrachtet hätte, eine solche mit derselben Genauigkeit offenbart haben würde, wie es in den Verfügungen des alten Testaments geschehen ist. Beide Parteien blieben gegen einander so gereizt, als verträten sie besondere Befehle des Himmels zur Rechtfertigung ihrer Unduldsamkeit. Laud hatte in den Tagen seiner Herrschaft zuerst die Brandfackel geschwungen, als er dem schottischen Volke Kirchenceremonien aufzudrängen suchte. Der Erfolg, womit ihm Widerstand geleistet, und die presbyterianische Form an die Stelle der von ihm eingeführten gesetzt war, hatte jene Einrichtung dem Volke als eine Sache theuer gemacht, durch welche es einen Sieg errang. Der feierliche Bund und Covenant, den der größere Theil des Königreichs mit solchem Eifer annahm, und welcher der Minderzahl mit der Schwertesspitze aufgedrungen wurde, hatte zum Hauptzweck die Aufrichtung der Lehre und Disciplin Calvin's in der presbyterianischen Kirche und die Niederhaltung jedes Irrthums und jeder Ketzerei.

Als nun die Schotten in ihrem eigenen Lande ein Institut dieses goldenen Armleuchters erlangt hatten, hegten sie eine freisinnige und brüderliche Vorliebe, dasselbe Tabernakel auch in England aufzubauen. Sie glaubten, daß sich dieser Zweck leicht erreichen ließe, wenn sie dem Parlamente den wirksamen Beistand der schottischen Streitkräfte liehen. Die Presbyterianer, eine zahlreiche und mächtige Partei im englischen Parlamente, hatten bis dahin die Opposition gegen den König geleitet, während die Independenten und andere Sekten, welche später unter Cromwell die Gewalt des Schwertes an sich rissen und die presbyterianische Einrichtung sowohl in Schottland wie England umstießen, sich damals noch damit begnügten, unter dem Schutze der reicheren und mächtigeren Partei zu lauern. Die Aussicht, die Königreiche England und Schottland in Disciplin und Gottesdienst zur Gleichförmigkeit zu bringen, schien deßhalb ebenso erreichbar, wie sie gewünscht wurde.

Der berühmte Sir Henry Vane, einer der Commissäre, welche das Bündniß zwischen England und Schottland unterhandelten, erkannte sehr wohl den Einfluß dieses Köders auf den Eifer derjenigen, mit denen er zu thun hatte; obgleich er selbst ein heftiger Independent war, gelang es ihm zugleich, die eifrigen Wünsche der Presbyterianer zu befriedigen, und ihnen auszuweichen, indem er die Verpflichtung zur Reform der englischen Kirche als eine auszuführende Veränderung mit den Worten bezeichnete: „nach dem Worte Gottes und den besten reformirten Kirchen." Die Convention der Stände und die Versammlung der Nationalkirche von Schottland ließen sich durch ihren eigenen Eifer täuschen; indem sie keinen Zweifel über das göttliche Recht ihrer eigenen Kircheneinrichtung hegten und solche Zweifel bei Andern nicht für möglich hielten, dachten sie nicht anders, als daß solche Ausdrücke nothwendig auf die Einrichtung von Presbyterien hinwiesen; sie wurden nicht eher enttäuscht, als bis die Sektirer, nachdem die schottische Hülfe nutzlos geworden war, ihnen zu verstehen gaben, daß die Phrase sich ebensowohl auf die Einrichtung der Independenten oder auf jede andere Kircheneinrichtung anwenden ließe, welche die an der Spitze Stehenden als dem Worte Gottes und dem Verfahren der reformirten Kirche angemessen betrachten würden. Auch empfanden die betrogenen Schotten kein geringeres Erstaunen, als sie endlich merkten, daß die Absichten der englischen Sektirer auf Beseitigung der monarchischen Constitution von Großbritannien gerichtet waren, während die englischen und schottischen Presbyterianer zwar die Beschränkung der königlichen Gewalt, aber durchaus nicht deren Abschaffung beabsichtigten. Sie verfuhren in dieser Hinsicht wie rasche Aerzte, welche damit beginnen, daß sie einen Kranken mit Arzneien überladen, bis derselbe in einen Zustand der Schwäche gelangt ist, aus welchem die später gegebenen Mittel ihn nicht mehr zu retten vermögen.

Diese Ereignisse waren aber noch von der Zukunft verhüllt; das schottische Parlament hielt noch seine Verpflichtungen gegen das englische, wie es der Gerechtigkeit, Frömmigkeit und Klugheit gemäß war, und ihre kriegerische Unternehmung schien im Erfolge ihren Wünschen zu entsprechen. Die Vereinigung der schottischen Armee mit den Streitkräften des Lord Fairfax und des Grafen Manchester machte es dem Parlamentsheere möglich, York zu belagern und die verzweifelte Schlacht von Marston-Moore zu liefern, worin Prinz Ruprecht und der Marquis von Newcastle geschlagen wurden. Die schottischen Hülfstruppen hatten allerdings weniger Antheil am Siege, als ihre Landsleute wünschen konnten. David Leslie focht tapfer mit der schottischen Reiterei, und die Ehre des Tages gebührte derselben ebensowohl, wie der Independenten-Brigade Cromwells, allein der alte Graf von Lieven, der General des Covenants, wurde durch den ungestümen Angriff des Prinzen Ruprecht aus dem Felde geschlagen, und war schon dreißig englische Meilen in voller Flucht nach Schottland vom Schlachtfelde entfernt, als ihn die Nachricht erreichte, seine Partei habe einen vollständigen Sieg errungen.

Die Abwesenheit dieser Hülfsarmee auf dem Kreuzzuge zur Einsetzung der presbyterianischen Kirche in England hatte die Gewalt der Convention der Stände sehr vermindert und unter den Königlichen die Bewegung veranlaßt, die wir im Beginn des Kapitels angegeben haben.

# Zweites Kapitel.

---

Es wiegt ihn seine Mutter einst als klein
In seines Vaters rost'gem Harnisch ein;
Beim Schall des Raffelns schlief er ein gemach
Und fühlte nicht des Lagers Ungemach;
So träumt' er denn von mancher Kriegesthat
Und dachte sich ein Kind noch als Soldat.

Hall.

Es war am Schluß eines Sommer-Abends in der erwähnten Zeit ängstlicher Spannung, als ein junger Herr von Stande wohl bewaffnet und beritten langsam einen jener steilen Pässe hinanritt, durch welche die Hochlande von den Niederlanden Perthshire's zugänglich sind. Er war von zwei Dienern begleitet, von denen der Eine ein Packpferd leitete. Ihr Weg war einige Zeit lang an den Ufern eines See's gelegen, dessen tiefe Wasser die Purpurstrahlen der Abendsonne zurückwarfen. Der unebene Pfad, den sie jetzt mit einiger Schwierigkeit verfolgten, war an einigen Orten von alten Birken und Eichen überschattet und an andern von gewaltigen Felsstücken überragt. Sonst erhob sich der Hügel, welcher diese schöne Wasserfläche begrenzte, in steiler, wenn auch weniger in schroffer Ansteigung, und war mit dem dunkeln Purpur der Haideblumen bekleidet. In unseren Tagen würde man von einer so romantischen Gegend voraussetzen, daß sie einem

Reisenden den höchsten Reiz darbiete. Diejenigen aber, welche in den Tagen der Ungewißheit und der Furcht auf Reisen gehen, achten wenig auf malerische Umgebungen.

Der Herr ritt, so oft es der Wald erlaubte, neben einem seiner Diener oder neben beiden, und schien sich ernstlich mit ihnen zu unterhalten, wahrscheinlich weil der Unterschied des Ranges bereitwillig von Denjenigen aufgegeben wird, welche eine gemeinsame Gefahr theilen müssen. Die Stimmung der angesehensten Leute, welche diese wilde Gegend bewohnten, und die Wahrscheinlichkeit, daß dieselben an den bald zu erwartenden politischen Erschütterungen Antheil nehmen würden, bildeten den Gegenstand ihres Gespräches.

Sie waren noch nicht die Hälfte des Weges von der Fläche des See's an hinaufgekommen, und der junge Herr zeigte seinen Begleitern den Platz, wo ihre beabsichtigte Straße sich nordwärts wandte, den Rand des Wassers verließ und eine Bergschlucht rechts hinanstieg, als sie einen einzelnen Reiter nach dem Ufer hinabkommen sahen, so daß er ihnen begegnen mußte. Der Widerschein der Sonnenstrahlen auf seinem Helm und Brustharnisch erwies, daß er bewaffnet war, und der Zweck der andern Reisenden erheischte, daß er ungefragt nicht vorüber durfte. „Wir müssen wissen, wer er ist,“ sagte der junge Herr, „und wohin er gehen will.“ Er spornte sein Pferd und ritt so schnell wie es der rauhe Weg erlaubte, während seine zwei Begleiter ihm folgten, bis er den Punkt erreichte, wo der Paß an der Seite des See's von demjenigen durchschnitten wurde, welcher an der Schlucht hinunter kam; so ward der Möglichkeit vorgebeugt, daß der Fremde ihnen auswich, indem er auf letztere Straße, bevor er sie erreichte, nicht einbiegen konnte.

Der einzelne Reiter hatte sein Pferd ebenfalls angespornt,

als er bemerkte, daß die Drei auf ihn zueilten; als er sah, daß sie anhielten und eine Front bildeten, welche den Weg vollkommen einnahm, verminderte er die Schnelligkeit seines Pferdes und ritt mit großer Vorsicht heran, so daß jede Partei Gelegenheit hatte, einander genau zu betrachten. Der einsame Fremde ritt ein schönes, für den Militärdienst abgerichtetes Pferd, welches kräftig genug war, um das große, ihm aufgebürdete Gewicht zu tragen, und sein Reiter saß auf dem Kriegssattel in solcher Weise, daß man wohl sah, er sei mit dem Sitz vertraut. Er trug eine glänzende, blank gepußte Sturmhaube mit einem Federbusch, einen Brustharnisch, welcher dick genug war, um einer Flintenkugel Widerstand zu leisten, und ein Rückenstück von leichtem Material. Diese Vertheidigungswaffen trug er über einem Büffelwams; er war ferner mit einem Paar Fechthandschuhen oder Eisenhandschuhen angethan, deren Stulpe ihm bis zum Ellbogen reichten, und welche wie seine übrige Rüstung von blankem Stahle waren. Vor seinem Militärsattel hing ein Pistolenhalfter; die Pistolen überstiegen bei weitem die gewöhnliche Größe, waren beinahe zwei Fuß lang und von solchem Kaliber, daß zwanzig von denselben geschossene Kugeln auf ein Pfund gingen. Ein Riemen von Büffelleder mit einer breiten silbernen Schnalle hielt an der einen Seite einen langen Degen mit zwei Schneiden; derselbe hatte einen starken Korb und eine Klinge, die sowohl zum Hiebe wie zum Stiche sich eignete. Auf der rechten Seite hing ein Dolch von ungefähr 18 Zoll; ein Bandelier hielt auf seinem Rücken eine Stußbüchse und ward von einem zweiten gekreuzt, worin sich seine Patronen befanden. Stählerne Beinschienen reichten bis an die Spitzen seiner großen Steifstiefeln und vervollständigten die Ausrüstung eines gut bewaffneten Reiters jener Zeit.

Das Aeußere des Reiters entsprach sehr wohl dieser militärischen Ausrüstung, woran er seit langer Zeit gewöhnt zu sein schien. Seine Gestalt überstieg die mittlere Größe und zeugte von genügender Kraft, um die Schwere der Angriffs= wie Vertheidigungswaffe leicht zu tragen. Sein Alter mochte etwas mehr wie vierzig Jahre betragen, und seine Gesichts= züge waren die eines entschlossenen, vom Wetter gebräunten Veteranen, welcher manches Schlachtfeld gesehen und mehr wie Eine Narbe davon getragen hatte. Er hielt ungefähr in der Entfernung von dreißig Ellen, richtete sich in den Steig= bügeln auf, als wolle er rekognosziren und über den Zweck der entgegengesetzten Partei Gewißheit erlangen; dabei brachte er seinen Stutzer unter den rechten Arm, daß er denselben bei erforderlicher Gelegenheit brauchen konnte. Er war Den= jenigen, die seine Weiterreise zu unterbrechen geneigt schienen, in jeder Hinsicht mit Ausnahme der Zahl überlegen.

Der Führer der Gesellschaft war allerdings wohl beritten, und trug ein Büffelwams mit der halb militärischen Kleidung jener Zeit; seine Leute aber trugen allein rauhe Jacken von dickem Filz, welche kaum die Schärfe eines Schwertes, wenn ein starker Mann es führen würde, hätten zurückhalten kön= nen; keiner von ihnen hatte andere Waffen wie Schwerter und Pistolen, ohne welche Leute von Stande nebst den Be= dienten in jenen unruhigen Zeiten selten auf Reisen gingen.

Als sie sich eine Minute lang angeblickt hatten, sprach der jüngere Herr die Frage aus, welche damals in dem Munde aller Fremden gewöhnlich war, die in solchen Umständen sich begegneten: „Für wen seid Ihr?"

„Sagt mir zuerst," erwiderte der Soldat, „für wen seid Ihr? Die stärkste Partei muß zuerst reden."

„Wir sind für Gott und König Karl," erwiderte der erste

Sprecher, „jetzt sagt mir Eure Partei, Ihr wißt die unsere."

„Ich bin für Gott und meine Fahne," erwiderte der eiserne Reiter.

„Und für welche Fahne," erwiderte der Anführer der andern Partei, „Cavalier oder Rundkopf, König oder Parlament?"

„Wahrhaftig, Herr," erwiderte der Soldat, „ich will Euch nicht mit einer Unwahrheit antworten, weil sich dieß für einen Glücksritter und Soldaten nicht ziemt. Um aber Eure Frage mit geziemender Wahrhaftigkeit zu beantworten, hätte ich mich zuvor entschlossen haben müssen, zu welcher der gegenwärtigen Parteien des Königreichs ich mich halten werde, denn das ist bis jetzt eine in meiner Seele noch nicht entschiedene Angelegenheit."

„Ich sollte glauben," erwiderte der Herr, „daß, wenn es sich um Loyalität und Religion handelt, kein Mann von Stande oder Ehre sich bei der Wahl seiner Partei lange bedenken könnte."

„Wahrhaftig, Herr," erwiderte der Soldat, „wenn Ihr in dieser Art des Tadels redet, um meine Ehre oder meinen Anspruch auf Rang streitig zu machen, so würde ich es auf den Erfolg einer Waffenprobe ankommen lassen und es als ein einzelner Mann mit Euch Dreien aufnehmen. Sprecht Ihr aber im Wege logischer Schlußfolge, die ich während meiner Jugend im Mareschal-College zu Aberdeen studirte, so bin ich bereit, Euch logice zu beweisen, daß mein Verfahren, den Entschluß hinsichtlich der Ergreifung einer Partei auf einige Zeit zu verschieben, nicht allein mir als Mann von Stande und Ehre, sondern auch als einer Person von Verstand und Klugheit geziemt, welche in der Jugend in den Humanioribus unterrichtet wurde, und die von dort an unter dem Banner des unbesieglichen Gustavus, des nordischen Löwen, sowie unter vielen andern heldenmüthigen Generalen zu Feld zog, und zwar Lutheranern wie Calvinisten, Papisten wie Arminianern."

Der jüngere Herr erwiderte, nachdem er einige Worte mit seinen Bedienten gewechselt hatte: „Ich möchte gern mit Euch einiges Gespräch über eine so interessante Frage halten und würde stolz sein, könnte ich Euch zu Gunsten der von mir selbst ergriffenen Partei stimmen. Ich reite diesen Abend zur Wohnung eines Freundes, die kaum drei Meilen entfernt liegt; wenn Ihr mich dorthin begleitet, so sollt Ihr gutes Quartier für die Nacht und freie Erlaubniß erhalten, am Morgen Eure eigene Straße einzuschlagen, wenn Ihr keine Neigung fühlt, Euch uns anzuschließen."

„Wessen Wort erhalte ich dafür?" fragte der vorsichtige Soldat, „ein Mann muß wissen, wer sein Bürge ist, oder er kann in einen Hinterhalt fallen."

„Mein Name ist" — erwiderte der jüngere Fremde — „Graf von Menteith, und ich hoffe, Ihr werdet meine Ehre als eine genügende Bürgschaft annehmen."

„Ein würdiger Edelmann," erwiderte der Soldat, „dessen Wort nicht in Zweifel gezogen werden kann." Mit einer Bewegung warf er seinen Stutzer auf den Rücken zurück und mit einer zweiten erstattete er seinen militärischen Gruß dem jungen Edelmann, indem er zu reden fortfuhr, als er heranritt, um sich ihm anzuschließen: „auch hoffe ich, meine eigene Versicherung, daß ich bueno Camerado Eurer Lordschaft in Frieden oder Gefahr während der Zeit, worin wir bei einander verweilen werden, sein will, wird nicht gänzlich in diesen zweifelhaften Zeiten mißachtet werden, worin der Kopf eines Mannes, wie man zu sagen pflegt, in eisernem Helme sicherer ist, wie in einem Marmorpalaste."

„Ich versichere Euch," sagte Lord Menteith, daß, nach Eurem Aeußeren zu schließen, ich den Vortheil Eurer Begleitung sehr hoch anschlage; aber ich hoffe, daß wir keine Gelegenheit zur Ausübung der Tapferkeit haben werden, denn ich erwarte, Euch in ein gutes freundschaftliches Quartier zu führen."

„Gutes Quartier, Mylord," erwiderte der Soldat, „ist immer annehmbar, und nur der guten Beute und gutem Solde nachzusetzen — abgesehen von Cavalierehre und befohlener Dienstpflicht. Wahrlich, Mylord, Euer edles Anerbieten ist mir nicht um so weniger willkommen, da ich nicht genau weiß, wo ich und mein armer Gefährte (er streichelte sein Pferd) heut' Nacht ein Unterkommen finden sollen."

„Ist es mir erlaubt zu fragen," sagte Lord Menteith, welchem Herrn ich das Glück habe als Quartiermeister zu dienen?"

„Gewiß, Mylord," sagte der Soldat, „mein Name ist Dalgetti — Dugald Dalgetti von Drumthwacket zu Euren Diensten. Es ist ein Name, den Ihr vielleicht gesehen habt im Gallo-Belgicus, im schwedischen Intelligencer, oder wenn Ihr hochdeutsch lesen könnt, im fliegenden Merkur von Leipzig. Da mein Vater, Mylord, durch schlechte Wirthschaft ein schönes Erbtheil auf ein Nichts vermindert hatte, so blieb mir keine bessere Aussicht, als ich 18 Jahre alt war, wie diejenige, meine im Mareschal=College zu Aberdeen erworbene Gelehrsamkeit, mein edles Blut und meine Bestimmung als Gutsherr von Drumthwacket zugleich mit einem Paar kräftiger Arme und entsprechender Beine in die deutschen Kriege zu verpflanzen, um dort als Glücksritter meinen Weg zu verfolgen. Mylord, meine Arme und Beine haben mir mehr geholfen, wie mein adeliges Geschlecht und meine Büchergelehrsamkeit, und ich fand mich als Pikenier unter dem alten Ludewick Leslie, wo ich die Regeln des Kriegsdienstes so scharf erlernt habe, daß ich sie nicht schnell vergessen werde. Herr, ich habe acht Stunden lang Wache von 12 Uhr Mittags bis 8 Uhr Abends am Palast stehen müssen, und zwar mit Brustharnisch und Hinterstück, Pickelhaube und Armschienen, in Eisen bis an die Zähne und zwar bei bitterem Frost, wo das Eis so hart war wie jemals ein Kieselstein, und alles das, weil ich einen Augenblick anhielt, um mit meiner Wirthin zu sprechen, als ich hätte zum Verlesen gehen sollen."

„Und ohne Zweifel, Herr," erwiderte Lord Menteith, „habt Ihr eben so heißen Kriegsdienst durchgemacht, wie Ihr da eine kalte Wache aushalten mußtet?"

„Gewiß, Mylord, es geziemt mir nicht, davon zu reden; wer aber die Schlacht von Leipzig und Lützen gesehen hat, darf sagen, daß er bei großen Schlachten war, und wer bei Frankfurt an der Oder, Würzburg am Lech, in Nürnberg u. s. w. kämpfte, muß etwas von Belagerungen, Stürmen, Angriffen und Ausfällen wissen."

„Aber Euer Verdienst, Herr, und Eure Erfahrung haben Euch ohne Zweifel Beförderung erwirkt?"

„Sie kam langsam, Mylord, verdammt langsam," erwiderte Dalgetty; „aber da meine schottischen Landsleute, die Väter des Krieges, und die Offiziere, welche die tapferen schottischen Regimenter, den Schrecken Deutschlands, angeworben hatten, ziemlich dicht zu fallen begannen, einige durch die Pest, andere durch das Schwert, so rückten wir, ihre Kinder, in ihr Erbe vor. Herr, ich war sechs Jahre lang als Freiwilliger ein gemeiner Soldat der Compagnie und nachher drei Jahre lang Gefreiter, denn ich verschmähte die Annahme der Hellebarde eines Unteroffiziers, weil dieselbe für meine

Geburt sich nicht geziemte; zuletzt nun rückte ich vor zum Fähndrich, wie es im Hochdeutschen heißt, in des Königs Leibregiment von schwarzen Reitern, und dann ward ich Lieutnant und Rittmeister unter dem unüberwindlichen Monarchen, dem Bollwerk des protestantischen Glaubens, dem Löwen des Nordens, dem Schrecken Oestreichs, Gustavus dem Siegreichen."

„Und dennoch, wenn ich Euch recht verstehe, Kapitän Dalgetty — ich glaube dieser Rang entspricht Eurem fremden Rittmeister —"

„Ganz genau derselbe Grad," erwiderte Dalgetty, „Rittmeister bezeichnet wörtlich den Führer einer Schwadron."

„Ich wollte bemerken," fuhr Lord Menteith fort, „daß, wenn ich Euch recht verstand, Ihr den Dienst dieses großen Fürsten verlassen habt —"

„Erst nach seinem Tode," sagte Dalgetty, „als ich in keiner Weise mehr verbunden war, meine Anhänglichkeit fortzusetzen. Es gibt Dinge, Mylord, in jenem Kriegsdienst, die der Magen eines Cavaliers von Ehre nicht vertragen kann. Zwar war der Sold keiner der bedeutendsten, denn er betrug nur 60 Thaler für einen Rittmeister; der unbesiegliche Gustavus zahlte aber nie mehr als ein Drittel der Summe, welche monatlich als ein sogenannter Vorschuß bezahlt wurde, obgleich, richtig betrachtet, sie weiter nichts als ein Anlehen war, welches der große König von den weiteren zwei Dritteln, die er den Soldaten schuldig blieb, erborgte. Auch habe ich gesehen, wie ganze Regimenter von Holländern und Holsteinern sich wie niedrige Gassenkehrer auf dem Schlachtfeld empörten, wie sie „Geld, Geld!" schrieen, das heißt, wie sie ihren Wunsch nach Sold aussprachen, statt wie unsre schottischen Degen drauf los zu schlagen, denn diese haben es stets verachtet, Mylord, den Gewinn der Ehre schmutzigem Gewinn nachzustellen.“

„Aber sollten diese Rückstände,“ fragte Lord Menteith, „dem Soldaten nicht zu einer bestimmten Zeit gezahlt werden?“

„Mylord,“ antwortete Dalgetty, „ich nehme es auf mein Gewissen für bestimmt an, daß kein einziger Kreuzer davon jemals erlangt werden konnte. So lange ich dem unbesieg= baren Gustavus diente, habe ich keine zwanzig Thaler, die mir angehörten, auf Einmal gesehen, wenn ich solche nicht nach einem Sturm oder Sieg bekam, oder sie mir in einer Stadt oder in einem Dorfe holte, wobei ein Glücks=Cavalier, welcher den Kriegsgebrauch kennt, selten einen kleinen Profit zu machen unterläßt.“

„Jetzt wundere ich mich noch,“ sagte Lord Menteith, „mehr darüber, daß Ihr so lange im schwedischen Dienst geblieben seid, als daß Ihr zuletzt ihn aufgegeben habt.“

„Auch wäre ich nicht darin geblieben,“ antwortete der Ritt= meister, „wenn nicht jener große Feldherr und König, der Löwe des Nordens und das Bollwerk des protestantischen Glaubens, in ganz besonderer Weise Schlachten gewonnen, Städte genommen, Landschaften erobert und Kontributionen erhoben hätte, wodurch sein Dienst für alle guterzogenen Ca= valiere, welche das edle Waffenhandwerk betrieben, einen un= widerstehlichen Reiz erhielt. So schlicht wie ich bin, Mylord, habe ich selbst das ganze Stift Dinkelsbühl in Franken regiert; ich wohnte im Palast des Abtes, trank seinen besten Wein mit meinen Kameraden, zog Kontributionen, Requisitionen und kleine Geschenke ein, und unterließ es nicht, mir die Finger zu lecken, wie es einem guten Koch geziemt. Aber mit aller dieser Herrlichkeit ging es schnell abwärts, nachdem unser großer Herr und Meister auf dem Schlachtfelde von Lützen von 3 Kugeln erschossen war. Als ich nun fand, daß Fortuna gewechselt hatte, daß die Anlehen von unserem Solde wie früher ihren Gang nahmen, während kleine Geschenke und glückliche Zufälle uns abgeschnitten wurden, nahm ich Dienst bei Wallenstein in Walter Butler's irischem Regiment."

„Und darf ich Euch fragen," sagte Lord Menteith, welcher Theilnahme an den Schicksalen des Glückssoldaten zeigte, „wie Euch dieser Wechsel der Herren gefiel?"

„Ziemlich gut," sagte der Kapitän, „so ziemlich gut in hohem Grade. Ich kann nicht sagen, daß der Kaiser besser zahlte wie der große Gustavus, schwere Prügel bekamen wir oft; ich mußte oft meinen Kopf gegen meine alten Bekannten, die schwedischen Federn, anrennen; Euer Gnaden muß wissen, das sind doppeltgespitzte Pfosten mit Eisen an jedem Ende beschuht, und sie werden vor den Abtheilungen der Piken aufgepflanzt, um das Einbrechen der Reiterei zu verhindern. Besagte schwedische Federn sehen zwar sehr hübsch aus, denn sie gleichen dem Gebüsch oder kleineren Bäumen des Waldes, sowie die gewaltigen Piken, in Schlachtordnung dahinter aufgesteckt, den schlanken Fichten eines solchen entsprechen; sie sind aber nicht so sanft anzufassen wie das Gefieder einer Gans. Jedoch ungeachtet der schweren Prügel und des leichten Soldes kann ein Cavalier der Fortuna im kaiserlichen Dienst ziemlich gut gedeihen, denn man sieht nicht so genau wie bei den Schweden auf seine Nebengebühren; that ein Offizier nur seine Pflicht auf dem Felde, so pflegte weder Wallenstein, noch Pappenheim, noch der alte Tilly vor ihm auf das Schimpfen der Bauern und Bürger gegen einen Offizier oder Soldaten zu hören, welcher sie etwas zu sehr bis auf das Fell geschoren hatte. Somit konnte ein erfahrener Cavalier, der nach unserem schottischen Sprüchwort den Kopf der Sau zum Schwanz des Ferkels zu legen versteht, aus dem Lande selbst sich seinen Sold holen, auf dessen Bezahlung durch den Kaiser er vergeblich warten mußte."

„Ohne Zweifel mit einem Griff aus voller Hand und mit allen Zinsen," meinte Lord Menteith.

„Sicherlich, Mylord," erwiderte Dalgetty mit ruhiger Fassung, „denn es wäre doppelt schmachvoll für irgend einen Soldaten von Rang, daß sein Name bei einem kleinen Ver= gehen genannt würde."

„Aber ich bitte Euch, Herr, sagt mir doch," fuhr Lord Menteith fort, „weßhalb habt Ihr einen so einträglichen Dienst verlassen?"

„Nun wahrhaftig," erwiderte der Soldat, „ein irischer Cavalier, mit Namen O'Quilligan, ein Major in unserem Re= giment, hatte mit mir einen Streit eines Abends über den Werth und den Vorrang unserer verschiedenen Nationen; am nächsten Tage darauf ließ er sich einfallen, mir seine Befehle zu ertheilen, indem er die Spitze seines Kommandostabes vor sich empor hielt, anstatt denselben zu Boden zu senken, wie es der Brauch eines höflichen kommandirenden Offiziers ist, wenn er es mit Jemanden zu thun hat, der ihm im Range gleichsteht, obgleich er vielleicht im militärischen Grade unter= geordnet ist. Den Streit, Herr, haben wir in einem Duelle ausgefochten; da es nun unserm Oberst Butler bei der nach= folgenden Untersuchung gefiel, die leichtere Strafe seinem Landsmann und die schwerere mir zu ertheilen, so ärgerte ich mich über solche Parteilichkeit und vertauschte meine Offiziers= stelle mit einem Andern unter dem Spanier."

„Ich hoffe, daß Ihr den Wechsel zuträglich fandet," be= merkte Lord Menteith.

„Um die Wahrheit zu´sagen," erwiderte der Rittmeister,

„ich hatte wenig Ursache zur Klage. Der Sold wurde ziemlich regelmäßig bezahlt, denn die reichen Flamänder und Wallonen in den Niederlanden mußten das Geld hergeben. Die Quartiere waren ausgezeichnet; das gute Weizenbrod von Flandern war besser wie das Kommisbrod aus Roggen bei den Schweden, und an Rheinwein herrschte bei uns mehr Ueberfluß, wie jemals am schwarzen Rostockerbier in des Schwedenkönigs Lager. Kriegsdienst war keiner zu leisten; der Garnisonsdienst war gering, und diesen geringen Dienst konnten wir nach Belieben thun oder bleiben lassen; es war ein ausgezeichneter Platz der Zurückgezogenheit für einen Cavalier, welcher der Feldschlachten und Belagerungen müde war, welcher mit seinem Blut so viel Ehre erkauft hatte, wie ihm dienlich sein mußte, und der den Wunsch hegte, ein wenig Behaglichkeit und gutes Leben zu genießen.“

„Und darf ich fragen,“ sagte Lord Menteith, „weßhalb Ihr Euch aus dem spanischen Dienste zurückzogt, Kapitän, da Ihr Euch doch, wie ich glaube, in der beschriebenen Lage gut befandet?“

„Ihr müßt bedenken, Mylord,“ erwiderte Kapitän Dalgetty, daß ein Spanier ein Kerl sondergleichen im Eigendünkel ist, so daß er denjenigen fremden Cavalieren von Muth, welchen es gefällt, bei ihm Dienste zu nehmen, nicht die gehörige Rücksicht erzeigt; nun aber schmerzt es jeden ehrenwerthen Soldaten, bei Seite geschoben und zurückgesetzt zu werden und jedem prahlenden Sennor nachstehen zu müssen, welcher sehr gern seinen Platz einem schottischen Cavalier abträte, wenn es sich um Ersteigung einer Bresche im Pikenangriff handeln würde. Außerdem, Herr, empfand ich Gewissenszweifel in Bezug auf meine religiöse Angelegenheit.“

„Ich würde nicht geglaubt haben, Kapitän Dalgetty,“ sagte

Sage von Montrose.                                                    4

der junge Edelmann, „daß ein alter Soldat, welcher den Dienst so oft gewechselt hat, in dieser Hinsicht so bedenklich sein würde."

„Das bin ich auch nicht, Mylord," sagte der Kapitän, „denn ich halte es für Pflicht des Regiments=Caplans, jene Angelegenheiten für mich und jeden andern braven Cavalier in Ordnung zu bringen, um so mehr, da er, so viel ich weiß, für seinen Sold und seine Vergünstigungen nichts Andres zu thun weiß. Dieß war aber ein besonderer Fall, ein casus improvisus, wenn ich so sagen darf, worin ich keinen Caplan meines Glaubens bei der Hand hatte, um mich Raths bei ihm zu erholen. Kurzum, ich fand, daß man wohl ein Auge zudrückte, weil ich ein Protestant war, denn ich war ein Mann der Handlung und besaß mehr Erfahrung wie alle Don's zusammengenommen in unserer Tercia oder Regiment; allein man verlangte dennoch von mir, wenn wir in Garnison lagen, daß ich in die Messe gehen sollte. Nun, Mylord, war ich als wahrer Schotte und als Zögling der Universität von Aberdeen dazu verpflichtet, die Behauptung zu vertreten, daß die Messe ein Akt des blinden Pabstthums und äußersten Götzendienstes sei; deßhalb wollte ich durchaus nicht durch meine Gegenwart das Gegentheil bekräftigen. Allerdings hatte ich darüber einen würdigen Landsmann von mir um Rath gefragt, einen Pater Fatsibes aus dem schottischen Kloster zu Würzburg —"

„Und ich hoffe," bemerkte Lord Menteith, „Ihr erhieltet von diesem geistlichen Vater ein klares Gutachten?"

„So klar wie es möglich war," erwiderte Kapitän Dalgetty, „in Anbetracht, daß wir 6 Flaschen Rheinwein und 2 Schoppen Kirschenwasser getrunken hatten. Pater Fatsibes that mir zu wissen, daß nicht viel daran gelegen sei, ob ich zur Messe ginge oder nicht, denn soweit er über einen Ketzer wie ich urtheilen könne, erkenne er, daß meine ewige Verdammniß in Bezug auf meine unbußfertige und verhärtete Beharrung in meiner fluchwürdigen Ketzerei jedenfalls beschlossen und besiegelt sei. Durch diese Antwort entmuthigt, wandte ich mich an einen holländischen Pastor der reformirten Kirche, welcher mir sagte, er glaube, daß ich gesetzmäßig in die Messe gehen könne; der Prophet habe ja dem Nahman, einem gewaltigen Mann von Muth und einem ehrenwerthen Cavalier aus Syrien, die Erlaubniß ertheilt, seinem Herrn nach dem Hause Rimmon's, eines falschen Gottes oder Götzen, welchem derselbe diente, zu folgen, und sich zu beugen, wann sich der König auf seine Hand stütze. Jedoch stellte mich diese Antwort nicht zufrieden; ein gewaltiger Unterschied findet sich ja zwischen einem gesalbten König Syriens und unserem spanischen Oberst, den ich wie eine Zwiebelschale hätte wegblasen können; besonders aber bedachte ich, die Sache werde durch einen Kriegsartikel nicht von mir verlangt; auch hatte man mir keine Entschädigung in Nebeneinnahmen oder Sold für den Schaden angeboten, den mein Gewissen dadurch hätte erleiden können."

„Ihr wechseltet also wieder den Dienst?" fragte Lord Menteith.

„So geschah es, Mylord; nachdem ich es nun eine kurze Zeit mit zwei oder drei andern Mächten versucht hatte, begab ich mich in den Dienst Ihrer Hochmögenden der Generalstaaten der sieben vereinigten Provinzen."

„Und wie war dieser Dienst Eurer Laune gemäß?" fragte sein Gefährte.

„O Mylord," sagte der Soldat in einer Art Enthusiasmus, „ihr Betragen am Zahltage sollte ein Muster für ganz Europa sein — da gibt es weder Darleihen, noch Abzüge,

noch Rückstände, sie bezahlen so genau wie Banquiers. Auch
die Quartiere sind ausgezeichnet und die Verpflegung tadellos;
aber, Herr, die Holländer sind ein sehr genaues, bedenkliches
Volk und machen für kleine Sünden nie ein Zugeständniß.
Wenn nun ein Bauer über einen zerschlagenen Kopf, ein Bier=
wirth über eine zerbrochene Kanne sich beklagt, oder wenn
ein lustiges Mensch zwar leise genug, aber doch so laut kreischt,
daß man ihren Schrei etwas deutlicher wie ihren Athem hören
kann, so wird ein Mann von Ehre nicht vor sein Kriegsgericht
gebracht, welches am besten sein Vergehen beurtheilen und ihn
bestrafen kann, sondern vor einen schäbigen Handwerker von
Bürgermeister, der ihm mit dem Zuchthause, dem Strick oder
noch sonst was droht, als gehörte er zu den gemeinen, frosch=
artigen, pluderhosigen Holländern. So konnte ich denn unter
jenem undankbaren Pöbel nicht bleiben, der sich durch eigene
Kraft nicht vertheidigen kann und dennoch dem fremden Cava=
lier, welcher in seine Dienste tritt, nichts weiter gestattet,
wie seinen trockenen Sold, der für keinen ehrenwerthen Muth
ebensoviel gilt, wie freie Ausgelassenheit und ehrenvoller An=
stand; darum beschloß ich, den Dienst der Mynheers zu ver=
lassen, und da ich nun zu meiner Zufriedenheit hörte, daß sich
etwas während dieses Sommers nach meiner Weise in meinem
theuren Vaterlande machen läßt, so bin ich hieher gekommen,
wie man zu sagen pflegt, wie der Bettler auf die Hochzeit,
um meinen lieben Landsleuten den Vortheil der Erfahrung zu=
kommen zu lassen, welchen ich in fremden Landen mir erworben
habe. So hat denn Eure Lordschaft einen Umriß meiner kurzen
Geschichte mit Ausnahme meines Auftretens in Feldschlachten,
Stürmen und anderen Angriffen, deren Erzählung hier ermüden
würde und auch vielleicht einer anderen Zunge wie der meini=
gen besser geziemen würde."

# Drittes Kapitel.

---

Ob viel Geschwätz von Recht und Pflicht sich bot,
Mir ist der Krieg Geschäft, sein Lohn das Brod.
Wie Schweizer hab' ich stets nur Eins gewollt;
Die beste Sach' ist mir der beste Sold.

Donne.

Die Beschwerlichkeit und die Enge des Weges war jetzt von solcher Art geworden, daß die Reisenden ihr Gespräch unterbrechen mußten; Lord Menteith hielt sein Pferd zurück und unterredete sich einige Augenblicke mit seinen Bedienten. Der Kapitän, welcher jetzt der Gesellschaft voranritt, gelangte ungefähr nach einer Viertelmeile, während welcher eine rauhe Ansteigung zurückgelegt werden mußte, auf ein hochgelegenes Thal, welches durch einen Bergstrom trocken gelegt war und auf dem Rasen am Ufer desselben den Reisenden genügenden Raum darbot, um auf eine mehr gesellige Weise ihre Reise fortzusetzen.

Lord Menteith nahm somit das Gespräch wieder auf, welches durch die Schwierigkeiten des Weges unterbrochen worden war.

„Ich hätte glauben sollen," sagte er zu Kapitän Dalgetty, „daß ein Cavalier von so ehrenwerthem Charakter, welcher dem tapfern König von Schweden so lange gefolgt ist und eine so passende Verachtung gegen die gemeinen holländischen

Handwerker hegt, kein Bedenken getragen hätte, die Rache
des Königs Karl derjenigen von niedriggeborenen, rundköpfigen schwatzenden Schelmen vorzuziehen, welche jetzt gegen die
Krone im Aufstand begriffen sind.“

„Ihr sprecht vernünftig, Mylord,“ sagte Dalgetty, „und
ceteris paribus könnte ich vielleicht bewogen werden, die Sache
in demselben Lichte zu betrachten, aber, Mylord, man hat im
Süden ein Sprüchwort: „Schöne Worte machen den Kohl
nicht fett“. Ich habe genug gehört, seitdem ich hieher gekommen bin, daß ein Cavalier von Ehre jede Partei in diesem
bürgerlichen Kampfe ergreifen kann, die sich für seinen besondern Zweck am besten eignet. Loyalität! ist euer Losungswort
— Freiheit! schreit ein Bursch auf der andern Seite des Thales — Der König! ist ein Kriegsgeschrei — Das Parlament!
brüllen die Andern — Montrose auf Immer! schreit Donald
und schwenkt die Mütze — Argyle und Leven! schreit ein Gesell in Niederland und paradirt dabei mit der Feder am Hut —
Kämpft für die Bischöfe! sagt der Priester mit weitem Rock
und Chorhemb — Steht fest für die schottische Kirche! ruft
der Pfarrer mit dem Genfer Käppchen und Hembkragen —
Alles sehr schöne Parolen — ausgezeichnete Parolen! Welche
Sache die beste ist, kann ich nicht sagen. Aber sicherlich, ich
habe knietief im Blute manchen Tag für eine Losung gefoch-
ten, die schlimmer war als die schlimmste von allen denen.“

„Da nun die Ansprüche beider Parteien Euch gleich scheinen,“ sagte Seine Lordschaft, „so habt doch die Güte, uns
anzugeben, durch welche Umstände ihr Vorzug bestimmt werden wird?“

„Einfach nach zwei Rücksichten, Mylord,“ erwiderte der
Soldat, „erstlich, auf welcher Seite mein Dienst am meisten
mit gehörigen mir erwiesenen Ehrenbezeugungen gesucht wer-

den wird. Zweitens werde ich berücksichtigen, wie übrigens schon aus dem Ersteren geschlossen werden muß, welche Partei denselben am dankbarsten vergelten wird. Um offenherzig mit Euch zu reden, Mylord, neigt sich meine Meinung am meisten auf Seiten des Parlamentes."

„Wollet Ihr mir gütigst Eure Gründe sagen?" sagte Lord Menteith; „vielleicht ist es mir möglich, sie mit andern zu widerlegen, welche bei Euch mehr Bedeutung haben werden."

„Herr, ich werde der Vernunft zugänglich sein," sagte Kapitän Dalgetty, „vorausgesetzt, durch Eure Gründe werde meine Ehre und mein Interesse wahrgenommen. Wohlan denn, Mylord, man erwartet hier, daß eine Armee von Hochländern sich für den König versammelt, oder daß sie sich auf diesen Hügeln versammeln wird. Nun, Herr, kennt Ihr ja die Natur unserer Hochländer. Ich will nicht läugnen, daß sie ein Volk von kräftigem Körper und tapferem Herzen sind und auch Muth genug in ihrer tapfern Kampfesweise haben; aber dieß ist von den Gebräuchen und der Disciplin des Krieges ebenso entfernt, wie einstens die der alten Scythen, oder jetzt die der amerikanischen Indier. Sie haben nicht einmal eine deutsche Pfeife oder eine Trommel, um einen Marsch, einen Allarm, einen Sturm, einen Rückzug, eine Reveille oder Zapfenstreich oder einen andern Kriegsgebrauch zu schlagen, und ihre verdammten kreischenden Dudelsäcke, welche sie blasen zu können vorgeben, sind für die Ohren eines Caballero unverständlich, welcher an civilisirte Kriegführung gewohnt ist. Wollte ich die Disciplinirung eines solchen Pöbels ohne Hosen unternehmen, so wäre es mir unmöglich, mich verständlich zu machen; würde ich aber auch verstanden, so bedenkt, Mylord, welche Aussicht auf Gehorsam ich unter einer Bande von halbwilden Menschen haben würde, welche gewohnt sind, ihrem Gutsherrn und Häuptling allein die Achtung und den Gehorsam zu zollen, den sie ihren patentirten Offizieren zollen müssen. Wollte ich ihnen beibringen, eine Battalia nach der Ausziehung der Quadratwurzel zu bilden, — d. h. ein Bataillon im Viereck mit gleicher Zahl der Soldaten auf jeder Seite, welche der Quadratwurzel aller vorräthigen Leute entspräche, — so hätte ich keine Gewalt, dieß goldene Geheimniß der militärischen Taktik jenem Gesindel mitzutheilen; ich würde sogar einen Dolch in meinem Leib fühlen, wenn ich einen Mac Alister More oder einen Mac Shemei oder Copperfä auf die Flanke oder hinten stellen wollte, wenn ein solcher Kerl voran stehen will. Wahrlich, sagt die heilige Schrift, wenn ihr Perlen den Säuen vorwerfet, so wenden sich dieselben gegen euch und zerreißen euch."

„Ich glaube, Anderson," sagte Lord Menteith, „indem er auf einen seiner Bedienten zurückblickte, welche beide dicht hinter ihm ritten, „wir werden erfahrene Offiziere mehr brauchen und zur Benutzung derselben geneigter sein, als der Herr da zu glauben scheint."

„Mit Euer Gnaden Erlaubniß," sagte Anderson, indem er voll Achtung seine Mütze abnahm, „werden wir gute Soldaten brauchen, um unsere Rekruten zu discipliniren, wenn sich die irische Infanterie mit uns vereinigt, welche erwartet wird und in den westlichen Hochlanden schon jetzt gelandet sein muß."

„Und ich möchte sehr gern in einem solchen Dienst Beschäftigung finden," sagte Dalgetty. „Die Irländer sind prächtige Kerle — sehr prächtige Kerle — ich wünsche keine besseren im Felde zu sehen. Bei der Einnahme von Frankfurt an der Oder sah ich einst eine irische Brigade mit Schwert und Pike Widerstand leisten, bis sie die blaugelbe schwedische Bri-

gade zurückschlugen, welche für so tapfer gehalten wurde, wie
irgend eine andere, die unter dem unsterblichen Gustavus zu
Felde zog; und obgleich der hartnäckige Hepburne, der tapfere
Lunsdale, der muthige Monro mit mir selbst und andern Cavalieren überall sonst mit der Pike durchbrangen, so hätten
wir doch mit großem Verlust und wenig Nutzen wieder umkehren müssen, wenn wir überall solchen Widerstand angetroffen hätten. Jene tapferen Irländer mußten zwar alle über
die Klinge springen, wie es in solchen Fällen gewöhnlich ist,
gewannen aber dennoch unsterblichen Preis und Ehre; um
ihretwillen habe ich die Männer ihrer Nation unmittelbar
nach der meines eigenen Vaterlandes Schottland stets geliebt
und geehrt."

„Einen Befehl über Irländer," sagte Menteith, „glaube ich
Euch versprechen zu dürfen, wäret Ihr geneigt, die königliche
Partei zu nehmen."

„Und dennoch," sagte Kapitän Dalgetty, „ist meine zweite
und größte Schwierigkeit noch nicht beseitigt. Ich halte es
zwar für ein gemeines und schmutziges Verfahren eines Soldaten, wenn er wie die niedrigen Lumpen, deutsche Lands-
knechte genannt, die ich vorhin erwähnte, keine anderen Worte
im Munde hat, wie Sold und Geld. Auch will ich mit meinem Schwerte vertreten, daß die Ehre dem Solde, den freien
Quartieren und den Rückständen vorzuziehen ist; da aber des
Kriegers Sold die unvermeidliche Bedingung seines Dienstes
bildet, so geziemt es einem weisen und bedächtigen Cavalier,
sich genau den Betrag seiner Belohnung für seinen Dienst und
die Beschaffenheit der Geldmittel zu überlegen, aus welchen
besagter Sold bezahlt werden soll; und wahrlich, Mylord,
nach Allem, was ich sehen und vernehmen kann, ist das Parlament der Börsenmeister. Die Hochländer kann man allerdings

bei guter Laune erhalten, wenn man ihnen gestattet, Vieh zu stehlen; was die Irländer betrifft, so kann Eure Lordschaft und Eure edlen Genossen dieselben nach dem in solchen Fällen üblichen Kriegsgebrauche zahlen und ihnen so selten und so wenig wie möglich an Geld geben, je nachdem es Eurem Belieben oder Eurer Bequemlichkeit gemäß ist. Dieselbe Verfahrungsweise eignet sich aber nicht für einen Cavalier, wie ich es bin, welcher seine Pferde, Bedienten, Waffen und Ausrüstung erhalten muß und auf eigene Kosten weder Krieg führen kann, noch will."

Anderson, der Bediente, welcher vorher geredet hatte, wandte sich jetzt achtungsvoll an seinen Herrn mit den Worten: „Ich glaube, Mylord, daß ich, wenn Eure Lordschaft es gestattet, Einiges vorbringen kann, um Kapitän Dalgetty's zweiten Einwurf zu beseitigen. Er fragt uns, wo wir unsern Sold hernehmen wollen; nun sind nach meiner demüthigen Ansicht uns dieselben Hülfsmittel wie den Covenanters eröffnet. Sie besteuern das Land nach Belieben und verschwenden die Güter der Königlichen; wären wir nur einmal in den Niederlanden mit den Hochländern und Irländern als Rückhalt und mit den Degen in unsern Händen, so könnten wir manchen fetten Verräther finden, dessen schlecht erworbener Reichthum unsere Militärkasse füllen und unsere Soldaten befriedigen wird. Außerdem werden Konfiskationen uns in Menge zufallen. Wenn nun der König Schenkungen verwirkter Ländereien jedem kühnen Cavalier gibt, welcher sich seiner Fahne anschließt, so wird er zugleich seine Freunde belohnen und seine Feinde bestrafen. Kurzum, wer diesen rundköpfigen Hunden sich anschließt, kann einigen elenden Sold bekommen; wer unserer Fahne sich anschließt, hat die Aussicht, Ritter, Lord oder Graf zu werden, wenn das Glück ihm günstig ist."

„Habt Ihr jemals im Kriege gedient, guter Freund?“ sagte der Kapitän zu dem Sprecher.

„Ein wenig, Herr, in diesen unsern Bürgerkriegen,“ antwortete der Mann bescheiden.

„Aber niemals in Deutschland oder in Holland und Flandern?“ fragte Dalgetty.

„Ich hatte niemals die Ehre,“ antwortete Anderson.

„Ich gestehe,“ sagte Dalgetty, indem er sich an Lord Menteith wandte, „Euer Lordschaft Diener hegt eine verständliche, natürliche und ziemlich gute Vorstellung von militärischen Angelegenheiten; dieselbe ist allerdings etwas unregelmäßig gebildet und riecht ein wenig zu sehr nach dem Verkauf der Haut, bevor er den Bären gejagt hat. Ich will mir jedoch die Sache überlegen.“

„Thut das, Kapitän,“ sagte Lord Menteith, „Ihr könnt die Nacht darüber nachdenken, denn wir sind dem Hause jetzt nahe, wo ich hoffe, Euch eine freundliche Aufnahme versprechen zu können.“

„Das wird mir sehr willkommen sein,“ sagte der Kapitän, „denn ich habe seit Tagesanbruch nichts anderes gegessen, als ein Stück Haferkuchen, das ich mit meinem Pferde theilte. Drum habe ich meinen Degengurt drei Löcher enger schnallen müssen, weil mein Bauch dünner geworden ist, sonst wäre mir der Gurt wegen meines Hungers und wegen der Schwere des Eisens hinabgeglitten.“

# Viertes Kapitel.

---

Es kamen einst sich Herrn entgegen —
Am Datum ist hier Nichts gelegen —
So flink und schmuck wie je, bewehrt
Mit Tartsche, Dolch und Hochland-Schwert,
Mit buntem Kleide, wie's der Brauch
Im Niederland und Hochland auch,
Die Mütz' auf Köpfen schief gewandt,
Die man von je als hart erkannt.

Meston.

Ein Hügel lag jetzt vor den Reisenden; er war mit einem alten Walde schottischer Föhren bedeckt, unter denen die höchsten, ihre verwitterten Zweige nach dem westlichen Horizont erstreckend, im rothen Schein der Abendsonne glühten. In der Mitte des Waldes erhoben sich die Thürme oder vielmehr die Kamine des Hauses oder Schlosses, wie man es nannte, welches zum Ziel ihrer Tagreise bestimmt war.

Wie es damals gewöhnlich war, bildeten zwei schmale und hohe Gebäude, welche sich einander durchschnitten und kreuzten, das Wohnhaus; eine oder zwei vorragende Zinnen mit kleinen Thürmchen an den Ecken, welche Pfefferbüchsen glichen, hatten den würdevollen Namen eines Schlosses dem Gebäude von Darnlinvarach verschafft. Es war von einer niedrigen Hofmauer umringt, innerhalb welcher die gewöhnlichen Wirthschaftsgebäude lagen.

Als die Reisenden näher kamen, entdeckten sie neuere Zuthaten zu den Vertheidigungswerken des Platzes, welche ohne Zweifel durch die Unsicherheit jener Zeiten veranlaßt waren. In verschiedenen Theilen des Hauses und der Hofmauer waren Schießscharten für Gewehrfeuer eingebrochen. Die Fenster waren durch eiserne Stangen sorgfältig gesichert, welche in der Länge und Quere sich wie die Gitter eines Gefängnisses kreuzten. Die Hofthür war verschlossen, und erst nach vorsichtigem Austausch von Losungsworten ward einer ihrer Flügel von zwei Bedienten geöffnet — zwei kräftigen Hochländern, die beide mit Waffen ausgerüstet wie Bitias und Pandarus in der Aeneide zur Vertheidigung des Einganges bereit standen, wenn irgend ein Feind sich einzudrängen suchen würde.

Mehrere Bedienten, sowohl in der Kleidung des Hochlandes wie des Niederlandes, stürzten sogleich aus dem Innern des Hauses heraus; einige beeilten sich, den Fremden die Pferde abzunehmen, während andere sie in das Wohnhaus zu führen bereit waren. Kapitän Dalgetty wies jedoch den angebotenen Beistand derjenigen zurück, welche ihm die Sorge seines Pferdes abnehmen wollten. „Meine Freunde, es ist meine Gewohnheit, daß ich selbst nachsehe, wie Gustavus (so habe ich mein Pferd nach meinem unüberwindlichen Herrn genannt) sich nach aller Behaglichkeit eingerichtet findet; wir sind alte Freunde und Reisegefährten, und da ich mich oft in der Lage befinde, seine Beine zu gebrauchen, so erweise ich ihm immer meinerseits den Dienst meiner Zunge, um Alles zu verlangen, was er haben muß." Somit begab er sich in den Stall nach seinem Pferde, ohne sich weiter zu entschuldigen.

Weder Lord Menteith noch sein Begleiter erwiesen dieselbe Sorgfalt ihren Pferden, sondern überließen sie den Bedienten des Hauses und betraten das letztere, wo eine Art dunkler und gewölbter Flur unter anderen verschiedenen Artikeln ein großes Faß Bier enthielt; dabei befanden sich zwei oder drei hölzerne Becher, wie es schien für den Dienst eines Jeden bereit, welcher sie zu brauchen Lust hatte. Lord Menteith begab sich an den Zapfen, trank ohne Umstände und überreichte dann Anderson den Becher, welcher das Beispiel seines Herrn befolgte, jedoch nicht eher, als bis er den noch übrigen Tropfen Bier herausgegossen und das hölzerne Trinkgeschirr leicht ausgeschwenkt hatte.

„Was Teufel, Mann," sagte ein alter hochländischer Diener, welcher zur Familie gehörte, „könnt Ihr nicht nach Eurem eigenen Herrn trinken, ohne den Becher auszuspülen und das Bier herauszugießen? Seid verdammt!"

„Ich wurde in Frankreich erzogen," erwiderte Anderson, „wo Niemand nach einem Andern aus einem Becher trinkt, wenn nicht aus demjenigen einer Dame."

„Der Teufel hole solche Eigenheit!" sagte Donald; „was schadet es, wenn das Bier gut ist, daß eines anderen Mannes Bart vorher in dem Becher war?"

Anderson's Gefährte trank, ohne die Ceremonie zu beachten, welche Donald soviel Anstoß gegeben hatte; beide folgten ihrem Herrn in die niedrig gewölbte steinerne Halle, welche der gewöhnliche Sammelplatz einer hochländischen Familie war. Ein großes Torffeuer am oberen Ende verbreitete ein düsteres Licht im Raume und wurde nothwendig durch die Feuchtigkeit, welche sogar im Sommer dasselbe unbehaglich machte. Zwanzig oder dreißig runde Schilde, eben so viele lange hochländische Degen mit Dolchen und Mänteln, Flinten sowohl mit Lunten wie mit Feuerschlössern, Bogen und Armbrüste nebst Streitäxten, Stahlharnische, Helme, Pikelhauben und die älteren Panzerhemde mit Kaputzen und Aermeln — Alles dieß hing verwirrt an den Mauern, und hätte irgend ein Mitglied einer jetzigen antiquarischen Gesellschaft einen ganzen Monat lang Vergnügen gewährt. Solche Dinge waren jedoch damals zu gewöhnlich, um viel Aufmerksamkeit der Beschauer auf sich zu lenken.

In der Halle stand ein großer, plumper Tisch von eichenem Holz, welchen die hastige Gastfreundschaft des Bedienten, der vorher gesprochen hatte, sogleich mit Milch, Butter, Ziegenkäse, einer Flasche Bier und einer kleineren mit Branntwein zur Erfrischung des Lord Menteith belud, während ein untergeordneter Diener für dessen Bedienten ähnliche Vorrichtungen unten an der Tafel traf. Der Raum zwischen Beiden war nach den damaligen Sitten ein genügender Unterschied zwischen Herrn und Diener, obgleich der Erstere in dem jetzigen Falle einen sehr hohen Rang einnahm. Mittlerweile standen die Gäste am Feuer — der junge Edelmann unter dem Kamine, seine Diener in einiger Entfernung.

„Was haltet Ihr, Anderson," fragte der Erstere, „von unserem Reisegefährten?"

„Ein derber Gesell," erwiderte Anderson, „wenn Alles seinem Aeußern entspricht; ich wollte, wir hätten zwanzig solcher Leute, um unsere Irländer etwas unter Disciplin zu bringen."

„Ich bin anderer Meinung," sagte Lord Menteith, „ich glaube, dieser Kerl Dalgetty ist einer jener Blutegel, deren Hunger nach Blut nur durch dasjenige geschärft wird, was sie in fremden Landen gesogen haben, und die jetzt zurückkehren, um sich an demjenigen ihres Vaterlandes zu mästen. Schmach über dieß Gesindel von Menschen, welche für Geld ihre Haut zu Markte tragen! Sie haben den schottischen Namen in ganz Europa mit denjenigen elender Söldner gleich-

bedeutend gemacht, welche weder Ehre noch Grundſatz als ihr
monatliches Einkommen kennen, welche je nach der Laune der
Fortuna oder nach dem höchſten Gebote ihre Lehenstreue von
einer Fahne zur andern übertragen. Ihrem unerſättlichen
Durſt nach Raub und gutem Quartier iſt zu großem Theil
jene innere Parteiwuth zuzuſchreiben, womit wir jetzt unſere
Degen gegen unſere eigenen Eingeweide kehren. Mir ging
beinahe die Geduld bei dieſem gemietheten Fechter aus, und
dennoch konnte ich mich kaum des Lachens bei ſolch' einem
Uebermaß von Unverſchämtheit erwehren.“

„Eure Lordſchaft wird mir verzeihen,“ ſagte Anderſon,
„wenn ich Euch rathe, wenigſtens einen Theil dieſes großmü=
thigen Unwillens unter den gegenwärtigen Umſtänden zu ver=
bergen. Wir können unglücklicher Weiſe unſer Werk ohne die
Hülfe ſolcher Leute nicht vollbringen, die nach elenderen Be=
weggründen wie wir ſelbſt handeln. Wir können den Bei=
ſtand ſolcher Kerle, wie unſeres Freundes, des Miethſoldaten,
nicht entbehren. Um eine Phraſe aus dem Geſchwätz der
Heiligen im engliſchen Parlament zu gebrauchen, ſind die
Söhne von Zeruiah noch zu Viele für uns.“

„Ich muß mich alſo ſo gut wie möglich verſtellen,“ ſagte
Lord Menteith, „wie ich dieß bisher auf Euren Wink gethan
habe; ich wünſche jedoch den Kerl von ganzem Herzen zum
Teufel.“

„Ja, Ihr dürft aber nicht vergeſſen, Mylord,“ bemerkte
Anderſon auf's Neue, „daß Ihr, um den Biß eines Scorpions
zu heilen, einen andern Scorpion auf der Wunde zerquetſchen
müßt, aber halt, Andere werden hören, was wir mit einan=
der reden.“

Aus einer Seitenthür der Halle betrat ein Hochländer den
Raum, deſſen hoher Wuchs und vollkommene Ausrüſtung, ſo

wie die Adlerfeder auf der Mütze und das Selbstvertrauen in seinem Benehmen eine Person von höherem Range ankündigten. Er ging langsam an den Tisch, und gab Lord Menteith keine Antwort, als dieser ihn mit dem Namen Allan anredete und nach seinem Befinden sich erkundigte.

„Ihr müßt jetzt nicht mit ihm reden," flüsterte der alte Diener.

Der große Hochländer sank auf den leeren Sessel, welcher dem Feuer zunächst stand, heftete seine Blicke auf die glühenden Kohlen und den großen Torfhaufen, und schien vollkommen in Zerstreuung versunken. Seine dunklen Augen und wilden, leidenschaftlichen Züge boten den Ausdruck eines Mannes, welcher mit den Gegenständen seines eigenen Nachdenkens lebhaft beschäftigt ist, und äußeren Gegenständen wenig Aufmerksamkeit erweist. Ein Gesichtszug, welcher finstere Strenge verkündet — vielleicht das Ergebniß eines beschaulichen und einsamen Lebens — hätte bei einem Niederländer religiösen Fanatismus andeuten können; die Hochländer litten aber in jenen Zeiten nur sehr selten an dieser Geisteskrankheit, welche in den schottischen Niederlanden, so wie in England, damals so allgemein war. Die Hochländer hatten ohnedem ihren besondern Aberglauben, welcher den Geist mit manchfachen und lebhaft eindringenden Phantasiegebilden eben so vollkommen verfinsterte, wie dieß durch den Puritanismus bei ihren Nachbarn geschah.

„Eurer Lordschaft Gnaden," sagte der hochländische Diener, indem er sich dicht neben Lord Menteith stellte und sehr leise sprach, „Eure Lordschaft muß jetzt nicht mit Allan sprechen, denn die Wolke ruht auf seiner Seele."

Lord Menteith nickte und bekümmerte sich nicht weiter um den finstern Gebirgsbewohner.

„Sagte ich nicht," fragte der Letztere, indem er plötzlich seine stattliche Gestalt aufrichtete und den Bedienten anblickte, — „sagte ich nicht, daß Vier kommen würden, und hier stehen nur Drei in der Halle?"

„So habt Ihr wirklich gesagt, Allan," erwiderte der alte Hochländer, „und es kömmt gerade der Vierte aus dem Stalle klirrend herbei, denn er ist wie ein Krebs mit einer Schale von Eisen auf der Brust und dem Rücken, auf Hüften und Schenkeln angethan; soll ich nicht Euern Stuhl neben dem von Menteith oder zu dem der ehrlichen Herren unten an der Tafel stellen?"

Lord Menteith beantwortete selbst diese Frage, indem er auf einen Sitz neben dem seinigen wies.

„Dort kömmt er," sagte Donald, als Kapitän Dalgetty in die Halle trat; „ich hoffe, die Herren werden Brod und Käse genießen, wie wir in den Thälern sagen, bis ein besseres Mahl bereit ist, und bis der Häuptling vom Hügel mit den südländischen Edelleuten zurückkömmt; dann wird Dugald als Koch mit einem Lamm und Wildprett aufwarten."

Mittlerweile war Kapitän Dalgetty in den Raum getreten und auf den Stuhl neben Lord Menteith zugegangen, an dessen Rücken er sich mit den Armen lehnte.

Anderson und sein Gefährte warteten unten an der Tafel in achtungsvoller Stellung, bis sie Erlaubniß zum Sitzen erhalten haben würden; drei oder vier Hochländer liefen unter der Leitung des alten Donald hin und her, um weitere Nahrungsmittel herbeizubringen, oder sie standen bereit, den Gästen aufzuwarten.

Inmitten dieser Vorbereitungen fuhr Allan plötzlich auf, riß einem der Diener die Lampe aus der Hand und hielt sie

nahe an Dalgetty's Gesicht, während er dessen Züge mit sorg=
fältiger und ernster Aufmerksamkeit betrachtete.

„Bei meiner Ehre," sagte Dalgetty halb verdrießlich, als
Allan geheimnißvoll den Kopf schüttelnd, seine Untersuchung
aufgab, „ich bürge dafür, daß dieser Bursch und ich einander
kennen werden, wenn wir uns wieder begegnen."

Mittlerweile ging Allan an das untere Ende der Tafel,
und nachdem er Anderson so wie dessen Gefährten derselben
Nachforschung unterworfen hatte, stand er einen Augenblick
wie in tiefem Nachsinnen; indem er sich alsdann die Stirn
berührte, ergriff er plötzlich Anderson beim Arm, und führte
denselben, bevor er wirksamen Widerstand leisten konnte, in=
dem er ihn halb mit Gewalt fortzog, zu dem leeren Sitz am
oberen Ende; er gab ihm dann durch ein Zeichen zu verste=
hen, daß er dort sich niederlassen möge, und brachte den Sol=
daten mit derselben unceremoniösen Eile nach dem unteren
Ende der Tafel. Der Kapitän, über diese Freiheit heftig er=
zürnt, suchte Allan mit Gewalt von sich abzuschütteln; so
stark er aber auch war, zeigte er sich im Ringen schwächer,
als der riesenhafte Gebirgsbewohner, der ihn mit solcher Hef=
tigkeit fortriß, daß er, nachdem er einige Schritte fortge=
schwankt war, seiner Länge nach auf den Boden fiel, und die
gewölbte Halle vom Klirren seiner Rüstung ertönte. Als er
aufgestanden war, zog er sogleich sein Schwert und stürzte
auf Allan ein, der, die Arme über einander, den Angriff mit
der verächtlichsten Gleichgültigkeit zu erwarten schien. Lord
Menteith und seine Diener schritten ein, um den Frieden zu
erhalten, während die Hochländer Waffen von der Mauer ris=
sen, und bereit schienen, den Streit zu steigern.

„Er ist verrückt," flüsterte Lord Menteith, „er ist vollkom=

men verrückt; es ist ohne Zweck, daß Ihr mit ihm Streit anfangt."

„Wenn Eure Lordschaft gewiß weiß, daß er non compos mentis ist," sagte Kapitän Dalgetty, „wie dies auch sein Mangel an Erziehung und Benehmen zu bezeugen scheint, so muß die Sache hier reden, in Betracht, daß ein Verrückter weder beleidigen noch ehrenvolle Genugthuung geben kann. Aber bei meiner Seele, hätte ich meine tägliche Ration und eine Flasche Rheinwein im Leibe, so wäre ich ihm in anderer Art widerstanden. Jedoch ist es Schade, daß er so schwach im Verstande sein sollte, denn er ist ein Mann von starkem Körper, und geeignet, die Pike, den Morgenstern oder jede militärische Waffe zu führen."

Der Friede ward somit wieder hergestellt, und die Gesellschaft fügte sich, der früheren Anordnung gemäß, hinsichtlich welcher Allan, der zu seinem Sitz am Feuer zurückgekehrt war, und von Neuem in Gedanken versunken zu sein schien, sich nicht wiederum einmischte. Lord Menteith wandte sich an den vornehmsten Diener, und suchte einen andern Gegenstand in's Gespräch zu bringen, durch welchen die Erinnerung an den Zank vergessen würde. „Also ist der Gutsherr auf dem Berge, Donald, und wie ich höre, haben ihn einige englische Fremde begleitet?"

„Er ist auf den Bergen, und zwei sächsische Caballeros sind bei ihm, d. h. Sir Miles Musgrave und Christopher Hall, beide aus Cumraik wie ich glaube, daß man das Land nennt."

„Hall und Musgrave?" bemerkte Lord Menteith, indem er seine Diener ansah, „dieselben Männer, die wir anzutreffen wünschten."

„Hätten meine Augen sie nur nie gesehen," sagte Donald, „denn sie sind gekommen, uns um Haus und Halle zu bringen."

„Nun, Donald," sagte Lord Menteith, „Ihr pflegtet ja früher nicht knickerig mit Eurem Rindfleisch und Bier zu sein; wenn sie auch Engländer sind, so können sie Euch doch nicht alles Rindvieh verspeisen, das auf den Gütern des Schlosses weidet."

„Beim Teufel, können sie das," sagte Donald, „auch wäre das noch nicht das Schlimmste, denn wir haben hier manche geschickte Gesellen, die uns keinen Mangel leiden lassen würden, wenn nur Ein Hornvieh zwischen hier und Perth zu finden wäre, aber die Sache ist bei Weitem schlimmer — es handelt sich um nichts weniger wie um eine Wette."

„Eine Wette!" erwiderte Lord Menteith mit einiger Ueberraschung.

„Wahrhaftig," fuhr Donald fort, dessen Eifer, seine Neuigkeiten zu erzählen, eben so groß war, wie der von Lord Menteith, sie zu hören, „da Eure Lordschaft ein Freund und Verwandter des Hauses ist, und da Ihr in weniger als einer Stunde genug davon hören werdet, so kann ich selbst es Euch eben so gut erzählen. Ihr müßt nun gütigst erfahren, daß unser Gutsherr, als er wieder in England war, wohin er sich öfter begibt, als seine Freunde wünschen können, in dem Hause dieses Sir Miles Musgrave einkehrte; da nun wurden sechs Leuchter auf den Tisch gesetzt, und wie man mir sagt, waren sie zweimal so groß wie die Leuchter in der Dunblane-Kirche, und sie waren weder von Eisen, Kupfer oder Zinn, sondern ganz von Silber, wahrhaftig — bei ihrem englischen Stolz haben die Leute doch zu viel und können es so wenig gut anwenden! So nun begannen sie den Gutsherrn zu necken, daß er nichts so Prächtiges in seinem eigenen armen

Lande habe, und der Gutsherr wollte nicht, daß sein Vaterland, ohne ein Wort zu dessen Ehre, heruntergesetzt würde;
drum schwor er wie ein guter Schotte, daß er mehr Leuchter
und bessere Leuchter in seinem eigenen Hause habe, wie jemals
in einer Halle zu Cumberland Lichtkerzen hielten; Cumberland glaube ich, ist der Name des Landes.“

„Das war patriotisch gesprochen,“ bemerkte Lord Menteith.

„Aber Seiner Gnaden,“ fuhr Donald fort, „hätte besser
das Maul gehalten, denn sagt Ihr etwas unter den Sachsen,
das ein wenig ungewöhnlich ist, so sind sie so schnell mit einer
Wette bei der Hand, wie ein Grobschmied aus den Niederlanden einen Hochlandklepper beschlagen würde. Da hätte
der Gutsherr entweder sein Wort zurücknehmen oder 200
Mark wetten müssen; drum nahm er lieber die Wette an, als
daß er bei solchen Leuten beschämt worden wäre, und jetzt
wird er die Wette bezahlen müssen, und, wie ich glaube, deßhalb hat er geschworen, heute Abend nach Haus zu kommen.“

„Allerdings,“ sagte Lord Menteith, „Euer Herr, Donald,
wird nach meinen Vorstellungen über das Silbergeschirr Eurer
Familie seine Wette sicherlich verlieren.“

„Euer Gnaden darf darauf schwören, ich weiß nicht, woher er das Silber nehmen soll, wenn er auch aus zwanzig
Börsen borgen würde; ich rieth ihm, die zwei sächsischen Herren und ihre Bedienten klugerweise in den Thurm zu sperren,
bis sie freiwillig die Wette aufgäben; der Gutsherr aber will
von keiner Vernunft hören.“

Allan fuhr bei diesen Worten auf, schritt voran, und unterbrach das Gespräch, indem er zu dem Diener mit donnern-
der Stimme sagte, „und wie wagtet Ihr, meinem Bruder so
unehrenwerthen Rath zu geben, oder wie dürft Ihr sagen,

daß er diese oder eine andere Wette verlieren wird, die er
nach seinem Belieben eingehen will?"

„Wahrhaftig, Allan Mac Aulay," erwiderte der alte Mann,
„es ziemt nicht dem Sohne meines Vaters, dem zu widersprechen,
was Eures Vaters Sohn zu sagen für gut hält, und so mag
der Gutsherr ohne Zweifel seine Wette gewinnen. So viel
ich weiß, ist nur dagegen zu sagen, daß kein Leuchter oder
etwas Aehnliches im Hause ist, mit Ausnahme der alten eisernen Armleuchter, die seit Laird Kenneths Zeiten hier gewesen sind, und der alten, zinnernen Wandleuchter, die Euer
Vater durch den alten Willie Winkie den Klempner hat machen lassen; es ist keine Unze Silbergeschirr im ganzen Hause,
mit Ausnahme der alten Milchkanne der alten gnädigen Frau,
und der fehlt der Deckel und der Henkel."

„Schweig, alter Mann," sagte Allan trotzig, „und verlaßt
ihr Herren die Halle, wenn Ihr Euch erquickt habt. Ich muß
sie zur Aufnahme der südlichen Gäste herrichten."

„Geht fort," sagte der Bediente, indem er Lord Menteith
am Aermel zog, „es ist seine böse Stunde (er blickte Allan
an), es ist nichts mit ihm anzufangen."

Sie verließen somit die Halle; Lord Menteith und der
Kapitän wurde in ein Gemach von dem alten Donald, und
die zwei Begleiter durch einen andern Hochländer sonst wohin geführt. Die Ersteren hatten kaum eine Art Vorzimmer
erreicht, als sie dem Herrn des Gutes, mit Namen Angus
Mac Aulay, und seinen englischen Gästen begegneten. Alle
Theile der Gesellschaft sprachen große Freude aus, denn Lord
Menteith und die englischen Herren waren einander wohl bekannt, auch Kapitän Dalgetty erhielt, von Lord Menteith
eingeführt, einen freundschaftlichen Empfang vom Gutsherrn.
Nachdem aber die erste gastfreundliche Beglückwünschung vor-

über war, konnte Lord Menteith beachten, daß ein sorgen=
voller Ausdruck auf der Stirne seines hochländischen Freundes
ruhte.

„Ihr müßt gehört haben," sagte Sir Christopher Hall, „daß
unser schönes Unternehmen in Cumberland zu nichte geworden
ist. Die Miliz wollte nicht nach Schottland marschiren und
eure spitzohrigen Covenanters waren zu stark für unsere
Freunde in den südlichen Grafschaften. Da ich nun vernahm,
daß es hier einige muntere Arbeit gibt, so bin ich und Mus=
grave hergekommen, um einen Feldzug mit euren Schurzfellen
und bunten Mänteln zu versuchen, damit wir nicht unthätig
und faul zu Hause sitzen."

„Ich hoffe, ihr habt Waffen, Leute und Geld mit euch ge=
bracht," sagte Lord Menteith lächelnd.

„Nur einige Dutzend Bewaffneter, die wir im letzten Dorf
der Niederlande zurückgelassen haben," erwiderte Musgrave,
„und es kostete uns Mühe genug, sie so weit zu bringen."

„Was das Geld betrifft," sagte sein Gefährte, „so erwar=
ten wir eine kleine Summe von unserem Gast und Wirth zu
erhalten."

Der Gutsherr erröthete, nahm Menteith ein wenig bei
Seite und sprach ihm sein Bedauern aus, daß er einen so al=
bernen Mißgriff begangen habe.

„Ich habe denselben schon von Donald vernommen," sagte
Lord Menteith, indem er kaum vermochte, ein Lächeln zu
unterdrücken.

„Der Teufel hole den alten Mann," sagte Mac Aulay, „er
würde Alles ausschwatzen, sollte es auch das Leben kosten;
allein, Mylord, die Sache ist auch für Euch kein Scherz, denn
ich verlasse mich auf Euer freundschaftliches und brüderliches
Wohlwollen, da Ihr ein naher Verwandter unseres Hauses

seid, daß Ihr mir mit dem Gelde aushelft, welches ich diesen Pudding-Essern schuldig bin; sonst, um offen gegen Euch zu sein, soll kein Mac Aulay bei der Musterung eintreffen. Bei Gott, ich will lieber Covenanter werden, als diesen Kerlen, ohne sie zu zahlen, in's Gesicht sehen; im besten Fall werde ich schlecht genug wegkommen, denn ich habe den Schaden und den Spott."

„Ihr könnt Euch denken, Vetter," sagte Lord Menteith, „daß ich mich ebenfalls jetzt nicht in den besten Umständen befinde; seid aber versichert, daß ich mich bemühen werde, Euch zu helfen, so gut ich kann, um unserer alten Verwandt-schaft, Nachbarschaft und Verbindung willen."

„Ich danke Euch — ich danke Euch," wiederholte Mac Aulay, „und da man das Geld in des Königs Dienst aus-geben wird, so ist es im Grunde nichts daran gelegen, wer von uns es bezahlt — ich hoffe, wir sind gewissermaßen Eine Familie. Ihr müßt mir aber mit einer vernünftigen Entschul-digung aushelfen, oder ich muß mich an die Klinge halten, denn ich will mich nicht an meinem eignen Tische als Lügner oder Aufschneider behandeln lassen, da ich doch, Gott weiß es, nur meine Ehre und die meiner Familie, sowie meines Vaterlandes aufrecht halten wollte."

Donald, als sie sprachen, trat herein, wobei sein Gesicht in größerer Heiterkeit, wie man erwarten konnte, leuchtete, nahm man das Schicksal in Acht, welches die Börse und den Kredit seines Herrn bedrohte. „Ihr Herren, Euer Mittagessen ist fertig und die Kerzen auch sind angezündet," sagte er mit einem starken, durch Kehllaute bestärkten Nachdruck des letzten Satzes.

„Was zum Teufel kann er im Sinn haben?" fragte Mus-grave, indem er seinen Landsmann anblickte.

Lord Menteith richtete dieselbe Frage an den Gutsherrn mit seinen Blicken; Mac Aulay antwortete mit einem Kopf=schütteln.

Ein kurzer Streit über den Vortritt verzögerte etwas ihren Abgang aus dem Nebenzimmer. Lord Menteith bestand darauf, daß er den Vortritt, welcher seinem Rang gebührte, in Betracht seiner nahen Verbindung mit der Familie und des Umstandes aufgab, daß man sich in seinem Vaterlande befinde. Die zwei englischen Fremden wurden daher zuerst in die Halle eingeführt, wo ein unerwartetes Schauspiel sie erwartete. Der große eichene Tisch war mit gewaltigen Fleischstücken überla=den, und die Sessel waren in der Reihe für die Gäste hinge=stellt. Hinter jedem Sessel stand ein riesenhafter Hochländer in der vollen Kleidung und Bewaffnung seines Landes; ein Jeder derselben hielt in der rechten Hand sein gezogenes Schwert mit niederwärts gewandter Spitze und in der linken eine brennende Fackel aus dem Holz der Sumpfsichte. Dieß in den Morästen wachsende Holz ist so voll von Terpentin, daß man es gespalten und getrocknet in den Hochlanden häufig statt der Lichter braucht. Eine so unerwartete und überra=schende Erscheinung zeigte sich bei dem rothen Schein der Fackeln, welcher die wilden Züge, die ungewöhnliche Kleidung und die schimmernden Waffen enthüllte, während der Rauch, nach dem Dache des Gewölbes emporwirbelnd, die Gestalten mit einer Masse Dunst umhüllte. Ehe die Fremden sich von ihrem Erstaunen erholt hatten, trat Allan vor, wies mit sei=nem Schwert in der Scheide auf die Fackelträger und sprach mit einer tiefen und ernsten Stimme: „Seht, ihr Herrn Ca=valiere, die Leuchter in meines Bruders Haus, den alten Brauch unsres alten Hauses; nicht Einer dieser Männer kennt ein an=deres Gesetz, als den Befehl seines Häuptlings — wagt ihr es, sie im Werthe mit dem kostbarsten Erze zu vergleichen, welches jemals aus einer Mine gegraben wurde? was sagt ihr jetzt, Cavaliere? — ist eure Wette verloren oder gewonnen?"

„Verloren," sagte Musgrave in munterem Tone, „meine eigenen silbernen Leuchter sind eingeschmolzen und sitzen jetzt zu Pferde; ich wünsche nur, daß die Kerle nur halb so zuverlässig wären wie diese. — Hier, Herr, ist Euer Geld," fügte er hinzu, sich an den Häuptling wendend; „es vermindert etwas die Finanzen von Hall und mir, allein Ehrenschulden müssen bezahlt werden."

„Meines Vaters Fluch treffe meines Vaters Sohn," sagte Allan ihn unterbrechend, „wenn er einen Pfennig von euch annimmt; es genügt, daß ihr auf kein Recht Anspruch macht, um ihm von seinem Eigenthum abzufordern."

Lord Menteith unterstützte eifrig Allan's Meinung und der ältere Mac Aulay schloß sich ihnen bereitwillig an; er erklärte, das Ganze sei eine alberne Angelegenheit, welche nicht verdiene, daß man weiter davon rede. Die Engländer ließen sich nach einem höflichen Widerstande überreden, die Sache als einen Scherz zu betrachten. „Und nun, Allan," sagte der Gutsherr, „schafft eure Leuchter fort, denn da die sächsischen Herren sie gesehen haben, werden sie ihr Mahl eben so behaglich bei dem Lichte der alten zinnernen Wandleuchter verzehren, ohne daß sie durch so viel Rauch belästigt werden."

Somit richteten die lebendigen Leuchter auf ein Zeichen von Allan ihre Degen empor, gingen aus der Halle, indem sie die Spitzen aufrecht hielten, und ließen die Gäste ihre Speisen verzehren.

# Fünftes Kapitel.

————

So furchtlos ward er in der Blutbegier,
Daß selbst sein Ahn, der ihn zur Jagd erzogen,
Bei seines Lebens Graus erbebte schier.
Er hat ihm Vorsicht häufig anerwogen,
Wann er verwegen manchen Wald durchzogen,
Den Grimm der Thiere keck nicht zu verachten;
Kraft sei besiegt und List sei leicht betrogen,
Wann lauernd Löwen zu zerreißen trachten,
Und Streiche, kühn geführt, des Tigers Rache fachten.
Spencer.

Ungeachtet der sprüchwörtlichen Liebhaberei der Engländer
an guten Speisen — d. h. einer Liebhaberei, welche damals
in Schottland sprüchwörtlich war, spielten die englischen Gäste
bei dem Gastmahle nur eine sehr klägliche Rolle im Vergleich
mit der wunderbaren Gefräßigkeit des Kapitän Dalgetty,
obgleich dieser tapfere Soldat schon viel Standhaftigkeit und
hartnäckige Ausdauer bei seinem Angriff auf die leichteren
Erfrischungen erwiesen hatte, die ihnen gleichsam als eine
verlorene Hoffnung beim Eintritt vorgesetzt waren. Er
sprach mit Niemanden während des Essens; erst als die Speisen von dem Tische beinahe weggenommen waren, beehrte er
die übrige Gesellschaft, welche ihn mit einiger Ueberraschung
betrachtet hatte, mit einer Darlegung der Gründe, weßhalb
er so schnell und so lang esse.

„Die erstere Eigenschaft," sagte er, „habe ich mir erworben, als ich einen Freitisch im Mareschal=College zu Aberdeen hatte; wenn man nicht die Kinnbacken so schnell wie ein paar Castagnetten bewegte, so bekam man nichts von dem, was auf den Kosttisch gesetzt wurde. Was die Masse meiner Nahrung betrifft," fuhr der Kapitän fort, „so muß diese ehrenwerthe Gesellschaft erfahren, daß ein jeder Commandant einer Festung die Pflicht hat, bei allen sich darbietenden Gelegenheiten so viel Kriegs= und Mundvorräthe in Sicherheit zu bringen, als die Magazine möglicherweise fassen können, weil er nicht weiß, ob er eine Blokade oder eine Belagerung aushalten muß. Nach diesem Grundsatz, ihr Herren, übt ein Cavalier ein weises Verfahren, wenn er sich wenigstens auf drei Tage mit Lebensmitteln versieht, sobald er guten Proviant in Ueberfluß vorfindet, denn er kann nicht wissen, wann er eine andere Mahlzeit zur Verfügung hat."

Der Gutsherr sprach seine Zufriedenheit über diesen Grundsatz aus und empfahl dem Veteranen eine Tasse Branntwein und eine Flasche Rothwein zu den nahrhaften Mundvorräthen hinzuzufügen, die er schon in Sicherheit gebracht hatte; auch ging der Kapitän auf den Vorschlag bereitwillig ein.

Als die Speisen entfernt waren, und die Diener sich zurückgezogen hatten, mit Ausnahme eines Pagen oder Knappen des Gutsherrn, welcher in der Halle blieb, um Alles, was man brauchte, hereinzubringen, oder zu bestellen, oder mit andern Worten, um den Zwecken einer Klingel unserer Zeiten zu entsprechen, kam das Gespräch auf Politik und den Zustand des Landes. Lord Menteith erkundigte sich besonders ängstlich und eifrig nach der Zahl der Clans, von welchen man erwartete, daß sie sich der beabsichtigten Musterung der Royalisten anschließen würden.

„In dieser Hinsicht hängt sehr viel von der Person ab, welche das Banner erhebt," sagte der Gutsherr. „Ihr wißt ja, wir Hochländer lassen uns nicht leicht von einem unserer Häuptlinge, oder um die Wahrheit zu sagen, von irgend einem Andern befehlen, wenn einige Clans versammelt sind. Wir hörten ein Gerücht, daß Colkitto, d. h. der junge Colkitto oder Alaster Mac Donald, von Irland mit einem Corps von den Leuten des Grafen von Antrim gekommen ist und daß dasselbe Ardnamurchan erreicht hat; diese Truppen hätten schon längst hier anlangen können; wie ich glaube, haben sie sich aber aufgehalten, um das Land auf ihrem Marsche zu plündern."

„Ist also Colkitto euch als Anführer nicht genehm?" fragte Menteith.

„Colkitto!" sagte Mac Aulay verächtlich. „Wer spricht von Colkitto? es lebt nur Ein Mann, dem wir folgen werden, und das ist Montrose."

„Aber von Montrose, Herr," bemerkte Sir Christopher Hall, „hat man seit unserem erfolglosen Versuche, den Norden Englands in Aufstand zu bringen, nichts mehr vernommen. Man glaubt, er sei zum König nach Orford zurückgekehrt, um weitere Instruktionen einzuholen."

„Zurückgekehrt!" sagte Allan mit verächtlichem Lachen, „ich könnte Euch etwas Anders sagen, allein es ist nicht der Mühe werth; Ihr werdet es bald genug erfahren."

„Bei meiner Ehre, Allan," sagte Lord Menteith, „Ihr werdet die Geduld meiner Freunde mit dieser unerträglichen, eigensinnigen und mürrischen Laune ermüden. Ich weiß jedoch den Grund," fügte er lachend hinzu, „Ihr habt Annot Lyle heut nicht gesehen."

„Wen sagtet Ihr, hätte ich nicht gesehen?" fragte Allan mit finsterem Ausdruck.

„Annot Lyle, die Feenkönigin des Gesanges und der Dicht- kunst," sagte Lord Menteith.

„Wollte Gott, daß ich sie niemals wieder sehen würde," sagte Allan seufzend, „unter der Bedingung, daß dasselbe auch Euch auferlegt würde."

„Und weßhalb mir?" fragte Lord Menteith in sorgloser Weise.

„Weil," sagte Allan, „es auf Eurer Stirn geschrieben steht, daß ihr einander zu Grunde richten werdet;" mit den Worten stand er auf und verließ die Halle.

„Ist er schon lange Zeit in solchem Zustande?" fragte Lord Menteith, indem er seinen Bruder anredete.

„Ungefähr drei Tage," erwiderte Angus. „Der Anfall ist beinahe vorüber; morgen wird er sich besser befinden, aber ihr Herren, der zinnerne Krug muß geleert werden. Des Königs Gesundheit! König Karls Gesundheit! mag jeder Hund von Covenanter, der sich weigert, auf dem Wege zum Galgen in den Himmel gelangen!"

Der Gesundheit wurde sogleich Bescheid gethan, dann folgte eine zweite, eine dritte und eine vierte, sämmtlich im Sinne der königlichen Partei, wobei der Bescheid in ernstlicher Weise verlangt wurde. Kapitän Dalgetty jedoch hielt es für nothwendig, Verwahrung einzulegen.

„Ihr Herren Cavaliers," sagte er, „ich trinke diese Ge- sundheiten primo aus Achtung vor diesem gastlichen Dache, und secundo, weil ich es nicht für gut halte, in solchen An- gelegenheiten inter pocula zu genau zu sein, allein ich ver- wahre mich der Erlaubniß gemäß, welche mir dieser ehren- werthe Lord ertheilte, daß es mir, ungeachtet meiner gegen-

wärtigen Gefälligkeit, freistehen soll, morgen bei den Cove-
nantern Kriegsdienste zu nehmen, vorausgesetzt, daß ich wirklich diese Absicht hegen sollte.“

Mac Aulay und seine englischen Gäste stutzten bei dieser
Erklärung, welche sicherlich neue Störung verursacht haben
würde, wenn nicht Lord Menteith als Vermittler aufgetreten
wäre und die Umstände nebst den Bedingungen dargelegt hätte;
„ich hoffe,“ schloß er seine Erzählung, „daß wir den Beistand
des Kapitän Dalgetty unserer Partei sichern werden.“

„Wo nicht,“ sagte der Gutsherr, „so lege ich Verwahrung
ein, wie der Kapitän sagt, daß beim Vorgang von heute Abend
auch nicht der Umstand, daß er mein Brod und Salz aß,
und mir in Cognac, Bordeaux oder Branntwein Bescheid that,
mich daran verhindern soll, ihm den Kopf bis zum Genick zu
spalten.“

„Ihr werdet herzlich willkommen sein,“ sagte der Kapitän,
„vorausgesetzt, mein Schwert kann mir den Kopf nicht schützen,
was es in schlimmeren Gefahren gethan hat, wie denen, in
welche Eure Fehde mich wahrscheinlich bringen wird.“

Hier trat Lord Menteith wieder als Vermittler auf, und
als nun die Einigkeit der Gesellschaft mit keiner geringen
Schwierigkeit wiederhergestellt war, wurde sie durch gewalti-
ges Zechen fester begründet. Es gelang jedoch dem Lord
Menteith einen früheren Aufbruch der Gesellschaft, als ein
solcher sonst im Schlosse Sitte war, dadurch zu veranlassen,
daß er seine Ermüdung und einiges Uebelbefinden von der
Reise vorschützte. Dieser Aufbruch geschah nicht ganz im
Sinne des tapfern Kapitäns, welcher unter anderen im Kriege
erworbenen Gewohnheiten eine große Neigung zum Trinken
und eine Fähigkeit heimgebracht hatte, eine ungeheure Masse
berauschender Getränke zu ertragen.

Ihr Wirth führte sie selbst in eine Art Schlafsaal, worin ein Himmelbett mit Vorhängen aus gewürfeltem Zeuge und eine Anzahl von Krippen oder langen Packkörben an der Wand sich befand, von denen drei, mit blühendem Haidekraut gefüllt, zur Aufnahme der Gäste bereitet waren.

„Ich brauche Euer Lordschaft unsere hochländische Quartierungsweise nicht auseinander zu setzen," sagte Mac Aulay zu Lord Menteith, indem er ihn ein wenig bei Seite nahm, „ich will Euch nur bemerken, daß ich die Betten Eurer Diener hier in dem Saale habe aufschlagen lassen, denn ich wünsche es zu vermeiden, daß Ihr mit diesem deutschen Landläufer allein schlaft. Bei Gott, Mylord, wir leben jetzt in Zeiten, wo Männer mit einer so gesunden Kehle, wie eine solche jemals Branntwein verschluckte, zu Bette gehen können, und am nächsten Morgen vielleicht einen Hals haben, der wie eine Austernschale klafft."

Lord Menteith dankte ihm aufrichtig, fügte jedoch hinzu: „ich hätte Euch gerade um dieselbe Anordnung ersuchen mögen. Ich besorge zwar nicht die geringste Gewaltthätigkeit von Kapitän Dalgetty, indeß ist Anderson ein Mann besserer Art, so etwas wie ein Herr von guter Erziehung, den ich in Nähe meiner Person stets zu haben wünsche."

„Ich habe diesen Anderson nicht gesehen," sagte Mac Aulay; „habt Ihr ihn in England gemiethet?"

„So ist es," erwiderte Lord Menteith; „morgen werdet Ihr den Mann sehen, mittlerweile wünsche ich Euch eine gute Nacht."

Sein Wirth verließ das Zimmer nach der Abendbegrüßung und war im Begriff, dasselbe Compliment dem Kapitän Dalgetty zu erstatten, als er aber bemerkte, daß derselbe sich in die genaue Untersuchung eines großen mit Branntwein und saurer Milch gefüllten Kruges tief versenkt hatte, war er der Meinung, es sei Schade, ihn in einer so lobenswerthen Beschäftigung zu stören, und wollte sich ohne weitere Ceremonien zu Bette legen.

Gleich darauf traten die zwei Diener des Lord Menteith in den Saal. Der gute Kapitän, welcher jetzt mit Speisen und Getränken etwas beladen war, begann das Abschnallen seiner Rüstung etwas schwierig zu finden, und redete Anderson mit folgenden Worten an, die durch einiges leichte Aufstoßen unterbrochen wurden. „Anderson, mein guter Freund, Ihr könnt in der Schrift lesen, daß derjenige, welcher seine Rüstung ablegt, sich nicht rühmen darf, wie derjenige, welcher sie anlegt — ich glaube, das ist nicht die rechte Losung, die einfache Wahrheit aber ist, daß ich wahrscheinlich in meinem Harnisch schlafen werde, wie mancher ehrliche Kerl, der niemals erwachte, wenn Ihr mir nicht diese Schnalle aufmacht."

„Nehmt ihm die Rüstung ab, Sibbald," sagte Anderson zum andern Diener.

„Bei St. Andreas!" rief der Kapitän aus, indem er sich mit großem Erstaunen umwandte; „ein gemeiner Kerl, mit 4 Pfd. jährlich und einem Livreerock besoldet, hält sich für zu gut, um dem Rittmeister Dugald Dalgetty von Drumthwacket zu dienen, welcher Humaniora in Mareschal-College zu Aberdeen studirt und der Hälfte aller europäischen Fürsten gedient hat!"

„Kapitän Dalgetty," sagte Lord Menteith, dem das Loos eines Vermittlers während des ganzen Abends anheimfiel, „habt die Güte, zu beachten, daß Anderson mir allein aufwartet, ich werde jedoch mit vielem Vergnügen Sibbald helfen, um Euren Harnisch abzuschnallen."

„Zu viel Mühe für Euch, Mylord," sagte Dalgetty; „dennoch wird es Euch keinen Schaden bringen, wenn Ihr das Verfahren erlernt, wie ein schöner Harnisch angezogen und abgelegt wird; in den meinigen kann ich wie in einen Handschuh hinein- und wieder herausfahren. Nur heut Nacht bin ich, nach dem classischen Ausdruck, vino ciboque gravatus, obgleich nicht ebrius."

Mittlerweile war seine Rüstung abgelegt und er stand vor dem Feuer mit dem Ausdruck trunkener Weisheit, indem er über die Ereignisse des Abends grübelte. Hauptsächlich schien ihn der Charakter von Allan Mac Aulay zu interessiren. „Die Engländer mit den hochländischen Fackelträgern so pfiffig hinter's Licht zu führen — acht Bursche ohne Hosen statt sechs silberner Leuchter! — das war ein Meisterstück — ein Tour de passe — ein vollkommener Taschenspielerstreich — und dennoch ist der Kerl verrückt. Ich hege starken Glauben, Mylord (der Kapitän schüttelte den Kopf), daß ich ihm, ungeachtet seiner Verwandtschaft mit Eurer Lordschaft, die Privilegien einer vernünftigen Person zuerkennen muß. Ich werde ihn entweder zur Genüge prügeln müssen, um so die meiner Person gebotene Gewaltthätigkeit zu sühnen, oder ich muß es auf einen Zweikampf auf Leben und Tod ankommen lassen, wie es einem beschimpften Cavalier geziemt."

„Wenn Ihr noch eine lange Geschichte so spät in der Nacht hören mögt, so kann ich Euch die Umstände von Allan's Geburt erzählen, welche seinen eigenthümlichen Charakter so gut erklären, daß von einer Genugthuung durchaus nicht die Rede sein kann."

„Eine lange Geschichte, Mylord," sagte Kapitän Dalgetty, „ist nächst einem guten Abendtrunk und einer warmen Nachtmütze das beste Mittel, um einen tiefen Schlaf herbeizuführen. Da nun Eure Lordschaft sich die Mühe geben will, sie zu

6*

erzählen, so werde ich Euer geduldiger und dankbarer Zuhörer sein."

„Anderson und Ihr, Sibbald," sagte Lord Menteith," Ihr wollt sicherlich von diesem merkwürdigen Manne ebenfalls vernehmen; ich glaube eure Neugier befriedigen zu müssen, damit ihr wißt, wie ihr euch im Nothfall gegen ihn zu benehmen habt, kommt also an das Kaminfeuer."

Nachdem Lord Menteith seine Zuhörer so um sich versammelt hatte, setzte er sich auf den Rand des Himmelbettes, während Kapitän Dalgetty sich die Reste der sauren Milch mit Branntwein vom Barte wischte, und dann, den ersten Vers des lutherischen Psalmes: „Alle guten Geister loben Gott den Herrn," vor sich hin murmelnd, sich auf einem der Lagerplätze ausstreckte. Dann erhob er seinen breiten Schädel aus den Betttüchern und horchte auf die Erzählung des Lord Menteith, in dem genußvollen Zustande zwischen Schlafen und Wachen.

„Der Vater der zwei Brüder, Angus und Allan Mac Aulay," erzählte Lord Menteith, „war ein Edelmann von Ansehen und guter Familie, denn er war der Häuptling eines zwar nicht zahlreichen, aber berühmten hochländischen Stammes; seine Gemahlin, die Mutter dieser jungen Leute, war eine Edeldame aus altem Geschlecht, wenn ich, ein naher Verwandter, dasselbe in dieser Weise rühmen darf. Ihr Bruder, ein ehrenwerther und muthiger junger Mann, erhielt von Jakob VI. das Amt eines Försters und andere Privilegien über eine königliche Jagd in der Umgebung dieses Schlosses; bei der Uebung und Vertheidigung dieser Rechte hatte er das Unglück, in einen Zank mit einigen unserer hochländischen Freibeuter zu gerathen, von welchen Ihr, Kapitän Dalgetty, gehört haben müßt."

„Allerdings," sagte der Kapitän, indem er eine Anstrengung machte, der Aufforderung zu genügen. „Bevor ich Mareschal=College in Aberdeen verließ, spielte Dugald Garr den Teufel in Garioch und die Farquharsons am Dee, und der Clan Chattan auf den Ländereien der Gordons, und die Grants und Camerons in Morayland. Und seit der Zeit habe ich die Croaten und Panduren in Ungarn und Siebenbürgen, die Kosacken der polnischen Grenze, und Räuber, Banditen und Barbaren aller Länder gesehen, so daß ich eine bestimmte Vorstellung von Euren gesetzlosen Hochländern habe."

„Den Clan," sagte Lord Menteith, „mit welchem der Oheim der Mac Aulays von mütterlicher Seite in Fehde stand, bildete eine kleine Schaar von Banditen, welche man nach ihrem heimathlosen Zustande und ihren fortwährenden Wanderungen in Thälern und Bergen die Kinder des Nebels nennt — trotziges und kühnes Volk mit der Reizbarkeit und den wilden rachsüchtigen Leidenschaften, welche Leuten eigenthümlich sind, die niemals die Einschränkungen civilisirter Gesellschaft kannten. Eine Abtheilung derselben legte dem unglücklichen Förster einen Hinterhalt, überfiel ihn, als er ohne Begleitung auf der Jagd war, und tödtete ihn unter allen Umständen erfindsamer Grausamkeit. Sie schnitten ihm den Kopf ab und beschlossen in übermüthiger Prahlerei, denselben im Schlosse seines Schwagers zu zeigen. Der Gutsherr war abwesend, und die Dame des Hauses nahm jene Männer, vor denen die Thür zu schließen sie vielleicht sich scheute, widerstrebend als Gäste auf. Erfrischungen wurden den Kindern des Nebels vorgesetzt, welche eine Gelegenheit, wo man sie nicht beobachtete, benutzten, um den Kopf ihres Schlachtopfers aus dem Mantel zu nehmen, worin er gewickelt war; sie stellten den=

selben auf den Tisch und legten ein Stück Brod zwischen die Kiefern ohne Leben, wobei sie sagten, sie möchten jetzt ihren Dienst thun, da sie schon so manche gute Speise an diesem Tische gekaut hätten. Die Dame, welche wegen häuslicher Zwecke abwesend gewesen war, betrat in diesem Augenblicke das Gemach; als sie nun den Kopf ihres Bruders sah, floh sie wie ein Pfeil aus dem Hause unter Schreien und Wehklagen in die Wälder. Die wilden und grausamen Bursche, mit diesem rohen Triumph befriedigt, gingen fort. Die erschreckten Diener, nachdem sie ihre erste Bestürzung überwunden hatten, suchten ihre unglückliche Gebieterin nach jeder Richtung hin, konnten sie aber nirgends finden. Der unglückliche Gatte kehrte am nächsten Tage zurück und unternahm eine sorgfältige Nachforschung auf eine weite Entfernung hin, jedoch mit ebenso wenig Erfolg. Man glaubte allgemein, daß sie im Uebermaß ihres Schreckens sich entweder über einen der Abgründe gestürzt habe, welche den Fluß überragten, oder in einem tiefen See, der ungefähr eine Meile vom Hause entfernt lag, ertrunken sei. Ihr Verlust wurde um so mehr beklagt, da sie sich im sechsten Monat ihrer Schwangerschaft befand; ihr ältester Sohn, Angus Mac Aulay, war ungefähr achtzehn Monate vorher geboren. Ich ermüde Euch jedoch, Kapitän Dalgetty, und Ihr seid zum Schlaf geneigt?"

„Durchaus nicht," erwiderte der Soldat, „ich bin nicht im Geringsten schläfrig. Ich höre immer am besten mit geschlossenen Augen, ich habe mir diese Weise, wenn ich Schildwacht stand, angewöhnt."

„Und ich glaube behaupten zu dürfen," sagte Lord Menteith bei Seite zu Anderson, „daß der schwere Stiel der Hellebarde eines Sergeanten der Runde sie ihm oft hat öffnen lassen."

Da jedoch der junge Edelmann in paſſender Stimmung zum Erzählen war, ſo wandte er ſich hauptſächlich an ſeine Diener, ohne ſich um den ſchlummernden Veteran weiter zu bekümmern.

„Alle Barone des Landes," fuhr er fort, „ſchwuren jetzt Rache dem furchtbaren Verbrechen. Sie griffen mit den Verwandten und dem Schwager des Ermordeten zu den Waffen, und die Kinder des Rebels wurden, wie ich glaube, mit ebenſo wenig Gnade verfolgt, als ſie ſelbſt gezeigt hatten. Siebenzehn Köpfe, die blutigen Trophäen der Rache, wurden unter den Verbündeten vertheilt und dienten den Raben über den Thoren ihrer Schlöſſer zur Speiſe. Die Ueberlebenden ſuchten eine entlegenere Einöde, wohin ſie ihren Rückzug antraten."

„Rechtsum kehrt euch, Contremarſch und Rückzug auf die frühere Stellung," fiel Kapitän Dalgetty ein; der militäriſche Ausdruck, Rückzug, hatte bei ihm die entſprechenden Commandoworte hervorgerufen; dann aber fuhr er auf und behauptete, er habe die tiefſte Aufmerkſamkeit jedem Worte geſchenkt. Lord Menteith ſetzte ſeine Erzählung fort, ohne auf die Entſchuldigung zu achten.

„Im Sommer iſt es der Brauch, die Rindviehheerden auf die Weiden der Gebirge zu ſchicken, um das dortige Gras für die Landwirthſchaft zu benutzen; die Mädchen des Dorfes und der Familie gehen dorthin des Morgens und Abends, um die Kühe zu melken. Während die Weiber der Familie ſo beſchäftigt waren, bemerkten ſie zu ihrem großen Schrecken, daß ihre Bewegungen von einem etwas entfernten Punkte aus durch eine blaſſe und abgemagerte Figur überwacht wurden, welche eine ſtarke Aehnlichkeit mit ihrer verſtorbenen Gebieterin zeigte und natürlich für ihre Erſcheinung galt. Als einige

der Kühnsten dieser verwelkten Gestalt sich zu nähern ent=
schlossen, floh sie vor ihnen unter wildem Gekreisch in die
Wälder. Der Gemahl, von dem Umstande benachrichtigt, be=
gab sich in das Thal mit einigen Dienern und traf geeignete
Maßregeln, um den Rückzug der unglücklichen flüchtigen Dame
abzuschneiden und sich ihrer Person zu versichern, wenn auch ihr
Verstand gänzlich verstört war. Man konnte nicht erfahren,
wovon sie bei ihren Wanderungen durch die Wälder hatte le=
ben können; einige glaubten, sie habe von Wurzeln und wil=
den Beeren sich genährt, an denen die Wälder zu jener Jah=
reszeit damals Ueberfluß hatten; der größere Theil des Volkes
meinte jedoch, daß sie mit der Milch der Hirschkühe ihr Da=
sein gefristet habe, oder von den Feen mit Nahrung versehen,
oder in einer andern gleich wunderbaren Weise am Leben er=
halten sei. Ihre Wiedererscheinung ließ sich leichter erklären.
Sie hatte aus dem Dickicht das Melken der Kühe erblickt;
die Beaufsichtigung desselben war ihre Lieblingsbeschäftigung
früher gewesen, und die Gewohnheit hatte sogar in ihrem zer=
störten Geisteszustande ihren Einfluß geltend gemacht.

„Die unglückliche Dame wurde zur gehörigen Zeit von ei=
nem Sohne entbunden, dessen Körper keinen Beweis gab, daß
er durch das Unglück seiner Mutter gelitten habe; er war so=
gar ein Knabe von ungewöhnlicher Gesundheit und Kraft.
Die unglückliche Mutter erlangte wieder nach ihrem Wochen=
bette den Gebrauch ihrer Vernunft — wenigstens in einem
hohen Grade, niemals aber ihre Gesundheit und Heiterkeit.
Allan war ihre einzige Freude. Sie erwies ihm eine unab=
lässige Aufmerksamkeit; sie hat ohne Zweifel seiner jugend=
lichen Seele viele jener abergläubischen Vorstellungen einge=
prägt, zu deren Aufnahme seine finstere und enthusiastische
Stimmung so geeignet ist. Sie starb, als er ungefähr zehn

Jahr alt war. Ihre letzten Worte sprach sie zu ihm im Geheimen; es herrscht jedoch wenig Zweifel, daß sie ihm Rache an den Kindern des Nebels zu nehmen empfahl — ein Auftrag, den er seitdem in großem Umfang ausgeführt hat.

„Von diesem Augenblicke an waren die Gewohnheiten Allan Mac Aulay's gänzlich verändert. Bis dahin war er seiner Mutter steter Begleiter gewesen; er hatte auf ihre Träume gehorcht, ihr seine eigenen erzählt, und seine Einbildungskraft, welche wahrscheinlich wegen der Umstände vor seiner Geburt organisch verstört war, mit allem jenen schreckhaften Aberglauben genährt, welcher dem Bergbewohner so gewöhnlich ist, und welchem seine Mutter nach dem Tode ihres Bruders sich gänzlich hingegeben hatte. Der Knabe erhielt durch solche Lebensart einen scheuen, wilden und schreckhaften Blick, suchte sich gern einsame Plätze in den Wäldern aus und ward niemals so sehr bestürzt, als wenn Kinder gleichen Alters ihm nahe kamen. Ich erinnere mich noch, obgleich um mehrere Jahre jünger, wie ich von meinem Vater zum Besuch hieher gebracht wurde; ich kann mein damaliges Erstaunen nicht vergessen, womit dieser einsiedlerische Knabe jeden Versuch zurückwies, durch welchen ich ihn zur Theilnahme an solchen Spielen zu bewegen suchte, die unserem Alter natürlich waren. Ich erinnere mich noch, wie sein Vater sich bei dem meinigen über seinen Charakter beklagte, und zu gleicher Zeit aussprach, es sei ihm unmöglich, seine Frau der Gesellschaft dieses Knaben zu berauben, denn es scheine, daß derselbe für sie der einzige noch übrige Trost in der Welt sei; das Vergnügen, das sie durch Allans Gesellschaft erhalte, scheine den Rückfall der furchtbaren Krankheit, von welcher sie heimgesucht gewesen war, wenigstens in voller Kraft zu verhindern. Nach dem Tode seiner Mutter aber schienen sich die Gewohnheiten und

Sitten des Knaben plötzlich zu verändern. Er blieb zwar so gedankenvoll und ernst wie früher; langdauernde Anfälle von Geistesabwesenheit und Schweigen zeigten deutlich, daß sein Charakter sich in dieser Hinsicht keineswegs geändert hatte. Bisweilen aber suchte er den Verkehr mit den Jünglingen des Stammes, die er vorher ängstlich zu vermeiden schien. Er nahm Antheil an allen ihren Körperübungen; wegen seiner außerordentlichen persönlichen Kraft übertraf er bald seinen Bruder und andere Jünglinge, deren Alter sein eigenes beträchtlich überstieg. Diejenigen, welche ihn früher verachtet hatten, fürchteten ihn jetzt, wenn sie ihn auch nicht liebten; anstatt Allan für einen träumerischen, weibischen und schwachsinnigen Knaben zu halten, beklagten sich jetzt diejenigen, die ihm in Spielen körperlicher Gewandtheit oder militärischer Uebung gegenüberstanden, daß er nur zu oft, durch den Streit erhitzt, den Scherz in Ernst verwandle, und es vergesse, daß er sich nur in eine freundschaftlichen Erprobung der Körperkraft eingelassen habe — ich rede aber vor nicht hörenden Ohren," sagte Lord Menteith, indem er seine Erzählung unterbrach, denn des Kapitäns Nase gab jetzt unzweifelhafte Zeichen, daß er in die Arme der Vergessenheit tief versunken sei.

„Meint Ihr, Mylord, die Ohren dieses schnarchenden Schweines," sagte Anderson, „so sind sie allerdings für Alles, was Ihr sagen könnt, verschlossen; da jedoch dieser Ort für ein geheimes Gespräch sich nicht eignet, so hoffe ich, daß Ihr die Güte haben werdet, zu Sibbalds und meiner eigenen Belehrung, fortzufahren. Die Geschichte dieses armen, jungen Burschen erregt eine tiefe und ungewöhnliche Theilnahme."

„Ihr müßt wissen," fuhr Lord Menteith in seiner Erzählung fort, „daß Allans Kraft und Thätigkeit bis zum fünf-

zehnten Jahre in stetem Zunehmen begriffen war; damals
nahm er eine gänzliche Unabhängigkeit des Charakters und
einen Widerwillen gegen die Vorschriften Anderer an, welche
seinen damals noch lebenden Vater sehr beunruhigten. Oft
war er ganze Tage und Nächte unter dem Vorwande der Jagd
in den Wäldern abwesend, obgleich er nicht immer Wild nach
Hause brachte. Sein Vater wurde um so mehr beunruhigt,
weil mehrere Kinder des Nebels, durch die gesteigerten Staats=
unruhen ermuthigt, es gewagt hatten, ihre alten Schlupfwinkel
wieder aufzusuchen; er hielt es nicht für sicher, einen Angriff
auf sie zu erneuen. Der Umstand, daß Allan bei seinen Wan=
derungen von diesen rachsüchtigen Freibeutern überfallen wer=
den könne, ward für ihn eine fortwährende Ursache zu Be=
sorgnissen.

„Ich selbst befand mich bei einem Besuche auf dem Schlosse,
als die Sache zur Entscheidung kam. Allan war seit Tages=
anbruch in den Wäldern gewesen, wo ich ihn vergeblich ge=
sucht hatte; die Nacht war stürmisch und finster, und er kam
nicht nach Hause. Sein Vater sprach die äußerste Angst aus
und erklärte, daß er in der Morgendämmerung eine Abthei=
lung seiner Leute zur Aufsuchung seines Sohnes aussenden
werde; als wir nun beim Abendessen saßen, öffnete sich
plötzlich die Thür und Allan trat in den Raum mit stolzen,
festen und Selbstvertrauen verkündenden Zügen. Die Reiz=
barkeit seiner Stimmung, sowie sein regelloser Geisteszustand,
übte auf seinen Vater solchen Einfluß, daß derselbe alle ande=
ren Aeußerungen des Mißvergnügens unterdrückte, mit Aus=
nahme der alleinigen Bemerkung, daß ich mit einem fetten
Rehbock vor Sonnenuntergang heimgekehrt sei, während Allan
nach dem Herumstreifen auf den Bergen bis Mitternacht mit
leeren Händen heimkomme. „„Wißt Ihr das gewiß?““ sagt

Allan mit trotzigen Worten, „„hier ist Etwas, was Euch das Gegentheil beweisen kann.““

„Wir bemerkten jetzt, daß seine Hände blutig waren, daß Blutflecken sich auf seinem Gesichte vorfanden und erwarteten in gespannter Stimmung, was er thun wolle, als er plötzlich den Zipfel seines Mantels entfaltete, und einen blutigen, kürzlich abgehauenen Menschenkopf mit den Worten über die Tafel rollte: „„Liege du, wo das Haupt eines besseren Mannes vor dir lag.““

„Aus den hageren Zügen, an dem geflochtenen rothen Haar und Bart, die zum Theil durch Alter ergraut waren, erkannte sein Vater und die Uebrigen den Kopf Hectors vom Nebel, eines wohlbekannten Führers jener Räuber, welcher, durch Kraft und Wildheit gefürchtet, an der Ermordung des unglücklichen Försters Theil genommen hatte; derselbe war durch verzweifelte Vertheidigung und außerordentliche Behendigkeit der Verfolgung entgangen, welcher so viele seiner Gefährten erlagen. Wie man sich denken kann, wurden wir Alle überrascht; Allan aber weigerte sich, unsere Neugier zu befriedigen, und wir vermutheten allein, daß er den Räuber nach einem verzweifelten Kampfe überwältigt hatte, denn wir entdeckten, daß er mehrere Wunden heimgebracht hatte. Alle Maßregeln wurden nun getroffen, ihn gegen die Rache der Freibeuter zu schützen, allein weder seine Wunden, noch der bestimmte Befehl seines Vaters, noch sogar die Verschließung der Schloßthore und der Thüre seines Zimmers waren genügende Vorsichtsmaßregeln, um zu verhindern, daß Allan gerade diejenigen Personen sich aufsuchte, von denen er am meisten zu befürchten hatte. Er entwich des Nachts aus dem Fenster seines Zimmers, verlachte die eitle Sorgfalt seines Vaters, brachte wieder bei einer Gelegenheit einen Kopf, und bei einer andern zwei Köpfe der Söhne des Nebels nach Hause. Zuletzt erschraken diese Männer, so wild sie auch sein mochten, über den eingewurzelten Haß und die Kühnheit, womit Allan ihre Schlupfwinkel aufsuchte. Da er niemals Bedenken trug, einer Gefahr zu trotzen, so glaubten sie, daß er ein bezaubertes Leben habe, oder unter dem Schutze eines übernatürlichen Einflusses kämpfe; wie sie sagten, vermöge Nichts gegen ihn die Flinte, der Dolch oder der Pfeil. Sie schrieben dieß den merkwürdigen Umständen zu, unter denen er geboren war; zuletzt wären fünf oder sechs der kräftigsten Räuber in den Hochlanden vor Allans Schlachtruf, oder vor dem Schalle seines Hornes geflohen.

„Mittlerweile setzten die Kinder des Nebels ihr altes Gewerbe fort und thaten den Mac Aulays, sowie ihren Verwandten und Verbündeten so viel Schaden, als ihnen möglich war. Dieß veranlaßte einen Feldzug gegen den Stamm, an welchem auch ich meinen Antheil hatte. Wir überfielen dieselben mit großem Erfolg, nachdem wir zugleich die oberen und unteren Pässe des Landes besetzt hatten, und übten dann die bei solchen Gelegenheiten gewöhnliche Vernichtung, indem wir Alles, was uns vorkam, verbrannten und ermordeten. Bei dieser furchtbaren Kriegsweise entkamen nicht einmal immer die Weiber und Kinder. Ein kleines Mädchen allein, welches dem gezogenen Dolche Allans entgegenlächelte, entging seiner Rache auf meine ernstliche Bitten. Sie ward in's Schloß gebracht und hier unter dem Namen Annot Lyle erzogen; sie ist die schönste kleine Fee, die jemals auf einer Heide im Mondlicht tanzte. Es dauerte lange Zeit, bevor Allan die Gegenwart dieses Kindes ertragen konnte, bis es zuletzt seiner Einbildungskraft einfiel, vielleicht nur wegen ihrer Gesichtszüge, daß sie nicht zum verhaßten Blute seiner Feinde gehöre, sondern eine ihrer Gefangenen auf irgend einem räuberischen Einfalle geworden sei; ein Umstand, welcher zwar an sich nicht unmöglich ist, woran er aber so fest wie an die heilige Schrift glaubt. Besonders aber findet er Vergnügen an ihrer Geschicklichkeit zur Musik, welche so ausgezeichnet ist, daß sie die besten Musikanten dieses Landes auf der Harfe übertrifft. Man hat entdeckt, daß dieß auf Allans verstörtes Gemüth in seiner düstersten Stimmung eine wohlthätige Wirkung, derjenigen ähnlich, äußert, welche einst der jüdische König empfand. Das Gemüth der Annot Lyle ist so einnehmend, und die Unschuld, sowie Heiterkeit ihres Charakters, so bezaubernd, daß sie im Schlosse eher für die Schwester des Eigenthümers, als für ein von dessen Mitleid abhängiges Mädchen angesehen wird. Auch ist es wirklich Niemanden möglich, sie anzublicken, ohne eine tiefe Theilnahme an der Treuherzigkeit, Lebhaftigkeit und Sanftmuth ihres Charakters zu empfinden.“

„Nehmt Euch in Acht, Mylord,“ sagte Anderson lächelnd; „eine so lebhafte Empfehlung ist gefährlich. Allan Mac Aulay, wie Eure Lordschaft ihn beschreibt, wäre ein Nebenbuhler, vor dem man sich in Acht nehmen müßte.“

„Bah,“ sagte Lord Menteith lachend, aber zugleich erröthend, „Allan ist für Liebe nicht zugänglich, und was mich selbst betrifft,“ fügte er ernster hinzu, „ist Annots unbekannte Geburt ein genügender Grund gegen ernstliche Absichten; ihr schutzloser Zustand aber schließt jeden andern aus.“

„So sprecht Ihr Eurem Charakter gemäß, Mylord,“ sagte Anderson; „ich hoffe jedoch, Ihr werdet in Eurer interessanten Geschichte fortfahren.“

„Sie ist jetzt beinahe geendet,“ sagte Lord Menteith, „ich habe nur noch hinzuzufügen, daß die große Körperkraft und der Muth Allan Mac Aulay’s, sein thatkräftiges und von

Andern nicht zu leitendes Wesen, die Meinung ferner, die er selbst hegt und ermuthigt, er stehe mit übernatürlichen Wesen in Verbindung und könne zukünftige Ereignisse vorhersagen — daß Alles dieß ihm einen größeren Grad von Hochachtung erworben hat, als sie selbst sein Bruder besitzt; dieser ist ein kühner auffahrender Hochländer, besitzt aber gar keine Eigenschaften, welche mit dem außerordentlichen Charakter seines jüngeren Bruders im geringsten wetteifern könnten."

„Ein solcher Charakter," sagte Anderson, „muß die tiefste Wirkung auf ein hochländisches Heer üben. Mylord, wir müssen uns Allans jedenfalls versichern. Zwischen seiner Tapferkeit und seinem zweiten Gesicht" —

„Still," sagte Lord Menteith, „die Eule dort erwacht."

„Sprecht Ihr vom zweiten Gesicht, oder Deuteroscopia?" sagte der Soldat; „ich erinnere mich, wie Major Munro mir erzählte, daß Murdock Mackenzie, in Assint geboren, ein Gefreiter in unserer Compagnie, den Tod von Donald Tough aus Lochaber und einigen andern Personen, wie auch eine Verwundung des Majors selbst, bei einem plötzlichen Ausfall während der Belagerung von Stralsund vorhersagte."

„Ich habe oft von dieser Fähigkeit reden hören," sagte Anderson, „ich habe jedoch immer geglaubt, daß diejenigen, welche darauf Anspruch machten, entweder Schwärmer oder Betrüger seien."

„Ich bin abgeneigt," bemerkte Lord Menteith, einen dieser beiden Charaktere meinem Vetter Allan Mac Aulay zuzuschreiben. Er hat bei vielen Gelegenheiten zu viel Scharfsinn und Verstand gezeigt, wovon Ihr heute Abend ein Beispiel gesehen habt, als daß ihm der Charakter eines Schwärmers zugeschrieben werden könnte; sein hohes Ehrgefühl und sein männlicher Charakter schützen ihn aber vor dem Vorwurf des Betrugs."

Eure Lordschaft glaubt also an seine übernatürlichen Eigenschaften?" fragte Anderson.

„Durchaus nicht," antwortete der junge Edelmann, „ich glaube, daß er sich einredet, die Vorhersagungen, welche in Wirklichkeit das Ergebniß des Urtheils und des Nachdenkens sind, seien übernatürliche Eindrücke auf seinen Geist ebenso wie Fanatiker auf den Gedanken kommen, die Wirkungen ihrer eigenen Einbildungskraft seien göttliche Offenbarungen; wenigstens kann ich Euch keine bessere Erklärung geben, wenn Ihr mit dieser nicht zufrieden seid. Jetzt aber ist es Zeit, daß wir uns nach einer so mühsamen Tagreise sämmtlich schlafen legen."

# Fünftes Kapitel.

---

Die Zukunft wirft den Schatten vor sich her.
Campbell.

Die Gäste des Schlosses erhoben sich von ihrem Lager in einer frühen Stunde des Morgens. Nachdem er ein paar Worte insgeheim mit seinen Dienern gesprochen, wandte sich Lord Menteith an den Soldaten, welcher in einer Ecke saß und seinen Harnisch mit Schmergel und Gemsleder putzte, während er ein altes Lied zu Ehren des siegreichen Adolf vor sich hinbrummte:

Wenn Kanonen krachen und Kugeln dräuen,
Verbietet die Ehre den Tod zu scheuen.

„Kapitän Dalgetty," sagte Lord Menteith, „die Zeit ist gekommen, da wir uns trennen, oder Kameraden im Kriegs=dienst werden müssen."

„Ich hoffe, nicht vor dem Frühstück?" sagte Kapitän Dal=getty.

„Ich sollte glauben," erwiderte der Lord, „daß Eure Garni=son sich wenigstens auf drei Tage mit Lebensmitteln ver=sehen hätte."

„Ich habe noch einigen Platz zum Verpacken von Rindfleisch und Haferkuchen übrig gelassen," bemerkte der Kapitän, „und ich lasse niemals eine günstige Gelegenheit unbenutzt, um mich mit frischen Vorräthen zu versehen."

Sage von Montrose.                                                    7

„Aber," sagte Lord Menteith, „kein verständiger Befehls=
haber gestattet Unterhändlern oder Neutralen länger im Lager
zu bleiben, als klug ist; deßhalb müssen wir Eure Absichten
genau kennen, in Folge deren Ihr entweder ein sicheres Ge=
leit, um im Frieden zu scheiden, erhalten sollt, oder willkom=
men seid, um bei uns zu bleiben."

„Wahrlich," sagte der Kapitän, „wenn das der Fall ist, so
will ich nicht versuchen, die Kapitulation durch verstelltes Par=
lamentiren zu verlängern (ein Verfahren, welches Sir James
Ramsey bei der Belagerung von Hanau im Jahre des Herrn
1636 vortrefflich verstand), sondern ich will Euch offen geste=
hen, daß mir nichts daran gelegen ist, so bald wie möglich
Euch den Fahneneid zu leisten, wenn mir Euer Sold eben so
sehr gefällt, wie Euer Proviant und Eure Gesellschaft."

„Unser Sold," sagte Lord Menteith, „kann gegenwärtig
nur gering sein, denn er wird aus den allgemeinen Fonds be=
zahlt, die von den Wenigen unter uns zusammengebracht wur=
den, welchen einige Geldmittel zu Gebote stehen. Ich kann
dem Kapitän Dalgetty als Major und Adjutant nicht mehr
wie einen halben Thaler täglich versprechen."

„Der Teufel hole alle Halben und Viertel!" sagte der Ka=
pitän; „ginge es nach meinem Wunsche, so würde ich zur
Halbirung jenes Thalers ebensowenig einwilligen, als das
Weib im Urtheile Salomo's zur Zerschneidung ihres leiblichen
Kindes."

„Das Gleichniß paßt nicht ganz, Kapitän Dalgetty, „denn
ich glaube, Ihr würdet eher zur Theilung des Thalers ein=
willigen, als denselben gänzlich Euren Mitbewerbern über=
lassen. Als Rückstand kann ich Euch jedoch die andre Hälfte
des Thalers am Ende des Feldzugs versprechen."

„Ja ja, diese Rückstände," sagte Kapitän Dalgetty, „die

immer versprochen und niemals bezahlt werden! Spanien, Oestreich und Schweden, Alle singen dasselbe Lied; die Hoch- mögenden sollen leben! Waren sie auch keine Offiziere oder Soldaten, so waren sie wenigstens gute Zahlmeister! Jedoch, Mylord, könnte ich mich überzeugen, daß mein natürliches Erbe Drumthwacket in den Besitz eines rundköpfigen Cove- nanters gelangt ist, den man, im Fall wir Glück hätten, auf anständige Weise zum Hochverräther erklären könnte, so setze ich so viel Werth auf diesen fruchtbaren und lieblichen Platz, daß ich sogar dafür mit Euch zu Felde ziehen würde.“

„Ich kann Kapitän Dalgetty's Frage beantworten,“ sagte Sibbald, Lord Menteiths zweiter Diener. „Wenn nämlich sein Gut Drumthwacket, wie ich glaube, das große wüste Moor dieses Namens ist, welches fünf Meilen südlich von Aberdeen liegt, so kann ich ihm sagen, daß es kürzlich von Elias Strachan gekauft wurde, einem so anrüchigen Rebellen, wie jemals einer den Covenant beschwor.“

„Der spitznasige Hund!“ rief Kapitän Dalgetty wüthend aus; „was zum Teufel gab ihm die Frechheit, das Erbe einer Familie zu kaufen, die vierhundert Jahr alt ist? — Cynthius aurem vellet, wie wir im Mareschal-College zu sagen pfleg- ten, d. h. bei den Ohren will ich ihn aus dem Hause meines Vaters ziehen! Jetzt, Mylord Menteith, bin ich der Eurige, mit Hand und Schwert, Leib und Seele, bis der Tod uns trennt, oder bis zu Ende des nächsten Feldzugs, welches Er- eigniß auch vorher eintreten mag.“

„Und ich,“ sagte der junge Edelmann, „will den Handel dadurch um so fester schließen, daß ich die Löhnung eines Mo- nats zum Voraus zahle.“

„Das ist mehr wie nothwendig,“ sagte Dalgetty, wobei er jedoch das Geld einsteckte. „Aber jetzt muß ich in den Stall

7*

gehen, nach meinem Kriegssättel und Reitzeug sehen, so wie auch Sorge tragen, daß Gustavus gut verpflegt wird, und ihm berichten, daß wir in einen neuen Dienst getreten sind."

„Da geht Euer kostbarer Rekrut," sagte Lord Menteith zu Anderson, als der Kapitän das Zimmer verließ; „ich besorge, er wird uns wenig Ehre machen."

„Er ist jedoch ein Mann der Zeiten," sagte Anderson, „und ohne solche Leute wären wir kaum im Stande, unser Unternehmen auszuführen."

„Laßt uns heruntergehen," erwiderte Lord Menteith, „um nachzusehen, welchen Erfolg unsere Musterung haben wird, denn ich höre schon genug Lärmen im Schlosse."

Als sie in die Halle traten, geschahen die Morgenbegrüßungen zwischen Lord Menteith, Angus Mac Aulay und seinen englischen Gästen, während die Diener sich bescheiden im Hintergrund hielten; Allan nahm denselben Sitz wie am vergangenen Abend ein und bekümmerte sich um Niemand. Der alte Donald stürzte hastig herein: „eine Botschaft vom Vich Alister More; er kömmt heute Abend."

„Mit wie viel Begleitern?" fragte Mac Aulay.

„Mit fünfundzwanzig oder dreißig," erwiderte Donald, „seinem gewöhnlichen Gefolge."

„Streue genug Stroh in die Scheunen," befahl der Gutsherr.

Ein anderer Diener stürzte jetzt in die Halle und verkündete die Annäherung von Sir Hektor Mac Lean mit einem großen Gefolge.

„Lagert sie in der Malzbarre," sagte Mac Aulay, „und laßt einen leeren Raum von der Breite eines Misthaufens zwischen ihnen und den Mac Donalds; beide sind einander abhold."

Donald trat wieder ein mit beträchtlich verlängertem Gesicht. „Der Teufel ist in den Leuten; mich däucht, das ganze Hochland ist auf den Beinen. Evan Dhu von Lochiel wird in einer Stunde hier sein mit Gott weiß wie vielen Burschen."

„Bringt sie in die große Scheune zu den Mac Donalds," sagte der Gutsherr.

„Immer mehr Häuptlinge wurden angekündigt, von denen der Geringste sich für entwürdigt gehalten hätte, ohne ein Gefolge von sechs oder sieben Personen zu erscheinen. Bei jeder neuen Ankündigung nannte Angus Mac Aulay einen neuen Platz, um die Gäste unterzubringen — die Pferdeställe, die Hausflur, der Kuhstall, der Schuppen, jedes Wirthschafts= gebäude ward zu irgend einem gastfreundlichen Zweck für die Nacht bestimmt. Zuletzt aber setzte ihn die Ankunft von Mac Dougal von Lorn, nachdem alle seine Mittel, seine Gäste unterzubringen, erschöpft waren, in einige Verlegenheit. „Was zum Teufel, Donald, ist zu thun?" fragte er. „Die große Scheune könnte noch einige fünfzig mehr fassen, wenn dies= selben dicht neben einander und durcheinander liegen wollten, aber alsdann würden Dolche wegen der Plätze gezogen wer= den und wir hätten vor Morgen Blut genug zu Würsten."

„Was soll das Alles!" sagte Allan, indem er auffuhr und mit der finsteren Raschheit seines gewöhnlichen Wesens vor= trat. „Sind die Galen heutzutage von weicherem Fleisch und weißerem Blut wie ihre Ahnen? Schlagt einem Faß Brannt= wein den Boden aus, mag das die Zurichtung für die Nacht sein — ihre Mäntel seien ihre Betttücher, das Firmament ihr Himmelbett und das Haidekraut ihr Kissen — kämen noch Tausend mehr, sie würden auf der breiten Haide nicht aus Mangel an Raum in Streit kommen!"

„Allan hat Recht," sagte sein Bruder; „es ist doch sonderbar," fügte er zu Musgrave hinzu, „daß Allan, bei dem es, unter uns gesagt, nicht ganz richtig im Kopfe ist, bei Zeiten mehr Verstand hat, wie wir Alle; beobachtet ihn jetzt."

„Ja," fuhr Allan fort, indem er seine Augen mit gräßlich starrem Blick zur entgegengesetzten Seite der Halle wandte, „sie können so beginnen, wie sie enden werden; mancher Mann schläft heute Nacht auf der Haide, welcher dort steif genug liegen wird, wenn der Novemberwind bläst; dann wird er sich um Kälte und um den Mangel einer Decke wenig beklagen."

„Verkünde uns nicht die Zukunft, Bruder," sagte Angus.

„Was für ein Glück erwartet ihr denn?" sagte Allan; seine Augen wurden starr, bis sie beinahe aus ihren Höhlen drangen; dann fiel er mit einem krampfhaften Zittern in die Arme Donalds und seines Bruders, welche, mit der Natur seiner Anfälle bekannt, näher traten, um seinen Fall zu verhindern. Sie setzten ihn auf eine Bank und stützten ihn, bis er wieder zu sich kam und im Begriff war zu reden.

„Um Gottes willen, Allan," sagte sein Bruder, welcher den Eindruck kannte, den seine mystischen Worte auf Viele seiner Gäste hervorbringen könnten, „sage Nichts, um uns zu entmuthigen."

„Bin ich es, der euch entmuthigt?" sagte Allan; möge Jedermann sein Schicksal erwarten, wie ich das meinige. Was kommen muß, wird kommen; wir werden tapfer über manches Siegesfeld schreiten, bevor wir jenes verhängnißvolle Schlachtfeld erreichen oder jene verhängnißvollen Schaffote betreten."

„Welches Schlachtfeld? welche Schaffote?" riefen mehrere Stimmen, denn Allan's Ruf als Prophet herrschte überall in den Hochlanden.

„Ihr werdet es nur zu bald erfahren," erwiderte Allan; „redet mit mir nicht mehr, ich bin eurer Fragen müde. Als=

dann drückte er die Hand gegen die Stirne, stützte die Ellbogen auf seine Kniee und versank in tiefes Sinnen.

„Ruft Annot Lyle, daß sie mit der Harfe kommt,“ befahl Angus leise seinem Diener; „die Herren, welche kein hochländisches Frühstück scheuen, mögen mir folgen.“

Alle begleiteten den gastfreien Gutsherrn, Lord Menteith ausgenommen, welcher in einer der großen Fenstervertiefungen der Halle zurückblieb. Annot Lyle schlüpfte bald darauf herein — ein Mädchen, welches Lord Menteith nicht übel beschrieben hatte, als er sie die leichteste Feengestalt nannte, die jemals den Rasen beim Mondlicht betrat. Ihr Wuchs, beträchtlich kleiner wie die gewöhnliche Frauengröße, gab ihr den Anschein der äußersten Jugend so sehr, daß man sie, obgleich sie achtzehn Jahre alt war, für vier Jahre jünger halten konnte; Gestalt, Hände und Füße waren in so ausgezeichnetem Ebenmaß mit der Größe und Leichtigkeit ihrer Erscheinung gebildet, daß Titania selbst keine bessere Vertreterin hätte finden können; ihr Haar war dunkelblond und dessen dichte Locken paßten in wunderbarer Weise zu ihrer schönen Gesichtsfarbe und zu dem munteren aber einfachen Ausdruck ihrer Züge. Wenn wir noch zu diesen Reizen hinzufügen, daß Annot in ihrem verwaisten Zustande das heiterste und glücklichste Mädchen zu sein schien, so wird uns der Leser gestatten, für sie das Gefühl beinahe Aller in Anspruch zu nehmen, welche sie jemals erblickten. Auch war es wirklich unmöglich, einen ähnlichen Liebling Aller aufzufinden; sie übte oft auf die rohen Bewohner des Schlosses, wie Allan selbst in dichterischer Stimmung sich ausdrückte, den Einfluß eines Sonnenstrahls auf ein finsteres Meer, indem sie Allen die Heiterkeit ertheilte, welche ihre eigene Seele erfüllte. Annot, wie wir sie beschrieben haben, lächelte und erröthete, als Lord

Menteith aus seinem Versteck hervortrat und ihr freundlich einen guten Morgen wünschte.

„Guten Morgen, Mylord," erwiderte sie, indem sie ihrem Freunde die Hand reichte, „wir haben Euch in der letzten Zeit nur selten im Schlosse gesehen, und ich besorge, Euer jetziger Besuch hat keinen friedlichen Zweck."

„Wenigstens laßt mich Eure Stimmung nicht stören, Annot," sagte Lord Menteith, „obgleich meine Ankunft Zwistigkeit sonst erregen kann. Mein Vetter Allan braucht die Hülfe Eurer Stimme und Musik."

„Mein Retter," sagte Annot Lyle, „besitzt ein Recht auf meine armen Leistungen; auch Ihr, Mylord, seid mein Retter und habt das Meiste gethan, um ein Leben zu erhalten, welches werthlos genug ist, wenn es meinen Beschützern keine Wohlthaten erweisen kann."

Mit diesen Worten setzte sie sich in einiger Entfernung von Allan auf dieselbe Bank, worauf er saß, stimmte ihr Instrument, eine kleine Harfe von ungefähr dreißig Zoll Höhe, und begleitete ihr Spiel mit ihrer Stimme. Das Lied war ein alter galischer Gesang, und die Worte, welche für sehr alt gehalten wurden, waren in derselben Sprache; wir fügen jedoch hier eine Uebersetzung bei, welche zwar den Fesseln eines fremden Reimes unterworfen, jedoch, wie wir hoffen, beinahe eben so genau ist, wie die berühmte Uebersetzung Ossians durch Macpherson.

Vögel, die im Dunkel weilen,
Nächt'ge Krähen, Raben, Eulen,
Laßt den Kranken ungestört,
Der die Nacht hindurch euch hört;
Eilt nach Höhlen, dort zu lauern,
Nach verfall'ner Thürme Mauern,

Zum Gebüsch, zur Felsenkluft —
Hört die Lerch' in hoher Luft!

Eilt zum Moor und zu den Bergen,
Fuchs und Wolf, euch dort zu bergen,
Scheut den Blick zurück zu kehren,
Läßt sich Lämmerblöcken hören.
Flieht, verwischet eure Spur,
Nur die Nacht gab euch der Flur;
In des fernen Echo's Hall
Klingt des Jägerhornes Schall.

Kaum glänzt des Mondes Horn noch bleich,
Es schwindet bald und geisterbleich;
Scheut euch, ihr Feen, umher zu kreisen
Und Pilgern Unheil zu erweisen,
Löscht aus das Licht an Sumpf und Mooren,
Das ihr zur Lockung euch erkoren,
Denn euer Reich ist schnell entschwunden,
Wann Morgenschein den Berg umwunden.

Gedanken, sündhaft, finster, wild,
Die ihr im Schlaf die Seel' umhüllt,
Entweichet aus der Menschen Traum
Wie Nebel von des Waldes Saum:
Ihr Hexen, deren Fluch berückt,
Das Glied entnervt, den Puls erstickt,
Spornt euer Roß, verlaßt die Auen,
Ihr wagt die Sonne nicht zu schauen.

Während des Liedes gab Allan Mac Aulay allmälig Zeichen, daß er seine Geistesgegenwart wieder erlange und die ihn umgebenden Gegenstände beachte. Die tiefen Furchen seiner Stirne ließen nach und glätteten sich; seine übrigen Züge, welche durch innere Krämpfe verdreht zu sein schienen, nahmen wieder einen natürlichen Zustand an. Als er den Kopf erhob und aufrecht saß, war sein Antlitz von wildem und trotzigem Ausdruck frei, obgleich es eine tiefe Schwermuth bezeugte; seine Züge im Zustande einer ruhigen Fassung waren zwar nicht schön, aber ausdrucksvoll, männlich und sogar edel. Seine dichten braunen Augenbrauen, welche bis dahin zusammengezogen gewesen waren, waren jetzt etwas getrennt, wie im natürlichen Zustande; seine grauen Augen, welche unter denselben mit unnatürlicher und unheimlicher Gluth vorher rollten und blitzten, erlangten jetzt einen festen und bestimmten Ausdruck.

„Gott sei Dank," sagte er, nachdem er etwa eine Minute geschwiegen hatte, bis die letzten Schwingungen der Harfentöne aufhörten, „meine Seele ist nicht länger verfinstert; die Wolke ist von meinem Geiste gewichen."

„Ihr müßt, Vetter Allan," sagte Lord Menteith herbeitretend, „sowohl der Annot Lyle, als auch dem Himmel für diese glückliche Veränderung Eurer schwermüthigen Stimmung danken."

„Mein edler Vetter Menteith," sagte Allan, indem er aufstand und ihn mit Achtung ebenso wie mit Freundlichkeit begrüßte, „ist so lange Zeit mit meinen unglücklichen Umständen bekannt gewesen, daß seine Güte keiner Entschuldigung bedarf, weil ich ihn erst jetzt im Schlosse willkommen heiße."

„Wir sind zu alte Bekannte," sagte Lord Menteith, „und zu gute Freunde, um auf die Ceremonien äußerer Begrüßung viel zu halten; allein das halbe Hochland stellt sich heute hier ein, und Ihr wißt ja, daß Ceremonien bei unsern Häuptlingen aus den Gebirgen nicht vernachlässigt werden dürfen. Was wollt Ihr der kleinen Annot geben, daß sie Euch in passende Stimmung versetzt hat, um Evan Dhu und Gott weiß wie viele Mützen und Federn zu begrüßen?"

„Was wollt Ihr mir geben?" fragte Annot lächelnd; „ich

hoffe nichts weniger als das schönste Band auf dem Jahrmarkt von Doune."

„Der Jahrmarkt von Doune, Annot?" sagte Allan betrübt; „vor jenem Tage wird blutige Arbeit vollbracht sein, und vielleicht werde ich ihn nie erleben; Ihr habt mich eben an etwas erinnert, was ich zu thun beabsichtige."

Mit diesen Worten ging er fort.

„Sollte er noch lange in dieser Art reden," sagte Lord Menteith, „so müßt Ihr, theure Annot, Eure Harfe gestimmt halten."

„Ich hoffe nicht," erwiderte Annot ängstlich, „dieser Anfall hat sehr lange gedauert und wird wahrscheinlich nicht so bald wiederkehren. Es ist furchtbar, sieht man eine Seele, von Natur so großmüthig und liebevoll, durch diese angeborne Krankheit leiden."

Da sie in leisem und vertraulichem Tone sprach, so trat Lord Menteith natürlich näher zu ihr hin, damit er ihre Worte besser verstehen könne; als Allan plötzlich in die Halle zurückkehrte, zogen sich Beide eben so natürlich von einander auf eine Weise zurück, welche ihr Bewußtsein ausdrückte, daß sie in einem Gespräche überrascht wurden, dessen Inhalt sie vor ihm geheim zu halten wünschten. Dieses wurde aber von Allan bemerkt; er hielt in der Thür an — es runzelte sich seine Stirn — es rollten seine Augen, der Anfall der Leidenschaftlichkeit währte jedoch nur einen Augenblick. Er fuhr mit seiner breiten sehnigen Hand über die Stirn, als wollte er diese Zeichen seiner Aufregung verwischen, und trat auf Annot zu, indem er ein kleines Kästchen von Eichenholz mit merkwürdigem Schnitzwerk in der Hand hielt.

„Ich nehme Euch zum Zeugen, Vetter Menteith," sagte er, „daß ich dieses Kästchen und ihren Inhalt der Annot Lyle schenke. Es enthält einigen Schmuck, welcher meiner armen Mutter gehörte, wie Ihr Euch denken könnt, von geringem Werth, denn das Weib eines hochländischen Häuptlings hat selten ein reiches Juwelenkästchen.“

„Allein dieser Schmuck,“ sagte Annot Lyle, indem sie sanft und furchtsam das Kästchen zurückwies, „gehört der Familie, ich kann ihn nicht annehmen.“

„Er gehört mir allein, Annot,“ sagte Allan, sie unterbrechend, „es ist das Vermächtniß meiner Mutter; es ist Alles was ich Mein nennen darf, ausgenommen meinen Mantel und meinen Degen. Nehmt es deßhalb, es enthält ein für mich werthloses Spielzeug — behaltet es um meinetwillen, im Fall ich niemals aus diesem Kriege zurückkehren sollte.“ Mit den Worten eröffnete er das Kästchen und reichte es der Annot; „wenn der Schmuck einigen Werth hat, so verwendet ihn zu Eurem Lebensunterhalt, sobald dieß Haus von feindlichen Flammen zerstört ist und Euch nicht länger Schutz gewähren kann. Behaltet aber Einen Ring zum Andenken an Allan, welcher, um Eure Güte zu erwidern, Alles gethan hat, was er konnte, wenn er auch nicht Alles vermochte, was er wünschte.“

Annot Lyle bemühte sich vergeblich, ihre Thränen zurückzuhalten, als sie sagte: „Einen Ring, Allan, will ich von Euch annehmen, als Andenken an Eure Güte gegen eine arme Waise; drängt mich aber nicht, mehr zu nehmen, denn ich darf und kann nicht eine Gabe von so unverhältnißmäßigem Werth mir aneignen.“

„So trefft Eure Wahl,“ sagte Allan, „Euer Zartgefühl ist vielleicht gut begründet; den andern Schmuck werde ich in eine Form verwandeln, worin er Euch nützlicher sein kann.“

„Denkt nicht daran,“ sagte Annot, indem sie aus dem

Inhalt des Kästchens einen Ring wählte, welcher offenbar den geringsten Werth besaß; „bewahrt den andern Schmuck für Eure Braut oder die Eures Bruders. Aber, gütiger Himmel," rief sie aus, indem sie sich selbst unterbrach und auf den Ring blickte, „was habe ich mir gewählt!"

Allan beeilte sich, den Ring mit Blicken finsterer Besorgniß anzuschauen; auf demselben war in Emaille ein Todtenkopf über zwei gekreuzten Dolchen dargestellt. Als Allan dieß Sinnbild erkannte, seufzte er so tief, daß Annot den Ring aus ihrer Hand fallen ließ, welcher über den Boden rollte.

Lord Menteith nahm ihn auf und gab ihn der erschreckten Annot zurück.

„Ich nehme Gott zum Zeugen," sagte Allan mit feierlicher Stimme, „daß Eure Hand, junger Lord, und nicht die meinige ihr diese Gabe von übler Vorbedeutung zurückgegeben hat. Es war der Trauring meiner Mutter, zum Andenken an ihren ermordeten Bruder."

„Ich fürchte keine Vorbedeutungen," sagte Annot, durch ihre Thränen lächelnd; „nichts, was aus den Händen meiner zwei Beschützer kommt (so war sie gewohnt, Lord Menteith und Allan zu nennen), kann der armen Waise Unglück bringen." Sie steckte den Ring auf ihren Finger und sang nach einer lebhaften Melodie die folgenden Verse aus einem damals sehr bekannten Liede, welches durch den sonderbaren Geschmack in Anwendung von Bildern, welcher zu König Karls Zeiten gewöhnlich war, charakteristisch ist und aus einem bei Hofe aufgeführten Schauspiel in die Wildnisse von Perthshire gelangt war:

Laß ab, in Sternen nachzusehen,
Nicht ihnen ist zu trauen,

Du mußt, das Schicksal zu erspähen,
Helenens Augen schauen.

Verwegener Astrolog, halt' ein,
Zu theuer hat erlangt
Die Kenntniß einer fremden Pein,
Wer selbst daran erkrankt.

„Sie hat Recht, Allan," sagte Lord Menteith, „und dieser Schluß des Liedes ist so viel werth wie Alles, was wir gewinnen können, wenn wir in die Zukunft zu schauen versuchen."

„Sie hat Unrecht, Mylord," sagte Allan finster, „obgleich Ihr, die Ihr mit Leichtsinn die Euch gegebenen Warnungen betrachtet, vielleicht nicht lange genug leben werdet, um Zeuge vom Ausgange der Vorbedeutung zu sein — lacht nicht so höhnisch," fügte er sich selbst unterbrechend hinzu, „oder lacht vielmehr so lang und laut wie Ihr wollt; es wird nicht lange dauern, daß die für Euer Lachen gestattete Zeit ihr Ende findet."

„Ich bekümmere mich nicht um Eure Visionen, Allan," sagte Lord Menteith; „wie kurz auch die Spanne meines Lebens sein mag, so kann doch kein hochländischer Seher ihre Beendigung erblicken."

„Um des Himmels willen," sagte Annot Lyle, ihn unterbrechend, „Ihr kennt seine Natur und wißt, wie wenig er leiden kann —"

„Fürchtet mich nicht," unterbrach sie Allan, „meine Seele ist jetzt fest und ruhig. Was Euch aber betrifft, junger Lord," sagte er zu Lord Menteith gewandt, „mein Auge hat Euch auf den Schlachtfeldern gesucht, wo Hochländer und Niederländer so dicht gestreut lagen, wie die Krähen jemals auf diesen alten Bäumen saßen" (er wies auf ein Krähennest, welches man vom Fenster aus erblickte); „mein Auge suchte Euch, aber Euer Leichnam war nicht dort; — mein Auge suchte Euch unter einem Zuge widerstandsloser und entwaffneter Gefangener innerhalb der Ringmauern einer alten und rauhen Festung; Blitz auf Blitz, Zugfeuer auf Zugfeuer — die Kugeln fielen unter die Gefangenen und sie sanken wie trockene Blätter im Herbste, aber Ihr war't nicht unter deren Reihen; — Schaffote wurden bereitet — Blöcke wurden hergerichtet und Sägemehl gestreut — der Priester stand bereit mit dem Buch, der Scharfrichter mit der Art — aber auch dort fand Euch nicht mein Auge."

„Also der Galgen ist mir bestimmt," sagte Lord Menteith; „ich wünschte freilich, sie hätten mir den Strick erspart, wäre es nur wegen der Würde der Pairie."

Er sprach dieß verächtlich, jedoch nicht ohne eine Art Neugier und den Wunsch, eine Antwort zu erhalten, denn das Verlangen, in die Zukunft zu schauen, übt häufig einigen Einfluß sogar auf die Seelen derer, welche allen Glauben an die Möglichkeit solcher Vorhersagungen ableugnen.

„Euer Rang, Mylord, wird keine Unehre in Eurer Person oder durch Eure Todesart erleiden. Dreimal habe ich gesehen, wie ein Hochländer seinen Dolch in Euren Busen stieß — dieß wird Euer Schicksal sein."

„Ich wünsche, daß Ihr mir ihn beschreibt," sagte Lord Menteith, „dann werde ich ihm die Mühe ersparen, Eure Prophezeiung zu erfüllen, wenn sein Mantel für Degen oder Pistolenkugeln durchdringlich ist."

„Euer Erwarten wird Euch wenig helfen, auch kann ich Euch nicht die Kunde geben, die Ihr wünschet, denn das Antlitz der Erscheinung war jedesmal von mir abgewandt."

„So sei es," sagte Lord Menteith, „und mag die Sache

in der Ungewißheit bleiben, worin sie Eure Vorhersagung ge=
setzt hat; ich werde heute darum nicht weniger munter unter
hochländischen Mänteln, Dolchen, Schurzfellen mein Mittag=
essen halten."

„So mag es sein," sagte Allan, „und vielleicht auch ge=
nießt Ihr mit Freuden jene Augenblicke, welche für mich
durch die Kunde des zukünftigen Bösen vergiftet werden; aber
ich," fuhr er fort, „wiederhole Euch, daß diese Waffe — d. h.
eine Waffe wie diese (er berührte den Griff seines Dolches),
Euer Schicksal Euch bringen wird."

„Mittlerweile," bemerkte Lord Menteith, „habt Ihr das
Blut aus den Wangen der Annot Lyle verscheucht, — laßt
uns, Freund, diese Unterredung abbrechen und nach demjeni=
gen sehn, was wir Beide verstehen — dem Fortschritt unserer
militärischen Vorbereitungen."

Sie schlossen sich dem Angus Mac Aulay und den engli=
schen Gästen desselben an; Allan aber zeigte bei den jetzt ein=
tretenden militärischen Verhandlungen eine Klarheit der Seele,
eine Stärke des Urtheils und eine Schärfe der Gedanken,
welche einen vollkommenen Gegensatz zu dem mystischen Halb=
dunkel darboten, in welchem sein Charakter sich bis dahin
gezeigt hat.

# Siebentes Kapitel.

————

Wann Albin das Schwert im Zorne gezückt,
Wann die Häuptling' all' ihr die Arme weih'n,
Wann die Ranald's sie kühn und die Murrays umreih'n,
Mit Mantel und Mütz' in des Tartan Schmuck —
> Lochiel's Warnung.

Wer an jenem Morgen das Schloß Darnlinvarach sah, genoß den Anblick kriegerischer Geschäftigkeit.

Die verschiedenen Häuptlinge, als sie mit ihrem besondern Gefolge anlangten, das ungeachtet der großen Anzahl von Begleitern nur ihre gewöhnliche Leibwache bei feierlichen Gelegenheiten bildete, begrüßten den Herrn des Schloffes und einander selbst mit reichlichen Höflichkeitsbezeugungen oder mit stolzer und zurückhaltender Artigkeit, je nach den Umständen der Freundschaft oder Feindseligkeit, worin die Stämme seit Kurzem mit einander gestanden waren. Jeder Häuptling, so gering auch seine Bedeutung im Verhältniß zu andern sein mochte, war höchst eifersüchtig, von den Uebrigen die Achtung zu verlangen, die ihm als einem besondern und unabhängigen Fürsten gebührte, während die stärkeren und mächtigeren durch neuere Streitigkeiten oder ältere Fehden gegen einander feindlich durch Politik gezwungen wurden, den Gefühlen ihrer weniger mächtigen Brüder alle Rücksicht zu erweisen, um im Fall der Noth so viele Anhänger an sich zu knüpfen, wie es ihrem Interesse für Krieg und Frieden gemäß war. Somit glich die Versammlung der Häuptlinge jenen alten deutschen Reichstagen, wo der kleinste Freiherr, welcher ein Schloß auf einem öden Felsen und einige hundert Aker umliegenden Feldes besaß, auf den Stand und die Ehre eines souveränen Fürsten und auf einen Sitz seinem Range gemäß unter den Würdeträgern des Reiches Anspruch machte.

Das Gefolge der verschiedenen Führer war abgesondert gelagert und mit Bequemlichkeiten versehen, so gut es der Raum und die Umstände erlaubten; jeder Häuptling hatte jedoch seinen Leibdiener, welcher seiner Person wie sein Schatten folgte, um Alles auszuführen, was sein Gebieter befehlen würde.

Das Aeußere des Schlosses bot ein merkwürdiges Schauspiel. Die Hochländer aus verschiedenen Inseln, kleineren und größeren Thälern, betrachteten einander aus der Entfernung mit Neugier oder feindlichem Uebelwollen. Der auffallendste Theil der Versammlung war aber, wenigstens für Ohren des Niederlandes, der Wetteifer der Dudelsackpfeifer in ihrem Spiel. Diese kriegerischen Musiker, wovon ein jeder die höchste Meinung von der Ueberlegenheit seines eigenen Stammes neben der dünkelhaftesten Vorstellung von der Wichtigkeit seines Gewerbes hegte, spielten zuerst ihre Schlachtlieder vor der Front des eigenen Clans. Zuletzt jedoch, wie die Birkhühner gegen das Ende der Jagdzeit, wenn sie durch den Schall ihres triumphirenden Krähens einander anlocken und nach der Jägersprache Ketten bilden, ebenso näherten sich einander allmälig die Dudelsackpfeifer, um ihren Zunftgenossen einen Beweis ihrer Geschicklichkeit zu geben, wobei sie ihre gewürfelten Mäntel und Röcke in derselben triumphirenden Weise aufblähten, wie die Vögel ihre Federn in die Höhe sträuben. Indem sie auf einander zugingen und sich mit Blicken beschauten, worin Dünkel auf ihre Wichtigkeit und Herausforderung zu erkennen waren, schwelleten, bläheten und drückten sie ihre kreischenden Instrumente, wobei Jeder seine Lieblingsmelodie mit solchem Getöse spielte, daß ein italienischer Musiker, wenn ein solcher innerhalb der Entfernung von zehn Meilen begraben lag, von den Todten hätte auferstehen müssen, um dieser grauenhaften Musik zu entfliehen.

Die Häuptlinge waren mittlerweile in der großen Halle des Schlosses zur Berathung versammelt. Unter diesen befanden sich Personen von größter Bedeutung im Hochlande; einige waren durch Eifer für die königliche Sache, und viele durch die Abneigung gegen die harte und allgemeine Herrschaft herbeigeführt, welche der Marquis von Argyle, seitdem er sich zu solchem Einfluß im Staate erhoben hatte, über seine hochländischen Nachbarn übte.

Dieser Staatsmann besaß zwar viele Fähigkeiten und große Macht, dagegen aber auch mehrere Charakterfehler, welche ihn bei den hochländischen Häuptlingen unbeliebt machten. Seine Andacht war von finsterer und fanatischer Art; sein Ehrgeiz schien unersättlich, und untergeordnete Häuptlinge beklagten sich über seinen Mangel an Freigebigkeit. Dazu kam, daß man ihn, oder Gillespie Grumach, d. h. den schielenden Mißgestalteten (wie man ihn nach dem Schielen seiner Augen mit einem persönlichen Namen in den Hochlanden bezeichnete, wo Titel des Ranges unbekannt sind), für einen bessern Mann im Kabinet als im Felde hielt, obgleich er ein Hochländer und aus einer Familie entsprossen war, welche früher und später den Ruhm der Tapferkeit stets besessen hat. Er und sein Stamm waren hauptsächlich den Mac Donald's und Mac Lean's verhaßt, zwei zahlreichen Geschlechtern, welche zwar durch alte Fehden einander feindlich waren, aber in einem einge-

8 *

wurzelten Haß gegen die Campbell's oder die Söhne von Diarmid, wie man sie nannte, übereinstimmten.

Einige Zeit lang schwiegen die versammelten Häuptlinge
in der Erwartung, daß Einer von ihnen das Geschäft der
Versammlung eröffnen würde. Zuletzt begann der Mächtigste
von ihnen den Reichstag mit den Worten: „Wir sind hieher
entboten worden, Mac Aulay, um über wichtige Angelegenheiten in Bezug auf den König und den Staat zu berathen.
Wir wünschen zu wissen, wer dieselben uns darlegen will?"

Mac Aulay, dessen Stärke nicht in der Rednergabe bestand,
sprach seinen Wunsch aus, daß Lord Menteith das Geschäft
der Berathung eröffnen möge. Der junge Lord sprach mit
großer Bescheidenheit, zugleich aber auch mit kräftigem Ausdruck, er wünsche, daß ein besser bekannter Mann, dessen Ruf
schon begründet sei, dasjenige vorzuschlagen habe, was er jetzt
selbst in Antrag bringen werde. Da er jedoch zu reden aufgefordert sei, müsse er den versammelten Häuptlingen sagen,
daß diejenigen keinen Augenblick zögern dürften, welche das
niedrige Joch abzuwerfen wünschten, womit der Fanatismus
ihre Nacken zu umwinden sich bemühe; „die Covenanters," fuhr
er fort, „haben zweimal gegen ihren Fürsten Krieg geführt
und ihn zur Einwilligung in alle Forderungen, vernünftige und
unvernünftige, gezwungen, die sie an ihn zu stellen für gut
fanden, — ihre Häuptlinge wurden mit Würden und Gunst-
bezeugungen überladen, — als Se. Majestät nach einem gnädigen Besuch in sein Geburtsland nach England zurückkehrte,
erklärten sie öffentlich, er verlasse jetzt als ein zufriedener
König ein zufriedenes Volk, — ungeachtet dessen und sogar
ohne den Vorwand einer Nationalbeschwerde haben dieselben
Leute auf den Grund von Beargwöhnungen, welche für den
König eben so schimpflich, wie an sich grundlos sind, ein starkes

Heer zum Beistand der Rebellen in England und in einen Krieg gesandt, womit Schottland nichts mehr zu thun hat, als mit den Kriegen in Deutschland. Es ist gut, daß der Eifer, womit dieser verrätherische Zweck verfolgt wurde, die jetzt regierende Versammlung, welche die Regierung Schottlands an sich gerissen hat, bis zu dem Grade verblendete, daß sie die Gefahr nicht erkannte, in welche sie sich begab. Das Heer, welches nach England unter dem alten Lieven gesandt wurde, enthält die Veteranen, die Kraft derjenigen Heere, welche während der zwei letzten Kriege in Schottland ausgehoben wurden —" hier bemühte sich Kapitän Dalgetty, zum Worte zu kommen, um darzulegen, wie viel alte und in den deutschen Kriegen erzogene Offiziere nach seiner genauen Kunde sich bei der Armee des Grafen von Lieven befänden. Allan Mac Aulay hielt ihn aber auf seinem Sitz mit einer Hand fest und drückte den Zeigefinger der anderen auf seine Lippen; dadurch gelang es ihm mit einiger Schwierigkeit, die Unterbrechung des Redners durch den Kapitän zu verhindern. Kapitän Dalgetty sah ihn an mit einem sehr verächtlichen und unwilligen Gesicht, indeß der Ernst des Andern wurde dadurch nicht gestört, und Lord Menteith fuhr ohne weitere Unterbrechung fort: „Der Augenblick ist günstig für alle treuen und loyalen Schotten, um darzuthun, der ihrem Vaterlande kürzlich aufgebürdete Vorwurf sei nur auf den selbstsüchtigen Ehrgeiz weniger unruhigen und aufrührerischen Menschen begründet, wozu noch der abgeschmackte Fanatismus kam, welcher von fünfhundert Kanzeln gesäet sich wie eine Fluth über die Niederlande von Schottland verbreitete. Ich habe Briefe des Marquis von Huntlye im Norden, die ich den einzelnen Häuptlingen zeigen werde. Dieser gleich loyale wie mächtige Edelmann ist entschlossen, sich mit äußerster Kraft der allgemeinen Sache anzunehmen, und der mächtige Graf Seaforth hat Vorbereitungen getroffen, sich derselben Sache anzuschließen. Vom Grafen Airly und von den Olgivie's in Angusshire habe ich eben so bestimmte Mittheilungen; es ist kein Zweifel, daß diese, welche mit den Hay's, den Leith's, den Burnet's und andern loyalen Herren bald zu Pferde sitzen werden, ein genügendes Corps bilden können, um die nördlichen Covenanters im Schach zu halten; letztere haben ja schon deren Tapferkeit bei der wohlbekannten Niederlage erprobt, welche man gewöhnlich den Trott von Turiff nennt. Auch im Süden des Forth und Tay hat der König viele Freunde, welche durch erzwungene Eide, gewalt=thätige Aushebungen, schwere Steuern, welche die Tyrannei des Parlaments-Ausschusses ungerecht erhob und ungleich ver=theilte, und endlich durch die inquisitorische Unverschämtheit der presbyterianischen Prediger unterdrückt, nur den Augen=blick erwarten, worin die Fahne des Königs entfaltet wird, um sogleich die Waffen zu ergreifen. Douglas, Traquair, Roxburgh, Hume, sämmtlich der königlichen Sache geneigt, werden den Covenanters im Süden das Gleichgewicht halten; zwei Herren von Namen und Rang', welche hier aus dem Nor=den von England anwesend sind, stehen ein für den Eifer von Cumberland, Westmoreland und Northumberland. Gegen so viele tapfere Herren können die südlichen Covenanters nur rohe Rekruten, die Hirten der westlichen Grafschaften, die Bauern und Handwerker der Niederlande ausheben. In den westlichen Hochlanden zählen die Covenanters keinen Anhänger mit Ausnahme Eines Mannes, der ebenso bekannt wie verhaßt ist; ist aber hier ein Einziger, welcher, die Halle überblickend und die Macht, Tapferkeit und Würde der versammelten Häupt=linge erkennend, nur einen Augenblick den Erfolg derselben gegen alle Streitkräfte bezweifeln kann, welche Gillespie Grumach.

gegen sie zu sammeln vermag? Ich habe nur noch hinzu=
zufügen, daß beträchtliche Vorräthe an Geld und Munition
für das Heer gesammelt sind," (hier spitzte Dalgetty die Ohren)
„daß Offiziere von Fähigkeit und Erfahrung in fremden Krie=
gen, von denen Einer gegenwärtig ist," (der Kapitän erhob
sich und sah sich um) „bei uns Dienste genommen haben, um
die Aushebungen einzuüben; daß endlich ein zahlreiches Corps
Hülfstruppen aus Irland, welches der Graf Antrim aus Ulster
uns gesandt hat, auf dem Festlande glücklich gelandet ist und
sich in vollem Marsch auf diesen Versammlungsort befindet,
indem die Leute von Clanranald das Corps unterstützten und
durch Einnahme und Befestigung des Schlosses Mingarry die
Versuche Argyle's, sie aufzufangen, vereitelten. Es ist nun
noch hinzuzufügen, daß die edlen hier versammelten Häuptlinge
jede untergeordnete Betrachtung beseitigen und sich mit Herz
und Hand für die allgemeine Sache vereinigen müssen. Sie
müssen das feurige Kreuz durch ihre Clans senden, um so viel
Anhänger wie möglich zu sammeln. Alle Streitkräfte müssen
sich mit solcher Schnelligkeit vereinigen, daß dem Feind keine
Zeit gelassen wird, um Vorbereitungen zu treffen oder sich von
dem panischen Schrecken zu erholen, der beim ersten Schalle
der Kriegslieder sich verbreitet. Ich selbst bin zwar nicht einer
der reichsten oder mächtigsten schottischen Edelleute, ich em=
pfinde jedoch, daß ich die Würde eines alten und ehrenwer=
then Hauses, die Unabhängigkeit einer alten und ehrenwerthen
Nation vertreten muß, und bin entschlossen, Gut und Blut
dieser Sache zu weihen. Sind die Mächtigeren dazu eben so
bereit, so werden sie den Dank ihres Königs und der Nach=
welt verdienen."

Lauter Beifall folgte auf diese Rede des Lord Menteith
und bezeugte die allgemeine Uebereinstimmung aller Gegen=

wärtigen hinsichtlich der von ihm ausgesprochenen Gedanken; als der Zuruf aber verhallt war, blickten die versammelten Häuptlinge sich einander an, als müsse über eine Angelegenheit noch bestimmt werden. Nach einigem Geflüster gab ein alter Mann, dessen graues Haar ihm Achtung erweckte, obgleich er nicht zum höchsten Range der Häuptlinge gehörte, die Erwiderung auf die gehaltene Rede.

„Thane von Menteith," sagte er, „es ist Keiner unter uns, in dessen Busen nicht dieselben Gefühle so heiß wie Feuer brennen, jedoch nicht die Kraft allein gewinnt die Schlacht; der Kopf des Befehlshabers erringt ebenso den Sieg wie der Arm des Soldaten; ich frage Euch, wer ist es, welcher das Banner erheben und tragen soll, unter welchem wir uns erheben und sammeln sollen? Kann man erwarten, daß wir unsere Kinder und die Blüthe unserer Verwandten bei einer Sache wagen, bevor wir wissen, wem die Leitung vertraut werden soll? Dürfen wir Jene zur Schlachtbank führen, deren Schutz uns durch die Gesetze Gottes und der Menschen übertragen ist? Wo ist das königliche Patent, nach welchem die Stämme unter die Waffen gerufen werden? So einfach wir auch scheinen, so wissen wir etwas von den bestehenden Kriegsgebräuchen und den Gesetzen unsers Vaterlandes; wir wollen uns nicht gegen den allgemeinen Frieden von Schottland bewaffnen, ohne den bestimmten Befehl des Königs erhalten zu haben und ohne einen Führer zu besitzen, welcher sich zum Befehle solcher Leute wie der hier versammelten eignet."

„Wo könntet ihr einen solchen Führer finden," sagte ein anderer Häuptling, sich erhebend, „mit Ausnahme des Repräsentanten des Herrn der Inseln, welcher durch Geburt und Abstammung das Recht besitzt, die Schlachtordnung jedes

Clans der Hochlande zu führen? wo ist eine solche Würde vorhanden, wenn nicht in der Familie von Vich Alister More?"

„Ich bin bereit," sagte ein anderer Häuptling, „die Wahrheit des zuerst Gesagten, aber nicht den Schluß anzuerkennen. Wenn Vich Alister More der Repräsentant des Herrn der Inseln zu sein wünscht, so mag er zuerst erweisen, daß sein Blut röther ist als das meine."

„Das läßt sich bald versuchen," sagte Vich Alister More, indem er seine Hand auf den Kopf seines Degens legte. Lord Menteith warf sich zwischen Beide, indem er bat und flehte, ein Jeder möge sich erinnern, daß die Interessen Schottlands, die Freiheiten ihres Vaterlandes und die Sache ihres Königs in ihren Augen jeden persönlichen Streit über Abkunft, Rang oder Vortritt überlegen sein müßten. Mehrere Häuptlinge, welche die Ansprüche von Keinem jener Beiden anerkennen wollten, schritten ebenfalls zu demselben Zwecke ein, und Niemand mit mehr Nachdruck, wie der berühmte Ivan Dhu.

„Ich bin von meinen See'n gekommen," sagte er, „wie ein Strom, der den Hügel hinabfließt, nicht um wieder heimzukehren, sondern um meinen Lauf zu vollenden. Wir können Schottland oder dem König Karl nicht dienen, wenn wir unsere eigenen Ansprüche geltend machen wollen. Meine Stimme soll für den General sein, welchen der König ernennen wird und welcher ohne Zweifel die Eigenschaften besitzt, die zum Oberbefehl über Leute wie wir erforderlich sind. Er muß hochgeboren sein, sonst verlieren wir den Rang, wenn wir ihm gehorchen — er sei weise und geschickt, sonst bringen wir die Sicherheit unseres Volkes in Gefahr — er sei der Tapferste unter den Tapfern, sonst können wir unsere Ehre verlieren — er sei gemäßigt, fest und männlich, um uns vereint zu halten. Nur ein solcher Mann kann uns befehligen. Seid Ihr vorbereitet, Thane von Menteith, uns zu sagen, wo ein solcher sich findet?"

„Es gibt nur Einen, und hier steht er," sagte Allan Mac Aulay, indem er die Hand auf Anderson's Schulter legte, welcher hinter Lord Menteith stand.

Die allgemeine Ueberraschung der Gesellschaft gab sich durch ein zorniges Gemurmel kund, Anderson aber warf den Mantel zurück, worin er sein Gesicht verhüllt hatte, und trat mit folgenden Worten vor: „Es war nicht meine Absicht, ein schweigender Zuschauer dieses aufregenden Auftritts zu bleiben, obgleich mein hastiger Freund mich genöthigt hat, mich etwas früher, wie ich beabsichtigte, zu entdecken. Ob ich die Ehre verdiene, welche mir dieses Pergament ertheilt, wird am besten aus demjenigen erhellen, was ich für des Königs Dienst zu thun vermag. Es ist ein Patent unter dem Staats-siegel, an James Graham Grafen von Montrose als Befehls-haber der Streitkräfte ausgestellt, welche sich für den Dienst Sr. Majestät in diesem Königreich versammeln."

Die Versammlung brach in lauten Beifall aus, auch gab es wirklich keinen andern Mann, welchem sich in Bezug auf Rang die stolzen Bergbewohner untergeordnet haben würden. Seine tödtliche und durch Erbschaft überlieferte Feindlichkeit gegen den Marquis von Argyle bot eine Bürgschaft, daß er sich mit genügender Kraft am Kriege betheiligen werde, während seine wohlbekannten militärischen Talente und seine erprobte Tapferkeit jede Hoffnung gewährten, daß er einen günstigen Schluß desselben herbeiführen werde.

# Achtes Kapitel.

---

Unsere Verschwörung ist eine so gute Verschwö-
rung, wie jemals eine angelegt worden. Unsere
Freunde sind treu und beständig — eine gute
Verschwörung und gute Freunde und voll von
Erwartung — eine ausgezeichnete Verschwörung,
sehr gute Freunde.

Heinrich IV. Theil I.

Sobald der allgemeine Zuruf der Freude sich gelegt hatte,
wurde Stillschweigen heftig verlangt, damit man die Vorlesung
des königlichen Patentes vernehmen könne; die Mützen, welche
die Häuptlinge bisher auf den Köpfen trugen, wahrscheinlich
weil Keiner der Erste sein wollte, um sein Haupt zu ent-
blößen, wurden jetzt auf einmal abgenommen, um das königliche Handschreiben zu ehren. Es war mit den bestimmtesten
Ausdrücken und mit Uebertragung der weitesten Vollmacht
ausgestellt, und ertheilte dem Grafen von Montrose das
Recht, die bewaffneten Unterthanen zu versammeln, um die
gegenwärtige Rebellion niederzuschlagen, welche verschiedene
Verräther und aufrührerische Personen gegen den König erhoben hätten, um sich ihrer Unterthanenpflicht, wie es dort hieß,
zu entledigen und den Frieden zwischen beiden Königreichen zu
brechen. Es befahl allen untergeordneten Personen, Montrose
in seiner Unternehmung zu gehorchen und beizustehen; es ertheilte ihm Gewalt, Ordonanzen und Proklamatiouen zu er-

laffen, Vergehen zu beſtrafen, Verbrechen zu verzeihen, Gou=
verneure und Befehlshaber ein= und abzuſetzen. Kurzum, es
war eine ſo ausgedehnte und weite Vollmacht, wie nur irgend
ein Fürſt einem Unterthan ertheilen konnte. Sobald ſie ver=
leſen war, brachen die verſammelten Häuptlinge in einen lau=
ten Zuruf aus, um ihre bereitwillige Unterwerfung unter den
Willen ihres Fürſten zu bezeugen. Montroſe begnügte ſich
nicht allein, ihnen im Allgemeinen für einen ſo günſtigen Em=
pfang zu danken, ſondern beeilte ſich auch, ſich an die Ein=
zelnen zu wenden. Die wichtigſten Häuptlinge waren ihm
ſchon lange perſönlich bekannt, er führte ſich aber auch bei
denen von geringerer Bedeutung jetzt ein und erwies durch
ſeine Bekanntſchaft mit ihren beſondern Benennungen ſowie
mit den Verhältniſſen und der Geſchichte ihrer Clans, daß er
lange Zeit den Charakter der Bergbewohner ſtudirt und ſich
für ſeine jetzige Stellung vorbereitet hatte.

Während er mit dieſen Handlungen der Höflichkeit beſchäf=
tigt war, bot ſein anmuthiges Weſen, ſein ausdrucksvolles Antlitz
und die Würde ſeiner Haltung einen auffallenden Gegenſatz
mit ſeiner groben und niedrigen Kleidung. Montroſe beſaß
jene Art der Geſtalt und der Geſichtszüge, in welcher der Be=
ſchauer beim erſten Blick nichts Außerordentliches ſieht, die
aber einen um ſo größeren Eindruck hervorruft, je länger man
dieſelben anblickt. Sein Wuchs reichte etwas weniges über
die mittlere Größe, ſein Körper war aber ungewöhnlich gut
gebaut und ſowohl zur Aeußerung großer Kraft wie zu Ertra=
gung vieler Strapazen geeignet; er beſaß wirklich eine eiſerne
Leibesbeſchaffenheit, ohne welche er die Prüfungen ſeiner außer=
ordentlichen Feldzüge nicht hätte ertragen können, in denen er
den Entbehrungen des gemeinſten Soldaten ſich unterwarf;
er war vollkommen in allen Körperübungen, ſowohl friedlichen

wie kriegerischen, und besaß deßhalb jene anmuthige Leichtigkeit der Haltung, welche denjenigen eigenthümlich ist, bei
denen die Gewohnheit eine Gewandtheit in allen Stellungen
hervorgerufen hat.

Sein langes braunes Haar war nach der Gewohnheit der
Leute von Stande unter den Royalisten gescheitelt und hing
in langen Locken hinab, von denen eine, die um 2 oder 3 Zoll
länger war wie die andern, derjenigen auch von Montrose angenommenen Mode entsprach, gegen welche der Puritaner
Prynne eine Schrift unter dem Titel: „Die Unliebenswürdig-
keit der Liebeslocken“ verfaßt hat. Die von diesen Locken
umschlossenen Züge waren derjenigen Art, welche mehr Eindruck durch den Charakter des Mannes wie durch die Regel-
mäßigkeit der Gestalt erwecken, allein eine Adlernase, ein
volles entschlossenes, offenes und schnelles graues Auge, sowie
eine lebhafte Gesichtsfarbe glichen einige Rauheit und Unregelmäßigkeit in den untergeordneten Theilen des Gesichtes wieder
aus, so daß sich Montrose eher als ein Mann mit hübschen
wie mit rauhen Gesichtszügen bezeichnen ließ. Diejenigen jedoch, welche ihn sahen, wenn seine Seele durch jene Augen
mit aller Kraft und mit dem Feuer des höheren Geistes blickte —
diejenigen, welche ihn mit der Ueberlegenheit der Talente und
der Beredsamkeit der Natur reden hörten, erlangten sogar
über seine äußere Gestalt eine weit günstigere Meinung, als
wir nach den vorhandenen Porträts uns bilden dürfen. Solcher Art war wenigstens der Eindruck, den er bei den versammelten Häuptern der Bergbewohner hervorrief, auf welche
die persönliche Erscheinung sowie auf alle Menschen in ähnlichem Zustande der Gesellschaft keinen geringen Einfluß übte.

In den Verhandlungen, welche jetzt folgten, nachdem
Montrose sich entdeckt hatte, berichtete derselbe von den ver-

schiedenen Gefahren, denen er bei seiner jetzigen Unternehmung ausgesetzt gewesen war. Zuerst hatte er versucht, im nördlichen England ein Corps Royalisten zu sammeln, von denen er erwartete, daß sie den Befehlen des Marquis von Newcastle gemäß nach Schottland marschiren würden; jedoch die Abneigung der Engländer gegen die Ueberschreitung der Grenze und die Verzögerung des Grafen Antrim, welcher im Solway Frith mit einem irischen Heere hätte landen sollen, verhinderten die Ausführung dieser Absicht. Nachdem andere Pläne in gleicher Weise mißlungen waren, sah er sich zu einer Verkleidung gezwungen, um die Niederlande in Sicherheit durchreisen zu können, und erhielt dabei den gütigen Beistand seines Verwandten Menteith. Auf welche Weise Mac Aulay ihn hatte kennen lernen, konnte er nicht erklären. Diejenigen, welche Allans Ansprüche auf prophetische Gaben kannten, lächelten geheimnißvoll; er selbst aber erwiderte nur, der Graf Montrose dürfe nicht erstaunen, wenn er Tausenden bekannt sei, an die er sich selbst nicht erinnern könne.

„Bei der Ehre eines Cavaliers," sagte Kapitän Dalgetty, als er endlich eine Gelegenheit fand, auch seine Worte einzuschieben, „ich fühle mich stolz und glücklich, daß ich eine Gelegenheit erlangt habe, ein Schwert unter Eurer Lordschaft Befehl zu ziehen. Ich vergesse allen Groll, Unzufriedenheit und Aerger gegen Herrn Mac Aulay, weil er mich gestern auf den niedrigsten Sitz an dem Tische führte. Gewiß hat er heute wie ein Mann gesprochen, der vollkommen über alle seine Sinne verfügt, so daß ich mich im Geheimen schon entschlossen hatte, er habe keinen Anspruch auf das Privilegium des Wahnsinns; da ich aber nur einem edlen Grafen, meinem zukünftigen Oberbefehlshaber, nachgestellt wurde, so erkenne ich die Gerechtigkeit des Vorzugs an, und begrüße von ganzem

Herzen Allan als Jemand, der ihm ein bueno Camerado sein wird."

Nach dieser Rede, die wenig verstanden oder beachtet wurde, ergriff er Allans Hand, ohne seine Fechthandschuhe auszuziehen, und begann dieselbe mit Heftigkeit zu schütteln; Allan aber erwiderte den Druck mit einem Griff, welcher dem einer Schneidezange glich, und zwar mit solcher Kraft, daß er die eisernen Schuppen des Handschuhs in die Hand von dessen Träger hineintrieb.

Kapitän Dalgetty hätte dieß vielleicht als eine neue Beleidigung aufgenommen, wäre nicht seine Aufmerksamkeit, als er schnaubend und das beschädigte Glied schüttelnd dastand, plötzlich von Montrose selbst in Anspruch genommen worden. „Hört die Nachricht," sagte derselbe, „Kapitän Dalgetty, die Irländer, welche von Euren militärischen Erfahrungen Nutzen haben sollen, sind nur noch wenige Stunden von uns entfernt."

„Unsere Jägerburschen," sagte Angus Mac Aulay, „welche ausgeschickt waren, um Wild für diese ehrenwerthe Gesellschaft aufzubringen, haben von einer Schaar Fremder gehört, welche weder Sächsisch noch reines Galisch sprechen und sich den Landleuten nur mit Schwierigkeit verständlich machen konnten. Sie marschiren hieher in Waffen, wie es heißt, unter der Leitung von Alister Mac Donald, welcher gewöhnlich mit dem Namen des jungen Kolkitto bezeichnet wird."

„Das müssen unsere Leute sein," sagte Montrose; „man muß ihnen eilig Boten entgegen senden, sowohl um ihnen als Führer zu dienen, wie auch um ihre Bedürfnisse zu befriedigen."

„Das Letztere wird nicht leicht sein," sagte Angus Mac Aulay, „denn ich höre, daß sie mit Ausnahme einiger Musketen und sehr weniger Munition aller Dinge entbehren, welche

Soldaten haben sollten. Es fehlt ihnen hauptsächlich Geld, Schuh und Kleidung.“

„Es hilft zu nichts, dieß so laut zu sagen. Die puritanischen Weber von Glasgow werden sie mit Tuch im Ueberfluß versehen, wenn wir von den Hochlanden hinabgekommen sind; wenn die Pfarrer früher die alten Weiber der schottischen Städte mit so tiefer Rührung erfüllen konnten, daß sie sogar ihre Leinwand für Zelte der Bursche auf Dunse-Law *) hergaben, so will ich versuchen, ob ich nicht auch ein wenig Einfluß habe, so daß ihre gottseligen Damen ihre patriotischen Gaben erneuen, und daß die spitzohrigen Schurken, ihre Ehemänner, den Beutel ziehen.“

„Und was die Waffen betrifft,“ sagte Kapitän Dalgetty, „wenn es Euer Lordschaft gefällig ist, einem alten Kavalier zu erlauben, daß er seine Ansicht ausspricht, so wäre meine Lieblingswaffe, wenn ein Drittel Musketen hat, für die Uebrigen die Pike, sowohl um einen Reiterei-Angriff zurückzuschlagen, wie um die Infanterie zu durchbrechen. Ein gewöhnlicher Grobschmied kann täglich 100 Piken verfertigen; für die Schafte ist genug Holz hier vorhanden, und ich behaupte, daß ein starkes Bataillon von Pikenieren, nach dem besten Kriegsgebrauch und in der Art des nordischen Löwen, des unsterblichen Gustavus aufgestellt, die macedonische Phalanx schlagen würde, wovon ich im Mareschal-Collegge zu lesen pflegte, als ich in der alten Stadt Aberdeen studirte. Und weiterhin möchte ich behaupten,“ — des Kapitäns Vorlesungen über Taktik wurden von Allan Mac Aulay unterbrochen, welcher hastig in die Rede fiel: „Platz für einen unerwarteten und unwillkommenen Gast!“

---

*) Die Covenanter schlugen auf dem Dunse-Law 1639 ihr Lager auf.

In demselben Augenblick öffnete sich die Thüre der Halle, und ein Mann mit grauen Haaren aber von stattlicher Gestalt erschien in der Versammlung. In seinem Wesen lag der Ausdruck von vieler Würde und sogar von höherer Macht. Sein Wuchs überstieg die gewöhnliche Größe, und seine Blicke bezeugten, daß er zu befehlen gewohnt war. Er warf einen strengen und beinahe finsteren Blick auf die Versammlung der Häuptlinge. Diejenigen von höherem Range gaben denselben mit verächtlicher Gleichgültigkeit zurück, jedoch einige Herren aus dem Westen von geringerer Macht sahen aus, als ob sie sich weit entfernt wünschten.

„An welchen Herrn aus dieser Versammlung," fragte der Fremde, „habe ich mich als den Führer zu wenden? oder habt ihr noch nicht die Person bestimmt, welche ein wenigstens eben so gefährliches als ehrenvolles Amt einnehmen wird?"

„Wendet Euch an mich, Sir Duncan Campbell," sagte Montrose, indem er vortrat.

„An Euch!" rief Sir Duncan Campbell mit einiger Verachtung aus.

„Ja, an mich," erwiderte Montrose, „an den Grafen Montrose, wenn Ihr ihn nicht vergessen habt."

„Wenigstens jetzt," sagte Sir Duncan Campbell, „würde ich ihn nur mit einiger Schwierigkeit in der Verkleidung eines Stallknechts erkannt haben, allein ich hätte errathen können, daß kein böser Einfluß, der geringer war wie der von Euer Lordschaft, — eines Mannes, der Israel verwirrt, — diese rasch gebildete Versammlung mißleiteter Personen hätte zusammenbringen können."

„Ich will Euch," sagte Montrose, „nach der Art von euch Puritanern die Erwiderung geben: Ich habe nicht Israel

Sage von Montrose.　　　　　　　　9

verwirrt, sondern du und deines Vaters Haus. Aber laßt einen Streit fallen, der für uns Beide allein von Wichtigkeit ist, und verkündet die Botschaft, die Ihr von Eurem Stammhaupt Argyle überbringt, denn ich muß schließen, daß Ihr in dessen Namen zu dieser Versammlung gekommen seid."

„Es ist im Namen des Marquis von Argyle," sagte Sir Duncan Campbell, „im Namen der Convention der schottischen Stände, daß ich die Bedeutung dieser sonderbaren Versammlung zu wissen verlange. Bezweckt dieselbe den Frieden des Landes zu stören, so verfahrt ihr allein wie Nachbarn und Männer von Ehre, wenn ihr uns zu verstehen gebt, daß wir auf unserer Hut sein müssen."

„Es ist ein sonderbarer und neuer Zustand der Angelegenheiten in Schottland," sagte Montrose, indem er sich von Sir Duncan Campbell an die Versammlung wandte, „daß schottische Männer von Rang und Familie sich nicht in dem Hause eines gemeinschaftlichen Freundes versammeln können, ohne daß die Herren, die uns regieren, uns einen Besuch zur Untersuchung dessen, was wir treiben, und eine Botschaft übersenden, um den Zweck unserer Zusammenkunft zu erfahren. Mich däucht, unsere Vorfahren waren gewohnt, hochländische Jagden zu halten oder zu andern Zwecken zusammenzukommen, ohne daß sie die Erlaubniß des gewaltigen Mac Cullum More selbst oder eines seiner Kundschafter oder Diener einholen mußten."

„So waren einst die Zeiten in Schottland," erwiderte einer der westlichen Häuptlinge, „und so werden sie wiederum sein, wenn diejenigen, welche sich in unsere Besitzungen eindrängten, wieder heruntergekommen sind zu dem Range der Gutsherren von Lochow, statt sich über uns wie ein Schwarm von gefräßigen Heuschrecken zu verbreiten."

„Gibt man mir also zu verstehen," fragte Sir Duncan, „daß diese Vorbereitungen nur gegen m e i n e n Namen ge= richtet sind, oder soll das Geschlecht der Diarmid mit der ganzen Masse der friedlichen und ruhigen Bewohner Schott= lands zugleich leiden?"

„Ich möchte," sagte ein Häuptling, der mit wildem Blicke plötzlich von seinem Sitze auffuhr, „eine Frage an den Ritter von Ardenvohr richten, ehe er in seinem verwegenen Kate= chismus fortfährt: — hat er mehr wie Ein Leben in dieß Schloß gebracht, daß er sich so unter uns eindrängt, um uns zu beleidigen?"

„Ihr Herren," sagte Montrose, „ich bitte euch, haltet eure Hitze zurück; ein Bote, welcher zum Zweck der Gesandt= schaft zu uns kommt, besitzt ein Recht auf Freiheit der Rede und auf ein sicheres Geleit. Und da Sir Duncan Campbell uns so drängt, so ist mir nichts daran gelegen, ihn hier zu benachrichtigen, damit er sich darnach richten kann, daß er sich in einer Versammlung der loyalen Unterthanen des Kö= nigs befindet. Dieselbe ist von mir im Namen und mit der Vollmacht Seiner Majestät zusammenberufen worden, denn Seiner Majestät königliches Patent hat mir die Gewalt dazu ertheilt."

„Wir haben also, wie ich vermuthe, einen Bürgerkrieg in aller Form," erwiderte Sir Duncan Campbell, „ich bin zu lange Soldat gewesen, um dessen Annäherung mit Angst zu erwarten; ich hätte jedoch im Interesse der Ehre von Lord Montrose gewünscht, daß er bei dieser Angelegenheit weniger seinem eigenen Ehrgeiz gefolgt wäre und den Frieden des Lan= des mehr in Betracht genommen hätte."

9 *

„Diejenigen zogen nur ihren Ehrgeiz und Eigennutz in Betracht, Sir Duncan,“ antwortete Montrose, „welche ihr Vaterland in den Zustand brachten, worin es sich jetzt befindet und worin die scharfen Mittel nothwendig geworden sind, die wir nur mit Widerstreben zu gebrauchen im Begriff stehen.“

„Und welchen Rang sollen wir unter diesen nach Selbst=hülfe greifenden Herren,“ fragte Sir Duncan, „einem edlen Grafen zuweisen, welcher zum Covenant eine so leidenschaft=liche Anhänglichkeit hegte, daß er der Erste war, 1639 die Tyne zu überschreiten, indem er an der Spitze seines Regi=ments bis zur Mitte seines Körpers den Fluß durchwatete, um die königlichen Truppen anzugreifen; es war derselbe, wie ich glaube, welcher den Covenant den Bürgern und Collegien von Aberdeen mit der Spitze des Schwertes und der Pike aufdrang.“

„Ich verstehe Euren Hohn, Sir Duncan,“ sagte Montrose mit Mäßigung; „ich kann nur hinzufügen, daß ich für die von Euch mir vorgeworfenen Verbrechen Verzeihung erlangen werde, wenn aufrichtige Reue einen jugendlichen Irrthum büßen kann, in welchen ich durch Nachgiebigkeit gegen die li=stigen Vorstellungen ehrgeiziger Heuchler verfiel. Ich werde mich wenigstens bemühen, die Verzeihung zu verdienen; denn ich bin hier mit dem Schwert in der Hand, und ent=schlossen, das beste Blut meines Leibes zu vergießen, um mei=nen Irrthum zu büßen; der sterbliche Mensch kann nicht mehr thun.“

„Wohlan, Mylord,“ sagte Sir Duncan, „es thut mir Leid, solche Worte dem Marquis von Argyle berichten zu müssen; ich habe mich eines weiteren Auftrages zu entledigen, daß der Marquis, um die blutigen Fehden zu vermeiden, welche einen hochländischen Krieg stets begleiten, zufrieden sein wird, wenn sich die Verträge eines Waffenstillstandes für das Land nörd= lich von der Grenzlinie der Hochlande abschließen läßt. Bo= den genug, um darauf zu kämpfen, ist in Schottland vor= handen, ohne daß die Nachbarn ihre Familien und ihr Erbe einander zerstören."

„Ein friedlicher Vorschlag," sagte Montrose lächelnd, „wie er sich von Jemand erwarten läßt, dessen persönliche Hand= lungen stets friedlicher waren als seine Maßregeln. Wenn jedoch die Bedingungen eines solchen Waffenstillstandes sich auf billige Weise für beide Theile festsetzen lassen, und wenn wir Sicherheit erhalten können, — denn diese, Sir Duncan, ist durchaus nothwendig — daß Euer Marquis diese Bedin= gungen genau einhalten wird, so wäre ich für meinen Theil zufrieden, den Frieden in meinem Rücken zurückzulassen, da wir den Krieg vor uns hertragen müssen. Aber Sir Duncan, Ihr seid für uns ein zu alter und erfahrener Soldat, als daß wir Euch erlauben sollten, lang in unserem Lager zu bleiben, und Zeuge unseres Verfahrens zu sein; wir werden Euch deß= halb, sobald Ihr Euch erfrischt habt, eine eilige Rückkehr nach Inverary anempfehlen und von unserer Seite einen Herrn mit Euch absenden, um über die Bedingungen eines Waffenstill= standes in den Hochlanden übereinzukommen, im Fall es dem Marquis Ernst sein sollte, auf solch eine Maßregel einzu= gehen."

Sir Duncan Campbell gab durch eine Verbeugung seine Einwilligung. „Mylord von Menteith," fuhr Montrose fort, „haben Sie die Güte, Sir Duncan Campbell von Ardenvohr Gesellschaft zu leisten, während wir bestimmen werden, wer denselben auf seiner Rückkehr zu seinem Häuptling begleiten soll. Mac Aulay wird uns die Bitte erlauben, ihn mit pas= sender Gastfreundschaft zu bewirthen."

„Ich werde demgemäß Befehl ertheilen," sagte Allan Mac Aulay, indem er aufstand und vortrat; „ich liebe Sir Duncan Campbell; wir waren in früheren Tagen Leidensgefährten, und jetzt vergesse ich solches nicht."

„Mylord von Menteith," sagte Sir Duncan Campbell, „es thut mir Leid, sehe ich Euch in so früher Jugend als Theilnehmer an so verzweifelter Rebellion."

„Ich bin jung," erwiderte Menteith, „jedoch alt genug, um den Unterschied zwischen Recht und Unrecht, zwischen Legalität und Rebellion zu erkennen; je früher eine gute Laufbahn betreten wird, desto länger und besser ist die Aussicht, welche dieselbe darbietet."

„Und auch Ihr, mein Freund, Allan Mac Aulay," sagte Sir Duncan, seine Hand ergreifend, „müssen wir uns auch einander Feinde nennen, wir, die wir so oft gegen einen gemeinsamen Feind versammelt waren?" Dann wandte er sich zur Versammlung mit den Worten: „Lebt wohl, ihr Herren, es sind so Viele unter euch, denen ich Gutes wünsche, daß die Zurückweisung jeder Vermittlung mich tief bekümmert. Möge der Himmel," schloß er seine Anrede, indem er aufwärts blickte, „zwischen unsern Beweggründen und denjenigen der Männer entscheiden, welche diesen Bürgerkrieg erregten!"

„Amen," sagte Montrose, „diesem Gericht unterwerfen wir uns Alle."

Sir Duncan Campbell verließ die Halle von Allan Mac Aulay und Lord Menteith begleitet. „Dort geht ein wahrer Campbell," sagte Montrose, als der Abgesandte sich entfernt hatte, „sie sind sämmtlich falsch."

„Verzeiht mir, Mylord," sagte Evan Dhu, ich hege zwar eine ererbte Feindschaft gegen ihren Namen, habe aber stets erkannt, daß der Ritter von Ardenvohr tapfer im Kriege, ehrlich im Frieden und wahrhaftig im Rathe war."

„Das ist er ohne Zweifel nach seinem eigenen Charakter, er handelt aber jetzt als das Organ oder das Mundstück seines Häuptlings," sagte Montrose, „des Marquis und des falschesten Mannes, welcher jemals athmete. Mac Aulay," fuhr er leise fort, indem er sich an seinen Wirth wandte, „sendet doch eine Musik in ihr Zimmer, damit er nicht einigen Eindruck auf die Unerfahrenheit von Menteith oder den eigenthümlichen Charakter Eures Bruders macht; verhindert durch Musik, daß er sich mit ihnen in eine genauere Unterhaltung einläßt."

„Ich habe keinen Musikanten," erwiderte Mac Aulay, „mit Ausnahme meines Dudelsackpfeifers, der sich beinahe die Lunge zersprengt hat, weil er sich in einen ehrgeizigen Wettstreit hinsichtlich der Ueberlegenheit mit Dreien seines Gewerbes eingelassen hat; ich kann aber Annot Lyle mit der Harfe schicken." Mit den Worten verließ er die Halle, um demgemäß Befehle zu ertheilen.

Mittlerweile wurde eine lebhafte Verhandlung über die Person dessen gepflogen, welcher den gefährlichen Auftrag, sich mit Sir Duncan nach Inverary zu begeben, ausführen sollte. Den höheren Würdeträgern, welche sich als auf gleichem Fuße mit Mac Cullum More stehend betrachteten, konnte dieser Auftrag nicht ertheilt werden, und für Andere, welche nicht dieselbe Entschuldigung vorbringen konnten, war er gänzlich unannehmbar. Man hätte glauben sollen, Inverary sei das Reich der Todtenschatten; einen solchen Widerwillen zeigten die untergeordneten Häuptlinge gegen die Aussicht, sich demselben zu nähern. Nach langem Bedenken wurde endlich der klare Grund ausgesprochen, nämlich jeder Hochländer, welcher einen dem Marquis so widerwärtigen Auftrag übernehmen würde, könne sich darauf verlaßen, daß derselbe die Beleidigung im Gedächtniß behalten und früher oder später ihm Veranlaßung zu bitterer Reue geben werde.

In dieser Verlegenheit beschloß Montrose, welcher den vorgeschlagenen Waffenstillstand als eine bloße Kriegslist von Seiten Argyle's betrachtete, obgleich er es nicht wagte, denselben in Gegenwart derer geradezu abzuweisen, welche dabei so nahe betheiligt waren, die Gefahr und Würde dem Kapitän Dalgetty zu übertragen, welcher weder einen Stamm, noch ein Gut in den Hochlanden besaß, gegen welches der Grimm von Argyle sich hätte auslaßen können.

„Ich habe aber einen Hals," sagte Dalgetty, „und was hab' ich davon, wenn er seine Rache an demselben ausläßt? ich kenne aber einen Fall aus eigener Erfahrung, worin ein ehrenwerther Gesandter als Spion gehenkt wurde. Auch behandelten die Römer die Gesandten nicht beßer bei der Belagerung von Capua, obgleich ich gelesen habe, daß sie denselben nur die Hände und Nasen abschnitten, die Augen ausrißen und sie so in Frieden ziehen ließen."

„Bei meiner Ehre, Kapitän Dalgetty," sagte Montrose, „sollte der Marquis dem Kriegsgebrauch entgegen eine Scheußlichkeit gegen Euch zu üben wagen, so verlaßt Euch darauf, daß ich eine furchtbare Rache nehmen werde, von welcher ganz Schottland erschallen soll."

„Das wird jedoch Dalgetty wenig zu Gute kommen," erwiderte der Kapitän, „aber corazon! wie der Spanier sagt. Mit dem gelobten Lande in Aussicht, ich meine das Moor von Drumthwaket, mea paupera regna, wie wir in Mareschal-College zu sagen pflegten, will ich Euer Excellenz Auftrag nicht zurückweisen, denn ich bin mir bewußt, daß es einem Cavalier von Ehre geziemt, den Befehlen seines Commandanten, sowohl dem Galgen, wie dem Degen zum Trotz, zu gehorchen."

„Ein tapferer Entschluß," sagte Montrose, „und wenn Ihr mit mir bei Seite gehen wollt, so will ich Euch die Mac Cullum More zu machenden Bedingungen mittheilen, unter welchen wir ihm einen Waffenstillstand für seine Besitzungen im Hochlande gewähren wollen."

Wir wollen den Leser mit Angabe derselben nicht belästigen. Sie waren ausweichender Art und darauf berechnet, einen Vorschlag zu vereiteln, von welchem Montrose glaubte, daß er allein, um Zeit zu gewinnen, ihm gemacht werde. Als er dem Kapitän Dalgetty seine Instruktion vollständig ertheilt hatte, und als dieser würdige Mann, seinen militärischen Gruß abstattend, schon dicht an der Thür des Gemaches stand, machte ihm Montrose ein Zeichen wieder vorzutreten.

„Ich brauche wohl nicht," sagte er, „einen Offizier, der unter dem großen Gustav Adolph gedient hat, daran zu erinnern, daß von einer als Unterhändler abgeschickten Person etwas mehr wie eine bloße Ausführung der Instruktion verlangt wird, und daß der General bei seiner Wiederkehr einigen Bericht über den Zustand des Feindes erwarten kann, so weit derselbe sich von ihm beobachten ließ, kurz, Kapitän Dalgetty, seid un peu clairvoyant."

„Aha, Euer Excellenz," sagte der Kapitän, indem er seinen groben Gesichtszügen einen unnachahmlichen Ausdruck von Verständigkeit und List aufzwang, „wenn man mir nicht meinen Kopf in einen Sack steckt, wie ich schon weiß, daß man mit ehrenwerthen Soldaten verfuhr, bei welchen man solche Zwecke, wie die erwähnten, beargwohnte, so kann sich Eure Excellenz auf eine genaue Erzählung Alles dessen verlassen, was Dugald Dalgetty gehört oder gesehen hat, wäre es auch

nur, wie viel Noten in Mac Cullum More's Schlachtlied, oder
wie viel Schachbrettfelder sich in seinem Mantel und Rock
befinden.“

„Genug,“ erwiderte Montrose, „lebt wohl, Kapitän Dalgetty; wie man sagt, daß ein Frauenzimmerbrief die wichtig-
sten Sachen in der Nachschrift enthält, so wünschte ich auch,
daß Ihr dasjenige, was ich Euch zuletzt sagte, für den wich-
tigsten Theil Eures Auftrags haltet.“

Dalgetty gab wiederum durch eine Fratze sein Verständniß
zu erkennen, und entfernte sich, um sein Pferd und sich selbst
für die Strapazen seiner bevorstehenden Mission zu stärken.

An der Thüre des Stalles (Gustavus nahm immer zuerst
seine Sorgfalt in Anspruch) begegnete er Angus Mac Aulay
und Sir Miles Musgrave, welche Beide sein Pferd sich angesehen hatten; Beide priesen dessen Glieder und Haltung, und
riethen zugleich in starken Ausdrücken dem Kapitän, ein Thier
von solchem Werth nicht auf seine mühevolle Reise mitzunehmen.

Angus malte mit erschreckenden Farben die Straßen, oder
vielmehr die wilden Fußwege, auf denen er nach Argyleshire
reisen müßte, sowie die elenden Hütten und Schoppen, worin
er die Nacht zuzubringen habe, und wo er sich für sein Pferd
kein Futter verschaffen könne, wenn dasselbe nicht die Stengel
von altem Heidekraut fressen könne. Kurz, er erklärte es für
durchaus unmöglich, daß jenes Thier nach einer solchen Pil-
gerfahrt für militärischen Dienst sich noch eignen würde. Der
Engländer bestätigte in starken Ausdrücken Alles, was Angus
sagte, und schwur, der Teufel möge ihn mit Leib und Seele
holen, wenn er es nicht beinahe für unbedingten Mord hielte,
daß man ein Pferd von Werth eines Hellers in solch eine
wüste und ungastliche Einöde führe. Kapitän Dalgetty schaute

einen Augenblick mit festem Auge zuerst auf den einen, und dann auf den andern Herrn, und fragte sie dann, als sei er unentschlossen, was sie ihm unter solchen Umständen mit Gustavus anzufangen rathen würden.

„Bei der Hand meines Vaters, mein theurer Freund," erwiderte Mac Aulay, „wenn Ihr das Thier meinem Gewahrsam übergebt, so könnt Ihr Euch darauf verlassen, daß ich es seinem Werth und seiner Trefflichkeit gemäß werde füttern und abgesondert warten lassen, und daß Ihr es bei Eurer Wiederkehr so glatt finden werdet, wie eine in Butter gekochte Zwiebel."

„Oder," sagte Sir Miles Musgrave, „wenn dieser würdige Cavalier sich lieber für eine vernünftige Summe von seinem Streitroß trennen will, so langt mir noch ein Theil der silbernen Leuchter im Garne meiner Börse, ich werde denselben sehr gern in die seinige übertragen."

„Kurzum, meine ehrenwerthe Freunde," sagte Kapitän Dalgetty, indem er sie wiederum mit dem Ausdruck komischen Scharfsinns anblickte, „ich finde, daß es Jedem von euch nicht unangenehm sein würde, ein Andenken an den alten Soldaten zu besitzen, im Fall Mac Cullum More auf den Einfall kommen sollte, ihn am Thore seines Schlosses aufzuhängen, und ohne Zweifel wäre es bei solchem Ereigniß für mich keine geringe Genugthuung, wenn ein edler und loyaler Cavalier, wie Sir Miles Musgrave, oder ein würdiger und gastfreundlicher Häuptling, wie unser ausgezeichneter Wirth, mein Testamentsvollstrecker sein würde."

Beide beeilten sich, Protest einzulegen, daß sie keinen solchen Zweck hätten, und beriefen sich wieder auf den unzugänglichen Zustand der hochländischen Wege. Angus Mac Aulay murmelte eine Anzahl schwer auszusprechender galischer

Namen, welche die schwierigen Päffe, Abgründe, Hohlwege und
Höhen bezeichneten, über welche die Straße nach Inverary
führte; der alte Donald, der jetzt eingetreten war, beftätigte
den Bericht seines Herrn über diese Schwierigkeiten durch
Ausftrecken seiner Hände, durch das Emporheben der Augen
und das Schütteln des Kopfes bei jedem Gaumlaut, welchen
Mac Aulay ausfprach. Aber Alles dieß rührte nicht den un-
beugfamen Kapitän.

„Meine würdigen Freunde," fagte er, „Gustavus ist kein
Neuling in den Gefahren des Reifens; und die böhmischen
Berge (ich will damit nicht die Schluchten und Höhen herab-
fetzen, welche Herr Angus gütigst erwähnte, und deren Schrecken Sir Miles, welcher fie niemals fah, beftätigt hat), diese
Berge können mit den elendeften Straßen Europa's wetteifern.
Mein Pferd hat wirklich einen ausgezeichneten und gefelligen
Charakter; es kann mir zwar nicht in meinem Becher Beschied
thun, aber wir theilen unter uns unser Brod, und es wird
fchwerlich Hunger leiden, wo man Haferkuchen und Haferbrei
vorfindet; um diese Angelegenheit kurz abzumachen, so erfuche
ich Euch, guten Freunde, den Zuftand von Sir Duncans Pferd
zu beobachten, welches fett und schön im Stalle vor uns fteht.
Um Euch eure Aengftlichkeit um meinetwillen zu vergelten, so
gebe ich Euch meine ehrliche Versicherung, daß sowohl dieses
Pferd wie sein Reiter eher Mangel an Nahrung haben werden, wie Gustavus oder ich."

Nachdem er dieses gesagt hatte, füllte er ein großes Ge-
traidemaß mit Korn und ging damit zu seinem Pferd, welches
durch leises Wiehern, durch das Spitzen der Ohren und durch
Scharren mit den Vorderfüßen ein Zeugniß über die enge Verbindung gab, welche zwischen ihm und seinem Reiter beftand.
Auch fraß Gustavus nicht eher von dem Korne, als bis er die

Liebkosungen seines Herrn zurückgegeben hatte, indem er dessen Hände und Gesicht beleckte. Nach diesem Austausch des Grußes begann das Pferd seinen Proviant mit einer eifrigen Eile zu fressen, welches seine alten militärischen Gewohnheiten erwies; der Herr aber blickte das Thier mit großer Zufriedenheit ungefähr fünf Minuten an und sagte dann: „es wird deinem ehrlichen Herzen, Gustavus, viel Gutes thun; jetzt muß ich aber gehen und für mich selbst Proviant zum Feldzuge einnehmen."

Alsdann ging er fort, nachdem er zuvor den Engländer und Angus Mac Aulay begrüßt hatte, die einige Zeitlang schweigend einander ansahen und dann in ein lautes Gelächter ausbrachen.

„Der Kerl," sagte Sir Miles Musgrave, „ist gemacht, um sich durch die ganze Welt zu helfen."

„Das glaube ich auch," sagte Mac Aulay, „wenn er durch Mac Cullum More's Finger so leicht wie durch die unsrigen schlüpft."

„Glaubt Ihr denn," fragte der Engländer, „daß der Marquis an Kapitän Dalgetty's Person die Gesetze des civilisirten Krieges nicht beachten wird?"

„Nicht mehr, wie ich eine Proklamation des Niederlandes achten würde," sagte Angus Mac Aulay; „aber kommt, es ist Zeit, daß ich zu meinen Gästen zurückkehre."

# Neuntes Kapitel.

In einem Aufstand, wo nicht milde Sitte,
Wo nur Gewalt sich als Gesetz bewährt,
Sind solche Leut' am Platz; in beſſ'rer Stunde
Wird Milde gern gesehn und Jener Macht
Sogleich beseitigt.

Coriolanus.

In einem kleinen von den übrigen Gäſten des Schloſſes
entfernten Gemache wurde Sir Duncan mit jeder Art Erfri=
ſchung bedient, wobei Lord Menteith und Allan Mac Aulay
ihm achtungsvoll Geſellſchaft leiſteten. Sein Geſpräch mit
dem Letzteren betraf einen der Jagd ähnlichen Feldzug, an
welchem ſie zuſammen gegen die Kinder des Nebels Theil ge=
nommen hatten, denn der Ritter von Ardenvohr, ebenſo wie
die Mac Aulays ſtanden mit denſelben in tödtlicher und un=
verſöhnlicher Fehde. Sir Duncan jedoch bemühte ſich bald,
das Geſpräch auf den Gegenſtand ſeiner gegenwärtigen Sen=
dung nach dem Schloſſe Darnlinvarach zu lenken. „Es thut
mir innig leid," ſagte er, „daß Freunde und Nachbarn, die
Schulter an Schulter ſtehen ſollten, ſich Hand gegen Hand in
eine Sache einlaſſen, welche ſie ſo wenig angeht. Was iſt
den hochländiſchen Häuptlingen daran gelegen, ob König oder
Parlament die Oberhand bekömmt? Iſt es nicht beſſer für
ſie, daß ſie ihre eigenen Streitigkeiten ohne fremde Dazwi=

schenkunft ausmachen, und daß sie mittlerweile die Gelegenheit benutzen, um ihr eigenes Ansehen zu begründen, damit
König und Parlament es nachher nicht mehr in Frage stellen
können?" Er erinnerte Allan Mac Aulay an den Umstand,
daß die zur Herstellung des Friedens in den Hochlanden angewandten Maßregeln in Wirklichkeit gegen die patriarchalische
Gewalt der Häuptlinge gerichtet waren; er erwähnte die berühmte Niederlassung der sogenannten fünf Unternehmer unter den Lewis, als den Theil eines Planes, um Fremde unter
die celtischen Stämme einzuschwärzen, um so allmälig deren
alte Sitten und Regierungsweise zu untergraben und sie des
Erbes ihrer Väter zu berauben *).

"Und dennoch," fuhr er fort, indem er sich an Allan wandte,
"stehen so viele hochländische Häuptlinge im Begriff, eine Fehde
mit ihren Nachbarn, Verbündeten und alten Freunden zu beginnen und das Schwert gegen sie zu ziehen, um dem Fürsten, der solche Plane hegte, despotische Gewalt zu ertheilen."

"Der Ritter von Ardenvohr," sagte Allan, "muß an meinen Bruder, den ältesten Sohn aus meines Vaters Hause
diese Vorstellungen richten. Ich bin allerdings der Bruder
von Angus, aber eben deßhalb bin ich nur der Erste seiner

---

*) Während der Regierung Jakob VI. wurde ein etwas sonderbarer
Versuch gemacht, den äußersten Norden der hebridischen Inseln zu
civilisiren. Jener Fürst übertrug das Eigenthum der Insel Lewis, als
liege dieselbe in einem unbekannten und wilden Lande, einer Anzahl
von Niederländern, die hauptsächlich aus der Grafschaft Fife stammten
und mit dem Namen Unternehmer bezeichnet wurden. Die Uebertragung geschah, damit sie dort kolonisirten und eine Niederlassung bildeten.
Das Unternehmen hatte zuerst Erfolg, allein die Eingebornen der Insel,
die Mac Leods und Mac Kenzies machten einen Aufstand gegen die Niederländer, worin die meisten derselben zu Grunde gingen.

Clansleute und verbunden, den Andern durch feurigen und
bereitwilligen Gehorsam gegen seine Befehle ein Beispiel zu
geben."

„Auch ist die Streitsache," sagte Lord Menteith in das Ge=
spräch fallend, „weit allgemeiner, als es Sir Duncan Camp=
bell zu glauben scheint; sie ist nicht auf Sachsen oder Gälen,
auf Berge oder Thäler, auf Hochlande oder Niederlande be=
schränkt, es handelt sich darum, ob wir uns durch die unbe=
schränkte und angemaßte Gewalt einer Anzahl von Personen
regieren lassen wollen, die in keiner Hinsicht höher stehen, wie
wir, statt zur natürlichen Regierung des Fürsten zurückzukeh=
ren, gegen welchen dieselben sich empört haben. In Bezug
auf das besondere Interesse der Hochlande," fügte er hinzu,
„bitte ich Sir Duncan Campbell um Verzeihung wegen meiner
Offenheit; es scheint mir aber sehr klar zu sein, daß die ein=
zige Wirkung der gegenwärtigen Usurpation in der Vergröße=
rung eines zu mächtigen Stammes auf Kosten jedes unab=
hängigen Häuptlings in den Hochlanden sein wird."

„Ich will Euch nicht antworten, Mylord," sagte Sir Dun=
can Campbell, „denn ich kenne Eure Vorurtheile, und ich
weiß, von wem Ihr sie entlehnt habt; verzeiht mir aber,
wenn ich Euch sage, da Ihr an der Spitze einer Linie des
Hauses Graham steht, welche ein Nebenbuhler der andern ist,
daß ich von einem Grafen Menteith gelesen und einen solchen
gekannt habe, der es verachtet haben würde, in der Politik
sich von einem Grafen Montrose leiten oder im Kriege befeh=
ligen zu lassen."

„Eure Bemühung, Sir Duncan, ist vergeblich," sagte Lord
Menteith mit Stolz, „meine Eitelkeit gegen meine Ueberzeugung
aufzureizen. Der König gab meinen Ahnen Titel und Rang;
dieselben werden mich niemals abhalten, in der königlichen

Sache unter der Führung eines Andern zu handeln, welcher sich besser wie ich zum Oberbefehlshaber eignet; am wenigsten aber soll eine elende Eifersucht ein Hinderniß bieten, um meine Hand und meinen Degen unter die Leitung des Tapfersten, des Loyalsten und Heldenmüthigsten in unserem schottischen Adel zu stellen."

„Wie Schade," sagte Sir Duncan Campbell, „daß Ihr zu dieser Lobrede nicht die ferneren Beiworte des Standhaftesten und Consequentesten hinzufügen könnt. Allein es ist nutzlos, diese Punkte mit Euch zu verhandeln, Mylord;" (er machte eine Handbewegung, als wolle er weitere Verhandlungen vermeiden;) „die Würfel sind von Euch geworfen. Erlaubt mir nur, daß ich meine Betrübniß über das unheilvolle Schicksal ausspreche, zu welchem die entsetzliche Raschheit des Angus Mac Aulay und Eurer Lordschaft Einfluß meinen tapferen Freund Allan mit seines Vaters Stamm und außerdem noch mit manchem tapferen Manne fortreißt."

„Die Würfel sind für uns sämmtlich geworfen," sagte Allan mit finsteren Blicken, indem er seinen düsteren Gefühlen gemäß redete; „die eiserne Hand des Schicksals brandmarkte unsere Stirn mit dem uns beschiedenen Loose, lange bevor wir einen Wunsch uns bilden, oder einen Finger unsertwegen erheben konnten. Durch welche Mittel vermöchte sonst ein Seher die Zukunft aus jenen schattenhaften Vorbedeutungen und Bildern zu erkennen, die sein wachendes und schlafendes Auge quälen? Nichts kann vorhergesehen werden, als dasjenige, was sich gewiß ereignen wird."

Sir Duncan Campbell war im Begriff zu antworten, und der dunkelste, sowie der am meisten bestrittene Satz der Metaphysik konnte zur Verhandlung zwischen den zwei Hochländern kommen, als die Thür sich öffnete und Annot Lyle mit

Sage von Montrose. 10

der Harfe in der Hand in's Zimmer trat. Die Ungezwungen=
heit eines hochländischen Mädchens lag in ihrem Schritt und
in ihren Blicken; da sie im engsten Verkehre mit dem Guts=
herrn von Mac Aulay und seinem Bruder, mit Lord Menteith
und andern jungen Leuten auferzogen war, welche Darnlinva=
rach zu besuchen pflegten, so besaß sie nicht die Blödigkeit,
die eine unter ihrem eigenen Geschlecht hauptsächlich aufer=
zogene junge Dame bei ähnlicher Gelegenheit gefühlt haben
würde, oder wenigstens für nothwendig gehalten hätte, äußer=
lich zu zeigen.

Ihre Kleidung war etwas alterthümlich, denn neue Moden
drangen selten in die Hochlande, und hätten auch nicht leicht
Eingang in ein Schloß finden können, welches hauptsächlich
von Männern bewohnt wurde, deren einzige Beschäftigung in
Krieg und Jagd bestand. Annots Kleidung war jedoch nicht
allein schicklich, sondern auch prachtvoll. Ihr offenes Mieder
mit hohem Halskragen bestand aus blauem, reich gesticktem
Tuch, und hatte zur Befestigung silberne Schnallen, wenn es
der Dame gefiel, solche zu tragen. Die Aermel, welche weit
waren, reichten nur bis an den Ellbogen und endeten mit ei=
ner goldenen Franse. Unter diesem Oberkleid, wenn man es
so nennen will, trug sie ein unteres Mieder von blauem, eben=
falls reich gesticktem Atlas, dessen Farben jedoch etwas
heller waren, als die des Oberkleides; ihr Rock bestand aus
gewürfelter Seide, in dessen Muster die blaue Farbe haupt=
sächlich vorherrschte, so daß der grelle Eindruck dadurch be=
seitigt wurde, welcher in dem gewürfelten Kleide der Schotten
durch die Mischung und den starken Gegensatz der Farben zu
häufig hervorgebracht wird. Eine alte silberne Kette hing ihr
um den Hals und hielt den Schlüssel, womit sie ihr Instru=
ment stimmte; ein kleiner, gefältelter Streifen erhob sich über

ihren Halskragen und wurde durch eine Brosche von einigem Werth festgehalten, einem alten Geschenk von Lord Menteith. Ihre üppigen, hellen Locken verbargen beinahe ihre lachenden Augen, als sie mit einem Lächeln und Erröthen bemerkte, Mac Aulay habe ihr aufgetragen, sie zu fragen, ob sie Musik zu hören wünschten. Sir Duncan Campbell blickte mit beträchtlicher Ueberraschung und Theilnahme auf die liebenswürdige Erscheinung, welche so seine Verhandlung mit Allan Mac Aulay unterbrach.

„Kann dieß Mädchen," fragte er mit leisem Tone, „ein so schönes und zierliches Geschöpf, als Harfenspielerin zur Dienerschaft Eures Bruders gehören?"

„Durchaus nicht," erwiderte Allan hastig; dann bemerkte er mit einigem Stottern: „sie ist eine — eine — nahe Verwandte unserer Familie und wird," fügte er mit mehr Festigkeit hinzu, „als eine Adoptivtochter vom Hause unseres Vaters behandelt."

Als er dieß sagte, erhob er sich von seinem Sitze und überließ denselben der Annot mit jenem höflichen Wesen, welches jeder Hochländer, wenn er will, annehmen kann; zugleich bot er ihr alle Erfrischungen, die der Tisch gewährte, mit einer Emsigkeit an, welche wahrscheinlich darauf berechnet war, Sir Duncan einen Eindruck von ihrem Rang und ihrer Bedeutung mitzutheilen. War dieß jedoch der Fall, so war es unnöthig. Sir Duncan hielt seine Blicke auf Annot mit einem Ausdruck weit tieferer Theilnahme geheftet, als ein solcher aus dem Eindruck, sie sei eine Person von Wichtigkeit, hätte entstehen können; Annot sogar fühlte Verlegenheit bei des alten Ritters unverwandtem Anschauen; erst nach beträchtlicher Unschlüssigkeit stimmte sie ihr Instrument und begann auf einen Blick der Beistimmung von Lord Menteith und Allan eine Ballade, von welcher wir eine gereimte Uebersetzung hier mittheilen.

Des Herbstes Hagelwolke schwand,
  Der Sonne letztes Glüh'n
Schien auf des Schlosses graue Wand,
  Als dort die Dam' erschien.

Die Waise saß am Eichenbaum;
  Nackt war der Füße Paar,
Der Hagel war geschmolzen kaum
  In ihrem Rabenhaar.

„Oh, Dame," sprach sie, „bei dem Band,
  Das Kind und Mutter eint,
Hilf mir, die nimmer es gekannt,
  Die hier als Waise weint."

Die Dame sprach: „Wer mutterlos,
  Muß hartes Leid ertragen;
Doch schlimmer ist der Wittwen Loos,
  Die Mann und Kind beklagen.

„Zwölfmal entrollte schon das Jahr,
  Seit mir bei Noth und Drang —
Ich floh vor wilder Feinde Schaar —
  Mein Kind im Forth ertrank."

„Zwölf Jahre sind entrollt," so sprach
  Die Waise, „seit gespannt
Ein Netz war am Brigitta-Tag,
  Bei Campsie's Felsenwand.

„Und Sanct Brigitta sandte dann,
  Statt Fische zu erseh'n,
Ein Kind, das so dem Tod entrann,
  Um Brod von euch zu fleh'n."

Die Dame küßte drauf die Maid,
  „Du bist des Gatten Bild,
Die Heil'ge sei gebenedei't!
  Dein ist des Clans Gefild."

Man kleidet, als erkannt es war,
　　Das blasse Kind in Seide.
Und statt des Hagels glänzt im Haar
　　Von Perlen ein Geschmeide *).

Während des Gesanges bemerkte Lord Menteith mit einiger Ueberraschung, daß derselbe einen weit tieferen Eindruck

---

*) Für die Bewunderer des rein celtischen Alterthums fügen wir
hier eine wörtliche Uebersetzung des galischen Originals hinzu.

„Der Hagelsturm war hinweggetrieben auf den Schwingen des Herbst-
windes, die Sonne blickte aus den Wolken blaß wie der verwundete
Krieger, welcher seinen Kopf schwach von der Heide emporhebt, wenn
das Getöse des Kampfes über ihn hinweggegangen ist. Finele, die Dame
des Schlosses, kam hervor, um ihre Mägde mit den Milcheimern zu
den Kuhheerden gehen zu sehen. Ein verwaistes Mädchen saß unter
dem alten Eichbaum. Die verwelkten Blätter fielen um sie her und
ihr Herz war verwelkter als sie. Der Vater des Eises (poetischer Ausdruck für den Frost) hielt noch die Hagelkörner in ihrem Haar gefroren;
sie glichen den Flecken weißer Asche auf den gekrümmten und schwarzen
Zweigen des halbverbrannten Eichenholzes, welches auf dem Kamin der
Halle glüht. Und das Mädchen sagte: „gebt mir Trost, Dame, ich bin
ein Waisenkind," und die Dame erwiderte: „wie kann ich das geben,
was ich selbst nicht habe; ich bin die Wittwe eines erschlagenen Herrn,
die Mutter eines umgekommenen Kindes. Als ich in meiner Furcht
vor der Rache der Feinde meines Gemahls floh, wurde unser Kahn von
der Flut umgeworfen, und mein Kind kam um. Dieß geschah am St.
Brigitten-Morgen bei den Stromschnellen von Campsie, Unglück befalle
immer diesen Tag." Und das Mädchen antwortete: „Es war am St.
Brigitten-Morgen, und zwölf Ernten vor dieser Zeit, daß die Fischer
von Campsie in ihren Netzen weder Barsch noch Salmen, sondern ein
halbtodtes Kind fingen, welches seitdem im Elend lebte und sterben
muß, wenn man ihm jetzt nicht hilft." Und die Dame erwiderte: „Gesegnet sei St. Brigitte und ihr Morgen, denn dieß sind die dunklen
Augen und der Falkenblick meines erschlagenen Herrn, und dein soll sein
das Erbe der Wittwe." Und sie rief ihrer Dienerschaft und befahl,
das Mädchen in Seide und Sammt zu kleiden, und die Perlen, welche
man unter die schwarzen Haarflechten wob, waren weißer als die er-
frorenen Hagelkörner.

auf das Gemüth des Sir Duncan Campbell machte, als man
es nach seinem Charakter und Alter hätte voraussetzen sollen.
Er wußte wohl, daß die Hochländer jener Zeit weit größere
Empfänglichkeit für Gesang und Erzählung besaßen, als man
damals bei ihren niederländischen Nachbarn vorfand; allein
sogar dieser Umstand rechtfertigte kaum nach seiner Meinung
die Verlegenheit, womit der alte Mann seine Augen von der
Sängerin abwandte, als wolle er ihnen nicht gestatten, auf
einem so anziehenden Gegenstande zu ruhen; noch weniger ließ
sich erwarten, daß sein Antlitz, welches stolz den Ernst des
Verstandes und die strenge Gewohnheit des Befehlens ausdrückte, bei einem so unbedeutenden Umstand eine solche Aufregung erwies. Als die Stirn des Häuptlings sich verfinsterte,
ließ er seine großen und rauhen Augenbrauen, bis sie beinahe
seinen Blick verbargen, sinken, während auf den Augenlidern
etwas wie eine Thräne erglänzte. Er blieb eine oder zwei
Minuten schweigend in derselben Stellung, nachdem die letzte
Note verklungen war. Alsdann erhob er sein Haupt, schaute
auf Annot Lyle, als hege er die Absicht mit ihr zu reden,
änderte aber plötzlich seine Absicht, und stand im Begriff,
Allan anzureden, als die Thür eröffnet wurde, und der Herr
des Schlosses eintrat.

# Zehntes Kapitel.

---

Schwarz war der Himmel, als sie weiter ritten,
Und wild der Pfad, von manchem Bach durchschnitten;
Doch finsterer war und drohender das Schloß,
Das sie empfing, als ihre Reise schloß.

Die Reisenden, eine Romanze.

Angus Mac Aulay war mit einer Botschaft beauftragt, bei deren Mittheilung er etwas verlegen schien; erst nachdem er seine Rede auf verschiedene Weise einzukleiden gesucht und bei einer jeden Schnitzer gemacht hatte, gelang es ihm endlich, Sir Duncan Campbell zu eröffnen, daß der Cavalier, der ihn begleiten solle, ihn zur Abreise bereit erwarte, und daß Alles zu seiner Rückkehr nach Inverary fertig sei. Sir Duncan Campbell stand sehr zornig von seinem Sitze auf; die Beschimpfung, welche in dieser Botschaft lag, beseitigte sogleich bei ihm den Eindruck zarterer Gefühle, welche durch die Musik erregt worden waren.

„Das habe ich nicht erwartet,“ sagte er, indem er einen unwilligen Blick auf Angus Mac Aulay warf. „Ich glaubte nicht, daß es in den westlichen Hochlanden einen Häuptling gebe, welcher nach dem Belieben eines Sachsen den Ritter von Ardenvohr aus dem Schlosse weisen würde, wenn die Sonne von der Mittagslinie sich abwärts neigte und bevor der zweite Becher gefüllt wäre. Lebt jedoch wohl, Herr, die

Speisen eines Grobians sättigen nicht den Hunger; wenn ich Darnlinvarach wieder besuche, so werde ich ein nacktes Schwert in der einen Hand und einen Feuerbrand in der andern halten."

„Und wenn Ihr so kommt," sagte Angus, „so gebe ich Euch mein Wort, Euch nach Gebühr zu empfangen, und wenn Ihr auch fünfhundert Campbells hinter Euch her brächtet: ich werde Euch und ihnen solche Bewirthung geben, daß Ihr Euch nicht wieder über die Gastfreundschaft von Darnlinvarach beklagen könnt."

„Leute, denen man droht," erwiderte Sir Duncan, „haben ein langes Leben; Eure Neigung zu Aufschneidereien, Guts=herr von Mac Aulay, ist zu bekannt, als daß Männer von Ehre auf Euer Prahlen achten sollten. Euch Mylord und Allan, die ihr die Stelle meines groben Wirthes vertreten habt, danke ich, und Ihr, schönes Mädchen," er wandte sich an Annot Lyle, „nehmt dieß kleine Angedenken dafür, daß Ihr eine Quelle mir erschlossen habt, welche so manches Jahr vertrocknet war." Mit den Worten verließ er das Gemach und befahl seine Diener herbeizurufen. Angus Mac Aulay, sowohl verlegen wie zornig über den Vorwurf des Mangels an Gastfreundschaft, worin die größte Beschimpfung bestand, die man einem Hochländer anthun konnte, begleitete Sir Dun=can nicht in den Hof. Dort bestieg derselbe sein bereitgehal=tenes Pferd, seine sechs Diener saßen auf und der Reiterzug verließ das Schloß, auch von dem edeln Kapitän Dalgetty begleitet, der auf ihn gewartet hatte, indem er Gustavus zum Kriegsdienst bereit hielt, obgleich er den Sattelgurt nicht eher schnallte und aufsaß, als bis Sir Duncan zum Vor=schein kam.

Die Reise war lang und mühsam, jedoch ohne jene äußer=sten Entbehrungen, die der Gutsherr von Mac Aulay vorher=

gesagt hatte. Allerdings vermied Sir Duncan sehr vorsichtig die näheren und geheimeren Pfade, auf welchen die Grafschaft Argyle vom Westen aus zugänglich war, denn sein Verwandter und Stammeshaupt, der Marquis, pflegte sich zu rühmen, er wolle nicht um 100,000 Kronen, daß irgend ein Sterblicher die Pässe kennen solle, auf welchen eine bewaffnete Macht in sein Land zu bringen vermöge.

Sir Duncan Campbell vermied deßhalb etwas die Hoch= lande, wandte sich dem Niederlande zu und schlug die Rich= tung nach dem nächsten Seehafen ein, wo er mehrere Galeeren mit halbem Verdeck zur Verfügung hatte. In einer derselben schifften sie sich mit Gustavus ein, welcher an Abenteuer so gewöhnt war, daß der Aufenthalt zu Lande wie zur See ihm eben so gleichgültig war wie seinem Herrn.

Bei günstigem Winde legten sie ihre Fahrt mit Rudern und Segeln schnell zurück. In der Frühe des nächsten Mor= gens wurde dem Kapitän Dalgetty, welcher sich in einer klei= nen Kajüte unter dem halben Verdeck befand, die Kunde über= bracht, daß die Galeere unter den Mauern des Schlosses von Sir Duncan Campbell gelandet sei.

Als er somit das Verdeck der Galeere betrat, sah er Ar= denvohr vor seinen Blicken sich erheben; es war ein finsterer viereckiger Thurm von beträchtlicher Größe und großer Höhe auf einer in dem Salzwassersee oder dem Arm des Meeres gelegenen Landzunge, in welchen sie am vorhergehenden Abend eingelaufen waren. Dem Lande zu umgab das Schloß eine Mauer mit Thürmen an jeder Ecke; dem See zu war dasselbe an den Rand des Abgrundes so nahe erbaut, daß allein Raum für eine Batterie von 7 Kanonen übrig war, welche die Veste gegen einen Angriff von dieser Seite beschützen sollte, obgleich

die Lage zu hoch war, als daß diese Geschütze nach dem neueren Kriegssystem wirksam hätten gebraucht werden können.

Die östliche Sonne erhob sich hinter dem alten Thurme
und warf dessen Schatten weit auf den See hin, so daß das
Verdeck der Galeere verdunkelt wurde, auf welchem Kapitän
Dalgetty jetzt auf und ab ging, indem er mit einiger Ungeduld das Signal zum Landen erwartete. Sir Duncan Campbell befand sich schon im Schlosse, wie dessen Diener ihm berichteten; Niemand aber ermuthigte der Vorschlag des Kapitäns, ihm nach dem Ufer zu folgen, bis die bestimmte Erlaubniß oder der Befehl des Ritters von Ardenvohr, wie jene
erklärten, angelangt sein würde.

Bald darauf wurde der Befehl überbracht und es kam ein
Boot mit einem Pfeifer im Bug, welcher das silberne Wappen
des Ritters von Ardenvohr auf dem linken Arme trug und
so laut wie er konnte den Familienmarsch blies, welcher unter
dem Titel „Es kommen die Campbells" bekannt ist; das Boot
legte bei, um den Gesandten Montrose's nach dem Schlosse
Ardenvohr zu bringen. Die Entfernung zwischen der Galeere
und dem Strande war so kurz, daß kaum der Beistand von
fünf kräftigen Ruderern in Mützen, kurzen Jacken und Ueber-
röcken erfordert wurde, um das Boot in eine kleine Bucht zu
bringen, wo man zu landen pflegte, bevor man noch hätte
glauben können, es sei von der Seite der Galeere abgestoßen.
Zwei der Bootsleute setzten den Kapitän, ungeachtet seines
Widerstandes, rittlings auf den Rücken eines dritten Hochländers, wateten mit ihm durch die Brandung und landeten
ihn trocken auf dem Strande unter dem Felsen, worauf das
Schloß lag. Vor dem Felsen zeigte sich etwas wie eine Höhle
mit niedrigem Eingang, nach welchem die Hochländer unsern
Freund fortzureißen suchten, als derselbe sich mit einiger

Schwierigkeit von ihnen losmachte und darauf bestand, er müsse zuerst Gustavus landen sehen, bevor er einen Schritt weiter thue. Die Hochländer konnten nicht begreifen, was er sagen wollte, bis Einer, welcher ein wenig englisch oder vielmehr niederschottisch aufgegriffen hatte, ausrief: „Zum Henker, er schwatzt von seinem Pferd, dem nutzlosen Thier." Weitere Vorstellungen des Kapitäns wurden durch das Erscheinen von Sir Duncan Campbell selbst unterbrochen, welcher aus der Mündung der von uns erwähnten Höhle hervorkam, um dem Kapitän seine Gastfreundschaft anzubieten, indem er zugleich seine Ehre verpfändete, Gustavus werde behandelt werden, wie es dem Helden zieme, nach welchem er benannt sei, auch abgesehen von der Wichtigkeit der Person, welcher er jetzt angehöre. Ungeachtet dieses befriedigenden Versprechens würde Kapitän Dalgetty dennoch Bedenken getragen haben, so groß war seine Aengstlichkeit, das Schicksal seines Gefährten Gustavus selbst zu sehen, hätten ihn nicht zwei Hochländer bei den Armen gepackt und zwei andere von hinten fortgeschoben, während ein fünfter ausrief: „schafft den tollen Sachsen fort; hört er denn nicht, wie der Gutsherr ihn in's Schloß mit seiner eigenen Stimme einladet, und ist das nicht schon zu viel Ehre für einen Kerl wie er!"

So angetrieben konnte Kapitän Dalgetty nur eine kurze Zeit einen rückwärts gewandten Blick auf die Galeere richten, worin er den Gefährten seiner militärischen Mußen zurückgelassen hatte. Wenige Minuten später fand er sich in der gänzlichen Finsterniß einer Treppe, welche, von der erwähnten niedrigen Höhle ausgehend, in Windungen durch das Innere des Felsens aufwärts führte.

„Die verfluchten hochländischen Wilden," murmelte der Kapitän halblaut vor sich hin, „was soll aus mir werden, wenn Gustavus, der Namensbruder des unbesiegbaren Löwen der protestantischen Verbindung, unter ihren plumpen Händen gelähmt wird!"

„Befürchtet dieß nicht," sagte die Stimme des Sir Duncan, welcher ihm näher war wie er glaubte, „meine Leute sind an die Behandlung von Pferden sowohl für die Einschiffung wie Dressirung gewöhnt; Ihr werdet Gustavus bald so sehr in Sicherheit sehen, wie das letztemal, als Ihr von ihm abstiegt."

Kapitän Dalgetty kannte die Welt zu gut, um weitere Vorstellungen zu machen, wie groß auch die Aengstlichkeit seines Herzens sein mochte. Einige weitere Stufen aufwärts zeigten Licht und eine Thür; ein Pförtchen aus Eisengitter führte ihn auf einen in den Felsen gehauenen Gang, welcher sich ungefähr sechs oder acht Ellen ausdehnte, bis eine zweite Thür erreicht wurde, wo der Weg wieder in den Felsen führte; auch dieser Eingang war durch ein eisernes Gitter geschützt. „Ein ausgezeichneter Quergang," bemerkte der Kapitän; „von Einem Geschütz oder nur wenigen Musketen beherrscht, genügt derselbe, den Platz gegen eine stürmende Truppe zu sichern."

Sir Duncan Campbell gab im Augenblick keine Antwort, gleich darauf aber, als sie die zweite Höhe betreten hatten, schlug er mit einem Stock, den er in der Hand hielt, zuerst an die eine, dann an die andere Seite des Thürchens, worauf der dumpfe klirrende Schall in Folge dieser Schläge dem Kapitän Dalgetty begreiflich machte, daß eine Kanone auf jeder Seite stand, um den von ihnen durchschrittenen Gang zu bestreichen, obgleich die Schießscharten, durch welche sie gelegentlich abgefeuert werden konnten, an der Außenseite mit Rosen und losen Steinen maskirt waren. Nachdem sie die zweite Treppe bestiegen hatten, befanden sie sich wiederum auf einer Plattform und einem Gange, auf welchem feindliche Besucher dem Feuer von Musketen und Geschützen ausgesetzt gewesen wären, wenn dieselben sich weiter hätten wagen wollen. Eine dritte Treppe, wie die beiden andern in den Felsen gehauen aber unbedeckt, führte sie endlich zur Batterie am Fuße des Thurms. Auch diese letzte Treppe war eng und steil; abgesehen von dem Feuer, welches von oben darauf gerichtet werden konnte, hätten ein oder zwei entschlossene Leute mit Piken und Schlachtäxten den Paß gegen Hunderte halten können; die Treppe nämlich gestattete nur Zweien neben einander zu gehen, und war durch kein Gitter oder Geländer vor dem schroffen und tiefen Abgrund geschützt, an dessen Fuße sich jetzt die Fluth mit dem Schalle des Donners brach; somit hätte eine Person von schwachen Nerven und einem dem Schwindel ausgesetzten Gehirne bei den argwöhnischen Vorkehrungen zur Sicherung dieser alten celtischen Festung schwerlich den Eingang in das Schloß bewerkstelligen können, wäre auch sogar kein Widerstand dargeboten.

Kapitän Dalgetty, ein zu alter Soldat, um solche Schrecken zu fühlen, war nicht so bald in dem Hof angelangt, als er Gott zum Zeugen nahm, daß die Vertheidigungswerke von Sir Duncans Schloß ihn an die berühmte Festung Spandau in der Mark Brandenburg mehr als an irgend einen anderen Platz erinnerten, dessen Vertheidigung während seiner Reisen seinem Schicksal anheimgefallen wäre. Nichtsdestoweniger tadelte er beträchtlich die Aufstellung der Geschütze in der erwähnten Batterie, indem er bemerkte, er habe immer beobachtet, wo Kanonen wie Seemöven auf der Spitze eines Felsens aufgestellt seien, daß sie durch ihren Lärm mehr stutzen machten, als durch wirklichen Schaden erschreckten.

Sir Duncan führte, ohne zu antworten, den Soldaten in den Thurm, welcher durch ein Gitter und eine eichene mit Eisen beschlagene Thür geschützt war, welche beide durch die Dicke der Mauer von einander getrennt wurden. Sobald der Kapitän eine mit Tapeten behangene Halle betreten hatte, setzte er seine militärische Kritik fort. Dieselbe ward allerdings durch den Anblick eines ausgezeichneten Frühstücks unterbrochen, woran er sich mit großer Gier betheiligte; sobald er aber seinen Magen in Sicherheit gebracht hatte, machte er einen Gang durch das Zimmer, indem er das Terrain sehr sorgfältig aus jedem Fenster des Raumes untersuchte. Er kehrte dann nach seinem Lehnstuhl zurück, ließ sich seiner Länge nach in demselben nieder, streckte sein eines mannhaftes Bein aus und klatschte mit einer Reitpeitsche, die er in der Hand hielt, an seinen großen Reitstiefeln, wie ein zur Hälfte gut erzogener Mann, welcher Leichtigkeit des Benehmens in der Gesellschaft von Vornehmeren zeigen will, und gab dann seine ungefragte Meinung mit folgenden Worten zum Besten. „Dieß Euer Haus, Sir Duncan, ist eine ziemlich gut zu vertheidigende Art von Veste und dennoch kaum solcher Art, daß ein ehrenwerther Cavalier erwarten könnte, seinen Namen zu bewahren, wenn er sie mehrere Tage halten wollte; denn, Sir Duncan, bemerket gütigst, daß Euer Schloß von jenem runden Hügel landwärts beherrscht wird, wie wir militärische Leute die Sache nennen; auf demselben könnte ein Feind eine solche Batterie von Geschützen aufstellen, daß Ihr froh sein würdet, innerhalb 48 Stunden Chamade zu schlagen, wenn es Gott dem Herrn nicht gefallen sollte, eine außerordentliche Gnade Euch zu gewähren."

„Es ist keine Straße vorhanden," erwiderte Sir Duncan etwas kurz abgebrochen, „auf welcher Kanonen gegen Arden-

vohr gebracht werden könnten. Die Sümpfe rings an meinem Hause würden kaum Euer Pferd und Euch tragen, mit
Ausnahme solcher Wege, welche in wenigen Stunden sich unzugänglich machen lassen."

„Sir Duncan," erwiderte der Kapitän, „es ist Euer Belieben, also zu vermuthen, und dennoch sagen wir Kriegsleute,
daß sich immer eine nackte Seite an einer Seeküste vorfindet.
Kann man nämlich Kanonen und Munition nicht zu Land
transportiren, so lassen sie sich leicht zur See in Nähe des
Ortes bringen, auf welchen sie spielen sollen; auch kann man
kein Schloß, wie sicher auch seine Lage sein mag, für unüber-
windlich oder, wie man sagt, für uneinnehmbar halten; auch
versichere ich Euch, Sir Duncan, daß ich aus eigener Erfahrung erkannt habe, wie fünfundzwanzig Mann durch bloße
Ueberraschung und Kühnheit des Angriffs mit der Spitze der
Pike einen ebenso festen Platz, als dieses Ardenvohr, gewonnen und die Vertheidiger, zehnmal mehr als ihre eigene Zahl,
niederhieben, oder gegen Auswechslung, oder Lösegeld gefangen nahmen."

Ungeachtet Sir Duncan Campbell die Welt kannte, und
seine inneren Regungen sehr wohl zu verbergen verstand, schien
er doch durch diese Betrachtungen verletzt, welche der Kapitän
mit dem größten Ernst ohne weitere Nebengedanken anstellte,
denn er hatte bloß den Gegenstand des Gespräches als einen
solchen gewählt, worin er glänzen, oder, wie man zu sagen
pflegt, das große Wort führen konnte, ohne daran zu denken,
daß der Gegenstand seinem Wirth nicht in gleicher Weise angenehm sein würde.

„Um die Sache kurz abzubrechen," sagte Sir Duncan, mit
dem Ausdruck einigen Aergers in Stimme und Gesichtszügen,
„Ihr braucht mir nicht zu sagen, Kapitän Dalgetty, daß ein

Schloß sich erstürmen läßt, wenn es nicht tapfer vertheidigt wird, oder daß man es überraschen kann, wenn es nicht sorgfältig bewacht ist. Ich hoffe, dieß mein armes Haus wird niemals in eine solche Lage kommen, sollte sogar Kapitän Dalgetty in eigener Person es belagern wollen."

„Demungeachtet, Sir Duncan," erwiderte der hartnäckige Befehlshaber, „möchte ich als Freund Euch die Warnung geben, eine Schanze auf jenem runden Hügel anzulegen, Ihr könnt das ja leicht ausführen, wenn Ihr die Bauern aus der Gegend daran arbeiten laßt; es war nämlich die Gewohnheit des tapfern Gustavus Adolphus, ebensowohl mit Spaten und Schaufeln, wie mit Schwert, Pike und Musketen zu kämpfen. Auch möchte ich Euch rathen, besagte Schanze nicht allein durch einen Graben, sondern auch durch ein Pfahlwerk oder Pallisaden zu schützen —" (hier verließ Sir Duncan sehr ärgerlich das Zimmer, der Kapitän folgte ihm bis zur Thür und erhob seine Stimme, als jener sich zurückzog, bis er ihn nicht mehr hören konnte) „besagte Pallisaden sollten nach den Regeln der Kunst mit Winkeln einwärts und mit Schießscharten für die Musketen errichtet werden, damit der Feind — das alte hochländische Vieh, sie sind sämmtlich so stolz wie Pfauen, und so eigensinnig wie Widder — jetzt hat er eine Gelegenheit vorübergehen lassen, um sein Haus zu einer ebenso hübschen und regelmäßigen Befestigung zu machen, wie so manche andere, woran eine angreifende Armee sich die Zähne ausstieß — aber ich sehe," fuhr er fort, indem er aus dem Fenster nach dem Fuß des Abgrunds blickte, „man hat Gustavus sicher an's Ufer gebracht. Ein prächtiger Kerl, ich würde ihn an der Art, wie er den Kopf emporreckt, unter einer ganzen Schwadron erkennen. Ich muß nachsehen, was man mit ihm anfangen will."

Sobald er aber den Hof nach der See hin erreicht hatte und sich vorbereitete, die Treppe hinabzusteigen, gaben ihm zwei hochländische Schildwachen, die mit ihren Streitäxten vortraten, zu verstehen, daß die Ausführung seiner Absicht mit Gefahr verbunden sei.

„Diabolo,“ sagte der Soldat, „ich kenne nicht das Losungswort, auch könnte ich keine Sylbe von ihrem wilden Kauderwälsch aussprechen, sollte ich mich auch damit vor dem Generalprofoß retten.“

„Ich will Euch als Geleit dienen, Kapitän Dalgetty,“ sagte Sir Duncan, der sich ihm wieder genähert hatte, ohne daß er beobachten konnte, woher er gekommen war; „wir wollen zusammen gehen und nachsehen, ob Euer Lieblingspferd seine Bequemlichkeiten hat.“

Er führte ihn somit die Treppe hinab an den Strand und von dort mit einer kurzen Wendung hinter einen großen Felsen, welcher die Ställe und andere Wirthschaftsgebäude des Schlosses verbarg. Kapitän Dalgetty bemerkte sogleich, daß die Seite des Schlosses dem Lande zu durch eine theils natürliche, theils mit großer Sorgfalt und Mühe ausgehauene Schlucht gänzlich unzugänglich gemacht war, so daß man dort nur über eine Zugbrücke hinüber konnte. Der Kapitän jedoch bestand darauf, ungeachtet der triumphirenden Miene, womit Sir Duncan auf die Vertheidigungswerke wies, daß eine Schanze auf Drumsnab, dem runden Hügel östlich vom Schloß, zu errichten sei, denn das Haus könne durch brennende Kugeln, voll von Feuer, belästigt werden, welche aus Geschützen nach der merkwürdigen Erfindung Stephan Bathory, Königs von Polen, geworfen würden, womit dieser Fürst die große Stadt der Moskowiter, Moskau genannt, gänzlich zu Grunde gerichtet habe. Kapitän Dalgetty gestand ein, daß er noch nicht

Augenzeuge von der Anwendung dieser Erfindung gewesen sei, bemerkte jedoch, es werde ihm besonderes Vergnügen gewähren, den Versuch damit gegen Ardenvohr oder ein anderes Schloß ähnlicher Stärke zu machen, in Betracht, daß ein so merkwürdiger Versuch das größte Entzücken allen Bewunderern der militärischen Kunst gewähren müsse. Sir Duncan Campbell brach das Gespräch damit ab, daß er den Soldaten in seine Ställe führte und ihm gestattete, sich mit Gustavus nach eigenem Willen und Belieben einzulassen. Nachdem diese Pflicht sorgfältig vollbracht war, machte Kapitän Dalgetty den Vorschlag, zum Schloß zurückzukehren, indem er bemerkte, es sei seine Absicht, die Zeit zwischen jetzt und dem Essen, welches, wie er glaube, um die Mittagsparade stattfinden werde, mit dem Putzen seiner Rüstung auszufüllen, denn da diese einigen Schaden von der Seeluft erhalten habe, so besorge er, sie werde ihn in den Augen von Mac Cullum More heruntersetzen. Während sie jedoch zum Schloß zurückkehrten, unterließ er es nicht, Sir Duncan Campbell vor dem großen Schaden zu warnen, welchen er durch einen plötzlichen Ueberfall eines Feindes leiden könne, denn dadurch möchten seine Pferde, sein Vieh und seine Scheuern zu seinem großen Nachtheil von seiner Vertheidigung abgeschnitten und verzehrt werden; er beschwor ihn deßhalb wiederum in starken Ausdrücken, eine Schanze auf dem runden Hügel, Drumsnab genannt, anzulegen, und bot ihm seine freundschaftlichen Dienste zu Entwerfung des Planes an. Auch diesen uneigennützigen Rath beantwortete Sir Duncan nur damit, daß er seinen Gast in sein Zimmer führte und ihn benachrichtigte, das Läuten der Schloßglocke werde ihm anzeigen, wann das Mittagsmahl bereit sei.

# Elftes Kapitel.

---

Ist, Balduin, dieß dein Schloß? Melancholie
Entfaltet ja ihr Banner auf dem Thurm,
Der Brandung Schaum dort unten zu verdunkeln.
Wär' ich Bewohner hier und müßt' ich schauen,
Wie Düsterkeit dort die Natur umwölkt,
Müßt ich den Wogenschlag, den Mövenschrei
Tagtäglich hören, würd' ich eher mir
Des ärmsten Bauern Hütt' als Wohnung wählen.

Brown.

Der tapfere Rittmeister würde seine Muße gerne dazu verwandt haben, das Aeußere von Sir Duncans Schloß in Au-
genschein zu nehmen, und seine eigenen militärischen Ideen
über die Natur der Vertheidigungswerke dabei zu beurkunden,
allein eine derbe Schildwache, welche mit der Streitaxt an
der Thür seines Gemaches die Wache bezog, gab ihm durch
sehr begreifliche Zeichen zu verstehen, daß er sich in einer Art
ehrenvoller Gefangenschaft befinde.

„Es ist sonderbar," dachte der Rittmeister, „daß diese Wilden so genau die Regeln und Gebräuche des Krieges kennen.
Wer hätte aber ihre Bekanntschaft mit dem Grundsatz des
großen und göttlichen Gustavus erwarten sollen, daß ein Unterhändler zur Hälfte ein Bote, zur Hälfte ein Spion ist?" —
Als er nun mit dem Putzen seiner Waffe fertig war, setzte er
sich geduldig nieder, um zu berechnen, wie hoch sich die Summe

11*

für einen sechsmonatlichen Feldzug bei einem halben Thaler täglichen Soldes belaufen würde; als er diese Aufgabe gelöst hatte, ging er zu der dunkleren Berechnung über, wie eine Brigade von 2000 Mann nach dem Grundsatz der Ausziehung der Quadratwurzel aufzustellen sei.

Aus seinem Grübeln ward er durch den erfreulichen Schall der Mittagsglocke erweckt, worauf der Hochländer, der ihn bis dahin bewacht hatte, sein Kammerdiener wurde und ihn in die Halle führte, wo eine Tafel mit vier Gedecken genügende Beweise hochländischer Gastfreundschaft gab. Sir Duncan trat ein, indem er seine Gemahlin, eine große bleiche Dame, am Arm führte, deren Züge und Kleidung eine tiefe Trauer bezeugten. Ihnen folgte ein presbyterianischer Geistlicher mit dem Genfer Rock und einem Käppchen von schwarzer Seide, welches sein Haar so dicht bedeckte, daß man dasselbe kaum sehen konnte, wobei die bloßliegenden Ohren in dem allgemeinen Aussehen ein zu großes Uebergewicht hatten. Diese unzierliche Mode war damals allgemein und veranlaßte zum Theil die Spottnamen: Rundköpfe und spitzohrige Hunde, womit der Uebermuth der Cavaliere damals gegen ihre politischen Gegner sehr freigebig waren.

Sir Duncan stellte seinen militärischen Gast seiner Gemahlin vor, welche dessen technische Begrüßung mit einer steifen Verbeugung und mit Schweigen erwiderte, bei welcher es sich schwer entscheiden ließ, ob Stolz oder Trauer dabei einen größeren Antheil habe. Der Geistliche, dem er alsdann vorgestellt wurde, betrachtete ihn mit einem Blick, worin sich Widerwillen und Neugier mischten.

Der Kapitän an schlimmere Blicke gefährlicherer Personen gewöhnt, bekümmerte sich sehr wenig um die der Dame und des Geistlichen, sondern richtete seine ganze Seele auf den

Angriff eines gewaltigen Stückes von Rindfleisch, welches am niederen Ende der Tafel rauchte; allein der Angriff wurde bis zum Schluß eines sehr langen Tischgebetes verzögert, während Dalgetty bei jedem Abschnitt desselben nach Messer und Gabel griff, ebenso wie er mit seiner Muskete oder Pike, wenn er in's Gefecht gegangen wäre, verfahren hätte, worauf er dann dieselben ebenso unwillig wieder niederlegen mußte, wenn der wortreiche Kaplan einen andern Absatz seines Mittagsegens begann. Sir Duncan hörte ihm mit erstem Anstande zu, obgleich man glaubte, er habe sich den Covenanters eher aus Anhänglichkeit an seinen Häuptling, als aus wirklicher Achtung vor der Sache der Freiheit und der calvinischen Religion angeschlossen. Seine Gemahlin erwies während des Tischgebetes nur eine Stimmung, welche sich in Alles demüthig zu fügen gewohnt war. Das Mahl ging beinahe mit dem Schweigen der Karthäuser vorüber; es war nämlich nicht Kapitän Dalgetty's Gewohnheit, seinen Mund auf das Gespräch zu verwenden, so lange derselbe nützlicher beschäftigt werden konnte. Sir Duncan bewahrte fortwährendes Schweigen; die Dame und der Geistliche wechselten nur gelegentlich einige Worte in leisem und undeutlichem Tone.

Als aber die Schüsseln entfernt waren, und deren Stelle durch Getränke verschiedener Art ersetzt wurden, hatte Dalgetty nicht dieselben wichtigen Gründe für sein Schweigen, und begann sich über dasjenige der übrigen Gesellschaft zu langweilen. Er begann somit einen neuen Angriff auf seinen Wirth auf seinem früheren Terrain.

„In Betracht dieses runden, kleinen Berges, oder Hügels, oder dieser Bodenanschwellung möchte ich gerne eine Unterredung mit Sir Duncan über die Art der dort anzulegenden Schanze halten, ob die Winkel derselben spitz oder stumpf sein follen, worüber ich einst hörte, wie der große Feldmarschall Banner eine gelehrte Erörterung mit General Tiefenbach während eines Waffenstillstandes hielt.“

„Kapitän Dalgetty,“ erwiderte Sir Duncan sehr trocken, „es ist nicht der Brauch in den Hochlanden, militärische Angelegenheiten mit Fremden zu verhandeln; dieß Schloß kann sich gegen einen weit stärkeren Feind, als irgend eine Streitmacht vertheidigen, welche die unglücklichen Herren, die wir in Darnlinvarach verließen, zur Belagerung desselben aufbringen können.“

Ein tiefer Seufzer der Dame begleitete den Schluß der Worte ihres Gemahls, welcher sie an irgend einen schmerzlichen Umstand zu erinnern schien.

„Wer es gegeben hat,“ sagte der Geistliche, indem er sich zu der Dame in feierlichem Tone wandte, „hat es genommen, möchtet Ihr, ehrenwerthe Dame, noch lange Zeit sagen können, gesegnet sei sein Name!“

Auf diese Ermahnung, welche für die Dame allein bestimmt zu sein schien, antwortete dieselbe mit einer Neigung ihres Hauptes unter dem Ausdruck größerer Demuth, als Kapitän Dalgetty bisher an ihr bemerkt hatte. Da er nun glaubte, sie befinde sich jetzt in besserer Laune zum Gespräch, setzte er bei ihr seine Bemühungen, eine Unterhaltung anzuknüpfen, fort.

„Es ist ohne Zweifel sehr natürlich, daß Eure Ladyschaft etwas niedergeschlagen wird, sobald man militärische Vorbereitungen erwähnt, welche, wie ich beobachtet habe, unter den Weibern aller Nationen und beinahe aller Stände große Bestürzung verbreiten; dennoch waren aber Panthesilea im Alterthume, und auch Jeanne d'Arc, und Andere von ganz verschiedenem Schlage. Auch habe ich gehört, als ich den Spaniern

diente, daß der Herzog von Alba in früheren Zeiten die Lager=
menfcher in Tercias, oder, wie wir fagen, in Regimenter ein=
theilen ließ, fo daß fie Offiziere und Commandeure ihres eigenen
Weibergeschlechtes hatten und von einem General=Comman=
danten in Ordnung gehalten wurden, die man auf Hochdeutfch
Hurenweibler oder, um verständlicher zu reden, Kapitän der
Betteln nannte. Allerdings waren es Perfonen, die fich Eurer
Ladyschaft nicht gleichstellen laffen, denn es waren folche, quae
quaestum corporibus faciebant, wie wir auf Marefchal=Col=
lege von der Hanne Drochiels fagten. Die Franzofen nennen
folche Weiber Courtifanes, und wir Schotten —"

„Die Dame wird Euch die Mühe Eurer weiteren Darle=
gung erfparen, Kapitän Dalgetty," fagte fein Wirth etwas
finster; der Geistliche fügte hinzu, „daß folche Reden beffer für
die Wachtstuben liederlicher Soldaten, als für den Tifch einer
ehrenwerthen Perfon, in Gegenwart einer Dame von Stande,
geeignet wären."

„Ich bitte Euch um Verzeihung, Domine oder Doctor, aut
quocunque alio nomine gaudes, denn ich möchte Euch zeigen,
daß ich die Humaniora ftudirt habe," fagte der Abgefandte,
ohne den Verweis zu berückfichtigen, indem er fich einen gro=
ßen Becher Wein einfchenkte; „ich fehe keinen Grund für
Euren Tadel, denn ich rede ja nicht von jenen turpes personae,
als ob ihre Befchäftigung oder ihr Charakter ein geeigneter
Gegenstand des Gefpräches für diefe Dame fei, fondern nur
per accidens, um die vorliegende Sache zu erläutern, nämlich
um ihren natürlichen Muth und Kühnheit in's Licht zu ftellen,
die natürlich ohne Zweifel durch die verzweifelten Umftände
ihrer Lage fehr erhöht wurden."

„Kapitän Dalgetty," fagte Sir Duncan Campbell, „um
diefe Unterredung abzubrechen, muß ich Euch bekannt ma=

chen, daß ich heut Nacht einiges Geschäft abmachen muß, damit ich morgen in Stand gesetzt bin, mit Euch nach Inverary zu reiten, und deßhalb —"

„Ihr wollt mit dieser Person morgen eine Reise machen," rief seine Gemahlin aus, „das kann nicht Eure Absicht sein, Sir Duncan, wenn Ihr nicht vergessen habt, daß morgen ein trauriger Jahrestag eintritt, und einer ebenso traurigen Feier=lichkeit geweiht ist."

„Ich hatte es nicht vergessen," erwiderte Sir Duncan, „wie wäre es möglich, daß ich es je vergäße? Der Drang der Zeiten jedoch verlangt, daß ich diesen Offizier ohne Ver=zögerung nach Inverary schicke."

„Aber Ihr werdet ihn doch nicht persönlich begleiten?" fragte die Dame.

„Es ist besser, daß ich mit ihm reite," sagte Sir Duncan, „ich kann jedoch einen Brief an den Marquis von Argyle schreiben, um Euren Charakter und Euren Auftrag darzulegen. Mit demselben könnt Ihr gefälligst morgen nach Inverary abreisen."

„Sir Duncan Campbell," sagte Kapitän Dalgetty, „ich bin in dieser Angelegenheit ohne Zweifel Eurer Willkür preisgegeben; dennoch bitte ich Euch, des Fleckens zu geden=ken, welcher auf Euer Wappenschild fallen muß, wenn Ihr leidet, daß ich als Unterhändler um einen Waffenstillstand in dieser Angelegenheit hintergangen werde, mag das clam, vi, vel precario geschehen. Ich will damit nicht sagen, daß mir ein Unrecht mit Eurer Einwilligung geschehen könnte, sondern ich habe nur die Abwesenheit einer schuldigen Sorgfalt von Eurer Seite, um dieß zu verhindern, im Auge."

„Ihr steht unter dem sicheren Geleit meiner Ehre, Herr," erwiderte Sir Duncan Campbell, „und das ist mehr als eine

genügende Sicherheit, und jetzt," fuhr er fort, indem er auf=
stand, „muß ich das Beispiel zum Aufbruch geben."

Dalgetty sah sich genöthigt, dem Winke zu folgen, obgleich
die Zeit noch nicht vorgerückt war; wie ein geschickter Gene=
ral benutzte er aber jeden Augenblick des Verzuges, welchen
die Umstände ihm gestatteten.

„Indem ich Eurem ehrenwerthen Worte vertraue," sagte
er seinen Becher füllend, trinke ich, Sir Duncan, auf Eure
Gesundheit und auf die Fortdauer Eures edlen Hauses." Ein
Seufzer von Sir Duncan war die einzige Antwort — „auch
trinke ich, Madame," sagte der Soldat, den Becher mit mög=
lichster Eile wiederum füllend, „trinke ich auf Eure ehren=
werthe Gesundheit und auf die Erfüllung aller Eurer tugend=
haften Wünsche — und ehrwürdiger Herr, ich fülle diesen
Becher," (er vergaß es nicht, seine Handlung mit den Worten
in Einklang zu bringen,) „um jede Unfreundlichkeit zwischen
Euch und Kapitän Dalgetty zu ertränken — ich sollte sagen:
Major Dalgetty — und in Betracht, daß die Flasche noch
einen Becher mehr enthält, trinke ich auf die Gesundheit aller
ehrenwerthen Cavaliere und braven Soldaten — und da die
Flasche jetzt leer ist, Sir Duncan, bin ich bereit, Eurer Schild=
wacht in mein Schlafgemach zu folgen."

Er erhielt die förmliche Erlaubniß, sich zurückzuziehen und
die Versicherung, da der Wein sehr nach seinem Geschmack
zu sein scheine, so werde ein zweiter Krug mit derselben Sorte
ihm sogleich gebracht werden, um die Stunde seiner Einsam=
keit zu versüßen.

Sobald der Kapitän das Zimmer erreicht hatte, wurde
dieß Versprechen erfüllt; kurze Zeit darauf machte das hinzu=
gefügte Labsal einer Pastete von Rothwild ihn sehr tolerant
in Bezug auf seine Einschließung und Mangel an Gesellschaft.

Derselbe Bediente, eine Art Kämmerling, welcher diese guten Dinge in's Zimmer brachte, übergab auch Dalgetty ein Paket; dasselbe war versiegelt, nach der Sitte der damaligen Zeit mit einem silbernen Faden umwunden, und hatte eine Adresse mit vielen Formeln der Achtung an den hohen und mächtigen Fürsten Archibald, Marquis von Argyle, Lord von Lorne u. s. w. Der Kammerdiener setzte zugleich den Rittmeister in Kenntniß, daß er morgen in früher Stunde nach Inverary aufbrechen müsse; das Paket des Sir Duncan werde ihm dort als Einführungsmittel und Paß dienen.

Der Rittmeister vergaß es nicht, es sei sein Zweck, sowohl Erkundigung einzuziehen, wie als Gesandter aufzutreten, und wünschte zugleich um seiner selbst willen, Sir Duncans Gründe zu erfahren, weßhalb ihn dieser ohne persönliche Begleitung fortschicken wollte; er erkundigte sich deßhalb mit aller durch seine Erfahrung eingegebenen Vorsicht, weßhalb Sir Duncan am morgenden Tage in seiner Wohnung zurückgehalten werde. Der Bediente, welcher ein Niederländer war, erwiderte; „Sir Duncan und seine Gemahlin pflegten den morgenden Tag durch ein feierliches Fasten und Gebet zu begehen, als dem Jahrestage der Ueberrumpelung ihres Schlosses, wobei ihre Kinder, vier an der Zahl, durch eine Bande hochländischer Freibeuter grausam getödtet wurden, während Sir Duncan auf einem Feldzuge abwesend war, den der Marquis von Argyle gegen die Mac Leans auf der Insel Mull unternommen hatte."

„Wahrhaftig," sagte der Soldat, „Euer Herr und Eure Dame haben guten Grund zum Fasten und zum Gebete. Dennoch wage ich zu behaupten, daß er eine Schanze auf dem kleinen Hügel links von der Zugbrücke hätte bauen müssen, wenn er den Rath eines erfahrnen Soldaten hätte an=

nehmen wollen, welcher Geschicklichkeit in allem Verfahren einer vortheilhaften Vertheidigung von Plätzen besitzt. Dieß kann ich Euch leicht beweisen, mein ehrlicher Freund; nehmen wir an, die Pastete sei das Schloß — was ist Euer Name, Freund?"

„Lorimer, Herr," erwiderte der Mann.

„Dieß auf Eure Gesundheit, ehrlicher Lorimer — ich sage, Lorimer, nehmen wir an, daß diese Pastete der zu vertheidigende Hauptplatz oder dessen Citadelle sei, und nehmen wir an, daß der Markknochen die zu errichtende Schanze vorstelle —"

„Es thut mir leid, Herr," sagte Lorimer, ihn unterbrechend, „daß ich nicht hier bleiben und Eure übrige Darlegung anhören kann, denn die Glocke wird sogleich geläutet werden. Da Seiner Ehrwürden, Herr Graneangowl, des Marquis eigener Kaplan, den Familiengottesdienst verrichtet, und nur sieben der ganzen Dienerschaft von sechzig Personen das Schottische verstehen, so würde es Niemand derselben geziemen, dabei zu fehlen, und mir in der guten Meinung von Mylady schaden. Hier sind Pfeifen und Tabak, wenn Ihr ein wenig rauchen wollt; wenn Ihr sonst noch etwas braucht, so werde ich nach zwei Stunden mich wieder einstellen, wenn das Gebet vorüber ist." Mit den Worten verließ er das Zimmer.

Sobald er gegangen war, rief der schwere Klang der Schloßglocke die Bewohner des Schlosses zusammen; darauf antwortete das gellende Geschrei der Weiber mit den tieferen Tönen der Männer vermischt, als sie, die Gaumlaute der galischen Sprache hervorstoßend, von verschiedenen Seiten her auf einen langen und engen Gang hineilten, welcher als Verbindungsweg vieler Zimmer, und unter anderen auch dessen diente, in welchem der Kapitän Dalgetty einquartirt war.

„Dort gehen sie, als würde Generalmarsch geschlagen; wenn sie sich alle zur Parade einstellen, so will ich mich ein wenig umsehen, die frische Luft genießen, und meine Betrachtungen über die Vertheidigungsfähigkeit des Platzes machen."

Somit als Alles ruhig war, öffnete er die Thür des Zimmers und traf Anstalt, dasselbe zu verlassen, als er sah, daß sein Freund mit der Streitaxt vom entfernten Ende des Ganges aus, ein galisches Lied halb pfeifend, halb summend, auf ihn zuging. Es wäre sowohl unklug, als seinem militärischen Charakter ungeziemend gewesen, hätte der Kapitän jetzt Mangel an Vertrauen gezeigt; somit schnitt er das für seine Lage möglichst beste Gesicht, pfiff noch etwas lauter wie seine Schildwache eine schwedische Retraite, zog sich mit gleichgültiger Miene Schritt für Schritt zurück, als habe er nur ein wenig frische Luft athmen wollen, und schlug dann die Thür der Schildwache vor der Nase zu, als der Kerl ihm auf einige Schritte nahe gekommen war.

„Schon gut," dachte der Rittmeister, „er entbindet mich meines Ehrenwortes dadurch, daß er mir eine Wache stellt, denn wie wir in Mareschal-College zu sagen pflegten, Fides et fiducia sunt relativa *). Wenn er nicht meinem Worte traut,

---

*) Die Militärs jener Zeiten waren über Verhältnisse der Ehre mit der Spitzfindigkeit von Juristen und Theologen übereingekommen. Der englische Offizier, welcher Sir James Turner nach der Niederlage von Utoreter zum Gefangenen gemacht hatte, verlangte von ihm sein Ehrenwort, daß er die Mauern von Hull nicht verlassen wolle. Sir James Turner erzählt in seinen Memoiren: „Als er mir die Botschaft brachte, sagte ich ihm, ich sei dazu bereit, vorausgesetzt, er stelle mir keine Wachen, denn Fides et fiducia sunt relativa; nehme er mein Wort, so müsse er demselben vertrauen, sonst brauche er es nicht mir abzunehmen. Ich ersuchte ihn deßhalb, meinem Worte zu trauen, oder seine Wachen wegzunehmen. Auf diese Weise verfuhr ich mit ihm,

so sehe ich keinen Grund, weßhalb ich das meine zu halten verbunden wäre, sobald ich aus irgend einem Beweggrunde daselbe brechen wollte. Sicherlich ist die moralische Verpflichtung des Ehrenwortes aufgehoben, sobald der Gebrauch der physischen Gewalt statt derselben eintritt."

Indem er sich so an den spitzfindigen Privilegien tröstete, die er aus der Wachsamkeit seiner Schildwache folgerte, zog er sich in sein Zimmer zurück, wo er den Abend mit theoretischen Berechnungen über Taktik und gelegentlich in praktischen Angriffen auf den Weinkrug und die Pastete verbrachte, bis es Zeit zur Ruhe war. Er ward von Lorimer bei Tagesanbruch geweckt, welcher ihm zu verstehen gab, daß Wegweiser und Pferde zu seiner Reise nach Inverary in Bereitschaft ständen, sobald er sein Frühstück verzehrt haben würde, für welches er reichliches Material herbeibrachte. Der Soldat befolgte den gastfreundlichen Wink des Kammerdieners, und ging dann fort, um sich zu Pferde zu setzen. Als er durch die Zimmer schritt, beobachtete er, daß die Dienerschaft eifrig damit beschäftigt war, die große Halle mit schwarzem Tuche zu behängen, eine Ceremonie, die er, wie er sagte, im Schlosse von Wolgast ausgeführt gesehen hatte, als dort der Leichnam des unsterblichen Gustavus Adolphus auf dem Paradebette lag, und welches deßhalb nach seiner Meinung ein Zeugniß der strengsten und tiefsten Trauer war.

Als Dalgetty sein Pferd bestieg, sah er sich von fünf oder sechs wohlbewaffneten Campbells begleitet, oder vielleicht bewacht; dieselben wurden von Einem befehligt, welcher, nach

---

weil ich wußte, daß er ein Gelehrter war." Der englische Offizier gestand die Richtigkeit der Schlußfolge zu, aber Cromwell beendete das spitzfindige Raisonnement mit den Worten: "Sir James Turner muß sein Wort geben, oder er wird in Ketten gelegt."

der Tartsche auf seiner Schulter und der kurzen Hahnenfeder auf seiner Mütze, sowie auch nach der Würde seines Benehmens, auf den Rang eines höheren Stammgenossen Anspruch machte; auch konnte derselbe wirklich, seinem Stolze gemäß, in keinem entfernteren Verwandtschaftsgrade, als etwa dem eines Vetters vom zehnten oder zwölften Gliede, zu Sir Duncan stehen. Es war jedoch unmöglich, hierüber wie über einen andern Gegenstand bestimmte Kunde einzuziehen, denn weder der Befehlshaber, noch irgend ein Anderer aus der Schaar sprach englisch. Der Kapitän ritt und seine militärischen Begleiter gingen zu Fuß; allein ihre Thätigkeit war so groß, und die Hindernisse, welche die Natur des Bodens einer Reise zu Pferde darbot, so zahlreich, daß der Kapitän, weit davon entfernt, durch die Langsamkeit ihres Schrittes aufgehalten zu werden, vielmehr seine Schwierigkeit hatte, mit seinen Führern gleichen Schritt zu halten. Er bemerkte, daß sie ihn gelegentlich mit scharfen Augen überwachten, als wollten sie irgend eine Bemühung zu entweichen verhindern; einmal, als er beim Uebersetzen über einen Bach zurückblieb, begann einer der Burschen die Lunte seiner Flinte anzublasen, und gab ihm so zu verstehen, daß er sich einiger Gefahr aussetzen würde, im Fall er sich von ihnen zu trennen suchte. Dalgetty ahnete nichts Gutes aus dieser genauen Bewachung seiner Person; er hatte aber jetzt kein Rettungsmittel, denn der Versuch, seinen Begleitern in einem unzugänglichen und unbekannten Lande zu entfliehen, wäre nicht viel besser als Wahnsinn gewesen. Er ritt deßhalb geduldig durch eine wüste und wilde Einöde auf Pfaden, welche nur den Schafen und Rindviehhirten bekannt waren, und kam mit weit mehr Unbehaglichkeit als Befriedigung durch viele jener erhabenen Gebirgsgegenden, welche jetzt Besucher aus jedem Winkel Eng-

lands herbeiziehen, damit dieselben ihre Blicke an der Erhabenheit des Hochlandes weiden und ihre Gaumen mit hochländischer Kost kasteien.

Zuletzt gelangten sie an den südlichen Rand des edlen
Sees, woran Inverary liegt. Ein Horn, in welches der Anführer der Hochländer stieß, so daß die Felsen und der Wald
davon widerhallten, diente einer wohlbemannten Galeere zum
Zeichen, welche aus einer kleinen Bucht, wo sie verborgen lag,
hervorkam und die Gesellschaft, mit Einschluß des Gustavus,
an Bord nahm. Dieser scharfsinnige Vierfüßler, ein erfahrener Reisender, sowohl zu Wasser als zu Lande, ging in das
Boot und wieder heraus mit der Verständigkeit eines Christen.

Auf dem Loch Fine eingeschifft, hätte der Kapitän Dalgetty
eine der großartigsten Naturscenen betrachten können. Er
hätte die wetteifernden Ströme Aray und Shiray, welche dem
See Tribut bezahlen, beschauen können, wie sie aus den dunklen Wäldern hervorkommen. Er konnte an dem sanften Abhang, welcher vom Ufer aufsteigt, das edle gothische Schloß
mit seinen mannigfachen Umrissen, Mauerzinnen, Thürmen,
äußern und innern Höfen bewundern, welche in Bezug auf das
Malerische einen gewaltigeren Eindruck gewährten, als das
jetzige massive und gleichförmige Wohnhaus. Er konnte seine
Blicke an den dunklen Wäldern weiden, welche auf manche
Meile hin die starke und fürstliche Wohnung umringten; sein
Auge konnte auf dem malerischen Berggipfel von Duniquoich
verweilen, welcher sich schroff aus dem See erhebt und seine
kahle Stirn unter die Wolken emporstreckt, während ein einsam stehender Wartthurm, wie ein Adlernest auf seinem Gipfel,
dem Anblick dadurch Würde ertheilte, daß er das Gefühl der
möglichen Gefahr erweckte. Alles dieß und jede andere Beigabe der edlen Scene hätte Kapitän Dalgetty beobachten

können, wenn er dafür Sinn gehabt hätte. Um jedoch die Wahrheit zu gestehen, so wurde das Interesse des tapfern Kapitäns, welcher seit Tagesanbruch nichts gegessen hatte, hauptsächlich durch den Rauch, welcher aus den Kaminen des Schlosses emporstieg, und die Erwartung in Anspruch genommen, welche diese Erscheinung zu verbergen schien, daß er einen genügenden Vorrath von Proviant antreffen werde, wie er jede Vorräthe dieser Art nannte.

Das Boot nahte bald dem rauhen Damme, welcher in den See von der kleinen Stadt Inverary aus sich erstreckte — damals einer plumpen Ansammlung von Hütten mit einigen wenigen Steinhäusern am Ufer des Sees bis zum Hauptthor des Schlosses. Vor diesem zeigte sich ein Anblick, welcher ein weniger festes Herz hätte entmuthigen, und einen weniger zarten Magen hätte umkehren können, als beide der Rittmeister, Dugald Dalgetty nach Drumthwacket genannt, besaß.

# Zwölftes Kapitel.

In Trug und im Intriguenspiel gewandt,
Scharfsichtig, keck, bei Aufruhr wohl bekannt,
Stets sonder Rast und Grundsatz, unzufrieden,
War Amt und Macht ihm, oder nicht beschieden.
      **Dryden: Absalon und Achitophel.**

Das Dorf Inverary, jetzt ein hübsches Landstädtchen, zeigte damals die Rohheit des siebenzehnten Jahrhunderts durch das elende Aussehen seiner Häuser und die Unregelmäßigkeit seiner ungepflasterten Straßen; allein ein stärkerer und furchtbarerer Charakterzug jener Zeit bot sich auf dem Markte, einem Raume von unregelmäßiger Weite mitten zwischen dem Hafen oder Hafendamm und dem finsteren Schloßthor, welches mit seinem dunklen gewölbten Gange, seinem Fallgitter und den Thürmen auf den Flanken das obere Ende der Aussicht bildete. Auf der Mitte dieses Platzes stand ein plumper Galgen, an welchem fünf Leichname hingen, von denen zwei nach ihrer Kleidung Niederländer gewesen zu sein schienen, und die anderen drei in hochländische Mäntel eingehüllt waren. Zwei oder drei Weiber saßen unter dem Galgen; sie schienen zu trauern und sangen das Todtenlied der Verstorbenen in leiser Stimme. Dieß Schauspiel war aber offenbar zu gewöhnlich, um den Einwohnern im Allgemeinen viel Interesse zu gewähren. Diese drängten sich vielmehr herbei, um die militärische Gestalt, das

ungewöhnlich große Pferd und die blanke Rüstung des Kapitän Dalgetty zu betrachten, und schienen das traurige Schauspiel auf ihrem eigenen Markte gar nicht in Acht zu nehmen.

Der Gesandte Montrose's war aber nicht ganz so gleichgültig; als er ein oder zwei englische Worte von einem ziemlich anständig aussehenden Hochländer vernahm, hielt er Gustavus an und fragte jenen: „der Profoß ist hier geschäftig
gewesen, Freund; darf ich Euch fragen, weßhalb diese armen
Sünder hingerichtet wurden?“

Er blickte nach dem Galgen und der Gale, welcher die
Frage des Kapitäns eher durch dessen Handlung, als durch
dessen Worte begriff, erwiderte sogleich: „drei Herren Räuber, Gott segne sie,“ (er bekreuzigte sich) „auch zwei sächsische
Kerle, die nicht thun wollten, was Mac Cullum More ihnen
anbefahl;“ dann wandte er sich von Dalgetty mit gleichgültiger Miene weg und ging fort, ohne weitere Fragen abzuwarten.

Dalgetty zuckte die Achseln und ritt ebenfalls weiter, denn
Sir Duncans Vetter im zehnten oder zwölften Grade hatte
schon Zeichen seiner Ungeduld gegeben.

Am Thore des Schlosses bot sich ein zweites abschreckendes
Schauspiel feudaler Gewalt; innerhalb eines Pallisadenwerkes, welches zu den übrigen Befestigungen des Thores kürzlich
hinzugefügt schien, und von zwei leichten Kanonen geschützt
war, lag eine kleine Umzäunung, wo ein großer Block stand,
auf welchem eine Axt sich befand. Beide zeigten frische Blut-
spuren, und umhergestreutes Sägemehl verdeckte zum Theil,
offenbarte aber auch die Spuren einer kürzlichen Hinrichtung.

Als Dalgetty auf diesen neuen Gegenstand des Schreckens
blickte, zupfte ihn sein hauptsächlichster Führer plötzlich am
Saume seines Wamses und zeigte, nachdem er so seine Auf-

merksamkeit erregt hatte, mit dem Finger auf einen Pfahl des Pallisadenwerkes, welcher einen Kopf, ohne Zweifel denjenigen des erst kürzlich Hingerichteten, trug; im Gesichte des Hochländers lag ein boshafter Ausdruck, als er auf dieß gräßliche Schauspiel hinwies, welches seinem Reisegefährten nichts Gutes zu bedeuten schien.

Dalgetty stieg unter dem Thore vom Pferde, und Gustavus wurde ihm abgenommen, ohne daß er ihn in den Stall, seiner Gewohnheit gemäß, begleiten durfte.

Dieß machte auf den Soldaten einen so schmerzlichen Eindruck, als die Vorrichtungen des Todes bei ihm nicht zu erwecken vermocht hatten. „Armer Gustavus," sagte er bei sich selbst, „wenn mir etwas Böses passiren sollte, so hätte ich besser gethan, dich in Darnlinvarach zurückzulassen, als dich zu den hochländischen Wilden hieher zu bringen, welche kaum den Kopf eines Pferdes vom Schwanze unterscheiden können, aber die Pflicht muß einen Soldaten von Allem trennen, was ihm als das Nächste und Theuerste gilt.

> Wenn Kanonen krachen und Kugeln dräuen,
> Verbietet die Ehre den Tod zu scheuen;
> Drum betreibet das Handwerk in ehrlichen Fehden,
> Und fechtet auch All' für den König von Schweden."

Indem er so seine Besorgnisse mit dem Schluß einer militärischen Ballade beschwichtigte, folgte er seinem Führer in eine mit bewaffneten Hochländern gefüllte Wachtstube. Man gab ihm zu verstehen, daß er hier bleiben müsse, bis seine Ankunft dem Marquis gemeldet sei. Um diese Mittheilung verständlicher zu machen, gab der wackere Kapitän dem Vetter Sir Duncans dessen Paket, wobei er ihm so gut wie möglich durch Zeichen zu verstehen gab, dasselbe sei den eigenen Hänben des Marquis zu überreichen. Sein Führer nickte und entfernte sich.

Der Kapitän wurde ungefähr eine halbe Stunde an diesem Orte gelassen, um während dieser Zeit die neugierigen und zugleich feindseligen Blicke der bewaffneten Galen mit Gleichgültigkeit zu ertragen, oder mit Stolz zurückzugeben; sein Aeußeres und seine Ausrüstung war nämlich den Hochländern ebensowohl ein Gegenstand der Neugier, als seine Person und sein Vaterland ihnen ein Gegenstand des Widerwillens zu sein schien. Alles dieß ertrug er mit einem militärisch unbekümmerten Wesen, bis eine in schwarzen Sammt gekleidete Person mit einer goldenen Kette, wie sie jetzt die Magistratspersonen von Edinburgh tragen, nämlich der Haushofmeister des Marquis von Argyle, nach dem Verlauf der erwähnten Zeit in's Zimmer trat und den Kapitän mit feierlichem Ernst aufforderte, ihn zu seinem Herrn zu begleiten.

Die Reihe der Zimmer, welche Beide durchschritten, war mit Dienern und Besuchern verschiedener Art gefüllt; dieselben waren vielleicht mit absichtlichem Prunke dort aufgestellt, um dem Gesandten Montrose's eine Vorstellung von der überlegenen Gewalt und Pracht zu geben, welche das jenem feindliche Haus Argyle besaß.

Ein Vorzimmer war mit Laquaien gefüllt, die in Braun und Gelb, die Familienfarben, gekleidet und in einer doppelten Reihe aufgestellt, den Kapitän Dalgetty schweigend anblickten, als er zwischen ihnen hindurchging. In einem andern Vorzimmer befanden sich hochländische Herren und Häuptlinge kleinerer Stammeszweige, die sich mit Schach, Triktrak und anderen Spielen die Zeit vertrieben, dieselben aber kaum unterbrachen, um aus Neugier auf den Fremden zu blicken. Ein drittes Vorzimmer war mit niederländischen

Herren und Offizieren gefüllt, die ebenfalls in Diensten des Marquis zu stehen schienen; endlich war Letzterer in seinem Empfangzimmer von einem Hofe vornehmer Herren umgeben, welcher seine hohe Wichtigkeit bezeugte.

Dieß Zimmer, dessen Flügelthüren sich zur Aufnahme des Kapitän Dalgetty öffneten, war ein langer, mit Tapeten und Familienporträts ausgeschmückter Raum, mit einer gewölbten hölzernen Decke; letztere war durch Schnitzwerk verziert, indem die äußersten Vorragungen der Balken prächtige Bildwerke und reichliche Vergoldungen trugen. Der Raum wurde durch lange, lanzettförmige, gothische Fenster erleuchtet, welche, von steinernen Schaften getheilt, Scheiben von gemaltem Glase enthielten, auf welchem die gebrochenen Sonnenstrahlen durch Eberköpfe, Galeeren, Commandostäbe, Schwerter, Wappen des mächtigen Hauses Argyle, und Sinnbilder der hohen Erbämter des Justiziars von Schottland und des königlichen Haushofmeisters schimmerten — Erzämter, die lange Zeit im Besitz des Hauses Argyle gewesen waren. Am oberen Ende dieses prächtigen Raumes stand der Marquis selbst, der Mittelpunkt eines glänzenden Kreises von reichgekleideten Herren des Hoch- und Niederlandes, unter denen man zwei oder drei Geistliche bemerkte, die vielleicht nur eingeladen waren, um Zeugen des Eifers seiner Lordschaft für den Covenant zu sein.

Der Marquis selbst war nach der Mode jener Zeit gekleidet, welche van Dyk so oft gemalt hat; sein Anzug war aber dunkel und gleichförmig, und eher kostbar als prächtig. Seine dunkle Gesichtsfarbe, seine gewölbte Stirn und sein gesenkter Blick gaben ihm das Aeußere eines Mannes, welcher sich oft mit der Erwägung wichtiger Angelegenheiten beschäftigt und durch Gewohnheit einen geheimnißvollen Ernst angenommen hat, den er auch bei Gelegenheiten nicht ablegen kann, in

denen durchaus nichts zu verbergen ist. Das Schielen seiner
Augen, welches ihm in den Hochlanden den Beinamen Gillespie Grumach (der Schielende) erwarb, war weniger be-
merkbar, wenn er den Blick senkte, und vielleicht auch die
Ursache, weßhalb er sich an das Niederschlagen der Augen gewöhnt hatte. Von Gestalt war er groß und mager, jedoch
nicht ohne die Würde des äußeren Benehmens, welche seinem
hohen Range geziemte. Bisweilen lag Kälte in seiner Anrede
und etwas Unheimliches in seinem Blicke, obgleich er mit der
gewöhnlichen Anmuth eines Mannes von seinem Stande reden
und sich benehmen konnte. Von seinem eigenen Clan war er
angebetet, da dessen Beförderung er stets erstrebte; in demselben Verhältniß wurde er aber von den Hochländern anderer
Stämme gehaßt, von denen Einige schon ihrer Besitzungen
durch ihn beraubt waren, während Andere sich durch seine
zukünftigen Entwürfe für bedroht hielten, und Alle die Höhe,
worauf er sich emporgeschwungen hatte, mit Besorgniß betrachteten.

Wir haben schon erwähnt, daß der Marquis von Argyle
wahrscheinlich einen Eindruck auf das Nervensystem des Kapitän Dugald Dalgetty dadurch machen wollte, daß er sich ihm
vor seinen Räthen, vor dem Gefolge seiner Vasallen, Verbündeten und abhängigen Leute zeigte. Allein dieser wackere
Herr hatte in dem einen oder anderen Lager sich seinen Weg
mit dem Schwerte während des dreißigjährigen Krieges in
Deutschland gebahnt, einer Zeit, worin ein tapferer und glücklicher Soldat ein Gesellschafter der Fürsten war. Der König
von Schweden, und nach seinem Beispiel sogar die hoch-
müthigen Fürsten des deutschen Reiches, hatten es oft für
zweckmäßig halten müssen, ihre Würde preißzugeben, um die
Ansprüche ihrer Soldaten auf den Sold, wenn sie denselben

nicht zahlen konnten, dadurch zu beschwichtigen, daß sie den= selben ungewöhnliche Vorrechte bei Hofe und im vertraulichen Verkehr gestatteten. Kapitän Dalgetty konnte sich rühmen, daß er mit Fürsten bei Banketten oft zu Tafel saß, welche Königen zu Ehren gegeben wurden, und war deßhalb nicht der Mann, um sich sogar durch die Würde verblüffen zu lassen, wo= mit Mac Cullum More sich umgeben hatte. Er war wirklich seinem Charakter nach durchaus kein bescheidener Mann, son= dern hatte vielmehr eine so gute Meinung von sich selbst, daß eine jede Gesellschaft, in welche ihn der Zufall führte, verhältnißmäßig seinen Dünkel steigerte; so daß er sich in der höchsten Gesellschaft ebenso behaglich fühlte, wie unter seinen gewöhnlichen Kameraden. Seine hohe Meinung von seinem Range wurde noch durch seine Vorstellungen vom militärischen Gewerbe gesteigert, welches, nach seinem Ausdruck, einen tapfern Cavalier zum Kameraden eines Kaisers machte.

Als er deßhalb in das Audienzzimmer des Marquis einge= führt wurde, ging er auf das obere Ende eher mit der Hal= tung des Selbstvertrauens, als des Anstandes zu, und würde bis dicht an Argyle herangetreten sein, hätte der Letztere nicht durch eine Handbewegung ihm zu verstehen gegeben, er möge stillstehen. Kapitän Dalgetty blieb somit stehen, vollbrachte seinen militärischen Gruß mit Ungezwungenheit und redete den Marquis mit den Worten an: „Ich wünsche Euch guten Morgen, Mylord, oder vielmehr, ich sollte sagen, guten Abend, beso a usted los manos, wie der Spanier sagt, d. h. ich küsse Euer Gnaden die Hände.“

„Wer seid Ihr, Herr, und was ist Euer Gewerbe?“ fragte der Marquis in einem Tone, welcher die anstößige Vertrau= lichkeit des Soldaten zu unterbrechen beabsichtigte.

„Das ist eine klare Frage, Mylord,“ erwiderte Dalgetty,

„welche ich sogleich beantworten werde, wie einem Cavalier geziemt, und zwar peremtorie, wie wir in Mareschal=College zu sagen pflegten.“

„Real, seht nach, wer und was er ist,“ sagte der Marquis finster einem neben ihm stehenden Herrn.

„Ich will dem ehrenwerthen Herrn die Mühe der Nach=forschung ersparen,“ fuhr der Kapitän fort; „ich bin Dugald Dalgetty von Drumthwacket, d. h. ich sollte dieß Gut be=sitzen; ferner bin ich seit Kurzem Rittmeister in verschiedenen Diensten gewesen und bin jetzt Major, ich weiß nicht, in wel=chem irischen Regiment, oder unter welchem Oberst; ich komme als Unterhändler für einen Waffenstillstand von einem hohen und gewaltigen Lord, James, Grafen Montrose, und andern edlen Personen, welche jetzt in Waffen für Se. Majestät stehen. Und somit erhalte Gott König Karl!“

„Wißt Ihr, wo Ihr seid, und könnt Ihr die Gefahr, uns herauszufordern, Herr?“ fragte wiederum der Marquis, „da Ihr mir eine Antwort gebt, als sei ich ein Kind oder Narr? Der Graf Montrose ist bei den englischen Böswilligen, und ich glaube, Ihr seid einer der irländischen Renegaten, welche in dieß Land gekommen sind, um zu brennen und zu morden, wie sie unter Sir Phelim O'Neale kamen.“

„Mylord,“ erwiderte Kapitän Dalgetty, „ich bin kein Re=negat, obwohl Major in einem irländischen Regiment; ich kann mich hinsichtlich Eurer Beschuldigung auf den unbesieglichen Gustavus Adolphus berufen, auf den Löwen des Nordens, auf Banner, Orenstierna, den kriegerischen Herzog von Sachsen Weimar, auf Tilly, Wallenstein, Piccolomini und andere große Feldherren, lebendige wie todte; und was den edlen Grafen von Montrose betrifft, so bitte ich Eure Lordschaft, diese meine

Vollmacht zur Unterhandlung mit Euch im Namen dieses sehr ehrenwerthen Befehlshabers durchzulesen."

Der Marquis warf einen verächtlichen Blick auf das unterzeichnete und versiegelte Papier, welches Kapitän Dalgetty ihm überreichte, schleuderte es mit Geringschätzung auf einen Tisch und fragte seine Umgebung, „was die Person verdiene, welche nach eigenem Geständniß als Gesandter und Agent eines bösartigen Verräthers, eines Empörten gegen den Staat sich einstelle?"

„Einen hohen Galgen und eine kurze Beichte," lautete die sogleich ertheilte Antwort eines Anwesenden.

„Ich ersuche den ehrenwerthen Cavalier, welcher soeben gesprochen hat," sagte Dalgetty, „weniger haftig seine Schlüsse zu bilden; auch ersuche ich Eure Lordschaft um Vorsicht bei Annahme derselben, in Betracht, daß solche Drohungen allein für niedriges Gesindel, nicht aber für Männer von Muth und Handlung berechnet sind, welche Leib und Leben ebenso unbedenklich in Diensten dieser Art, als bei Belagerungen, Schlachten und Angriffen aussetzen müssen. Und obgleich ich bei mir keinen Trompeter mit einer weißen Fahne habe, in Betracht, daß unser Heer noch nicht vollständig ausgerüstet ist, so müssen mir die ehrenwerthen Cavaliere und Eure Lordschaft zugestehen, daß die Heiligkeit eines Gesandten, welcher als Parlamentär sich in's feindliche Lager begibt, nicht in einem Trompetenstoße, welcher ein bloßer Schall ist, oder in einer weißen Flagge besteht, welche nur an sich ein alter Lumpen ist, sondern daß sie in dem Zutrauen beruht, welches die absendende und abgesendete Partei zu der Ehre derer hegt, welcher die Botschaft überbracht wird, und daß sie sich vollkommen darauf verlassen, das Jus gentium oder Völkerrecht ebensowohl, als das Gesetz der Waffen werde in der Person des Commissärs geachtet werden."

„Ihr seid nicht hieher gekommen, „erwiderte der Marquis, „um uns eine Vorlesung über das Gesetz der Waffen zu halten, welches bei Rebellen und Aufständischen keine Anwendung findet; Ihr seid vielmehr gekommen, um die Strafe Eurer Unverschämtheit und Thorheit zu erleiden, weil Ihr eine verrätherische Botschaft dem General = Justiziar von Schottland überbracht habt, dessen Pflicht es erheischt, eine solche Beleidigung mit dem Tode zu bestrafen."

„Ihr Herren," sagte der Kapitän, welchem jetzt die Wendung zu mißfallen begann, die seine Gesandtschaft zu nehmen schien, „ich ersuche euch, zu bedenken, daß der Graf von Montrose euch und eure Besitzungen für jeden Schaden verantwortlich machen wird, den meine Person oder mein Pferd durch dieß ungeziemende Verfahren erleiden wird, und daß er dadurch vollkommene Rechtfertigung für die Ausführung einer vergeltenden Rache an euren Personen und Besitzungen erhält."

Diese Drohung wurde mit einem Hohngelächter aufgenommen, und einer der Campbells antwortete: „es ist weit bis nach Lochow" — ein sprüchwörtlicher Ausdruck des Stammes, welcher bedeutete, daß ihre alten Erbgüter vor dem Angriff eines Feindes gesichert seien.

„Aber ihr Herren," begann der unglückliche Kapitän auf's Neue, welcher sich nicht verurtheilen lassen wollte, ohne wenigstens den Vortheil einer vollen Vertheidigung zu erlangen, „obgleich ich euch nicht sagen kann, wie weit es bis Lochow ist, denn ich bin ein Fremder in diesen Gegenden, so hoffe ich dennoch, daß ihr etwas, was mehr zur Sache gehört, beachten werdet. Ich erhielt das Wort eines ehrenwerthen Herrn eures

Namens, Sir Duncan Campbell von Ardenvohr, für die Sicherheit meiner Gesandtschaft, und ich ersuche euch, zu bedenken, daß ihr, wenn ihr den Waffenstillstand gegen meine Person verletzt, ihr seine Ehre und guten Namen in hohem Grade beschimpfen werdet."

Dieß schien Vielen der anwesenden Herren von Wichtigkeit zu sein, denn sie redeten mit einander bei Seite, und die Gesichtszüge des Marquis zeugten von Ungeduld und Aerger, wie sehr er auch sonst die äußeren Zeichen seiner Leidenschaft zu unterdrücken vermochte.

„Verpfändet Sir Duncan von Ardenvohr seine Ehre für die Sicherheit dieser Person, Mylord?" fragte einer der Gesellschaft, indem er sich an den Marquis wandte.

„Ich glaube nicht," erwiderte der Marquis, „ich hatte jedoch noch keine Zeit, den Brief zu lesen."

„Wir möchten Eure Lordschaft darum ersuchen," sagte ein anderer der Campbells; „unser Name darf keine Schande wegen solch eines Gesellen, wie dieser da, erleiden."

„Eine todte Fliege," sagte ein Geistlicher, „hat zur Folge, daß die Salbe eines Apothekers stinkt."

„Ehrwürdiger Herr," sagte Kapitän Dalgetty, „in Betracht der Anwendung Eures Gleichnisses vergebe ich Euch dessen schmutzige Natur; auch vergebe ich dem Herrn in der rothen Mütze den entwürdigenden Ausdruck Gesell, den er unhöflich auf mich angewandt hat, der ich durchaus nicht damit zu bezeichnen bin, wo nicht in so weit, als mich einst der große Gustavus Adolphus, der Löwe des Nordens, seinen Gesellen im Kriegshandwerk, d. h. seinen Kameraden nannte, ebenso wie mir andere ausgezeichnete Befehlshaber, sowohl in Deutschland, als in den Niederlanden, den Namen ertheilten. Was jedoch Sir Duncan Campbells Bürgschaft für meine Sicherheit betrifft, so setze ich mein Leben zum Pfande, daß er meine Worte bestätigen wird, wenn er morgen hieherkommt.

„Wenn Sir Duncan so bald erwartet wird, Mylord," sagte einer der Fürsprecher des Kapitäns, „so wäre es Schade, vorher über diesen armen Mann zu beschließen."

„Ohnedem muß Eure Lordschaft — ich spreche mit Achtung — sollte Eure Lordschaft wenigstens den Brief des Ritters von Ardenvohr lesen, um daraus die Bedingungen zu ersehen, unter welchen dieser Major Dalgetty, wie er sich nennt, von ihm hieher geschickt worden ist."

Die Herren umringten den Marquis und unterredeten sich leise mit ihm sowohl in galischer, als in englischer Sprache. Die patriarchalische Gewalt der Häuptlinge war sehr groß, und besonders die des Marquis von Argyle durch seine ererbten Privilegien als Justiziar des Königreichs besonders unumschränkt. Allein sogar in den am meisten despotischen Regierungen findet sich immer das eine oder andere Hemmniß. Dasjenige, welches die Gewalt der celtischen Häuptlinge beschränkte, war ihr Bedürfniß, ihre Verwandten sich geneigt zu erhalten, welche unter ihnen die niedere Volksklasse in den Kampf führten, oder eine Art Rathsversammlung des Stammes in Friedenszeiten bildeten. Der Marquis hielt es bei dieser Gelegenheit für nothwendig, die Vorstellungen des Senates oder des galischen Couroultai mit dem Namen Campbell zu berücksichtigen; er entschlüpfte dem Kreise und gab Befehle, den Gefangenen an einen sicheren Ort zu bringen.

„Was, ich wäre Gefangener!" rief Dalgetty aus, und äußerte eine solche Kraftanstrengung, daß er beinahe zwei Hochländer abgeschüttelt hätte, welche einige Minuten lang auf das Zeichen, ihn zu ergreifen, gewartet, und sich deßhalb dicht an seinen Rücken gestellt hatten. Auch war der Soldat wirk-

lich seiner Befreiung so nahe, daß der Marquis die Farbe
wechselte und zwei Schritte zurückfuhr, wobei er jedoch seine
Hand an's Schwert legte, während mehrere seiner Clansleute
sich zwischen ihn und die Rache seines Gefangenen warfen.
Allein die hochländische Wache war zu stark, um sich abschüt=
teln zu lassen; dem unglücklichen Kapitän wurden die Angriffs=
waffen weggenommen und er selbst fortgeschleppt. Man führte
ihn durch mehrere dunkle Gänge zu einer kleinen Seitenthür
von Eisengittern, hinter welcher sich eine zweite von Holz be=
fand. Dieselben wurden von einem alten grimmigen Hoch=
länder mit langem, weißen Bart eröffnet, und führten auf
eine sehr steile und enge abwärtsgehende Treppe. Die Wache
des Kapitäns stieß ihn zwei oder drei Stufen hinab, ließ seine
Arme los und überließ es ihm selbst, seinen Weg nach dem
Boden der Treppe hin, so gut er konnte, zu finden — eine
schwierige und sogar gefährliche Aufgabe, nachdem die zwei
Thüren verschlossen waren und der Gefangene sich in gänzli=
cher Dunkelheit befand.

# Dreizehntes Kapitel.

Wer hier bestimmt ist einzukehren,
Wird Leid allein gewahren;
Ihm bleibt allein noch zu verehren,
Den Herrn der Himmelsschaaren.
Burns.

Der Kapitän, in der beschriebenen Weise des Lichtes beraubt, und in einer sehr ungewissen Lage befindlich, stieg die
enge und sogar beschädigte Treppe mit aller möglichen Vorsicht hinab, wobei er hoffte, daß er unten einen Ruheplatz finden könne. Ungeachtet aller Sorgfalt aber konnte er nicht
einen falschen Schritt vermeiden, der ihn die vier oder fünf
letzten Stufen zu hastig hinabbrachte, als daß er das Gleichgewicht hätte bewahren können. Auf dem Boden stolperte er
über einen etwas weichen Bündel, der sich mit einem Gestöhn
bewegte, so daß der Gang des Kapitäns noch mehr in Unordnung kam, wodurch er vorwärts stürzte, und zuletzt mit Händen und Knieen auf den Fußboden eines feuchten mit Steinen
gepflasterten Gefängnisses fiel.

Als Dalgetty sich erholt hatte, wurde seine erste Frage an
den Klumpen gerichtet, über den er gestolpert war, um zu
erfahren, wer dieß wäre.

„Vor einem Monat war es ein Mann,“ erwiderte eine
hohle und gebrochene Stimme.

„Und was ist er denn jetzt," fragte Dalgetty, „daß er es für passend hält, auf der niedrigsten Stufe wie ein Igel zusammengerollt zu liegen, damit ehrsame Cavaliere, welche sich zufällig in Verlegenheit befinden, ihre Nasen über ihn brechen?"

„Was er jetzt ist?" erwiderte dieselbe Stimme; „ein elender Baumstamm, dem die Zweige abgehauen wurden, und dem jetzt nichts mehr daran gelegen ist, wie bald man ihn aus dem Boden reißt, um ihn zu Scheitern Brennholz für den Ofen zu zerhauen."

„Freund," sagte Dalgetty, „es thut mir leid um Euch, aber Paciencia, sagt der Spanier; wäret Ihr so ruhig gewesen, als ein Baumklotz, (wie Ihr Euch zu nennen beliebt,) so hättet Ihr mir erspart, daß ich an Händen und Knieen einige Quetschungen erhielt."

„Ihr seid ein Soldat," erwiderte sein Mitgefangener, „und Ihr beschwert Euch über einen Fall, um den ein Knabe nicht einmal klagen würde?"

„Wie könnt Ihr aber in dieser verdammten dunklen Höhle erkennen, daß ich ein Soldat bin?" fragte der Soldat.

„Ich hörte den Klang Eurer Rüstung, als Ihr fielet, und jetzt sehe ich sie schimmern; wenn Ihr so lang, als ich, in dieser Dunkelheit gewesen seid, so werden Eure Augen die kleinste Eidechse erkennen, welche über den Boden kriecht."

„Ich wünschte eher, daß der Teufel sie mir ausrisse," sagte Dalgetty; „wenn das der Fall ist, so ziehe ich lieber die kurze Schleife eines Strickes, ein Soldatengebet und einen Sprung von der Leiter einem solchen Schicksale vor. Aber welchen Proviant habt Ihr hier, Bruder in Betrübniß — ich wollte sagen, was habt Ihr hier zu essen?"

„Brob und Waſſer einmal des Tages," erwiderte die Stimme.

„Bitte, Freund, laßt mich Euer Brod koſten," ſagte Dalgetty, „ich hoffe, wir werden gute Kameraden ſein, ſo lange wir in dieſem verfluchten Loche zuſammen wohnen."

„Das Brod und der Waſſerkrug," erwiderte der andere Gefangene, „ſteht zwei Schritte rechts von Euch in der Ecke, nehmt es und ſeid willkommen; mit irdiſcher Nahrung habe ich beinahe nichts mehr zu ſchaffen."

Dalgetty wartete keine zweite Einladung ab, ſondern holte ſich tappend ſeinen Proviant und begann das harte, ſchwarze Haferbrod mit eben der Herzlichkeit zu kauen, mit welcher wir ihn ſeine Rolle bei beſſeren Gerichten ſpielen ſahen.

„Dieß Brod," ſagte er murmelnd mit vollem Munde, „iſt nicht ſehr ſchmackhaft; dennoch iſt es nicht viel ſchlechter, als dasjenige, welches wir bei der berühmten Belagerung von Werben aßen, wo der tapfere Guſtavus alle Anſtrengungen des berühmten Tilly vereitelte, jenes furchtbaren alten Feldherrn, welcher zwei Könige aus dem Felde geſchlagen hatte — nämlich Friedrich von Böhmen und Chriſtian von Dänemark. Und in Betreff dieſes Waſſers, welches gerade nicht zum beſten gehört, trinke ich damit auf Eure ſchnelle Befreiung, Kamerad, vergeſſe aber dabei nicht meine eigene, und wünſche andächtig, es wäre Rheinwein oder brauſendes Lübeker Bier, wenn auch zu keinem andern Zweck, als zu Ehren Eurer vorher ausgebrachten Geſundheit."

Während Dalgetty's Laune ihn in dieſer Weiſe tröſtete, bewegten ſich ſeine Zähne ebenſo ſchnell, als ſeine Zunge, und er war bald mit dem Proviant fertig, den das Wohlwollen oder die Gleichgültigkeit ſeines Unglücksgefährten ſeiner Gefräßigkeit überlaſſen hatte. Als dieſe Arbeit vorüber war, wickelte er sich in seinen Mantel, setzte sich in eine Ecke des Gefängnisses, wo er sich auf jeder Seite anlehnen konnte (denn er war immer ein Bewunderer von Lehnstühlen, wie er bemerkte, von seiner frühesten Jugend an gewesen), und begann dann seinen Mitgefangenen auszufragen.

„Mein ehrlicher Freund," sagte er, „da wir jetzt Kameraden für Tisch und Bett geworden sind, so müssen wir uns besser mit einander bekannt machen. Ich bin Dugald Dalgetty von Drumthwacket u. s. w., Major in einem Regiment loyaler Irländer und außerordentlicher Gesandter eines hohen und mächtigen Lords, James, Grafen von Montrose — bitte, sagt mir jetzt Euren Namen."

„Es kann Euch wenig daran gelegen sein, denselben zu erfahren," erwiderte sein schweigsamerer Gefährte.

„Darüber laßt mich urtheilen," erwiderte der Soldat.

„Wohlan denn, Ranald Mac Eagh ist mein Name, d. h. Ranald, Sohn des Nebels."

„Sohn des Nebels!" rief Dalgetty aus, „Sohn gänzlicher Finsterniß, sage ich; aber Ranald, da Ihr nun einmal so heißt, wie seid Ihr dem Profoß in die Hände gefallen? d. h. was zum Teufel hat Euch hieher gebracht?"

„Mein Unglück und mein Verbrechen," erwiderte Ranald; kennt Ihr den Ritter von Ardenvohr?"

„Ich kenne diesen ehrenwerthen Herrn," erwiderte Dalgetty.

„Wißt Ihr, wo er jetzt ist?" fragte Ranald auf's Neue.

„Er hält heute in Ardenvohr ein Fasten," erwiderte der Gesandte, „damit er morgen sich in Inverary um so gütlicher thun kann; wenn er letzteren Zweck zufällig nicht ausführen könnte, so wird die Dauer meines menschlichen Kriegsdienstes etwas unsicher."

Sage von Montrose. 13

„So laßt ihn wissen, daß Jemand seine Vermittlung in Anspruch nimmt, welcher sein schlimmster Feind und bester Freund ist," erwiderte Ranald.

„Ich möchte eine weniger unverständlichere Botschaft ihm zu überbringen wünschen; Sir Duncan ist nicht der Mann, der daran Vergnügen findet, Räthsel aufzulösen."

„Feigherziger Sachse," sagte der Gefangene, „verkünde ihm, ich sei der Rabe, welcher vor fünfzehn Jahren auf seinen festen Thurm und die Pfänder seiner Liebe, die er dort zurück= ließ, hinabschoß — ich bin der Jäger, der des Wolfs Höhle auf dem Felsen auffand und seine Jungen mordete. Ich bin der Anführer der Bande, welcher gestern vor fünfzehn Jahren Ardenvohr überrumpelte und seine vier Kinder tödtete."

„Wahrlich, ehrlicher Freund," sagte Dalgetty, „wenn das Eure beste Empfehlung bei Sir Duncan ist, so werde ich den Umstand übergehen, im Fall ich eine Fürsprache einlege, in Betracht, daß ich sogar schon bei der Thierschöpfung beobach= tet habe, wie sie gegen diejenigen erzürnt sind, welche ihren Jungen Gewalt anthun; um so mehr muß dieß bei vernünf= tigen und christlichen Geschöpfen der Fall sein, wenn ihrer kleinen Familie übel mitgespielt wird. Ich bitte Euch aber, sagt mir gütigst, ob Ihr das Schloß vom Hügel, genannt Drumsnab, angrifft, den ich für den wahren Angriffspunkt erkläre, wenn derselbe nicht durch eine Schanze vertheidigt wird."

„Wir bestiegen die Klippe mit Leitern, die aus Weiden geflochten waren," sagte der Gefangene; „dieselben wurden von einem Mitschuldigen und Stammgenossen hinaufgezogen, welcher sechs Monate im Schlosse gedient hatte, um eine Nacht unbegrenzter Rache zu genießen. Die Eule schrie, als wir zwischen Himmel und Erde hingen; die Brandung erbrauste am Fuße des Felsens und zerschmetterte unsern Kahn; dennoch sank Keinem von uns der Muth. Am Morgen fand sich Blut und Asche, wo am Abend Ruhe und Freude geherrscht hatte."

"Das war, ich zweifle nicht, Ranald Mac Eagh, ein hübscher Ueberfall, ein trefflicher Sturm, und derselbe wurde auf nicht unwürdige Weise ausgeführt, dennoch würde ich das Haus von dem kleinen Hügel, genannt Drumsnab, bedrängt haben, aber Eure Kriegführung ist nach einer beträchtlich unregelmäßigen scythischen Mode, Ranald, und gleicht sehr der von Türken, Tartaren und andern asiatischen Völkern — allein die Ursache, mein Freund, der Grund zu diesem Kriege — die causa teterrima, wenn ich so sagen darf; erzähle sie mir, Ranald."

"Wir wurden von den Mac Aulays und andern westlichen Stämmen bedrängt, bis unsere Besitzungen für uns unsicher wurden."

"Aha," sagte Dalgetty, "ich erinnere mich dunkel, von der Sache gehört zu haben; stecktet Ihr nicht Brod und Käse in eines Mannes Mund, als derselbe keinen Magen mehr hatte, um diese Speise dorthin zu spediren?"

"Ihr habt also," fragte Ranald, "die Erzählung unserer Rache an dem stolzen Förster vernommen?"

"Mir fällt ein, daß ich davon hörte," sagte Dalgetty, "und zwar noch vor Kurzem. Das war kein übler Scherz, das Brod in des todten Mannes Mund zu stopfen, nur etwas zu roh und wild für civilisirte Menschen, abgesehen von der nutzlosen Verschwendung guter Lebensmittel. Ich habe mit eigenen Augen, Ranald, bei einer Belagerung oder Blokade manchen lebendigen Soldaten gesehen, der sich bei jener Brodkruste

13 *

gut befunden haben würde, Ranald, die Ihr bei einem todten Kopf also weggeworfen habt.“

„Wir waren von Sir Duncan angegriffen,“ fuhr Mac Eagh fort, „und mein Bruder ward erschlagen — sein Kopf verdorrte auf den Zinnen, die wir erstiegen — ich schwur Rache, und einen solchen Schwur habe ich niemals gebrochen.“

„Das mag sein,“ sagte Dalgetty, „und jeder Soldat, der eine gute Schule durchgemacht hat, wird gestehen, daß Rache ein süßer Bissen ist. Es übersteigt aber meine Begriffe, in welcher Weise diese Geschichte Sir Duncan für Eure Rechtfertigung interessiren wird, wo nicht derselbe sich dadurch veranlaßt sehen sollte, bei dem Marquis für Euch als Vermittler aufzutreten, daß Letzterer die Aufhängung an den Galgen in die Strafe des Räderns bei lebendigem Leibe, oder der Aufschneidung Eures Bauches durch einen Pflug, oder sonst in eine Todesart durch Folterung verwandeln möge. Wäre ich an Eurer Stelle, Ranald, so würde ich vorgeben, Sir Duncan nicht zu kennen, mein Geheimniß bewahren und ruhig durch den Strick vom Leben scheiden, wie Eure Vorfahren gewohnt waren.“

„Höre jedoch, Fremder, das Weitere,“ sagte der Hochländer; „Sir Duncan von Ardenvohr hatte vier Kinder, drei starben unter unseren Dolchen, das vierte lebt; er würde mehr dafür geben, auf seinen Knieen das vierte noch übrige Kind zu schaukeln, als diese alten Knochen zu foltern, welche sich vor der äußersten Qual nicht fürchten, die er ihnen, um seinen Grimm auszulassen, noch anthun kann. Ein Wort, wenn ich es sprechen will, könnte diesen Tag der Demuth und des Fastens in den eines Dankfestes und Abendmahls verwandeln; ich fühle dieß nach meinem eigenen Herzen; mir ist theurer mein Sohn Kenneth, welcher den Schmetterling an den Ufern des Aven jagt, als die zehn Söhne, welche in der Erde modern, oder von den Vögeln in der Luft zerfleischt werden."

„Ich glaube, Ranald," fuhr Dalgetty fort, „die drei hübschen Burschen, die ich auf dem Marktplatz wie geräucherte Häringe aufgehängt gesehen habe, hatten Anspruch auf einige Verwandtschaft mit Euch?"

Es herrschte eine kurze Pause, bevor der Hochländer mit einer Stimme heftiger Gemüthsbewegung erwiderte: „es waren meine Söhne, Fremder — sie waren meine Söhne!" — Blut von meinem Blut — Bein von meinem Bein! — flinken Fußes — niemals ihr Ziel verfehlend — von Feinden unbesiegt, bis die Söhne von Diarmid sie durch Uebermacht bewältigten! weßhalb wünsche ich sie zu überleben? Der alte Stamm wird weniger das Ausreißen seiner Wurzeln empfinden, als er das Abhauen seiner anmuthigen Zweige empfand. Aber Kenneth muß zur Rache erzogen werden — der junge Adler muß von dem alten erlernen, wie er auf seine Feinde herniederschießen wird. Um seinethalben will ich mein Leben und meine Freiheit dadurch erkaufen, daß ich mein Geheimniß dem Ritter von Ardenvohr entdecke."

„Ihr mögt Euere Zwecke leichter erreichen," fiel eine dritte sich in das Gespräch mischende Stimme ein, „wenn Ihr es mir vertraut."

Alle Hochländer sind abergläubisch. „Der böse Feind ist in unserer Mitte!" sagte Ranald Mac Eagh aufspringend. Seine Ketten rasselten, als er sich erhob und sich, so weit es möglich war, von dem Platze entfernte, von wo die Stimme auszugehen schien. Seine Furcht theilte sich Dalgetty einigermaßen mit, welcher, in einer Art Kauderwelsch vieler Sprachen, alle Geisterbeschwörungen, die er jemals gehört hatte, vorbrachte, ohne daß er sich mehr als zwei Worte von jeder erinnern konnte.

„In nomine Domini, wie wir in Mareschal=College sagten, — santissima matre de Dios, spricht der Spanier, — alle guten Geister loben den Herrn, spricht der Psalmist in Doctor Luthers Uebersetzung.“

„Unterlaßt Eure Beschwörungsformel,“ sprach die vorher gehörte Stimme; „obgleich ich etwas sonderbar unter Euch erscheine, bin ich, wie ihr, ein sterblicher Mensch, und mein Beistand kann Euch in Eurer jetzigen Noth von Nutzen sein, wenn ihr nicht zu stolz seid, um Rath anzunehmen.“

Als der Fremde dieß sagte, schlug er die Klappen einer kleinen Blendlaterne zurück, an deren schwachem Lichte Dal=getty nur unterscheiden konnte, daß der Sprecher, welcher sich so geheimnißvoll ihrer Gesellschaft angeschlossen und in ihr Gespräch gemischt hatte, ein großer, in der Livree des Marquis gekleideter Mann war. Seinen ersten Blick richtete er auf dessen Füße, er sah aber weder Bocksfuß, womit die schottische Sage den Teufel ausschmückt, noch den Pferdehuf, wodurch sich derselbe in Deutschland auszeichnet. Seine erste Frage ging dahin, wie der Fremde unter sie gekommen sei.

„Denn,“ sagte er, „das Knarren der verrosteten Riegel hätte bei der Eröffnung der Thüre gehört werden müssen, und wärt Ihr durch's Schlüsselloch gekommen, Herr, so seid Ihr nicht geeignet, in ein Regiment lebendiger Menschen Euch an=werben zu lassen, Ihr möchtet dabei ein Gesicht schneiden, wie Ihr wollt.“

„Ich bewahre mein Geheimniß,“ erwiderte der Fremde, „bis ihr die Enthüllung dadurch verdient habt, daß ihr mir einige der eurigen mittheilt. Vielleicht lasse ich mich bewegen, euch dort herauszulassen, wo ich hereingekommen bin.“

Dann kann es nicht durch das Schlüsselloch geschehen sein,“ sagte Dalgetty, „denn mein Harnisch würde unterwegs stecken bleiben, könnte auch meine Sturmhaube hindurchkommen. Was Geheimnisse betrifft, so habe ich selbst keine solche, und nur wenige, die Andern angehören. Aber sagt uns doch, welche Geheimnisse Ihr von uns zu wissen wünscht, oder wie Professor Snufflegreek in Mareschal-College in Aberdeen zu sagen pflegte, sprich, damit ich dich kenne.“

„Mit Euch habe ich nicht zuerst zu reden,“ erwiderte der Fremde, indem er sein Licht auf die wilden und verwelkten Gesichtszüge, sowie auf die großen Glieder des Hochländers fallen ließ, welcher, dicht an die Wände des Gefängnisses gelehnt, noch zu bezweifeln schien, ob sein Gast wirklich ein lebendiges Wesen sei. „Ich habe Euch Etwas gebracht, Freund,“ sagte der Fremde in einem milderen Tone, „um Eure Kost etwas zu verbessern; wenn Ihr morgen sterben müßt, so ist das kein Grund, weßhalb Ihr Euch heut Abend nicht gütlich thun solltet.“

„Durchaus nicht, dagegen gibt es keinen Grund in der Schöpfung,“ erwiderte der stets bereite Dalgetty, welcher alsbald den Inhalt eines kleinen Korbes auszuladen begann, den der Fremde unter seinem Mantel herbeigebracht hatte, während der Hochländer aus Verdacht oder aus Verachtung die guten Dinge nicht beachtete.

„Auf deine Gesundheit, Freund,“ sagte der Kapitän, welcher, nachdem er schon ein großes Stück Lammsbraten befördert hatte, jetzt einen Zug aus der Weinflasche that; „was ist dein Name, guter Freund?“

„Murdoch Campbell, Herr,“ erwiderte der Diener; „ich bin ein Lakai des Marquis von Argyle und gelegentlich auch dessen Untergefängnißwärter.“

„Also noch einmal auf deine Gesundheit, Murdoch," sagte Dalgetty; „ich trinke Euch zu bei Eurem Namen, des bessern Glückes wegen. Diesen Wein halte ich für Calcavella; gut, ehrlicher Murdoch, ich glaube, sagen zu dürfen, daß du Ober= gefangenwärter zu sein verdienst, denn du erwiesest dich mit der Manier, ehrliche Herren im Unglück zu verpflegen, zwan= zigmal besser bekannt, als dein Herr. Brod und Wasser? ihn hole der Teufel! das genügte, Murdoch, um das Loch des Marquis um allen Kredit zu bringen. Ich sehe aber, Ihr wollt Euch mit meinem Freunde Ranald Mac Eagh unterhal= ten; bekümmert Euch nicht um meine Gegenwart, ich will mich mit dem Korbe dort in die Ecke setzen und gebe Euch mein Wort, daß meine Kinnbacken Lärm genug machen wer= den, um meine Ohren daran zu verhindern, daß sie Eurem Gespräche zuhören."

Ungeachtet dieses Versprechens jedoch horchte der Veteran mit aller ihm nur möglichen Aufmerksamkeit, oder wie er sich selbst beschrieb, „er legte seine Ohren auf den Hals zurück, wie Gustavus, wenn er das Umkehren des Schlüssels in der Haferküste hörte;" er konnte deßhalb wegen der Enge des Ge= fängnisses das folgende Gespräch leicht behorchen.

„Wißt Ihr, Sohn des Nebels," sagte der Campbell, „daß Ihr niemals diesen Ort verlassen werdet, mit Ausnahme des Ganges zum Galgen?"

„Diejenigen, die mir am theuersten waren," erwiderte Mac Eagh," haben vor mir denselben Weg betreten."

„Ihr wollt also nichts thun," fragte der Besucher, „um zu vermeiden, daß Ihr ihnen folget?"

Der Gefangene wand sich in seinen Ketten, bevor er eine Erwiderung gab.

„Ich würde viel thun," sagte er, „nicht wegen meines

eigenen Lebens, sondern wegen des Pfandes meiner Liebe im Thale von Strath-Aven."

„Und was würdet Ihr thun, um die herbe Stunde von Euch abzuwenden?" fragte wieder Murdoch. „Mich kümmert nicht die Ursache, weßhalb Ihr sie meiden wollt."

„Ich würde thun, was ein Mensch thun kann, wenn er sich dann noch einen Mann nennen darf."

„Ihr nennt Euch einen Mann," sagte der Fragende, „und Ihr vollbrachtet die Thaten eines Wolfes."

„So nenne ich mich," erwiderte der Verbrecher; „ich bin ein Mann wie meine Ahnen — in den Mantel des Friedens gehüllt waren wir Lämmer; er ward uns entrissen, und jetzt nennt ihr uns Wölfe. Gebt uns die Hütten, die ihr uns verbranntet — die Kinder, die ihr uns mordetet — die Wittwen, die ihr verhungern ließet — sammelt von dem Galgen und dem Pfahl die zerfleischten Leichen und die gebleichten Schädel unserer Verwandten — ruft sie in's Leben zurück, damit sie uns segnen, dann werden wir eure Vasallen und Brüder sein — bis dahin möge Tod, Blut und gegenseitiges Unrecht einen dunklen Schleier zwischen uns Zweien ausbreiten."

„Ihr wollt also nichts für Eure Freiheit thun?" fragte der Campbell.

„Alles, nur werde ich mich niemals der Freund Eures Stammes nennen."

„Wir verschmähen die Freundschaft von Banditen und Räubern, erwiderte Murdoch, „und würden auch niemals uns herablassen, sie anzunehmen. Was ich von Euch zu wissen wünsche, um Euch Eure Freiheit zu verschaffen, ist der Ort, wo die Tochter und die Erbin des Ritters von Ardenvohr jetzt zu finden ist?"

„Damit ihr sie an einen bettelhaften Verwandten eures

mächtigen Herrn nach der Sitte der Kinder von Diarmid ver=
mählen könnt! Ruft nicht das Thal von Glenorquhy bis
zur jetzigen Stunde euch Schande zu, wegen der Gewalt, die
ihr gegen ein hülfloses Kind übtet, als dessen Verwandte das=
selbe nach dem Hof des Fürsten brachte? Waren ihre Geleits=
leute nicht gezwungen, sich unter einem Dickicht zu verbergen,
bei welchem sie zuletzt so lauge kämpften, bis keiner übrig
blieb, um die Kunde zu geben? Und ward nicht dieß Mäd=
chen in dieß verhängnißvolle Schloß gebracht und nachher mit
einem Bruder des Mac Cullum More verheirathet, und Alles
das allein wegen ihrer großen Landgüter *)?"

„Und ist die Geschichte wahr," sagte Murdoch, „so erlangte
sie eine größere Beförderung, als ihr der König der Schotten
jemals übertragen haben würde. Dieß aber gehört nicht hie=
her. Die Tochter des Sir Duncan von Ardenvohr ist unser
eigen Blut und keine Fremde, und wer besitzt ein so gutes
Recht, ihr Schicksal zu erfahren, als Mac Callum More, der
Häuptling ihres Stammes?"

„Ihr befragt mich also in seinem Namen?" sagte der Ver=
brecher; der Bediente des Marquis bejahte die Frage.

„Und Ihr wollt dem Mädchen nichts Böses anthun? ich
habe ihr schon genug Unrecht erwiesen."

„Nichts Böses, beim Worte eines Christen," erwiderte
Murdoch.

„Und mein Lohn ist Leben und Freiheit?" sagte der Sohn
des Nebels.

---

*) Diese Geschichte wird von der Erbin des Clans von Calder erzählt,
welche in der beschriebenen Weise zur Gefangenen gemacht und nachher
an Sir Duncan Campbell vermählt wurde, dem Stammvater der Cal=
ders von Cawdor.

„Das ist unser Vertrag," erwiderte Campbell.

„So wisse, daß das Kind, welches ich aus Erbarmen bei der Zerstörung der Feste ihres Vaters rettete, als Adoptivtochter unseres Stammes erzogen ward, bis wir am Paß von Ballenduthil von dem eingefleischten Teufel und unserem Todfeinde, Allan Mac Aulay mit der blutigen Hand, sowie von den Reitern aus Lennox unter dem Erben von Menteith geschlagen wurden."

„Fiel sie in die Gewalt Allans mit der blutigen Hand als angebliche Tochter Eures Stammes?" fragte Murdoch. „Dann hat ihr Blut den Dolch gefärbt, und du hast nichts gesagt, um dein verwirktes Leben zu retten."

„Beruht mein Leben auf dem ihrigen," erwiderte der Räuber, „so ist es sicher, denn sie ist noch am Leben; ersterem ist aber eine unsicherere Bürgschaft gegeben, das unsichere Versprechen eines Sohnes von Diarmid."

„Das Versprechen wird dir gehalten werden," sagte der Campbell, „wenn du mir die Versicherung geben kannst, daß sie noch am Leben und wo sie zu finden ist."

„Im Schlosse von Darnlinvarach," sagte Ranald Mac Eagh, „unter dem Namen Annot Lyle. Ich habe oft von ihr meine Verwandte erzählen hören, die ihren heimatlichen Wäldern sich wieder genähert haben, und vor nicht langer Zeit sahen sie meine eigenen alten Augen."

„Ihr!" rief Murdoch erstaunt aus, „Ihr, ein Häuptling unter den Kindern des Nebels, habt Euch so in die Nähe Eures Todfeindes gewagt?"

„Sohn von Diarmid, ich that noch mehr," erwiderte der Räuber; „ich war in der Halle des Schlosses, als ein Harfner von den wilden Ufern des Skianach verkleidet. Ich wollte meinen Dolch in den Leib des Mac Aulay mit der blutigen

Hand stoßen, vor welchem unser Geschlecht erzittert, und dann jedes Schicksal ertragen, welches Gott mir senden würde. Ich sah jedoch Annot Lyle gerade als meine Hand auf dem Griffe meines Dolches ruhte. Sie schlug die Harfe zu einem Gesange der Kinder des Nebels, den sie erlernt hatte, als sie sich unter uns befand. Die Wälder, worin wir einst voll Freuden wohnten, ließen ihre grünen Blätter bei dem Gesange rauschen, und unsere Ströme floßen dort mit dem Rieseln ihrer Wasser. Meine Hand ließ den Dolch fahren; die Quelle meiner Augen war aufgeschlossen, und die Stunde der Rache ging vorüber. Und nun, Sohn von Diarmid, habe ich das Lösegeld meines Kopfes bezahlt?"

„Ja," erwiderte Murdoch, „wenn Eure Erzählung wahr ist; welchen Beweis aber könnt Ihr dafür geben?"

„Himmel und Erde sei mein Zeuge!" rief der Räuber aus; „er sieht sich schon nach Ausflucht um, um sein Wort zu brechen."

„Nein," erwiderte Murdoch, „jedes Versprechen soll Euch gehalten werden, wenn ich mich überzeugt habe, daß Ihr die Wahrheit sagtet — ich muß jedoch einige Worte zum Gefährten Eurer Gefangenschaft reden."

„Stets falsch bei schönen Worten," murmelte der Gefangene, als er sich wieder auf den Boden seines Gefängnisses hinwarf.

Mittlerweile machte Kapitän Dalgetty, dem kein Wort des Gespräches entgangen war, seine besondere Bemerkungen. „Was zum Henker, mag der pfiffige Kerl mir zu sagen haben, ich habe kein Kind, weder ein eigenes, noch das einer andern Person, um ihm eine Geschichte davon zu erzählen; aber laßt ihn nur kommen, er wird lange manövriren müssen, bis er die Flanke des alten Soldaten umgeht." Somit erwartete er, als stände er mit der Pike in der Hand auf einer Bresche, um dieselbe zu vertheidigen, zwar mit Vorsicht, jedoch ohne Furcht vor dem Anfang des Angriffs.

„Ihr seid ein Weltbürger, Kapitän Dalgetty," sagte Murdoch Campbell, „und könnt unser altes Sprichwort: „„wie du mir, so ich dir,"" nicht vergessen haben, welches bei allen Nationen und bei allen Armeen sich vorfindet."

„Dann muß ich allerdings etwas davon wissen," sagte Dalgetty, „denn mit Ausnahme der Türken gibt es wenige Mächte in Europa, denen ich nicht gedient habe, und einmal habe ich sogar daran gedacht, es entweder bei Bethlem Gabor, oder bei den Janitscharen zu versuchen."

„Ein Mann Eurer Erfahrung und Eures vorurtheilsfreien Geistes wird mich alsbald verstehen," sagte Murdoch, „wenn ich sage, oder vielmehr der Meinung bin, daß Eure Freiheit von Eurer wahren und aufrichtigen Antwort auf wenig unbedeutende Fragen hinsichtlich der Herren abhängig ist, die Ihr verlassen habt, nämlich hinsichtlich ihrer Vorbereitungen, der Zahl ihrer Leute, und der Natur ihrer Anordnungen; auch habt Ihr so viel, wie Ihr zufällig wissen solltet, von ihrem Operationsplan mir zu enthüllen."

„Wohl nur, um Eure Neugier zu befriedigen, und zu keinem anderen Zweck," meinte Dalgetty.

„Durchaus zu keinem andern," erwiderte Murdoch, „welches Interesse könnte ein armer Teufel, wie ich, an ihren Operationen nehmen?"

„So bringt Eure Fragen vor," sagte der Kapitän, „ich will sie peremptorie beantworten."

„Wie viel Irländer sind auf dem Marsche, um sich James Graham, dem Verbrecher, anzuschließen."

„Wahrscheinlich 10,000," sagte Dalgetty.

„10,000!" erwiderte Murdoch ärgerlich; „wir wissen, daß kaum 2000 in Ardnamurchan gelandet sind."

„Dann wißt Ihr mehr, als ich," antwortete Dalgetty mit großer Fassung; „ich sah sie noch nicht aufgestellt, auch noch nicht unter Waffen."

„Wie viel Mann werden von den hochländischen Clans erwartet?" fragte Murdoch.

„So viel sie aufbringen können," erwiderte der Kapitän.

„Ihr gebt keine Antwort, die sich für die Frage eignet. Herr," sagte Murdoch, „sprecht deutlich, werden 5000 Mann aufgebracht werden?"

„Soviel und ungefähr soviel," erwiderte Dalgetty.

„Ihr spielt mit Eurem Leben, Herr, wenn Ihr mich foppt," erwiderte der Katechist; „ein Pfiff von mir und in weniger denn zehn Minuten hängt Euer Kopf an der Zug= brücke."

„Um aber Euch meine aufrichtige Meinung zu sagen, Herr Murdoch," antwortete der Kapitän, „haltet Ihr es für ein vernünftiges Verfahren, daß Ihr mich nach den Geheimnissen unserer Armee fragt, in die ich mich für den ganzen Feldzug habe anwerben lassen? Wenn ich Euch lehren könnte, wie Ihr Montrose schlagen müßt, = was würde dann aus mei= nem Solde, meinen Rückständen und meinem Beuteantheil werden?"

„Ich sage Euch," bemerkte Campbell, „daß, wenn Ihr ei= gensinnig seid, Euer Feldzug mit einem Marsche nach dem Block an dem Schloßthore, welcher für solche Landläufer be= reit steht, beginnen und enden wird; wenn Ihr aber meine Fragen aufrichtig beantwortet, werde ich Euch aufnehmen in meinen — in den Dienst von Mac Callum More."

„Zahlt er guten Sold?" fragte der Kapitän.

„Er wird den Euren verdoppeln, wenn Ihr nach Montrose zurückkehren, aber unter der Leitung des Marquis handeln wollt."

„Ich wünschte, ich hätte Euch gesehen, Herr, bevor ich mich mit Montrose einließ," sagte Dalgetty, als sei er scheinbar in Nachdenken versunken.

„Im Gegentheil, ich kann Euch jetzt noch vortheilhaftere Bedingungen verschaffen," sagte der Campbell, vorausgesetzt, daß Ihr treu seid."

„Das heißt, treu gegen Euch, und Verräther gegen Montrose," erwiderte der Kapitän.

„Treu für die Sache der Religion und guten Ordnung," antwortete Murdoch, „welche jeden Betrug heiligt, den man für ihre Sache anwendet."

„Und der Marquis von Argyle — für den Fall, daß ich geneigt wäre, in seinen Dienst zu treten, ist er ein gütiger Herr?" fragte Dalgetty.

„Kein Mann war jemals gütiger," sagte der Campbell.

„Und ist er freigebig gegen seine Offiziere?" fuhr der Kapitän fort.

„Er hat die offenste Hand in ganz Schottland," antwortete Murdoch.

„Hält er seine Versprechungen?" fuhr Dalgetty fort.

„So fest, wie jemals ein ehrenwerther Edelmann."

„Ich habe nie so viel Gutes von ihm zuvor gehört," sagte Dalgetty; Ihr müßt den Marquis sehr genau kennen — oder vielmehr, Ihr müßt der Marquis selbst sein! — Lord von Argyle," fügte er hinzu, indem er sich plötzlich auf den verkleideten Edelmann stürzte, „ich verhafte Euch als Verräther, im Namen König Karls. Ruft Ihr um Beistand, so drehe ich Euch den Hals um."

Der Angriff, welchen Dalgetty auf die Person Argyle's machte, war so plötzlich und unerwartet, daß er ihn leicht auf den Boden des Gefängnisses niederwarf und ihn mit der einen Hand festhielt, während seine Rechte den Hals des Marquis ergriff und bereit war, beim geringsten Hülferuf denselben zu erdrosseln.

„Lord von Argyle," sagte er, „die Reihe ist jetzt an mir, um die Kapitulationsbedingungen aufzusetzen; wenn Ihr einwilligt, mir den verborgenen Weg zu zeigen, auf welchem Ihr in dieß Gefängniß kamt, so sollt Ihr unter der Bedingung davon kommen, daß Ihr mein locum tenens werdet, wie wir in Mareschal-College sagten, bis Euer Gefängnißwärter seine Gefangenen besucht. Wo nicht, so will ich Euch zuerst erdrosseln — ich lernte die Kunst von einem polnischen Haiducken, der ein Sklave in dem ottomanischen Serail gewesen war — und dann mir irgend einen Weg, um herauszukommen, aussuchen."

„Elender, Ihr wollt mich ermorden, wegen meiner Güte," murmelte Argyle.

„Nicht wegen Eurer Güte, Mylord," erwiderte Dalgetty, sondern erstlich, um Eurer Lordschaft Unterricht im Jus gentium hinsichtlich der Cavaliere zu geben, die unter sicherem Geleite gekommen sind, und zweitens Euch einen Begriff von der Gefahr beizubringen, worin man geräth, sobald man schimpfliche Bedingungen einem ehrenwerthen Soldaten vorschlägt, um ihn in Versuchung zu bringen, daß er seiner Fahne während seiner Dienstzeit untreu wird."

„Schont mein Leben," sagte Argyle, „und ich will thun, was Ihr verlangt."

Dalgetty ließ die Kehle des Marquis nicht los; er preßte dieselbe ein wenig zusammen, sobald er fragte, und ließ als=

dann den Druck in so weit nach, daß der Marquis antworten konnte.

„Wo ist die geheime Thüre, die in's Gefängniß führt?" fragte er.

„Haltet die Laterne an die Ecke rechts von Euch, alsdann werdet Ihr das Eisen erkennen, welches die Springfeder bedeckt," erwiderte der Marquis.

„Die Sache ist in Richtigkeit. Wohin aber führt der Gang?"

„Nach meinem Kabinet bis zu dessen Tapete," erwiderte der niedergeworfene Edelmann.

„Wie kann ich von dort den Thorweg erreichen?"

„Durch die große Halle, das Vorzimmer, das Bedientenzimmer, das Wachtzimmer —"

„Sämmtlich voll von Soldaten, Wachen und Bedienten? Das ist nicht nach meinem Geschmack, Mylord. Habt Ihr keinen geheimen Gang zum Thore, wie zum Gefängnisse? ich habe dergleichen in Deutschland gesehen."

„Ein Gang führt von meinem Kabinet aus in die Kapelle."

„Und was ist die Losung am Thore?"

„Das Schwert von Levi," erwiderte der Marquis; „wenn Ihr aber mein Ehrenwort annehmen wollt, so will ich mit Euch gehen, Euch durch jede Wache zu geleiten und mit einem Paß in volle Freiheit setzen."

„Ich würde Euch vertrauen, Mylord, wenn Euer Hals nicht bereits schwarz durch den Griff meiner Finger geworden wäre. Da dieß der Fall ist, beso los manos a Usted, wie der Spanier sagt: einen Paß jedoch könnt Ihr mir geben; — in Eurem Kabinet sind doch Schreibmaterialien vorhanden?"

„Sicherlich, und fertige Päſſe, in denen allein der Name einzutragen und dann die Unterzeichnung hinzuzufügen iſt. Ich will Euch ſogleich dahin begleiten,“ ſagte der Marquis.

„Das wäre zuviel Ehre für meinesgleichen,“ meinte Dalgetty; „Eure Lordſchaft ſoll unter der Bewachung meines ehrlichen Freundes Ranald Mac Eagh bleiben, erlaubt mir deßhalb, Euch ſo weit fortzuſchleppen, daß er Euch in ſeinen Ketten erreichen kann — ehrlicher Ranald, Ihr ſeht jetzt, wie die Sachen mit uns ſtehen, ich bezweifle nicht, daß ich die Mittel finden werde, Euch in Freiheit zu ſetzen. Mittlerweile thut, was Ihr mich thun ſeht, haltet Eure Hand ſo unter der Halskrauſe auf die Luftröhre dieſes hohen und mächtigen Fürſten, und wenn er ſich losreißen oder ſchreien will, ſo drücket nur recht ſtark; wenn es auch ad deliquium kommt, Ranald, d. h. wenn er in Ohnmacht fallen ſollte, ſo iſt nicht viel daran gelegen, in Betracht, daß er Eurer und meiner Kehle eine noch gröbere Behandlung zugedachte.“

„Wenn er reden oder ſich losreißen will,“ ſagte Ranald, „ſo ſtirbt er von meiner Hand.“

„Das iſt recht, Ranald — ſehr klug geſagt — ein zuverläſſiger Freund, welcher einen Wink verſteht, iſt eine Million werth.“

Nachdem Dalgetty die Sorge um den Marquis ſeinem neuen Verbündeten übertragen hatte, drückte er auf die Feder, wodurch die geheime Thüre ſich öffnete, jedoch ohne das geringſte Geräuſch beim Drehen auf den Angeln, denn letztere waren ſorgfältig geglättet und mit Oel eingeſchmiert. An der entgegengeſetzten Seite der Thür fanden ſich ſtarke Riegel und Eiſenſtangen, und daneben ein oder zwei Schlüſſel, welche offenbar zur Aufſchließung der Feſſeln beſtimmt waren. Eine enge durch die Dicke der Schloßmauer aufſteigende Treppe führte, wie der Marquis richtig angegeben hatte, zur Tapete seines Kabinetes. Verbindungen dieser Art waren häufig in alten Feudalschlössern, da sie dem Herrn der Festung, wie einem zweiten Dionys, die Mittel gewährten, die Gespräche seiner Gefangenen zu behorchen, oder sie in Verkleidung zu besuchen — ein Verfahren, welches bei dieser Gelegenheit einen für Gillespie Grumach so unangenehmen Ausgang genommen hatte. Der Kapitän untersuchte zuerst, ob noch sonst Jemand im Zimmer sei, und da er reine Bahn vorgefunden hatte, trat er ein, setzte sich hastig in Besitz eines Paßformulars, von welchen mehrere auf dem Tische lagen, und von Schreibmaterialien. Nachdem er ferner den Dolch des Marquis und eine seidene Schnur von den Fenstervorhängen mitgenommen hatte, stieg er wieder in die Höhle, wo er, einen Augenblick an der Thür horchend, die halberstickte Stimme des Marquis vernehmen konnte, welcher Mac Eagh große Anerbietungen machte, im Fall er ihm erlauben wolle, das Allarmzeichen zu geben.

„Nicht um einen Wald von Hirschen — nicht um tausend Stück Rindvieh," erwiderte der Freibeuter; „nicht um alle Ländereien, die jemals ein Sohn von Diarmid sein eigen nannte, will ich mein Wort brechen, welches ich dem Manne mit dem eisernen Kleide verpfändete."

„Der Mann mit dem eisernen Kleide," sagte Dalgetty eintretend, „ist Euch sehr verbunden, Mac Eagh, und dieser edle Lord wird ihm auch verbunden sein; zuerst aber muß er in diesen Paß die Namen von Major Dugald Dalgetty und seinem Führer einschreiben, oder er bekommt wahrscheinlich einen Paß in die andere Welt."

Der Marquis unterzeichnete beim Lichte der Blendlaterne

14 *

feinen Namen und schrieb das Weitere, was ihm der Soldat
aufgetragen hatte.

„Und jetzt Ranald," sagte Dalgetty, „leg dein Oberkleid
ab, — deinen hochländischen Mantel, meine ich, Ranald, wo=
mit ich Mac Callum More vermummen und auf einige Zeit
zu einem Sohn des Nebels machen will; — still Mylord, ich
muß den Mantel so um Euren Kopf bringen, daß wir gegen
Euer übelangebrachtes Geschrei gesichert sind — so jetzt seid
Ihr genug geknebelt — laßt die Hände unten, oder beim Him=
mel, ich will Euch Euren eigenen Dolch in's Herz stoßen! —
ja, ja, Ihr sollt mit nichts Geringerem, wie mit Seide, ge=
bunden werden, wie dieß Euer Stand erheischt — so jetzt ist
er in Sicherheit, bis Jemand kömmt, um ihn zu erlösen;
wenn er uns ein spätes Abendessen bestellt hat, so gereicht das
jetzt zu seinem eigenen Schaden — um welche Stunde, guter
Ranald, kam gewöhnlich der Gefangenwärter?"

Nicht eher, als bis die Sonne unter den Wellen im We=
sten verschwunden war."

„Dann, mein Freund, haben wir drei volle Stunden,"
sagte der vorsichtige Kapitän, „mittlerweile wollen wir für
Eure Befreiung sorgen."

Die nächste Beschäftigung war die Untersuchung der Kette
Ranalds. Dieselbe wurde durch einen der Schlüssel, welche
hinter der geheimen Thür hingen, aufgeschlossen; die Schlüssel
waren dort wahrscheinlich angebracht, damit der Marquis ei=
nen Gefangenen entlassen oder sonst fortschaffen konnte, ohne
den Gefangenwärter herbeizurufen. Der Räuber streckte seine
erstarrten Arme aus und sprang von dem Boden des Gefäng=
nisses in aller Entzückung der wiedererlangten Freiheit empor.

„Nimm die Livree des edlen Gefangenen," sagte Dalgetty,
„lege sie an und folge mir dicht auf den Fersen."

Der Räuber gehorchte; sie stiegen die geheime Treppe hinauf, nachdem sie zuvor die Thüre hinter sich verriegelt hatten,
und erreichten in Sicherheit das Kabinet des Marquis *).

---

*) Der unsichere Zustand des Feudaladels veranlaßte viel Spioniren
in den Schlössern desselben. Sir Robert Carey erwähnt, daß er den
Rock eines seiner Gefangenwärter anlegte, um ein Bekenntniß eines
seiner Gefangenen zu erlangen, den er alsdann sogleich für die offen-
herzige Mittheilung hängen ließ. Das schöne alte Schloß Naworth an
der schottisch-englischen Grenze enthielt eine geheime Treppe vom Zimmer des Lord William Howard aus, wodurch derselbe das Gefängniß,
wie wir soeben beschrieben, besuchen konnte.

# Vierzehntes Kapitel.

Dieß ist der Gang, die Treppe — doch was folgt? —
Wer aber seinen Tod vor Augen hat,
Mag Kart' und Kompaß dreist bei Seite werfen
Und ohne Steu'rung sich dem Meer vertrauen.
Die Tragödie Brennovalt.

„Sieh nach dem geheimen Gange zur Kapelle, Ranald,“ sagte der Kapitän, „während ich diese Sachen da in der Schnelle untersuchen will.“

Mit den Worten ergriff er mit der einen Hand ein Bündel von Argyle's geheimsten Papieren, und mit der andern eine Börse Gold, welche beide in der Schublade eines prächtigen Schrankes lagen, die in höchst einladender Weise offen stand. Auch unterließ er es nicht, sich in den Besitz eines Degens und von Pistolen mit einem Horn voll Pulver und Kugeln zu setzen, die in dem Zimmer aufgehängt waren. „Jeder ehrenwerthe Cavalier,“ sagte der Veteran, als er seine Beute einsteckte, „muß für Kundschaft und Beute sorgen; die eine ist für seinen General, die andere für ihn selbst. Dieser Degen ist ein Andrea Ferrara, und die Pistolen sind besser, als meine eigenen, aber ein schöner Tausch ist kein Raub, Soldaten darf man nicht ohne Grund in Gefahr bringen — Mylord Argyle — aber sachte, sachte, Ranald, weiser Mann des Nebels, was hast du vor?“

Es war allerdings hohe Zeit, den Abssichten Ranalds Einhalt zu thun; als dieser den geheimen Gang nicht sogleich fand, war er, wie es schien, ungeduldig über weiteren Verzug, hatte einen Degen und einen Schild von der Wand gerissen und stand im Begriff, die Halle zu betreten, ohne Zweifel in der Absicht, sich mit dem Schwerte einen Weg durch die Bewaffneten zu bahnen.

„Halt, bei Eurem Leben!" flüsterte Dalgetty, indem er ihn anpackte; „wir müssen wo möglich auf der Lauer liegen. Verriegeln wir diese Thüre, damit man glaubt, Mac Cullum More wünsche allein zu bleiben; jetzt laßt mich eine Recognoscirung nach dem geheimen Gange anstellen."

Der Kapitän entdeckte zuletzt, nachdem er hinter die Tapete an verschiedenen Plätzen geblickt hatte, eine geheime Thüre, und hinter derselben eine Wendeltreppe mit einer andern Thüre am Ende, welche ohne Zweifel in die Kapelle führte. Groß war aber seine unangenehme Ueberraschung, als er an der andern Thüre die laute Stimme eines predigenden Geistlichen vernahm.

„Ha, der Schuft hat uns deßhalb diesen geheimen Gang empfohlen. Ich fühle eine starke Versuchung, wieder umzukehren und ihm den Hals abzuschneiden."

Er öffnete sehr leise die Thür, welche in eine mit Gittern versehene Loge führte, die der Marquis selbst zu gebrauchen pflegte. Die Vorhänge waren vorgezogen, vielleicht in der Absicht, daß man glauben sollte, er sei beim Gottesdienst gegenwärtig, während er sich mit sehr weltlichen Dingen abgab. In der Loge befand sich keine andere Person. Die Familie des Marquis saß nach der damaligen strengen Etiquette während des Gottesdienstes in einer andern etwas niedriger unter derjenigen des gewaltigen Mannes angebrachten Loge. Da dieß der Fall war, wagte es der Kapitän, sich in der Loge zu verstecken, deren Thüre er sorgfältig verriegelte.

Niemals wurde eine Predigt, wenigstens von einem Theile der Gemeide, mit mehr Ungeduld und weniger Erbauung angehört, obgleich wir gestehen müssen, daß diese Behauptung mit Kühnheit vorgebracht ist. Der Kapitän hörte S e ch s = z e h n t e s ,  S i e b e n z e h n t e s ,  A ch t z e h n t e s  und s ch l i e ß = l i ch  mit einer Art in die Länge gezogener Verzweiflung. Niemand aber kann eine ewigbauernde Vorlesung halten (der Gottesdienst wurde eine Vorlesung genannt); die Predigt erreichte endlich ihren Schluß mit einer tiefen Verbeugung des Geistlichen gegen die vergitterte Gallerie, wobei derselbe wenig argwohnte, wen er mit diesem Bückling beehrte. Nach der Eile, womit die Dienerschaft des Marquis die Kapelle verließ, war auch diese weniger, mit ihrer kürzlichen Beschäftigung, wie Kapitän Dalgetty in seiner Angst, zufrieden; wirklich konnten sich Viele der Hochländer damit entschuldigen, daß sie kein einziges Wort des Geistlichen verständen, obgleich sie auf besonderen Befehl Mac Cullum More's sich als Zuhörer eingestellt hatten, wie sie ihm ebenso gehorcht haben würden, wäre der Prediger ein türkischer Imam gewesen.

Obgleich die Gemeinde sich so schnell zerstreute, blieb der Geistliche in der Kapelle zurück, ging auf und ab in dem gothischen Raume und schien über seinen Predigttext noch weiter nachzudenken, oder eine neue Predigt vorzubereiten. So verwegen auch Dalgetty war, empfand er doch einiges Bedenken über sein weiteres Verfahren. Die Zeit jedoch drängte, und jeder Augenblick steigerte die Möglichkeit, daß der Gefängnißwärter vielleicht vor der gewohnten Zeit das von ihm verlassene Loch besuchen und den eingetretenen Tausch entdecken würde. Zuletzt flüsterte er Ranald zu, welcher alle seine Be=

wegungen bewachte, ihm mit ruhigem Gesicht zu folgen, und stieg dann mit einer sehr gefaßten Miene die Treppe hinab, welche in den unteren Raum der Kapelle führte. Ein weniger erfahrner Abenteurer würde es versucht haben, bei dem würdigen Geistlichen schnell vorüber zu gehen, um unbemerkt zu entwischen. Der Kapitän aber, welcher die offenbare Gefahr erkannte, daß ihm ein solcher Versuch mißlingen könne, ging würdevoll dem Geistlichen auf dessen Spaziergang in der Mitte des Chors entgegen, zog seine Kopfbedeckung ab und stand im Begriff, nach dieser förmlichen Verbeugung an ihm vorüber zu gehen. Wie groß war aber seine Ueberraschung, als er in dem Prediger dieselbe Person erkannte, mit welcher er in dem Schlosse Ardenvohr zu Mittag gegessen hatte. Er erlangte jedoch schnell seine Besonnenheit wieder und redete ihn sogleich an, bevor derselbe nur sprechen konnte.

„Ich konnte unmöglich," waren seine Worte, „diese Wohnung verlassen, ohne Euch, ehrwürdiger Herr, meinen demüthigen Dank für die Predigt zu sagen, womit Ihr uns heute Abend beehrt habt."

„Ich habe nicht bemerkt," sagte der Geistliche, „daß Ihr in der Kapelle wart."

„Es gefiel dem ehrenwerthen Marquis," sagte Dalgetty bescheiden, „mich mit einem Sitze in seiner eigenen Loge zu beehren."

Der Geistliche verbeugte sich tief bei dieser Bemerkung, denn er wußte, daß solch eine Ehre nur Personen von sehr hohem Range vorbehalten war.

„Es war mein Schicksal, Herr," sagte der Kapitän, „in meinem Wanderleben, verschiedene Prediger verschiedener Religionen, z. B. Lutheraner, Evangelische, Reformirte, Calvinisti=

ſche u. ſ. w. zu hören, aber nie habe ich eine Predigt wie die Eurige vernommen.“

„Nennt es eine Vorleſung, würdiger Herr,“ ſagte der Geiſtliche, „dieß iſt der in unſerer Kirche gewöhnliche Ausdruck.“

„Vorleſung oder Predigt,“ ſagte Dalgetty, „ſie war, wie die Hochdeutſchen ſagen, ganz vortrefflich; ich konnte dieſen Ort nicht verlaſſen, ohne Euch meine inneren Regungen zu bezeugen, die ich wegen Eurer erbauenden Vorleſungen empfand, und wie tief ich den Uebelſtand empfinde, daß ich geſtern während unſerer Erquickung die Achtung zu verletzen ſchien, zu der ich gegen eine Perſon, wie Ihr, verpflichtet bin.“

„Ach, mein würdiger Herr,“ ſagte der Geiſtliche, „wir begegnen einander in dieſer Welt, wie in dem Schatten des Todes, und wiſſen nicht, wen wir vor uns haben. Wahrlich, es iſt nicht wunderbar, wenn wir bei denjenigen Anſtoß erregen, denen wir, wenn wir ſie kennen ſollten, alle Achtung ertheilen würden. Sicherlich, Herr, ich hätte Euch eher für einen gottloſen Böswilligen, als für eine ſo gottesfürchtige Perſon gehalten, wie Ihr Euch jetzt mir erweiſet — als ein Mann, welcher den Herrn ſogar in den niedrigſten ſeiner Diener achtet.“

„Dieß war immer meine Gewohnheit, geehrter Herr,“ erwiderte Dalgetty, „ſo zu verfahren; denn im Dienſte des unſterblichen Guſtavus — ich ſtöre Euch aber in Eurem Nachdenken“ — ſein Wunſch, vom Schwedenkönig zu erzählen, wurde endlich einmal durch die ſich drängenden Umſtände überwältigt.

„Durchaus nicht, würdiger Herr,“ ſagte der Geiſtliche, „was war, ich bitte Euch, die Tagesordnung dieſes großen

Fürsten, dessen Andenken jedem protestantischen Herzen so theuer ist?"

„Die Trommeln jeden Morgen und jeden Abend ebenso regelmäßig zum Gebet, als zur Parade zu schlagen; wenn ein Soldat ohne Gruß vor einem Kaplan vorüberging, mußte er eine Stunde lang auf dem hölzernen Pferde reiten. Herr, ich wünsche Euch einen guten Abend, ich bin genöthigt, mit Mac Cullum More's Paß Euch zu verlassen."

„Bleibt einen Augenblick, Herr," sagte der Prediger. „Kann ich durch keine Handlung dem Zöglinge des großen Gustav Adolph und einem so bewunderungswürdigen Richter über Predigten einen Dienst erweisen?"

„Durch keine andere," sagte der Kapitän, „als daß Ihr mir den nächsten Weg zum Thore zeigt, und wenn Ihr die Güte haben wollt," fügte er mit großer Keckheit hinzu, „einen Diener nach meinem Pferde, dem großen braunen Wallach, zu schicken. Ruft ihn nur Gustavus, und er wird sogleich die Ohren spitzen, denn ich weiß nicht, wo der Stall liegt, und mein Führer," fügte er auf Ranald blickend hinzu, „spricht nicht englisch."

„Ich werde sogleich Ihren Auftrag ausführen," sagte der Geistliche, „Euer Weg führt durch jenen Mauerdurchgang."

„Der Himmel lohne ihm seine Eitelkeit," dachte der Kapitän; „ich besorgte schon, ohne Gustavus abmarschiren zu müssen."

Der Geistliche hatte wirklich den Auftrag eines so scharfsinnigen Richters über Predigten mit solchem Eifer ausgeführt, daß ein Diener das Pferd Dalgetty's gesattelt herbeiführte, als derselbe mit der Schildwache an der Zugbrücke unterhandelte, seinen Paß zeigte und die Losung gab.

Auf einem andern Platze würde das plötzliche Erscheinen

des öffentlich verhafteten Kapitäns einigen Verdacht erregt und Untersuchung veranlaßt haben, indeß die Offiziere und Bedienten des Marquis waren an die geheimnißvolle Politik ihres Herrn gewöhnt, und dachten sich nichts Anderes, als daß er einen geheimen Auftrag von ihrem Herrn erhalten habe. In diesem Glauben gaben sie ihm freien Durchgang, nachdem sie die Parole erhalten hatten.

Dalgetty ritt langsam durch die Stadt Inverary, indem der Räuber ihn als ein Diener zu Fuß dicht an seinem Pferde begleitete. Als sie an den Galgen vorüberkamen, blickte der alte Mann auf die Leichname und rang die Hände. Der Blick und die Bewegung währten nur einen Augenblick, sprachen aber einen unbeschreiblichen Schmerz aus. Ranald faßte sich jedoch sogleich und flüsterte im Vorübergehen einer der Frauen etwas zu, welche, wie Rispah, die Tochter Ojah's, damit beschäftigt schienen, die Opfer feudaler Ungerechtigkeit zu bewachen und zu beklagen. Das Weib fuhr bei seiner Stimme empor, faßte sich aber sogleich und antwortete mit einer leichten Neigung des Hauptes.

Dalgetty setzte seinen Weg außerhalb der Stadt in Ungewißheit fort, ob er ein Boot in Beschlag nehmen oder miethen solle, um über den See zu setzen, oder ob es besser sei, in die Wälder zu bringen, und sich dort vor der Verfolgung zu verbergen. Im ersteren Fall war er augenblicklicher Verfolgung durch die Galeeren des Marquis ausgesetzt, welche zum Segeln bereit lagen, indem ihre langen Raaen nach dem Wind gerichtet waren; für den Fall war keine Hoffnung vorhanden, in einem gewöhnlichen hochländischen Fischerboote zu entfliehen. Bei letzterer Wahl war die Aussicht, sich in den wüsten und unbekannten Wildnissen zu ernähren oder zu verbergen, im höchsten Grade ungewiß. Die Stadt lag jetzt hinter ihm, er konnte jedoch nicht bestimmen, welche Richtung er einschlagen müsse, und begann zu bedenken, daß er durch seine Flucht aus dem Gefängniß in Inverary, so verzweifelt die Sache auch erscheinen mochte, nur den leichtesten Theil einer schweren Aufgabe gelöst hatte. Ward er wieder gefangen, so war sein Schicksal jetzt gewiß; die persönliche Mißhandlung, die er einen so mächtigen und rachsüchtigen Mann hatte erleiden lassen, konnte nur durch augenblicklichen Tod gesühnt werden. Während er diesen unangenehmen Gedanken nachhing, und sich mit Gesichtszügen umsah, welche klar genug Unentschlossenheit ausdrückten, fragte ihn plötzlich Ranald Mac Eagh, wohin er seine Reise zu richten gedenke.

„Gerade diese Frage, ehrlicher Kamerad," antwortete Dalgetty, „kann ich Euch nicht beantworten. Wahrlich, Ranald, ich beginne zu glauben, daß wir besser bei dem schwarzen Brod und dem Wasserkrug bis zu Sir Duncans Ankunft geblieben wären, welcher seiner Ehre wegen für mich hätte auftreten müssen."

„Sachse," erwiderte Mac Eagh, „beklage es nicht, die stinkende Luft jenes Gefängnisses mit der Frische des Himmels vertauscht zu haben. Vor Allem bereue nicht, daß du einem Sohne des Nebels gedient hast. Folge meiner Leitung, und ich verbürge dir deine Sicherheit mit meinem Kopfe."

„Könnt Ihr mich in Sicherheit durch diese Gebirge und zum Heer Montrose's zurückführen?" fragte Dalgetty.

„Ich kann es," erwiderte Mac Eagh; „es gibt Niemand, dem die Gebirgspässe, die Höhlen, die Thäler, die Dickichte und die Schluchten besser bekannt sind, als den Söhnen des Nebels. Während Andere auf den Ebenen an den Seiten der Seen und Ströme einherkriechen, sind die steilen Schluchten, die unzugänglichen Gebirge, wo die Quellen der Einöde ent=

springen, unsere Wohnorte. Alle Bluthunde Argyle's können nie in die Gebirgsfesten dringen, durch welche ich Euch zu führen vermag."

„Sagst du das, ehrlicher Ranald," erwiderte Dalgetty, „dann muß ich zu dir halten, denn wahrlich, ich werde niemals das Schiff durch mein eigenes Steuern retten."

Der Räuber führte somit den Kapitän in den Wald, von welchem das Schloß auf mehrere Meilen weit umgeben ist; er ging dabei so schnell, daß Gustavus sich in einen starken Trott setzen mußte, und schlug so viele Nebenwege und Wendungen ein, daß Kapitän Dalgetty alle Vorstellungen, wo er sein könnte, und alle Kenntniß von den Strichen des Compasses verlor. Zuletzt endete der Pfad, der immer schwieriger geworden war, gänzlich unter Dickicht und Unterholz. Das Rauschen eines Gebirgsstromes wurde in der Nähe vernommen, der Boden wurde an einigen Orten gespalten, an anderen sumpfig, und überall zum Reiten ungeeignet.

„Was zum Teufel," sagte Dalgetty, „ist hier zu thun; ich besorge, daß ich mich hier von Gustavus trennen muß."

„Habt keine Furcht wegen Eures Pferdes," sagte der Räuber; „es wird Euch bald zurückgegeben werden."

Bei den Worten pfiff er mit leisem Tone, und ein Knabe, halb in gewürfeltem Zeuge gekleidet, halb nackt, kam zum Vorschein. Sein struppiges Haar, mit einem ledernen Riemen gebunden, diente ihm allein als Bedeckung, um ihm Kopf und Gesicht vor Sonne und Wetter zu schützen; er war mager, und, wie es schien, halbverhungert; seine wilden Augen schienen den zehnfachen Raum des gewöhnlichen Verhältnisses einzunehmen, welches ihnen im Menschenantlitz gewöhnlich zugewiesen ist. Dieser Bursch kroch wie ein wildes Thier aus seinem Dickicht von Brombeer- und Hagebuttengesträuch hervor.

„Gebt Euer Pferd dem Burschen," sagte Ranald Mac Eagh, „Euer Leben ist davon abhängig."

„O weh!" rief der verzweifelnde Veteran aus. „Eheu! wie wir in Mareschal-College zu sagen pflegten; muß ich Gustavus in solcher Wartung zurücklassen!"

„Seid Ihr verrückt, um so die Zeit zu verlieren," sagte sein Führer. „Befinden wir uns auf so sicherem Boden, daß Ihr von Eurem Pferd Abschied nehmen könnt, als wäre es Euer Bruder? Ich sage Euch, Ihr sollt es wieder haben, wenn Ihr es aber niemals wieder sehen solltet, so ist das Leben besser, als das beste Fohlen, welches jemals von einer Stute geworfen wurde."

„Das ist wahr, mein ehrlicher Freund," seufzte Dalgetty; „wenn Ihr aber den Werth von Gustavus und die mancherlei Abenteuer kennen würdet, die wir beide vollbracht und gelitten haben — seht, er wendet sich um, um mich noch einmal zu sehen — behandle ihn gut, mein kleiner, hosenloser Freund, dann will ich Euch gut belohnen," und mit den Worten, wobei er noch ein wenig schnaubte, um seinen Gram hinunterzuschlucken, wandte er sich ab von dem herzzerreißenden Schauspiel, um seinem Führer zu folgen.

Letzteres war jedoch nicht leicht und erheischte größere Behendigkeit, als dem Kapitän zu Gebote stand. Der erste Sturz, nachdem er sich von seinem Pferd getrennt hatte, versenkte ihn bei einiger Hülfe von wenigen überhängenden Zweigen oder vorragenden Baumwurzeln acht Fuß abwärts in das Bett eines Waldstromes, durch welchen der Sohn des Nebels stromaufwärts voranging. Große Steine, über welche sie kletterten, — Dornen- und Brombeerengebüsche, durch welche sie sich schleppen mußten — Felsen, die auf der einen Seite mit viel Arbeit und Mühe erklommen wurden, um auf der anderen Seite eine ebenso gefährliche Absteigung darzubieten. Alle diese und viele andere Hindernisse wurden von dem leichtfüßigen und halbnackten Bergbewohner mit einer Leichtigkeit und Geschwindigkeit überwunden, welche das Erstaunen und den Neid des Kapitäns erregten, der mit seinem schweren Helm, Harnisch und anderer Rüstung, abgesehen von seinen gewichtigen Steifstiefeln, beladen, zuletzt durch die Mühen und Schwierigkeiten des Weges so ermüdet ward, daß er sich auf einen Stein, um Athem zu schöpfen, niedersetzte, während er seinem Führer Ranald Mac Eagh den Unterschied zwischen einem Marsche als Expeditus und Impeditus erklärte, wie diese militärischen Phrasen in Aberdeen verstanden wurden. Die einzige Antwort des Bergbewohners bestand darin, daß er seine Hand auf den Arm des Soldaten legte und in der Richtung des Windes zurückwies. Dalgetty konnte nichts merken, denn der Abend brach herein, und sie befanden sich auf dem Grunde einer dunklen Gebirgsschlucht. Zuletzt konnte er jedoch deutlich den dumpfen Ton einer entfernten Glocke vernehmen.

„Das," sagte er, „muß ein Allarmzeichen sein — ein Sturmläuten, wie es die Deutschen nennen."

„Die Glocke schlägt die Stunde Eures Todes," erwiderte Ranald, „wenn Ihr mich nicht ein wenig weiter begleiten könnt. Für jeden Schall dieser Glocke hat schon mancher brave Mann sein Leben gegeben."

„Wahrlich, Ranald, mein treuer Freund," sagte Dalgetty; „ich will nicht leugnen, daß dieser Fall bald auch bei mir eintreten kann, denn ich bin so müde, da ich, wie ich Euch erklärte, Impeditus bin, denn wäre ich Expeditus, so würde ich mir nichts daraus machen, nach der Pfeife einen Walzer zu

tanzen — ich bin so müde, daß ich mich lieber in einem die=
ser Gebüsche verstecken und dort das Schicksal, welches Gott
mir sendet, ruhig erwarten will. Ich bitte Euch, ehrlicher
Freund Ranald, sorgt für Euch selbst und überlaßt mich mei=
nem Schicksale, wie der Löwe des Nordens, der unsterbliche
Gustavus Adolphus, mein unvergeßlicher Feldherr — von dem
müßt Ihr doch gehört haben, Ranald, obgleich Ihr von Nie=
mand sonst gehört habt — wie der unsterbliche Gustavus
Adolphus dem Herzog von Sachsen Lauenburg sagte, als er
in der Schlacht von Lützen tödtlich verwundet wurde. Ver=
zweifle nur nicht an meiner Sicherheit, Ranald, denn oft habe
ich mich in Deutschland in ebenso großer Klemme befunden,
besonders, wie ich mich erinnere, in der verhängnißvollen
Schlacht von Nördlingen, nach welcher ich den Dienst wech=
selte —"

„Verspart den Athem von Eures Vaters Sohn, um seinem
Kind aus der Noth zu helfen, statt ihn bei Geschichten zu
verschwenden," sagte Ranald, welcher jetzt über des Kapitäns
Geschwätzigkeit ärgerlich wurde; „wenn aber Eure Füße so
schnell laufen können, wie Eure Zunge, so werdet Ihr noch
heute Nacht Euer Haupt auf ein unblutiges Kissen niederlegen."

„Darin zeigt sich einige militärische Geschicklichkeit," erwi=
derte der Kapitän, „ob Ihr gleich ungebührlich und achtungs=
los mit einem Offizier von Range redet; ich halte es jedoch
für zweckmäßig, solche Freiheiten auf einem Marsche zu ver=
zeihen, und zwar in Betracht der saturnalischen Freiheit, welche
in solchen Fällen den Truppen aller Nationen gestattet ist.
Und nun, Freund Ranald, übernehme wieder dein Amt als
Führer, denn ich habe mich etwas verschnauft, oder um deut=
licher zu reden, I prae, sequar, wie wir in Mareschal=College
zu sagen pflegten."

Sage von Montrose.                                          15

Der Sohn des Nebels begriff, was er sagen wollte, mehr aus seinen Bewegungen, als aus seinen Worten, und ging voran mit einer niemals fehlenden Sicherheit, welche instinktartig zu sein schien, während der Boden in verschiedener Gestaltung die größten Schwierigkeiten und Zerklüftungen darbot, welche sich nur denken lassen. Der Kapitän mit seinen gewaltigen Steifstiefeln, seinen Beinschienen, Handschuhen, Brust- und Rückenharnisch beladen, und außerdem noch mit einem Büffelwams unter allen diesen Waffen angethan, marschirte eine beträchtliche Strecke hinter ihm her, indem er fortwährend von seinen früheren Thaten schwatzte, obgleich Ranald seinen Erzählungen nicht die geringste Aufmerksamkeit schenkte. Nachdem so ein ziemlicher Weg zurückgelegt war, wurde das tiefschallende Gebell eines Hundes, durch den Wind herbeigeführt, vernommen, als habe derselbe die Spur seiner Beute aufgefunden.

„Schwarzer Hund," sagte Ranald, „dessen Kehle den Söhnen des Nebels niemals ein Glück verkündete, Unheil befalle diejenige, welche dich warf! Hast du schon unsere Spur gefunden? Du kommst aber zu spät, finsterer Hund der Dunkelheit, der Hirsch hat die Heerde erreicht."

Mit den Worten pfiff er sehr leise und erhielt in einem gleich leisen Tone die Antwort von dem Gipfel eines Passes, welchen sie einige Zeit lang hinaufgestiegen waren; den Schritt beschleunigend, erreichten sie den Gipfel, wo der jetzt hell und glänzend aufgehende Mond Dalgetty eine Schaar von zehn oder zwölf Hochländern und ebenso viel Weibern und Kindern zeigte, von welchen Ranald Mac Eagh mit solchem Entzücken empfangen wurde, daß sein Gefährte leicht begriff, seine Umgebung müsse aus den Kindern des Nebels bestehen. Der Platz, den sie einnahmen, eignete sich gut für ihre Namen und

Gewohnheiten. Es war eine vorspringende Klippe, um welche sich ein sehr enger und gebrochener Fußpfad wand, den die von ihnen eingenommene Stellung an verschiedenen Punkten beherrschte.

Ranald sprach angstvoll und hastig mit den Genossen seines Stammes, und die Männer nahten sich, einer nach dem andern, um Dalgetty die Hand zu drücken, während die Weiber lärmend in ihrer Dankbarkeit sich um ihn drängten, um den Saum seines Kleides zu küssen.

„Sie verpfänden Euch ihre Treue," sagte Ranald Mac Eagh, „zur Belohnung der guten That, die Ihr heute dem Stamm erwiesen habt."

„Genug gesagt, Ranald," erwiderte der Soldat; „mache ihnen begreiflich, daß ich dieses Handschütteln nicht leiden kann, es verwirrt den Rang und die Grade militärischen Dienstes, und was das Küssen von Handschuhen, Stiefelschaften u. dgl. betrifft, erinnere ich mich, daß der unsterbliche Gustavus, als er durch die Straßen von Nürnberg ritt, und so von der Volksmasse verehrt wurde, — er war doch ohne Zweifel dessen würdiger, als ein armer, obgleich ehrenwerther Cavalier, wie ich — daß der unsterbliche Gustavus den Leuten ihr Verfahren mit den Worten verwies: „„wenn ihr mich so vergöttert, so könnt ihr überzeugt sein, daß die Rache des Himmels Euch nur zu bald zeigen wird, ich sei ein sterblicher Mensch"" — also hier, wie ich glaube, Ranald, wollt Ihr Euren Feinden die Stirne bieten — voto a Dios! wie der Spanier sagt — eine sehr schöne Stellung — eine sehr schöne Stellung für eine kleine Abtheilung Leute, wie ich das aus Erfahrung weiß — kein Feind kann auf dem Wege herankommen, ohne dem Geschütz- und Musketenfeuer preisgegeben zu sein, aber Ranald, mein treuer Kamerad, ich glaube, bekräftigen zu können,

15\*

daß Ihr kein Geschütz habt, und ich sehe auch nicht, daß Einer dieser Kerle eine Muskete besitzt. Mit welcher Artillerie Ihr den Paß vertheidigen wollt, bevor Ihr handgemein werdet, kann ich, Ranald, wahrhaftig nicht begreifen."

„Mit den Waffen und dem Muthe unserer Väter," sagte Mac Eagh; er machte dem Kapitän bemerklich, daß die Leute seiner Schaar mit Bogen und Pfeilen bewaffnet waren.

„Bogen und Pfeile!" rief Dalgetty aus. Ha, ha, ha! ist Robin Hood und der kleine John wieder auferstanden? Bogen und Pfeile! Wahrhaftig, seit 100 Jahren hat man so etwas in civilisirter Kriegsführung nicht erlebt. Bogen und Pfeile! warum nicht gar Weberbäume, wie in Goliaths Tagen. Ha, ha, ha! daß Dugald Dalgetty von Drumthwacket noch mit eigenen Augen Leute sehen muß, die mit Bogen und Pfeilen kämpfen! — der unsterbliche Gustavus hätte das nicht geglaubt, Wallenstein auch nicht — Oberst Butler eben so wenig — auch nicht der alte Tilly — Gut, Ranald, eine Katze hat weiter nichts, als ihre Klauen — da Bogen und Pfeil die Losung sind, so laßt uns sie brauchen, so gut es geht, da ich aber nicht die Anwendung und die Aufstellung einer so altmodischen Artillerie kenne, müßt Ihr nach Eurem eigenen Kopfe Eure Vorkehrungen treffen; von der Uebernahme des Commando's durch mich, zu der ich sehr gerne bereit gewesen wäre, würdet Ihr mit christlichen Waffen kämpfen, kann jetzt nicht die Rede sein, wenn Ihr wie köchertragende Numidier kämpfen wollt. Ich werde jedoch an dem bevorstehenden Handgemenge Theil nehmen, da mein Karabiner unglücklicherweise im Sattel von Gustavus steckt — ich danke euch gehorsamst," fuhr er fort, vier Hochländer anredend, welche ihm einen Bogen darboten. „Dugald Dalgetty kann von sich selbst sagen, was er in Mareschal-College erlernte:

Non eget Mauri jaculis, neque arcu,
Nec venenatis gravida sagittis
Fusce, pharetra;

d. h. überſetzt," — —

Ranald Mac Eagh brachte den geſchwätzigen Offizier wie=
der, wie früher, zum Schweigen, indem er ihn an dem Aermel
zupfte und auf den Paß wies. Das Gebell des Bluthundes
kam näher und näher; man vernahm die Stimmen mehrerer
Perſonen, welche das Thier begleiteten und einander zuriefen,
wenn ſie ſich gelegentlich, entweder in der Eile des Vordrin=
gens, oder bei genauerer Unterſuchung der Dickichte auf ihrem
Wege zerſtreuten. Die Verfolger näherten ſich offenbar mit
jedem Augenblicke. Mac Eagh machte mittlerweile dem Ka=
pitän Dalgetty den Vorſchlag, ſeine Rüſtung abzulegen, und
gab ihm zu verſtehen, daß die Weiber ihn an einen ſicheren
Ort bringen würden.

„Ich bitte Euch um Verzeihung, Herr," ſagte Dalgetty;
„dieß iſt nicht der Brauch in fremdem Kriegsdienſt; in Bezug
hierauf erinnere ich mich, daß der unſterbliche Guſtavus dem
Regimente finniſcher Küraſſire einen Verweis ertheilte, und
demſelben die Keſſelpauken abnehmen ließ, weil es ſich heraus=
genommen hatte, ohne Harniſch zu marſchiren und dieſelben
bei der Bagage zurückzulaſſen. Auch durfte dies berühmte Re=
giment nicht eher die Keſſelpauken wieder ſchlagen, als bis es
ſich ſo ausgezeichnet auf dem Schlachtfelde von Leipzig ver=
halten hatte. Dieſe Lection darf eben ſo wenig vergeſſen wer=
den, als jener Ausruf des unſterblichen Guſtavus: „„Jetzt
werde ich erfahren, ob mich meine Offiziere lieben, wenn ſie
ihre Rüſtung anlegen; denn wer ſoll meine Soldaten zum
Siege führen, wenn meine Offiziere in der Schlacht fallen?"“
Dennoch, Freund Ranald, nehme ich meine ſchwere Stiefeln

aus, vorausgesetzt, daß ich etwas Anderes als Ersatz dafür bekommen kann, denn ich nehme es mir nicht heraus, zu behaupten, daß meine nackten Sohlen gegen Kieselsteine und Dornen abgehärtet sind, wie es bei Euren Begleitern der Fall zu sein scheint.‟

Das Ausziehen der schweren Steifstiefeln und die Umhüllung der Beine des Kapitäns mit einem Paar Schuhe aus Hirschleder, die ein Hochländer ablegte, um sie dem Fremden zu geben, war das Werk einer Minute, und Dalgetty fand sich durch den Tausch sehr erleichtert. Er stand im Begriff, Ranald Mac Eagh anzuempfehlen, daß er zwei oder drei seiner Leute etwas mehr nach unten zur Recognoscirung des Passes absenden möge, zugleich auch seine Front durch Aufstellung zweier Schützen auf jede Flanke als Beobachtungsposten auszudehnen, als das nahe Hundegebell ihnen verkündete, ihre Verfolger seien am Fuße des Passes angekommen. Es herrschte ein tiefes Schweigen; so geschwätzig der Kapitän auch bei anderen Gelegenheiten sein mochte, so war er mit der Nothwendigkeit einer tiefen Stille bei einem Hinterhalte zu wohl bekannt. Der Mond strahlte auf den zerrissenen Pfad, und an den vorragenden Klippen, um welche er sich wand, ward sein Licht hie und da von den Zweigen der Gebüsche und Zwergbäume aufgefangen, die, in den Spalten der Felsen ihre Nahrung findend, an einigen Orten die Gipfel und die Ränder des Abgrundes überschatteten. Unten lag ein dichtes Unterholz in tiefem und finsterem Schatten; es zeigte einige Aehnlichkeit mit den Wellen eines unbestimmt erblickten Meeres; vom Innern dieser Finsterniß her erschallte dicht am Fuße des Abgrundes von Zeit zu Zeit das laute und heftige Gebell des Hundes — Töne, welche das Echo der umgebenden Wälder und Felsen widerhallen ließ. Dann herrschte wieder tiefes Schweigen, allein von dem Rauschen einer kleinen Quelle unterbrochen, die zum Theil vom Felsen stürzte, zum Theil einen stilleren Durchgang in das Thal an der vorragenden Oberfläche desselben fand. Dann wieder vernahm man Menschenstimmen von einem unten halblaut geführten Gespräche; es schien, als ob die Verfolger den engen Gebirgspfad nicht entdeckt hätten, oder daß sie nach dessen Entdeckung wegen der Gefahr der Ersteigung, wegen des unvollkommenen Lichtes und der Ungewißheit, ob derselbe vertheidigt werde, ernstliche Bedenken empfänden, den Angriff zu versuchen. Zuletzt erblickte man eine schattenhafte Gestalt, die aus dem dunklen Abgrund der Finsterniß sich erhob und, in das blasse Mondlicht auftauchend, vorsichtig und langsam dem Felsenpfad hinanzusteigen begann. Ihr Umriß ließ sich so bestimmt erkennen, daß Kapitän Dalgetty nicht allein die Person eines Hochländers, sondern auch eine lange Flinte in seiner Hand und den Federbusch an seiner Mütze erblickte. „Tausend Teufel! wenn ich meinem Ende vielleicht so nahe noch fluchen darf,“ rief der Kapitän leise aus, „da die Leute dort Flinten gegen unsere Bogenschützen in's Gefecht führen.“

Gerade als der Verfolgende ein vorragendes Felsstück auf dem halben Wege der Ansteigung erreicht und, stillstehend, den Leuten im Thale ein Zeichen gegeben hatte, ihm zu folgen, pfiff ein Pfeil von dem Bogen eines Schützen unter den Söhnen des Nebels und durchdrang ihn mit so tödtlicher Verwundung, daß er ohne eine einzige Anstrengung, sich zu retten, das Gleichgewicht verlor und von der Klippe, worauf er stand, Kopf über in die Finsterniß des Thales stürzte. Auf das Krachen der Zweige, auf die er stürzte, und auf den schweren Schall seines Falles von dort auf den Boden, folgte ein Schrei des Schreckens und der Bestürzung, der unter seinen Begleitern ausbrach). Die Söhne des Nebels in demselben Verhältniß ermuthigt, wie ihr erster Erfolg Bestürzung unter ihren Verfolgern hervorrief, erwiderten den Ruf mit einem lauten und gellen Freudengeschrei, und zeigten sich am Rande des Abgrundes unter wildem Jauchzen und drohenden Bewegungen, um bei ihren Feinden durch ihren Muth, ihre Zahl und dem Zustande ihrer Veste Eindruck zu erwecken. Sogar Kapitän Dalgetty's militärische Klugheit hielt ihn vom Aufstehen nicht zurück; er sagte zu Ranald mit lauterer Stimme, als die Klugheit gebot: „Corazon, amigo, wie der Spanier sagt; Muth, Kamerad! es lebe der Bogen! nach meiner demüthigen Meinung müßt Ihr jetzt eine Reihe bilden, um vorrücken zu lassen und eine Stellung zu nehmen.“

„Der Sachse,“ rief eine Stimme von unten, zielt auf den sächsischen Soldaten! ich sehe den Glanz seines Harnisches.“

Zugleich wurden drei Musketen abgefeuert. Eine Kugel rasselte gegen den Harnisch, dessen Stärke schon mehr als einmal dem Kapitän das Leben gerettet hatte; eine andere durchdrang die Rüstung vorn an seinem linken Schenkel und streckte ihn zu Boden. Ranald ergriff ihn sogleich mit den Armen und riß ihn von dem Rande des Abgrundes zurück, während er jammernd ausrief: „ich habe dem unsterblichen Gustavus, Wallenstein und andern Feldherren immer gesagt, daß die Beinschienen nach meiner demüthigen Meinung kugelfest sein müßten.“

Mit zwei oder drei ernstlichen Worten in galischer Sprache übertrug Mac Eagh den Verwundeten der Sorgfalt der Frauen, welche sich im Rücken der kleinen Schaar befanden; alsdann schien er im Begriff, in den Kampf zurückzukehren, allein Dalgetty hielt ihn zurück, indem er ihn fest am Mantel packte — „ich weiß nicht, wie die Affaire enden wird, aber ich bitte Euch, Montrose zu benachrichtigen, daß ich wie ein Soldat des unsterblichen Gustavus gestorben bin. Ich bitte Euch, seid ja behutsam, Eure gegenwärtige feste Stellung zu verlassen, sogar um den Feind zu verfolgen, wenn Ihr einen Vortheil erlangt und — und," hier begann Dalgetty's Athem und Gesicht durch Blutverlust zu schwinden; Mac Eagh benützte den Umstand, entriß seinen eigenen Mantel seiner Faust und legte denjenigen einer Frau hinein. Der Kapitän hielt denselben fest, und sicherte sich so, wie er glaubte, die Aufmerksamkeit des Räubers auf seine militärischen Anweisungen, die er, so lange ihm noch Athem blieb, zu ertheilen fortfuhr, obgleich dieselben allmälig immer an Zusammenhang verloren. „Kamerad, stellt die Musketiere vor Euren Trupp mit Piken, Streitäxten und schweren Degen — steht fest Dragoner auf der linken Flanke — wo bin ich — Ranald, wenn Ihr Euch zurückziehen wollt, so laßt einige angezündete Lunten unter den Zweigen der Bäume brennen, das sieht aus, als wären dort Schützen aufgestellt — aber ich vergesse ja — Ihr habt weder Lunten, Gewehre, noch Harnische — nur Bogen und Pfeile — nur Bogen und Pfeile — Bogen und Pfeile! ha, ha, ha, ha!" Hier sank der Kapitän in einen Zustand der Erschöpfung, als er dem Eindruck des Lächerlichen nicht widerstehen konnte, den er als ein Soldat der neueren Kriegskunst mit der Vorstellung dieser alten Waffe verknüpfte; es dauerte lange Zeit, bis er wieder zu Sinnen kam; mittlerweile überlassen wir ihn der Sorgfalt der Töchter des Nebels, die in Wirklichkeit ebenso aufmerksame und gütige Krankenwärterinnen, als wild und roh in ihrer äußeren Erscheinung waren.

# Fünfzehntes Kapitel.

---

Wird nicht Verrath dein Wort erweisen,
Das jetzt sich treu bewährt,
Will ich dich mit der Feder preisen,
Vertheid'gen mit dem Schwert.

Ich werde solchen Dienst dir zahlen,
Wie nie geschah seither;
Das Haupt umring' ich dir mit Strahlen,
Dich liebend mehr und mehr.
Verse von Montrose.

Wie sehr es auch uns leid thut, müssen wir jetzt den
tapfern Kapitän Dalgetty verlassen, damit er von seinen
Wunden genese, oder wie sonst das Schicksal über ihn ver-
füge; wir müssen in Kurzem die militärischen Operationen
Montrose's darstellen, obgleich sie eines wichtigeren Buches
und eines besseren Geschichtschreibers würdig sind. Durch
Hülfe der früher von uns erwähnten Häuptlinge, und besonders durch die Vereinigung mit den Morays, Stewarts und
anderen Clans von Athole, welche besonders eifrig für die königliche Sache waren, brachte er bald ein Heer von 2—3000
Hochländern zusammen, zu welchem er das irische Corps unter
Colkitto mit Erfolg herbeizog. Dieser letzte Anführer, welcher
zu großer Verwirrung der Erklärer Miltons in einem der

Sonette dieses großen Dichters erwähnt ist \*), hieß eigentlich Alister, oder Alexander Mac Donnell, war von Geburt ein Schotte aus den Inseln, und mit dem Grafen von Antrim verwandt, dessen Einfluß er den Oberbefehl über die irischen Truppen verdankte. In mancher Hinsicht verdiente er diese Auszeichnung, er war tapfer bis zur Unerschrockenheit, und sogar bis zur Gefühllosigkeit gegen jede Gefahr, sehr stark von Körper und thätig, im Gebrauch der Waffen gewandt, und stets bereit, in äußerster Gefahr das Beispiel zu geben; es muß jedoch erwähnt werden, daß er Eigenschaften besaß, welche diesen Vorzügen das Gegengewicht hielten; er war unerfahren in militärischer Taktik und hatte einen eifersüchtigen, anmaßenden Charakter, welcher dem Grafen Montrose oft die Früchte der Tapferkeit entzog. So groß aber ist der Vorzug der äußeren persönlichen Eigenschaften in den Augen eines wilden Volkes, daß die Beweise der Körperkraft und des Muthes, welche dieser Anführer gab, einen stärkeren Eindruck auf die Hochländer, als die militärische Geschicklichkeit und der ritterliche Geist von Montrose machte; noch jetzt leben in den Thälern des Hochlandes zahlreiche Ueberlieferungen der Thaten von Alister Mac Donnel, obgleich der Name Montrose's selten dort erwähnt wird.

Der Platz, wo Montrose sein kleines Heer endlich versammelte, war Strathearn, am Rande der Hochlande von Perth-

---

\*) Milton spottet über die harten schottischen Namen, womit die Engländer durch den Bürgerkrieg bekannt wurden. Die Verwirrung entsteht dadurch, daß der Dichter Schotten beider Parteien, sowohl Anhänger des Covenants, sowie dessen bittersten Feinde zusammenstellt, indem er nur den Klang der Namen, nicht aber die Partei der genannten Personen im Auge hat.

shire, von wo aus er die Hauptstadt jener Grafschaft bedrohen konnte.

Seine Feinde waren zu seinem Empfang nicht unvorbereitet. Argyle folgte an der Spitze seiner Hochländer den Irländern auf dem Fuße während ihres Marsches von Westen nach Osten, und sammelte durch Gewalt, Furcht oder Einfluß ein Heer, welches beinahe genügte, um Montrose eine Schlacht zu liefern. Auch die Niederlande waren aus Gründen vorbereitet, die wir im Beginn dieser Erzählung angegeben haben. Ein Heer von 6000 Mann Infanterie und 6 oder 7000 Mann Reiterei, welche den Namen die Armee Gottes annahm, war aus Fife, Angus, Perth, Stirling und den angrenzenden Grafschaften zusammengezogen. In früheren Zeiten, oder sogar noch unter der vorhergehenden Regierung wäre eine weit geringere Streitmacht genügend gewesen, um die Niederlande gegen einen weit furchtbareren Angriff von Hochländern, als denjenigen der unter Montrose versammelten Schaar zu schützen; die Zeiten aber haben sich in dem letzten halben Jahrhundert sehr verändert. Vor dieser Zeit waren die Niederländer mit ebenso anhaltenden Kriegen, wie die Bergbewohner, beschäftigt, und unvergleichlich besser disciplinirt und bewaffnet. Die bei den Schotten vorzugsweise beliebte Schlachtordnung glich einigermaßen der macedonischen Phalanx; ihre Infanterie bildete einen festen, mit langen Speeren bewaffneten Körper, welcher sogar damals für geharnischte Reiter undurchdringlich war, mochten dieselben auch noch so gut beritten und mit vollständig festen Rüstungen angethan sein. Man kann somit leicht begreifen, daß ihre Reihen durch den ungeordneten Angriff des hochländischen Fußvolks nicht durchbrochen werden konnten, welches nur für den Kampf in der Nähe mit Schwertern bewaffnet, mit Wurfgeschossen schlecht ausgerüstet und ganz ohne Artillerie war.

Diese Gewohnheit des Kampfes ward durch die Einführung der Musketen im Heere der schottischen Niederlande sehr verändert; die Muskete, mit dem Bajonette noch nicht vereinigt, war eine furchtbare Waffe von der Ferne aus, gewährte aber keine Sicherheit gegen einen Feind, welcher sich schnell in's Handgemenge stürzte. Die Pike war allerdings noch nicht im schottischen Heere ungewöhnlich geworden, sie war aber nicht länger die Lieblingswaffe, und erweckte auch bei denen, welche sie führten, nicht mehr dasselbe Vertrauen; dieß war so sehr der Fall, daß Daniel Lupton, ein Taktiker jener Zeit, ein besonderes Buch über den Vorzug der Muskete geschrieben hat. Dieser Wechsel begann mit den Kriegen Gustav Adolphs, dessen Märsche mit solcher Schnelligkeit geschahen, daß die Pike in seiner Armee sehr schnell weggeworfen und gegen Feuerwaffen vertauscht wurde. Mit diesem Wechsel, sowie mit der Einrichtung stehender Heere, wodurch der Krieg ein Gewerbe wurde, war nothwendig die Einführung eines mühsamen und verwickelten Systems der Disciplin verbunden, welches eine Mannigfaltigkeit von Commandoworten mit entsprechenden Operationen und Mannövern vereinigte; die Vernachlässigung irgend eines derselben mußte das Ganze in Verwirrung bringen. Der Krieg deßhalb, wie er unter den europäischen Nationen geübt wurde, hatte bei weitem mehr, als früher, den Charakter eines mit Geheimnissen verbundenen Gewerbes angenommen, wozu vorhergehende Uebung und Erfahrung nothwendige Erfordernisse waren. Dieß war die natürliche Folge der stehenden Heere, welche beinahe überall und besonders in den langen Kriegen Deutschlands dasjenige ersetzt hatten, was man mit dem Namen einer natürlichen Disciplin der Feudalmiliz bezeichnen kann.

Die Miliz des schottischen Niederlandes litt deßhalb an

einem zwiefachen Nachtheil, sobald sie den Hochländern ent=
gegengestellt wurde. Der Speer war ihnen genommen — eine
Waffe, die in den Händen ihrer Ahnen die ungestümen Angriffe
der wilden Bergbewohner so oft zurückgeschlagen hatte; sie
waren ferner einer neuen und verwickelten Art von Disciplin
unterworfen, welche vielleicht für regelmäßige Truppen, denen
sie vollkommen eingeschärft werden konnte, sehr gut sich eig=
nete, welche aber die Reihen von Bürgersoldaten verwirrte,
von denen sie selten ausgeübt und nur unvollkommen verstan=
den wurde. In unserer Zeit ist so viel geschehen, um die
Taktik auf ihre ersten Grundsätze zurückzuführen, und die Pe=
danterie des Krieges zu beseitigen, daß wir sehr leicht die
Nachtheile begreifen können, unter denen eine halbdisciplinirte
Miliz litt, welcher man die Ansicht beibrachte, der Erfolg sei
von der genauen Ausübung eines taktischen Systemes abhängig,
welches sie wahrscheinlich nur in so weit begriff, daß sie ihre
Fehler ausfindig machen, aber nicht wieder ausgleichen konnte.
Auch läßt es sich nicht abläugnen, daß die Niederländer des
siebenzehnten Jahrhunderts in den wesentlichen Erfordernissen
militärischer Gewohnheit und kriegerischen Geistes ihren hoch=
ländischen Landsleuten bei weitem nachstanden.

Das Königreich Schottland, sowohl die Niederlande, wie
das Hochland, war von der frühesten Zeit an bis zur Union
mit England, der fortwährende Schauplatz von Kriegen, so=
wohl fremder wie bürgerlicher, gewesen; auch gab es wahr=
scheinlich nicht einen Mann unter seinen kühnen Bewohnern,
vom sechzehnten bis zum sechzigsten Jahre, welcher nicht zu
Ergreifung der Waffen bei der ersten Aufforderung seines Lehns=
herrn oder einer königlichen Proclamation stets bereit gewesen
wäre, sowie auch der Buchstabe des Gesetzes ihn dazu ver=
pflichtete. Das Gesetz von 1645 war noch dasselbe, welches

hundert Jahre früher Geltung hatte, allein das Geschlecht der demselben unterworfenen Unterthanen war unter sehr verschiedenen Gefühlen aufgewachsen. Die Niederländer hatten in Ruhe „im Schatten ihrer Weinstöcke und Feigenbäume" gelebt, und ein Aufruf zum Kampfe erheischte eine ebenso neue, als unangenehme Veränderung der Lebensweise. Diejenigen, welche in der Nähe der Hochlande wohnten, standen in fortwährender und nachtheiliger Berührung mit den rastlosen Stämmen der Gebirge, welche ihre Viehheerden wegtrieben, ihre Wohnungen plünderten und ihre Personen beschimpften, welche ferner diejenige Art der Ueberlegenheit sich erworben hatten, die aus einem fortwährenden System des Angriffs hervorgeht. Auf die in größerer Entfernung und außerhalb des Bereichs dieser Plünderungen wohnenden Niederländer wirkten die übertriebenen Berichte hinsichtlich der Hochländer ein, die sie als gänzlich in Sprache, Gesetz und Kleidung von ihnen verschieden, als eine Nation von Wilden zu betrachten sich gewöhnten, welche ebensowohl für die Empfindungen der Furcht, wie der Menschlichkeit unzugänglich seien. Diese vorgefaßten Meinungen, welche zu den weniger kriegerischen Gewohnheiten der Niederländer und zu ihrer unvollkommenen Kenntniß des neuen und verwickelten Disciplinsystems statt ihrer natürlichen Kampfweise hinzukamen, brachten sie in großen Nachtheil, sobald sie den Hochländern im Schlachtfelde entgegenstanden. Die Gebirgsbewohner im Gegentheil besaßen neben den Waffen und dem Muth ihrer Väter auch deren einfaches und natürliches System der Taktik, und griffen mit dem vollkommensten Vertrauen auf den Sieg den Feind an, bei welchem Alles, was er von Disciplin erlernt hatte, eher ein Hinderniß, als ein Hülfsmittel, gleich der Rüstung Sauls bei David, war, weil derselbe ihren Gebrauch noch nicht erprobt hatte.

Unter solchen Nachtheilen auf der einen und Vortheilen auf der andern Seite, wovon letztere die Ueberlegenheit der Zahl und die Gegenwart von Artillerie und Reiterei wieder ausgleichen konnten, lieferte Montrose dem Heere des Lord Elcho eine Schlacht auf der Ebene von Tippermuir. Die presbyterianische Geistlichkeit hatte es an Anstrengungen nicht fehlen lassen, um den Muth ihrer Anhänger zu erhöhen; Einer derselben, welcher die Truppen am Tage der Schlacht anredete, trug kein Bedenken, denselben zu sagen, daß Gott ihnen in seinem Namen, wenn er jemals durch seinen Mund geredet habe, an jenem Tage einen großen und entscheidenden Sieg verheiße. Der Besitz der Reiterei und Artillerie wurde ebenfalls für eine sichere Bürgschaft des Erfolges gehalten, da die Neuheit eines damit ausgeführten Angriffs bei früheren Gelegenheiten große Entmuthigung unter den Hochländern verbreitet hatte. Das Schlachtfeld bestand in einer offenen Heide, und das Terrain gewährte keinem Heere große Vortheile, mit Ausnahme des Umstandes, daß die Reiterei der Covenanters mit Wirkung gebraucht werden konnte.

Eine Schlacht, von welcher soviel abhing, wurde niemals mit größerer Leichtigkeit entschieden. Die Reiterei des Niederlandes machte gewissermaßen nur einen Scheinangriff; entweder durch das Musketenfeuer in Unordnung gebracht, oder durch Abneigung gegen den Kriegsdienst der Sache abwendig gemacht, welche bei der höheren Klasse vorgeherrscht haben soll, machte sie auf die Hochländer durchaus keinen Eindruck und prallte in Unordnung vor deren Reihen zurück, welche weder Bajonette, noch Piken zu ihrem Schutze besaßen. Montrose bemerkte diesen Vortheil und benutzte ihn sogleich; er ließ sein ganzes Heer zum Angriff vorrücken, den es auch mit der wilden und verzweifelten Tapferkeit ausführte, welche

Bergbewohnern eigenthümlich ist. Nur ein Offizier der Covenanters, welcher seine Schule in den italienischen Kriegen gemacht hatte, leistete auf dem rechten Flügel einen verzweifelten Widerstand.

Auf jedem andern Punkt wurde die Linie der Covenanters beim ersten Angriff durchbrochen; als Montrose diesen Vortheil einmal erlangt hatte, waren die Niederländer gänzlich unfähig, ihren behenderen und kräftigeren Feinden im Handgemenge zu widerstehen. Viele blieben auf dem Schlachtfelde, und die Zahl der auf der Flucht Getödteten war so groß, daß ein Dritttheil der Covenanters gefallen sein soll; darunter jedoch muß man eine große Menge fetter Bürger einrechnen, welche in Folge ihres angestrengten Laufes auf der Flucht um's Leben kamen, und somit ohne Schwertstreich fielen *).

Die Sieger besetzten Perth und erlangten beträchtliche Geldsummen, sowie auch große Vorräthe von Waffen und Munition, allein diese Vortheile wurden durch einen beinahe unübersteiglichen Uebelstand wieder ausgeglichen, welcher stets bei einem hochländischen Heere eintrat. Die Clans konnten in keiner Weise bewogen werden, sich als regelmäßige Soldaten zu betrachten, oder als solche zu handeln, sogar noch 1745—46, als der Ritter Karl Edward einen Soldaten wegen Desertion, um ein Warnungsbeispiel zu geben, erschießen ließ, wurden die Hochländer, aus denen sein Heer bestand, ebensowohl durch Unwillen, als Furcht aufgereizt. Sie konnten ei-

---

*) Diese sonderbare Thatsache haben wir aus den Berichten eines Zeitgenossen, aus den Briefen Baillie's, entnommen. Derselbe sagt: „Eine große Menge Bürger wurde getödtet — fünfundzwanzig Hauseigenthümer in St. Andrews — Viele verloren auf der Flucht ihr Leben durch die Folgen ihres angestrengten Laufes und starben ohne Schwertstreich."

nen Grundsatz der Gerechtigkeit nicht begreifen, nach welchem ein Mann aus keiner weitern Ursache den Tod verdient haben sollte, als weil er nach Hause zurückkehrte, wenn er bei dem Heere nicht länger bleiben wollte. Ein solches Verfahren war stets der Brauch ihrer Väter gewesen. Wenn eine Schlacht vorüber war, so war auch der Feldzug nach ihrer Meinung geendet; ging sie verloren, so suchten sie Sicherheit in ihren Bergen; wurde sie gewonnen, so kehrten sie dorthin zurück, um ihre Beute in Sicherheit zu bringen; ein andermal mußten sie nach Hause, um nach ihren Heerden zu sehen, ihre Felder zu bestellen, oder ihre Ernten heimzubringen, ohne welche ihre Familien hätten verhungern müssen. In beiden Fällen war ihr Kriegsdienst beendet; sie ließen sich zwar durch die Aussicht neuer Abenteuer und Beute wieder zur Rückkehr unter ihre Fahnen bewegen, mittlerweile aber war die Gelegenheit des Erfolges vorübergegangen und trat später nicht mehr ein. Dieser Umstand allein genügt, zu erweisen, daß die Hochländer niemals an eine Kriegsführung in der Absicht bleibender Eroberungen gewohnt waren, sondern daß sie allein einen Zug in der Hoffnung, augenblicklichen Vortheil zu erlangen, oder einen augenblicklichen Streit zu entscheiden, unternahmen — eine Thatsache, womit uns auch sonst genug die Geschichte bekannt macht. Dieser Umstand legt auch die Gründe dar, weßhalb Montrose, ungeachtet seiner glänzenden Erfolge, niemals festen Fuß in den Niederlanden fassen konnte, und weßhalb sogar die Edelleute und andere Herren des Niederlandes, welche der royalistischen Sache geneigt waren, aus Mißtrauen und Widerwillen sich einer Armee von so vorübergehender Stärke und unregelmäßigem Bestande nicht anschlossen; sie mußten stets befürchten, daß die Hochländer sich durch einen Rückzug nach ihren Bergen in Sicherheit bringen und die mit ihnen verbündeten Niederländer der Gnade eines gereizten und übermächtigen Feindes preisgeben würden. Derselbe Umstand wird auch die plötzlichen Märsche, die Montrose zur Verstärkung seines Heeres unternehmen mußte, und den schnellen Glückswechsel erklären, durch den er sich oft zum Rückzug vor denselben Feinden genöthigt sah, über die er noch vor Kurzem einen Sieg errungen hatte.

Wegen dieser Ursache, nämlich wegen der Lauheit der niederländischen Royalisten und der augenblicklichen Desertion seiner hochländischen Anhänger, war Montrose sogar nach dem entscheidenden Siege von Tippermuir außer Stande, einem zweiten Heere die Spitze zu bieten, womit Argyle ihm vom Westen aus entgegenrückte. In dieser Noth ersetzte er seinen Mangel an Kraft durch Schnelligkeit, rückte plötzlich von Perth nach Dundee, und wandte sich, als diese Stadt ihm die Thore verschloß, nordwärts nach Aberdeen, wo er erwartete, daß die Gordons und andere Royalisten zu ihm stoßen würden. Allein der Eifer dieser Herren wurde damals durch ein großes Corps Covenanter unter dem Befehle von Lord Burleigh, welches auf 3000 Mann angeschlagen wurde, auf wirksame Weise im Zaume gehalten.

Montrose griff kühn dieß Corps an, obgleich er nur die Hälfte an Leuten hatte. Der Kampf ward unter den Mauern der Stadt geliefert, und die entschlossene Tapferkeit von Montrose's Anhängern hatte wiederum Erfolg, ungeachtet aller Nachtheile.

Es war jedoch das Schicksal dieses Feldherrn, daß er stets den Ruhm, aber selten die Früchte des Sieges erlangte. Er hatte kaum Zeit, sein kleines Heer in Aberdeen ausruhen zu lassen, als er auch erkannte, daß die Gordons wegen der angeführten Gründe, sowie wegen einiger andern, welche ihrem

Häuptling, dem Marquis von Huntly, eigenthümlich waren, sich ihm nicht anschließen würden. Andererseits rückte Argyle, dessen Streitkräfte durch diejenigen mehrerer niederländischer Herren sich vermehrt hatten, Montrose an der Spitze eines weit größeren Heeres entgegen, als letzterer bisher hatte bekämpfen müssen. Diese Truppen rückten allerdings nach dem vorsichtigen Charakter ihres Führers nur langsam vor, allein sogar diese Vorsicht machte Argyle's Annäherung um so furchtbarer, da gerade sein Vorrücken deutlich genug verkündete, er stehe an der Spitze eines unwiderstehlich überlegenen Heeres.

Nur e i n Rückzug stand Montrose jetzt noch offen, und er schlug denselben ein. Er warf sich in die Hochlande, wo er der Verfolgung trotzen und in jedem Thale die Rekruten wieder finden konnte, welche seine Fahne verlassen hatten, um ihre Beute nach ihren natürlichen Vesten in Sicherheit zu bringen. In solcher Weise setzte der eigenthümliche Charakter des Heeres von Montrose, welcher seine Siege gewissermaßen vereitelte, diesen Feldherrn andererseits in Stand, einen sicheren Rückzug unter den mißlichsten Umständen anzutreten, seine Streitkräfte wieder in Stand zu setzen, und sich furchtbarer als jemals dem Feinde entgegenzuwerfen, dem er noch vor Kurzem keinen Widerstand hatte leisten können.

Bei dieser Gelegenheit warf er sich nach Badenoch, durchzog schnell den Distrikt, sowie die benachbarte Grafschaft Athole, setzte die Covenanter durch Angriffe auf mehreren unerwarteten Punkten in Schrecken, und verbreitete so allgemeine Bestürzung, daß das Parlament seinem General Argyle wiederholten Befehl sandte, Montrose's Heer um jeden Preis anzugreifen und zu zerstreuen.

Dieser von der regierenden Gewalt ertheilte Befehl war weder dem stolzen Geiste, noch der zaudernden und vorsichtigen

Politik des Edelmanns gemäß, an welchen derselbe gerichtet war, er bekümmerte sich somit nicht um denselben, sondern beschränkte seine Bemühungen auf Intriguen unter den wenigen niederländischen Anhängern Montrose's, von denen Viele Widerwillen gegen die Aussicht eines hochländischen Feldzugs hegten, welcher ihre Personen unerträglichen Strapazen und ihre Güter der Rache der Covenanter aussetzte. Mehrere derselben verließen deßhalb auch das Lager Montrose's. Dieser jedoch erhielt Verstärkung in einem Corps, welches den Geist seines Heeres theilte und für seine Lage weit besser geeignet war. Diese Verstärkung bestand aus einer großen Schaar Hochländer, welche Colkitto, zu dem Zweck abgesandt, in Argyleshire ausgehoben hatte. Unter den angesehensten Häuptlingen befand sich John von Moidart, genannt der Kapitän vom Clan Ranald, mit den Stewarts von Appin, der Clan Gregor, der Clan Mac Nab und andere Stämme von geringerer Bedeutung. Dadurch wuchs Montrose's Heer in so furchtbarer Weise an, daß Argyle nicht länger an der Spitze der gegen ihn ausgesandten Armee stehen wollte, sondern nach Edinburgh zurückkehrte und dort den Oberbefehl unter dem Vorwand niederlegte, daß sein Heer nicht mit Verstärkungen und Vorräthen in geziemender Weise versehen worden sei. Von dort kehrte der Marquis nach Inverary zurück, um in voller Sicherheit seine Lehensleute und patriarchalisch regierten Stammgenossen zu beherrschen und nach dem schon erwähnten Sprüchwort: „es ist weit bis nach Lochow," einer ungestörten Ruhe zu pflegen.

# Sechzehntes Kapitel.

***

Die steile Felswand ragt empor
Beim Heer an einer Seite;
Die andre deckte Sumpf und Moor
Auf mancher Stunden Breite.

Der Graf nahm solchen Stand in Acht
Und ließ den Rath entbieten,
Worin ihm den Beginn der Schlacht
Die Führer sämmtlich riethen.
Alte Ballade über die Schlacht von Floddenfleld.

Montrose sah jetzt eine glänzende Laufbahn vor sich er=
schlossen, im Fall er die Einwilligung seiner tapfern, aber un=
regelmäßig sich einstellenden Truppen und ihrer unabhängigen
Häuptlinge erlangen konnte. Die Niederlande standen ihm
offen, ohne daß ein genügendes Heer seinen Marsch aufzuhal=
ten vermochte, denn Argyle's Leute hatten das Heer der Co=
venanters verlassen, als ihr Herr den Oberbefehl niederlegte,
und andere Truppen, des Krieges müde, dieselbe Gelegenheit
sich zu zerstreuen benutzten. Wenn Montrose den Strath=Tay=
Paß hinabstieg, einen der bequemsten Zugänge nach den Hoch=
landen, so brauchte er sich nur in den Niederlanden zu zeigen,
um den schlummernden Geist der Ritterlichkeit und Loyalität
aufzuregen, welcher die Herren höheren Standes im Norden
des Forth beseelte. Der Besitz dieser Distrikte nach einem

Siege, oder auch ohne Kampf, konnte eine Stellung geben, von wo er den reichen und fruchtbaren Theil des Königreichs beherrschte und dadurch ihn in Stand setzen, sein Heer durch regelmäßigen Sold mehr auf dem Fuße stehender Truppen zu erhalten; alsdann konnte er bis zur Hauptstadt, oder sogar von dort bis zur Grenze vordringen, an welcher er es für möglich hielt, eine Verbindung mit den noch nicht unterworfenen Streitkräften des Königs herzustellen.

Dieß war der Operationsplan, durch den ein glänzender Ruhm erworben und der wichtigste Erfolg der königlichen Sache gesichert werden sollte. Derselbe war nach dem ehrgeizigen und kühnen Geiste des Feldherrn entworfen, welchem die schon geleisteten Dienste den Titel des großen Marquis erworben hatten. Andere Beweggründe jedoch bestimmten viele seiner Anhänger und blieben vielleicht nicht ohne geheimen, obgleich nicht zugestandenen Einfluß auf seine eigenen Gefühle.

Die westlichen Häuptlinge von Montrose's Heer betrachteten beinahe sämmtlich den Marquis von Argyle als den unmittelbaren und geeigneten Gegenstand ihrer Feindseligkeiten. Sie hatten beinahe sämmtlich seine Gewalt empfunden; als sie ihre streitbare Mannschaft aus ihren Thälern zogen, hatten sie ihre Familien und ihr Eigenthum seiner Rache ausgesetzt zurückgelassen; sie wünschten sämmtlich ohne Ausnahme seine Herrschaft zu schwächen; die Güter der meisten lagen seinem Gebiet so nahe, daß sie hoffen konnten, durch einen Antheil an der dort gemachten Beute belohnt zu werden. Für diese Häuptlinge war der Besitz von Inverary ein beinahe wichtigeres und wünschenswertheres Ereigniß, als die Einnahme von Edinburgh. Das letztere Ereigniß konnte ihren Stammgenossen nur einen vorübergehenden Sold oder Raub gewähren; das erstere verschaffte den Häuptlingen selbst Entschädigung.

für die Vergangenheit und Sicherheit für die Zukunft. Außer diesen persönlichen Gründen bestärkten die Anführer, welche diese Meinung begünstigten, dieselbe durch die richtige Behauptung, daß Montrose, wenn er auch bei seinem ersten Einfall in die Niederlande dem Feinde überlegen sei, dennoch mit jedem Tag sein Heer vermindert sehen würde, und zuletzt der Uebermacht eines aus den Aushebungen und Garnisonen im Niederlande gebildeten Heeres ausgesetzt werden müßte. Würde er dagegen den Marquis von Argyle wirksam vernichten, so könnten nicht allein seine gegenwärtigen westlichen Freunde auch diejenigen Streitkräfte herbeiziehen, die sie sonst zum Schutz ihrer Familien zu Haus lassen müßten, sondern er werde auch mehrere seiner Sache schon befreundete Stämme unter seiner Fahne vereinigen, welche aus Furcht vor Mac Cullum More bis dahin daran verhindert wären.

Diese Gründe berührten, wie wir schon andeuteten, eine entsprechende Saite im Herzen Montrose's, welche nicht gänzlich mit dem Heldenmuthe seines Charakters übereinstimmte. Die Häuser Argyle und Montrose waren früher sowohl in Krieg wie Politik einander feindlich gewesen, und die vom Aelteren erlangte Ueberlegenheit der Vortheile hatte Mißgunst und Haß bei der andern Familie erregt, welche, eines gleichen Verdienstes sich bewußt, nicht so reich belohnt worden war. Dieß war aber noch nicht Alles. Die damaligen Häuser dieser eifersüchtigen Familien hatten gegen einander seit dem Beginn der Bürgerkriege den entschiedensten Widerstand gezeigt.

Montrose, der Ueberlegenheit seines Talentes und der großen Dienste sich bewußt, die er in dem Beginn des Krieges den Covenanters erwiesen hatte, erwartete von dieser Partei die erste Stellung im Rathe und im Kriege; die Covenanter hielten es aber für zweckmäßiger, dieselbe den mehr beschränkten Gaben, aber der größeren Macht seines Nebenbuhlers Argyle zu übertragen.

Der Umstand, daß Letzterem dieser Vorrang zugesprochen wurde, war eine Beleidigung, welche Montrose den Covenanters nie vergaß; er war noch weniger geneigt, seine Verzeihung auf Argyle auszudehnen, dem er nachgesetzt wurde; er ward deßhalb von jedem Gefühl des Hasses, woburch ein feuriges Gemüth in einer wilden Zeit beseelt sein konnte, zur Rache an dem Feinde seines Hauses und seiner Person angereizt; wahrscheinlich übten diese seine eigenen Beweggründe einen nicht geringen Einfluß auf seine Seele, als er fand, daß die meisten seiner Anhänger eher zu einem Feldzuge gegen Argyle, als zu dem entscheidenderen Einfall in die Niederlande geneigt wären.

Wie groß aber auch die Versuchung Montrose's sein mochte, seinen Angriff auf Argyleshire zu richten, so konnte er nicht so leicht für die Aufgebung eines glänzenden Feldzuges nach den Niederlanden entscheiden. Er hielt mehr als einen Kriegsrath mit den angesehensten Häuptlingen, wobei er vielleicht seine eigenen geheimen Reigungen ebenso wie die ihrigen bekämpfte; er stellte ihnen die äußerste Schwierigkeit eines Marsches vor, die sogar einer hochländischen Armee bei dem Vordringen von Osten her nach Argyleshire sich bieten müssen. Die Pässe seien kaum für Schäfer und Jäger gangbar; mit den Gebirgen seien nicht einmal diejenigen Stämme bekannt, welche zunächst denselben wohnten. Die Schwierigkeiten würden durch den Winter erhöht, da man schon dem Monat December nahe sei; die an sich schon schwierigen Gebirgspässe würden durch Schneegestöber gänzlich unzugänglich werden. Diese Einwürfe befriedigten nicht die Häuptlinge, welche auf

ihrer alten Kriegsweife beftanden und diefelbe mit der alther=
gebrachten galifchen Phrafe bezeichneten, „man treibe das
Vieh auf feindlichen Boden, damit es fich vom Grafe des
Feindes nähre.“  Der Kriegsrath ward erft fpät in der Nacht
entlaffen, ohne daß ein Entfchluß gefaßt war; die Häupt=
linge jedoch, welche die Meinung vertraten, daß Argyle ange=
griffen werden müffe, verfprachen unter ihren Leuten diejenigen
auszufuchen, welche als Wegweifer während des Feldzuges am
beften dienen können.

Montrofe hatte fich in die Hütte zurückgezogen, welche ihm
zum Zelte diente, und fich auf einem Lager trockenen Heide=
krautes, dem einzigen Ruheplatz, ausgeftreckt, welches diefelbe
ihm gewährte.  Er fuchte jedoch vergeblich den Schlaf, denn
die Träume des Ehrgeizes verfcheuchten die des Morpheus.
Bald bildete er fich ein, daß er das königliche Banner auf
dem eroberten Schloffe von Edinburgh entfalte, ein Hülfsheer
dem Könige fende, deffen Krone von feinem Erfolge abhängig
fei, und alle die Vortheile und Beförderungen empfange, wo=
mit ein Mann überladen werden könne, welchem der König
mit Freuden die höchften Ehren erweife. Bald wich der Traum,
fo glänzend er auch war, vor der Vifion befriedigter Rache
und perfönlicher Siege über einen perfönlichen Feind. Die
Gedanken, Argyle in feiner Vefte Inverary zu überrafchen —
in ihm zugleich die Nebenbuhler feines Haufes und die haupt=
fächlichfte Stütze der Presbyterianer zu zerfchmettern — den
Covenanters den Unterfchied zwifchen dem vorgezogenen Ar=
gyle und dem zurückgefetzten Montrofe zu zeigen — alle diefe
Gedanken boten der Rache eines Feudalherrn ein zu fchmei=
chelhaftes Bild, als daß derfelbe fie leicht hätte aufgeben
follen.

Während er fich fo mit widerfprechenden Gedanken und

Gefühlen beschäftigte, machte der Soldat, welcher am Quartiere Schildwacht stand, dem Marquis die Meldung, daß zwei Personen mit Sr. Excellenz zu reden wünschten.

„Ihre Namen," fragte Montrose, „und die Ursache, warum sie in so später Stunde Zutritt wollen?"

Hierüber konnte die Schildwache, ein Irländer von Colkitto's Leuten, dem General wenig Kunde geben, so daß Montrose, welcher zu dieser Zeit Niemand Zutritt verwehren durfte, damit er nicht irgend eine wichtige Nachricht vernachlässige, als Vorsichtsmaßregel den Befehl gab, die Wache solle unter Waffen treten, und sich dann zum Empfang seiner späten Besuche vorbereitete. Sein Kammerdiener hatte kaum ein paar Fackeln angezündet und Montrose sich selbst von dem Lager erhoben, als zwei Männer eintraten, der eine in einem niederländischen Kleide von Gemsleder, welche beinahe in Fetzen zerrissen war, der andere ein großer, sich aufrechthaltender, alter Hochländer von einer durch Frost und Sturm verwitterten Gesichtsfarbe, welche sich als eisengrau bezeichnen ließ.

„Worin kann ich euch dienen, meine Freunde," fragte der Marquis, indem er beinahe unbewußt den Griff einer seiner Pistolen suchte, denn die Zeit überhaupt ebensowohl, als die nächtliche Stunde rechtfertigten einen Verdacht, welchen ein harmloses Aussehen bei seinen Besuchern zu beseitigen durchaus nicht geeignet war.

„Ich bitte Euch Glück wünschen zu dürfen," sagte der Niederländer, „mein höchst edler General und sehr ehrenwerther Lord wegen der großen Schlachten, die Ihr geliefert habt, seitdem ich das Glück hatte, von Euch detaschirt zu werden. Jene Rauferei bei Tippermuir war eine hübsche Affaire, nichtsdestoweniger möchte ich Euch rathen —"

„Bevor Ihr mir Euren Rath ertheilt, "sagte der Marquis,

„habt die Güte, mich wissen zu lassen, wer mich mit seiner Meinung beehren will.“

„Wahrlich, Mylord,“ erwiderte der Mann, „ich hätte gehofft, dieß sei unnöthig, in Betracht, daß ich vor noch nicht langer Zeit unter dem Versprechen einer Majorsstelle mit einem halben Thaler täglichen Sold und einem halben Thaler Rückstand in Euren Dienst trat; ich hoffe, Eure Lordschaft hat nicht ebenso meinen Sold, als meine Person vergessen.“

„Mein guter Freund Major Dalgetty, sagte Montrose, welcher sich jetzt an den Mann vollkommen erinnerte. „Ihr müßt bedenken, wie wichtige Begebenheiten eingetreten sind, um mir die Gesichter von Freunden außer Erinnerung zu bringen, und ohnedem ist dieß Licht nur unvollkommen; allein alle Bedingungen sollen gehalten werden — was bringt Ihr Neues aus Argyleshire? Wir haben Euch längst als verloren aufgegeben, und ich traf gerade Vorbereitungen, um die entschiedenste Rache an dem alten Fuchs zu nehmen, welcher das Kriegsrecht in Eurer Person gebrochen hat.“

„Wahrlich, mein edler Lord,“ sagte Dalgetty, „ich hege durchaus keinen Wunsch, daß meine Rückkehr eine so passende und geziemende Absicht aufhalten sollte. Wahrlich, ich verdanke es nicht der Gunst oder Gnade des Marquis von Argyle, daß ich jetzt vor Euch stehe, und ich beabsichtige durchaus nicht, ein gutes Wort für ihn einzulegen. Meine Rettung verdanke ich nächst Gott und der ausgezeichneten Geschicklichkeit, die ich als alter und kriegserfahrener Cavalier, um dieselbe zu bewirken, entwickelte, ich sage, nächst diesen verdanke ich sie der Hülfe dieses alten Hochländers, welchen ich Eurer Lordschaft besonderer Gunst als das Werkzeug zu empfehlen wage, wodurch Dugald Dalgetty von Drumthwacket errettet wurde.“

„Ein dankenswerther Dienst," sagte der Marquis mit Ernst, „welcher sicherlich, wie er es verdient, belohnt werden wird."

„Kniee nieder," sagte Major Dalgetty, „Ranald, kniee nieder und küsse Sr. Excellenz die Hände."

Da die vorgeschriebene Form der Huldigung nicht nach der Gewohnheit von Ranalds Vaterlande war, begnügte er sich damit, seine Arme über die Brust zusammenzulegen und sein Haupt tief zu verneigen.

„Dieser arme Mann, Mylord," sagte Major Dalgetty, indem er seine Rede mit der würdevollen Miene eines Beschützers von Ranald Mac Eagh fortsetzte, „hat alle seine geringen Mittel zur Vertheidigung meiner Person vor meinen Feinden angewandt, obgleich er keine besseren Schußwaffen, als Bogen und Pfeile hatte, was Eure Lordschaft kaum glauben wird."

„Ihr werdet viel solcher Waffen in meinem Lager sehen," sagte Montrose, „und wir finden, daß sie brauchbar sind."

„Brauchbar! Mylord," sagte Dalgetty, „ich hoffe, Eure Lordschaft wird mir erlauben, mein Erstaunen auszudrücken — Bogen und Pfeile! Ich hoffe, Ihr verzeiht mir, daß ich Euch anempfehle, dieselben bei der ersten passenden Gelegenheit durch Musketen zu ersetzen. Indeß abgesehen davon, daß mich dieser ehrliche Hochländer vertheidigte, übernahm er auch die Sorge, mich zu heilen, in Betracht, daß ich auf meinem Rückzuge ein kleines Andenken bekommen habe; deßhalb verdient er von mir die Belohnung, daß ich ihn Eurer Lordschaft Kenntniß und Beschützung besonders empfehle."

„Was ist Euer Name, Freund?" fragte Montrose, sich zum Hochländer wendend.

„Er darf nicht ausgesprochen werden," erwiderte der Gebirgsbewohner.

„Das heißt," erläuterte Major Dalgetty, „er wünscht,
daß sein Name verschwiegen wird, in Betracht, daß er früher
ein Schloß genommen, gewisse Kinder erschlagen und andere
Dinge gethan hat, welche, wie Eure Lordschaft sehr wohl weiß,
in Kriegszeiten geübt werden, allein kein Wohlwollen gegen
den Vollbringer bei den Freunden derer erregen, welche den
Schaden erleiden. Es ist mir in meiner militärischen Erfahrung vorgekommen, daß manche brave Cavaliere von Bauern
nur deßhalb todtgeschlagen wurden, daß sie sich militärische
Freiheiten im Lande genommen hatten."

„Ich verstehe," sagte Montrose, „dieser Mann liegt mit
einigen unserer Anhänger in Fehde. Er mag sich zuerst in die
Wache begeben, und wir wollen über die beste Weise, ihn zu
beschützen, nachdenken."

„Ihr hört, Ranald," sagte Major Dalgetty mit der Miene
der Ueberlegenheit, „Se. Excellenz wünscht mit mir einen Kriegsrath zu halten, Ihr müßt Euch auf die Wache begeben — er
weiß nicht, wo das ist, der arme Kerl! er ist noch ein
junger Soldat für einen so alten Mann; ich will ihn unter
Obhut einer Schildwache stellen, und alsbald zu Eurer Lordschaft zurückkehren." Er that dieß und kehrte sogleich wieder zurück.

Montrose's erste Fragen betrafen die Gesandtschaft nach
Inverary; er hörte mit Aufmerksamkeit auf die Erwiderung
Dalgetty's, wie weitläufig auch die Erzählung des Majors
sein mochte. Es wurde eine Anstrengung des Marquis, um
dessen Aufmerksamkeit zu bewahren, erheischt; er wußte jedoch
sehr wohl, daß man genauere Kunde aus einem Bericht solcher Agenten, wie Dalgetty, nur erlangen kann, wenn man

ihnen gestattet, ihre Geschichte nach ihrer Weise zu erzählen. Des Marquis Geduld erhielt zuletzt auch ihren Lohn. Unter der Beute, welche der Kapitän mitzunehmen sich die Freiheit genommen hatte, befand sich ein Paket von Argyle's geheimen Papieren. Dieß überreichte er seinem General; seine Laune, zu erzählen, ging jedoch nicht weiter, denn soviel wir wissen, erwähnte er nicht die goldene Börse, die er zu gleicher Zeit sich angeeignet hatte, als er die genannten Papiere mit Beschlag belegte.

Montrose riß eine Fackel von der Wand und war einen Augenblick in die Lesung dieser Documente tief versunken, worin er wahrscheinlich etwas vorfand, welches seine persönliche Rache gegen seinen Nebenbuhler Argyle erregte.

„Fürchtet er mich nicht!" rief er aus, „dann soll er meine Macht fühlen. Will er mein Schloß Murdoch verbrennen! — der erste Rauch soll in Inverary aufsteigen — oh, besäße ich nur einen Führer durch das Vorholz von Strathfillan!"

Wie groß auch Dalgetty's persönlicher Dünkel sein mochte, so verstand er doch zu gut sein Gewerbe, um nicht sogleich den Sinn von Montrose's Worten zu begreifen. Er unterbrach sogleich seine eigene weitläufige Erzählung über das stattgehabte Scharmützel und seine Verwundung auf dem Rückzuge, und begann von der Angelegenheit zu sprechen, woran, wie er sah, seinem General am meisten gelegen war.

„Wenn Eure Excellenz," sagte er, „einen Einfall in Argyleshire ausführen will, so kennt dieser arme Mann Ranald, von welchem ich Euch berichtete, nebst seinen Kindern und Gefährten jeden Paß und jeden Pfad, der von Osten und Norden in dieß Land führt."

„Wirklich!" rief Montrose, „welchen Grund habt Ihr, die Kenntniß jener für so ausgedehnt zu halten?"

„Während einiger Wochen," erwiderte Dalgetty, „als ich, um meine Wunde zu heilen, bei ihnen blieb, wurden sie häufig genöthigt, ihre Quartiere zu wechseln, in Betracht, daß Argyle wiederholte Versuche machte, sich wieder in den Besitz eines Offiziers zu setzen, welcher mit Eurer Excellenz Vertrauen beehrt war. Somit hatte ich Gelegenheit, die merkwürdige Gewandtheit und Kenntniß des Terrains zu bewundern, womit sie abwechselnd ihren Rückzug und ihr Vorrücken ausführten; als ich zuletzt zur Fahne Eurer Excellenz zurückkehren konnte, hat dieß ehrliche und einfache Geschöpf Ranald Mac Eagh mich auf Pfaden hergeführt, welche mein Pferd Gustavus (Eure Lordschaft wird sich vielleicht dessen erinnern) mit vollkommener Sicherheit betreten konnte, so daß ich zu mir selbst sagte, wenn man Wegweiser oder Spione auf einem hochländischen Feldzuge in jenem westlichen Lande brauche, so könne man unmöglich erfahrenere Personen wie ihn und seine Begleiter sich wünschen."

„Und könnt Ihr für dieses Mannes Treue einstehen," sagte Montrose, „was ist sein Name und Geschäft?"

„Er ist Räuber und Dieb von Gewerbe, bisweilen auch etwas wie ein Todtschläger oder Mörder, erwiderte Dalgetty, „und heißt Ranald Mac Eagh, welches Ranald, Sohn des Nebels bedeutet."

„Es liegt mir etwas von diesem Namen im Gedächtniß," sagte Montrose, und fügte dann nach einigem Besinnen die Frage hinzu: „haben nicht diese Kinder des Nebels eine Handlung der Grausamkeit gegen die Mac Aulays vollbracht?"

Major Dalgetty erwähnte die Ermordung des Försters,

und Montrose's thätiges Gedächtniß erinnerte sich sogleich aller Umstände der Fehde.

„Ein höchst unglücklicher Umstand," sagte Montrose, ist die unversöhnliche Feindschaft zwischen diesen Leuten und den Mac Aulays. Allan hat sich brav in diesen Kriegen benommen und besitzt durch die Wildheit und das Geheimnißvolle seines Benehmens und seiner Sprache soviel Einfluß über seine Landsleute, daß die Folgen irgend einer Handlung, wodurch er sich verletzt fühlen könnte, sehr ernstlich sein würden. Da jedoch diese Leute so fähig sind, nützlichen Dienst zu leisten, und da man sich, wie Ihr sagt, Major Dalgetty, vollkommen auf sie verlassen kann —"

„Ich will Sold und Rückstand, Pferd und Waffen, Kopf und Hals für ihre Treue verbürgen," sagte der Major, „und Eure Excellenz weiß, daß ein Soldat nicht mehr für seinen eigenen Vater thun kann."

„Gewiß," sagte Montrose, „da jedoch dieß eine Angelegenheit von besonderer Wichtigkeit ist, so möchte ich gern den Grund einer so bestimmten Versicherung kennen."

„Wohlan denn, Mylord, in der Kürze," sagte der Major, „sie verschmähten es nicht allein, eine hübsche Geldsumme zu verdienen, welche Argyle mir die Ehre erwies, auf meinen armen Kopf zu setzen; sie enthielten sich nicht allein der Plünderung meines persönlichen Eigenthums, welches groß genug war, um Soldaten jeden regelmäßigen europäischen Heeres in Versuchung zu setzen; sie gaben mir nicht allein mein Pferd zurück, welches, wie Eure Excellenz weiß, von Werth ist, sondern ich konnte sie auch nicht durch Bitten bewegen, einen Stüber, Deut oder Maravedi für die Unruhe und die Kosten meines Krankenbettes anzunehmen. Sie wiesen wirklich mein gemünztes Geld zurück, als ich es ihnen freiwillig anbot —

Sage von Montrose. 17

eine Geschichte, welche man selten in einem Christenlande erzählen kann."

„Ich gestehe," sagte Montrose, als er sich einen Augenblick bedacht hatte, „daß ihr Benehmen gegen Euch eine Bürgschaft für ihre Treue gibt; wie können wir uns aber gegen den Wiederausbruch dieser Fehde sichern?" Er schwieg und fügte dann plötzlich hinzu: „ich hatte vergessen, daß ich schon mein Abendessen eingenommen habe, während Ihr, Major, einen Ritt im Mondlicht gemacht habt."

Er befahl seinem Bedienten, einen Krug Wein und einige Erfrischungen herbeizuholen. Major Dalgetty, welcher den Appetit eines Wiedergenesenden besaß, der aus hochländischen Quartieren heimkehrte, bedurfte keiner dringenden Einladung, um sich zu bedienen, sondern räumte unter den Speisen mit solchem Eifer auf, daß, als der Marquis einen Becher Wein füllte, und auf seine Gesundheit trank, die Bemerkung nicht unterdrücken konnte, wie gering auch der Proviant seines Lagers sei, so besorge er doch, Major Dalgetty sei während seines Ausflugs nach Argyleshire hinsichtlich seiner Verpflegung noch weit schlechter weggekommen."

„Darauf kann Eure Excellenz einen körperlichen Eid ablegen," sagte der würdige Major, mit vollem Munde sprechend; „Argyle's Brod und Wasser liegt mir noch als schwarz und schimmlich in Erinnerung, und die Speisen, welche die Kinder des Nebels mir verschafften, wobei sie all ihr Möglichstes thaten, die armen, hülflosen Geschöpfe — diese Speisen waren für meinen Leib so wenig erfrischend, daß ich, in der Rüstung eingeschlossen, die ich beinahe, um schneller fortzukommen, zurückgelassen hätte, darin wie der verschrumpfte Kern in einer Nuß rasselte, die man bis zum Aller Seelentag aufbewahrt hat."

„Ihr müßt gehörige Anstalten treffen, um diesen Verlust wieder auszugleichen, Major Dalgetty.“

„Wahrhaftig,“ antwortete der Soldat, „ich werde kaum es vermögen, dieß zu Stande zu bringen, wenn mir nicht meine Rückstände baar ausbezahlt werden, denn ich behaupte vor Eurer Excellenz, daß ich das jetzt verlorne Gewicht von dreißig Pfund mir ganz allein aus den regelmäßigen Sold-zahlungen der Staaten von Holland zugelegt habe.“

„In dem Fall,“ sagte der Marquis, „seid Ihr allein zur ordonnanzmäßigen Beleibtheit zusammengeschrumpft, was aber den Sold betrifft, so laßt uns noch einmal einen Sieg ge-winnen — einen Sieg, Major, und Eure Wünsche, alle Eure Wünsche sollen vollständig erfüllt werden; mittlerweile trinkt doch noch einen andern Becher Wein.“

„Auf Eurer Excellenz Gesundheit,“ sagte der Major, indem er seinen Becher bis an den Rand füllte, um den Eifer zu zeigen, womit er den Trinkspruch ausbrachte: „Sieg über alle Eure Feinde, und besonders über Argyle, ich hoffe, ihm noch eine Handvoll Haare aus dem Barte zu rupfen, eine habe ich ihm bereits ausgerupft.“

„Sehr wahr,“ erwiderte Montrose; „um jedoch auf diese Kinder des Nebels zurückzukommen, so begreift Ihr, Dal-getty, daß ihre Gegenwart hier, und der Zweck, für den wir sie gebrauchen wollen, ein Geheimniß zwischen Euch und mir ist.“

Der Major, über diesen Beweis des Zutrauens von Sei-ten seines Generals entzückt, wie Montrose dieß vorausgesetzt hatte, legte den Finger an die Nase und gab sein Einverständ-niß durch ein Kopfnicken zu verstehen.

„Wie viele an Zahl sind die Stammgenossen Ranalds?“ fuhr der Marquis fort.

17 *

„Der Stamm ist, soviel ich weiß," erwiderte Major Dal=
getty, „auf acht oder zehn Männer und einige Weiber ver=
mindert."

„Wo sind dieselben jetzt?" fragte Montrose.

„In einem Thale drei Meilen von hier," erwiderte der
Soldat; „sie erwarten dort Eurer Excellenz Befehl; ich hielt
es für unpassend, sie in Euer Lager ohne Eurer Excellenz
Befehl zu bringen."

„Daran habt Ihr sehr verständig gehandelt, sagte Mont=
rose; „es ist zweckmäßig, daß sie bleiben, wo sie sind, oder
einen entlegeneren Zufluchtsort suchen. Ich will ihnen Geld
schicken, obgleich dieser Artikel bei mir gegenwärtig nur sehr
gering vorhanden ist."

„Das ist unnöthig," sagte Major Dalgetty; „Euer Excel=
lenz braucht ihnen nur einen Wink zu geben, daß die Mac
Aulays nach irgend einer Richtung hin aufbrechen, alsdann
werden meine Freunde, die Söhne des Nebels, sogleich rechts
um kehrt und sich aus dem Staube machen."

„Das wäre sehr unhöflich," meinte der Marquis; „ich
will ihnen lieber einige Thaler schicken, damit sie sich einiges
Vieh für den Unterhalt ihrer Weiber und Kinder kaufen
können."

„Sie wissen schon, wie sie sich Vieh weit wohlfeiler ver=
schaffen können, jedoch mag geschehen, was Euer Excellenz
beliebt."

„Ranald Mac Eagh," sagte Montrose, „mag einen oder
zwei seines Stammes auswählen, Leute, auf die er sich ver=
lassen kann, und die fähig sind, ihr eigenes Geheimniß und
das unsrige zu bewahren; diese sollen nebst ihrem Häuptling,
als Oberstwachtmeister, uns zu Führern dienen. Laßt sie
morgen bei Tagesanbruch an mein Zelt bringen, und tragt

Sorge, daß sie so wenig wie möglich meinen Zweck errathen, noch mit einander sich unterreden können. Hat dieser alte Mann noch Kinder?"

„Sie sind sämmtlich im Kampfe gefallen, oder gehenkt worden," erwiderte der Major; „sowie ich glaube, ein volles Dutzend — er hat jedoch noch einen Enkel, einen hübschen und hoffnungsvollen Burschen; ich habe ihn nie anders gesehen, als daß er einen Kieselstein im Zipfel seines Mantels trug, um ihn auf allerlei Gegenstände zu werfen, die ihm gerade vorkommen — gewissermaßen ein Vorzeichen, daß er, wie David, welcher gewohnt war, Kieselsteine aus Bächen mit der Schleuder zu werfen, sich dereinst als kühner Krieger erproben wird."

„Diesen Knaben, Dalgetty," sagte der Marquis, „will ich zu meinem Leibdiener machen, ich glaube, er wird Verstand genug besitzen, um seinen Namen geheim zu halten."

„Euer Excellenz braucht deßhalb keine Besorgniß zu hegen," erwiderte Dalgetty, „diese hochländischen kleinen Teufel, sobald sie aus dem Ei schlüpfen —"

„Schon gut," unterbrach Montrose, „der Knabe soll für die Treue seines Vaters einstehen, und wird dieselbe erwiesen, so soll die Beförderung des Kindes sein Lohn sein — und nun, Major Dalgetty, muß ich Euch für heute Abend entlassen; morgen führt bei mir diesen Mac Eagh unter irgend einem Namen oder Stand ein, den er anzunehmen für gut halten wird. Ich vermuthe, daß ihn sein Gewerbe Gewandtheit in jeder Art Verkleidung ertheilt hat, oder wir können John von Moidart zum Vertrauten unserer Entwürfe machen; dieser Mann besitzt Verstand, Gewandtheit und Scharfsinn, und wird wahrscheinlich diesem Manne gefallen, sich als einer seiner Begleiter zu verkleiden. Für Euch, Major, wird

mein Kammerdiener für heute Abend den Quartiermeister ab=
geben.“

Major Dalgetty empfahl sich mit vergnügtem Herzen;
er zeigte sich über die Aufnahme sehr erfreut, die ihm zu
Theil geworden war, und über das persönliche Benehmen
seines neuen Generals höchst zufrieden, welcher ihn, wie er
weitläufig dem Ranald Mac Eagh darlegte, in vieler Hinsicht
an das Betragen des unsterblichen Gustavus Adolphus, des
nordischen Löwen und des Bollwerkes der protestantischen
Religion, erinnerte.

# Siebenzehntes Kapitel.

---

Der Marsch mit viel Soldatenprunk beginnt,
Auf dessen Gang gespannt die Völker sind;
Der Hunger schützt den schwach bewohnten Strand,
Der Frost befestigt dort mit Eis das Land;
Doch Kält' und Mangel hemmen nicht das Heer.
Das Lehrgedicht: Eitelkeit der menschlichen Wünsche.

Bei Tagesanbruch empfing Montrose in seiner Hütte den
alten Mac Eagh und befragte ihn lang und genau über die
Mittel, in das Land Argyle's zu dringen.

Er schrieb die Antworten sich auf und verglich sie mit de=
nen der beiden Leute Mac Eaghs, welche derselbe als die Ver=
ständigsten und Erfahrensten bei ihm einführte. Er fand, daß
die Aussagen in jeder Hinsicht übereinstimmten; da er jedoch
sich immer noch nicht in einer Angelegenheit zufrieden stellte,
wo die Vorsicht so nöthig war, verglich er die empfangene
Kunde mit derjenigen, die er sich von den Häuptlingen einholen
konnte, derer Gebiete dem anzugreifenden Lande am nächsten
lagen. Als er sich endlich in jeder Hinsicht von der Genauig=
keit der Angaben überzeugt hatte, beschloß er, in vollem Ver=
trauen darauf zu verfahren. In einem Punkte änderte Mont=
rose seine Absicht. Er hielt es für unpassend, den Knaben
Kenneth als seinen eigenen Leibdiener anzunehmen; im Fall
nämlich dessen Geburt entdeckt würde, so hätten die zahlreichen

Clans, welche eine tödtliche Feindschaft gegen die geächtete Familie hegten, sein Verfahren als eine Beleidigung aufgenommen. Er ersuchte deßhalb den Major, den Knaben in seinen Dienst zu nehmen, und da er dieß Gesuch mit einem beträchtlichen Geschenk, unter dem Vorwande der Kleidung und Ausrüstung des Burschen, begleitete, war diese Veränderung allen Betheiligten angenehm.

Ungefähr zur Zeit des Frühstücks besuchte Major Dalgetty, von Montrose entlassen, seine alten Bekannten, den Lord Menteith und die Mac Aulays, denen er seine eigenen Abenteuer ebenso mitzutheilen wünschte, als er von ihnen die Einzelnheiten des Feldzugs erfahren wollte. Wie man sich denken kann, ward er mit großer Freude von Leuten empfangen, für welche jeder Wechsel der Gesellschaft wegen der kürzlichen Gleichförmigkeit ihres militärischen Lebens eine interessante Neuigkeit geworden war. Allan Mac Aulay allein schien sich von seinem früheren Bekannten zurückzuhalten, obgleich er, von seinem Bruder zur Erklärung aufgefordert, keinen andern Grund angeben konnte, als ein Widerstreben, sich mit einem Manne in Vertraulichkeit einzulassen, welcher kürzlich in der Gesellschaft von Argyle und anderer Feinde gewesen sei. Major Dalgetty wurde ein wenig durch diese Art instinktartigen Bewußtseins bestürzt, welches Allan über seine kürzliche Genossenschaft zu hegen schien; er ward jedoch bald in der Hinsicht beruhigt, daß die Auffassungen des Sehers in dieser Hinsicht nicht untrüglich waren.

Da Ranald Mac Eagh unter Major Dalgetty's Schutz und Aufsicht gestellt wurde, so war es nothwendig, ihn bei denjenigen Personen einzuführen, mit denen er am wahrscheinlichsten in Berührung kommen würde.

In der Kleidung des alten Mannes war mittlerweile der

gewürfelte Zeug feines Clans mit einem Anzuge vertauscht, welcher, den Bewohnern der entfernten Inseln eigenthümlich, aus einer Ermelweste mit Rockschößen, Alles aus einem Stücke verfertigt, bestand. Diese Kleidung war von oben bis unten mit Schnüren besetzt und glich der sogenannten Polonaise, wie sie noch Kinder niederen Ranges in Schottland zu tragen pflegen. Eine Strumpfhose und eine Mütze aus gewürfeltem Zeuge vervollständigten die Kleidung, welche alte Leute im vergangenen Jahrhundert noch bei den Bewohnern der entfernten Inseln gesehen hatten, die sich der Fahne des Grafen von Mar 1715 anschlossen.

Major Dalgetty heftete seinen Blick auf Allan und führte Ranald Mac Eagh unter dem erdichteten Namen Ranald Mac Gillihuron von Benbecula ein, welcher mit ihm aus Argyle's Gefängniß entflohen sei; er empfahl ihn als einen in den Künsten der Harfe und der Zither gewandten Mann, welcher auch durch den Besitz eines zweiten Gesichtes, oder als Seher Bedeutung habe. Während der Major Dalgetty dieß sagte, gerieth er in ein Stammeln und Stocken auf eine seiner gewöhnlich so geläufigen Gesprächigkeit durchaus unähnliche Weise, so daß er Allan Mac Aulay's Verdacht nothwendig erregt haben müßte, wäre nicht die ganze Aufmerksamkeit dieses Mannes dadurch vollkommen in Anspruch genommen worden, daß er in den Zügen der so eingeführten Person mit festen Blicken zu lesen suchte. Dieser feste Blick brachte Ranald so sehr in Verlegenheit, daß er seine Hand auf den Dolch in Erwartung eines feindlichen Angriffs sinken ließ, als Allan plötzlich über den Fußboden der Hütte schritt, und ihm zum freundlichen Gruß die Hand reichte. Sie setzten sich Seite an Seite, und unterhielten sich mit leiser, geheimnißvoller Stimme. Menteith und Angus Mac Aulay wurden nicht dadurch überrascht, denn unter den Hochländern, welche Anspruch auf das zweite Gesicht machten, herrschte eine Art Freimaurerei, welche sie gewöhnlich veranlaßte, bei einer Zusammenkunft sich die Natur und die Ausdehnung ihrer Gesichte einander mitzutheilen.

„Kommt das Gesicht finster über Euren Geist?" fragte Allan seinen neuen Bekannten.

„So finster, wie der Schatten auf den Mond," erwiderte Ranald, „wenn er auf seinem Laufe mitten am Himmel verdunkelt wird und Propheten böse Zeiten voraussagen."

„Kommt hieher," sagte Allan, „ich möchte mit Euch bei Seite reden, denn man sagt, daß das Gesicht mit mehr Klarheit und Gewalt über Euch, wie über uns kommt, die wir in Nähe der Sachsen wohnen."

Während sie sich in ihre mystische Unterredung vertieften, betraten die zwei englischen Cavaliere die Hütte in der heitersten Stimmung und berichteten dem Angus Mac Aulay, es sei Befehl ertheilt, daß Alle sich für einen baldigen Marsch nach Westen in Bereitschaft halten sollten. Nachdem sie diese Nachricht mit großer Freude verkündet hatten, begrüßten sie ihren alten Bekannten, Major Dalgetty, den sie sogleich wieder erkannten, und erkundigten sich nach der Gesundheit seines Pferdes Gustavus.

„Ich danke euch unterthänigst," erwiderte der Soldat, „Gustavus befindet sich wohl, obgleich er, ebenso wie sein Herr, etwas magerer an den Rippen ist, wie damals, als ihr mich in Darnlinvarach von ihm erlösen wolltet; ich gebe euch aber die Versicherung, daß ihr, meine guten Herren, bevor ihr zwei oder drei Märsche zurückgelegt haben werdet, die ihr mit so großer Zufriedenheit in Aussicht stellt, etwas von eurem englischen Fett, und wahrscheinlich auch ein englisches Pferd, oder zwei, hinter euch lassen werdet.“

Beide riefen aus, daß sie sich nicht um dasjenige, was sie fänden oder zurücklassen würden, bekümmerten, wenn der Krieg sich nur etwas veränderu und die ewigen Hin- und Hermärsche in Angus und Aberdeenshire aufhörten, um einen Feind aufzusuchen, welcher weder fechten, noch weglaufen wolle.“

„Ist das der Fall,“ sagte Angus Mac Aulay, „so muß ich meinen Leuten Befehl ertheilen, und auch für den sicheren Transport der Annot Lyle sorgen, denn ein Vordringen in das Land von Mac Cullum More ist ein weiterer und schlimmerer Marsch, als diese Stutzer der cumbrischen Ritterschaft sich einbilden.“ Mit den Worten verließ er die Hütte.

„Annot Lyle,“ wiederholte Dalgetty, „folgt auch sie dem Heere?“

„Allerdings,“ erwiderte Sir Miles Musgrave, indem sein Blick sich leicht von Lord Menteith auf Allan wandte; wir können weder marschiren noch fechten, weder vorrücken noch uns zurückziehen, ohne den Einfluß dieser Prinzessin der Harfe.“

„Die Prinzessin der breiten Degen und der Tartschen,“ verbesserte sein Gefährte, „denn die Gemahlin von Montrose selbst könnte nicht höflicher bedient werden; sie hat vier hochländische Mädchen und ebenso viele Burschen ohne Hosen, um ihr als Dienerschaft aufzuwarten.“

„Würdet ihr Herren anders verfahren?“ sagte Allan, indem er sich plötzlich von dem Hochländer abwandte, mit dem er sich unterredete. „Würdet ihr ein unschuldiges Mädchen und die Gefährtin eurer Kindheit durch Gewalt oder Hunger umkommen lassen? Gegenwärtig ist kein Dach auf der Wohnung meiner Väter — unsere Ernten wurden zerstört und unser Vieh hinweggetrieben — ihr Herren möget Gott danken, daß ihr aus einem milderen und mehr civilisirten Lande kommt, nur euer Leben in diesem unbarmherzigen Kriege aussetzt und nicht befürchten müßt, eure Feinde werden mit ihrer Rache die schutzlosen Pfänder Eurer Liebe heimsuchen, die ihr zurückgelassen habt."

Die Engländer gestanden zu, daß sie in dieser Hinsicht einen Vortheil voraus hätten; die Gesellschaft zerstreute sich, und jeder ging seinem besonderen Auftrag oder seinem Geschäfte nach.

Allan blieb einen Augenblick zögernd zurück, indem er den widerstrebenden Ranald Mac Eagh über einen Punkt in seinen Visionen zu befragen wünschte, der ihm großen Kummer verursachte. „Zu wiederholtenmalen," sagte er, „hatte ich das Gesicht eines Galen, welcher seine Waffe in den Leib von Menteith zu stoßen schien — jenes jungen Edelmannes in dem mit Treffen besetzten Scharlachmantel, der soeben die Hütte verlassen hat. Ich blickte hin, bis meine Augen beinahe in ihren Höhlungen erstarrten, konnte aber durch keine Anstrengung das Antlitz dieses Hochländers entdecken, oder auch nur vermuthen, wer er sein mag, obgleich seine Haltung und seine Gestalt mir bekannt zu sein scheinen *)."

---

*) Diese Art Erscheinung, derjenigen ähnlich, welche die Deutschen einen Doppelgänger nennen, wurde von den celtischen Stämmen als ein Vorzeichen von Unglück oder Tod betrachtet, und der Glaube herrscht noch jetzt. Herr Kirk sagt darüber: „Einige Leute, die mit diesem ungewöhnlichen Gesicht entweder durch Kunst oder von Natur begabt waren, haben mir erzählt, daß sie in diesen Versammlungen von Zauberern einen doppelten Mann, oder die Gestalt eines Mannes an zwei Orten gesehen haben, d. h. einen Bewohner der Erde und einen zweiten über derselben, welche sich vollkommen gleichen, aber dennoch sich von einander

„Habt Ihr Euren Mantel umgekehrt,“ sagte Ranald, „nach der Regel erfahrener Seher für diesen Fall?“

---

durch geheime Zeichen und Verfahrungsweisen unterscheiden laßen. Eine solche Erscheinung wurde von den Nachbarn und Vertrauten des Man= nes angeredet, welche bei derselben vorübergingen. Man behauptet, daß jedes Element seine Thiere hat, die denen eines andern Elements ent= sprechen; es gibt z. B. Fische zur See, welche den Mönchen mit ihren Kaputzen u. s. w. gleichen. Auch die guten und bösen Dämone und Schutzengel der Römer, die besonderen Personen zugeschrieben wurden, können von demselben Original abstammen. Man nennt dieses Bild des Mannes einen Doppelgänger (Co-walker); sie gleicht dem Manne, den sie wie einen Schatten begleitet, wie ein Zwillingsbruder sowohl vor dem Tode des Originals, als nach demselben. Man hat Beispiele, daß eine solche Erscheinung in ein Haus kam, woraus die Bewohner er= kannten, daß die Person, welcher sie glich, sie in wenigen Tagen besu= chen würde. Diese Copie begleitete jene Person, sowohl um dieselbe vor geheimen Angriffen zu schützen, wie auch alle seine Handlungen nach= zuahmen.“

Die zwei folgenden Erscheinungen, welche der des Allan Mac Aulay gleichen, kommen in Theophilus Insulanus (Frater) Abhandlung über das zweite Gesicht vor.

Barbara Mac Pherson, Wittwe des verstorbenen Alexander Mac Leod, Predigers in St. Kilda, benachrichtigte mich, daß die Einwohner der Insel eine besondere Art zweiten Gesichts hätten, welches stets ihr nahes Ende verkünde. Einige Tage, bevor sie krank werden, haben sie eine Erscheinung, welche ihnen in Gestalt, Gesichtszügen und Kleidung gleicht. Dieß scheinbar belebte Bild geht mit ihnen bei hellem Tages= licht auf das Feld; wenn sie beim Graben, Hacken, Pflügen, oder an einer andern Arbeit beschäftigt sind, werden ihre Bewegungen von die= sem Gespenst nachgeahmt. Die erwähnte Frau, welche mir die Mitthei= lung machte, fügte hinzu, daß sie einst einen Kranken besuchte und sich bei ihm aus Neugier erkundigte, ob letzterer ein ähnliches Bild seiner selbst schon gesehen habe; der Kranke antwortete bejahend und sagte ihr, daß er, um einen weiteren Versuch zu machen, bei seinem Ausgang aus dem Hause Strumpfbänder von geflochtenem Stroh statt derer, die er sonst trug, angelegt habe. Als er nun auf das Feld ging, erschien der

„Das that ich," erwiderte Allan mit leiser Sprache, während er durch inneren Seelenschmerz zu schaudern schien.

„Und in welcher Gestalt erschien alsdann das Phantom?"

„Ebenfalls mit umgekehrtem Mantel," erwiderte Allan mit derselben leisen und krampfhaften Stimme.

„Dann seid überzeugt," sagte Ranald, daß Eure eigene Hand und keine andere die That vollbringen wird, deren Schatten Ihr gesehen habt."

„So hat meine besorgte Seele hundertmal schon vermuthet, erwiderte Allan. „Allein es ist unmöglich; könnte ich im ewigen Buche des Schicksals dasselbe lesen, so würde ich es dennoch für unmöglich erklären. Wir sind durch Blutsverwandtschaft, durch hundert Bande der engsten Freundschaft mit einander verbunden — wir sind Seite bei Seite in der Schlacht gestanden, und unsere Schwerter rauchten von dem Blute derselben Feinde — es ist unmöglich, daß ich gegen ihn meine Waffe ziehe."

„Es ist gewiß, daß Ihr die That vollbringen werdet," erwiderte Ranald, „obgleich die Ursache vom Dunkel der Zukunft umhüllt ist. Ihr sagt," fuhr er fort, indem er seine

---

Doppelgänger in solchen Strumpfbändern; der kranke Mann starb, und sie zog nicht länger die Wahrheit dieser Vorhersagung in Frage.

Margaret Mac Leod, eine ehrliche Frau in hohen Jahren, erzählte mir ferner, daß in ihrer Jugend ein Milchmädchen in der Familie, wo sie sich damals befand, welches die Kälber in einem Parke zu hüten pflegte, verschiedene Male eine ihr durchaus ähnliche Gestalt in einiger Entfernung von sich selbst erblickte; durch die Erscheinung erschreckt, zog sie, um einen weiteren Versuch zu machen, den hinteren Theil ihres Oberkleides über ihren Kopf, worauf das Gespenst sogleich dieselbe Anordnung des Kleides zeigte. Das Mädchen ward unruhig und glaubte, daß ihr ein Unglück bevorstehe; kurz darauf befiel sie ein Fieber, woran sie starb. Das zweite Gesicht hatte sie noch vor ihrer Krankheit erzählt.

eigenen Regungen mit Schwierigkeit unterdrückte, daß Ihr
Seite an Seite mit Bluthunden Eure Beute verfolgt habt —
habt Ihr niemals gesehen, wie die Bluthunde ihre Zähne gegen einander wandten und über den Leichnam eines erwürgten
Hirsches kämpften?"

„Es ist falsch," sagte Mac Aulay auffahrend, „es ist nicht
die Vorbedeutung des Schicksals, sondern die Versuchung eines bösen Geistes der Hölle." Mit den Worten verließ er
die Hütte.

„Ha," rief der Sohn des Nebels aus, indem er ihm mit
dem Ausdruck des Entzückens nachblickte; der Widerhaken des
Pfeiles steckt in deiner Seite! freuet euch, ihr Geister der Erschlagenen! die Schwerter eurer Mörder werden sich mit dem
eigenen Blute färben."

Am nächsten Morgen war Alles vorbereitet. Montrose
drang in schnellen Märschen den Fluß Tay hinauf und ergoß
seine Streitkräfte in das romantische Thal am See desselben
Namens, welches an der Mündung dieses Flusses liegt. Die
Einwohner waren Campbells, zwar nicht die Vasallen Argyle's, sondern des ihm verwandten und verbündeten Hauses
Glenorchy, welches jetzt den Namen Breadalbane führt. Da
sie überrumpelt wurden, waren sie für den Widerstand gänzlich unvorbereitet und gezwungen, die leidenden Zeugen der
Verwüstung zu sein, welche unter ihren Heerden und Wohnungen stattfand. Indem Montrose auf diese Weise zum
Thale des Sees Dochart vorrückte, und das Land ringsum
verheerte, erreichte er den schwierigsten Punkt seiner Unternehmung.

Für ein Heer unserer Zeiten würde der Marsch durch diese
ausgedehnten Wildnisse, ungeachtet der guten Militärstraßen,
welche über Teinedrum nach der Spitze des Sees Awe führt,

eine Aufgabe von einiger Schwierigkeit sein. Zu jener Zeit, und noch lange nachher, war aber keine Straße vorhanden, und die Schwierigkeiten wurden noch dadurch erhöht, daß die Berge schon mit Schnee bedeckt waren. Ihre über einander gehäuften Massen gewährten einen erhabenen Anblick, als die vordere Reihe in glänzender Weiße erstrahlte, während die hinter denselben sich erhebenden Gipfel eine rosige Färbung durch das Abendroth einer hellen Wintersonne erhielten. Der Ben Cruachan, der höchste Gipfel von allen, gleichsam die Veste der Berggeister dieser Gegend, erhob sich weit über die andern und zeigte seinen glänzenden und zerrissenen Gipfel auf die Entfernung vieler Meilen.

Die Anhänger Montrose's waren keine Leute, welche sich durch den erhabenen aber furchtbaren Anblick hätten abschrecken lassen. Viele von ihnen waren von jenem alten Geschlecht der Hochländer, welche nicht allein sich zum Schlafe auf den Schnee niedergelegt, sondern auch den Gebrauch eines Schneeballs zum Kissen als weibische Ueppigkeit betrachtet haben würden. Raub und Rache lag jenseits der Schneegebirge, und sie scheuten sich somit nicht, dieselben mit Schwierigkeit zu überschreiten. Montrose ließ ihnen keine Zeit, worin sich ihr Eifer hätte abkühlen können; er befahl den Dudelsackpfeifern, das alte Lied anzustimmen: „Wir kommen durch den Schneefall, um die Beute zu jagen,‟ ein Schlachtgesang, dessen gellende Töne die Thäler des Lennox so oft mit Schrecken erfüllt hatten. Die Truppen rückten mit der behenden Geschwindigkeit von Bergbewohnern vor und befanden sich bald in dem gefährlichen Passe, in welchem Ranald als ihr Führer diente, indem er, um den Weg aufzufinden, mit einer auserlesenen Schaar voranging.

Die Macht des Menschen erscheint niemals verächtlicher,

als wenn sie im Gegensatz zu Naturscenen von furchtbarer Erhabenheit steht. Montrose's siegreiches Heer, dessen Thaten ganz Schottland mit Schrecken erfüllt hatte, schien bei der Ersteigung dieses furchtbaren Passes eine elende Handvoll Nachzügler zu sein, welche die Schluchten des Gebirgs augenblicklich begraben würden, deren höchste Ränder sich über ihm zu schließen bereit schienen. Sogar Montrose bereute beinahe die Kühnheit seiner Unternehmung, als er von dem Gipfel der ersten erstiegenen Anhöhe auf den zerstreuten Zustand seines kleinen Heeres blickte. Die Schwierigkeit weiter zu kommen, war so groß, daß beträchtliche Lücken in der Marschlinie eintraten; die Vorhut, das Centrum und die Nachhut wurden durch solche Entfernungen von einander getrennt, daß sowohl Verwirrung wie Gefahr entstand. Mit großer Besorgniß blickte er auf jeden vortheilhaften Punkt, den die Höhen darboten; er fürchtete, der Feind habe jene Plätze besetzt und zur Vertheidigung vorbereitet; später sprach er oft seine Ueberzeugung aus, daß 200 entschlossene Leute bei der Vertheidigung der Pässe von Strathfillan nicht allein sein Heer hätten aufhalten, sondern auch gänzlich abschneiden können. Die Sicherheit der natürlichen Lage, schon so oft das Verderben eines leicht zu vertheidigenden Landes, oder einer für uneinnehmbar gehaltenen Festung, überlieferte auch bei dieser Gelegenheit den Distrikt Argyle seinen Feinden. Das angreifende Heer hatte nur die natürliche Schwierigkeit des Passes und des Schnees zu überwinden. Sobald es aber den Gipfel der Höhen erreicht hatte, welche Argyleshire vom Distrikt Breadalban trennen, stürzte es auf die der Verheerung geweihten unten liegenden Thäler mit einer Wuth, welche zur Genüge die Beweggründe zu einem so schwierigen und gewagten Unternehmen ausdrückte.

Montrose theilte sein Heer in drei Corps, um einen weiteren und ausgedehnteren Schrecken zu verbreiten; das eine wurde vom Häuptling des Clans Ranalds geführt, das zweite der Leitung Colkitto's anvertraut, und das dritte stand unter Montrose's eigenem Befehl. Er konnte somit an drei verschiedenen Punkten in die Grafschaft Argyle eindringen. Die Flucht der Schäfer von den Bergen hatte zuerst diesen furchtbaren Einbruch den bevölkerten Distrikten verkündet; sobald die Clansleute aufgeboten waren, wurden sie von einem Feinde, welcher ihren Bewegungen zuvorkam, getödtet, entwaffnet und zerstreut. Major Dalgetty, welcher mit der wenigen dienst-tauglichen Reiterei des Heeres gegen Inverary geschickt wurde, leitete die Unternehmung so gewandt, daß er den Marquis beinahe, wie er sich ausdrückte, inter pocula gefangen hätte; dieser Häuptling konnte sich nur vor Tod oder Gefangenschaft durch eine schnelle Flucht zu Wasser retten. Die Strafe jedoch, welcher Argyle selbst entging, fiel um so schwerer auf sein Land und seinen Clan, und die Verheerung dieser unglücklichen Fluren, obgleich den Sitten der damaligen Zeiten und der Hochlande gemäß, ist oft mit Recht als ein Flecken bezeichnet worden, welcher auf den Handlungen und auf dem Charakter Montrose's hafte.

Argyle war mittlerweile nach Edinburgh geflohen, um seine Klage dem Parlamente vorzulegen. Ein beträchtliches Heer war in der Noth des Augenblicks unter General Baillie, einem geschickten und zuverlässigen presbyterianischen Offizier, ausgehoben worden, welchem im Oberbefehl der berühmte Sir John Urrie beigegeben wurde, ein Glückssoldat wie Dalgetty, welcher schon zweimal während des Bürgerkrieges die Partei gewechselt hatte, und dessen Geschick es war, vor der Beendigung desselben noch zum drittenmale ein Ueberläufer zu werden.

Auch Argyle, von Rache erregt, ließ seine zahlreichen Streitkräfte ausheben, um dem Feinde seiner Familie mit den Waffen zu vergelten. Er schlug sein Hauptquartier in Dunbarton
auf, wo sich ihm bald eine beträchtliche Streitkraft, hauptsächlich aus seinen Clansleuten und Vasallen bestehend, anschloß. Nachdem er sich dort mit einem beträchtlichen Heere
regelmäßiger Streitkräfte unter Baillie und Urrie vereinigt
hatte, bereitete er sich zum Marsche nach Argyleshire, um den
Verheerer seines Familien-Distriktes zu züchtigen.

Während diese furchtbaren Heere sich vereinigten, hatte
Montrose das verwüstete Land wegen der Annäherung eines
dritten verlassen müssen. Dasselbe war im Norden unter dem
Grafen von Seaforth gesammelt, welcher nach einigem Bedenken die Partei der Covenanters ergriffen und mit Hülfe
der aus Veteranen bestehenden Garnison von Inverneß ein beträchtliches Heer gebildet hatte, womit er Montrose von In-
verneßshire aus bedrohte. Der Untergang von Montrose schien
jetzt gewiß, denn er war in einem verwüsteten und feindlichen
Lande eingeschlossen und von jeder Seite durch Feinde mit
überlegenen Streitkräften bedroht. Allein gerade in solchen
Umständen vermochte der thätige und unternehmende Geist des
großen Marquis die Bewunderung seiner Freunde, sowie das
Erstaunen und den Schrecken seiner Feinde zu erregen. Gleichsam durch einen Zauberschlag sammelte er seine zerstreuten
Streitkräfte aus dem verwüsteten Lande, wo sie Krieg geführt
hatten; kaum hatte er dieselben vereinigt, als auch Argyle
und die ihn begleitenden Generale die Kunde vernahmen, daß
die Royalisten aus Argyleshire verschwunden wären und sich
nördlich in die dunklen unzugänglichen Gebirge von Lochaber
zurückgezogen hätten.

Der Scharfsinn der gegen Montrose abgesandten Generale

18*

erkannte sogleich, daß ihr thätiger Gegner die Absicht hege, dem Grafen Seaforth eine Schlacht zu liefern und womöglich ihn zu vernichten, bevor sie ihm zu Hülfe kommen könnten. Dieß verursachte eine entsprechende Veränderung ihrer Operationen. Urrie und Baillie trennten ihre Streitkräfte von denen Argyle's, und überließen diesem Häuptling seine eigene Vertheidigung; da sie hauptsächlich Reiterei und niederländisches Fußvolk unter ihrem Befehl hatten, zogen sie sich an der südlichen Seite der Grampischen Gebirge hin, rückten nach Osten in die Grafschaft Angus, und wollten von dort nach Aberdeenshire vordringen, um Montrose aufzufangen, wenn er in jener Richtung zu entkommen versuchen würde.

Argyle unternahm es, mit seinen eigenen Aushebungen und anderen Truppen dem Marsche Montrose's zu folgen, so daß Letzterer, wenn er mit Seaforth oder Baillie und Urrie in's Gefecht käme, durch dieß dritte Heer, welches in einiger Entfernung seiner Nachhut folgte, zwischen zwei Feuer geriethe.

Zu dem Zweck marschirte Argyle wieder nach Inverary, indem er bei jedem Schritte Gelegenheit hatte, die Verheerungen zu beklagen, welche die feindlichen Clans in seinem Lande und an seinen Stammgenossen verübt hatten. Wieviel edle Eigenschaften auch die Hochländer besaßen, und sie besaßen deren viele, so gehörte nicht dazu die Milde in der Behandlung eines feindlichen Landes; allein sogar die Verheerungen feindlicher Truppen mußte die Zahl von Argyle's Krieger vermehren. Noch jetzt ist es ein hochländisches Sprüchwort: „Derjenige, dessen Haus verbrannt sei, müsse Soldat werden." Hunderte von den Einwohnern dieser unglücklichen Thäler besaßen damals keine anderen Mittel zum Unterhalt, als daß sie gegen Andere dieselbe harte Behandlung übten, welche sie selbst erlitten hatten; es bot sich ihnen keine zukünftige

Aussicht auf Glück, mit Ausnahme der Befriedigung ihrer Rache.

Seine Schaaren wurden deßhalb durch dieselben Umstände vermehrt, welche sein Land verheert hatten, und Argyle stand bald an der Spitze von 3000 entschlossenen Leuten, welche durch Thätigkeit und Muth sich auszeichneten, und von Edelleuten seines eigenen Stammes geführt wurden, die Niemanden in diesen Eigenschaften nachstanden. Unter seinem eigenen Obercommando übertrug er den hauptsächlichsten Befehl dem Sir Duncan Campbell von Ardenvohr und dem Sir Duncan Campbell von Auchenbreck; Letzterer war ein erfahrener und alter Soldat, den er aus den Kriegen in Irland zu dem Zweck zurückberufen hatte. Die Kälte Argyle's jedoch verhinderte die Ausführung der militärischen Rathschläge, welche seine unerschrockenen Gefährten im Commando ihm ertheilten; ungeachtet der vermehrten Streitkräfte wurde beschlossen, den Operationsplan beizubehalten und Montrose in jeder Richtung, die er einschlagen würde, zu folgen; ein Gefecht sollte vermieden werden, bis eine Gelegenheit sich böte, über seine Nachhut herzufallen, während er selbst mit einem andern Feinde in der Front beschäftigt wäre.

# Achtzehntes Kapitel.

Das Banner fliegt, Sackpfeifen spielen,
Damit Mac Donalds Lied erschalle,
Da wo des Seees Fluthen spülen
Den Strand an Inverlochy's Walle.

Die Militärstraße, welche die sogenannte Fortskette ver=
knüpft, und mit der Linie des caledonischen Kanals parallel
läuft, hat jetzt das große Thal oder den Spalt der Gebirge
gänzlich geöffnet, welcher sich quer durch die ganze Insel dehnt
und, einstens ohne Zweifel vom Meer gefüllt, noch jetzt die
Becken für jene lange Linie von Seen enthält, vermittelst de=
rer die neuere Kunst die Nordsee mit dem atlantischen Ocean
vereinigt hat. Die Pfade, womit die Eingebornen dieß aus=
gedehnte Thal durchzogen, waren 1645 und 1646 in derselben
Lage wie damals, als sie die dichterische Begeisterung eines
irischen Ingenieur=Offiziers erweckte, welcher bei der Anlegung
der Militärstraße einen Posten bekleidete, und dessen Loblied
mit folgenden Versen beginnt und, soviel ich weiß, endet:

„Hättet je ihr zuvor diese Wege geschaut, noch ehe die Kunst sie
zu Straßen gebaut,
Ihr würdet die Händ' erheben gar, und segnen den General Wade,
fürwahr!"

So schlecht aber auch die gewöhnlichen Wege waren, so
wählte Montrose noch schlechtere, jene vermeidend, und führte

fein Heer wie einen Trupp wilder Hirsche von Gebirg zu Gebirg, und von Wald zu Wald, wo seine Feinde von seinen
Bewegungen nichts erfahren konnten, während er die vollkommenste Kunde über die ihrigen von den freundschaftlichen
Stämmen von Cameron und Mac Donnell erhielt, deren Ge-
birgsdistrikt er jetzt durchzog. Strenger Befehl war gegeben,
daß Argyle's Vorrücken überwacht und jede Kunde über seine
Bewegungen dem General sogleich mitgetheilt werden sollte.

Montrose hatte sich während einer Mondnacht, von den
Strapazen des Tages ermüdet, in einem elenden Schuppen
zum Schlafe niedergelegt. Er hatte sich kaum einige Stunden
dem Schlummer überlassen, als ihn Jemand an der Schulter
faßte. Er blickte auf und erkannte leicht den Häuptling der
Camerons an der stattlichen Gestalt und der tiefen Stimme.

„Ich habe Neuigkeiten für Euch,“ sagte der Häuptling,
welche werth sind, daß Ihr aufsteht und sie vernehmt.“

„Mac Ilduy *) kann mir keine andere bringen,“ sagte
Montrose, indem er den Häuptling mit dem Titel anredete,
welcher seine Abstammung bezeichnete; „sind sie gut oder
schlecht?“

„Wie Ihr sie aufnehmen wollt,“ sagte der Häuptling.

„Sind sie gewiß?“ fragte Montrose.

„Ja,“ erwiderte Mac Ilduy, „sonst würde sie Euch ein
anderer Bote gebracht haben. Hört mir zu! Mich langweilte
der mir ertheilte Befehl, jenen unglücklichen Dalgetty und
seine Handvoll Reiter zu begleiten, welcher mich Stunden lang
wie einen verkrüppelten Dachs trottiren ließ; ich ging vier
Meilen mit sechs meiner Leute in der Richtung von Inverlochy,
wo ich Jan von Glenroy traf, welcher zum Recognosciren

---

*) D. h. der Abkömmling vom schwarzen Donald.

ausgeschickt war. Argyle rückt auf Inverlochy mit 3000 aus=
erlesenen Leuten, welche von der Blüthe seines Stammes be=
fehligt werden — dieß sind meine Neuigkeiten — sie sind ge=
wiß — es ist Eure Sache, ihre Bedeutung aufzufinden."

„Ihre Bedeutung muß gut sein," antwortete Montrose
sogleich bereit und heiter; „die Stimme Mac Ilduy's ist den
Ohren Montrose's stets angenehm, und am angenehmsten, wenn
sie eine tapfere Unternehmung, welche bevorsteht, uns verkün=
det. Wo sind unsere Musterrollen?"

Er verlangte alsdann ein Licht und überzeugte sich leicht,
daß er nicht mehr als 12 oder 1400 Mann zur Verfügung
hatte, da der größere Theil seiner Anhänger, wie gewöhnlich,
um die Beute in Sicherheit zu bringen, zerstreut war.

„Nicht viel mehr als ein Drittel von Argyle's Streitkräf=
ten, und Hochländer gegen Hochländer. Mit Gottes Segen
für die königliche Sache würde ich kein Bedenken tragen,
hätten wir nur zwei gegen einen."

„So tragt kein Bedenken," sagte Cameron; „denn blasen
Eure Trompeten den Angriff gegen Mac Cullum More, so
wird kein Mann dieser Thäler gegen die Aufforderung taub
bleiben. Glengarry — Keppoch — ich selbst würde mit Feuer
und Schwert den Elenden vernichten, welcher unter irgend
einem Vorwand zurückbleiben sollte. Morgen oder übermorgen
mag der Tag der Schlacht für Alle sein, welche den Namen
Mac Donuel oder Cameron führen, von welcher Art auch der
Ausgang sein wird."

„Das sind muthige Worte, edler Freund," sagte Montrose,
seine Hand ergreifend, „ich wäre schlimmer als eine Memme,
erwiese ich nicht solchen Anhängern Gerechtigkeit, wenn ich
nicht die unzweifelhafte Hoffnung des Erfolges hegte. Wir
wollen uns auf diesen Mac Cullum More zurückwerfen,

welcher uns wie ein Rabe folgt, um die Ueberbleibsel unseres Heeres zu verschlingen, wenn wir mit braveren Männern kämpfen würden, welche dessen Kraft zerbrechen können! Laßt die Häuptlinge und Führer so schnell als möglich sich versammeln; Ihr, die Ihr uns die erste Nachricht dieses freudigen Ereignisses gebracht habt — denn ein solches wird es sein — Ihr Mac Ilduy sollt es zum freudigen Ausgang bringen, indem Ihr uns auf dem nächsten und besten Wege dem Feinde entgegenführt."

„Das will ich sehr gern," antwortete Mac Ilduy, „habe ich Euch Pfade gezeigt, auf welchen Ihr Euch durch diese finstere Wildniß zurückziehen konntet, so werde ich mit weit größerer Bereitwilligkeit Euch lehren, wie dem Feinde entgegenzurücken ist."

Es herrschte bald darauf ein allgemeines Geräusch im Lager und die Führer erhoben sich, überall geweckt, von den rohen Lagerstätten, auf denen sie eine vorübergehende Ruhe gesucht hatten.

„Ich dachte niemals," sagte Major Dalgetty, als er, aufgerüttelt, sich von einer Handvoll harter Wurzeln des Heidekrautes erhob, „daß ich mich jemals aus einem Bett so verdrießlich erhoben hätte, welches so hart ist, als ein Stallbesen; da jedoch Seine Excellenz, der Marquis, nur einen Mann von militärischer Erfahrung in seinem Heere besitzt, so ist er sicherlich gerechtfertigt, wenn er demselben einen schweren Dienst zuweist."

Mit diesen Worten begab er sich in den Kriegsrath, wo Montrose, ungeachtet der Pedanterei des Majors, ihm mit großer Aufmerksamkeit zuzuhören schien, theils weil Dalgetty militärische Kenntnisse und Erfahrung wirklich besaß, theils auch, weil der General dadurch der Nothwendigkeit entbunden

wurde, sich allein den Rathschlägen der hochländischen Häupt=
linge zu überlassen, und weil er einen weiteren Grund, den=
selben sich zu widersetzen, erhielt, wenn sie mit seinen eigenen
Ansichten nicht übereinstimmte. Bei dieser Gelegenheit gab
Dalgetty vergnügt seine Einwilligung in den Vorschlag, zurück=
zumarschiren und Argyle die Spitze zu bieten, den er mit dem
tapferen Vorschlage des großen Gustavus verglich, welcher ge=
gen den Churfürsten von Baiern marschirte und seine Truppen
mit der Plünderung dieses fruchtbaren Landes bereicherte, ob=
gleich er von Norden her durch ein großes Heer bedroht wurde,
welches Wallenstein in Böhmen versammelt hatte.

Die Häuptlinge von Glengarry, Keppoch und Lochiel, deren
Clans, dem Muthe und militärischen Rufe jedem andern in
den Hochlanden gleichstehend, in der Nähe des Kriegsschau=
platzes lagen, entsandten das feurige Kreuz ihren Vasallen,
um einen jeden, welcher Waffen tragen konnte, zum Heere
Montrose's und zu den Fahnen ihrer Häuptlinge zu entbieten,
welche nach Inverlochy vordringen wollten. Da der Befehl
nachdrücklich gegeben war, fand er schnellen und willigen Ge=
horsam. Die natürliche Kriegsliebe der Hochländer, ihr Eifer
für die königliche Sache — denn sie betrachteten den König
als einen Häuptling, welchen dessen Stammgenossen verlassen
hätten — ebenso wie der unbedingte ihrem Häuptlinge erwie=
sene Gehorsam versammelte in Montrose's Heer nicht allein
alle Waffenfähigen der Nachbarschaft, sondern auch Mehrere,
deren Alter wenigstens die Zeiten des Kriegsdienstes über=
schritten zu haben schien. Während des nächsten Tagmar=
sches, welcher gerade durch die Berge von Lochaber gerichtet,
vom Feinde nicht beargwohnt wurde, vermehrten sich seine
Streitkräfte durch kleinere Schaaren, die aus jedem Thale
hervorkamen und sich unter die Banner ihrer Häuptlinge reihten.

Dieser Umstand ermuthigte sehr das übrige Heer, dessen Streit=
kräfte beträchtlich mehr als um ein Viertel gestiegen waren,
wie dieß der tapfere Führer der Camerons vorhergesagt hatte.

Während Montrose seinen Contremarsch ausführte, war
Argyle an der Spitze seines tapferen Heeres an der Südseite
des Loch=Eil vorgedrungen und hatte den Fluß Loch=Eil erreicht,
welcher diesen See mit dem Loch=Lochy verbindet. Das alte
Schloß Inverlochy, früher angeblich eine königliche Festung
und damals, obgleich geschleift, noch ein ziemlich starker und
beträchtlicher Platz, bot ein bequemes Hauptquartier, und
weiter Raum für die Lagerung des Heeres von Argyle war
in dem Thale geboten, worin der Lochy in den Loch=Eil mün=
det. Mehrere Fahrzeuge waren mit Mundvorräthen herbeige=
schafft, so daß die Truppe so gut eingerichtet war, als ein
Heer es nur immer wünschen oder erwarten konnte. Argyle
sprach in dem Kriegsrathe gegen Auchenbreck und Ardenvohr
sein vollkommenes Vertrauen aus, daß sich Montrose jetzt am
Rande der Vernichtung befinde, daß seine Truppen sich all=
mälig vermindern müßten, sowie er nach Osten auf so rau=
hen Pfaden vordringe, daß er auf einem Marsch nach Westen
den Heeren von Urrie und Baillie begegnen müsse, daß er, sich
nordwärts wendend, Seaforth nicht entgehen könne; würde
er mit seinem Heere anhalten, so müsse er sich dem Angriffe
von drei Armeen auf einmal aussetzen.

„Mich kann diese Aussicht nicht erfreuen, Mylord," sagte
Auchenbreck, „daß James Grahame mit wenig Mitwirkung von
unserer Seite erdrückt wird. Er hat in Argyleshire eine
schwere Rechnung zurückgelassen, und ich sehne mich, dieselbe,
Blutstropfen gegen Blutstropfen, in's Reine zu bringen.
Mir gefällt nicht die Bezahlung solcher Schulden durch einen
Dritten."

„Ihr seid zu bedenklich," sagte Argyle; „was hat es auf sich, durch wessen Hand das Blut der Grahames vergossen wird? es ist Zeit, daß dasjenige der Söhne von Diarmid zu fließen aufhört. Was sagt Ihr dazu, Ardenvohr?"

„Ich sage, Mylord, erwiderte Sir Duncan, „daß Auchenbreck nach meiner Meinung seinen Willen erlangen und persönliche Gelegenheit haben wird, um die Rechnung mit Montrose wegen der Verheerungen desselben in's Reine zu bringen. Unsere Vorposten haben Bericht erhalten, daß die Camerons ihre ganze Macht am Rande des Ben-Nevis versammeln. Dieß kann zu keinem andern Zweck geschehen, als daß sie dem vorrückenden Heere von Montrose sich anschließen, nicht aber, damit sie seinen Rückzug decken."

„Sie müssen einen Plan, uns zu necken oder zu plündern, hegen," sagte Argyle, „den die eingewurzelte Bosheit von Mac Ildup angegeben hat, die er selbst Loyalität nennt. Montrose kann keine andere Absicht haben, als unsere Vorposten anzugreifen, oder uns auf dem Marsche morgen zu necken."

„Ich habe Späher nach jeder Richtung ausgesandt," sagte Sir Duncan, „um Nachrichten zu erhalten; wir werden bald hören, ob der Feind eine Streitmacht wirklich zusammenbringt, und auf welchem Punkte und zu welchem Zwecke dieß geschieht."

Es war schon spät, als Nachrichten endlich anlangten; als aber der Mond sich erhoben hatte, verkündete ein beträchtlicher Lärm im Lager, und gleich darauf ein Lärm im Schlosse das Eintreffen einer wichtigen Nachricht.

Von den durch Ardenvohr zuerst ausgesandten Spähern hatten einige nichts Weiteres, als ungewisse Gerüchte über Bewegungen im Lande der Camerons zurückgebracht. Es schien, als ob die Schluchten des Ben-Nevis jene unerklärlichen und wunderbaren Töne entfandt hätten, wodurch sie bisweilen die Annäherung eines Sturmes verkündigen. Andere, deren Eifer sie auf ihrer Absendung weiter geführt hatte, fielen in einen Hinterhalt und wurden erschlagen, oder von den Einwohnern der Gebirgsvesten, in welche sie einzudringen suchten, zu Gefangenen gemacht; zuletzt traf bei dem schnellen Vorrücken Montrose's dessen Vorhut auf die Vorposten Argyle's, und beide zogen sich nach dem Austausch einiger Musketen- und Pfeilschüsse auf das Haupttreffen der beiderseitigen Heere zurück, um die Kunde zu überbringen und Befehle zu empfangen.

Sir Duncan Campbell und Auchenbreck stiegen sogleich zu Pferde, um den Zustand der Vorposten zu besichtigen; Argyle behauptete seinen Charakter als Oberbefehlshaber mit einigem Credit, indem er eine achtungswerthe Aufstellung seiner Streitkräfte auf der Ebene ausführte, da dieselben jetzt einen nächtlichen Ueberfall, oder wenigstens einen Angriff am nächsten Morgen offenbar zu erwarten hatten. Montrose hatte seine Streitkräfte so vorsichtig in den Gebirgsschluchten versteckt, daß keine Anstrengung, welche Auchenbreck oder Ardenvohr zu versuchen für klug hielten, einige Gewißheit über seine wahrscheinliche Macht gewähren konnte. Sie merkten jedoch, daß dieselbe im äußersten Anschlag geringer als die ihrige sein müßte, und kehrten zu Argyle zurück, um ihn von ihren Beobachtungen in Kenntniß zu setzen. Dieser Edelmann wollte aber durchaus nicht glauben, daß Montrose selbst gegenwärtig wäre. Er sagte, „dieß würde eine Tollheit sein, deren sogar James Grahame auf dem Höhenpunkte seiner wahnsinnigen Anmaßung unempfänglich sein müßte; er zweifle nicht, ihr Marsch werde allein durch ihre alten Feinde Glenco, Keppoch und Glengarry aufgehalten; vielleicht auch könne Mac

Bourigh mit den Mac Pherſons eine Streitmacht zuſammen=
gebracht haben, welche jedoch an Zahl weit geringer ſein müſſe,
als ſeine eigene, und die er deßhalb ohne Zweifel durch Ge=
walt oder Kapitulation zerſtreuen könne."

Der Muth von Argyle's Anhängern war hoch und Rache
athmend wegen der Unfälle, die ihr Land ſo kürzlich betroffen
hatten; die Nacht wurde von ihnen in geſpannter Hoffnung
verbracht, daß ihre Rache mit der Morgenſonne befriedigt
werde. Die Vorpoſten beider Heere hielten eine ſorgfältige
Wache, und die Krieger Argyle's ſchliefen in der Schlachtord=
nung, die ſie am nächſten Tage einnehmen ſollten.

Kaum hatte der erſte Schein der Dämmerung die Gipfel
der ungeheuren Berge gefärbt, als die Führer beider Heere
ſich zum Kampfe des Tages bereiteten. Es war der zweite
Februar; die Clansleute Argyle's waren in zwei Linien nicht
weit von dem Winkel zwiſchen dem Fluß und dem See auf=
geſtellt, und boten ſowohl eine entſchloſſene, als furchtbare
Schlachtordnung. Auchenbreck würde gern die Schlacht mit
einem Angriff auf die Vorpoſten des Feindes eröffnet haben,
allein Argyle hielt es mit vorſichtiger Politik für angemeſſe=
ner, den Angriff zu empfangen. Signale wurden bald ver=
nommen, daß man denſelben nicht lange erwarten werde.
Die Campbells konnten in den Gebirgsſchlüchten die Schlacht=
lieder der verſchiedenen Clans vernehmen, als dieſelben zum
Angriff vorrückten. Das Schlachtlied der Camerons mit den
Unglück bedeutenden und an die Wölfe und Raben gerichteten
Worten: „Kommt zu mir, und ich will euch Fleiſch geben,"
widerhallte laut in den Thälern des Stammes. Nach dem
Ausdruck der hochländiſchen Barden, „ſchwieg nicht die Kriegs=
ſtimme Glengarry's;" die Schlachtlieder anderer Stämme
konnten deutlich vernommen werden, als ſie nach einander

den Ausgängen der Pässe sich näherten, aus welchen sie in die Ebene hinabsteigen wollten.

„Ihr könnt bemerken, daß meine Vermuthung die richtige war," sagte Argyle zu seinen Verwandten; „wir haben nur mit unseren Nachbarn zu schaffen. James Grahame hat es nicht gewagt, uns sein Banner zu zeigen."

In diesem Augenblick erschallte von der Schlucht des Passes her ein lebhafter Trompetenstoß in derjenigen Note, womit das königliche Banner nach alter schottischer Sitte begrüßt wurde.

„Ihr könnt, Mylord, aus diesem Signale vernehmen," sagte Sir Duncan Campbell, „daß jener Mann, welcher als des Königs Stellvertreter aufzutreten sich anmaßt, in eigener Person unter jenen Leuten sein muß."

„Und wahrscheinlich Reiterei bei sich hat," sagte Auchenbreck, „ein Umstand, den ich nicht erwartet habe; sollen wir aber, Mylord, erblassen, wenn wir Feinde zu bekämpfen und Unbill zu rächen haben?"

Argyle schwieg und blickte auf seinen Arm, den er in der Binde hielt, denn er war auf dem Marsche des vorhergehenden Tages mit dem Pferde gestürzt.

„Allerdings," fiel Ardenvohr eifrig ein, „seid Ihr, Mylord, außer Stande, den Degen oder Pistolen zu gebrauchen; Ihr müßt Euch an Bord der Galeeren zurückziehen, Euer Leben ist uns kostbar, als das eines Häuptlings, Eure Hand kann uns als Soldaten nicht nützlich sein."

„Nein," sagte Argyle, in dem Stolz mit Unentschlossenheit kämpfte; „man soll niemals sagen können, daß ich vor Montrose floh; kann ich nicht fechten, so will ich mitten unter meinen Kindern sterben."

Mehrere andere Häuptlinge der Campbells beschworen einftimmig ihr Stammoberhaupt, den Oberbefehl jenes Tages an Ardenvohr und Auchenbreck abzutreten und dem Kampfe von Weitem, sowie in Sicherheit zuzuschauen. —

Wir wagen nicht, Argyle den Vorwurf der Feigheit zu machen, denn er benahm sich, obgleich sein Leben durch keine tapfere That ausgezeichnet war, mit so viel Faffung und Würde bei der Schlußscene desselben auf dem Schaffotte, daß sein Benehmen bei dieser und ähnlichen Gelegenheiten eher der Unentschloffenheit, als dem Mangel an Muth zuzuschreiben ist; wenn aber die leise Stimme in der Brust eines Mannes, welche ihm sagt, daß sein Leben von Wichtigkeit für ihn selbst ist, durch diejenigen vieler Anderen in seiner Umgebung unterstützt wird, welche ihm die Versicherung geben, daß es für den Staat eine gleiche Bedeutung hat, so zeigt die Geschichte viele Beispiele von Leuten mit größerer Kühnheit, als Argyle, welche für ihre Selbsterhaltung sorgten, wenn die Versuchung zu derselben so sehr gesteigert war.

„Geleitet ihn an Bord, Sir Duncan," sagte Auchenbreck zu seinem Vetter; „es ist meine Pflicht, zu verhindern, daß dieser Geist sich weiter unter uns verbreitet."

Nach diesen Worten begab er sich unter die Reihen und bat, befahl und beschwor die Soldaten, ihres alten Ruhmes und ihrer gegenwärtigen Ueberlegenheit, der Unbill, welche sie siegreich rächen könnten, und des Schicksals zu gedenken, welches sie besiegt zu befürchten hätten; so ertheilte er jedem Herzen einen Theil des Feuers, welches in seinem eigenen glühte. Mittlerweile ließ sich Argyle langsam und scheinbar mit Widerwillen von seinem diensteifrigen Verwandten an den Rand des Sees führen und ward auf eine Galeere gebracht, von deren Deck er mit mehr Sicherheit als Ruhm dem jetzt erfolgenden Schauspiel zusehen konnte.

Sir Duncan Campbell von Ardenvohr heftete einige Zeit, ungeachtet der dringenden Umstände, seine Blicke auf das Boot, welches seinen Häuptling vom Schlachtfelde hinwegführte; seine Brust empfand Gefühle, welche sich nicht ausdrücken lassen, denn der Charakter eines Häuptlings war der eines Vaters, und das Herz eines Stammgenossen durfte nicht mit derselben Strenge dessen Fehler wie die anderer Leute beurtheilen.

Argyle auch, obgleich hart und streng gegen Andere, war großmüthig und freigebig gegen seine Verwandte, und das edle Herz von Ardenvohr empfand bittern Kummer, als er bedachte, welche Auslegung jenes Verfahren bei Andern finden könne.

„Es ist besser, daß es so geschieht," dachte er bei sich selbst, indem er seine eigene Regung unterdrückte, „allein keiner von seinen hundert Ahnen würde sich zurückgezogen haben, wenn das Banner von Diarmid seinen hartnäckigsten Feinden entgegenwehte!"

Ein lauter Schlachtruf nöthigte ihn jetzt zur Umkehr, um auf seinen Posten zu eilen, welcher sich auf der rechten Flanke von Argyle's kleinem Heere befand.

Der Rückzug Argyle's war seinem wachsamen Feinde nicht entgangen, welcher von einem hochgelegenen Platze aus jeden unten vorgehenden Umstand beobachten konnte. Die Bewegung von drei oder vier Reitern auf die Nachhut bewies, daß diejenigen, welche sich zurückgezogen hatten, Leute von Rang waren.

„Dort gehen sie," sagte Dalgetty, „um ihre Pferde wie kluge Cavaliere außer Gefahr zu bringen. Dort reitet Sir Duncan Campbell auf einem braunen Wallach, den ich mir als mein zweites Schlachtpferd ausgesucht habe."

Sage von Montrose.                    19

„Ihr irrt Euch, Major" sagte Montrose mit bitterem Lä=
cheln, „sie bringen ihr kostbares Oberhaupt in Sicherheit —
gebt sogleich das Signal zum Angriff, macht das Losungs=
wort in den Reihen bekannt — Ihr Herren und edlen
Häuptlinge, Glengarry, Keppoch, Mac Bourigh laßt sogleich
angreifen! — reitet zu Mac Ilduy, Major Dalgetty, und sagt
ihm, er möge so heftig angreifen, als er Lochaber liebt —
kehrt zurück und bringt unsere Handvoll Reiterei nach mei=
ner Fahne. Sie sollen mit den Irländern als Reserve aufge=
stellt werden."

# Neunzehntes Kapitel.

Wie der Felsen tausend Wogen widersteht,
So trotzte Inistail dem Lochlin.

Ossian.

Die Trompeten und Sackpfeifen, die lärmenden Vorboten des Blutes und Todes, verkündeten plötzlich vereint das Signal zum Angriff, welches mit dem Ruf von mehr als 2000 Kriegern und den Echos der Gebirgsschluchten erwidert wurden. In drei Corps oder Heersäulen getheilt, drangen die hochländischen Truppen von Montrose aus den Engpässen, welche sie bis dahin vor ihren Feinden verborgen hatten, und stürzten mit äußerster Entschlossenheit auf die Campbells, welche ihren Angriff mit der größten Festigkeit erwarteten. Hinter diesen Angriffs-Colonnen marschirten in Linie die Irländer unter Colkitto, zur Reserve bestimmt. Bei ihnen befand sich die königliche Fahne und Montrose selbst; an den Flanken standen ungefähr 50 Reiter unter Dalgetty, die durch außerordentliche Anstrengungen etwas disciplinirt waren.

Die rechte Colonne der Royalisten wurden von Glengarry, die linke von Lochiel, und die mittlere von Menteith geführt, welcher es vorzog, zu Fuß im hochländischen Kleide zu kämpfen, statt bei der Reiterei zu bleiben.

Die Hochländer griffen mit der sprüchwörtlich gewordenen Wuth ihrer Stämme an, feuerten mit ihren Flinten und schoßen

19 *

ihre Pfeile in geringer Entfernung vom Feinde, welcher den Angriff mit der entschlossensten Tapferkeit aushielt. Mit Musketen besser als ihre Feinde versehen, und außerdem wegen ihrer ruhigen Stellung mit größerer Sicherheit zielend, gaben die Truppen Argyle's ein weit wirksameres Feuer, als dasjenige, welches sie empfingen, zurück. Die royalistischen Clans stürzten, als sie dieß merkten, in's Handgemenge, und es gelang ihnen, an zwei Punkten ihre Feinde in Unordnung zu bringen.

Bei regelmäßigen Truppen wäre hiemit der Sieg erfochten; Hochländer aber waren Hochländern entgegengesetzt, und die Natur der Waffen, wie die Behendigkeit im Gebrauch derselben, war auf beiden Seiten gleich.

Der Kampf war somit ein verzweifelter. Das Krachen der Schwerter und Streitäxte, wenn sie einander begegneten, oder auf die Schilde fielen, mischte sich mit dem kurzen, wilden, aufregenden Gejauchze, womit die Hochländer den Kampf, den Tanz oder überhaupt jede heftige Körperanstrengung begleiten. Viele der einander gegenüberstehenden Feinde waren persönlich bekannt, und suchten sich mit Zurufen des Hasses oder des edelmüthigeren Wetteifers der Tapferkeit einander zu überbieten. Keine Partei wollte einen Zoll weichen, während der Platz der Fallenden (und auf beiden Seiten fielen zahlreiche Krieger) von Andern eifrig eingenommen ward, welche sich in die gefährliche Front drängten.

Ein Dampf, demjenigen gleich, welcher sich aus einem kochenden Kessel erhebt, stieg in die dünne, kalte und frostige Luft empor und schwebte über den Kämpfenden.

So stand das Treffen auf dem rechten Flügel und im Centrum, ohne daß eine andere Folge, als gegenseitige Verwundung und Tödtung sich ergab.

Auf dem rechten Flügel der Campbells erlangte der Ritter von Ardenvohr einige Vortheile durch militärische Geschicklichkeit und die Stärke seiner Truppen an Zahl. Er hatte den äußersten Flügel seiner Linie in schräger Richtung vorgeschoben, als die Royalisten zum Angriff vordrangen, so daß sie ein Feuer in der Fronte und in der Flanke zugleich aushalten mußten, wodurch sie, ungeachtet aller Anstrengungen ihres Anführers, in einige Verwirrung kamen. In dem Augenblick gab Sir Duncan Campbell Befehl zum Vorrücken, und machte somit unerwarteterweise einen Angriff gerade in dem Augenblick, worin er für den Empfang desselben bereit schien. Ein solcher Wechsel der Umstände ist stets entmuthigend und oft verhängnißvoll. Allein die Unordnung wurde durch das Vorbringen der irischen Reserve ausgeglichen, deren nachdrückliches und gut unterhaltenes Feuer den Ritter von Ardenvohr nöthigte, seinen Vortheil aufzugeben und sich mit der Zurückweisung des Feindes zu begnügen. Der Marquis von Montrose benützte mittlerweile einige zerstreute Birken und den Pulverdampf des irischen Musketenfeuers, um die Operation zu verbergen, befahl Dalgetty, mit der Reiterei ihm zu folgen und eine Schwenkung zu machen, so daß sie die rechte Flanke und sogar den Rücken des Feindes erreichte, und ließ seine sechs Trompeter zum Angriff blasen.

Der Klang der Reitereitrompeten und der Lärm der gallopirenden Pferde brachte auf Argyle's rechten Flügel eine Wirkung hervor, welche kein anderer Schall hätte erregen können. Die Bergbewohner jener Zeit hegten eine abergläubische Furcht vor Kriegspferden, derjenigen der Peruaner ähnlich, und machten sich mancherlei Vorstellungen über die Weise, womit dieß Thier zum Kampf abgerichtet wurde. Als sie deßhalb ihre Reihen unerwartet durchbrochen und die Gegenstände ihrer größten Furcht plötzlich in ihrer Mitte sahen, wurde der Schrecken, ungeachtet aller Bemühungen Sir Duncans, demselben entgegenzuwirken, allgemein. Schon die Gestalt des Major Dalgetty allein, wie er, in undurchdringliche Rüstung gekleidet, sein Pferd sich wenden und springen ließ, um das Gewicht eines jeden Hiebes zu verstärken, würde schon an sich eine genügende Neuigkeit bei Kriegern gewesen sein, die niemals etwas Anderes, einem solchen Reiter Aehnliches, gesehen hatten, als einen watschelnden Klepper und einen Hochländer von größerem Körper, als demjenigen eines solchen Thierchens. Die zurückgeschlagenen Royalisten erneuten den Angriff, die Irländer unterhielten aus ihrer Schlachtlinie ein ebenso schnelles, als zerstörendes Musketenfeuer. Die Leute Argyle's konnten den Kampf nicht länger fortsetzen; sie begannen ihre Reihen aufzulösen und zu fliehen, die meisten nach dem See zu, die Uebrigen nach verschiedenen Richtungen. Die Niederlage des rechten Flügels an sich entscheidend, wurde durch den Fall von Auchenbreck unaufhaltsam, welcher getödtet wurde, als er die Ordnung wieder herstellen wollte.

Der Ritter von Ardenvohr mit 2 oder 300 Mann, sämmtlich Herren von höherem Stande, und durch Tapferkeit ausgezeichnet (man sagt von den Campbells, daß sie in ihren Reihen mehr Herren von höherem Stande zählten, als irgend ein anderer Stamm der Hochlande), suchte mit vergeblichem Heldenmuthe den wilden Rückzug der gemeinen Krieger zu decken. Ihre Entschlossenheit wurde ihnen selbst noch verhängnißvoll, da sie immer wieder von neuen Gegnern angegriffen und sich von einander zu trennen gezwungen wurden, bis zuletzt ihr Zweck nur darin zu bestehen schien, sich einen ehrenvollen Tod zu suchen.

„Ergebt Euch, Sir Duncan," rief Major Dalgetty aus,

als er seinen kürzlichen Wirth bemerkte, welcher sich mit einem oder zweien gegen mehrere Hochländer vertheidigte; um sein Anerbieten zu erzwingen, ritt er mit emporgehobenem Schwerte auf ihn zu. Sir Duncans Antwort bestand in der Abfeuerung einer von ihm bis dahin zurückgehaltenen Pistole, welche nicht an der Person des Reiters, sondern an seinem tapfern Schlacht= pferd Wirkung hatte; dasselbe ward im Herzen getroffen und stürzte todt zu Boden. Ranald Mac Eagh, welcher einer der= jenigen war, welche Sir Duncan hart bedrängt hatten, be= nutzte die Gelegenheit, um ihn mit seinem Schwerte nieder= zuhauen, als er sich, die Pistole abfeuernd, von ihm weg= wandte.

Allan Mac Aulay kam in dem Augenblick heran. Mit Ausnahme von Ranald, waren die Uebrigen Leute seines Bru= ders, dessen Stammgenossen auf diesem Theil des Schlachtfel= des beschäftigt waren. „Schurken!“ rief er aus, „wer von euch hat dieß gewagt, da ich bestimmten Befehl gab, den Rit= ter von Ardenvohr lebendig gefangen zu nehmen.“

Ein halb Dutzend geschäftiger Hände, die mit einander wetteiferten, den gefallenen Ritter zu plündern, dessen An= griffs= und Schutzwaffen eine seinem Stande angemessene Pracht zeigten, gaben sogleich die Beschäftigung auf, und mehrere Stimmen suchten sich damit zu reinigen, daß sie die Schuld dem Wegweiser zuschoben, wie sie Ranald Mac Eagh nannten.

„Hund von einem Inselbewohner!“ rief Allan aus, in sei= nem Geiste die prophetische Brüderschaft vergessend, „folgt der Jagd und thut dem Gefangenen keinen weiteren Schaden, wenn Ihr nicht von meiner Hand sterben wollt.“

Beide waren damals beinahe allein, denn Allans Drohun= gen hatten dessen Stammgenossen von dem Ort verscheucht, und alle Andern drängten sich nach dem See zu, Lärm,

Schrecken und Verwirrung vor sich hertragend, und allein die Todten und Sterbenden zurücklassend.

Der Augenblick führte Mac Eaghs Rachsucht in Versuchung. „Eure Drohung, daß ich von Eurer Hand sterben soll, so roth sie auch vom Blute meiner Verwandten ist," beantwortete er die Drohung Allans in ebenso herausforderndem Tone, „ist nicht wahrscheinlicher, als daß Ihr durch die meinige fallt." Mit den Worten führte er auf Mac Aulay einen Streich mit so unerwarteter Fertigkeit, daß dieser kaum Zeit hatte, denselben mit der Tartsche aufzufangen.

„Schurke!" rief Allan erstaunt aus; „was bedeutet das!"

„Ich bin Ranald, ein Sohn des Nebels," erwiderte der angebliche Inselbewohner, den Streich wiederholend. Mit den Worten begannen Beide ein wüthendes Handgemenge.

Es schien beschlossen zu sein, daß in Allan Mac Aulay der Rächer seiner Mutter an diesem wilden Stamme erstanden war, wie der Ausgang des gegenwärtigen Kampfes, ebenso wie der frühern, erwies; nach dem Austausch einiger Hiebe stürzte Ranald Mac Eagh an einer tiefen Wunde am Schädel nieder; Allan Mac Aulay setzte seinen Fuß auf seine Brust und stand im Begriff, sein Schwert durch den Leib zu stoßen, als die Spitze der Waffe von einem Dritten weggeschleudert wurde, welcher plötzlich einschritt.

Dieß war kein anderer, als Major Dalgetty, der, zuerst durch den Fall betäubt und durch die Leiche seines Pferdes beschwert, jetzt den Gebrauch seiner Beine und seines Verstandes wieder erlangt hatte. „Haltet Euer Schwert empor," sagte er zu Mac Aulay, „und thut diesem Manne keinen weiteren Schaden, denn er steht hier unter meinem sicheren Geleit und im Dienste Sr. Excellenz; kein ehrenwerther Cavalier darf ohnedem nach dem Kriegsgeſetz ſeine Privatbeleidigungen rächen flagrante bello, multo majus, flagrante proelio.“

„Narr,“ ſagte Allan, „geh fort und wage dich nicht zwiſchen den Tiger und ſeine Beute!“

Dalgetty jedoch, weit entfernt, den Streit aufzugeben, ſchritt über den gefallenen Leib von Mac Eagh und gab Allan zu verſtehen, wenn er ſich ſelbſt einen Tiger nenne, ſo könne er gegenwärtig leicht einen Löwen auf ſeinem Pfade finden. Nichts weiter als die Bewegung und die Stimme mit dem Ausdruck der Herausforderung war erforderlich, um alle Wuth des prophetiſchen Sehers gegen die Perſon zu richten, welche ſeiner Rache ſich entgegenſetzte; ohne weitere Umſtände wurden ſogleich gegenſeitige Schwertſtreiche gewechſelt.

Der Kampf zwiſchen Mac Allan und Mac Eagh war nicht von den dort zerſtreuten Leuten bemerkt worden, denn nur Wenige kannten die Perſon des Letzteren; der Kampf zwiſchen Dalgetty und Allan jedoch, die man Beide allgemein kannte, erregte augenblickliche Aufmerkſamkeit; glücklicherweiſe wurde derſelbe auch von Montroſe ſelbſt bemerkt, welcher herbeigekommen war, um ſeine ſchwache Reiterei zu ſammeln, damit dieſelbe die Verfolgung am Loch-Eil fortſetze. Da ihm die verhängnißvollen Folgen der Uneinigkeit in ſeinem kleinen Heere ſogleich auffielen, lenkte er ſein Pferd auf jenen Kampfplatz; als er nun Mac Eagh, auf dem Boden liegend, und Dalgetty in der Stellung ſeines Vertheidigers gegen Mac Aulay erblickte, erkannte er alsbald bei ſeiner ſchnellen Auffaſſungsgabe die Urſache des Streites, und traf ſogleich Mittel, den Kampf zu unterbrechen. „Schämt euch, ihr Herren Cavaliere,“ rief er aus, „daß ihr mit einander auf einem ſo glorreichen Felde des Sieges Händel beginnt! Seid ihr wahn=

sinnig? oder seid ihr von dem Ruhme, den ihr heute gewonnen habt, berauscht?"

„Die Schuld liegt nicht an mir, wie Euer Excellenz gefälligst einsehen wird," sagte Dalgetty; „ich bin als bonus Socius, als buen Camarado in allen Heeren Europa's bekannt; aber derjenige, welcher einen Mann unter meinem sicheren Geleit berührt" —

„Und derjenige," sagte Allan, zu derselben Zeit redend, „welcher den Lauf meiner gerechten Rache zu hindern wagt" —

„Schämt euch, ihr Herren," wiederholte Montrose, „ich habe anderes Geschäft für euch Beide — Geschäft von tieferer Wichtigkeit, als Privathändel, die ihr bei besserer Gelegenheit ausmachen könnt. Was Euch, Major Dalgetty, betrifft, so kniet nieder."

„Knieen soll ich!" erwiderte Dalgetty, „ich habe nicht gelernt, diesem Commandoworte zu gehorchen, mit Ausnahme des Falles, worin man von der Kanzel aus den Befehl gibt. Im schwedischen Kriegsdienste kniet allerdings die Front, jedoch nur, wenn das Regiment sechs Mann tief aufgestellt ist."

„Kniet nur nieder," wiederholte Montrose; „kniet nieder im Namen König Karls und seines Repräsentanten."

Als Dalgetty mit Widerstreben gehorchte, berührte Montrose seine Schulter mit der Fläche des Degens und mit den Worten: „Zur Belohnung des tapferen Dienstes am heutigen Tage, und im Namen, sowie mit der Vollmacht unseres Fürsten, König Karls, schlage ich dich zum Ritter; sei tapfer, treu und glücklich. Und jetzt Sir Dugald Dalgetty an Euren Dienst. Sammelt so viele Reiter, als ihr könnt, und verfolgt den Feind am Seeufer. Zerstreut nicht Eure Streitkräfte, und wagt Euch nicht zu weit; verhütet mit so wenig Anstrengung, als möglich, daß er sich wieder sammelt. Besteigt Euer Pferd, Sir Dugald, und thut Euern Dienst."

„Welch Pferd soll ich aber besteigen?" sagte der nun gemachte Ritter; „der arme Gustavus schläft auf dem Bett der Ehre, wie sein unsterblicher Namensvetter, und ich bin zum Ritter oder Reiter gerade im Augenblick gemacht, wo ich kein Pferd habe, um darauf zu reiten."

„Das soll man nicht sagen," erwiderte Montrose, indem er abstieg; „ich schenke Euch mein eigenes Pferd, welches man für ein gutes hielt; ich bitte Euch nur, führt die Aufträge aus, deren Ihr Euch so trefflich entledigt."

Mit vielem Dank bestieg Sir Dugald das ihm so freigebig geschenkte Pferd; er ersuchte nur Se. Excellenz zu bedenken, daß Mac Eagh unter seinem sicheren Geleit stehe, und begann dann sogleich die Ausführung der ihm ertheilten Befehle mit großem Eifer.

„Und Ihr, Allan Mac Aulay," sagte Montrose zu dem Hochländer, welcher, sein Schwert auf den Boden senkend, die Ceremonie des seinem Gegner ertheilten Ritterschlages mit dem Hohn finsterer Verachtung betrachtet hatte — „Ihr, der Ihr den gewöhnlichen Menschen überlegen seid, die sich durch die elenden Beweggründe der Beute, des Soldes und persönlicher Auszeichnung leiten lassen — Ihr, dessen tiefere Kenntniß Euch zu einem so werthvollen Rathgeber macht, — Euch finde ich im Kampfe mit einem Mann, wie Dalgetty, damit Ihr das Recht erlangt, einen so verächtlichen Feind, wie jener dort liegt, mit Füßen zu treten? Kommt Freund, ich habe andere Arbeit für Euch. Dieser Sieg, geschickt benutzt, soll Seaforth für unsere Partei gewinnen. Nicht die Untreue, sondern die Verzweiflung an der guten Sache, hat ihn bewogen, die Waffen gegen uns zu ergreifen. Er läßt sich vielleicht in diesem Augenblick besserer Aussichten bewegen, diese Waffen mit den unsrigen zu vereinigen. Ich werde meinen tapfern Freund, Oberst Hay, von diesem Schlachtfelde aus zu ihm senden; es muß jedoch ein hochländischer Herr von höherem Range, demjenigen Seaforths gemäß, mit jenem bei der Gesandtschaft vereinigt werden; jener Mann muß Talent und Einfluß in solchem Grade besitzen, daß er einen Eindruck auf ihn hervorzubringen vermag. Ihr seid nicht allein in jeder Hinsicht der Geeignetste für diese höchst wichtige Gesandtschaft, sondern Eure Gegenwart kann hier auch leichter entbehrt werden, als die eines Häuptlings, dessen Gefolge im Feldzuge sich befindet, weil Ihr kein unmittelbares Commando führt. Ihr kennt jeden Paß und jedes Thal in den Hochlanden ebensowohl, als die Sitten und Gewohnheiten jedes Stammes. Geht deßhalb zu Hay auf den rechten Flügel, er hat seine Instruktionen und erwartet Euch. Ihr werdet ihn bei Glenmorrison's Leuten finden; seid sein Führer, sein Dollmetscher und sein Gefährte.“

Allan Mac Aulay richtete auf den Marquis einen finstern und durchbringenden Blick, als wolle er die Gewißheit erlangen, ob ihm diese plötzliche Gesandtschaft wegen geheimer und nicht ausgesprochener Zwecke übertragen wurde. Montrose jedoch, in Erforschung der Beweggründe Anderer gewandt, war ebenso ein Meister in der Verhüllung seiner eigenen Absichten. Er hielt es in diesem Augenblick der Begeisterung und gesteigerten Leidenschaft für höchst wichtig, daß Allan auf einige Tage aus dem Lager entfernt werde, damit er nach dem Erforderniß seiner Ehre für die Sicherheit derjenigen sorgen könne, welche ihm als Führer gedient hatten; er hoffte, der

Streit Dalgetty's mit dem Seher werde sich nachher leicht ausgleichen lassen.

Allan empfahl nur beim Scheiden dem Marquis die Sorgfalt um Sir Duncan Campbell, welchen Montrose sogleich an einen sicheren Ort zu bringen befahl. Dieselbe Vorsichtsmaßregeln traf er in Bezug auf Mac Eagh, überwies jedoch den Letzteren einer Abtheilung Irländer mit dem Befehl, für ihn zu sorgen, und keinen Hochländer von irgend einem Stamme zu ihm zu lassen.

Der Marquis bestieg alsdann ein Saumroß, welches einer seiner Gefährten hielt, und ritt fort, um das Schauspiel des Sieges zu genießen, welcher entscheidender war, als seine lebhaftesten Hoffnungen es geahnet hatten. Argyle's tapferes Heer von 3000 Mann hatte die Hälfte in der Schlacht oder auf der Flucht verloren. Die Flüchtlinge waren auf denjenigen Theil der Ebene getrieben, wo der Fluß einen Winkel mit dem See bildet, so daß für den Rückzug oder für die Rettung keine Oeffnung frei war. Mehrere Hundert wurden in den See gejagt und ertranken. Von den Ueberlebenden rettete sich eine Hälfte, indem sie den Fluß durchschwamm, oder indem sie beim Beginn der Niederlage das linke Ufer des Sees entlang geflohen war. Die Uebrigen warfen sich in das alte Schloß Inverlochie; da sie aber ohne Vorräthe und ohne Hoffnung auf Entsatz waren, mußten sie sich auf die Bedingung hin ergeben, daß man sie friedlich nach Hause kehren ließe. Waffen, Munition, Fahnen und Gepäck wurden dem Sieger zur Beute.

Dieß war das größte Unglück, welches jemals den Stamm von Diarmid befiel, wie die Campbells in den Hochlanden genannt wurden; im Allgemeinen nämlich wurde bemerkt, daß sie ebenso glücklich in Unternehmungen wären, als sie

dieselben scharfsinnig zu entwerfen und muthig auszuführen
pflegten.

Unter den Erschlagenen fanden sich beinahe 500 Dunni-
waffels, oder Herren, welche von bekannten und geachteten
Häusern abstammten.

In der Meinung manches Stammgenossen wurde sogar
dieser schwere Verlust durch die Schande übertroffen, welche
sich aus dem unrühmlichen Benehmen ihres Häuptlings ergab;
die Galeere desselben lichtete die Anker, als die Schlacht
verloren war, und fuhr den See mit aller Schnelle hinab,
welche Ruder und Segel ihr ertheilen konnten.

# Zwanzigstes Kapitel.

Schwach nur tönt der Lärm der Schlacht,
Fern vom Sturm herbeigetrieben;
Krieg und Schrecken sind entfloh'n,
Wunden nur zurückgeblieben.

Penrose.

Montrose's glänzender Sieg über seinen mächtigen Nebenbuhler war nicht ohne einigen Verlust errungen worden, obgleich derselbe nicht das Zehntel dessen betrug, was derselbe
über seinen Feind verhängt hatte. Die hartnäckige Tapferkeit
der Campbells kostete manchen braven Mann im feindlichen
Heere das Leben; noch mehr waren verwundet, unter denen
der tapfere Graf Menteith, welcher das Centrum befehligt
hatte. Die Wunde desselben war jedoch nicht bedeutend, und
er zeigte eher ein anmuthiges, als leidendes Aussehen, als er
seinem Feldherrn das Banner Argyle's überreichte, das er mit
eigener Hand dem Fahnenträger entrissen hatte, welchen er
im Einzelnkampfe erschlug. Montrose liebte seinen edlen Vetter, in dessen Charakter das Feuer eines edelmüthigen romantischen und uneigennützigen Ritterthums der früheren Zeit als
stark hervortretender Zug sich kund gab, eine von dem schmutzigen Benehmen und selbstsüchtigem Wesen gänzlich verschiedene Eigenschaft, welches durch die Unterhaltung von Sold-
truppen in den meisten Theilen Europa's eingeführt war —

eine Entartung, wovon Schottland, welches Glückssoldaten beinahe jeder Nation lieferte, einen mehr als gewöhnlichen Antheil hatte. Montrose, dessen angeborner Charakter von verwandter Art war, obgleich er durch Erfahrung gelernt hatte, die Beweggründe Anderer zu benützen, gebrauchte gegen Menteith die Sprache weder des Lobes, noch der Versprechungen, sondern schloß ihn an seine Brust mit dem Ausdruck: „mein tapferer Vetter!"  Durch diesen Ausspruch eines innig gefühlten Lobes wurde Menteith mit einer wärmeren Gluth des Entzückens durchdrungen, als wenn die Anerkennung seiner Tapferkeit in einem an den Thron seines Fürsten unmittelbar gerichteten Schlachtbericht erwähnt wäre.

„Nichts," sagte er, „Mylord, ist jetzt noch übrig, wobei ich mitwirken kann. Erlaubt mir nur eine Pflicht der Menschlichkeit zu vollbringen — der Ritter von Ardenvohr ist, wie man mir sagt, unser Gefangener und schwer verwundet."

„Und das verdient er vollkommen," sagte Dugald Dalgetty, welcher in dem Augenblick mit einer wunderbaren Steigerung seines Selbstgefühls herbeitrat; „denn er hat mein gutes Pferd im Augenblick erschossen, wo ich ihm ehrenwerthe Gefangenschaft anbot; ich muß sagen, daß diese Handlung mehr diejenige eines unwissenden hochländischen Spitzbuben war, welcher nicht Verstand genug besitzt, um eine Schanze zum Schutz seiner alten Hütte von Schloß anzulegen, als die eines Soldaten von persönlichem Werth und hohem Stand."

„Wir müssen Euch also," sagte Lord Menteith, „unser Beileid über den Verlust des berühmten Gustavus bezeugen."

„So ist es, Mylord," erwiderte der Soldat mit einem tiefen Seufzer. Diem clausit supremum, wie wir in Mareschal-College in Aberdeen zu sagen pflegten, besser jedoch, als wenn er wie der Klepper eines Krämers in einem Sumpfe oder in einem Schneefall erstickt wäre, was sehr leicht sein Schicksal hätte sein können, wenn unser Winterfeldzug noch länger dauern sollte. Seine Excellenz hatte aber die Güte" (er verbeugte sich gegen Montrose), "seine Stelle durch das Geschenk eines edlen Rosses zu ersetzen, welches ich Lohn der Treue zur Erinnerung an diese berühmte Gelegenheit zu nennen mir die Freiheit genommen habe."

"Ich hoffe," sagte der Marquis, "daß Ihr den Lohn der Treue, da Ihr das Pferd so genannt habt, in allen Pflichten des Feldes zugeritten gefunden habt — ich muß Euch jedoch bemerken, daß man gegenwärtig die Treue häufiger mit einem Strick, als mit einem Pferde in Schottland belohnt."

"Hm, hm! Euer Excellenz belieben witzig zu sein. Lohn der Treue ist zu allen Feldübungen so vollkommen zugeritten wie Gustavus, und hat ohnedem eine weit schönere Gestalt. Wahrhaftig, nur seine geselligen Eigenschaften sind weniger ausgebildet, in Betracht, daß er in niederer Gesellschaft bis jetzt gelebt hat."

"Ihr meint doch nicht Seine Excellenz, den Herrn General, hoffe ich," bemerkte Lord Menteith, "schämt Euch, Sir Dugald."

"Mylord," erwiderte der Ritter mit ernstem Tone, "ich kann unmöglich etwas so gänzlich Unziemliches meinen, ich behaupte nur, daß Seine Excellenz, welche mit seinem Pferd beim Reiten denselben Verkehr hat, wie mit den Soldaten bei dem Discipliniren, beide zu jeder Kriegsthat, die er ausführen will, bilden und abrichten kann, und daß somit dieses edle Roß bewunderungswürdig zugeritten ist. Da jedoch der Verkehr im Privatleben den geselligen Charakter bildet, so nehme ich nicht an, daß der eines gemeinen Soldaten durch den Umgang mit dem Korporal oder Sergeanten verfeinert wird,

oder daß der von Lohn der Treue durch die Gesellschaft von
Seiner Excellenz Stalldienern sehr gemildert oder verbessert
ist, welche mehr Flüche, Schläge und Stöße, als Höflichkeit
oder Liebkosungen den ihnen vertrauten Thieren zu Theil
werden lassen; dadurch wird mancher edelmüthige Vierfüßler
gleichsam zum Menschenhasser und offenbart während seines
übrigen Lebens einen größeren Wunsch, seinen Herrn zu schla=
gen und zu beißen, als ihn zu lieben und zu ehren."

„Wie ein Orakel gesprochen," sagte Montrose, „sollte eine
Akademie für die Erziehung von Pferden mit Mareschal=Col=
lege in Aberdeen verbunden werden, so könnte nur Sir Du=
gald Dalgetty den Lehrstuhl einnehmen."

„Weil er ein Esel ist," sagte Menteith bei Seite zum Ge=
neral, „so würde einige entfernte Verwandtschaft zwischen dem
Professor und den Studenten stattfinden."

„Und jetzt mit Eurer Excellenz Erlaubniß," sagte der neue
Ritter, „will ich meinen letzten Besuch den Resten meines al=
ten Waffengefährten abstatten."

„Doch nicht um die Ceremonie des Begräbnisses vorzu=
nehmen?" fragte der Marquis, welcher nicht wußte, wie weit
Sir Dugalds Liebe zu seinem Pferde ihn führen könnte; „be=
denkt, unsere braven Bursche selbst werden nur in der Eile
verscharrt werden."

„Euer Excellenz verzeihe," antwortete Dalgetty; „mein
Zweck ist weniger romantisch. Ich will die Erbschaft des
armen Gustavus mit den Vögeln des Himmels theilen, den=
selben das Fleisch lassen und mir die Haut zurückbehalten,
welche ich als Andenken liebevoller Erinnerung zu Wams und
Beinkleidern nach der tartarischen Mode machen werde, um
dieselben unter meiner Rüstung zu tragen, in Betracht, daß
mein Unterkleid gegenwärtig sich in schmachvollem Zustande

befindet. Ach, armer Gustavus, warum haft du nicht wenig-
ftens noch eine Stunde gelebt, um die geehrte Laft der Ritter-
fchaft auf deinen Schenkeln zu tragen!“

Er war im Begriff fortzugehen, als der Marquis ihn zu-
rückrief. „Da Euch wahrfcheinlich Niemand in diefer Handlung der Liebe gegen Euren alten Freund und Gefährten zu-
vorkommen wird, fo hoffe ich, Ihr werdet mir und unferen
hauptfächlichften Freunden Beiftand leiften, um Einiges von
Argyle’s guten Dingen in Sicherheit zu bringen, von denen
wir großen Ueberfluß im Schloffe vorgefunden haben.“

„Sehr gern mit Euer Excellenz Erlaubniß,“ fagte Sir
Dugald; „effen und kirchengehen hindern nie an der Arbeit.
Auch beforge ich nicht, daß die Wölfe oder Adler fich fchon
heut Nacht an Gustavus machen, in Betracht, daß weit beffere
Speifen für fie bereit liegen; aber,“ fügte er hinzu, „da ich
jetzt zwei ehrenwerthe englifche Ritter mit anderen Herren der
Ritterwürde in Eurer Lordfchaft Heere antreffe, fo bitte ich
ihnen darzulegen, daß ich für jetzt und in Zukunft den Vor-
tritt vor ihnen Allen in Anfpruch nehme, in Betracht meines
Ranges als Bannerherr, der auf dem Felde einer gelieferten
Schlacht zum Ritter gefchlagen wurde.“

„Der Teufel hole ihn,“ fagte Montrofe bei Seite; „er hat
ein Mittel ausfindig gemacht, um das Feuer ebenfo fchnell an-
zuschüren, wie ich es auslöfche — dieß ift ein Punkt, Sir
Dugald,“ fagte er zu ihm mit ernftem Tone, „den ich der
ausdrücklichen Entfcheidung Sr. Majeftät vorbehalte; in meinem Lager müffen Alle auf dem Fuß der Gleichheit ftehen,
wie die Ritter der Tafelrunde, und ihre Plätze bei Tifche als
Soldaten nach dem Grundfatz einnehmen, wer zuerft kommt,
bedient fich zuerft.“

„Dann werde ich Sorge tragen,“ fagte Menteith bei Seite,

20 *

„daß Don Dugald heute nicht den erſten Platz bekömmt. Sir
Dugald," fügte er hinzu, ſeine Stimme erhebend, „da Ihr
ſagt, Eure Garderobe ſei in ſchlechteſtem Zuſtand, ſo rathe ich
Euch, zur Bagage des Feindes aufzubrechen, bei welcher eine
Wache aufgeſtellt iſt, ich ſah, wie man einen ausgezeichneten
Anzug von Büffelleder herausnahm, der vornen mit Seide und
Silber geſtickt iſt."

„Voto a Dios! wie der Spanier ſagt, „rief der Major aus,
„und irgend ein bettelhafter Burſch wird ſich ihn aneignen,
während ich hier ſtehe und ſchwatze."

Da die Ausſicht auf Beute ihm ſowohl Guſtavus, als den
Proviant aus dem Kopfe verſcheuchte, ſo gab er dem Lohne
der Treue die Sporen und ſprengte über das Schlachtfeld.

„Dort reitet der Hund," ſagte Menteith, „indem er manchem beſſeren Mann, als er ſelbſt iſt, das Geſicht mit dem
Hufe ſeines Pferdes zerſchmettert und den Leichnam zertritt.
Er iſt ſo gierig nach ſeiner ſchmutzigen Beute, wie ein Geier,
der auf Aas niederſtößt. Die Welt jedoch nennt dieſen Mann
einen Soldaten — und Ihr, Mylord, wählt ihn aus, als ſei
er würdig der Ehre der Ritterſchaft, wenn man dieſelbe in
unſeren Tagen noch ſo nennen kann, Ihr machtet die Halskette des Ritterthums zur Zierde eines bloßen Bluthundes."

„Was konnte ich thun?" ſagte Montroſe; „ich hatte keine
Knochen, um ſie ihm vorzuwerfen, und beſtechen muß man
ihn in irgend einer Weiſe, ich kann der Jagd nicht allein folgen. Außerdem hat der Hund gute Eigenſchaften."

„Wenn die Natur ihm ſolche ertheilte," ſagte Menteith,
„ſo hat die Gewohnheit ſie in Gefühle unbedingter Selbſtſucht
verwandelt. Er mag kitzlich in Bezug auf ſeinen guten Namen
und tapfer in der Ausführung ſeiner Pflicht ſein, allein dieß
iſt nur der Fall, weil er ohne dieſe Eigenſchaften nicht im

Dienſte vorrücken kann — ſogar ſein Wohlwollen iſt ſelbſtſüchtig; er vertheidigt vielleicht ſeinen Gefährten, ſo lange
derſelbe auf den Füßen ſteht; ſobald er aber zu Boden ge-
ſunken iſt, wird Sir Dugald ebenſo bereit ſein, ihm ſeine
Börſe zu nehmen, als das Fell von Guſtavus in ein ledernes
Wams zu verwandeln.“

„Und dennoch, wenn Alles das wahr wäre, Vetter,“ erwiderte Montroſe, „ſo iſt es ſehr vortheilhaft, über einen
Soldaten das Commando zu führen, auf deſſen Beweggründe
und Triebfedern man mit mathematiſcher Gewißheit rechnen
kann. Ein ſchöner Charakter, wie der Eure, Vetter, welcher
für tauſend Empfindungen empfänglich iſt, gegen welche dieſer
Mann ebenſo undurchdringlich wie ſein Wams ſich zeigt, —
ein ſolcher wird von einem Freunde geliebt, der ihm ſeinen
Rath ertheilt.“ Dann änderte er plötzlich den Ton ſeiner
Stimme und fragte Menteith, wann er Annot Lyle geſehen
habe.

Der junge Graf erröthete und erwiderte: „Nicht ſeit geſtern Abend — mit Ausnahme,“ fügte er ſtotternd hinzu, „eines Augenblicks, ungefähr eine halbe Stunde vor dem Anfang
der Schlacht.“

„Mein theurer Freund,“ ſagte Montroſe in ſehr freundli-
chem Tone, „ich würde Euch über ſolch eine Liebſchaft, wie
dieſe, nicht befragen, wenn Ihr einer der unteren Hofcavaliere
im Palaſte von White-Hall wäret, die, beiläufig geſagt, ebenſo
ſelbſtſüchtig wie Dalgetty ſind. Dort wäre es eine Intrigue,
über die man lachen würde. Hier aber befinden wir uns im
Lande der Bezauberung, wo Netze, ſo feſt wie Stahl, aus den
Haarflechten der Damen gewoben werden, und Ihr ſeid gerade
ein Ritter, welcher für ſolche Feſſeln geeignet iſt. Dieß arme
Mädchen iſt ungemein ſchön und beſitzt Talente, um Euer

romantiſches Gefühl zu feſſeln. Ihr könnt nicht daran denken,
ſie zu kränken — Ihr könnt aber auch nicht daran denken, ſie
zu heirathen.“

„Mylord,“ erwiderte Menteith, „Ihr habt etwas über Gebühr dieſen Scherz wiederholt, denn dafür kann ich ihn nur
halten. Annot Lyle iſt von unbekannter Geburt — eine Gefangene — wahrſcheinlich die Tochter eines unbekannten Räubers; ſie lebt von der Gaſtfreundſchaft der Mac Aulay’s.“

„Werdet nicht ärgerlich, Menteith,“ unterbrach ihn der
Marquis, „Ihr liebt die Klaſſiker, obgleich Ihr nicht in Ma-
reſchal-College erzogen ſeid; Ihr könnt Euch erinnern, wie
manches tapfere Herz von einer gefangenen Schönheit beſiegt
wurde : —

Movit Ajacem, Telamone natum,
Forma captivae dominum Tecmessae.

Kurzum, ich bin deßhalb ernſtlich beſorgt — ich würde vielleicht keine Zeit haben,“ fügte er mit ſehr ernſtem Ausdruck
hinzu, „Euch mit meinen Vorleſungen über den Gegenſtand zu
beläſtigen, handelte es ſich allein um Eure Gefühle und die
der Annot. Ihr habt jedoch einen ſehr gefährlichen Nebenbuhler in Allan Mac Aulay, und man weiß nicht, wie weit
er ſeine Rache ausdehnen wird; es iſt meine Pflicht, Euch zu
ſagen, daß des Königs Dienſt durch Streitigkeiten zwiſchen
euch ſehr benachtheilgt werden kann.“

„Mylord,“ ſagte Menteith, „ich weiß, daß Ihr gütig und
freundſchaftlich mit mir es meint, ich hoffe, Ihr werdet zufrieden ſein, wenn ich Euch verſichere, daß ich mit Allan Mac
Aulay dieſen Gegenſtand beſprochen habe; daß ich ihm erklärte,
unehrenwerthe Abſichten in Bezug auf dieſe unbeſchützte Dame
ſeien meinem Charakter durchaus nicht angemeſſen; anderer-
ſeits aber verhindere ihre niedere Geburt jeden Gedanken an-

derer Art hinsichtlich ihrer. Ich will Eurer Lordschaft nicht verhehlen, ebenso wenig, wie ich es Mac Aulay verhehlte, daß Annot Lyle, wäre sie als Dame von Stande geboren, meinen Namen und Rang theilen würde; wie die Sachen stehen, ist es unmöglich. Diese Erklärung wird, wie ich hoffe, Eure Lordschaft zufrieden stellen, ebenso wie sie eine weniger vernünftige Person zufrieden stellte."

Montrose zuckte die Achseln.

„Wie wahre Romanenritter," sagte er, „seid ihr übereingekommen, daß ihr Beide dieselbe Dame als Anbeter desselben Bildes verehren wollt, und daß Keiner von euch seine Ansprüche weiter ausdehnen wird."

„So weit bin ich nicht gegangen, Mylord," erwiderte Menteith; „ich sagte nur, daß ich unter den gegenwärtigen Umständen — und eine Aussicht auf deren Veränderung ist nicht vorhanden — wegen meiner Pflichten gegen mich selbst und meine Familie in keinem anderm Verhältniß mit Annot Lyle, als demjenigen eines Freundes oder Bruders, stehen könne — allein Eure Lordschaft muß mich entschuldigen, ich habe," er blickte dabei auf seinen Arm, um welchen er sein Schnupftuch gewunden hatte, „eine kleine Schramme in Acht zu nehmen."

„Eine Wunde?" fragte Montrose ängstlich; „laßt mich sie sehen — ach, ich würde nichts davon gehört haben, hätte ich nicht eine andere geheimere und schmerzhaftere geprüft und sondirt. Menteith, es ist mir leid um Euch — auch ich erfuhr — allein wozu hilft es, meinen Schmerz zu erwecken, der schon lange geschlummert hat."

Mit den Worten drückte er seinem edlen Vetter die Hand und ging in das Schloß.

Annot Lyle besaß, wie es in den Hochlanden damals nicht ungewöhnlich war, einige medicinische und sogar wundärztliche

Geschicklichkeit. Man kann leicht begreifen, daß das Gewerbe der Wundarzneikunde oder der Medicin als besondere Kunst gänzlich unbekannt war; das wenige rohe Verfahren, welches man beobachtete, wurde den Frauen oder alten Leuten überlassen, welche durch häufig vorkommende Fälle nur zuviel Gelegenheit, sich Erfahrung einzusammeln, erhielten. Die Sorgfalt und Aufmerksamkeit von Annot Lyle, von ihren Dienerinnen und Andern, die unter ihrer Leitung verfuhren, hatte ihren Diensten während dieses wilden Feldzuges einen außerordentlichen Erfolg ertheilt. Auch erwies sie diese Dienste sowohl Freunden, als Feinden mit großer Bereitwilligkeit, sobald sie immer nur nützlich sein konnten. Sie befand sich jetzt im Zimmer des Schlosses und beaufsichtigte die Vorbereitung von Mitteln gegen Verwundungen aus Kräutern; sie empfing Berichte von verschiedenen Frauen über die denselben zugewiesenen Verwundeten, und vertheilte alle Mittel, die sie zu deren Heilung besaß, als Allan Mac Aulay plötzlich in ihr Zimmer trat. Sie fuhr auf, denn sie hatte gehört, daß er das Lager wegen einer Gesandtschaft verlassen hatte; wie sehr sie auch an den finstern Ausdruck seiner Züge gewöhnt war, schien auf ihnen jetzt ein mehr wie gewöhnlich dunkler Schatten zu ruhen. Schweigend stand er vor ihr und sie empfand die Nothwendigkeit, ihn zuerst anzureden.

„Ich glaubte," sagte sie mit einiger Anstrengung, „daß Ihr schon abgereist wäret."

„Mein Gefährte erwartet mich," sagte Allan; „ich gehe sogleich." Dennoch blieb er vor ihr stehen und hielt sie am Arme mit einem Drucke, welcher ihr zwar keinen Schmerz verursachte, allein seine große persönliche Kraft sie empfinden ließ, denn seine Hand schloß sich an sie, wie der Griff einer Zange.

„Soll ich die Harfe holen?" fragte sie mit furchtsamer Stimme; „senken sich die Schatten auf Euch nieder?"

Anstatt zu antworten, führte er sie zum Fenster des Gemaches, welches die Aussicht auf das Schlachtfeld mit allen seinen Schrecken beherrschte.

Es war dicht mit Todten und Verwundeten bestreut, und die Plündernden entrissen geschäftig die Kleider den Opfern des Krieges und feudalen Ehrgeizes mit solcher Gleichgültigkeit, als gehörten die Leichname nicht zu demselben Menschengeschlechte, und als wären die Beutesuchenden nicht selbst, vielleicht schon morgen, demselben Schicksal ausgesetzt.

„Gefällt Euch der Anblick?" fragte Mac Aulay."

„Er ist scheußlich!" erwiderte Annot, ihre Augen mit den Händen bedeckend; „wie könnt Ihr mich auffordern, dorthin zu blicken?"

„Ihr müßt Euch dagegen abhärten, wenn Ihr bei diesem dem Untergange geweihten Heere bleibt. Ihr werdet bald auf einem solchen Schlachtfelde nach dem Leichname meines Bruders — nach dem von Menteith — nach dem meinigen suchen müssen — allein die letztere Aufgabe wird Euch eine gleichgültige sein — Ihr liebt mich nicht?"

„Dieß ist das erste Mal, daß Ihr mir Lieblosigkeit vorwerft," sagte Annot weinend; „Ihr seid mein Bruder — mein Erretter — mein Beschützer — muß ich Euch nicht lieben? — allein es naht die Stunde Eurer Finsterniß — laßt mich meine Harfe holen —"

„Bleibt," sagte Allan, sie immer noch festhaltend; „mögen meine Gesichte aus dem Himmel, oder der Hölle, oder aus der mittleren Sphäre körperloser Geister kommen — oder mögen sie, wie die Sachsen sagen, nur die Täuschungen einer erhitzten Phantasie sein, sie haben jetzt auf mich keinen Einfluß,

ich rede die Sprache der natürlichen, der sichtbaren Welt;
Ihr liebt mich nicht, Annot — Ihr liebt Menteith, von ihm
werdet Ihr wieder geliebt, und Allan gilt Euch nicht mehr,
als die Leichen, welche jene Haide bedecken.“

Man kann nicht voraussetzen, daß diese sonderbare Rede
der so angeredeten Dame eine neue Kunde ertheilte. Noch
niemals lebte ein Weib, welche nicht in denselben Umständen
den Seelenzustand ihres Liebhabers erkannt haben würde. Als
Allan jedoch den Schleier plötzlich fortriß, so dünn derselbe
auch sein mochte, ließ er sie Folgen erwarten, die im Verhält=
niß zu der Heftigkeit seines Charakters gewaltsam sein mußten.
Sie bemühte sich, die von ihm vorgebrachte Beschuldigung
zurückzuweisen.

„Ihr vergeßt,“ sagte sie, „Euren eigenen Werth und See=
lenadel, wenn Ihr ein so hülfloses Wesen, wie ich, ein Mäd=
chen beleidigt, welches vom Schicksal gänzlich in Eure Gewalt
gegeben wurde. Ihr wißt, wer ich bin, und wie unmöglich
es ist, daß Menteith, oder Ihr, die Sprache der Liebe gegen
mich führen dürft, welche weiter reicht, als die der Freund=
schaft. Ihr wißt, von welchem unglücklichen Stamm wahr=
scheinlich mein Dasein herrührt.“

„Ich will es nicht glauben,“ sagte Allan ungeduldig, „ein
Krystalltropfen floß niemals aus einer befleckten Quelle.“

„Sogar aber dieser Zweifel sollte Euch veranlassen, eine
solche Sprache nicht gegen mich zu führen.“

„Ich weiß,“ sagte Mac Aulay, „daß dieß eine Schranke
zwischen uns Beiden erschafft, ich weiß aber auch, daß dieß
Euch nicht unzertrennlich von Menteith sondert — hört mich,
geliebte Annot — verlaßt diesen Schauplatz des Schreckens
und der Gefahr — begebt Euch mit mir nach Kintail —
ich will Euch in das Haus der edlen Dame von Seaforth

bringen — oder Ihr sollt in Sicherheit nach Icolmkill gebracht
werden, wo sich noch einige Frauen der Verehrung Gottes
nach der Sitte ihrer Väter weihen."

„Ihr bedenkt nicht, was Ihr von mir verlangt," erwiderte
Annot; „wollte ich eine solche Reise unter Eurem alleinigen
Schutz unternehmen, so würde ich mich dadurch weniger bedenklich zeigen, als es die Pflicht der Mädchen ist. Ich will
hier bleiben, Allan — hier unter dem Schutz des edlen Montrose, und wenn seine Bewegungen sich den Niederlanden nähern, so will ich ein geeignetes Mittel ausfindig machen, um
Euch eines Mädchens zu entledigen, die ein Gegenstand Eures
Mißfallens geworden ist, obgleich sie den Grund nicht begreifen
kann."

Allan stand, als sei er ungewiß, ob er dem Mitgefühl über
ihre unglückliche Lage, oder dem Zorn über ihren Widerstand
sich überlassen solle.

„Annot," sagte er, „Ihr wißt zu gut, wie wenig Eure
Worte auf die Gefühle anwendbar sind, die ich gegen Euch
hege; Ihr benutzt aber Eure Gewalt, und Ihr seid über meine
Abreise erfreut, die einen Spion Eures Verkehres mit Menteith
beseitigt; hütet euch aber Beide," fügte er mit finsterem Tone
hinzu, „denn wer hat jemals von einer Mac Aulay zugefügten
Beleidigung vernommen, für welche er nicht zehnfache Rache
bezahlt hätte?"

Mit den Worten drückte er heftig ihren Arm, zog die Mütze
über seine Stirn und verließ das Gemach."

# Einundzwanzigstes Kapitel.

Als fort Ihr gingt,
Ward ich mit meinem Herz bekannt; ich forschte
Weßhalb es also heftig schlug; ich fühlte
Zu klar nur, daß es Liebe war, doch Liebe
Entfernt von Wollust; denn vermocht' ich nur
Bei Euch zu sein, so war mein Zweck erreicht.
Philaster.

Annot Lyle mußte jetzt den furchtbaren Abgrund betrachten, den die Erklärung von Mac Aulay's Liebe und Eifersucht vor ihr eröffnet hatte. Es schien ihr, als wanke sie am Rande des Unterganges, und sei einer jeden Zuflucht, sowie jeden menschlichen Beistandes beraubt. Sie wußte schon lange Zeit, daß sie den Lord Menteith mehr wie einen Bruder liebte; wie konnte dieß auch anders der Fall sein, in Betracht ihres jugendlichen näheren Verkehrs — der persönlichen Verdienste des jungen Edelmanns — seiner eifrigen Aufmerksamkeiten — seiner unendlichen Ueberlegenheit in Zartheit des Charakters und Anmuth der äußeren Sitten über die rohen Krieger, mit denen sie zusammen lebte? Allein ihre Neigung war von jener ruhigen, furchtsamen und nachdenklichen Art, welche eher gleichsam einen zurückgestrahlten Antheil am Glücke des geliebten Mannes nahm, als anspruchvollere und kühnere Hoffnungen faßte. Ein kleines galisches Lied, welches ihre Gefühle ausdrückte, theilen wir hier gern in der Ueberfetzung mit.

Wärst du, wie ich im niedren Thal
Des Lebens, würd' ich glücklich sein,
Mit dir zu flieh'n, wohin die Wahl
Dein Schiff gelenkt, ob Stürme dräu'n.
Doch herb hat uns das Loos geschieden,
Das dir verbeut sich mir zu einen;
Dein sei Genuß, mir sei beschieden
Für dich zu leben und zu weinen.

Der Kummer, den mein Herz empfindet,
Wird mir die Hoffnung selbst entgehn.
Sei niemals durch ein Wort verkündet,
Noch wird ihn Selbstsucht eingestehn.
Nicht werd' ich auf des Lebens Bahnen,
Ob leidend auch, in Trauer schreiten,
Kann ich bei meinen Thränen ahnen,
Daß jemals sie dir Leid bereiten.

Allan's heftige Erklärung hatte den von ihr entworfenen romantischen Plan vereitelt, nach welchem sie im Geheimen ihre Zärtlichkeit nähren wollte, ohne irgend eine Erwiderung zu suchen. Sie hatte Allan schon lange gefürchtet, so weit es ihr die Dankbarkeit und das Bewußtsein gestattete, daß er ein so stolzes und heftiges Temperament in ihrer Gegenwart zügele; jetzt aber betrachtete sie ihn allein mit einem Schrecken, wozu sie durch die Kenntniß seines Charakters und seiner früheren Geschichte nur zu sehr berechtigt war. Wie edelmüthig auch sonst sein Charakter sein mochte, so war es sehr wohl bekannt, daß er niemals den Antrieb seiner Leidenschaften hemmte; er wandelte im Hause seiner Väter und Verwandten wie ein gezähmter Löwe umher, dem Niemand zu widersprechen wagte, damit man die natürliche Heftigkeit seiner Triebe nicht errege. So viele Jahre waren vergangen, seit er Widerspruch erfuhr, oder seit man sich in einen Wortwechsel mit

ihm einließ, daß wahrscheinlich nichts, als sein gesunder Men=
schenverstand, welchen er bei jeder Gelegenheit, mit Ausnahme
des Mysticismus, zeigte, und welcher die Grundlage seines
Charakters bildete, es bisher verhindert hatte, daß er der
ganzen Umgegend zur Qual und zum Schrecken wurde. Annot
hatte jedoch keine Zeit, sich ihren Besorgnissen zu überlassen,
denn sie ward durch den Eintritt von Sir Dugald Dalgetty
unterbrochen.

Man wird leicht begreifen, daß der Schauplatz, worauf
dieser Mann sein früheres Leben zugebracht hatte, ihm nicht
die Fähigkeit ertheilt hatte, in weiblicher Gesellschaft zu glän=
zen. Er selbst empfand eine Art Bewußtsein, daß die Sprache
der Kasernen, der Wachtstuben und Paraden für die Unter=
haltung von Damen nicht passend sei. Der einzige friedliche
Theil seines Lebens war in Mareschal=College in Aberdeen
verbracht worden; auch war dasjenige, was er dort gelernt
hatte, schon lange von ihm vergessen, mit Ausnahme jedoch
der Kunst, seine Hosen zu flicken, und seine Speisen mit un=
gemeiner Geschwindigkeit und Sicherheit zu verschlingen; in
diesen beiden Fertigkeiten hatte er durch die Nothwendigkeit
häufiger Uebung eine große Gewandtheit bewahrt. Aus der
unvollkommenen Erinnerung an dasjenige, was er während
dieser friedlichen Lebenszeit erlernt hatte, schöpfte er noch im=
mer den Gegenstand seiner Unterhaltung in Gesellschaft mit
Frauen; mit andern Worten, seine Sprache wurde pedantisch,
wenn sie aufhörte, militärisch zu sein.

„Frau Annot Lyle," sagte er bei dieser Gelegenheit, „ich
bin jetzt wie der Spieß oder die Pike von Achilles, deren
eines Ende verwundete, während das andere heilte — eine
Eigenschaft, welche weder der spanischen Pike, noch der Helle=
barde, noch der Partisane, noch der Streitart, noch überhaupt

einer anderen neueren mit einem Schaft versehenen Waffe eigenthümlich ist."

Dieß Compliment wiederholte er zweimal; da aber Annot ihn das erste Mal nicht hörte, und das zweite Mal nicht verstand, so war er zur Erläuterung des Gesagten genöthigt.

"Ich wollte sagen, Frau Annot Lyle, daß ich das Mittel war, einen ehrenwerthen Ritter im heutigen Kampfe schwer zu verwunden — er hat übrigens gegen das Gesetz der Waffen mein Pferd erschossen, welches nach dem unsterblichen König von Schweden benannt war — und daß ich ihm jetzt solche Erleichterung zu verschaffen wünsche, wie Ihr, Madame, ihm geben könnt; denn Ihr seid ja wie der heidnische Gott Aesculapius" (er meinte wahrscheinlich Apollo), "nicht allein in Gesang und Musik, sondern auch in der edleren Kunst der Chirurgie geschickt — opiferque per orbem dicor."

"Ich möchte Euch um die Güte einer näheren Erklärung bitten," sagte Annot, zu sehr bekümmert, um an Sir Dugalds pedantischer Galanterie Vergnügen zu finden.

"Dieß ist, Madame," erwiderte der Ritter, "vielleicht nicht so leicht, da ich nicht mehr die Gewohnheit zu construiren habe — wir wollen es aber versuchen; dicor ergänzt ego — d. h. ich werde genannt — opifer? opifer? — es fällt mir ein, signifer und furcifer — ich glaube jedoch, opifer steht hier statt Medicinae Doctor, d. h. Doctor der Arzneikunst."

"Der Tag bringt uns Allen viel Geschäfte," sagte Annot, "sagt mir deßhalb ohne Weiteres, was Ihr von mir wollt?"

"Nichts Weiteres," erwiderte Sir Dugald, "als daß Ihr meinen Bruder im Ritterthum besucht, und einige Arzneimittel für seine Wunde von Eurer Magd herbeibringen laßt, denn die Wunde scheint zu sein, was die Gelehrten nennen, ein damnum fatale."

Annot Lyle zögerte niemals in der Sache der Menschlich=
keit. Sie erkundigte sich haftig nach der Natur der Wunde,
und da sie Theilnahme für den würdigen alten Häuptling
fühlte, den sie in Darnlinvarach gesehen hatte, und durch des=
sen Gegenwart ein starker Eindruck bei ihr erregt worden war,
bemühte sie sich, das Gefühl ihres eigenen Kummers auf ei=
nige Zeit in dem Versuch, Anderen nützlich zu sein, zu ver=
gessen.

Sir Dugald führte Annot Lyle in das Gemach des Kran=
ken, worin sie auch zu ihrer Ueberraschung Lord Menteith
vorfand. Sie konnte eine Röthe nicht unterdrücken — unter=
suchte aber sogleich, um ihre Verwirrung zu verbergen, die
Wunde des Ritters von Ardenvohr, und überzeugte sich
leicht, daß ihre Geschicklichkeit zur Heilung derselben nicht
ausreichte.

Was Sir Dugald betrifft, so begab sich derselbe in ein
großes Nebengebäude, auf dessen Fußboden unter andern Ver=
wundeten auch Ranald Mac Eagh gelegt war. „Mein alter
Freund," sagte der Ritter, „wie ich Euch zuvor sagte, möchte
ich gerne Alles thun, um Euch einen Gefallen zu erweisen,
und für die Wunde zu entschädigen, die Ihr unter mei=
nem freien Geleit erhalten habt; ich habe deßhalb, Euren
ernstlichen Bitten gemäß, Frau Annot Lyle abgeschickt, damit
sie die Wunde des Ritters von Ardenvohr behandelt, obgleich
ich nicht begreifen kann, welchen Vortheil Ihr davon haben
könnt.' Ich glaube, Ihr habt einmal von einer Blutsverwandt=
schaft zwischen Beiden geredet, aber ein Soldat mit einem
Commando und einer Stellung, wie ich, hat andere Dinge im
Kopfe, als daß er sich mit hochländischen Stammbäumen ab=
geben könnte."

Und wirklich, um dem Major Gerechtigkeit zu erweisen,

erkundigte er sich niemals nach den Angelegenheiten anderer Leute, und behielt dieselben eben so wenig im Gedächtniß, wenn dieselben nicht mit der militärischen Kunst irgendwie in Beziehung, oder mit seinem eigenen Interesse in Verbindung standen; in beiden Fällen aber war sein Gedächtniß sehr zäh.

„Und jetzt, mein guter Freund des Rebels," sagte er, „könnt Ihr mir nicht sagen, was aus Eurem hoffnungsvollen Enkel geworden ist, den ich nicht mehr gesehen habe, seitdem er mir an der Ablegung der Waffen nach dem Gefechte half, eine Nachlässigkeit, welche die Peitsche verdient?"

„Er ist nicht weit von hier," sagte der verwundete Räuber — „erhebt nicht die Hand gegen ihn, denn er ist Mann genug, um eine Elle lederner Geißel mit einem Fuße gehärteten Stahls zurückzuzahlen."

„Eine höchst unpassende Prahlerei," sagte Sir Dugald; „ich verdanke Euch jedoch einige Gefälligkeiten, Ranald, und will mich deßhalb nicht darum bekümmern."

„Wenn Ihr glaubt, mir etwas zu verdanken," sagte der Räuber, „so vermögt Ihr es jetzt mit einem Gegendienst zu vergelten."

„Freund Ranald," erwiderte Dalgetty, „ich habe von diesen Gegendiensten in albernen Historienbüchern gelesen, daß einfältige Ritter sich in Verpflichtungen zu ihrem großen Nachtheil einließen; deßhalb geben, Ranald, die klügern Ritter unserer Tage niemals ein Versprechen, als bis sie wissen, daß sie ihr Wort ihren Verpflichtungen gegenüber einhalten können, ohne daß sie sich selbst in Widerwärtigkeiten oder Ungemach bringen. Vielleicht wollt Ihr den weiblichen Chirurg für Eure Wunden haben; Ihr solltet aber doch bedenken, Ranald, daß die Unreinlichkeit des Ortes, wo Ihr niedergelegt seid, das hübsche Aussehen ihrer Kleider verderben kann, hinsichtlich deren Erhaltung, wie Ihr vielleicht bemerkt habt, die Weiber ungemein sorgfältig sind. Ich z. B. verlor die Gunst der Gemahlin des Groß-Pensionarius von Amsterdam, weil ich mit der Sohle meines Stiefels auf die Schleppe ihres schwarzen Sammtkleides trat, die ich für einen Fußteppich hielt, weil dieselbe das halbe Zimmer, von ihrer Person an, ausfüllte."

„Ich will nicht, daß Ihr Annot Lyle hieher bringt, sondern daß Ihr mich in das Zimmer tragen laßt, worin sie sich bei dem Ritter von Ardenvohr befindet. Ich habe ihnen Beiden etwas von der höchsten Wichtigkeit zu sagen."

„Es ist freilich gegen die Standesordnung," sagte Dalgetty, „einen verwundeten Räuber vor einen Ritter zu bringen, denn die Ritterschaft war früher, und ist noch in gewisser Hinsicht der höchste militärische Grad, jedoch unabhängig von demjenigen patentirter Offiziere, welche ihren Rang je nach ihrer Bestallung einnehmen; nichtsdestoweniger will ich, da Euer Gegendienst, wie Ihr ihn nennt, so gering ist, denselben erfüllen."

Mit den Worten befahl er drei Reihen Soldaten, Mac Eagh auf den Schultern in Sir Duncans Zimmer zu tragen, und eilte selbst voraus, um die Ursache anzukündigen. Die Thätigkeit der commandirten Soldaten war jedoch so groß, daß sie ihm dicht auf den Fersen folgten und, mit ihrer grauenhaften Last eintretend, Mac Eagh auf den Boden des Zimmers legten. Seine natürlich wilden Gesichtszüge waren durch Schmerz verzerrt, sein Hemd und seine wenigen Kleider mit seinem eigenen Blute und dem Anderer befleckt, welches keine gütige Hand hinweggewischt hatte, obgleich die Wunde in seiner Seite verbunden war.

„Seid Ihr," fragte er, mühsam seinen Kopf nach dem Lager seines kürzlichen Gegners erhebend, „derjenige Häuptling, welchen die Menschen den Ritter von Ardenvohr nennen?"

„Derselbe," erwiderte Sir Duncan; „was habt Ihr mit einem Manne zu schaffen, dessen Stunden jetzt gezählt sind?"

„Meine Stunden sind zu Minuten vermindert," erwiderte der Räuber; „um so mehr Gnade erweise ich, wenn ich sie dem Dienste eines Mannes widme, dessen Hand stets gegen mich erhoben war, ebenso wie die meinige höher gegen ihn erhoben wurde."

„Die deine gegen mich! — zertretener Wurm!" rief der Ritter aus, indem er auf seinen elenden Gegner niedersah.

„Ja," erwiderte der Räuber mit fester Stimme, „mein Arm ist am höchsten erhoben worden. In dem tödtlichen Kampfe zwischen uns habe ich die tiefsten Wunden geschlagen, obgleich die deinigen weder leicht, noch unempfunden waren — ich bin Ranald Mac Eagh, ich bin Ranald, der Sohn des Nebels — die Nacht, worin ich dein Schloß den Winden durch eine große Flammensäule übergab, ist jetzt dem Tage gleich zu stellen, worin du unter dem Schwert meiner Väter fällst. Gedenke des Unglücks, welches du unserem Stamme zugefügt hast — niemals ward ein solches uns erwiesen, mit Ausnahme e i n e s Mannes, außer dir. Man sagt, er sei vom Schicksal gegen unsere Rache gesichert — dieß wird sich bald zeigen."

„Mylord Menteith," sagte Sir Duncan, indem er sich in seinem Bette aufrichtete, „dieser Mann ist ein offenkundiger Schurke, zugleich der Feind des Königs und Parlaments, Gottes und der Menschen — einer der geächteten Banditen des Nebels, zugleich der Feind Eures Hauses, der Mac Aulays und des meinigen, ich hoffe, Ihr werdet nicht leiden, daß die

21*

Augenblicke, welche vielleicht meine letzten sind, durch diesen barbarischen Triumph verbittert werden."

„Er soll behandelt werden, wie er es verdient," sagte Menteith, „bringt ihn sogleich hinweg."

Sir Dugald vermittelte und sprach von Ranalds Diensten als Führer, wie von seinem freien Geleit, allein die rauhen Töne des Räubers überschrieen seine Stimme.

„Nein," sagte er, „mag Folter und Galgen mein Lohn sein! laßt mich zwischen Himmel und Erde verwesen und die Geier und Adler des Ben-Nevis füttern, dann soll dieser stolze Ritter und dieser siegende Thane niemals das Geheimniß erfahren, welches ich ihnen allein mittheilen kann. Ein Geheimniß, wegen dessen Ardenvohrs Herz vor Freude klopfen würde, läge er auch im Todeskampfe, und welches der Graf von Menteith um den Preis seiner weiten Grafschaft erkaufen würde — komm hieher, Annot Lyle," sagte er, indem er sich mit unerwarteter Kraft aufrichtete; „fürchte nicht den Anblick von mir, an dessen Knieen du dich in der Kindheit klammertest. Sage diesen stolzen Leuten, welche dich als den Sproß von einem alten Stamm verachten, daß du nicht von unserem Blute bist — keine Tochter vom Geschlechte des Nebels, sondern daß du in Hallen eines Schlosses geboren, in einer Wiege auf einem so sanften Kissen lagst, wie ein solches jemals die Kindheit im stolzesten Palaste verzärtelte."

„Im Namen Gottes," sagte Menteith, vor Erregung zitternd; „wenn Ihr Etwas von der Geburt dieser Dame wißt, so erweist Eurem Gewissen die Gerechtigkeit, dasselbe hinsichtlich des Geheimnisses zu entlasten, bevor Ihr aus dieser Welt scheidet."

„Nicht wahr, ich soll meine Feinde mit meinem letzten Athemzuge segnen," sagte Mac Eagh, indem er ihn boshaft anblickte — „solches sind die Grundsätze, welche Eure Priester predigen, aber wann übt Ihr sie, oder gegen wen übt Ihr sie? Laßt mich zuerst den Werth meines Geheimnisses wissen, ehe ich es Euch sage — was würdet Ihr geben, Ritter von Ardenvohr, um zu erfahren, daß Eure abergläubischen Fasten vergeblich waren, und daß ein Sproß Eures Hauses noch vorhanden ist? — ich warte auf eine Antwort — ohne dieselbe spreche ich kein Wort mehr."

„Ich könnte," sagte Sir Duncan, indem seine Stimme unter den Regungen des Zweifels, des Hasses und der Angst häufig stockte, „ich könnte — aber ich weiß, daß dein Geschlecht dem bösen Feinde gleicht — Lügner und Mörder vom Beginn Eures Lebens an — wäre es aber wahr, was du mir sagst, so könnte ich dir beinahe das Unheil vergeben, welches du mir zugefügt hast."

„Hört es," sagte Ranald, „er hat viel angeboten für einen Sohn von Diarmid — und Ihr, edler Thane — der Bericht des Lagers sagt, daß Ihr mit Eurem Leben und Gut die Nachricht erkaufen würdet, daß Annot Lyle nicht die Tochter der Aechtung, sondern von einem Stamme entsprossen ist, welcher nach Eurer Meinung als eben so edel, wie der Eure gilt — wohlan, ich sage es nicht aus Zuneigung zu Euch — die Zeit ist vorüber, worin ich dieß Geheimniß gegen die Freiheit ausgetauscht haben würde; ich verhandle es jetzt um dasjenige, welches mir theurer ist, als Freiheit und Leben — Annot Lyle ist das jüngste, das einzige überlebende Kind des Ritters von Ardenvohr, welches allein gerettet wurde, als Alles sonst in seiner Halle im Blut und Feuer unterging."

„Kann dieser Mann die Wahrheit reden," fragte Annot

Lyle, indem sie kaum wußte, was sie sagte, „oder ist es eine sonderbare Täuschung?“

„Mädchen, erwiderte Ranald, „hättest du länger bei uns verweilt, so würdest du es besser erlernt haben, die Töne der Wahrheit zu erkennen. Diesem sächsischen Lord und dem Ritter von Ardenvohr werde ich solche Beweise geben von dem, was ich gesagt habe, daß der Unglaube überzeugt wird. Mittlerweile gehe — ich liebte deine Kindheit, ich hasse nicht deine Jugend — kein Auge haßt die Rose in ihrer Blüthe, obgleich sie auf einem Dorne wächst; wegen deiner allein bedaure ich Etwas, ein bald kommendes Ereigniß. Wer sich aber an seinem Feinde rächen will, darf sich nicht darum bekümmern, daß auch der Schuldlose in den Untergang fortgerissen wird.“

„Er gibt Euch einen guten Rath, Annot,“ sagte Lord Menteith; „entfernt Euch in Gottes Namen! Wenn an der ganzen Sache etwas Wahres ist, so muß Eure Unterredung mit Sir Duncan wegen eurer Beiden mehr vorbereitet werden.“

„Ich will mich nicht von meinem Vater trennen, wenn ich ihn gefunden habe,“ sagte Annot; ich will mich unter so furchtbaren Umständen nicht von ihm trennen.“

„Und einen Vater sollt Ihr stets an mir finden,“ murmelte Sir Duncan.“

Wohlan denn,“ sagte Menteith, ich will Mac Eagh in das anstoßende Zimmer bringen lassen und sein Zeugniß selbst aufnehmen, Sir Dugald Dalgetty wird mir seine Begleitung und seinen Beistand gewähren.“

Mit Vergnügen, Mylord,“ erwiderte Sir Dugald; „ich will Euer Beichtiger oder Beistand sein — das Eine oder das Andere. Niemand kann sich so gut dazu eignen, da ich

die ganze Geschichte vor einem Monat im Schloß von Inverary schon gehört habe. Jedoch Angriffe und Stürme, wie
diejenige des Schlosses von Arbenvohr, verwirren sich einander in meinem Gedächtniß, welches ohnedem mit weit wichtigeren Angelegenheiten beschäftigt ist."

Als Lord Menteith dieß freimüthige Geständniß vernahm,
welches ihm gemacht wurde, als sie das Zimmer mit dem
Verwundeten verließen, warf er Dalgetty einen Blick des
äußersten Zornes und der Verachtung zu; der Eigendünkel
des würdigen Offiziers ließ ihn aber dabei gänzlich unempfindlich bleiben.

# Zweiundzwanzigstes Kapitel.

Ich bin wie die Natur den Menschen frei
Erschuf, daß er ein edler Wilder sei,
Eh das Gesetz erzwang die Sklaverei.
Die Eroberung von Granada.

Der Graf Menteith erforschte genau die von Ranald er=
zählte Geschichte, welche durch die Befragung der zwei Be=
gleiter desselben, welche als Führer im Lager waren, bestätigt
wurde. Er verglich diese Erklärungen sorgfältig mit solchen
Umständen, welche Sir Duncan Campbell über die Zerstörung
seines Schlosses und die Ermordung seiner Familie angeben
konnte; wie man leicht begreifen kann, hatte er nichts ver=
gessen, was sich auf ein so furchtbares Ereigniß bezog. Es
war ein Umstand von höchster Wichtigkeit, daß man den Be=
weis liefern konnte, der ganze Bericht sei nicht eine Erfindung
des Räubers, um eine Betrügerin als das Kind und die Erbin
von Ardenvohr gelten zu lassen.

Vielleicht war Menteith nicht die geeignetste Person, um
die Erforschung der Wahrheit zu leiten, da sein eigenes In=
teresse es erheischte, der Erzählung Glauben zu schenken; al=
lein die Befragungen der Söhne des Nebels waren einfach,
genau und in jeder Hinsicht übereinstimmend. Ein persönliches
Zeichen ward angegeben, von welchem man wußte, daß es sich
bei dem Kinde von Sir Duncan gefunden habe, und welches

sich jetzt auf der linken Schulter von Annot Lyle zeigte. Auch erinnerte man sich, daß man von dem jüngsten Kinde nichts vorfand, als man die elenden Reste der andern sammelte. Andere Zeugnisse, die hier nicht angegeben zu werden brauchen, erweckten nicht allein bei Menteith, sondern auch bei dem unbefangenen Montrose die vollkommenste Ueberzeugung, daß Annot Lyle, früher ein armes Mädchen niederen Standes, welches sich allein durch Schönheit und Talent auszeichnete, als die Erbin Ardenvohrs von jetzt an höher zu achten sei.

Während Menteith sich beeilte, die Ergebnisse dieser Untersuchungen den am meisten dabei betheiligten Personen mitzutheilen, verlangte der Räuber mit seinem Enkel zu reden, den er gewöhnlich seinen Sohn nannte; „man werde denselben," sagte er, „in dem Nebengebäude finden, wohin er selbst zuerst gelegt worden war."

Wirklich fand man auch den jungen Wilden nach einer sorgfältigen Aufsuchung, wie er in einem Winkel, von verfaultem Stroh eingehüllt, kauerte, und brachte ihn seinem Großvater. — „Kenneth," sagte der alte Räuber, „höre die letzten Worte des Ahnes deines Vaters. Ein sächsischer Soldat und Allan mit der rothen Hand haben dieß Lager vor wenigen Stunden verlassen, um nach dem Lande Caberfä zu reisen. Verfolge sie wie der Bluthund dem verwundeten Hirsche folgt — durchschwimme den See — erklimme den Berg — durchwandle den Wald — raste nicht eher, als bis du sie erreichst." — Das Antlitz des Knaben röthete sich, als sein Großvater sprach, und er legte seine Hand auf ein Messer, welches in dem ledernen Riemen steckte, der seinen ärmlichen Mantel zusammenhielt. „Rein," sagte der Alte, „nicht durch deine Hand muß er fallen. Man wird dich um Nachrichten aus dem Lager befragen — sage ihnen, daß Annot Lyle, das Harfenmädchen, als die Tochter Duncans von Ardenwohr erkannt, daß der Thane von Menteith durch den Priester sich mit ihr vermählen will, daß du abgesandt bist, um Gäste für die Hochzeit zu entbieten. Erwarte nicht ihre Antwort, sondern verschwinde wie der Blitz, wenn die schwarze Wolke ihn verschlingt — jetzt gehe, geliebtes Kind meines geliebtesten Sohnes! Niemals mehr werde ich dein Antlitz erblicken, noch den leichten Schall deines Schrittes vernehmen — warte jedoch noch einen Augenblick und vernimm meinen letzten Auftrag; gedenke des Schicksals unseres Stammes und bewahre stets die alten Bräuche der Söhne des Nebels; wir sind jetzt eine Handvoll Heimathloser, aus jedem Thale durch das Schwert jedes Stammes vertrieben, welcher in den Besitzungen herrscht, wo seine Ahnen für den unsrigen Holz hieben und Wasser trugen. Allein im Dickicht der Wildniß und im Nebel des Berges bewahre Kenneth, Sohn Erachts, die Freiheit unbefleckt, die ich dir als Geburtsrecht hinterlasse. Verkaufe sie nie für ein reiches Kleid, nie für ein steinernes Dach, nie für einen gedeckten Tisch, nie für ein Dannenlager — auf dem Fels und im Thale, im Ueberfluß und im Hunger — im laubreichen Sommer und in den Tagen des eisernen Winters — Sohn des Nebels, sei frei, wie deine Ahnen. Nenne Niemand deinen Herrn — empfange kein Gesetz — nimm keinen Lohn, gebe keinen Sold — baue keine Hütte, umzäune keine Weide, säe kein Getraide — die Hirsche des Berges seien deine Heerde — fehlen dir diese, so raube die Güter unserer Unterdrücker, der Sachsen und solcher Galen, welche Sachsen in ihrem Herzen sind, und Viehheerden höher schätzen, als Ehre und Freiheit. Gut für uns, daß sie so denken — sie gewähren unserer Rache einen weiteren Bereich. Gedenke derer, welche Güte unserem Stamm erwiesen, und

bezahle ihre Dienste mit deinem Blut, sollte die Stunde es
erheischen. Sollte ein Mac Jan zu dir kommen, mit dem
Haupte von des Königs Sohn in seiner Hand, so schütze ihn,
wenn auch das rächende Heer des Vaters ihm folgen sollte,
denn in Glencö und Ardnamurchan haben wir in Frieden während mancher vergangener Jahre gewohnt. Die Söhne von
Diarmid — das Geschlecht von Darnlinvarach — die Reiter
von Menteith — mein Fluch über dein Haupt, Kind des Nebels, wenn du irgend Einen mit diesem Namen verschonst,
sobald die Zeit kommt, dieselben niederzuhauen! Die Zeit aber
wird kommen, denn sie werden sich mit ihren Schwertern einander zerfleischen, und die Zerstreuten werden zum Nebel fliehen und durch dessen Kinder umkommen. Noch einmal, gehe
— schüttle den Staub von deinen Füßen bei den Wohnungen
der Menschen, mögen sie zum Kriege oder Frieden sich sammeln. Lebe wohl, Geliebter! Mögest du sterben, wie deine
Ahnen, ohne daß Krankheit oder Alter deinen Muth bricht —
gehe von hinnen! — lebe frei — vergilte jede dir erwiesene
Güte — räche das deinem Stamm erwiesene Unrecht!"

Der junge Wilde verbeugte sich und küßte die Stirn seines sterbenden Großvaters; von Kindheit an daran gewöhnt,
jedes äußere Zeichen der Regung zu unterdrücken, schied er
ohne Thränen oder Gruß, und befand sich bald außerhalb der
Grenzen von Montrose's Lager.

Sir Dugald Dalgetty, welcher beim letzteren Theil des
Auftrittes gegenwärtig war, wurde durch das Benehmen Mac
Eaghs bei dieser Gelegenheit wenig erbaut.

„Ich kann nicht glauben, Freund Ranald," sagte er, „daß
Ihr Euch auf dem besten Wege für einen sterbenden Mann
befindet. Stürme, Angriffe, Gemetzel, Verbrennen von Vor-
städten sind allerdings das Tagewerk eines Soldaten, und

werden durch die Nothwendigkeit des Falls gerechtfertigt, in
Betracht, daß sie als eine Pflicht geschehen; hinsichtlich des
Verbrennens der Vorstädte insbesondere kann man sagen, daß
sie gleichsam Verräther und Halsabschneider für alle befestig-
ten Städte sind. Somit ist es klar, daß das Gewerbe eines
Soldaten vom Himmel besonders begünstigt wird, in Betracht,
daß wir auf die ewige Seligkeit hoffen können, obgleich wir
täglich Handlungen so großer Gewaltthätigkeit begehen. Aber
Ranald, in allen europäischen Armeen ist es Sitte, daß der
sterbende Soldat sich nicht solcher Handlungen rühmt, oder sie
gar seinen Kameraden anempfiehlt, sondern im Gegentheil,
daß er Zerknirschung wegen derselben ausspricht, und ein tröst-
liches Gebet hersagt oder sich hersagen läßt; wenn Ihr wollt,
so will ich deßhalb bei Sr. Excellenz Kaplan ein gutes Wort
für Euch einlegen. Es ist zwar sonst kein Punkt meines Militärdienstes, daß ich Euch an solche Dinge erinnere; es ist
nur vielleicht zur Erleichterung Eures Gewissens, daß Ihr
mehr wie ein Christ und weniger wie ein Türke aus der Welt
scheidet; bis jetzt scheint Ihr auf dem besten Wege zu sein,
wie ein Ungläubiger zu sterben."

Die einzige Antwort des Sterbenden (denn als solcher ließ
sich Ranald Mac Eagh jetzt betrachten) war eine Bitte, ihn
in solche Stellung aufzurichten, daß er aus dem Fenster des
Schlosses sehen könne. Der dichte Frostnebel, welcher auf den
Spitzen der Berge sich gesammelt hatte, rollte jetzt die zer-
klüfteten Thäler und Schluchten hinab, wobei die felsigen
Bergrücken ihre schwarzen und unregelmäßigen Umrisse gleich
Inseln über einem Dunstmeere zeigten.

„Geist des Nebels," sagte Ranald Mac Eagh, „von
unserem Geschlecht Vater und Retter genannt, nimm mich,
wenn dieser Todeskampf vorüber ist, in dein Zelt von Wolken

auf, mich, dessen Leben du so oft beschützt hast!" Mit den Worten sank er in die Arme derer, die ihn hielten, zurück, und wandte sein Gesicht der Mauer zu.

„Ich glaube," sagte Dalgetty, „mein Freund Ranald ist in seinem Herzen nicht viel besser, als ein Heide." Er erneute seinen Vorschlag, ihm den Beistand von Dr. Wisheart, Montrose's Militärkaplan, zu verschaffen. „Der Mann," sagte Dalgetty, ist sehr geschickt in seinem Dienst und wird mit Euren Sünden in weniger Zeit fertig, als ich eine Pfeife Tabak rauchen kann."

„Sachse," sagte der Sterbende, „sprich mir nicht mehr vom Priester — ich sterbe zufrieden; hattest du nie einen Feind, gegen den deine Waffen nutzlos waren? — den die Kugel verfehlte, an dem der Pfeil zerbrach, und dessen Haut für Schwert und Dolch so undurchdringlich waren, wie dein eisernes Kleid? hast du niemals von solchem Feinde gehört?"

„Sehr häufig, als ich in Deutschland diente," erwiderte Sir Dugald; „ein solcher Kerl war in Ingolstadt; er war undurchdringlich gegen Blei und Stahl, und die Soldaten schlugen ihn mit Gewehrkolben todt."

„Diesem unbesiegbaren Feind," sagte Ranald, ohne auf die Unterbrechung des Majors zu achten, „an dessen Händen das Blut klebt, welches mir das Theuerste ist — diesem Manne habe ich jetzt Seelenschmerz, Eifersucht, Verzweiflung und plötzlichen Tod, oder ein Leben elender als der Tod hinterlassen. Dieß aber wird das Loos Allans mit der rothen Hand sein, wenn er erfährt, daß Annot sich mit Menteith vermählt, ich verlange nichts mehr als die Gewißheit, daß dieß so ist, um meinen blutigen Tod durch seine Hand zu versüßen."

„Ist dieß der Fall," sagte der Major, „so ist nichts mehr zu sagen; ich will nur Sorge tragen, daß so wenig Leute als möglich, Euch sterben sehen, denn ich kann nicht glauben, daß die Art, wie Ihr aus der Welt scheidet, einem christlichen Heere Ehre einbringt, oder als Muster dienen kann. Mit den Worten verließ er das Zimmer, und der Sohn des Nebels hauchte bald darauf seinen letzten Athemzug.

Mittlerweile befand sich Menteith, nachdem er die neu gefundenen Verwandten ihren gegenseitigen Gefühlen gemischter Gemüthsbewegungen überlassen hatte, in eifrigem Gespräch mit Montrose über die Folgen der Entdeckung.

„Wenn ich es nicht vorher schon bemerkt hätte," sagte der Marquis, „so würde ich jetzt erkennen, daß Euer Interesse an dieser Entdeckung, mein theurer Menteith, keinen geringen Bezug auf Euer eigenes Glück hat. Ihr liebt diese neu aufgefundene vornehme Dame — Eure Neigung wird erwidert. In Bezug der Geburt läßt sich kein Einwand machen; in jeder andern Hinsicht stehen ihre Vortheile denjenigen gleich, welche Ihr selbst besitzt. Ueberlegt jedoch einen Augenblick; Sir Duncan ist ein Fanatiker — wenigstens ein Presbyterianer — er steht gegen den König in Waffen; er befindet sich bei uns nur als Gefangener, und wir sind, wie ich befürchte, erst im Anfange eines langen Bürgerkrieges. Haltet Ihr dieß, Menteith, für eine geeignete Zeit, dem Ritter Vorschläge in Bezug auf seine Erbin zu machen, oder habt Ihr Aussicht, daß er sie annehmen wird?

Die Leidenschaft, sowohl ein scharfsinniger, wie ein beredter Anwalt, gab dem jungen Edelmann tausend Antworten auf diese Einwürfe ein. Er erinnerte Montrose, daß der Ritter von Ardenvohr weder ein Schwärmer in der Politik, noch in der Religion sei. Er berief sich auf seinen eigenen bekannten und erprobten Eifer für die königliche Sache, und gab zu verstehen, daß sein Einfluß durch die Heirath der Erbin von Ardenvohr erweitert und gestärkt werden könne. Er berief sich ferner auf den gefährlichen Zustand der Wunde von Sir Duncan, auf die Gefahr, daß seine Hoffnungen getäuscht würden, wenn man die junge Dame in das Gebiet der Campbells bringen lasse, wo sie bei dem Tode oder der längeren Krankheit ihres Vaters nothwendig unter die Vormundschaft Argyle's gelangen würde, ein Ereigniß, wodurch ihm (Menteith) jede Aussicht abgeschnitten werde, wenn er nicht die Gunst des Marquis durch Aufgebung der königlichen Partei erkaufe.

Montrose gestand das Gewicht aller dieser Gründe ein und gab auch zu, daß die Sache so schnell als möglich zu Ende gebracht werden müsse, obgleich sie mit Schwierigkeiten verbunden sei; die Beendigung derselben sei für des Königs Dienst erforderlich.

„Ich wünsche," sagte er, „daß die Angelegenheit auf die eine oder andere Weise zu Ende gebracht und daß diese schöne Briseis aus unserem Lager vor der Rückkehr unseres hochländischen Achills, Allan Mac Aulay, entfernt wird. Ich fürchte eine verhängnißvolle Fehde in dieser Sache, und ich halte es für das Beste, daß man Sir Duncan auf sein Ehrenwort entläßt, wobei Ihr ihm und seiner Tochter das Geleit geben könnt. Die Reise kann hauptsächlich zu Wasser zurückgelegt werden, so daß Eure Wunde dadurch nicht leiden wird; Ihr selbst, mein Freund, erhaltet dadurch eine ehrenvolle Entschuldigung, um auf einige Zeit mein Lager zu verlassen."

„Niemals," erwiderte Menteith, „niemals werde ich Euer Excellenz Lager verlassen, so lange die königliche Fahne entfaltet ist. Sollte ich auch dadurch die jetzt mir eröffnete Hoffnung verwirken, wäre ich fähig, den Fall als eine Entschuldigung zu benutzen, um mich in dieser Entscheidung der Angelegenheiten des Königs zu entfernen, so verdiente ich, daß diese unbedeutende Schramme in Brand überginge und meinen Arm auf immer lähmte."

„Ihr seid also hierüber entschlossen?"

„So fest wie der Ben=Nevis steht," sagte der junge Edelmann.

„Alsdann müßt Ihr," bemerkte Montrose, „mit dem Ritter von Ardenvohr sobald als möglich in's Reine kommen. Erhaltet Ihr von ihm eine günstige Antwort, so will ich selbst mit dem älteren Mac Aulay reden, und wir werden Mittel ausfindig machen, um seinen Bruder entfernt vom Heere zu beschäftigen, bis derselbe sich über die Täuschung seiner Hoffnung beruhigt hat. Wollte Gott, daß irgend ein Gesicht seine Einbildung in Anspruch nähme, und einflußreich genug wäre, um alle Spuren der Annot Lyle zu vernichten! Ihr haltet dieß vielleicht für unmöglich, Menteith? Wohlan, ein Jeder gehe an seinen Dienst, Ihr an den des Cupido, ich an den des Mars!"

Sie schieden; nach dieser Verabredung ersuchte Menteith am nächsten Morgen den verwundeten Ritter um eine Unterredung und erklärte ihm seine Bewerbung um die Hand seiner Tochter. Sir Duncan hatte ihre gegenseitige Neigung bemerkt, aber war auf eine so frühe Erklärung von Seiten des Grafen Menteith nicht vorbereitet. Er erwiderte zuerst, daß er sich vielleicht schon zu viel Gefühlen persönlichen Glückes zu einer Zeit hingegeben habe, in welcher sein Stamm so großen Verlust und so tiefe Demüthigung erlitt; er wolle deßhalb nicht die Beförderung seines eigenen Hauses während einer so unglücklichen Zeit in Acht nehmen. Als der edle Liebhaber heftiger drängte, ersuchte er denselben um die

Frist einiger Stunden zur Ueberlegung und zur Berathung, mit seiner Tochter bei einer so wichtigen Angelegenheit.

Das Ergebniß dieser Unterredung und Berathung war Menteith günstig. Sir Duncan Campbell erkannte, daß das Glück seiner neu gefundenen Tochter von einer Verbindung mit ihrem Geliebten abhänge; im Fall die letztere jetzt nicht stattfinde, erkannte er wohl, daß Argyle tausend Hindernisse erschaffen werde, um eine in jeder Hinsicht für ihn selbst so annehmbare Heirath unmöglich zu machen. Menteith's Privatcharakter war so ausgezeichnet, und der Rang, sowie das Ansehen, welches er durch seine Familie und sein Vermögen besaß, so bedeutend, daß dieß nach Sir Duncans Meinung den Unterschied in ihrer politischen Meinung ausglich. Er hätte sich vielleicht, im Fall seine eigene Meinung über die Heirath weniger günstig gewesen, dennoch nicht entschließen können, eine Gelegenheit von sich zu weisen, um dem neu gefundenen Kinde seiner Hoffnungen eine zärtliche Nachsicht zu schenken; außerdem übte ein Gefühl des Stolzes Einfluß auf seinen Entschluß.

Der Umstand, die Erbin von Ardenvohr als ein Mädchen einzuführen, welche als arme Waise und Harfenspielerin in der Familie von Darnlinvarach erzogen war, hätte an sich etwas Demüthigendes. Wurde sie aber als die verlobte Braut oder die Gemahlin des Grafen von Menteith nach einem Liebesverhältniß eingeführt, welches während ihrer niederen Stellung entstanden war, so war dieß der Welt eine Bürgschaft, daß sie sich des Ranges, auf welchen sie jetzt erhoben wurde, zu jeder Zeit würdig erwiesen hatte.

Unter dem Einfluß dieser Betrachtungen verkündete Sir Duncan Campell den Liebenden seine Einwilligung, daß sie durch Montrose's Kaplan so geheim als möglich in der

Kapelle des Schloſſes vermählt werden ſollten. Wann Montroſe von Inverlochy aufbrechen würde, wozu man den Befehl
in wenigen Tagen erwartete, ſollte die junge Gräfin ſich mit
ihrem Vater auf deſſen Schloß begeben und dort zurückbleiben, bis die Umſtände der Nation es Menteith geſtatten würden, ſich mit Ehren von ſeinem Kriegsdienſt zurückzuziehen.

Als der Entſchluß einmal gefaßt war, wollte Sir Duncan
Campbell die mädchenhaften Bedenklichkeiten ſeiner Tochter,
die Verzögerung der Vermählung, nicht geſtatten. Es wurde
deßhalb beſchloſſen, daß dieſelbe am nächſten Abend, dem
zweiten nach der Schlacht, ſtattfinden ſolle.

# Dreiundzwanzigstes Kapitel.

Mir entriß er das Mädchen, des Kriegs mir schuldige Beute.
Homer.

Es war aus manchen Gründen erforderlich, daß Angus Mac Aulay, so lange Zeit der gütige Beschützer der Annot Lyle, mit dem Wechsel im Schicksale seines bisherigen Schützlings bekannt gemacht werde; Montrose machte ihm die Mittheilung dieser merkwürdigen Ereignisse, wozu er den Auftrag vorher übernommen hatte.

Angus Mac Aulay sprach mit der sorglosen und heiteren Gleichgültigkeit seines Charakters weit mehr Freude als Erstaunen über das Glück der Annot aus; er zweifelte nicht, daß sie dasselbe verdienen und das ganze Vermögen ihres finsteren fanatischen Vaters einem ehrlichen Kerl übertragen werde, welcher den König liebe, denn sie sei stets in loyalen Grundsätzen erzogen worden.

„Ich hätte nichts dagegen,“ fügte er hinzu, „wenn mein Bruder Allan sein Glück versuchen sollte, obgleich Sir Duncan Campbell der einzige Mann war, welcher mir jemals den Vorwurf der Ungastlichkeit gemacht hat. Annot Lyle konnte immer die finstere Stimmung Allan's hinwegzaubern; wer weiß, ob die Ehe ihn nicht zu einem Menschen dieser Welt machen würde.“

22*

Montrose unterbrach den Bau der Luftschlösser durch die Erklärung, die Dame sei schon gefreit und gewonnen, und werde sich beinahe sogleich mit seinem Vetter, dem Grafen Menteith, vermählen; man ersuche Mac Aulay, bei der Ceremonie gegenwärtig zu sein, um ihm die hohe Achtung zu erweisen, welche man dem langjährigen Beschützer der Dame schuldig sei. Mac Aulay nahm aber bei dieser Erklärung eine sehr ernste Miene an und richtete seine Gestalt mit der Person eines Mannes auf, welcher glaubte, daß man ihn vernachlässigt habe.

„Ich begreife," sagte er, „daß die gleichförmige gütige Behandlung, welche die junge Dame so lange Zeit unter meinem Dache erfahren hat, etwas mehr bei einer solchen Gelegenheit erheischt, als ein bloßes ceremoniöses Compliment; ich glaube, daß ich ohne Anmaßung erwarten konnte, um Rath gefragt zu werden. Ich wünsche meinem Vetter Menteith viel Glück; Niemand kann ihm mehr Glück wünschen; ich muß jedoch sagen, daß man sehr hastig in dieser Sache verfuhr. Allan's Gefühle gegen die junge Dame sind bekannt genug, und ich, z. B., sehe keinen Grund, weßhalb man seine überlegenen Ansprüche auf deren Dankbarkeit beseitigte, ohne auch nur dieselben vorher zu besprechen."

Montrose bemerkte zu wohl, worauf dieß Alles hinwies; er bat Mac Aulay vernünftig zu sein und zu bedenken, daß der Ritter von Ardenvohr wahrscheinlich nicht bewogen werden könne, die Hand seiner einzigen Erbin Allan zu übertragen, dessen unläugbare ausgezeichneten Eigenschaften mit andern gemischt seien, wodurch dieselben in solcher Weise verdunkelt würden, daß Alle zitterten, die ihm näher kämen.

„Mylord," sagte Angus Mac Aulay, „mein Bruder Allan hat, wie Gott uns Alle schuf, sowohl seine Fehler wie Vorzüge; er iſt jedoch der beſte und bravſte Mann Eures Heeres, von welcher Art auch der Andere ſein mag, und er hat es deßhalb nicht verdient, daß ſein Glück ſo wenig berückſichtigt wurde von Euer Excellenz — von ſeinem nächſten Verwand= ten — und von einem jungen Mädchen, welche ihm und ſeiner Familie Alles verdankt.“

Montroſe bemühte ſich vergeblich, eine andere Auffaſſung des Gegenſtandes zu veranlaſſen. Angus war einmal ent= ſchloſſen, die Sache in dieſem Lichte zu betrachten, und er war nicht der Mann von ſolchem Verſtande, daß er ſich hätte überzeugen laſſen, ſobald er ein Vorurtheil angenommen hatte.

Montroſe nahm jetzt einen höhern Ton an und forderte Angus auf, ſich in Acht zu nehmen, daß er keine Gefühle hege, welche dem Dienſt Sr. Majeſtät nachtheilig ſein könnten. Er hob hervor, wie er beſonders wünſche, daß Allan's Anſtren= gungen im Laufe ſeiner gegenwärtigen Geſandtſchaft nicht un= terbrochen würden. „Dieſe Geſandtſchaft,“ ſagte er, „iſt ſo= wohl höchſt ehrenvoll für ihn ſelbſt, als ſie wahrſcheinlich vortheilhaft für die Sache des Königs ſein wird. Ich erwarte, daß Ihr Eurem Bruder keine Mittheilungen über andere Ge= genſtände macht, noch eine Urſache zur Uneinigkeit aufregt, welche ſeine Seele von ſo wichtigen Angelegenheiten ablenken könnte.“

Angus erwiderte etwas verdrießlich, er ſei kein Zänker oder Aufhetzer zu Zänkereien, er werde vielmehr Frieden zu ſtiften ſuchen. Sein Bruder wiſſe ſo gut wie die meiſten Menſchen, wie er ſich bei ſeinen eigenen Zänkereien zu beneh= men habe; was Allan's Verfahren betreffe, um Kundſchaft zu erlangen, ſo glaube man allgemein, daß er andere Quellen habe, als die gewöhnlichen Eilboten; er werde ſich nicht wun= dern, wenn man ihn eher ſehe, als man ihn erwarte.

Ein Versprechen, daß er sich nicht einmischen wolle, war das Höchste, wozu Montrose diesen Mann bringen konnte, so durchaus gutmüthig derselbe sonst auch war, wenn nicht sein Stolz, sein Interesse, oder seine Vorurtheile mit in's Spiel kamen. Der Marquis war zufrieden, daß er die Sache auf diesem Punkte lassen konnte. Ein mehr williger Gast bei der Vermählung und sicherlich bei dem Hochzeitmahle ließ sich in Sir Dugald Dalgetty erwarten, den Montrose einzuladen beschloß, da er ein Vertrauter der vorhergehenden Umstände gewesen war. Indeß sogar Sir Dugald trug Bedenken, besah die Ellbogen in seinem Wams und die Kniee seiner Lederhosen, und murmelte eine Art widerstrebender Einwilligung, im Fall seine Erscheinung nöthig sei nach der Berathung mit dem edlen Bräutigam. Montrose war etwas überrascht, er verschmähte es jedoch, sein Mißfallen zu bezeugen, und überließ Sir Duncan seinem eigenen Belieben.

Dieß führte ihn sogleich in das Zimmer des Bräutigams, welcher unter der geringen Garderobe seiner Feldausrüstung solche Kleidungsstücke sich aussuchte, in denen er bei dieser Gelegenheit am besten sich zeigen könne. Sir Dugald trat ein, stattete seinen Glückwunsch mit sehr ernstem Gesicht über sein bevorstehendes Glück ab, und fügte hinzu: „es thue ihm sehr leid, daß er ein Zeuge desselben nicht sein könne.“

„Ich würde wirklich der Ceremonie Schande machen, da ich keinen Hochzeitsanzug habe; Risse, offene Säume und Löcher an den Ellbogen in der Kleidung der Anwesenden könnten eine ähnliche Unterbrechung Eures Eheglücks zur Folge haben — um die Wahrheit zu sagen, Mylord, Ihr selbst habt einige Schuld an dieser Sache, da Ihr mich in den April schicktet nach einem Büffelwams unter der Beute der Camerons. Ihr hättet mich ebenso gut abschicken können, um ein Pfund frischer

Butter dem Rachen eines Bullenbeißers zu entreißen; ich erhielt, Mylord, keine andere Antwort, als gezogene Dolche
und Degen, und eine Art Heulen und Schnattern in dem, was
sie ihre Sprache nennen. Was mich betrifft, so glaube ich,
diese Hochländer sind nicht viel besser, als vollkommene Hei-
den; auch habe ich sehr viel Aergerniß an der Weise genommen, wie mein Bekannter, Ranald Mac Eagh, es für gut hielt,
soeben seinen Todtenmarsch zu schlagen."

In Menteith's Stimmung, bei Allem vergnügt zu sein,
wurde derselbe durch Sir Dugalds ernsthafte Klage sehr er-
heitert. Er bat ihn, einen hübschen Büffelanzug anzunehmen,
welcher auf dem Fußboden lag. „Ich hatte denselben für
meinen eigenen Brautanzug bestimmt, als die am wenigsten
furchtbare meiner kriegerischen Ausrüstungen, und ich habe hier
keine friedliche Kleidung."

Sir Dugald machte die erforderliche Entschuldigung, wollte
ihn durchaus nicht berauben u. s. w., bis es ihm glücklicherweise einfiel, es entspreche weit mehr dem militärischen Brauche,
daß der Graf sich in seinem Brust- und Rückenharnisch ver-
mähle, denn er habe gesehen, wie der Bräutigam Prinz Leo
von Wittelsbach eine solche Rüstung bei seiner Vermählung
mit der jüngsten Tochter des Georg Friedrich von Sachsen
trug, welche unter der Begünstigung des tapferen Gustavus
Adolphus, des nordischen Löwen u. s. w., stattfand. Der
gutmüthige junge Graf lachte und fügte sich dem Rathe des
Majors; nachdem er sich dadurch wenigstens e i n vergnügtes
Gesicht bei seiner Hochzeit verschafft hatte, legte er einen
leichten und verzierten Harnisch an, welcher zum Theil durch
einen Sammtrock, zum Theil durch eine blaue breite silberne
Schärpe versteckt wurde, die er seinem Range und der Mode
jener Zeit gemäß trug.

Alle Anordnungen waren jetzt getroffen, die Braut und
der Bräutigam sollten nach der Sitte des Landes nicht eher
als vor dem Altare zusammenkommen. Die Stunde hatte
schon geschlagen, und der Bräutigam wartete in einem kleinen
Vorzimmer an der Kapelle nur auf den Marquis, welcher den
Brautführer bei dieser Gelegenheit abgeben wollte. Da Ge=
schäfte in Bezug auf das Heer die Aufmerksamkeit des Mar=
quis in Anspruch genommen hatten, erwartete ihn Menteith,
wie man sich denken kann, mit einiger Ungeduld, und sagte
lachend, als er die Thüre des Gemaches öffnen hörte, „Ihr
kommt spät auf die Parade.“

„Ihr werdet finden, daß ich zu früh komme,“ sagte Allan
Mac Aulay, welcher in das Gemach stürzte; „zieht, Menteith,
und vertheidigt Euch wie ein Mann, oder sterbt wie ein
Hund!“

„Ihr seid verrückt, Allan,“ erwiderte Menteith, sowohl
über seine plötzliche Erscheinung, wie über die unaussprech=
liche Wuth seines Benehmens erstaunt. Seine Wangen waren
todtenbleich, seine Augen drangen aus ihren Höhlungen, seine
Lippen waren mit Schaum bedeckt, seine Bewegungen waren
die eines Besessenen.

„Ihr lügt, Verräther,“ war seine wahnsinnige Antwort;
„Ihr lügt in diesem wie in Allem, was Ihr mir sagt, Euer
Leben ist eine Lüge!“

„Spräche ich nicht meine Gedanken aus, als ich Euch ver=
rückt nannte,“ sagte Menteith unwillig, „so wäre Euer eige=
nes Leben nur ein sehr kurzes. Worin macht Ihr mir den
Vorwurf, Euch betrogen zu haben?“

„Ihr sagtet mir,“ erwiderte Allan, „daß Ihr Annot Lyle
nicht heirathen würdet — falscher Verräther, sie erwartet Euch
am Altare.“

Menteith gab ihm die Beschuldigung zurück; „Ihr redet die Unwahrheit, ich sagte Euch, die Niedrigkeit ihrer Geburt sei das einzige Hinderniß unserer Vereinigung; dieses ist jetzt beseitigt. Für wen haltet Ihr Euch denn, daß ich meine Ansprüche zu Euren Gunsten aufgeben sollte?"

„Zieht," sagte Mac Aulay, „wir verstehen einander."

„Nicht jetzt," sagte Menteith, und nicht hier, Allan; Ihr kennt mich genug, wartet bis morgen, alsdann sollt Ihr genug am Fechten haben."

„Diese Stunde — diesen Augenblick oder niemals," erwiderte Mac Aulay, „Euer Triumph über mich soll nicht weiter gehen, wie diese Stunde. Menteith, ich ersuche Euch bei unserer Verwandtschaft — bei unseren vereinten Kämpfen und Mühen, zieht Euer Schwert und vertheidigt Euer Leben!" Mit den Worten ergriff er die Hand des Grafen und drückte sie mit so wahnsinniger Heftigkeit, daß das Blut unter den Nägeln hervorkam. Menteith stieß ihn mit Gewalt hinweg, indem er ausrief: „Geh fort, Verrückter."

„So werde mein Geschick erfüllt!" rief Allan; er zog seinen Dolch und stieß denselben mit seiner ganzen riesenhaften Kraft gegen die Brust des Grafen, die Waffe glitt an dem stählernen Harnisch aufwärts, allein eine tiefe Wunde wurde zwischen dem Hals und der Schulter dem Grafen beigebracht; die Kraft des Stoßes hatte den Bräutigam zu Boden gestreckt. Montrose trat auf der einen Seite des Vorzimmers ein. Die hochzeitliche Gesellschaft, über den Lärmen erschreckt, befand sich in Besorgniß und Ueberraschung; ehe jedoch Montrose flüchtig sehen konnte, was sich ereignet hatte, war auch Allan Mac Aulay bei ihm vorübergestürzt und wie der Blitz die Treppe hinabgefahren.

„Wachen, verschließt das Thor," rief Montrose — „ergreift

ihn, tödtet ihn, wenn er Widerstand leistet — er soll sterben, wäre er mein Bruder!"

Allein Allan warf mit einem zweiten Stoße seines Dolches eine Schildwache nieder, durchflog das Lager wie ein Hirsch, obgleich von Allen verfolgt, welche den Allarmruf vernommen hatten, warf sich in den Strom, schwamm zum entgegenge= setzten Ufer und verlor sich bald in den Wäldern. Im Laufe desselben Abends verließ sein Bruder Angus mit seinen Leuten Montrose's Lager, schlug den Weg nach Hause ein und ver= einigte sich nie mehr mit ihm.

Von Allan selbst wird erzählt, daß er in wunderbar kurzer Zeit nach Vollbringung der That in ein Gemach des Schlosses Inverary drang, wo Argyle im Rathe saß, und seinen bluti= gen Dolch auf den Tisch warf.

„Ist es das Blut von James Graham?" fragte Argyle, indem ein gräßlicher Ausdruck der Hoffnung sich mit dem Schrecken mischte, welchen die plötzliche Erscheinung natürlich erregte.

„Es ist das Blut seines Lieblings, erwiderte Mac Aulay, „es ist das Blut, zu dessen Vergießung ich bestimmt war, ob= gleich ich mein eigenes lieber verspritzt hätte."

Nach diesen Worten wandte er sich fort und verließ das Schloß, und von dem Augenblick an weiß man nichts Gewis= ses über sein Schicksal. Da der Knabe Kenneth mit drei Kindern des Nebels bald darauf bemerkt wurde, wie dieselben über den Lochfine setzten, so vermuthet man, daß diese seinen Spuren folgten, und daß er durch ihre Hand in irgend einer unbekannten Wildniß umkam.

Nach einer andern Meinung wäre Allan Mac Aulay außer Landes gegangen und als Carthäusermönch gestorben. Für

beide Meinungen hat sich jedoch niemals ein Beweis ergeben.

Seine Rache war weniger vollständig, als er wahrscheinlich glaubte; Menteith war zwar so schwer verwundet worden, daß er lange in gefährlichem Zustande blieb; indeß der
Harnisch, den er auf Major Dalgetty's glückliche Empfehlung
als Brautschmuck trug, hatte ihn vor den schlimmsten Folgen
des Stoßes geschützt, allein sein Dienst war für Montrose
verloren; man hielt es für das Zweckmäßigste, daß er mit
seiner künftigen Gräfin, jetzt einer trauernden Braut, und
mit seinem verwundeten Schwiegervater nach dem Schlosse
Sir Duncans Ardenvohr gebracht würde.

Dalgetty geleitete dieselben bis zum Rande des Sees und
erinnerte Menteith an die Nothwendigkeit, eine Schanze auf
dem Hügel Drumsnab zu errichten, um seiner Gemahlin neu
erworbenes Erbe zu decken. Die Reise wurde in Sicherheit
vollbracht, und Menteith war nach wenigen Wochen so weit
wieder hergestellt, daß er sich mit Annot im Schlosse ihres
Vaters vermählen konnte.

Die Hochländer kamen etwas in Verlegenheit, um die
Wiederherstellung des Grafen Menteith mit dem zweiten Gesicht in Einklang zu bringen, und die erfahreneren Seher waren sehr unzufrieden, daß er nicht gestorben sei. Andere jedoch hielten das Gesicht durch die Wunde, welche von der
bestimmten Hand und mit der bestimmten Waffe beigebracht
sei, für genügend erfüllt, und waren der Meinung, daß der
Vorfall des Ringes mit dem Todtenkopf sich auf den Tod
des Vaters der Braut beziehe, welcher die Vermählung derselben nicht um viele Monate überlebte. Die Ungläubigen
hielten Alles für eitle Träumerei; Allan's angebliches Gesicht
sei nur eine Folge der Eingebungen seiner Leidenschaft; da

er schon lange Zeit in Menteith einen mehr geliebten Neben=
buhler, wie er selbst war, sah, habe seine Leidenschaft mit
seiner besseren Natur gekämpft, und gleichsam unwillkürlich
die Vorstellung, seinen Mitbewerber zu tödten, bei ihm her=
vorgerufen.

Menteith genas nicht zur Genüge, um sich Montrose wäh=
rend dessen kurzer und ruhmreicher Laufbahn anzuschließen;
als dieser heldenmüthige General sein Heer entließ und sich
aus Schottland entfernte, beschloß Menteith als Privatmann
zu leben, was er auch bis zur Restauration ausführte. Nach
diesem glücklichen Ereigniß nahm er eine Stellung im Lande
seinem Range gemäß ein, lebte lange Zeit beglückt durch
öffentliches Ansehen, sowie durch häusliche Liebe, und starb
in einem hohen Alter.

Die Personen unserer Erzählung sind so beschränkt, daß
wir, mit Ausnahme Montrose's, dessen Thaten und Schick=
sale der Geschichte angehören, nur den Sir Dugald Dalgetty
zu erwähnen haben. Dieser Herr fuhr fort, mit strengster
Pünktlichkeit seinen Dienst zu verrichten und seinen Sold zu
empfangen, bis er mit Andern auf dem Schlachtfelde von
Philliphaugh zum Gefangenen gemacht wurde. Er ward ver=
urtheilt, das Loos seiner Mitgefangenen zu theilen, welche
eher wegen der Anklagen von der Kanzel her, als wegen ei=
nes Urtheils von Civil= oder Militärgerichten zum Tode ver=
urtheilt wurden; ihr Blut galt nämlich als eine Art Buß=
opfer, um die Sündenschuld vom Lande hinwegzunehmen,
und das Schicksal der Kananiter wurde, als durch göttliche
Fügung ihnen bestimmt, gottlos und grausam über sie ver=
hängt.

Mehrere niederländische Offiziere im Dienste der Cove=
nanters legten bei dieser Gelegenheit für Dalgetty Fürsprache

ein, indem sie ihn als einen Mann darstellten, dessen Geschick=
lichkeit in ihrem Heere von Nutzen sein würde, und den man
leicht dazu bewegen könne, den Dienst zu wechseln. Bei die=
ser Gelegenheit fanden sie aber bei Sir Dugald Dalgetty
eine unerwartete Hartnäckigkeit, er hatte sich auf eine be=
stimmte Zeit für den König anwerben lassen, und seine Grund=
sätze erlaubten ihm nicht, auch nur einen Schatten von Aen=
derung, bis diese Zeit vorüber sei.

Die Covenanters verstanden aber nicht einen so scharf ge=
machten Unterschied, und Sir Dugald befand sich deßhalb in
Gefahr, als ein Märtyrer nicht für politische Grundsätze,
sondern für seine strengen Vorstellungen militärischer Anwer=
bung zu fallen. Glücklicherweise entdeckten seine Freunde
durch Berechnung, daß nur noch vierzehn Tage von der Zeit
seiner Anwerbung verfließen müßten — eine Zeit, von deren
Einhaltung ihn keine Gewalt der Erde abbringen konnte,
wenn es auch noch so gewiß war, daß seine Anwerbung sich
nie wieder erneuen ließ.

Mit einiger Schwierigkeit erlangten sie einen Aufschub
für diesen kurzen Zeitraum, worauf sie ihn vollkommen wil=
lig fanden, auf alle Bedingungen, die sie ihm vorschrieben,
einzugehen. Er trat somit in den Dienst der Stände und
brachte es zum Major in Gilbert Ker's Corps, welches ge=
wöhnlich das Leibregiment der Kirche genannt wurde.

Von seiner weiteren Geschichte wissen wir nichts, als bis
wir ihn im Besitz seines väterlichen Gutes Drumthwacket
finden, welches er nicht durch das Schwert, sondern durch
eine friedliche Heirath mit Hannah Strachan erwarb, einer
ziemlich bejahrten Matrone und der Wittwe des Covenanters
aus Aberdeenshire.

Sir Dugald hat vermuthlich sogar noch die Revolution überlebt, da Ueberlieferungen von nicht sehr hohem Alter ihn darstellen, wie er im Lande als sehr alt und sehr taub umherkreuzte und endlose Geschichten vom unsterblichen Gustavus Adolphus, vom Löwen des Nordens, und vom Bollwerk des protestantischen Glaubens erzählte.

Druck der C. Hoffmann'schen Officin in Stuttgart.